トンブクトゥ

交界都市の歴史と現在

応地利明 著

臨川書店

目　　次

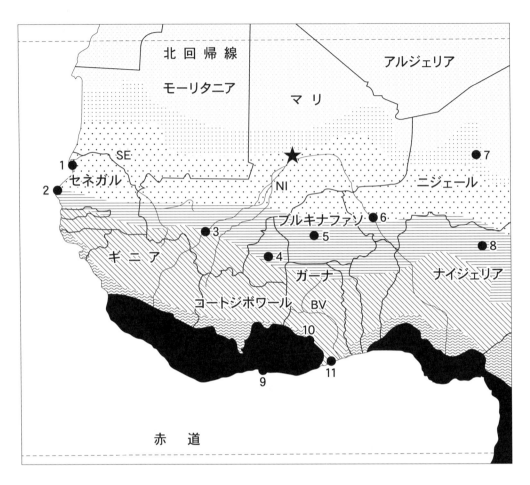

<＜気候・植生＞>

	沙漠
	半沙漠ステップ
	ごく疎らに樹木が混じるステップ
	乾燥した疎林とサバンナ
	降水量に恵まれた疎林とサバンナ
	森林＋サバンナの混合植生
	熱帯降雨林

＜河　川＞

SE　セネガル川
NI　ニジェール川
BV　黒ボルタ川

＜主要都市＞

★　トンブクトゥ
● 1　サン・ルイ
● 2　ダカール
● 3　バマコ
● 4　ボボデュラソ
● 5　ワガドゥグー
● 6　ニアメイ
● 7　アガデズ
● 8　カノ
● 9　アビジャン
● 10　クマシ
● 11　アクラ

付図1　西アフリカの気候・植生区と主要河川・都市（コナー図に応地補入）

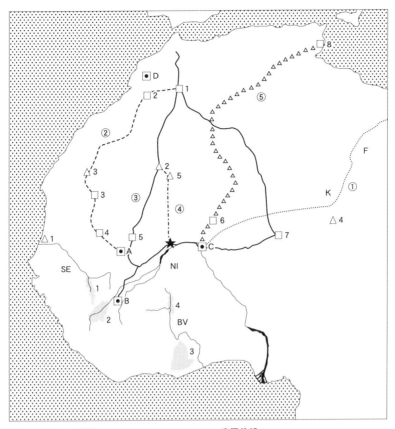

「黒人たちの国々への道」

.... 東西交易路 ①

------ 南北交易路—②西方ルート

——— —③前期・中央ルート
（イブン・バトゥータの道）

-··-··- —④後期・中央ルート

△ △ △ △ —⑤東方ルート

岩塩所在地

△1 アウリール（Awlīl）

△2 タガーザ（Taghāza）

△3 イジール（Idjīl）

△4 ビルマ（Bilma）

△5 タウデニ（Taodeni）

金産地

1 バンブク（Bambouk）

2 ブーレ（Būré）

3 アシャンティ（Ashanti）

4 黒ボルタ川上流域

帝国首都

●A ガーナ（Ghana）

●B マ リ（Mali）

●C カウカウ（Kawkaw、ガオ Gao）

●D マラケシュ（Marrakesh）

主要都市

□1 スィジールマーサ（Sidjilmassa）

□2 タメデルト（Tamedelt）

□3 ヴァダーン（Ouadane）

□4 アウダゴースト（Awadaghost）

□5 ワラータ（Walāta）

□6 タドマッカ（Tadmekka）

□7 タカッダー（Takkaddā）

□8 スファークス（Sufāqus）

★ トンブクトゥ（Tombouctou）

地方名

F ファッザーン（Fazzān）

K カワール（Kawār）

河川名　SE セネガル川　BV 黒ボルタ川　NI ニジェール川

付図2　サハラ縦断交易の関係図——商品・都市・交易ルート（応地作図）

はじめに

　トンブクトゥを語る言葉に、「トンブクトゥは有名なるがゆえに、有名である[1]」というのがある。たしかに現在では、トンブクトゥはサヘルの1地方都市にすぎない。人口5万そこそこのごく小さな都市が、これほどまでも世界的に有名なのは奇異ですらある。その理由は、もちろん14〜16世紀に地中海世界とブラック・アフリカとをむすぶサハラ縦断交易の要衝、またマリ帝国さらにはソンガイ帝国の中心経済都市として繁栄した栄光の歴史にもとめられる。そのゆえにトンブクトゥは、交界都市いいかえれば地中海世界とブラック・アフリカとを結ぶインターフェイス都市として、多様なエスニック集団がここで出会い、共住しあう場であった。このことについては、すでに16世紀末にサハラ以南のサヘル地方を探索したイスパニア王国の秘密情報員も、報告のなかでふれている[2]。

　私も、トンブクトゥの名にひかれて、その歴史、都市形態、エスニック集団また周辺村落の耕種農耕などを主題として、おのおのごく短期間ではあったが、1988・1990・1992・1999年の各年次に訪問して臨地調査をおこなう機会があった。それらの調査をもとに、これまで、論文などで何度かトンブクトゥについて言及してきた。

　第1は、トンブクトゥ南方のニジェール川にそう村落で初見した手押し鋤ともいうべき独特の立耨式人力除草具の報告で、それが、のちに「サヘル農耕様式」論を提唱する端緒となった[3]。

　第2は、重点領域研究「イスラームの都市性」公開シンポジウムで「バーザールの諸相」という演題で講演したとき、トンブクトゥの市場商人のエスニック構成について述べたことである[4]。

　第3は、東アジアからの地理的世界認識の展開について論じた際に、1402年に朝鮮王朝で作成された「混一疆理歴代国都之図」がアフリカ内部に大湖水を描く理由として、トンブクトゥがサハラ縦断交易ルート上の陸運から内陸水運への変換・中継点に位置する事実、またトンブクトゥ南方の内陸デルタ一帯が、雨期にはニジェール川の溢流・氾濫によって巨大な内水面へと変貌するという知見が、そこに反映されている可能性を指摘した[5]。そのときには触れなかったが、1375年作成のカタローニア（Catalonia、Catalunia）図がトンブクトゥの直南に湖水を描いていることも、その可能性の補強となろう。同図については、これらの点を中心にI—(2)で読解を試みることにしたい。

　第4は、フロンティアを2つの異質な世界が接触・交渉する「交界帯」として捉えると、それを、基本的には2つのタイプに類別できる。1つは異質な両世界の共生的な関係をもとに析出する「インターフェイスとしてのフロンティア」であり、もう1つは一方が他方を征圧していく過程で析出する「クラッカーとしてのフロンティア」である。このことを指摘したうえで、前者の例としてトンブクトゥをあげたことがある[6]。

　第5は、トンブクトゥの都市住居を紹介した際に、平面構成にみられる＜ウチとソト＞の2項対位からなる入れ子状のハードな構造が、住まい方というソフトな居住様式と対応しているという特質を指摘したことである[7]。

　第6は、トンブクトゥの名を明示してはいないが、ユーラシア大陸の乾燥帯を横断するいわゆるシルク・ロードとサハラ沙漠を縦断する交易路との比較論である[8]。これについては、Ⅳで「サハラ縦断塩金交易」を述べる際に、あらためて詳論することにしたい。

　これらのトンブクトゥについての言及は、トンブクトゥがもつ多面的な性格を個別にとりあげたにすぎず、アフリカ学会での口頭発表[9]を除くと、トンブクトゥを主題として本格的に議論することはなかった。この本では、臨地調査をふくめて、トンブクトゥの歴史、都市形態、土地利用、共住エスニック集団、職業とバーザールの構成、さらには周辺での耕種農耕などを主題として、これまでの断片的におこなってきた言及・提唱の根拠について述べるとともに、それらを総合してトンブクトゥの全体像に接近することにしたい。

　その際に、とりわけ重視したのは、トンブクトゥが担ってきた第4の「インター・フェイスとしてのフロンティア」の役割である。フロンティアは、異質な生態系と文化が接触しあう「交界帯」に形成される。異質な文化を背景とするエスニック集団が「交界帯」で交会しあう過程で、その交渉・交流の場として都市が生成していく。このような「インター・フェイスとしてのフロンティア」を体現する都市を、交界都市とよぶことにしたい。

　アジアとアフリカを見わたすと、最大の「交界帯」は、両大陸の中央部を北東から南西へと貫走する巨大な乾燥地帯とその周辺の湿潤地帯との接触ベルトでみいだされる。そこには、長い歴史をもつ交界都市が諸処に成立している。その具体例をいくつかあげると、中国のチャンチャコウ（張家口）・チョンツー（成都）、インド亜大陸のペシャーワル（Peshawar）・ジョドプル（Jodhpur）、サヘルのアガデズ（Agadez）そしてトンブクトゥなどがある。

　トンブクトゥは、世界を代表する「インター・フェイスとしてのフロンティア」の交界都市であった。本書が「交界都市の歴史と現在」を副題としたのは、トンブクトゥの交界都市というユニークな都市特質を強調するためである。

I　トンブクトゥ幻想
——カタローニア図からルネ・カイエまで——

　サハラ以南の西アフリカは、中世から産金地として地中海世界に知られていた。アラブ世界のみでなくヨーロッパ世界までもが、その潤沢な金に驚愕する出来事が1324−25年におこる。それは、当時、サハラ以南の西アフリカを支配していたマリ帝国のマンサ・ムーサー（Mansa Mūsā、在位1312−37年あるいは1307−32年）王のマッカ巡礼である。その15年後の1339年にマリョルカ（Mallorca）島で作成されたデュルセール（Dulcert）図は、サハラ以南の地に「マリの王」として人物画像を描出している。

　マリ帝国への注目がたかまっていくなかで、はじめてトンブクトゥの名称と画像を収載したのは、アブラハム・クレスケス（Abraham Cresques）が作成したとされる1375年のカタローニア図であった。以後、トンブクトゥは、とりわけヨーロッパ世界で「黄金の都」として潤色され、沙漠のなかの「憧憬の都市」へと自己増殖をとげていく。近代になってはじめてトンブクトゥの往還に成功したのは、フランス人のルネ・カイエ（René Caillé）であった。しかし彼が目にしたのは、衰退しきった寂寞たるトンブクトゥだった。

（1）　トンブクトゥをカタローニア図に読む

　地中海西部のスペイン沖には、バレアレス（Baleares）諸島がうかぶ。その中心島嶼がマリョルカ島で、現在では、ヨーロッパ有数のヴァカンス地として知られている。マリョルカ島の歴史は古く、古代フェニキア帝国の時代にまでさかのぼる。フェニキアは、海上帝国として紀元前10世紀からほぼ1000年間にわたって地中海に君臨した。同帝国時代をつうじて、マリョルカ島は西部地中海の重要拠点として繁栄しつづけた。地中海の戦略的要衝また中継交易の拠点というマリョルカ島の特質は、以後の歴史をつうじても変化することなく持続していった。

（1）—1　黒人王描出の背景——地図史の検討から

　トンブクトゥを語るとき、必ずといういうほど引照される画像と文言がある。それは、カタローニア図がサハラの南に描く黒人王とそれに付された説明文である。しかし従来の引照では、説明文をもとに黒人王について解説するだけに終わるものがほとんどであった。その常套的なレベルを越えて、カタローニア図の成立過程・特質また同図全体の記載・描

出のなかに位置づけて、黒人王の画像について述べたものは皆無といってよい。ここでは、地中海世界での地図作成の歴史、そのなかでのカタローニア図の独自性、同図における金の珠をもつ王の描出の意味などを探り、黒人王描出の背景について検討することにしたい。

　カタローニア図は、冒頭で述べたように、1375 年にマリョルカ島で作成された。当時、東のオスマン・トルコ帝国と西のキリスト教諸国とをむすぶ海上交易は活況を呈し、航海用のポルトラーノ（Portlano、海図）の需要も旺盛であった。それに応えて、ポルトラーノが地中海の各地で作成されていた。なかでも、東部地中海のヴェネツィア（Venezia）、中部地中海のジエノヴァ（Genova）、そして西部地中海のマリョルカ島のパルマ（Palma）の 3 都市が、海図製作活動の中心であった。

　当初は、これらの制作中心で作成されていたポルトラーノは、いずれも航海用海図という実用性に徹したものであった。耐水性にとむ犢皮（子牛の皮）を使用し、描出・記載も海岸線の形状、沿岸の岬や港市の位置と地名、北を基準方位とする方位線など、航海に必要な事項にかぎられていた。そのため各中心で作成されたポルトラーノは、たがいに類似しあっていた。しかし 14 世紀になると、それらのあいだで相違がみられるようになる[10]。

　ヴェネツィアとジエノヴァとをあわせてイタリア派とよぶと、イタリア派のポルトラーノは、14 世紀になっても海図本来の機能に徹していた。つまり前記の航海に必要な事項を描出・記載し、それら以外のものは極力排除するというのがイタリア派ポルトラーノの一貫した特徴であった。その特徴は、海岸線の背後にひろがる内陸部の扱いによくあらわれていた。14 世紀とりわけその前半期には、イタリア派のポルトラーノの描出・記載は、海域つまり海岸部と島嶼に集中し、大陸内部は空白のまま残されていた。それは、まさに「海図」であった。イタリア派のポルトラーノが描出・記載の対象を内陸部へとひろげていくのは、14 世紀末になってからである。

　これに対してマリョルカ派のポルトラーノは、当初は、イタリア派とおなじく航海のための「海図」に徹していた。しかし 14 世紀になると、「海図」としては不必要な地物や人物の画像また地名などが描出・記載されるようになる。それらの描出・記載の場は、イタリア派ポルトラーノが空白のまま残していた内陸部にもとめられた。それは、海岸線の背後にひろがる内陸への描出・記載の拡張であった。具体的には、内陸部の山地・河川・湖沼・都市・棲息動物、またそこに君臨する政治支配者や伝説的人物などの画像と名称、さらにはそれらへの説明文の記入である。マリョルカ派のポルトラーノでは、海域とならんで、陸域が描出・記載の対象となっていった。その変化を要約すれば、「海図」から「地図」への展開とよびうる。

　それらの描出・記入は色彩ゆたかな装飾性にみち、マリョルカ派ポルトラーノを華麗な

ものとしていった。14 世紀をつうじて＜イタリア派ポルトラーノの厳格な「海図」＞に
対する＜マリョルカ派ポルトラーノの華麗な「地図」＞という相違が、両者のあいだでみ
られた。マリョルカ派の華麗な展開を象徴する革新が、多彩・華麗なコンパス・ローズ
（compass rose、バラ花紋状の方位盤）の登場であった。

　＜マリョルカ派ポルトラーノの華麗な「地図」＞の最高峰に位置するのが、カタローニ
ア図である。地中海南岸からも、また大西洋岸からも遠く離れたアフリカ内奥部に所在す
るトンブクトゥが同図で描出・記載されたのも、これらの展開の所産であった。コンパ
ス・ローズについても、それを最初に描出したのがカタローニア図であった[11]。同図は、
地図の最左端中央の大西洋上に、青・赤・黄の 3 原色で 8 方位を示すコンパス・ローズを
描いている。

　コンパス・ローズは、カタローニア図での描出を祖型として、のちにつづく大航海時代
をつうじて方位数を増しつつ複雑化し、ますます華麗なものへと花飾されていく。しかし
カタローニア図でも、方位を示すコンパス・ローズの鋭角的な突起は、図中に引かれた方
位線の走向とは一致していない。同図のコンパス・ローズの描出が、方位測定という機能
よりも、地図を華麗に仕立てるための装飾性をめざすものであったことを物語る。

　カタローニア図作成の遠因となったのは、イベリア半島北東部を本拠地とするアラゴン
（Aragon）王国の地中海進出であった。同王国は、1229 年にマリョルカ島を併合する。同
王国が地中海西部の海上帝国へと発展していくのと平行して、マリョルカ島には各種の地
理情報が集積されていった。それをもとにマリョルカ島は、ヴェネツィアやジェノヴァと
ならぶ地中海世界の海図・地図作成センターへと成長する。

　その中心にいたのが、ユダヤ人集団であった。マリョルカ派ポルトラーノの作成は、ほ
ぼ彼らによって独占されていた。その背後には、地中海世界だけでなく、アトラス山脈南
方のアフリカ内陸部さらには東方のアジアにまでも張りめぐらされたユダヤ人の交易ネッ
トワークがあった[12]。同ネットワークによって集積された情報をもとに地図作成にあたっ
たのが、マリョルカ島のユダヤ人地図作成集団であった。そこから、彼らを指して、地図
史では「マリョルカ・ユダヤ人地図学派（L'école cartographiqhe des Juifs de Majorque）」とよぶ
ことが多い[13]。

　彼らの作成した地図は、その表記言語がカタローニア語であったことから、「カタロー
ニア図」、また英語では「カタラン（Catalan）図」と総称される。現存するカタローニア
図は少なく、もっとも古いものは 1325 年ないし 1330 年の作成になるダロルト（Dalorrto）
図とされる[14]。それらのマリョルカ派ポルトラーノの完成をつげる金字塔が、1375 年作
成のカタローニア図であった。一般に「カタローニア図」という場合、それは、マリョル

カ派ポルトラーノの集合名詞としてではなく、同図を指す固有名詞としてもちいられることが多い。

　カタローニア図は、ヴァロワ朝フランス国王シャルル（Charle）V世（賢明王、在位1364－80年）への贈り物として、アラゴン国王ペドロ（Pedro）IV世（在位1336－87年）が作成させ、1375年に完成した地図帳である。その作成者は、マリョルカ・ユダヤ人地図学派のアブラハム・クレスケスとされている[15]。しかし同図には作成者の名称記載はなく、また彼を作成者とする明確な根拠はないので、厳密にはアブラハム・クレスケスはもっとも有力な作成比定者というのが正確であろう。

　アブラハム・クレスケスが最有力比定者とされるのは、14世紀中期の彼をめぐる状況証拠からである。それらは、現存する出生・死亡記録が彼による1375年の地図作成を妥当とすること、「地図と羅針盤のマイスター」とよばれた高い地図作成能力、国王から与えられていた特権の数々である[16]。その特権とは、当時のマリョルカ島ではユダヤ教徒とキリスト教徒は友好関係にあったが、それでもユダヤ人は、外出する際にはユダヤ人を表象する六芒星（Hexagram）の記章をつけることを義務づけられていた。しかしクレスケスは、国王からその着章を免除されていた。また彼が住んでいたパルマの主たる飲料水源は、山地から水路橋によって供給される水であった。そのためパルマは、とりわけ夏期には水不足に悩まされていた。しかしクレスケスは、水路橋から自由に直接取水できる特権を国王から付与されていた。

　これらの数々の特権は、彼が国王に対しておこなった貢献への論功行賞によるものとしか考えられない。彼の場合は、その貢献は「地図と羅針盤のマイスター」としての活躍、つまり国王の命による1375年のカタローニア図作成以外にはありえない。これらの状況証拠をもとに、カタローニア図作成者をアブラハム・クレスケスに比定する説が最有力とみなされ、多くの研究者によって支持されているのである。

(1)—2　カタローニア図とT-O Map

　カタローニア図は計12葉からなり、そのうちの8葉を地図にあてている。地図の描出範囲は、西はヨーロッパと北アフリカの大西洋岸から、東はカタイ（Cathay、中国）の東岸にまでおよぶ。これは、クレスケスをはじめとするマリョルカ・ユダヤ人地図学派が、14世紀後半の時点で把握していた世界のすべてであった。前述したように、＜マリョルカ派ポルトラーノの華麗な「地図」＞への展開は、クレスケス以前からはじまっていた。しかし内陸の充填と華麗な「地図」への展開はあったとしても、彼以前のマリョルカ派ポルトラーノは、描出の対象範囲に関しては従来とおなじく地中海世界にかぎられていた。

この描出範域点に関しては、マリョルカ派もイタリア派もおなじであった。

　それを大きく変えて、地中海の東方にひろがるアジア全域、また地中海南方のアトラス（Atlas）山脈以南のアフリカへと描出範域を拡大したのが、クレスケスのカタローニア図であった。その背後には、世界にまたがるユダヤ人の交易ネットワークをつうじて集積された知見の動員があった。同図は、華麗な地図への展開だけでなく、「地中海世界の地域図」から、当時の「既知大陸の世界図」への展開という画期性をもつものであった。クレスケスのカタローニア図は、地中海のポルトラーノとよばれる海図を基本としつつも、知られていた世界をすべて描出しようとした最先端の世界総図であった。この点に、彼が作成したカタローニア図の最大の功績がある。

　もちろん世界を描出しようとした地図は、クレスケスのカタローニア図が最初ではない。それ以前にも、世界の各地で、それぞれの世界観をもとに世界図が作成されてきた[17]。マリョルカが属するヨーロッパでも、中世には、キリスト教的世界観にもとづく世界図が作成されていた。それらは、一般に T-O Map と総称される。それは、地球は円板とする中世のキリスト教的世界観に立って、T と O をくみあわせた形態で水域と陸域を表現するものであった。

　T-O の O は、円板状の陸域をとりまく環海を示す。リング状の環海内部の円板陸域は、T を右方に横倒した ⊢ 型の水域によって3つの大陸に分かたれる。⊢ のタテ軸は、上方（北）が現在のドン（Don）川にあたるタナイス（Tanais）川、下方（南）が紅海である。両者をつらねる水域が円板陸域の中央を南北走し、それによって陸域は東西に二分される。東方の半円がアジア、西方の半円がヨーロッパとアフリカにあたる。ヨーロッパとアフリカを分かつのが地中海であり、それは ⊢ のヨコ軸で示される。このように中世ヨーロッパでは、世界を T と O の2文字を組みあわせて要約してきた。T-O Map では、アジアは右方の二分円、ヨーロッパは左方上方の四分円、アフリカは同下方の四分円を占めることになる。

　T-O Map での陸域つまり大陸の規模と配置を念頭において、カタローニア図の構成をみることにしたい。両者のあいだには、T-O Map がキリスト教的世界観という観念の形態表現であったのに対して、カタローニア図が、実用的な海図から出発して、世界にひろがるユダヤ人ネットワークを動員して既知の現実世界を表現したという基本的な相違がある。T-O Map とカタローニア図は、出自と作図目的をまったく異にする世界総図といえる。

　それにもかかわらず、両者のあいだには重要な共通性がある。それは、3大陸の規模・構成・配置における顕著な類似性の存在である。前言したように、T-O Map では、円板

陸域東半の二分円がアジア、西半上方の四分円がヨーロッパ、その下方の四分円がアフリ
カにあてられていた。それらの面域比は、＜アジア：ヨーロッパ：アフリカ＝ 0.5：
0.25：0.25 ＝ 2：1：1＞となる。

　一方、クレスケスは、彼らが把握していた世界を計 8 葉の地図に表現した。そのうち右
方の 4 葉をアジア、左方 4 葉の上方をヨーロッパ、下方をアフリカにあてている。その面
域構成は、ほぼ＜アジア＝右方 4 葉、ヨーロッパ＝左方 4 葉上半、アフリカ＝左方 4 葉下
半＞、つまり＜アジア：ヨーロッパ：アフリカ＝ 0.5：0.25：0.25 ＝ 2：1：1＞となる。
もちろん、カタローニア図の目的が現実の大陸を描出することにある以上、T-O Map の
ように厳密な等分比で各大陸の面域を決定することはできない。

　しかしカタローニア図の面域構成は、T-O Map の等分比とほぼおなじである。まった
く異なった出自と作図目的で作成された 2 つの地図が、3 大陸の面域構成比という点に関
しては共通しているといえる。このことを指して、新たな展開をめざしたカタローニア図
の背後に宿る T-O Map の幻影とよびたい。

(1)―3　金をもつ 6 人の王

　カタローニア図がサハラ南方に記載する黒人王は、右手に金の珠をかざしもつ姿で描か
れている。その金珠に注目して、黒人王がゆたかな金産地の王であること述べたのち、サ
ハラを縦断する金と塩との遠隔地交易を語るのが、慣習的ともいいうる同図の引照法で
あった。しかしカタローニア図全体をみわたすと、金をもつ王はサハラ南方の黒人王のみ
にかぎられていない。これを手がかりとして、金という観点からカタローニア図について
考えたい。

　同図は、8 葉からなる世界総図に計 15 人の王を描く。前述したように、その描出はア
ジアとアフリカにかぎられ、ヨーロッパの範域には描かれていない。子細にみると、15
人の王たちのうち黒人王をふくめて 6 人が、手に金珠あるいは金の円盤をもつ姿で描かれ
ている。興味ぶかいのは、それらの金をもつ 6 人の王たちの描出場所である。黒人王をふ
くむ最下端にならぶ 7 人の王のうち 5 人までもが、また最上端に描かれた 1 人の王のうち
1 人が、いずれも手に金球・金盤をもつ姿で描かれている。つまり金をもつ王たちの描出
は、図幅の下端と上端に集中しているのである。

　これら 6 人の王の図像は、描出場所の制約から大小がある。ほぼ同等の大きさにして、
それらを並示すると、図 1 のようになる。同図には、各図像に番号を付して西方から東方
への順に配列した。このうち A ～ E は、カタローニア図が図幅の下端部に描く王たち、ま
た F は上端部に描く王である。これらの金をもつ王について、クレスケスは、つぎのよう

A　ギニアの黒人王　　　　　　　　　　D　イアナ（ジャワか）の女人国の女王
B　アラビア・シバの女王　　　　　　　E　トラポバナ（タプロバナか）の王
C　コロボのキリスト教徒の王　　　　　F　サラ遊牧帝国の王
　（ヴィジャヤナガル王国のヒンドゥー王か）

図1　カタローニア図（1375年）が描く金をもつ王と女王

に説明する。Aギニアの黒人王、Bアラビア・シバ（Arabia Sebba）の女王、C南インドの
コロボ（Kolobo）王[18]、Dイアナ島[19]（Illa Iana）の女王、Eトラポバナ（Illa Trapobana）島
——タプロバナ（Taprobana）＝セイロン島の誤りであろう——の王、そしてFサラ（Sarra）遊
牧帝国の王で、Fはカスピ海の北方に描かれている。

　図1のこれらの王たちの図像の下端には、共通して横長の漆黒部分がある。それは、カ

タローニア図の上端と下端をふちどる黒い外枠にあたる。つまり金をもつ王たちが、いずれも外枠ちかくの縁辺部に描かれていることを示している。縁辺部を離れた図幅の中央部に注目すると、そこには計7人の王が描かれている。しかしそのなかには、金珠・金盤を手にするものはいない。つまり金球・金盤をもつ王は、図幅の最下端と最上端、いいかえればカタローニア図が既知の世界とする範域の縁辺にかぎられていることになる。

　計15人の王の着座姿勢も、椅子に座するものが8人、胡座するものが7人となる。椅子座と胡座が相半ばしているが、興味ぶかいのは、椅子に座する8人の王のうち7人までもが、図の最下端にならんでいることである。黒人王も、椅子に着座する王として描かれている。つまり、カタローニア図が描く金珠・金盤をもつ王は、場所としてはマリョルカ・ユダヤ人地図学派が把握していた世界の縁辺、着座姿勢としては椅子座という共通性をもつ。

　ここで興味ぶかいのは、既知の世界の縁辺という金をもつ王たちの描出位置である。古代ギリシア以来、ヨーロッパでは世界の縁辺に産金地があると信じられてきた。たとえば紀元前5世紀のヘロドトス（Herodotus）をとりあげると、彼の時代にはギリシア人の東方への地理的認識は、ガンガー（Ganga、ガンジス）川の存在は知られていたとはいえ、ほぼインダス（Indus）平原までであった。彼は、インダス川以東をインドとし、そこを人間の居住世界の東端としていた。そして金についても、インドには金が無尽蔵にあり、犬よりも大きな蟻が沙漠のなかから金を掘りだすことを述べている[20]。

　また紀元2世紀のプトレマイオス（Ptolemaei）は、ガンガー川を越えた東方——彼は「外インド」とよぶ——の地の果てに半島があり、そこが多くの金銀を産することを述べて、その半島を「黄金半島」とよんでいる。くだっては13世紀末にマルコ・ポーロが、日本とされるジパング（Jipang）を「黄金の国」として紹介したことはよく知られている。その紹介がヨーロッパで容易に受容された背景には、ジパングが当時のヨーロッパからもっとも東方の周縁に位置していたことがはたらいていよう。

　カタローニア図も、世界の縁辺に着座する王のほとんどを、手に金珠・金盤をもつ姿で描いている。その描出の背後には、古代ギリシア以来の「金は世界の縁辺で産する」という伝承があろう。もちろん、それらのなかには現実に産金地の王もふくまれている。その筆頭に位置するのが、図1・Aの黒人王であった。

(1)―4　サハラ以南の描出

　ここで、カタローニア図が描く西アフリカに話題を集中させて、その描出について検討することにしたい。図2は、その検討対象とする範域を、カタローニア図から転載したも

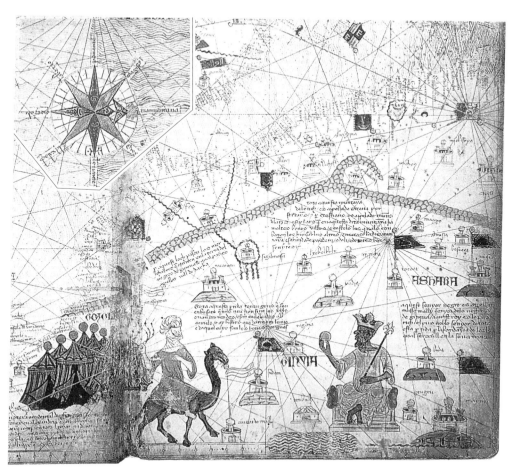

図2　カタローニア図（1375年）が描くサハラとギニア

写真1　トゥアレグ人のラクダ騎乗者　青い長衣をまとう彼らは「青い種族」ともよばれ、サハラ沙漠を活動域とする遊牧集団であると同時に、ヒトコブラクダ・キャラバン輸送の担い手でもあった（応地撮）。

のである。さきにクレスケスのカタローニア図が、コンパス・ローズのかたちで方位を描出した最初の地図であることを述べた。参考のために、同図のコンパス・ローズを本来の位置から移動させて、同図北西端の大西洋上に白枠で囲って掲載しておいた。

アトラス山脈とその南北　　アトラス山脈は、位置に関しては、現実どおりに地中海南岸の内陸部を東西走する山脈として描かれている。しかし東西幅に関しては、大西洋岸を西端として、東は**図2**の図幅外のエジプトにまでつらなる大山脈とされている。その西端には、大文字で GOZALA と記入されている。それは、アトラス山脈の西端地方を意味する中世ヨーロッパの呼称であった[21]。その東西幅は現実のアトラス山脈のほぼ2倍にあたり、アトラス山脈を巨大な連山として認識していたことを物語る。この規模での同山脈の描出は、カタローニア図に先行するマリョルカ派ポルトラーノにも共通し、クレスケスはそれにしたがって作図したのであろう。

アトラス山脈は、単体の連続山地として描かれているが、東端は鳥脚の趾（あしゆび）のように3つに分岐して尽きる。おそらくそれは、東端では同山脈が高原状になることを表現しているのであろう。単体部分の途中にも、**図2**の中央部に描かれているように、1ヵ所に鳥の蹴爪のような鉤状突起がある。さらに山体は全面的に細かな鱗（うろこ）模様で覆われ、あざやかな山吹色で彩色されている。いま列挙したアトラス山脈の形態・色彩・鱗模様などの特徴から、カタローニア図でのアトラス山脈の描出を、蹴爪をそなえた鳥脚にたとえることが多い。この様式での同山脈の描出は、クレスケスのカタローニア図だけに特有のものではなく、他のマリョルカ派ポルトラーノでも共通してみられる。

ヨーロッパを東西走するアルプス山脈も、形態・彩色・鱗模様などの点では、アトラス山脈とおなじ様式で描かれている。しかしその東西幅は、アトラス山脈よりもはるかに短小である。しかしアルプス山脈の方が実情に近いのであって、前言したようにアトラス山脈は、東西幅が過大に表現されているのである。そのためヨーロッパとアフリカが、地中海によってではなく、アトラス山脈によって二分されることを示すかのようである。つまり地中海の南北両岸をヨーロッパとアフリカに分断するのではなく、一体的な「地中海世界」とよびうる空間として把握しているといえる。

そのことを明示するのが、カタローニア図に記入された画像や説明である。アトラス山脈以北の地中海の南北両岸とヨーロッパをふくむ一帯での主たる記入は、海岸線を埋めつくす地名と王・領主・騎士団などを表徴する旗（banner）である。これに対して同山脈以南のサハラに記入されているのは、**図2**でみるように、大きく描かれた人物やラクダなどの画像と長い説明文を主とする。このアトラス山脈を境界とする南北での記入・描出の相違は、アフリカのみにかぎられたものではない。アジアにあてられた右方の4葉での記

入・描出も、アトラス山脈以南とおなじである。同山脈を境界とする南北の相違は、同時に、地中海両岸をふくむヨーロッパとアジアとのあいだでの描出・記入の相違へと敷衍できることを示す。

　図2のアトラス山脈以南のサハラに記入・描出された説明と画像を個別にとり出して、くわしく検討することにしたい。図の上端に縦書きされた細かな文字列は、地中海南岸の海岸線にならぶ都市・岬などの地名を示す。その稠密かつ微細な記入は、カタローニア図の出自が地中海のポルトラーノにあることを物語る。それらの地名は、赤字と黒字の2つに区別して記入されている。赤字地名は少なく、その主なものを西から東へとあげると、Tanjer（タンジェ）・Septa（セウタ）・Millela（メリリャ）・Oram（オラン）・Alger（アルジェ）などとなる。いずれも地中海南岸の重要地点・都市であって、カタローニア図は、それらを赤字で特記しているのであろう。

　これらの地名群と旗の南方を東西走する鱗模様の帯が、アトラス山脈である。その鉤状突起の下方で、クレスケスは、つぎのように同山脈について説明する。「この山々の連なり全体を、サラセン人はカレナ（Carena）山地、またキリスト教徒はクラリ山（Muntis Claris）とよんでいる。この山脈のなかには、多くの美しい都市また城砦があって、それらの都市・城砦はたがいに戦いあっている。さらにこの山脈は、いまもパン・ブドウ酒・（オリーブ）油・あらゆる種類の美味な果物を豊富に産する[22]」。

　この説明は、先述したダロルト図・デュルセール図とも異なっている。後2者では、同山脈が一般には Athlans（アトラス）とよばれること、また沙漠の野蛮人（barbarie）の世界と肥沃な地方とを分かつ山脈であることを強調している。カタローニア図の説明はより詳細になっているが、アトラス山脈という名称への言及はみられない。

黒人王とラクダ騎乗者　　アトラス山脈以南の地には、赤と青の2色を交互させた大文字で、右上に ASHARA また中央に GINYIA と記入し、この一帯がサハラとギニアとよばれることを示している。そこには、2つの大きな画像が描かれている。1つは右方に描かれた王、もう1つは左方のラクダに騎乗する男である。王は黒人で、王杖を左肩に寄せかけて、裸足の交脚姿勢で玉座に座している。その頭上には黄金のコロネット（coronet、宝冠）状の王冠を戴き、右手には黄金の珠をかざしもって前方に視線を注いでいる。

　王杖の上端も、百合の花をかたどった金色の杖頭で飾られている。百合の花は、フランスをはじめとしてヨーロッパでは王権のシンボルであり、その王権はローマ法皇によって認証・担保されていた。大天使ガブリエルが白百合の花を捧げもってマリアに受胎告知したとされるように、百合の花はキリスト教とつよくむすびつく。百合の花をかたどった王杖は、キリスト教世界の王を表象する図像である。クレスケスは、黒人が王であることを

示すために、百合の花で杖頭を装飾したのであろう。しかし黒人王はイスラーム教徒であり、画像も、もみあげから顎にかけて髭をたくわえたムスリムの姿で描かれている。またムスリムの王が王冠を頭上に戴くことは、前近代にはほぼありえない。

　黒人王の頭上の宝冠・右手の珠・左手の王杖の杖頭はいずれも金色で彩色され、それらが黄金製であることを物語る。さらに王は、くちなし色の長衣をまとっている。その色彩は金珠とおなじであり、長衣も、金糸を織りこんだ金襴仕立てのものであることを示していよう。このように黒人王の衣装・持ち物は、黄金づくめである。

　黒人王の視線の先には、ヒトコブ・ラクダに騎乗して接近してくる男が描かれている。男は、顔面のみを残して白いターバンで頭を覆い、やや黄色みをおびた萌黄色の長衣を全身にまとっている。長衣から露出した腕と足、またターバンのあいだから窺える顔の肌は白く、彼が、黒人王とは異なって北方系の白色人種に属することを示す。王は、前方の男にむけて右手の指先に金珠をかざしもって、彼を招きよせているかのようである。騎乗の男も右手の三叉ムチでラクダをいそがせて、金珠を誇示する王に近づいていく。その描出は、北方の白色人種と南方の黒色人種とのあいだの黄金交易を表象していよう。

　カタローニア図は、この2人の画像を東と西に対位させて描くとともに、2人への説明を、それぞれの右上に並示して記入する。まず、黒人王について、「この黒人の王はムッセ・マリ（Musse Mally）とよばれ、ギネヴァ（Gineva、ギニア）の黒人たちの統治者である。王の国で発見される黄金は非常に豊富で、彼は、この地方で最も富裕かつ最も高貴な王である[23]」。この説明は、ムッセ・マリ王の領域が豊かな産金地であることを強調し、王が右手にかざしもつ大きな金珠で、そのことを象徴しているのであろう。

　一連のマリョルカ・ユダヤ人地図学派の作成図のなかで、サハラ以南に黒人王を描出したのはクレスケスのカタローニア図が最初ではない。カタローニア図にさきだって「マリョルカ・ユダヤ人地図学派」が作成した代表的な地図は、前言した現存最古のダロルト図とデュルセール図の2つである。このうちサハラ以南に王を描出するのはデュルセール図のみで、ダロルト図では描出も説明文での言及もなされていない。

　デュルセール図では、クレスケスのカタローニア図とおなじ姿勢で玉座に座し、左手に王杖、右手に金珠をささげもつ姿の王が描かれている。そして王について、「このサラセンの王は、この砂に覆われた地帯を支配している。彼は、非常に豊かな金鉱を所有している。マリの王[24]」との説明を付している。この描出と説明は、クレスケスのカタローニア図と類似しており、同図がデュルセール図にならって黒人王の画像と説明を記入したことを物語る。しかし両者の説明には、大きな相違がある。それは王の肌色で、デュルセール図は白色、カタローニア図は黒色で描出している。カタローニア図は、「マリの王」を黒

人王に修正して描いているのである。

　カタローニア図でのラクダの騎乗者に戻ると、同図は、その右上に「この地方一帯には、ヴェールで（顔を）覆い隠した人たちが占住する。そのため（外からは）彼らの眼だけしか見えない。彼らはテントに住み、ラクダに乗る。レンプ（Lemp）とよばれる動物を飼い、その皮からよい楯を作る[25]」と記入する。テントについては、左下端に、黒色と鼠色のストライブ地のヨーロッパ風テント群を描いている。それへの説明はないが、ラクダの騎乗者に接して描かれているので、説明文で言及されていたラクダの騎乗者たちのテントを意味していよう。

　白い肌のラクダ騎乗者は、サハラ沙漠を縦断するキャラバン交易の担い手であったベルベル（Berber）系集団、おそらくはトゥアレグ（Tuareg）人を指していよう。彼らの男性は、顔のみを出して全身を長衣で覆う服装で知られている（写真1）。ラクダ騎乗者も、これとおなじ服装である。彼は、黒人王がかざす金珠に顔をむけて、それに引きよせられていくかのようにラクダを進めている。その描出は、両者をむすぶ重要な交易品が黄金であることを表現している。

　黄金の交易路に関する簡単な説明が、ラクダ騎乗者の上方に、アトラス山脈にそって斜め書きされている。それは、「もし商人たちがギニアの黒人たちの地に入ろうとすれば、この場所を通って行く。商人たちは、この通廊を「ダルチャの谷（Vall de Darcha）」とよんでいる[26]」と読める。子細に観察すると、アトラス山脈は、この説明文の左端上方で切断されている。それは、ここに、同山脈を横断する峡谷が存在すること、この峡谷が「ダルチャの谷」にあたることを示していよう。

　「ダルチャの谷」は、ドラーア（Drāa）峡谷に比定できる。現在も、同峡谷には、マラケシュ（Marrākush）からアトラス山脈を横断してサハラ沙漠へといたる幹線交通路が走る。そこを行くと、高く切り立った谷壁の下に、ナツメヤシが密生する狭長な谷底面がつづき、南下するにつれて谷底面は幅を増していく（写真2）。その光景は、カタローニア図が作成された14世紀後半でもおなじであったであろう。

　「ムッセ・マリ」王とラクダ騎乗者の周辺に記入された3つの説明文の内容を確認したうえで、さらにカタローニア図の読解をつづけたい。「ムッセ・マリ」とは、同図の作成にさきだつ14世紀前半のマリ帝国最盛期に君臨したマンサ・ムーサー（Mansa Mūsā、在位1312–37年あるいは1307–32年）を指すとされる。マンサは「王」を意味するので、「マンサ・ムーサー」は「ムーサー王」ということになる。

ムーサー王のマッカ巡礼行　　ムーサー王がおこなった1324〜25年のマッカ（メッカ）巡礼は、豪勢さと華麗さで当時のイスラーム世界を驚愕させた。その風聞は、イスラーム

写真2　ドラーア川の谷　マグリブ西部からサハラへの重要交通路で、アトラス山脈の高地部では切り立った断崖の峡谷が続くが、山麓に向かうにつれて谷が広がり、ナツメヤシの多い大オアシスへと変わって行く（応地撮）。

世界だけでなく北方のキリスト教世界にもひろく流布した。13世紀になると、1234−35年のジェノアによるジブラルタル海峡に面するセウタの攻略[27]をはじめとして、北アフリカの地中海沿岸にはヨーロッパ人の居留地が飛び地状に建設されていく[28]。それらをつうじて、その風聞はいち早くヨーロッパにも伝えられたのであろう。

　これと関連する興味ある事実を、**図2**からよみとることができる。それは、地中海南岸の中央部、鉤状突起の左上方に立つ六芒星旗である。その記入・描出の場所は、バレアレス島対岸のアルジェちかくにあたる。六芒星はユダヤ人の表象であり、その描出はアルジェ近傍に彼らの有力な居留地があったことを示していよう。

　ムーサー王の巡礼行については、いくつかの記録が現存していて、その注目と衝撃の大きさをいまに伝えている。そのなかでよく引用されるのは、アル・ウマリー（al-Umarī、1301−49年）の記録である。彼は、カイロを本拠地とするマムルーク（Mamluk）朝に仕えていた文官であった。彼自身は、1324年のムーサ王のカイロ訪問時にはダマスクスに赴任していたため、その巡礼行を実見することはなかった。しかしカイロに帰任後に、ムーサ王に接した同僚をはじめとする人々から情報を集めて記録に残したという[29]。

　アル・ウマリーによれば、ムーサー王は12,000人ともいわれる多数の着飾った従者にくわえて、ラクダ100頭に砂金を積んで巡礼に出立し、その途上で、カイロついでイスラームの2聖都たるマッカとマディーナでふんだんにザカート（喜捨）したという[30]。アル・ウマリーより時代は下がるが、おなじマムルーク朝の歴史家アル・マクリーズィー（al-Maqrīzī、1364−1442年）も、ムーサー王が14,000人の若い奴隷を随行させていたとの記録を残している[31]。いずれにしても同王は、想像を絶する数の随行者をともなって巡礼行に出立したのであろう。

　同王の巡礼行の際にカイロに流入した砂金だけでも、10トンにおよぶといわれる。こ

の数字は誇大ではあろうが、ラクダ 1 頭が 100 キログラムの砂金を運んだとすれば、アル・ウマリーが述べる 100 頭の合計値は 10 トンとなる。とすれば、あり得ない数字ではない。もちろん人間用の水や食料を運搬するラクダが別にいるという前提がなければ、100 頭で 10 トンの砂金を運ぶことはできない。

　いずれにしても、大量の金の流入によって、カイロの金価格は大きく変動した。この点についてアル・ウマリーは、つぎのように記している。「（ムーサ王の）到着年までは、カイロの金相場は高いままであった。ミスカール（mithkāl、約 4.464 グラム）あたりの金価格は、25 ディルハムより低下することはなかった。ほとんどの時期をつうじて、それよりも高くなる傾向さえあった。しかし（ムーサ王の）来訪年以来、金価格は下落し、その相場は変調をきたしている。今日にいたるまで、その変調は持続し、ミスカールあたりの金価格は 22 ディルハムよりも高くなることはなく、それ以下になることさえある。（ムーサ王の巡礼行が）エジプトに持ちこんで費消した大量の金のために、今日にいたるまでのほぼ 12 年間にわたって、このような状態がつづいている[32]」。

　しかしアル・ウマリーも[33]、イブン・バトゥータ（Ibn Battūta）も[34]、ともに、携行した黄金だけでは足りなくなり、帰途にムーサー王はエジプトなどで多額の借り入れをおこなったと記している。同王のマッカ巡礼行を契機として、マリ帝国は、イスラーム世界のみでなく、ヨーロッパ世界にも「黄金の帝国」としてひろく喧伝されるにいたる。

　しかしムーサー王の巡礼行は、たんに驚愕と「黄金の帝国」伝説の流布という歴史のエピソードだけにとどまるものではなかった。それは、地中海世界の実体経済にも重要な影響をあたえた。ブローデル（Braudel）は、ムーサー王のマッカ巡礼を契機として、金が地中海全体に流通するようになり、「金の補給者である北アフリカが、少しずつ、地中海全体の原動力になってくる[35]」と述べている。ブローデルは、ムーサー王の巡礼行を契機とする＜ブラック・アフリカ←→マグリブ・地中海世界＞を連環する広域経済システムの成立を語っているのである。もちろん北アフリカは、金の産出地ではない。この広域経済システムでの北アフリカの役割は、サハラ縦断交易によって入手した金を地中海世界に流通させる中継的なものにすぎなかった。

トンブクトゥの特異図像　　ムーサー王は、帰途に際して、マッカで出会ったスペイン・グラナダ生まれの建築家兼詩人アブー・イスハーク・アル・サーヒリー（Abū Ishāq al-Sāhilī）をトンブクトゥに帯同し、同地に宮殿と大モスクを建設させた。現在では宮殿は完全に亡失しているが、大モスクは、修復・再建をくりかえしつつ、いまも使用されつづけている。カタローニア図は、ムーサー王の玉座の足下に、両開き戸をそなえた大型丸瓦ぶきのようにみえる単層家屋を描き、その上方に「テンブク（Tenbuch）」と記入してい

る。その名はトンブクトゥに比定され、トンブクトゥに関するもっとも早期の記載の1つとされている。

　カタローニア図が「テンブク」と注記する家屋の図像は、**図2**として掲げた範域だけでなく、同図全体に記入された都市を示す図像とはまったく相違する。まず、この一帯で瓦ぶき的な屋根の単層家屋で図像化されているのは、「テンブク」だけである。**図2**でサハラとその周辺に描き込まれた他の諸都市をとりあげると、たとえばムーサー王が右手にもつ金珠の前方に記入された「タガザ（Tagaza）」——当時のもっとも重要な岩塩鉱所在地であったターガーザ（Tagahza）にあたる——、またその左下の「スーダム（Sudam）」、さらにその下方の最南端に記入された「マーッリーの首都（Ciutat de Melli）」、ムーサー王の右下に記入された「ゲウゲウ（Geugeu）」——ガオ（Gao）にあたるか——などをはじめ、それらの都市は、いずれもおなじ図像で描かれている。それは、「まわりに円形市壁をめぐらし、その内部にタマネギ状の円球ドームを載せる塔が立つ」という図像である。

　さらに「テンブク」の単層家屋は、正面から正視する視角で描出されている。これに対して他の諸都市は、上方からやや俯瞰する視角で描かれている。このように「テンブク」の描写は、その他の都市とはまったく異なった図像様式と描出視角でなされている。

　カタローニア図では、「円形市壁とその内部に立つタマネギ状の円球ドームを戴く塔が立つ」という図像様式での都市表現は、サハラ以南にかぎられたものではなく、ヨーロッパやアジアでもひろくみられる。しかし図像様式はおなじであっても、同図は、それらを4つに大別して図示している。1つは、円球ドーム上に十字架を掲げたものである。それらはキリスト教世界に属する都市を示し、当然、ヨーロッパに多い。第2は、三日月と星を描く旗をドーム上に掲揚しているものであり、それらはイスラーム世界の都市を示していよう。第3は、十字架もなく、三日月と星以外の旗を描くものである。これは、キリスト教またイスラーム以外の宗教世界に属する都市を意味していよう。これらの3つは、ドーム上に旗や十字架といった掲揚物を描く点では共通している。これらに対して第4は、ドーム上に掲揚物が描かれていないものである。カタローニア図全体の都市描出のなかでもっとも多いのは、この第4のタイプである。

　サハラ一帯での都市描出をくわしくみると、これらのうち第1のものをのぞく他の3つを網羅している。たとえば前記の「スーダム」には、第2のタイプにあたる三日月と星を描く黒旗が円球ドーム上に掲揚されている。第3のタイプに属するのは「マーッリーの首都」で、円球ドーム上に2旒の白い吹き流しを掲揚した塔で表現されている。また「ゲウゲウ」をはじめ多くの都市が、第4の旗のない円球ドームだけであらわされている。このように、サハラ一帯での同図の都市表現は多様である。しかしこれらの都市は、いずれも

「円形市壁の内部に円球ドームを戴く塔が立つ」という図像様式では共通している。

　これらのいずれにも該当しない例外が、「テンブク」の図像様式である。カタローニア図全体をみわたしても、「テンブク」とおなじ図像様式での都市表現はみられない。「テンブク」の都市表現は、唯一といえる例外的な特異性をもつ。

　この点について、「テンブク」の図像は、前記のアル・サーヒリーの墓廟を示したものとの解釈がある[36]。彼の墓廟については、1354 年にトンブクトゥを訪れたイブン・バトゥータも、『大旅行記』のトンブクトゥの章で、自分の故国（グラナダ）でも名だかい同胞詩人の墓廟としてふれている[37]。しかしレコンキスタ後のバレアレス諸島、しかもそのユダヤ人社会において、アル・サーヒリーの詩人としての名声が伝わっていたとは考えにくい。むしろ世俗的な単層家屋という図像から、ムーサー王の建設宮殿を示すと考えることもできる。いずれにしても、ここでは、カタローニア図におけるトンブクトゥの都市表現がきわめて特異であることを強調しておきたい。

　トンブクトゥ直南の内陸湖　カタローニア図が描くサハラ沙漠には、トンブクトゥの都市図像のほかに、もう 1 つの特異な描出がみられる。それは、「トンブク」直南の沙漠中に描かれたヨコ長の閉鎖楕円で、その内部は青色と白色の二重波線で埋めつくされている。これとおなじ二重波線は、大西洋・地中海・黒海・ペルシア湾などの海洋、またカスピ海にも描きこまれている。したがって「トンブク」直南のヨコ長・閉鎖楕円は、沙漠中の内陸湖を示すと考えうる。

　内陸湖に注目してカタローニア図全体をみると、同図は、潟湖をふくめて計 17 の内陸湖を描いている。そのなかでもっとも大きく表現されているのは、もちろんカスピ海である。それについで大きいのが、「トンブク」直南の湖水となる。その規模は、カスピ海よりもはるかに小さい。しかし 3 位以下の他の内陸湖とくらべると、その規模ははるかに大きい。つまり「トンブク」直南のヨコ長・閉鎖楕円の湖水は、カタローニア図が描く内陸湖のなかではきわだって大きいといえる。クレスケスは「トンブク」南方の沙漠中に大規模な内陸湖があると認識し、それをヨコ長・閉鎖楕円で図示したのであろう。

　ここでカタローニア図に先行するポルトラーノをとりあげて、サハラ南端での内陸湖の描出について検討すると、つぎのようになる。マリョルカ・ユダヤ人地図学派の作成になるポルトラーノでは、現存最古の 1325/30 年のダロルト図も、また 1339 年のデュセール図も、ともに「マリの王」の画像の周辺には内陸湖を描いていない。したがってマリョルカ・ユダヤ人地図学派では、クレスケスのカタローニア図がサハラ南端に内陸湖を描いた最初の図としうる。同学派以外のイタリア派にまで検討対象をひろげても、ほとんどの図が内陸湖を描いていない。

　しかしそのなかで注目されるのは、1367 年作成のピジガーニ（Pizigani）兄弟図[38]である。彼らは、ヴェネツィアを本拠として活躍した地図作成者であった。同図は犢皮紙に描かれたポルトラーノで、アフリカ内陸部にも河川・都市などを描いているが、その数はカタローニア図よりもはるかに少ない。そのなかに、西流する河川の中流にヨコ長・楕円形の内陸湖が描かれている。カタローニア図での内陸湖と河川との関係は、内陸湖の東方には河流が記入されているが、西方はヨコ長・ベルト状の尺度目盛の記入スペースにあてられている。そのため西方には河流は描かれていないが、尺度目盛を記入するために河流が削除された可能性もある。そのためクレスケスが内陸湖から西流する河川を認識していなかったとは断言できない。

　このようにマリョルカ派とイタリア派の両派に共通して、1370 年の前後にサハラ南端に内陸湖を描く地図が出現する。その作成年次はピジガーノ兄弟図が先行している。しかしカタローニア図は、内陸湖の直北にトンブクトゥにあたる「トンブク」という地名とともに、そのユニークな都市画像を描出していた。「トンブク」を記載した最初の地図は、カタローニア図であった。しかも同図は、内陸湖とトンブクトゥとを直近させて描出していた。トンブクトゥと内陸湖との位置関係は現実を反映しており、この点でもカタローニア図は画期的であった。つづく 15 世紀には、ヨーロッパで作成される地図の多くがサハラ南端に内陸湖を描くようになる。

　ピジガーノ兄弟図やカタローニア図が描出する「サハラ沙漠の南端に大規模な内陸湖がある」というメッセージに対しては、奇異感をもつむきも多いであろう。しかし私は、それは突飛な空想ではなく、現実を踏まえた描出であったと考える。結論からいえば、トンブクトゥ直南のヨコ長・閉鎖楕円は、増水期のニジェール川の溢流・氾濫によって同川大湾曲部の内陸デルタ一帯が沈水し、そこに 8 月～1 月に出現する巨大な内水面を示していると考える（写真 3）。のちに詳述するように、トンブクトゥの交易活動は、ニジェール川とその溢流・内水面を南方への重要な交通ルートとしていた。この事実にもとづいて、ピジガーノ兄弟やクレスケスは、そこに大きな内陸湖を描出したのであろう。

　ここで、「はじめに」でトンブクトゥに関する第 3 の言及として述べた「混一疆理歴代国都之図」を想起したい。同図は、現存する世界図のなかで、アフリカを海に囲まれた大陸として描いた最古の図である。図 3 として、「混一疆理歴代国都之図」のアフリカ大陸とその周辺のトレース図を掲げた。不思議なことに、同図も、アフリカ大陸内部のサハラ沙漠一帯に巨大な内陸湖を描いている。

　作成年次は、カタローニア図が 1375 年、「混一疆理歴代国都之図」が 1402 年であって、両図は、ほぼ同時期に作成された世界図といえる。その作成場所は、カタローニア図がマ

図3 「混一疆理歴代国都之図」（1402年）のアフリカ大陸とその周辺（応地写図）

写真3　沈水下のニジェール川内陸デルタ　8月中旬の同デルタ中部の状況。増水期に入ったばかりで、また上流部のダム建設によって流水量が減少したとはいえ、まさに「ウミ」とよびうる巨大な内水面と化している（応地撮）。

リョルカ島、「混一疆理歴代国都之図」が李氏朝鮮王朝下の朝鮮半島であった。前述したように、マリョルカ島は当時の地中海世界西部における地図作成センターであり、また朝鮮半島も当時の東アジア世界における地図作成センターであった[39]。同時代のユーラシア大陸の東・西両端を代表する地図作成センターで、ともにアフリカ大陸の内部に大湖水を描く世界図が作成されていたのである。

　その所在位置を、カタローニア図は「トンブク」の直南としている。「混一疆理歴代国都之図」も、その巨大湖水の北辺に、たとえば「撒里撒別」・「思」・「阿刺八別它思」・「阿里邦」・「昔弗离」などの漢字地名を記入する。しかしそれらのなかに、「トンブク」や「タンベットウ」などをふくめて、トンブクトゥに比定可能な地名を見いだすことはできない。カタローニア図が描く「トンブク」とその南方に所在する内陸湖に関する地理情報が、イスラーム世界を経由して東方へと伝播していく過程で、トンブクトゥの記載は欠落し、内水面の伝承のみが肥大化していったのであろうか。

(2) トンブクトゥ幻想の肥大と持続

　カタローニア図が作成された14世紀後半には、アトラス山脈南方のサハラ沙漠北辺に所在する諸都市をとりこんで、地中海世界の交易ネットワークが形成されていた。ヨーロッパ人も同ネットワークに参画し、14世紀は、彼らのサハラ進出が進行していく時期でもあった[40]。そのネットワークの主たる担い手はユダヤ人商人であり、ヨーロッパ人のサハラ進出も、彼らの交易ネットワークを利用したものであった。ムーサー王の巡礼伝承やカタローニア図などが伝えた黄金伝説に導かれて、彼らの重要な関心は黄金さらにはトンブクトゥに向けられていく。

(2)―1　遥かなるトンブクトゥ──紹介と到達の試み

　ヨーロッパ人のトンブクトゥに関するもっとも早い記録は、1447 年のジェノア商人マルフォンテによるものである。彼はトンブクトゥを訪れることはなかったが、タンベット（トンブクトゥ）在住商人の兄弟と出会い、それをもとに南方にひろがる黒人の国々の豊かさを記している[41]。さらに 1467 年には、トンブクトゥを訪れた最初のヨーロッパ人の記録があらわれる。それはフィレンツェ商人のベネデット・デイによるもので、彼は、トンブクトゥについて「タンベットゥは、バルバリア王国の南の、荒涼たる土地のただなかにある。商取引がたいそうさかんで、ラシャ、サージ、（北イタリアの）ロンバルジア製の畝織りの布地が売られている[42]」（川田順造訳）と述べている。

　16 世紀になると、海を経由するポルトガル人の西アフリカへの進出・侵攻が開始される。それは、トンブクトゥの実像をあきらかにするどころか、トンブクトゥをますます遠い存在としていった。その結果、ヨーロッパでは、偉大な黒人帝国の中心・首都として、トンブクトゥが異常なまでに過大視されていく[43]。それが、「神秘の都市トンブクトゥ」幻想を高めていった。幻想にみちびかれて、記録には残されていないが、トンブクトゥへの往路あるいは帰路の途上で多くの人々が倒れ、サハラに屍を累積させていったであろう。

　そのなかで、サハラ縦断の陸路ではなく、海路でトンブクトゥに到達したヨーロッパ人が現れる。フランス人のポール・アンベール（Paul Imbert）である。彼は、水夫として乗船していた帆船がモロッコ沖でアラブ人海賊に襲われたときに捕らえられて、奴隷として売られた[44]。1618 年に、彼はモロッコ王にしたがってトンブクトゥを訪問したという[45]。当時、トンブクトゥはモロッコの占領下にあった。彼はモロッコまで帰着したが、同地で死去したとされる[46]。

　トンブクトゥ幻想は、18 世紀後半に新たな展開をみせていく。その担い手は、ヨーロッパ列強、とりわけポルトガルやオランダにかわって西アフリカへの進出を本格化しつつあったフランスとイギリスであった。両国は、当時、西アフリカ沿岸一帯での植民港市の建設を終了しつつあった。当然、つぎの目標は、港市の背後にひろがる内陸への進出であった。そのときに模索された進出ルートは、従来の北から南下するサハラ縦断ではなく、西方の大西洋岸から東進して内陸部をめざすものであった。

　先鞭をつけたのは、フランスである。それを主唱したのは、ルイ 14 世の財務総監としてフランスの植民政策を領導していたコルベール（Colbert）とされる。彼は、当時の総督からの報告によって、ニジェール川流域一帯にあたるスーダーンの重要性を認識し、内陸への進出を企図した[47]。その背後には、トンブクトゥ幻想があった。そのとき、進出ルー

トとして考えられたのが、大西洋岸のフランス根拠地サン・ルイ（San Louis）から東方へとむかうセネガル川・ルートであった[48]。付図1には、西アフリカ一帯の植生・生態系と河川の配置とともに、現在の各国国境、さらにサン・ルイをふくむ主要都市を示した。サン・ルイ（付図1・●1）は、同図の大西洋岸中部のセネガル川（付図1・SE）河口デルタの小島嶼に位置している。フランスがここをアフリカ進出の根拠地としたのは、つぎのような構想にもとづくと考えられる。

　ブラック・アフリカのなかではフランス本国にもっとも近い位置にあること、内水面でアフリカ本土から隔てられた島嶼のため防御容易なこと、セネガル川の広い河口を外航船が碇泊可能な港湾として利用できること、同川を内航船で遡航して内陸へ進出しうることなどの同島がもつ戦略的位置に注目したのであろう。同図が示すようにセネガル川の上流は、ニジェール川本流とごく近い位置にある。そこに介在する狭い陸域をへだてて、2つの川はいわば連水関係でむすばれている。その境域を通過してニジェール川上流に出ると、ニジェール川本流を流下して東方のアフリカ内陸部へと一挙に進出することが可能である。

　しかしフランス革命とナポレオンの登場によって、コルベールの企図は実現しないままに終わる。かわってイギリスが、その企図を推進していく。1790年のヒュートン（Houghton）、1795年と1803年のパーク（Park）、1826年のレイング（Laing）の探査行は、いずれもニジェール川流域を踏査してトンブクトゥ到達をめざした。このうちレイングはトンブクトゥに到達したが、トンブクトゥを出立した2日目にスパイの疑いで殺されている。彼だけでなく、ヒュートンとパークも、ともに踏査途上で命を落とした。

　トンブクトゥへの憧憬と幻想は、19世紀前半に最高潮に達する。ここで、その幻想について具体的に考えることにしたい。幻想とは、つねに実体の過大視あるいは過小視から生まれる。トンブクトゥのように憧憬と結合した幻想は、実体の過大視の所産である。しかしいずれの場合であっても、幻想と実体とのあいだには関係性が存在する。幻想は、なんらかの意味で実体の反映なのである。

　したがってトンブクトゥ幻想を語ることは、トンブクトゥの実体を語ることでもある。しかしここでは、その実体についての言及は最小限にとどめて、トンブクトゥ幻想を整理しておくことにしたい。その第1は、もちろん黄金幻想に由来するものである。それにひかれて、はやくも14世紀に、サハラ縦断の冒険旅行にヨーロッパ人が乗りだしていったことについては前言した。当時、その中心にいたのはジェノア商人であった[49]。

　第2は、「交易中心として繁栄する富裕なトンブクトゥ」という幻想である。コルベールがセネガル川・ルートでスーダーン進出を企図した背景には、つぎのようなトンブクトゥ観があったとされる。それは、スーダーンの繁栄はそこに所在する主要な交易都市と

密接に関係しており、もし、スーダーンの無政府状態がトンブクトゥに及んでいないとすれば、トンブクトゥには富が手つかずのまま残されているはずだという幻想であったという[50]。

第3の幻想は、「宗教・学術の中心としてのトンブクトゥ」から由来するものである。それをよく示しているのは、1894年にトンブクトゥに入ったデュボワの感慨である。彼は、トンブクトゥの現状について、「これが、かつてギリシア語またラテン語の写本が保存され、いつかの日か、それらをもとに、われわれの古典のテクストを校訂しうるだろうとうたわれた偉大なトンブクトゥなのか[51]」と慨嘆している。

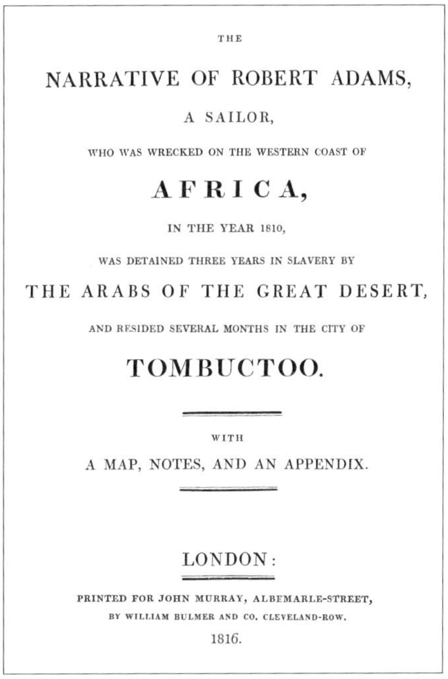

```
THE

NARRATIVE OF ROBERT ADAMS,

A SAILOR,

WHO WAS WRECKED ON THE WESTERN COAST OF

AFRICA,

IN THE YEAR 1810,

WAS DETAINED THREE YEARS IN SLAVERY BY

THE ARABS OF THE GREAT DESERT,

AND RESIDED SEVERAL MONTHS IN THE CITY OF

TOMBUCTOO.

────────

WITH

A MAP, NOTES, AND AN APPENDIX.

────────

LONDON:

PRINTED FOR JOHN MURRAY, ALBEMARLE-STREET,
BY WILLIAM BULMER AND CO. CLEVELAND-ROW.
1816.
```

図 4　アダムスの『トンブクトゥ滞在録』
（1816 年）中扉

(2)—2　アダムスの記録（1816）——凄惨なサハラ行

これら3つの幻想がないまぜになって、フランスとイギリスを中心にトンブクトゥへの関心と憧憬が高揚していった。その熱気をいまに伝えているのが、1816年に刊行されたロバート・アダムス（Robert Adams）の談話録である[52]。その書名は長く、日本語に訳すと、『1810年にアフリカ西海岸で難破した水夫にして、大沙漠のアラブ人によって3年にわたって奴隷として留め置かれ、トンブクトゥの街に数ヵ月在住したロバート・アダムスの談話録』となる。図4は、同書の中扉を示したもので、書名は、6種の活字ポイントを使い分けて印刷されている。そのポイントの違いは、強調すべき事項の序列を示していよう。もっとも大きく表記されているのは、AFRICA と TOMBUCTOO である。もちろん、そこには、同書がイギリスのアフリカ商人会社の求めによって刊行されたという事情がはたらいていよう。と同時に、それは、トンブクトゥへの当時の高い関心に応えるものであった。

いかにトンブクトゥへの関心が高かったかは、同書の構成からも窺える。同書は、4部からなる。それを頁数とともに示すと、1) 冒頭の長い解説—28頁、2) アダムスの談話

—77 頁、3）モロッコ在住のアラブ人などからのキキトリをもとにした談話の検証—72 頁、4）結論—67 頁となる。この構成にみられるように、談話そのものよりも、その検証と結論に多くの頁を割いている。

　検証の多くは、トンブクトゥ自体とそこへの往還のためのキャラバン行にあてられている。このことは、同書の重要な目的がトンブクトゥの「正確な」事情紹介にあったことを物語る。アダムスは奴隷とはいえ、親切に扱われ、働くことも求められなかったという[53]。町を歩くことも許されていたようである。しかし彼自身は、トンブクトゥの町そのものには関心がなかったせいか、その談話には、たとえば店舗は見なかったとか[54]、モスクをふくむ宗教的な施設はない[55]とかのあきらかな誤りもふくんでいる。

　アダムスのトンブクトゥからの帰還行は、トンブクトゥから北上してサハラ沙漠中の岩塩鉱所在地タウデニを経て、モロッコへといたるものであった。彼がタウデニからモロッコへのサハラ縦断行について語るところは、当時のキャラバン行の過酷さをいまに伝えている。その厳しさを知るために、やや長くなるが、ここで彼の談話を要約・紹介したい[56]。

　トンブクトゥ出発時のアダムスをふくむ一行は、ムーア人商人：10 人、ムーア人囚人：14 人、白人：2 人、奴隷：1 人の計 27 人で、ラクダは商人たちのための 5 頭のみであった。記述から推定すると、ラクダには荷物だけを積み、人間は全員が徒歩行であったようである。トンブクトゥを出発して 23 日目の夕刻に、一行はタウデニに到着した。14 日間、そこに滞在して休養する。岩塩鉱について、彼は、円周 18〜27 メートル、厚さ 1.5〜1.8 メートルと述べている。おそらくこのような露天掘りの岩塩鉱が、いくつかあったのであろう。

　商人は、タウデニでラクダ 1 頭を売却して、ナツメヤシの乾果 2 袋と小さなラバを購入した。残りの 4 頭に、ラクダ 1 頭あたり、水を満たしたヤギの皮袋を 6〜8 袋、トンブクトゥで購入したモロコシ粉とナツメヤシの乾果を 2 袋積んで出発した。

　44 日間、1 日あたり 25〜29 キロメートルの速度で沙漠を進んだ。ちなみに江戸時代の東海道の道行速度は、1 日に 30 キロメートル前後であったといわれる。これと比較しても、酷暑下の彼らの沙漠行がいかに強行軍であったかが分かる。一行の疲労ははなはだしく、水も欠乏しはじめる。食料も、ほとんど尽きた。ラバは、過労で死んだ。死んだラバをすぐにさばいて、肉片をラクダに積んだ。陽光で乾燥させて、食用とするためである。一行のうち何人かが、餓えで死んだ。

　さらに 6 日間、沙漠を進んだ。そのスピードは、1 日に 12 キロメートル以下に落ちた。水が得られるはずの予定の場所に着いたが、大きな失望が襲いかかる。周囲 27 メートルほどの凹地は、きびしい乾燥のために完全に干あがっていた。このときには、水はヤギの皮袋 4 つ分しかなく、しかも 1 つの皮袋には 1〜2 ガロン（5〜9 リットル）くらいしか入っ

ていなかった。

　つぎの水が得られる場所までは、さらに 10 日を要する。水にラクダの尿を混ぜて飲む
ことにした。それでも、1 人が 1 日あたり 0.5 パイント（0.3 リットル）もなかった。囚人
のムーア人は、日に日に弱っていった。つづく 4 日間のあいだに、そのうちの 3 人が倒れ、
進むことができなくなった。彼らをラクダに乗せたが、激しい熱射とラクダの揺動のため
に、自分の身体を支えることができなくなった。ラクダに乗せた 2 日目の夕刻には、自分
の脚で歩こうとしたが、もう不可能であった。翌朝には、彼らは前夜に横たわった砂のう
えで死んでいた。死体を埋葬することなく、そのまま放置して出発した。

　つぎの日には、囚人の 1 人が倒れ込み、遅れていった。その翌日、前日に行き倒れた囚
人が追いついて来ると、彼を助けるために、ムーア人の 1 人がみずから残留することを希
望した。彼らのために多少の食料を残して、出発した。その場所は、目的地の町まで 1 日
行程のところだった。しかし彼らは、ともに姿を現すことはなかった。このように当時の
サハラ縦断キャラバンは、凄惨な死と表裏一体の関係にあった。

　ここで、話題をアダムスのトンブクトゥ記載にもどすことにしたい。編集者のコック
（Cock）は、サヘル一帯で交易に従事したことのあるアラブ商人などから得た情報とアダ
ムスの談話とを照合して、真偽のレベルで談話を検証していく。それをもとに、結論とし
て 2 点を提示する。

　第 1 はトンブクトゥの所在位置に関するもので、それに多くの頁を割いて語っている。
そのなかで、イタリック体で強調しているのは「トンブクトゥの近くには、かなりの規模
の航行可能な河川が存在している」ことである。さらに言葉をついで、その河川はニ
ジェール川であり、トンブクトゥは同川からはやや離れた位置にあるが、1 日行程で到達
できるとしている[57]。その際、トンブクトゥから 12 マイル離れた位置に、ニジェール川
に面する河港・カブラ（Kabra）があることを語っている。もちろんカブラは、トンブク
トゥの外港・カバーラのことである。これらの結論は、距離以外は正確といえる。

　同書が述べる第 2 の結論は、おなじくイタリック体で強調記入する「スーダーンの黒人
の異教徒は温和で御しやすく、異人に対しても友好的である。その社会には、広汎な奴隷
（の存在）を本来の特質としている[58]」である。すでにイギリスでは、1807 年に奴隷貿易
禁止法が成立していた。しかし 1816 年の時点でも、彼らの関心がいずこにあったかを示
していよう。

　トンブクトゥの現状については、「トンブクトゥの力と経済的重要性の低下は、当然、
都市そのものの衰退を随伴していよう。たとえば（16 世紀はじめのトンブクトゥについての）
レオ・アフリカヌス（Leo Africanus）の記録をひいて、アダムスが（現在の）トンブクトゥ

の様相について述べる談話をありそうにはないとして、棄却することはできないと考える[59]」と述べる。つまりトンブクトゥの力と経済的重要性は衰退し、その繁栄は過去のものであって、トンブクトゥについて過大な期待を抱くと、その多くが失望に終わるであろうとする。その衰退理由として、同書はつぎの諸点をあげている[60]。

1）トンブクトゥの家屋が泥でできているとのアダムスの談話は、パークが述べるセゴ（Sego、セグー Segou）またサンサンディング（Sansanding）の家屋とおなじである。それは、トンブクトゥも荒廃した都市であることを意味し、その荒廃は経済的重要性の喪失を意味している。

2）西方の大西洋岸からの東進ルートの重要性が大きくなるにつれて、黒人地帯の最北端にしてサハラ沙漠の縁辺に所在するというトンブクトゥの地理的位置は、現在では交通的にも不利な条件となっている。

3）トンブクトゥを経由しない交易ルートが盛行するにいたっている。

4）ムーア人の弾圧、それへの黒人の抵抗と闘争、支配権力の頻繁な交代、治安の悪化などによって、トンブクトゥのかつての繁栄や富はいまでは減衰している。

5）新たな都市の成長によって、中央アフリカ（現在の西アフリカをいう）でのトンブクトゥの都市ランクが低下していること。

これらの検証は、いわばトンブクトゥの交易・経済活動そのものの検討というよりも、トンブクトゥをとりまく外生的な状況変化による推測といえる。しかしトンブクトゥの繁栄は過去のものとする結論は、間違ってはいなかったといえる。

この結論は、トンブクトゥの繁栄はあくまでも過去のものであるとして、トンブクトゥ幻想に終止符を打つはずのものであった。しかしイギリスにおいても、トンブクトゥ憧憬は衰えることなく持続する。それを具体的に示すのが、テニソン（Tennyson）の『ティンブクトゥ（Timbuctoo）』と題する詩である。テニソンは、桂冠詩人（poet laureate）また男爵にも叙されたヴィクトリア朝イギリスを代表する詩人である。彼の詩人としての出発は、ケンブリッジ大学在学中の 1829 年に大学がおこなった詩の懸賞募集に応じて、最高位の同大学総長章を受賞したことにある。その詩が、『ティンブクトゥ』であった。

彼は、まず詩人・チャプマン（Chapman）の「ライオンが出没する内陸に、神秘の都市にして高貴な帝国の目標がある」との言葉を引く。もちろんその都市は、トンブクトゥをさす。それを前文として、彼は、みずからをジブラルタルの巨大な岩丘上に立たせて、夜の帳のなかに没していくアフリカを遠望しつつ、触発された世界観さらには宇宙観をさまざまに語っていく。彼の魂はアフリカ内部へと浮遊していき、トンブクトゥを光り輝く都市、独自の恒星と遊星を配した小宇宙として語る。

ここにあるのは、トンブクトゥへの憧憬であり、賛歌である。アダムスの談話とその検証がイギリスで刊行されたのは、1816年であった。それから10年以上を経たのちにも、従来のトンブクトゥ・イメージと潤色が持続していたことを物語る。もちろんそれだけではなく、大英帝国が支配のベクトルを向けるべき地としてアフリカ内部が登場してきたという時代背景があろう。冒頭のチャプマンの詩句は、それをあからさまに述べたものであった。テニソンがこの詩を発表した1829年の3年前の1826年には、前述したスコットランド人・レイングがトンブクトゥを訪れ、出立後に殺害されるという事件が起きている。それも、イギリスにおいてトンブクトゥへの新たな関心を惹起したのであろう。

（3）落魄と荒涼──ルネ・カイエの幻滅

フランスにおいても、トンブクトゥ幻想は1820年代になっても衰えることなく持続する。それをうけて、1824年12月3日にパリ地理学会（Société de Géographie）は、トンブクトゥに到達し生還した者に対して賞金10,000フランを提供することを決定し、翌25年3月に公告する。同地理学会は1821年に設立されたばかりで、その4年後に多額の賞金提供を告知したことになる。それは、当時のヨーロッパとりわけフランスで、いかにトンブクトゥが関心の的であったかを伝えている。パリ地理学会の呼びかけに応じて、最初にトンブクトゥの往還に成功したのは、フランス人のルネ・カイエ（Runé Caillé）であった。彼も、同地理学会の賞金について、旅行記の1826年5月ころの項でふれている[61]。

カイエは、アラビア語とムスリムの生活様式を身につけてアブドゥライェ（Abudulaye）と名のり、1798年にナポレオンがエジプトに遠征した際にフランスに拉致され、フランスからエジプトへの帰国途上にあるアラブ人ムスリムと自称する[62]。彼は、マディンゴ人の商人団にくわわって、1827年4月19日にアフリカ西端のカコンディ（Kakondy）を出発する。一行は、カイエのほかに、自由マディンゴ人の商人5人、奴隷3人、カイエのフルベ（プール）人担夫1人、カイエの道案内人とその妻の計12人であった。

カコンディは、現在のギネア共和国の首都コナクリ北方のボケ（Boké）に比定されている[63]。彼らは、カコンディからニジェール川最上流部の山地地帯を東にむけて横断してから、現在のコートジボアール北端部に達し、そこから北北東に転じるルートをとってトンブクトゥをめざした。そのルートは、南からのトンブクトゥへの最重要交易品であった「金の道」をたどるものであった。1年の長旅のすえに、カイエは、1828年4月20日にトンブクトゥに到着する。彼は、その第一印象を、つぎのように述べる。

「ついに幸運にもトンブクトゥに到達した。陽がまさに地平線に落ちんとする時であった。そのゆえに、私はこのスーダーンの都を眼に収めることができた。そこは、ずっと以

前から自分のすべての願望の対象であった。ヨーロッパの諸文明国家の探求の対象であったこの神秘の都市に歩を踏み入れつつ、私は得もいえぬ満足感に浸っていた。かつてこれとおなじような感覚を抱いたことはまったくなかったし、私の歓びは最高潮に達していた。……（しかし）ふと熱狂からたち返ると、眼にしている光景が自分の期待とは外れたものであることに気がついた。自分は、この都市の壮大さと豊かさについて、まったく別の考えを心に抱きつづけてきた。しかしこの都市は、一見したところ土の家々、しかも建てつけの悪い家々の集塊にすぎなかった。まわりを見わたすと、目にするのは広大な流砂の平原のみであった[64]」。

　彼は南方の外港カバーラ（Kabara）から北上して、陸路でトンブクトゥに入市した。この第一印象は、トンブクトゥ南端の市街地に入ったときの感慨であったであろう。繁栄期のトンブクトゥの市街地は、南のカバーラにむけて現在よりも拡大・延伸していたとされる。廃墟と化し流砂に覆われたかつての市街地南部を通って、彼はトンブクトゥに歩を踏みいれたのであった。彼が記す失望に満ちた第一印象は、以後、今日にいたるまでトンブクトゥを訪れる者によってくり返されていく。たとえば1912年に来訪したヘイウッド（Haywood）も、その「失望の感覚」を語っている[65]。

　翌朝にも、カイエは、つぎのように記す。「町を歩いて観察した。私は、そこに、期待していた壮大さも、多くの住民も見ることはなかった。商業も、その名声によって伝え聞いてきたものよりも、はるかに見劣りする。またジェンネでは見たものだったが、スーダーンのすべての地方からやってきた外来者の大いなる雑踏を見ることもなかった。……一言でいえば、これ以上ない悲しみにあふれていた。私は町を覆っている活況のなさに驚いた。それは、無気力とさえいいうる[66]」。

　カイエは活況を失った交易また寂しい人出を目にして、うらぶれ果てたトンブクトゥを実感するのである。彼の来訪後およそ70年を経た1894年に、デュボアも市場を訪れて、つぎのように同様の実感を語っている。「市場に入った。内部は広いが、これがトンブクトゥ最大の市場なのか。女たちが、ごくわずかな何でもないものを小さな籠やヒョウタンの容器に入れ、また円座のうえに並べて売っているのみであった。……これが、世界に名をうたわれたあのトンブクトゥの交易なのか？　……これは、世界で最もみじめな市場だ。……私は、アラビア、北アフリカ、ブラック・アフリカそしてヨーロッパからの商品が山また山をなす光景を目にすることを期待していたのだ[67]」。

　カイエもデュボアも、ともに、みずからの「内なる幻想のトンブクトゥ」と「外なる眼前のトンブクトゥ」とのあいだのあまりの落差への失望と慨嘆を語っているのである。2人がトンブクトゥで見たものは、まさに落魄したさいはての町の風景であった。

II 砂丘列のなかの構築港市

　大航海時代さらにはヨーロッパを中核とする世界システムの成立によって、16世紀になると、北アフリカでも遠隔地交易の主要なフローは、陸路から海路へと徐々に転換していく。トンブクトゥにとっては、それは、衰退への長い過程の始まりであった。多数の死者を出した 1582−83 年の疫病の大流行[68]、1591 年のモロッコ軍の侵入・占領は、トンブクトゥの凋落を決定的なものとした。最盛期のトンブクトゥの繁栄基盤は、北からのサハラ沙漠経由の陸運ルートと南からのニジェール川内陸デルタ経由の水運ルートとがここで結節し、活発な輸送・交易活動の中継・集積拠点へと成長したことにあった。

　トンブクトゥに伝わる俗謡の 1 つに、かつての繁栄を語る「塩が北方から、金が南方から、そして銀が白人の国々からやって来る。しかし神の言葉と智慧の宝は、トンブクトゥのみで見いだされる[69]」というのがあるという。ここでいう「白人」とは、マグリブのベルベル人またアラブ人を指そう。この俗謡は、かつてのトンブクトゥの繁栄基盤が、遠隔地交易とイスラームの学術研究センターという 2 つの高次な機能にあったことを語っている。

　本章では、まず遠隔地交易をささえた運輸・輸送機能に焦点をあわせて、トンブクトゥの繁栄の自然的基盤について考えたい。

(1) ニジェール川大湾曲部とトンブクトゥ

　いま、北からのサハラ沙漠経由の陸運ルートと南からのニジェール川内陸デルタ経由の水運ルートがここで連結・結合すること、それが、トンブクトゥのもっとも重要な経済活動の基盤であったとした。この表現からは、サハラ沙漠がニジェール川と接する地点にトンブクトゥが位置しているかのような印象をあたえる。また、この章の章題から「構築」という語をのぞいて、「砂丘列のなかの港市」とした場合、それは、たとえばイェーメンのアデンやパキスタンのカラーチーなどのように、沙漠と海とが接する地点に所在する港市を連想させる。もしそれだけのことだとすれば、「砂丘列のなかの港市」は、まったくメッセージ性のない章題ということになる。「港市」に「構築」という語を付したのは、トンブクトゥが、アデンやカラーチーなどとは基盤をまったく異にする港市であることを含意・強調するためであった。

　その含意と強調は、トンブクトゥが現在のニジェール川本流から約 13 キロメートル離れた北方のサハラ砂漠中の砂丘帯に位置していること、つまり「河川から遠く離れた砂丘帯の都市にして水陸両交通の結節点」という相反的ともいえる性格をあわせもつ内陸港市であったことにある。「河川から遠く離れた沙漠中の内陸港市」という特質の成立について、トンブクトゥ一帯の地文・水文環境をもとに検討することにしたい。

　付図 1 と 2 で図示したように、ニジェール川はギニア山地を出てマリ国の領域に入ると、ほぼ流路を北東方にとって北上していく。トンブクトゥ付近に達すると、同川は、サハラ沙漠の古砂丘を載せる岩盤列に妨げられて流路を北東から南東へと一挙に転換すると同時に、流速もいちじるしく減じる。この大転換帯を指して、ニジェール川大湾曲部（Boucle du Niger）とよぶ。流速の減速によってニジェール川は運搬土砂を維持できなくなり、そのため頂点部から上流域にあたる西方一帯に土砂を堆積して、そこに広大な内陸デルタを形成する。図 5 は、ニジェール川大湾曲部の西半域を占める内陸デルタを示したものである。

　源流が沙漠外の湿潤地帯にあって、沙漠のなかを流下していく河川を外来河川とよぶ。ニジェール川は、ナイル川とならぶアフリカを代表する外来河川である。その源流域は、アフリカ最西端の大西洋岸に近いギニア山地にある。さきにカイエのトンブクトゥへの行程を説明した際にふれたように、彼が最初に踏査したのは同山地であった。そこは、年降水量が約 3000 ミリメートルにも達する夏雨型の熱帯降雨林である。5 月末に始まる源流域・ギニア山地での大量の雨をうけて、ニジェール川は大湾曲部の内陸デルタで溢流・氾濫し、そこに広大な内水面を形成する。カタローニア図がトンブクトゥ直南に描いていた大規模な内陸湖は、雨期に出現するこの広大な内水面を示すと考える。

　図 5 は、ガレ（Galais）によるニジェール川内陸デルタの生態環境の季節変化を示した図である[70]。同デルタの規模は、同図左下端に補入したマッシーナ（Massina）付近を南西端とし、★印で示したトンブクトゥ南方を北東端として、南北長がほぼ 450 キロメートル、東西幅がおよそ 100 キロメートルという広大さである。その面積は約 4.5 万平方キロメートルで、九州島の 3.7 万平方キロメートルをはるかにうわまわる。日本では、デルタ＝三角州は、河川が海に流入する河口部の地形として理解されていて、内陸デルタという用語はあまりなじみがない。内陸デルタについて簡単に説明するとともに、日本と比較してニジェール川内陸デルタの特徴を指摘したい。もちろん日本にも、小規模ながら内陸に形成された内陸デルタはある。その最大のものは琵琶湖に流入する野洲川が形成した野洲川デルタ、それにつぐのが宍道湖に注ぐ斐伊川が形成した出雲平野の東半部である。それらは、ともに河川が内陸湖に流入する地点に形成されている。しかしニジェール川内陸デルタは、

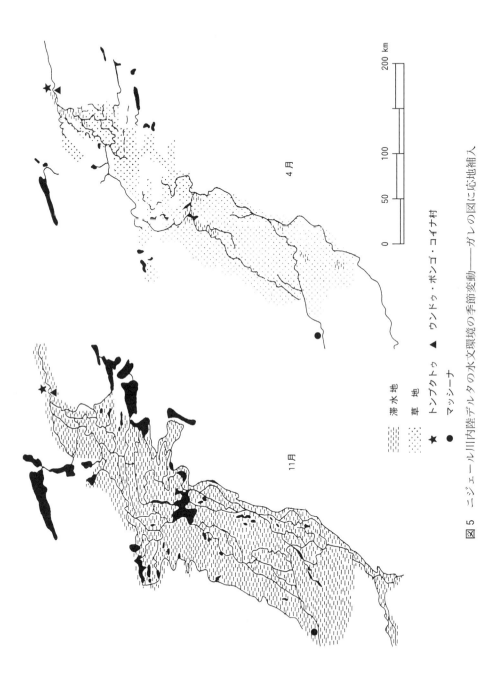

図5　ニジェール川内陸デルタの水文環境の季節変動──ガレの図に応地補入

草　地　潜水地

★トンブクトゥ　▲ウンドゥ・ポンゴ・コイナ村
●マッシーナ

面域規模の巨大さだけでなく、これらとは成立条件を根本的に異にする。

　図5・左図は、ほぼ中央部に黒く塗りつぶされた内陸湖を描いている。それが、ニジェール川内陸デルタ最大の内陸湖・デボ（Debo）湖である。同デルタは、デボ湖を中間点として、その北方にも広大な面域をひろげている。ニジェール川の旺盛な土砂供給が、上流側だけでなく、下流側でも凹地を埋めてデボ湖を生成させている。ニジェール川における内陸デルタと湖との関係は、日本の内陸デルタの場合とはまったく異なる。日本では、湖の存在が内陸デルタの形成因であった。これに対してニジェール川では、内陸デルタが湖を形成しているのである。両者の関係は、まったく逆転している。しかもデボ湖の規模は大きく、同湖を境として、その南北で生態系またエスニック集団の分布が相違するほどである。

　図5は、左図に高水位期にあたる11月、右図に低水位期にあたる4月をとって、ニジェール内陸デルタの生態環境の季節変動を示している。まず、両図のあいだの激変ともよびうる変動の大きさに驚かされる。ニジェール川内陸デルタの増水は、源流域での雨期の開始よりも遅れて8月ころから始まり、12月ころにピークに達する。11月の状況を示す図5・左図では、多くの河川・湖沼が描かれ、デルタ一帯が滞水で覆われることを示す。つまり水過剰の景観である。右図の4月には、左図で描かれていた支流河川・湖沼の多くが大きく縮小ないし消失し、高水位期には滞水状態にあったデルタの環境も激変している。その周縁部は完全に干あがって無植生の白地で覆われ、この時期にも残存するニジェール川本流ぞいに草原がつらなるにすぎない。この時期にも滞水しているのはごく限られた凹所部のみで、デルタ内に点在するのみである。デルタ一帯が、4月には水過少の景観へと激変する。

　このように1年を周期として規則的な氾濫とそれによる景観の広域的な激変をくり返しつつ、ニジェール川は大湾曲部を流下していく。高水位期の溢流・氾濫による広大な内水面の形成が、水・陸両交通を結節させる港市という機能をトンブクトゥに付与させた第1の条件であった。この点に関して、トンブクトゥは、さらに重要な利点を占めていた。

　それは、図5・左図が示すように、ニジェール川大湾曲部は北方のサハラ沙漠に食い込むように形成されていて、雨期に出現する内水面を北方に押しあげることである。トンブクトゥは、その内水面の頂点にあたる地点、つまり＜ニジェール内陸デルタ＝雨期に出現する内水面＞の北東端に位置している。その位置は、陸路よりもはるかに輸送容易な内水面の水路交通を最大限に利用して、サハラ沙漠ふかくに到達しうる地点である。つまり北方のサハラ方面との交易・輸送にあたって、内水面の水運と沙漠の陸運とを接合させる最適な地点に、トンブクトゥが位置していたといえる。

この点は、これまでトンブクトゥを語る際によく指摘されてきた。しかしこのことを指摘するだけでは、トンブクトゥの「河川から遠く離れた砂丘帯の都市にして水陸両交通の結節点」という特質成立への説明としては不十分だと考える。図5にもとづく大地形レベルでの検討は、その特質成立にあたってのいわば必要条件の指摘にすぎないからだ。けれども、交易

写真4　迫り来る砂丘帯とニジェール川　　内陸デルタの北端部は、サハラ沙漠の砂丘の卓越地帯となる。増水期には、ニジェール川は、砂丘帯を河岸堤とするかのようにして流下していく（応地撮）。

拠点としてのトンブクトゥの成立を説明する従来の言説は、この点の指摘に終わっているものがほとんどであった[71]。

　必要条件の指摘という従来のレベルを越えて、説明のレベルを十分条件へと高めていくことがもとめられる。そのために、検討のスケールを大地形から小地形へと降下することにしたい。ここでの焦点課題は、ニジェール川本流から約13キロメートルも離れた内陸に港市が成立するにいたった地文・水文条件の説明にある。

（2）掘り込まれた河港——小地形と外港・可航水路

　トンブクトゥ周辺の原地形を検討するためには、できるだけ古い時期の地図資料をもちいるのがのぞましい。そのために、デュボワが1897年の著書に掲げる図を使用することにしたい。その図は、右下端に E. Morieu, SC. と記入されている。モリュウは、当時、フランス地理院に所属する有名な地図作成者であった。フランスがトンブクトゥを攻略したのは1894年であり、おそらくフランス軍の侵攻と並行してなされた測量資料をもとに、モリュウはこの図を作成したのであろう。図6は、それを示す[72]。

　同図は、ニジェール川本流を南端として、北はトンブクトゥ北方の沙漠までを描く。デュボワは、フランス軍のトンブクトゥ攻略後の報道特派員として、ニジェール大湾曲部を舟行してトンブクトゥにむかった。同図の範域は、彼の舟行の最終行程にあたるととも

図6　19世紀末のトンブクトゥとその周辺──デュボア（1897年）による

に、北東流してきたニジェール川が東へと流路を転じる最終地点にあたる。前述したように、トンブクトゥはニジェール大湾曲部最北の頂点部に位置しているからである。

その頂点部でニジェール川は曲流しつつ、サハラ沙漠本体にもっとも接近する。デュボワは、その状況を、つぎのように修辞する。「（これは）ニジェール川とサハラ沙漠の戦いであり、生の死に対する戦いである。……（圧倒的に優勢であったニジェール川が、ここにいたると）……ニジェール川の支配が終焉を迎えようとし、沙漠の王国が到来しようとしている。……沙漠が、攻撃の手をますます強める。左岸上には、砂の集塊が規模を大きくすると同時に、数を増加させていく。……トンブクトゥに近づくと、このドラマは大団円を迎える。ニジェール川は、最終的に北方を沙漠に明け渡すことを決心し、突如として流路を東に転じる[73]」。文中の「砂の集塊」とは、砂丘列を指しているのであろう。

図6は、下端に東へと転じたニジェール川の本流を描き、その北岸の内陸デルタ面に「高位洪水期の氾濫帯（Country inundated in the high floods）」と記入する。そこは、図5をもとに説明したニジェール川の溢流・氾濫によって形成される内水面の最大範囲にあたる。現在のマリ国地理院発行の20万分の1地形図も、この一帯を「氾濫地帯（Zone inondable）」を示す記号で覆っている。図6は、「高位洪水期の氾濫帯」にニジェール川本流とほぼ並行して東流する河流が描き、それに「デイ滞水流（Pool of Dai）」と記入している。

同滞水流は、ニジェール川の旧流路と考えうる。同図からは、「高位洪水期の氾濫帯」の低平な地形のために、ニジェール川が流路をもとめて蛇行をくりかえし、最終的にデイ滞水流から現在の流路へと転じたことをよみとりうる。それは、「デイ滞水流」の西端部で、ニジェール川本流が一挙に南へと流路を転じていることから了解できる。その転流のために、旧流路の流量は減少し、「デエ滞水流」と化したと考えうる。「高位洪水期の氾濫帯」は、その北端で、ただちに沙漠へと遷移していく。その遷移地点に位置するのが、同図の中央部に記入されたカバーラ（Kabāra）である。カバーラはトンブクトゥのもっとも重要な外港で、トンブクトゥは、そこからさらに約8キロメートル北上した内陸に位置する。

図6は、トンブクトゥから離れた図の東端と西端ちかくに、南北走する大砂丘帯を描く。トンブクトゥは、この2つの大砂丘帯によって画された広い凹地帯に所在する。現場での観察によれば、これらの砂丘帯は比高の大きな波浪状の固定砂丘である。トンブクトゥ自体も、やや削平された砂丘上に位置する。その北方から東方にかけては、市街地をとりまくように起伏の大きい砂丘帯がひろがり、西方は開析された凹地となっている。図6は、そこに「重ね池」状の凹地のつらなりを描いている。

外来河川であるニジェール川の流量は、源流域の湿潤地帯での降水量の変化と同調して

写真5 デエ河港の汽船と在来木造船 8月にはカバーラは、ま
だ大型船の河港としては利用できない。この時期には、現在で
も、満水状態になったニジェール川旧流路に面するデエが外港
となる（応地撮）。

時期的に変動していく。
しかし源流域から氾濫帯
にあたる内陸デルタ入口
のマッシーナまでの距離
は、約2000キロメート
ルに達する。したがって
源流域での雨期の到来は、
ただちに内陸デルタでの
増水と直結しない。両者
のあいだには数ヵ月の時
間差が存在し、そのズレ
をもちつつ、内水面も
拡大と縮小をくりかえす。
当然、その変動につれて、
水運利用が可能な水路ま
た河港も位置を変化する。

　このように、トンブクトゥ周辺では、＜河川流量—内水面範域—水運利用可能域—外港
立地点＞の4つは、密接な相互関係をたもって時空的に変動していく。ハッカール（Hac-
quard）の記載[74]をもとに、20世紀初頭におけるその状況を整理・注釈すると、つぎのよ
うに要約しうる。

　① 4〜7月　：　低水位期にあたり、溢流・氾濫による内水面の形成は小さい。そのた
め氾濫帯の水運利用は不可能で、その利用はニジェール川本流のみにかぎられる。この時
期のトンブクトゥの外港は、図6の南西端に記入されたニジェール川本流に面するコ
リューマ（Koriouma）であった。

　② 8〜11月　：　増水期にあたり、この時期には、外港はコリューマから東方のデエ
（Dai）へと遷移する。デエは「高位洪水期の氾濫帯」のほぼ中央部に位置し、この時期に
は、内水面が「高位洪水期の氾濫帯」の南半部を覆ってひろがることを物語る。

　③ 12〜3月　：　最高水位期から徐々に減水期へと移行していく時期にあたる。前述
したカバーラが、この時期の外港となる。カバーラは「高位洪水期の氾濫帯」と沙漠の境
界帯に位置し、内水面が12月ころには同氾濫帯の最北端にまでひろがることを物語る。

　つまり、ニジェール川の＜低水位期→増水期→最高水位期＞という増水と溢流・氾濫の
季節（時間）変化が、同時に内水面と水運利用の可能な範域の空間的変動と連動していた。

20世紀初頭のトンブクトゥは、それらの時空的変動と同調しつつ、3ヵ所の外港を使いわけて水運の便益確保を図っていたのである。

　3つの外港の立地点は、＜コリューマ：ニジェール川本流→デエ：内水面の中間的位置の旧流路→カバーラ：内水面北限＞と遷移していった。**図6**は、これらの外港が2つの水路でむすばれていたことを示している。デュボアは、コリューマとデエが前述の「デエ滞水流」、デエとカバーラが「アスキア王の運河（Asukia's Canal）」でむすばれていたとする。このうち「デエ滞水流」は、前述したように、ニジェール川の旧流路にあたる自然河川であった。「アスキア王の運河」も低平な「高位洪水期の氾濫帯」を流れているが、その走向はニジェール川本流また「デエ滞水流」に対して斜交関係にある。

　このことは、「アスキア王の運河」が自然の河川流路ではなく、人工的に掘削された水路であることを示唆する。バルトは、1853年9月に、デュボアのいう「アスキア王の運河」を経由して、デエからカバーラに到着した。彼は、同水路について「人工的な様相をもつ狭い水路で、乾期には完全に干あがってしまう[75]」と記し、それが人工的に構築されたものとしている。

　両者は、「アスキア王の運河」を人工水路とする点では一致している。しかし問題は、その建設時期である。デュボアは、それをアスキア朝ソンガイ帝国創始者のアスキア・ムハンマド王（在位1493－1538年）の建設とし[76]、**図6**に同王の名を冠した名称を記入したのであった。しかしこの水路が、アスキア王によって建設されたとする根拠はないようである[77]。たとえばシソコは、ソンガイ帝国時代ではなく、1591年のモロッコ支配下への編入後に、モロッコから送りこまれたパシャによって建設されたとする[78]。

　図6は、カバーラ直南に8の字型の凹地を描き、それに「滞水池（Pools）」と記入している。デュボアが、「ジェンネからの舟が碇泊している滞水した凹地に着いた[79]」と述べるカバーラの河港であろう。彼は、それが自然によるものか、人工的なものかについては、なんら語っていない。1854年にカバーラに到着したバルトは、「集落は砂質の微高地の斜面にあり、そこに近づくにつれて狭く浅い水路が広くなっていき、集落の前面で大きな円形の船溜りが形成されている」ことを述べる。**図7**は、彼によるカバーラのスケッチである。この凹地状の船溜りについて、バルトは、規則的な形態から人工的な構築のようにみえるが、やはり自然のものであろうと付記している[80]。現場での観察からは、彼の指摘は妥当であると考えられる。

　トンブクトゥは、カバーラからさらに北方の内陸に所在する。前述したように、トンブクトゥは大規模な固定砂丘間の凹地にある。**図6**は、トンブクトゥの西方に、この凹地を流域とする樹枝状の開析谷を描き、それに「カバーラ滞水（Pool of Kabara）」と記入する。

KÁBARA
Sepr 6th 1853.

図7　カバーラの集落と河港──バルト（1858年）による

　しかし「カバーラ滞水」が滞水状態となって航行可能となるのは、ニジェール川の内水面の時空的変動から考えて、12月〜2月の高水位期のみであったであろう。この時期以外には、内水面の形成はカバーラにはおよばないので、これらの開析谷が滞水することはないからである。

　ごく短期間とはいえ、この時期に「カバーラ滞水」の水路利用が可能となり、トンブクトゥは河港としても機能する。このことは、たんに水運利用が可能ということを越えて、トンブクトゥの輸送・交易活動に大きな便益をもたらすものであった。その便益について考えるためには、トンブクトゥに収斂するもう1つの重要な輸送・交易機能＝サハラ縦断交易を想起する必要がある。同交易は、ラクダによるキャラバンを輸送手段としていた。

　ラクダ・キャラバンの活動時期は、暑熱期を避けて、冬期であった。現在でも、トラック輸送も始まりつつあるが、マリ北境のサハラ沙漠中のタウデニ（Taoudenni）で採掘された岩塩は、アザライ（*Azalai*）とよばれるラクダのキャラバン隊によってトンブクトゥに運ばれる。アザライは、冬期の12月中旬にトンブクトゥを出立してタウデニにむかう。この時期に「カバーラ滞水」に河水が逆流して滞水し、トンブクトゥは、水路によってカバーラさらにはニジェール川本流と直結される。

　つまり「カバーラ滞水」が滞水状態になる12月から2月は、トンブクトゥが、南のニジェール川経由の水運ルートを最大限に活用できる時期であると同時に、北のサハラ沙漠

経由の陸運キャラバン交易の最適期でもあった。この時期に、トンブクトゥは、名実とも
にサハラ沙漠とニジェール川とを直結する水・陸両交通の結節点となりえたのであった。
前述したように、カイエがトンブクトゥに入市したのは 1828 年 4 月 20 日であった。この
時期には、「カバーラ滞水」はもう利用することはできない。彼はカバーラから陸路でト
ンブクトゥに入市したのは、それによるところが大きいであろう。

　高水期にはニジェール川の溢流・氾濫水は、広大な内陸デルタを内水面へと変えるだけ
でなく、支流河川の流路を逆流していく。「高位洪水期の氾濫帯」よりも一段高みにある
沙漠凹地の「カバーラ滞水」が滞水するのは、この逆流水の流入によってである。カバー
ラからトンブクトゥにいたる水路は、逆流水による水位上昇を利用するものであった。し
かしそれは、同時に、維持管理のための努力を要求する。同水路はまったくの自然水路で
はなく、運河とよびうる人工的な水路であったからである。それについては、のちに詳述
することにしたい。

　以上のように、トンブクトゥは、ニジェール川本流から約 13 キロメートル離れた内陸
の砂丘列中に位置するにもかかわらず、時間と空間にまたがる同川の溢流・氾濫サイクル
をたくみに取りこんで、3 つの外港とそれらをむすぶ自然・人工両水路を連結させて「砂
丘列のなかの構築港市」を実現していたのであった。「砂丘列のなかの構築港市」は、ニ
ジェール川の河況の時空的変動と同調しつつ、交易のために人工的に構築されたもので
あった。

III 都市編成の構造分析
——形態論からのアプローチ——

　なんども言及したように、トンブクトゥが担ってきた重要な経済機能の1つは、ラクダ・キャラバンによるサハラ縦断交易の南方の終起点ということにあった。その北方のカウンターパートは、マグリブとりわけモロッコの諸都市であった。具体的には、のちに詳述するサハラ縦断交易の北方の前衛拠点都市であったスィジルマーサ（Sijilmassa）、また首都クラスのフェズ（Fès）、マラケシュ（Marrākush）、ラバト（Rabat）などの諸都市である。

　1375年のカタローニア図も、**図2**のアトラス山脈北麓に「Fes（フェズ）」と「Rabat（ラバト）」を、また南麓にスィジルマーサを描き、さらにマラケシュを同山脈西端部の北方に Maroch として記入している。これらの諸都市は、いずれも主要都市を意味する「まわりに円形市壁をめぐらし、その内部にタマネギ状の円球ドームを戴く塔が立つ」という図像で描かれている。しかしラバトは現実には大西洋に面しているので、アトラス山脈北麓への記載は誤りである。

　これらのモロッコの歴史都市とトンブクトゥとの都市形態を比較すると、両者の間にはきわだった相違を観察できる。それは、おなじくイスラーム世界に属する都市ではあっても、モロッコ都市ひいてはマグリブ・中東世界の都市を特徴づける市壁（city wall）と袋小路（rue de sac）が、現在のトンブクトゥにはともに存在しないという事実である。カタローニア図が、主要都市を「まわりに円形市壁をめぐらし、その内部にタマネギ状の円球ドームを戴く塔が立つ」図像で表現しているのは、ヨーロッパまたマグリブでの「都市は市壁で囲まれている」との常識にしたがったものであろう。

　さきに列挙したモロッコ諸都市のうちフェズ、ラバト、マラケシュの3都市は現在も市壁をめぐらしている。いまは廃墟と化したスィジルマーサも、14世紀末の滅亡以前には市壁で囲繞された都市であった[81]。しかしこの「都市は市壁で囲まれている」との常識は、トンブクトゥには通じない。

　また袋小路についても、かつてイランのテヘランを形態論の立場から述べたときに言及したことがある。その際、通説にしたがって、袋小路を「内に開き、外に閉じた」イスラーム的居住様式に対応した都市形態要素として述べた[82]。たしかに袋小路が、このようなソフトな都市の居住様式と照応するものであることは間違いない。しかし現在では、私は、袋小路のフィジカルな形成はそれだけでは説明できず、市壁というハードな構造の有

無と関連づけて説明する必要があると考えている。袋小路と無縁とされるグリッド・パターン（格子状）の街路形態ではあっても、市壁が存在するために袋小路が形成される場合もあるからである。たとえばモロッコでも、タンジェ（Tanger）、メディナ（Médina）あるいはカサブランカ（Casablanca）などの旧市部分では、市壁の存在がグリッド・パターンの袋小路を生みだす主要な要因となっている。

(1) 市壁と袋小路の欠如──マグリブ都市との相違

マイナーは、トンブクトゥについて、「西スーダーンの諸都市とは異なって、トンブクトゥは市壁をめぐらすことはなかったようだ[83]」と述べている。この言説は、2つの部分に分けうる。まず、①「トンブクトゥは非囲郭都市であったのではないか」との推測である。しかしそれにさきだって、彼は「西スーダーンの諸都市とは異なって」との限定を付している。この限定から、マイナーは、②「トンブクトゥ以外の西スーダーンの諸都市は囲郭都市であった」と推測していたとしうる。マイナーが提起する①・②の両点をもとに、市壁の問題から、トンブクトゥの形態検討へとすすむことにしたい。

マイナーがトンブクトゥを非囲郭都市であったとする理由は、つぎのような論理にもとづく。市壁は、外部からの攻撃に対する自衛・抵抗のための軍事施設である。しかし侵攻勢力に対するトンブクトゥの戦略は、自衛・抵抗よりも降伏を選択するものであった。そのため市壁は不要であり、それがトンブクトゥを非囲郭都市としてきた理由であったと、彼は結論づけている。しかし、後述するように、1591年のモロッコによるトンブクトゥの占領・支配に対する抵抗は、戦争終結後も長期にわたって展開された。とすると、彼があげる理由はなりたたないであろう。

ここで、前記のマイナーの推測①・②について、まず、19世紀に描かれた図をもとに、トンブクトゥを非囲郭都市とする①から検討することにしたい。

トンブクトゥを描く最初の図は、地図というよりも見取り図とよぶ方がふさわしい。それは、**図8**に示したバルトによるものである[84]。バルトは、カイエの来訪後25年の1853年にトンブクトゥを訪れる。同図について、バルトは、トンブクトゥの市街地を調べることはできなかったので、不正確な点もあると断っている[85]。

デュボアは、トンブクトゥ滞在中のバルトの行動を調べ、彼が滞在中ほとんど外出しないで、もっぱら止宿先の人々からのキキトリをもとに情報を集めたとしている[86]。たしかにバルトのトンブクトゥ記載には、みずからの目と足にもとづく観察としうるものは少ない。彼自身の観察にもとづくのは、止宿先の陸屋根上からの市街地の眺望と大モスクの2つに、ほぼかぎられる。**図8**の見取り図も、止宿先からの眺望とキキトリにもとづいて作

PLAN OF TIMBÚKTU.

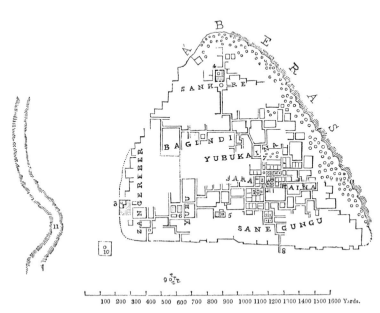

図8　トンブクトゥ見取り図——バルト（1858年）による

成したものであろう。

　バルトは、トンブクトゥの形態を、周囲3マイルほどの三角形としている[87]。これは、カイエがおなじ規模の三角形としているのと一致する[88]。あるいはバルトは、カイエの記載にもとづいて三角形としているのかもしれない。**図8**は、北と南西をモスク、南東を彼が止宿していた地区を頂点とする三角形で市街地を図示している。その内部には、鍵型に直交しあう街路を記入する。こまかく街路が描きこまれているのは、彼の止宿家屋（図中番号2）の周辺である。後述するように、当時のトンブクトゥの街路形態は、同図とはまったく異なって複雑な曲走街路からなっていた。

　バルトは、市街地の境界を、3つの線で描きわけている。第1は、小さな半球をつらねた実線にケバを付したもので、市街地の東辺がこれにあたる。第2は小さな鍵型屈曲の実線で、南西端をのぞく南辺と西辺が、これにあたる。第3は点線で、市街地南西端に引かれている。これらのなかで市壁のようにみえるのは、第1の図式である。しかし彼は、押しよせる流砂と砂丘をケバで表現したのであろう。バルトの止宿先の陸屋根の上からは、

53

その状況は容易に遠望できたであろう。後述するようにバルトは、かつてのトンブクトゥには市壁があったとするが、彼の描く図8の市街地東辺のケバつき実線は市壁ではないと考える。

　トンブクトゥは、1894年にボニエ（Bonnier）大佐指揮下のフランス軍によって攻略され、フランス領に編入される。図9は、占領直後に作成されたトンブクトゥの略図（cro-quis）である[89]。ほぼ中央を屈曲街路が南北に貫走し、それによって東と西に両分された都市域を描いている。市街地は不整形な輪郭のみが描かれ、内部は空白のまま残されている。3ヵ所にモスクの名称が、記号（Y）とともに記入されている。しかし南部に所在する2つのモスクの名は、とり違えて記されている。市街地の輪郭だけの図示またモスク名の誤記入は、占領直後に作成された略図という同図の緊迫感をいまに伝えている。

　略図は、市街地の外囲と主要道路にそう家屋を2種類に描きわけている。凡例によると、1つは点描で示された草ぶき小屋（cases en paille）で、市街地の西縁・北東縁のほか、都市域の北方に多くみられる。図8で、バルトが記入する市街地の東縁一帯を埋める小円も、これとおなじく草ぶき小屋を示しているのであろう。もう1つは、斜線を施されたバンコ（banco）とよばれる日干しレンガ造りの家屋で、主として市街地の北縁・南縁、また中央街路にそってならんでいる。中央街路にそう部分をのぞいて市街地の外囲のみに注目すると、バンコ造り家屋よりも草ぶき小屋の方が多い。

　フランス国立図書館には、カイエの情報をもとに描かれたトンブクトゥのスケッチが所蔵されている[90]。図10は、それを示す。カイエは、著書のなかで、市街地の南東方に丘があり、そこに何度も登って町を観察してスケッチしたと記している[91]。図に描かれている3つのモスクの配置から考えて、同図は、たしかに市街地外の南東方から北西方をのぞむ場所からスケッチされている。図9と対照しやすいように、図10の原図を反時計まわりに90度回転させて北を上にして、彼のスケッチを掲げた。

　このスケッチについて、バルトは、個々の家屋の描写が正確であるが、市街地が孤立した家々の集合にしかみえないと批判し、実際には道路の両側に家屋がつらなり、道路が家々によって閉じこめられているようだと述べている[92]。彼は、トンブクトゥの街路景観が、図10よりもはるかに家屋が密集していて都市的だと述べているのである。

　図10も、図9とおなじく市街地の中央を南北に貫走する街路を描いている。このスケッチでも、家屋は2種類に描きわけられている。1つは半球状の住戸であり、図9の草ぶき小屋に照応するものであろう。もう1つは日干しレンガ壁の2階建て家屋であり、バンコ造りの家屋にあたろう。図10のスケッチは、レンガ造りの陸屋根家屋が圧倒的に多い都市としてトンブクトゥを描いていて、図9とは印象がやや異なる。

　根拠を示していないが、トンブクトゥの家屋数について、バルトは、土づくりが980、ワラぶき円形家屋が200戸という数字をあげている[93]。この数字は、彼がやや否定的にコメントしている図10の印象にちかい。実際には、戸数はもっと大きかったであろう。ただバルトが、土づくりの家屋がワラぶき家屋の約5倍としているのは妥当かと思われる。19世紀のトンブクトゥは、図10のスケッチからも窺えるように、日干しレンガで建造された陸屋根の複層家屋が卓越する都市となっていたからである。

　この点について、アビトボル（Abitbol）は、1716−19年ころから、治安の悪化を契機として、家屋が堅固な土壁の複層住居へと変化していったと述べ、その変化は、同時に社会階層顕示のためでもあったとする[94]。それ以前の状況については、16世紀初頭にトンブクトゥを訪れたレオ・アフリカヌスの記載がある。彼は、土壁の家が多いが、滞在中に、

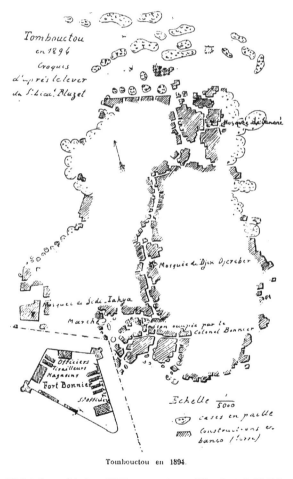

図9　トンブクトゥ略図——フランス軍による占領直後
　　（1894年）

図10　カイエによるトンブクトゥ・スケッチ起こし図
　　　——（1828年）

強風下で 5 時間ほどの間に町のほぼ半分が焼失したことなどを述べている[95]。この記載は、日干しレンガ造りの家屋であっても、屋根は日干しレンガの陸屋根ではなくワラぶき屋根が多かったこと、また複層ではなく単層家屋が多かったことを推測させる。

　図 9・図 10 は、ともに市壁に相当する構築物をなんら描いていない。ここで、19 世紀にトンブクトゥを訪れたヨーロッパ人の記載をもとに、市壁の有無について検討したい。1810 年に奴隷として来訪したアダムスは、市壁に関しては「ない」と断言している[96]。1828 年に来訪したカイエも、「町は、なんらの壁（clôture）によって囲まれていない。すべての方位から町に入ることができる[97]」とし、トンブクトゥには囲郭が存在しないことを述べている。また 1897 年にトンブクトゥを訪れたデュボワも、つぎのように語っている。「町に入った。……遠望したときに市壁と見えたものは、捨て去られた単なる廃墟の集合であった。屋根は落ち、扉はどこかへ行き、壁は崩れ、単なる廃墟の山となったものであった[98]」。デュボワは、市壁の存在を予想しつつも、市壁らしく見えたものは崩壊した家々のシルエットにすぎなかったと明言している。

　これらに対してバルトは、1853 年に、3 人とは異なった記載を残している。彼は、トンブクトゥに入市したときのことを、「粘土でつくられた市壁の廃墟のまわりに積みかさなったゴミの土塊をよこぎって都市に入った[99]」と語っている。彼は、入市の際に、デュボワが「単なる廃墟の山」としたものを市壁だとしているのであろう。また図 8 の市街見取り図を説明する際に「いまは、市壁はない。かつての市壁は壮大さに欠けていて、たんなる土塁（rampart）にすぎないが、1826 年のフルベ（Fulbe）人の侵入時に破壊された[100]」と述べる。つまりバルトは、トンブクトゥにはかつては市壁があったが、訪問時には崩壊していたとしているのである。

　このようにバルトはトンブクトゥを囲壁都市としているが、19 世紀中期には市壁は崩壊していたとする。彼も、他の 3 人とおなじく 19 世紀のトンブクトゥには市壁がなかったという点ではおなじである。

　さらに時代をさかのぼらせて、トンブクトゥの市壁に関する記録を検討することにしたい。西アフリカに所在していたマッリー（Malley）についての最古の記録は、イドリースィー（al-Idrisi）の地理書とされる。彼は、シチリアのノルマン・シチリア王国ルッジェーロ Ⅱ 世に仕え、王の命により、1154 年に巨大な銀盤世界図とその解説書にあたる世界地理書を完成させた。そのなかで彼は、「マッリーは小さな都市で、土の市壁によって囲まれていない[101]」と述べている。

　さきにムーサー王の巡礼行を述べた際に引照したウマリーは、マリー帝国の首都に 35 年間在住したモロッコのシャイフ（Shaykh）から得た情報をもとに、同帝国について述べ

ている。そのなかで、ニジェール川上流域に所在していたマリー帝国の首都ニアニ（ウマリーはビーティー（Byty）とよぶ）について、「市はタテ・ヨコともに広大で、タテはおよそ1バリード（barid）で、ヨコもほぼおなじ幅である。市を囲む市壁はなく、市の大部分は散在している[102]」と述べている。クォクの注釈によると、1バリードとは、飛脚が1日に歩く距離で、ほぼ24キロメートルに相当するという。ウマリーの記述は誇大にすぎるが、市壁もなく、家屋がまとまりなく分散している首都の状況を伝えていよう。

イドリースィーとウマリーの記述は、トンブクトゥ自体に関するものではないが、サヘル西部地方の都市が非囲郭都市であることを述べた初期の記録といえる。

以後、14世紀中期にトンブクトゥを訪れ、同地に関する最古の記録を残したイブン・バトゥータも[103]、16世紀初頭にここを訪れたレオ・アフリカヌスも[104]、また17世紀初めに『スーダーン史（Ta'rikh al-sūdān）』を著わしたアル・サァディーも[105]、いずれもトンブクトゥの市壁についてなにも語っていない。前述した16世紀末のイスパニア王国秘密情報員の報告も、当時のソンガイ帝国の首都ガオには市壁がないと記しているが、トンブクトゥの市壁についてはなんら言及していない[106]。シソコ（Sissoko）は、1337年にモシ（Mossi）族が包囲したときには市壁があった可能性はあるが、16世紀以後には市壁はなかったとしている[107]。またモロッコのラバトに在住していたフランス人が、1789年に、トンブクトゥについてモロッコ商人から得た情報を伝えた手紙が残っている。それによると、トンブクトゥには市壁がないと明言されている[108]。

前述したデュボワがトンブクトゥ入市にあたって期待したように、市壁またそれに必然的に付随する市門は、その都市を訪れる者が遠望ないし入市する際に、とりわけ印象的な都市施設である。上記の諸記録がいずれもトンブクトゥの市壁について言及していないということは、「ごく一時期をのぞいて、ほぼ歴史をつうじてトンブクトゥには市壁がなかったのではないか」というマイナーの推測①をなりたたせる。

トンブクトゥのもつ非囲郭都市という性格は、前述したガオやジェンネなどのニジェール川内陸デルタで栄えたサヘル交易都市に共通する基本的な性格として敷衍できるのだろうか。ここでマイナーの推測②、つまり「トンブクトゥ以外の西スーダーン都市は囲郭都市であった」の検討へとすすみたい。

たとえば16世紀はじめにサヘルを訪れたレオ・アフリカヌスは、トンブクトゥの外港カバーラが大きな町ではあるが、囲壁はないと記している[109]。またアル・サァディーは、17世紀はじめに、さきの引用部分でカバーラとソンガイ帝国の首都であったガオの両都市には市壁は存在しないと明言する。しかしジェンネについては、11の市門を開いた市壁で囲まれていたことを述べている[110]。カイエも、ジェンネについて「壁高ほぼ3メー

トル、壁厚 38 センチメートルほどの粗雑な造りの土壁で囲まれている[111]」と記載している。彼の掲げる市壁に関する数字からは、アル・サァディーが述べる市門をそなえていたとはとうてい読めない。カイエの記録は、崩壊しつつあるジェンネの市壁を伝えているのであろう。現在のジェンネでは、諸処で崩れた市壁を現認できる。

　これらの記録から、ジェンネは囲郭都市であったとしうるであろう。またジェンネ西北西方のニジェール川内陸デルタ中に位置するジャ（Dja）も、囲郭都市であったと考えられる。ジャは西スーダーン最古の都市とされ、トンブクトゥの繁栄以前から同地方におけるイスラームの中心都市として栄えてきた。その旧市は、トンブクトゥとおなじく周回道路で囲まれている。しかし同道路は、トンブクトゥとは異なって、市壁址を利用して建設された。19 世紀末にフランス領に編入された時期にも、市壁は現存していたとされる[112]。さらにジェンネ南西方のブルキナファソとの国境に近いシカソ（Sikasso）でも、1992 年に、その西郊で市壁の遺構とされる土塊のつらなりを現認した。いまとりあげたジェンネ、ジャ、またシカソは、いずれもニジェール川の南岸地方に所在する。

　ニジェール川を越えた東方に目を転じると、付図 1 が示すように、ニジェールとナイジェリアの両国国境を横断して、サバンナ帯が東西ベルト状につらなる。同ベルトはハウサ語を母語とする諸集団の居住地帯で、ハウサランド（Hausaland）とよばれる。そこはハウサ商人の活動域で、交易を主要活動とする諸都市が成立していた。その代表が、カノ（Cano）またソコト（Sokoto）であった。カノには市門と市壁が現存しており、またレオ・アフリカヌスも、16 世紀初頭に、同市に市壁が存在することを明言している[113]。またソコトは、19 世紀中期には 8 つの市門をそなえた市壁で囲繞されていた[114]。

　ジェンネ、ジャ、シカソ、カノまたソコトは、いずれもサヘルではなく、その南方に所在する。これに対してトンブクトゥ、カバーラ、ガオはサヘルに属する。とすると両者のあいだには、前者の諸都市がいずれも囲郭都市であり、後者がいずれも市壁をもたない非囲郭都市であったという対照性が存在していたとしうる。このことは、サハラ以南の西アフリカでは、非囲郭都市の分布はニジェール川以北のサヘル地方にかぎられていたのではないとの推測へと導く。

　この検討結果は、川田順造による同様の指摘と一致する[115]。しかしレオ・アフリカヌスは、現在のニジェール共和国中部のアガデズ（Agadez）には市壁が存在することを述べている[116]。アガデズはトンブクトゥやガオとおなじくサヘル地方に属するが、両都市から遠く離れた東方に位置する。レオ・アフリカヌスのアガデズについての記載を考慮すると、サヘルとして一括しないで、西と東に両分して考えた方がよいようである。つまり前述のマイナーの推測②は成立するが、厳密には「サヘルの西部地方をのぞいて、西アフリ

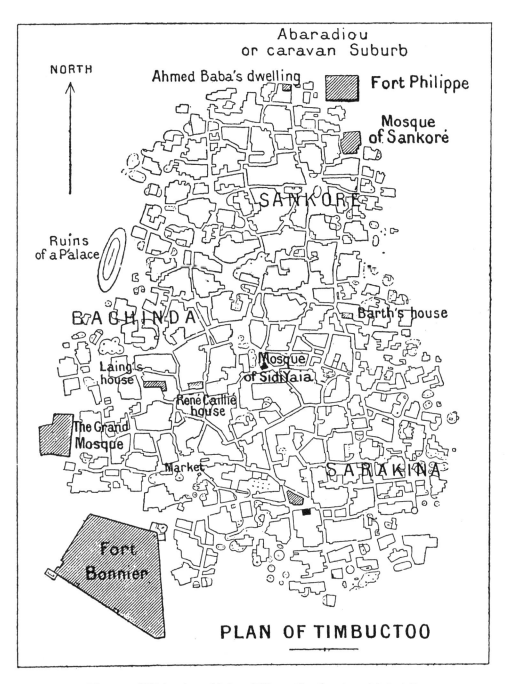

図11　19世紀末のトンブクトゥ市街——デュボア（1897年）による

カ都市は囲郭都市であった」と修正する必要がある。

　以上のように、ほぼ歴史をつうじて市壁のない非囲郭都市であったという点で、トンブクトゥをはじめとする西サヘルの交易都市は、北方のカウンターパートであるモロッコ諸都市と鋭い対照をなしていた。市壁の欠如が、さらに街路形態における西サヘル都市の特質を生みだす重要な要因としてはたらく。

　ここで、街路形態の検討にすすむことにしたい。マリ国の国立図書館と人文科学研究所またフランス国立図書館地図室には、19世紀末から20世紀前半に作成されたトンブクトゥ市街地の測量地図は所蔵されていない。管見したかぎりでトンブクトゥの街路構成を示す最初の詳細図は、前出したデュボアが1897年の著書に掲げるものである[117]。図11に、それを示す。同図は、不定形の大小の街区ブロックをぬって合流と分離をくり返しつつ、街路が屈曲・迷走する状況を描いている。個々の街路の形態また走向は多様かつ複雑で、当時のトンブクトゥの街路形態は不規則としかいいようがない。

　しかしその街路形態は不規則ではあるが、そこから重要な特質が浮かびあがってくる。それは、すべての街路が行き止まりとなって閉ざされることなく、迷路状とはいえ、たがいに連結しあって市街地を貫走していることである。デュボアの1897年市街図からは、いわゆる袋小路の存在は確認できない。現在のトンブクトゥにも、同様に袋小路は存在しない。図11で、もし市街地が市壁によって囲繞されていたとすると、市壁と併走する内周街路がないかぎり、市壁と交叉する街路の多くは袋小路とならざるをえない。つまり市壁の存在と袋小路の生成とは、密接に関連しあっているのである。さきにモロッコのタンジェ、メディナあるいはカサブランカを例にあげて、迷路状街路とは対照的なグリッド・パターン街路でも袋小路が生成することを指摘した。その生成因は、市街地をとりまく市壁によってグリッド・パターンの街路が遮断されることにある。

　市壁のない非囲郭都市という点だけでなく、袋小路の欠如という点に関しても、トンブクトゥをはじめとする西サヘルの諸都市は、その北方の交易カウンターパートであったモロッコ諸都市と鋭い対照性を示しているのである。

(2)　新旧2つの市街地──グリッド・パターンをめぐって

　デュボアによる図11は、19世紀末のトンブクトゥ図であった。当時の市街地は、規模と形態を異にする不規則な街区ブロック群から構成されていた。ブロックの規模は中心部で大きく、周縁部ではいっきょに縮小し、断片化している。とりわけ東縁部では断片化が顕著である。その要因として、2つのことを考えうる。1つは、外部からの侵攻による破壊などであり、当然、その破壊は、市街地縁辺部のブロックでより激しかったであろう。

もう 1 つは、これとは逆に人口の流入による周縁部での萌芽的な市街地形成の動きである。この 2 つの要因が交錯しあって、とりわけ市街地の東縁部で小ブロック群を簇生させていたのであろう。

つぎに、当時の居住人口について考えたい。19 世紀のトンブクトゥの人口を考える際に、3 つの推定を利用できる。第 1 は、1828 年のカイエによる推定である。彼は、せいぜい 10,000〜12,000 人としたうえで、キャラバンに従事する多くのアラブ人が滞在し、彼らの滞在時には一時的に人口が増加すると付言している[118]。彼は、アラブ人たちは 6〜8 ヵ月間トンブクトゥに滞在して帰り荷を集め、それらをラクダに積んで北方へと出立していくと述べている[119]。第 2 の推計は、1853 年のバルトによるもので、常住人口を 13,000 人、11 月〜1 月のキャラバン活動期の一時滞在人口を 5,000〜10,000 人とする[120]。第 3 は、1895 年の調査にもとづくハッカールによるものである。彼は、常住人口 5000 人、一時滞在人口 4,000 人の計 9,000 人とする[121]。

3 人の常住人口推計の相違は大きく、19 世紀末のハッカールの推計値は、19 世紀中期のカイエやバルトのものの半数以下にすぎない。両者のあいだには、ほぼ半世紀の時間が介在している。のちに検討するように、カイエの来訪時以後の市街地の変化は小さい。そのことを考慮すると、カイエとバルトのいう 10,000 人強の人口が半世紀間に半減してしまったとは考えられない。20 世紀に入ってなされた 1909 年の人口調査は 5,797 人とする[122]。これは、常住者のみの数字と考えうる。とすると、カイエとバルトの推定は過大であって、ハッカールがあげる推計がかなりの妥当性をもつと考えうる。

一時滞在者についても、3 人の推計値そのものには相当な相違がある。しかし定住人口に対する一時滞在者の比をとると、バルトが 1：0.4〜0.8、ハッカールが 1：0.8 であって、ともに一時滞在者の比率を大きく推定している。一時滞在者の多くは、カイエが指摘する交易従事のアラブ人だけでなく、トゥアレグ人などのサハラ沙漠を放牧域とするラクダ遊牧集団などもふくんでいたと考えられる。これらの一時滞在人口の多さという点も、「はじめに」で既発表論文の第 4 としてあげた「インターフェイスとしてのフロンティア都市」、つまりトンブクトゥが歴史をつうじて「諸エスニック集団が交会し共住しあう場」であったことを示すものである。

トンブクトゥの最盛期は、16 世紀にあった。当時のトンブクトゥの常住人口についても、いくつかの推定を利用できる。それらを規模の順にならべると、サンゴール（Senghor）は 10 万[123]、デュボアは 4〜5 万[124]、サァードは 3〜5 万[125]、アビトボルは 2.5 万[126]とつづく。当時の都市域の面域規模から判断すると、サンゴールの推計は過大、アビトボルの推計は過小であって、中間の二者の数字が近いかと思われる。一時滞在人口をふくむ

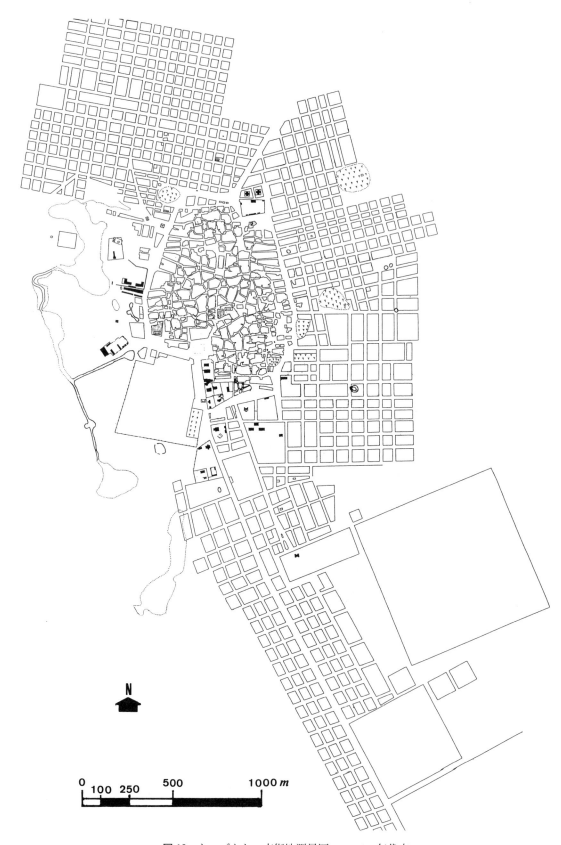

N

0 100 250   500   1000 *m*

図12 トンブクトゥ市街地測量図──1970年代末

図 13　トンブクトゥ空中写真――1970 年代末

19世紀末の人口を1万人前後としても、その規模は最盛期を大きく下まわっていて、この間におけるトンブクトゥの衰退を物語る。その衰退は、後述するように、1591年のモロッコ軍による占領・略奪を直接的な契機とするものであった。

　ここで、現在の市街地編成へと話題を転じたい。**図12**は、マリ国・国土地理院によって1970年ころに刊行されたトンブクトゥの測量図である。また**図13**には、ほぼ同時期の撮影になるトンブクトゥの空中写真を示した。**図12**とデュボアによる**図11**とをくらべると、1894年のフランス領への編入を契機として、市街地が大きく変化したことが一目瞭然である。**図12**をもとに、現在のトンブクトゥの市街地構成を区分すると、以下のように要約できる。

　A）旧　市　：　ソンライ語ではコイラ・ジェノ（*koira jeno*）、またアラビア語起源のフランス語ではメディーナ（*médina*）とよばれ、ほぼ**図11**の範域にあたる。同図と**図12**が描く旧市部分の街路と街区の形態は類似し、両者の作成時期のあいだに介在する約80年間の旧市内部の変化が小さかったことを示す。しかし仔細に見ると、つぎの2点で相違がみられる。

　第1は、**図11**の旧市プロパーと後述する周回道路との間に介在する部分の充填である。**図14**に示したように、そこには、旧市の南端部をのぞいて、直線的な短小街路によって区画された東西方向の小さな短冊状街区が形成されている。それらの短冊状街区の面域規模は、旧市内部の街区とおなじく小さいが、形態は旧市内部のものにくらべてより整形されたものとなっている。この点では短冊状街区は、旧市の不規則街区から周回街路をへだてた新市の規格化された街区への漸移性を示す。

　図11との第2の相違点は、旧市内部での変化である。**図11**では、街路が結節するところには、小広場ともいうべきオープン・スペースが存在していた。しかし**図8**では、小広場はほとんど消失し、それらが街区のなかに、いいかえれば私的な占有空間のなかにとり込まれてしまっている。その結果、かつての小広場は家屋の連担する街路の単なる交点と化してしまっている。

　現在も残る数少ない小広場には、上水道の普及によって使用されなくなった共同井戸、巨大な砲弾を地上に据えたような形のサヘル地方特有の共同パン焼き土窯、またある場合に樹木などが存在し、かつての近隣広場的な公共空間の様態を想起させる。いまではほぼ消失してしまっているが、19世紀末のトンブクトゥは、こうした小広場空間を市街地の各所に埋め込んだ都市であった。その一端は、**図10**として掲げたカイエによる1828年のスケッチからも読みとれる。同図は、市街地を南北に貫走する中心街路の両側に小広場空間をやや誇張気味に描いている。

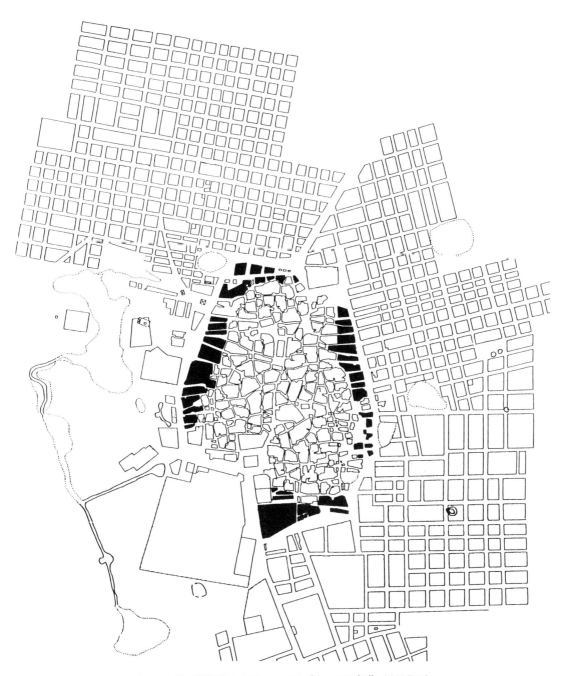

図 14　旧市縁辺部の充填──1897 年～1970 年代（応地作図）

写真6　周回道路（ロロ）　フランスによって建設されたブールヴァールは、幅員25〜35メートルで旧市を囲繞する。道路にむけて入り口を開く家屋が少ないのも、「移植された道路」という印象を強める（応地撮）。

B）周回道路　：　ソンライ語ではロロ（*lolo*）、フランス語ではブールヴァール（boulevard）とよばれる。卵形状の旧市をとりまいて走り、旧市と新市の遮断帯の役割を果たしている。ヨーロッパや中東の諸都市では、たとえばパリやテヘランのように、市壁の撤去跡地を転用してブールヴァールが建設されている場合も多い。トンブクトゥの周回道路も、一見

したところ市壁跡に建設されたかのような印象を与える。しかしトンブクトゥには市壁は存在しなかったので、この遮断帯は、フランス領への編入後に旧市をとりまく周回道路として新たに建設されたものである。

C）新　市　：　ソンライ語ではコイラ・タウディ（*koira tawoudi*）、またフランス語ではアネックス（annexe）とよばれる。新市は、西方をのぞいて周回道路外の北・東・南の三方に広がり、直線道路がほぼ直交しあうグリッド・パターン状の街路・街区形態を示す。その幾何学的な街路・街区景観は、旧市の迷路状景観とはまったく異なる。しかしグリッド・パターンとよびうるとしても、**図12**が描く街区の規模と形状は多様であり、とくに南方の部分では、街区は四角形というよりも四辺形に描かれている。しかし四辺形状の街区描出は、作図作業の不正確さに由来するものと考えられる。というのは、**図13**に掲げた同時期の空中写真は、現実の街区形態が正方形を基本とする四角形で統一されていることを示しているからである。

　しかし新市の街区が四角形のグリッド・パターンで統一されているとしても、その街区規模は多様で均一ではない。このことは、新市のグリッド・パターン区画が、トンブクトゥ全域にまたがる統一的な基本設計・計画があって、それをもとに建設されたとはいえないことを意味していよう。いわばグリッド・パターンのパッチワーク的な設計・計画にしたがって、新市が建設されたことを物語っている。

1897 年刊行の**図 11** は、新市のグリッド・パターン状街区をまったく描いていない。そのことは、新市とそこでのグリッド・パターン街区の建設が、フランス領への編入以後になされたことを示す。この点を確認したうえで、ここで、フランス都市とグリッド・パターンとの関係について興味ぶかい事実を指摘したい。

フランス本国には、グリッド・パターン状の街路形態をもつ歴史都市はほとんど存在しない。本国都市の旧市部分の街路形態は、通常、中世にさかのぼる迷路状の不規則な街路からなる。そのなかにあって、フランス南部のカルカソンヌ（Carcasonne）のシテ（cité）とよばれる要塞都市は数少ない例外で、グリッド・パターンを基本街路形態としている。

しかし本国から旧フランス領植民地に目を転じて、その建設都市をみると、まったく異なった街路・街区景観が卓越する。それは、グリッド・パターンの植民都市が圧倒的に多いことである。西アフリカの旧フランス領植民地の継承独立国家の場合でも、それらの首都となった、モーリタニアのヌアクショット（Nouakchot）、セネガルのダカール（Dakar）、マリのバマコ（Bamako）、コートジボアールのアビジャン（Abidjan）、ニジェールのニアメイ（Niamey）、ブルキナファソのワガドゥーグー（Ouagadougou）は、いずれもグリッド・パターンの建設都市である。さらにこれらの諸国家では、首都にかぎらず地方の拠点都市もグリッド・パターンの街路形態をもつ。マリのみにかぎっても、トンブクトゥだけでなく、たとえば西部のカイ（Kayes）、中部のセグー（Ségou）・モプティ（Mopti）、東部のガオ（Gao）などの地方中心都市も、新市部分はいずれも規則的なグリッド・パターン街区からなっている。

アジアの旧フランス領植民地でも、インドのポンディシェリー（Pondicherry）、またヴェトナムのホーチーミン（Ho Chi Minh、サイゴン）などによって代表される首邑都市は、グリッド・パターンを基本的な街路形態としている。このようにグリッド・パターンは、アフリカ・アジアの主要なフランス植民都市に一貫してみとめられる街路形態である。フランス本国都市と同植民都市とのあいだには、グリッド・パターンをめぐって、街路・街区形態の構造的な相違が存在するといえる。

どの植民国家でも、本国都市では実現困難な理念・理想を植民都市で実現しようとする性向が存在する。たとえば日本の場合でも、旧満州で建設した旧新京（長春）は、その典型例であった。フランスにとっては、グリッド・パターンは、本国都市では実現困難な都市計画理念であったのであろう。もちろんグリッド・パターンには、監視また軍事出動が容易といった支配のための装置という機能がある。

それらが、フランス植民都市における大々的なグリッド・パターンの採用と盛行の背後にある建設性向であろう。これを指して、かつて私は、フランス植民都市における「グ

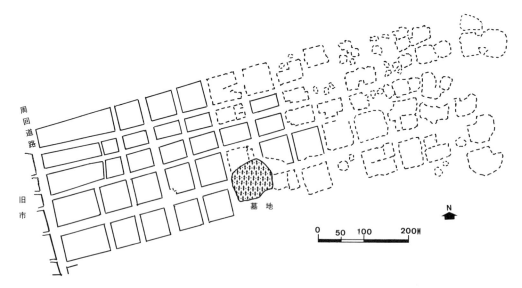

図15　不定形囲いからグリッド・パターンへ——空中写真（図13）より作成（応地作図）

リッド・パターンへの偏愛」とよんだことがある[127]。その偏愛の一端が、トンブクトゥの新市部分においても観察できるといえる。しかし「グリッド・パターンへの偏愛」は、フランスにかぎられたことではなく、すでにスペインがラテン・アメリカで建設した植民都市において大々的に採用していたものであった。

　D）アーバン・フリンジ（Urban Fringe）：　新たな市街地が形成されようとする新市の縁辺部にあたる。図12は、新市をすべて方格状の街区からなるものとして描いている。しかし図13の空中写真からは、新市縁辺部での興味ある市街地形成過程をよみとることができる。図15は、その空中写真をもとに新市東縁部の状況を図写したものである。図12では、この部分の街区は直交道路によって区割された四角形で作図されている。しかし空中写真が示す現実は、そうではない。

　この点を、ベラ・ファランジ大区北西端のグリッド・パターン群をとりあげて、空中写真をもとに検討することにしたい。ここで対象とするのは、図14で、旧市北東端の黒色ブロックと周回道路を介して新市側にならぶ方格街区群である。同図は、そこに、東西方向のヨコ長・長方形ブロックを北西端として、東方にむけて連続するグリッド・パターン街区を描く。ヨコ長・長方形ブロックをふくめて南方につらなる計5ブロックを対象として、周回道路から東方の末端までを空中写真（図13）からトレースした。そのトレース図を、図15に示す。

　同図は、新市の東縁部では、アーバン・フリンジの最外縁から内方へと向かうにつれて、

市街地景観がテント群からグリッド・パターンへと変化していくことを示している。最外縁は、まわりに有刺植物の枯れ枝の垣根を不整形にめぐらせたコンパウンドからなり、グリッド・パターンとはまったく無縁である。コンパウンドの内部には、少数の円形テントが散在するのみである。

そこから西方の周回道路方向にむかうにつれて、コンパウンドは既存の街

写真7　新市景観の遷移的形成　　アーバン・フリンジから周回道路へと向かうにつれて、道路が直線化し、家屋とコンパウンドは、ともに草ぶき家・木枝囲いから日干しレンガ造りの家屋・土塀へと遷移していく（応地撮）。

路に規定されて徐々に方格状へと変化していくとともに、コンパウンドの規模もより大きくなっていく。さらに内方にすすむと、枯れ枝の垣根は恒久的な土塀に変わり、住戸もテントから日干しレンガ造りへと変化していく。最後に周回道路に近い方格状市街地部分になると、日干しレンガの陸屋根・方形家屋の充填街区へと変化する。

　図15が示す新市最外縁から内方への景観変化から、2つの含意をよみとれる。第1は、もしグリッド・パターンの成立をもって街路・街区形態のクライマックスとすると、同図は、個別テント・住戸の登場からクライマックスへといたる街路・街区形態の遷移過程を示していることである。ここで、図11が描くかつての旧市東縁部を想起したい。そこでは、街区ブロックの規模がいっきょに縮小し、断片化していた。それは、図15の右端部分が示す状況と対応した萌芽的な市街地化の進行を描いていたのであろう。

　新市の周縁から内方への景観変化がもつ第2の含意は、グリッド・パターン的な街区が一挙的に形成されるのではなく、それが自然発生的に整序されていく過程を示していることである。周回道路から新市周縁部へといたる街区・住戸の一連の景観遷移は、中心部で建設された既存の直線街路を外方へと徐々に延伸させつつ進行していき、結果としてグリッド・パターン街路・街区の整序・拡大をもたらしている。この含意は、第1のものよりも重要な意味をもつ。

　それは、一般に、統一的な設計計画とそれを実現しようとする意志なしには、グリッ

ド・パターンは成立しないとされてきたからである[128]。しかし**図** 15 が示すトンブクトゥの事例は、地理的慣性にもとづくグリッド・パターンの自然発生的な延伸的・遷移的な形成といえる。従来、グリッド・パターンの成立・形成は、統一的な計画・設計意志の存在と一意的にむすびつけて議論されてきた。ここでみたトンブクトゥの事例は、従来の解釈とは異なったグリッド・パターンの成立・形成過程が存在することを意味している。つまり、ひとたびグリッド・パターンが形成されると、同パターンが自然発生的に自己増殖していく場合もあるということを、**図** 15 が描くトンブクトゥ新市の街路・街区形態の遷移過程は物語っているのである。

IV　サハラ縦断塩金交易
——シルク・ロードとの対比——

　沙漠がとりむすぶ交易路というと、日本では、ただちにシルク・ロードが連想される。サハラ縦断交易とシルク・ロード交易は、ともにそれぞれの大陸の内部によこたわる広大な沙漠を貫走する遠隔地交易であった。サハラ縦断交易は、サハラ沙漠を介して、北のマグリブと南のサヘルとをむすぶ交易であり、またシルク・ロード交易も、タクマラカン沙漠を介して、西の西アジア・地中海世界と東の中国世界とをむすぶ交易であった。日本でなじみぶかいシルク・ロードと対比することによって、サハラ縦断交易の特質と世界史的意義がいっそう明瞭となる。

(1)　塩金交易の成立基盤——生態系の縦断と並走

　西アフリカの気候と植生の分布には、顕著な特徴がみられる。それは、**付図1**に示したように、異なった気候と植生がほぼ緯度と平行する東西方向のベルト状に配列していることである。それらのベルト状配列を北から南の順に説明すると、つぎのようになる。

　① **付図1**の範域外となるが、アトラス山脈北麓の地中海南岸にそって延びる地中海性の気候と植生の狭長なベルトである。

　② サハラ沙漠の広大な東西ベルトである。

　③ サハラ沙漠本体の南縁に連なる半沙漠ステップの狭長な東西ベルトである。沙漠からステップへの遷移的なゾーンにあたり、沙漠本体がほぼ無植生であるのと比較すると、禾本科のショート・グラスが疎生する。

　④ 半沙漠ステップを基本とするが、わずかな降水を集水可能な凹所などにアカシカ科を中心とした喬木が疎生・点在するステップである。ステップ帯のなかでは、もっとも南北長の大きい東西ベルトを形成して東西走する。

　ここまでが、沙漠とステップからなる乾燥帯のベルトである。さらに南下していくと、夏の降水量の増加によって、植生はステップからサバンナへと変化していく。

　⑤ その最初に現れるのが、乾燥した疎林とサバンナの広大な東西ベルトである。喬木は密度を増して疎林とよびうる状態となり、その樹間には草丈の高いトール・グラスが密生する。気温が低下する乾期には、これらの喬木は葉を落とし、またトール・グラスも枯れて黄色くなる。疎林は雨期のみに緑葉をつけるので、これらの疎林は雨緑林とよばれる。

⑥　降水量の増加によって、1年生のトール・グラスは密生状態の草原を形成する。喬木も樹木密度を増すが、密生までにはいたらない。西アフリカでは、この疎開林とサバンナの地帯がもっとも幅のひろい東西方向の植生ベルトを形成して、延々と東西走している。

⑦　降水量のさらなる増加によって、サバンナから森林への遷移植生帯が出現する。それが、森林＋サバンナの混合植生である。喬木は樹高と密度を高めて、森林とよびうる植生へと変化する。地表の被覆度においても、森林がトール・グラスの草原よりもより大きな範域を占める。しかしその東西ベルトは、もっとも狭長である。

⑧　さらにギニア湾に接近すると、年間をつうじて気温と降水量が一挙的に増加し、もはや草本のサバンナは姿を消し、かわって熱帯降雨林帯のベルトとなる。同ベルトは東西走しているが、その南北長はそれぞれの場所的条件によって変動幅が大きい。その最たるものが**付図**1のガーナ東部から東方のベナンにかけての一帯で、そこでは⑦と⑧の熱帯降雨林の森林的植生ベルトが切断されて、⑥のサバンナ的植生がギニア湾岸まで南下していることである。独立前のベナンの旧名はダホメであったことから、この熱帯降雨林の切断部をさしてダホメ・ギャップとよばれる。

　これらの植生帯の東西ベルトのうち、サハラ縦断交易で重要な役割を担ったのは④の北半部であった。そこで、植生が砂漠からステップ草原へと本格的に移行していく。同草原の東西ベルトは、夏にはごく少ない降水をもとに緑草が萌えでる草原と化する。この狭長な草地のベルトは、サヘル（Sahel）とよばれる。サヘルは、アラビア語の「サーヒル（*Sāhil*）」に由来し、「岸辺」を意味する。ごく少量の降水をうける夏には、そこは、＜サハラ沙漠＝「砂の海」＞の南岸をふちどる＜緑の岸辺＞と化す。

　サヘル・ベルトをさらに東に延伸させると、サハラ沙漠にそってアフリカ大陸を横断してインド洋沿岸部に達する。そこは、アラブ語とスワヒリ語の文化圏である。スワヒリ（*Swahili*）はアラビア語の *Sāhil* の複数形で、やはり「岸辺」を意味する。アフリカ大陸は、サハラ沙漠の南縁にそって東と西に2つの「岸辺」を配した大陸である。

　サヘルとスワヒリの2地帯は、気候・植生またアラビア語の語源だけでなく、歴史的にも重要な共通性をもつ。その第1は、ブラック・アフリカを代表する初期帝国と都市の成立地帯であったことである。第2は、それらの初期帝国や都市がともに交易活動を重要な経済基盤としていたことである。サヘルは陸路によるサハラ縦断交易、スワヒリ文化圏は海路によるインド洋交易の重要拠点であった。サヘルで成立した最初の帝国はガーナ（Ghana）帝国で、その繁栄期はいちおう 8〜11 世紀とされる。ここで「いちおう」という言葉を付したのは、同帝国の成立を 4 世紀、滅亡を 13 世紀とする説もあるからである。ガーナ帝国の勃興と繁栄を支えた基盤は、ニジェール川流域の農業生産にくわえて、南か

らの金と北からの岩塩を主要商品とするサハラ縦断塩金交易にあった[129]。

(1)―1　なぜ塩が重要交易品だったのか

　シルク・ロードとサハラ縦断交易の交易品には、本質的な相違があった。それは、シルク・ロードの交易品が非日常的な奢侈品に特化していたのに対して、サハラ縦断交易は塩という日常生活財を一方の最重要商品としていたことである。この相違は、それぞれの交易路と関係圏域の生態系によって説明できる。

　地球規模で生態系の分布を大観すると、そのもっとも基本的な規定因は気温であり、さらに気温の分布を規定する最大の因子は緯度である。その結果、同一緯度の地帯には、緯度に平行して、ほぼ同質的な生態系が東西にベルト状につらなることになる。**付図1**に示した西アフリカにおける多様な気候・植生の東西ベルト状の配置は、その好例である。シルク・ロードは、大きくみると、緯度に平行して走る東西ルートの交易路である。これに対して、サハラ縦断交易路の走向は、緯度縦断的な南北ルートである。このことは、シルク・ロードがほぼ同一生態系の内部を東西走するのに対して、サハラ縦断交易路は異なった生態系を縦貫して南北走することを意味する。

　前近代をとると、一般に、どの地域でも食料をふくむ日常生活財は地元調達、つまり自給を基本としていた。生態系の共通性が大きなシルク・ロードの通過地帯では、日常生活財さらには生活様式もたがいに共通性が大であった。そのため、日常生活財が交易の対象とはなりがたい。これに対してサハラ縦断交易は、日常生活財また生活様式が相違しあう生態系を貫く交易であった。それが、たがいの不足を補いあうために、食料をふくむ日常生活財も交易の対象となりえた理由である。

　その象徴がサハラ沙漠を産出地とする岩塩であり、塩という日常生活財が一方のもっとも重要な交易商品の地位を占めていた点に、サハラ縦断交易の大きな特質があった。一方、シルク・ロードでは、塩は交易商品とはなりえなかった。沙漠を共通生態系として貫走するシルク・ロードでは、塩は、その沿道のいたる所で容易に入手しうる普遍的な産出物であり、商品価値をもちえなかったからである。

　では、なぜサハラ縦断交易では、塩という日常生活財が重要交易品となったのか。しかも、塩が、なぜ金と等量で交換されたというほどの価値をもちえたのか。それは、人間の生存にとって必須物であるにもかかわらず、塩が欠乏し、塩を外部に依存しなければならない地帯が存在したからであった。その欠乏地帯が、南方の森林地帯の産金地であった。＜塩の欠乏地帯―熱帯湿潤森林帯―産金地＞の空間的な一致、それが、サハラを縦断する塩金交易を成立させた基本動因であった。

　しかしこのことを指摘しただけでは、塩金交易の成立を説明したことにはならない。南方の産金地は、森林地帯であるけれども、ギニア湾あるいは大西洋の海岸に近い位置にあった。ここで、疑問が生じる。それは、「近接した南方の海岸地帯からの海塩ではなく、なぜ遠く離れたサハラ沙漠からの岩塩が金に対する交換財となったのか」、しかも「産金地は沙漠ではなく、海塩生産に必要な燃材として利用可能な森林地帯にあるというのに」という疑問である。たとえば日本では、すでに縄文時代に海水と森林の燃材とをもとに海塩がつくられていた。古くから海塩を生産してきた日本からみれば、これらは、当然の疑問といえる。

　しかし世界をみわたすと、海と森林燃材の存在がただちに製塩とむすびつくとはいえない。海水からの海塩生産には、いくつかの要件が必要だからである。もっとも簡単なのは、沙漠気候下の塩湖や塩浅海岸で、そこでは、激しい日射と蒸発をもとに天日製塩が可能である。けれども日本などの湿潤地帯では、蒸発だけでの天日製塩は不可能となる。日本では海岸に位置する考古遺跡からは、製塩土器とよばれる海塩生産に使用された土器が出土することがある。その製塩方法は、土器に注水した海水を火力で煮詰めて塩の結晶を得るものであった。

　これが、湿潤な地帯の海岸部での一般的な海塩の製造法であった。つまり高温加熱して、海水を蒸発させる方法である。そのためには、燃材がなくてはならない。ギニア湾岸は湿潤気候下の森林地帯に属するので、豊富な樹木を燃焼利用して容易に製塩をおこないうるように思える。しかし海水と樹木の存在だけでは、製塩は困難である。問題は、その湿潤気候の性格にある。

　産金地に近接するギニア湾西端をとりあげると、そこは、熱帯モンスーン気候の森林地帯に属する。同湾岸に所在するモンロヴィア（Monrovia）の気候は、年降水量が約5300ミリメートルに達し、月平均降水量が100ミリメートル以下の乾期は2ヵ月にすぎない。乾期がごく短いうえに、その森林は熱帯特有の硬木からなり、それらを乾燥させて燃材とすることは容易ではない。これらの気候と森林植生の特性が、海水からの海塩生産を困難にする。同様の事情は、東南アジアの熱帯降雨林の島々でもみられる。ゆたかな海と森をもつにもかかわらず、意外にも、それらの島々は歴史的には塩の入手困難な地帯であった。

　こうした海塩生産の困難性から、南方の森林地帯の金産地は、遠隔地交易をつうじて北方のサハラ産岩塩を必要としたのであろう。さらにサハラ産岩塩を渇望させた要因として、それが海塩よりもはるかに美味・良質という品質の相違もはたらいていたと考えられる。この点に関して、1997年1月にニジェール南西部のタウア（Tahoua）のバーザールで海塩と岩塩とがならべられて販売されているのを見たことがある。タウアはナイジェリアとの

国境に近く、海塩はナイジェリア産、また岩塩はニジェール東部のビルマ（Bilma）産だという。ビルマ（付図2・△4）はエジプトとガオをむすぶかつての交易路の拠点オアシスで、1998年の訪問時に塩の生産現場を実見した。それは、地下帯水層の強塩分濃度の塩水を天日蒸発させる方法でつくられていた。したがって、それは岩塩というよりも地下鹹水塩とよぶのが正確であろう。

タウアでの両者の1キログラムあたりの売価は、当時の西アフリカ共通通貨のCFAで海塩が125、岩塩が300で、両者のあいだには2.4倍の相違があった。しかしビルマ産の岩塩は地下鹹水塩であって、良質なタウデニ産岩塩の価格を聞くと、ビルマ産のものの2倍以上ということであった。とすると海塩と岩塩との価格差は、さらに大きく5倍ちかくになる。タウデニ（付図2・△5）は、後述するようにマリ北部のサハラ沙漠中に位置する岩塩鉱の所在地で、現在も活発に採掘されている。その塩質の評価は高く、パリのレストランにはタウデニ産の岩塩を使用するものも多いという。

(1)—2　交易商品の対称性と非対称性

さらに別の角度から、サハラ縦断交易が塩を重要交易品としていたことの意味を考えてみよう。同交易も、シルク・ロード交易も、ともにラクダの背上運搬を主たる輸送手段としていた。しかしこの点では共通していたが、両者が運搬用駄獣とするラクダの種類は異なっていた。サハラ縦断交易はヒトコブラクダ、シルク・ロード交易はフタコブラクダであった。ヒトコブラクダとフタコブラクダの身体特性の相違、またヒトコブラクダの登場がサハラ縦断交易の成立にあたって果たした役割・意義については後述することにして、ここでは、両者がラクダを輸送手段としていたことを確認したうえで、輸送負担力という経済学の概念をもちいて両者の交易をさらに比較・検討したい。

ヒトコブラクダ1頭あたりの積載能力は最大で約300キログラムであるが、長距離移動の場合には平均160キログラムくらいとされる[130]。このような小さな積載・輸送能力では、重量・容積ともに大きな物資の輸送は困難である。また安価な物資も、商品価値にくらべて輸送費がかかりすぎるため、遠距離輸送には適さない。このように重量・容積ともに大かつ商品価値小で、遠距離輸送の高輸送費を負担困難な商品を「輸送負担力が小さい」という。穀物・綿花・木材などは、その典型である。これに対して輸送負担力大の商品は、上記とは逆の特徴をもつ。具体的には、宝石・貴金属・香木などである。これらの物資は商品価値が大きいために、長距離の高い輸送運賃を負担しても十分に利潤をあげうる。

要約しすぎるきらいはあるが、一般的には日常消費財は輸送負担力小、奢侈品は輸送負

担力大の商品といいうる。この区別をふまえて、シルク・ロード交易とサハラ縦断交易とを比較してみよう。シルク・ロードの代表的な交易品は、東からの絹、西からの金・宝石などであった。双方の交易品はともに輸送負担力大の奢侈品であり、その交易品構成は＜奢侈品：奢侈品＞という対称性を示していた。

　これに対してサハラ縦断交易は、南が金という輸送負担力大の奢侈品、北が塩という本来は輸送負担力小の日常生活財という非対称的な交易品で構成されていた。これをシルク・ロード交易と比較すると、両者のあいだには交易品構成の対称性に対する非対称性という顕著な相違がみられた。その相違の発生因は、本来ならばラクダの背上輸送の対象とはなりがたい塩を、サハラ縦断交易が主要交易品としていたことにある。

　それを可能としたのは、ギニア湾に近い森林地帯が、塩という人間にとって必須的な生活財の入手が極度に困難で、岩塩への渇望ともいえる需要が存在する地帯であったことにある。しかも南の森林地帯からの岩塩への決済手段が、豊富な金というとてつもなく商品価値の大きな貴金属であった。それによる塩と金との不等価交換が、本来は輸送負担力の小さい商品である岩塩を輸送負担力大の商品へと転化させたのであった。もし金が決済手段でなかったならば、サハラ産岩塩の商品化ひいてはサハラ縦断交易そのものが成立困難であったであろう。

(1)─3　インパクトの広域性と狭域性

　このようにサハラ縦断交易を成立させた原動力は、南からの金にあった。このことが、さらにシルク・ロードとの新たな性格の相違を生みだす。それは、交易関係圏を越えた外部地域へのインパクトである。ユーラシアのシルク・ロード交易は奢侈品の交易に特化し、ごく一部の上層階級の需要に応需するものにすぎなかった。そのゆえに、交易関係圏を越えた外部地域への重要性はほとんどなかった。

　日本は、その外部地域に属する。たとえば正倉院は「シルク・ロードの終着点」とよばれ、その収蔵品には、中国や朝鮮半島を経由して伝来した西域文物の伝世品も多くふくまれている。しかしそれらの伝来は、古代日本の経済・社会に対してほとんどインパクトも、意味ももっていない。工芸デザインや技法の新しい展開などがあったとしても、それらによって古代日本の経済・社会が変革されたということはない。それらは、いわば日本古代史を飾るエピソードの1つにすぎなかった。

　しかしサハラ縦断交易は、これとはまったく異なる。それは、金を一方の重要な交易品としていたことから、外部地域に属する地中海世界さらにはヨーロッパ世界に対してもインパクトを与えつづけた遠隔地交易であった。さきにムーサー王のマッカ巡礼行を契機と

して、「サハラ縦断交易がもたらす金が地中海世界の経済原動力となった」とのブローデルの言葉を紹介した。同交易によって地中海世界の経済体制が、いわば金本位制へと移行していったのである。その移行によって、ムーサー王の巡礼行と同時代の14世紀にはヨーロッパの諸国でも金の経済的な重要性が高まり、金貨の鋳造が急増する。このヨーロッパにおける金需要の増大に応えたのが、サハラ縦断交易であった。

サハラ縦断交易は、さらに波及的なインパクトをヨーロッパ世界にあたえていく。1415年のエンリケ航海王子によるセウタ攻略にはじまるポルトガルの西アフリカ大西洋岸への進出である。その重要な目的は、サハラ縦断交易の重要交易品であった金と奴隷を海から奪取することにあった。1432年には、ギル・エアネス（Gil Eanes）がひきいるポルトガル艦隊がボジャードル（Bojador）岬を越える。同岬は、中世には海洋もそこで奈落の底に落ちこむ地の果てとされてきた。同岬南方への進出は、ブラック・アフリカへの本格的な進出を意味し、はやくも1441年には、最初の黒人奴隷がポルトガルに送致される。

このように考えると、サハラ縦断交易は、交易関係圏を越えた外部地域の歴史展開にも大きなインパクトをあたえた。そのインパクトは、世界史的規模をもっていたといいうる。これにくらべれば、ユーラシアのシルク・ロード交易のインパクトは関係交易圏の内部にかぎられ、狭域的なものにすぎなかった。

日本では、シルク・ロード交易は、ユーラシア規模でのロマンをかきたてる遠隔地交易として国民的な注目と愛好の対象となっている。しかしサハラ縦断交易への関心はごく小さく、その存在すらもほとんど知られていないとさえいえる。しかしサハラ縦断交易は、ユーラシアのシルク・ロード交易とは異なった特性をもつと同時に、それとは比較にならない大きな世界史的意義をもつ遠隔地交易であったといいうる。

（2）「塩金の道」と「絹の道」──遷移と固定をめぐって

前節では、交易路を行きかった交易品というフローの観点から、サハラ縦断交易とシルク・ロード交易とを対比させて両者の特質を検討してきた。ここで視点を交易品から交易路そのものに転換して、さらに両者の比較をつづけることにしたい。サハラ縦断交易とシルク・ロードとのあいだには、交易路・交通路というハードなストラクチャーに関しても顕著な相違を観察できる。

ユーラシアのシルク・ロードは、前2世紀の前漢・武帝の時代には確実に開かれていた。これにくらべると、サハラを縦断する「塩金の道」の歴史は新しい。しかしシルク・ロードと同様に、サハラ越え交易についても研究が蓄積されている。それらを参看・要約してサハラ縦断交易の関係地図を作成し、それを**付図2**に掲げた。同図は、アラビア語文献で

サハラ以南の「黒人たちの国々」が初出する 8 世紀前半ころから 19 世紀にいたるまでの
およそ 1100 年間を対象として、サハラ縦断交易の主要交易品である岩塩と金の産出地、
関係交易都市、それらをむすぶ交易・交通路の変遷を地図化したものである。

　同図については後出する関係個所でくわしく説明することにして、ここでは代表的な
「塩金の道」のみをとりあげることにしたい。**付図 2** には、①～⑤の番号を付して計 5 本
のサハラ縦断交易の交通路を図示した。もちろん現実には、これらよりもはるかに多数の
交通路が存在した。ここに図示したのは、そのごく少数の代表的なものにすぎない。サハ
ラ沙漠は、東西幅が約 5,500 キロメートルにも達する広大な沙漠であるので、それを縦断
する代表的な南北交通路が 5 本というのはむしろ少ないとさえいえる。

　ここで注目したいのは、その数ではなくて、**付図 2** の西端部に記入した②～④の 3 本の
「塩金の道」である。それらは通時的に並存していた 3 本の交通路ではなく、時期を変え
て生起・変遷した交通路であった。それぞれが頻用された時期は、②が 10 世紀中期～11
世紀前半、③が 11 世紀後半～16 世紀末、④が 17 世紀以降であった。つまり特定の時代
をとると、これらのうちの 1 つが、その時代を代表する交易・交通路であった。塩金交易
の主要舞台であったサハラ沙漠西端部では、狭い範域であるにもかかわらず、時々の状況
変化に対応して、交易・交通路が遷移と変遷をくり返してきたこと、つまり「塩金の道」
は可変性に富んでいたことを物語っている。

　交通路の可変性という観点を導入して「塩金の道」と「絹の道」とを比較すると、さら
にサハラ沙漠を縦断する交易・交通路の特徴をあきらかにしうる。「塩金の道」の可変性
は、介在する広大なサハラ沙漠の特質によるところが大きかった。この点を、タクラマカ
ンとサハラの両沙漠における交通路の存在形態の相違から説明したい。

　サハラ沙漠の西端部は広大な無居住空間（アネクメネー）であり、そこにはオアシスま
たそれらをむすぶ固定された交通路が存在しない。サハラ南北交易路は、まったくの無居
住空間を行く交通路であった。タクマラカン沙漠も、その本体部はサハラ沙漠とおなじく
まったくの無居住空間である。しかし同沙漠の南北両端を画するクンルン、テンシャン両
山脈の山麓には複合扇状地が発達し、そこを立地場とするオアシス群がつらなっている。
それらのオアシス集落には、オアシス都市とよびうるものも多かった。タクマラカン沙漠
は、本体部は無居住空間ではあるが、その周縁を縁どってオアシス都市群が東西にならぶ
沙漠であった。しかもシルク・ロードの走向は、これら東西方向にならぶオアシス都市列
の走向と一致していた。同沙漠を通過する交通路が、これらのオアシス都市を連珠して走
るのは当然であった。

　タクラマカン沙漠の南縁と北縁を東西走する交通路は、それぞれ「西域南道」、「天山南

路（西域北道）」という固有名詞でよばれる。交通路にかかわる固有名詞が成立するために
は、その交通路が通時的にも空間的にもほぼ固定していることが前提となる。この点は、
日本の東海道や中山道などの街道関連の固有名詞を想起すればあきらかであろう。つまり
タクラマカン沙漠を通過する交易・交通路は、歴史をつうじて変化することが少なく、ほ
ぼ同一の路線上に固定していた。

　サハラ沙漠にも、北端のアトラス山脈山麓、また南端のサヘル（「岸辺」）には、縦断交
易の終起点にあたるオアシス都市群がほぼ東西方向にならんでいた。しかしそれらのオア
シス都市群の列は、南北走する「塩金の道」に対して直交関係にあった。「塩金の道」は、
オアシス都市列をはなれると、広大なサハラ沙漠の「空虚な空間」を通過しなければなら
なかった。その途上には、タクラマカン沙漠のようなオアシス都市の連珠はなかった。そ
のためサハラを縦断する交通路は特定のルートに固定することなく、状況の変化に応じて
容易に変遷しうる性格をもっていた。つまり「塩金の道」は、可変性と可塑性に富んだ交
易・交通路であった。それが、**付図2**の②〜④の交通路を継時的に遷移・変遷させた要因
であった。

　いま、サハラを縦断する交通路が「状況の変化に応じて容易に変遷しうる性格をもって
いた」と述べた。その「状況の変化」を生みだした主たる要因は、交易商品の産出地と政
治権力の所在地の変化であった。なかでも前者とりわけ岩塩産出地の移動が、その重要な
要因であった。この点でも、「塩金の道」と「絹の道」との相違は大きい。すでに述べた
ように、類似する沙漠的生態系のベルト内を東西に貫走するシルク・ロードでは、その通
過地帯の生活様式また基本生活財もほぼ類似している。塩は沙漠的生態系では入手容易な
基本生活財であり、それが、交易商品となることはなかった。そのため中間に介在するタ
クラマカン沙漠は交通路の単なる通過地帯であって、主要交易品の産出地ではなかった。

　これに対してサハラ沙漠は、無居住空間である点ではタクラマカン沙漠本体部とおなじ
であったが、経済的には別個の意味をもつ空間であった。サハラ南北交易路は、その後背
圏域をふくめると、ほぼ緯度にそって東西にならぶ生態系のベルトを縦断して走る。塩と
いう日常生活財を一方の最重要交易品へと押しあげた理由は、前述したように、高温多湿
な生態系のゆえに塩の入手困難地帯を後背圏域にふくんでいたことにあった。

　その塩を供給したのが、サハラ沙漠の内部に位置する岩塩鉱であった。サハラ沙漠は、
交通路の通過地帯であると同時に、一方の最重要交易品の産出地でもあった。この点は、
シルク・ロードのタクラマカン沙漠との大きな相違である。タクラマカン沙漠は、単なる
交通路の通過地帯にすぎなかったからである。その結果、「塩金の道」は、沙漠中の岩塩
鉱の盛衰とともに遷移・変遷することになる。さきに「南北交易路が状況の変化に応じて

変遷した」と述べた際の「状況の変化」とは、サハラ沙漠に所在する「岩塩鉱の立地移動」を主たる内容としている。

　一方、前述したように、タクラマカン沙漠を通過する「絹の道」は通時的に固定され、遷移・変遷とは疎遠なルートであった。その理由は、「絹の道」が安定したオアシス都市を連珠して走る交通路であったことにある。このことは、さらに重要な含意をもつ。それは、タクラマカン沙漠を東西走する西域南道また天山南路が、ともに通過途上で飲料水また食料の補給が可能で、比較的容易に通過できる交通路であることを意味する。この点も、サハラ沙漠との重要な相違である。サハラ沙漠の縦断は、飲料水や食料の安定した途中補給を期待できない完全な無居住空間の沙漠行であった。Ⅰ—(2)—2 で引用したアダムスのトンブクトゥからマグリブへの帰還行は、当時の岩塩鉱所在地であるタウデニでそれらを補給したのみで、水・食料の欠乏また期待していた池沼の枯渇などのために多くの死をともなう過酷な縦断行であった。

(3)　ヒトコブとフタコブのラクダ

　サハラ沙漠縦断という過酷な沙漠行は、暑熱乾燥につよい運搬獣なしにはなしえない。その必要をみたしたのが、ヒトコブラクダである。この点でも、サハラ南北交易はシルク・ロード交易と相違する。後者の主たる輸送獣は、フタコブラクダであったからだ。

　ちなみに日本で幼稚園児にラクダの絵を描いてほしいというと、ほとんどの園児が描くのは 2 つのコブをもつラクダであろう。それがヒトコブではなくフタコブのラクダであるのは、日本の動物園でみるラクダのほとんどがフタコブラクダだからであろう。日本へのラクダの将来記録をみると、599 年（推古 7）を初見として、飛鳥時代をつうじて朝鮮半島の諸国から何回かラクダが贈られている。それらは、フタコブラクダの可能性が大きいけれども、ヒトコブラクダの可能性も否定できないとされる。江戸時代の日本にも、オランダ東インド会社によってラクダが将来されている。とりわけ 1821 年（文政 4）に江戸や大坂などで見せ物として人気を博したのは、ヒトコブラクダであった。しかし幕末には、フタコブラクダも将来されていて[131]、以後、日本でみるのは圧倒的にフタコブラクダとなった。

　「シルク・ロード物」とよばれるテレビ番組では、一列になって粛々と砂丘を行くフタコブラクダの列がつねに放映される。フタコブラクダの棲息域は、シルク・ロードが通過する中央アジアからモンゴルへとひろがる一帯で、そこは、とりわけ冬の寒さがきびしい地帯である。フタコブラクダの特徴は、身体が長い体毛で覆われていて寒冷への適応力が大きいことにある。「絹の道」の運搬獣がフタコブラクダであるのは、棲息域また寒冷へ

の適応力からみて当然といえる。

　これに対してヒトコブラクダは、インド亜大陸北西部から西アジア・アラビアを経て北アフリカさらにサハラへとつづく暑熱乾燥地帯で飼養されている。ヒトコブラクダは体毛がごく短く、暑熱への適応力が大きい。とくに外気温の変動にあわせて、体温を変化させて適応する能力に長けている。またラクダの特徴とされる乾燥による体内水分の低下への抵抗力も、フタコブラクダよりもヒトコブラクダの方が大きい。

　ヒトコブラクダとフタコブラクダを区別しないで、ラクダは「沙漠の船」と形容される。しかしサハラのような暑熱乾燥の沙漠を行く「沙漠の船」としては、暑熱にも乾燥にも強いヒトコブラクダが適している。ヒトコブラクダが「沙漠の船」として就航することによって、サハラを縦断する南北交易も成立・拡大することができたのであった。しかし「北アフリカまたサハラで、ヒトコブラクダが運搬獣として利用され出したのはいつか」という問題については、なお不明な点も多い。

　ヒトコブラクダそのものは、紀元前2千年紀のはじめころにアラビア半島中央部で家畜化され、紀元前14世紀ころには確実にエジプトに導入されていた[132]。紀元前290年代にはアレクサンドリアとカルタゴが、ヒトコブラクダのキャラバンでむすばれていたといわれる[133]。そのころにはマグリブ東部では、ヒトコブラクダの背荷運搬への利用が本格的になされていたと考えられる。しかしマグリブ東部から北アフリカへの拡散時期については、前記のとおり明確ではない。

　私市正年は、北アフリカでのラクダの存在を語る文献は紀元前150年ころの刻文史料を初出とし、ラクダの運搬利用は紀元前後の時期には普及していたとする[134]。現在の北アフリカがフタコブラクダを欠く地帯であることを考慮すると、そのラクダはヒトコブラクダであろう。またグロスジーンは、ヒトコブラクダの導入を2～5世紀とする[135]。これらをもとに、遅くとも5世紀にはヒトコブラクダがマグリブ西部にまでも普及していたと考えうる。一方、アトラス山脈以南のサハラへのヒトコブラクダの普及は、当然のことながら、同山脈以北の地中海岸よりも早かったと考えられている[136]。

V　「黒人たちの国々」への道
──成立と西遷──

　サヘル一帯では、発掘をふくむ考古調査が進展し、サハラ縦断交易に関する新たな知見が蓄積されてきた。それによって、同交易が北方の地中海世界からの一方的なインパクトによって成立したのではなく、サハラ以南のブラック・アフリカの内発的な寄与も大きかったことが強調されるにいたっている。

　重要な知見は、ここで対象とするサハラ縦断交易が開始される以前の時期から、すでにサハラ以南の地で広域的な交易活動が成立していて、その存在が同縦断交易の急速な確立と発展を可能としたとされることである。その解明に貢献したのは、マッキントシュ（McIntosh）夫妻によるニジェール川内陸デルタ中部のジェンネ・ジェノ（Djenné-Djenno）遺跡での発掘調査であった。同遺跡の第 I 期（BC250〜AD50 年）の遺跡層からは製鉄残滓が出土し、鉄鉱石を原料として鉄が生産されていたと考えられる。しかし鉄鉱石・砂鉄は同三角州では産出しないので、それは遠隔地からもたらされた。このことは、この時期にすでに広域的な交易ネットワークが成立していたことを物語るものである[137]。

　このようにサハラ縦断交易は、北方からの一方的なニーズによって成立したのではなく、サハラ以南の広域的交易活動と連携することによって成立したと考えられつつある。つまりサハラ沙漠の北方と南方からの 2 つの対向的なベクトルの総和として、サハラ縦断交易を成立し、急速な展開が可能となったのであった。

（1）サハラ東西交易路の廃絶──気候変動の所産か？

　アラビア語では、サハラ沙漠以南の地は「黒人たちの国々」を意味するビラード・アッ=スーダーン（Bilād al-Sūdān）とよばれた。しかしその範囲は、サハラ沙漠の南方にひろがるブラック・アフリカの全域を指すのではなく、**付図 1** の同沙漠の南縁につらなるステップとサバンナの乾燥〜半乾燥ベルトにかぎられていた。おなじく「黒人たちの国々」ではあっても、その南方にひろがる湿潤な森林地帯は、ビラード・アッ=スーダーンにはふくまれていなかった。

　このことは、ビラード・アッ=スーダーンという地域名が成立していった時期には、エジプトをはじめとするマグリブ東部のブラック・アフリカ認識が森林地帯には達していなかったことを推測させる。その背後には、彼らの直接また間接の接触・交渉相手が半乾燥

ベルトを本拠とする政治権力また商人であったこと、さらには産金地が所在する森林地帯に関する情報は高度の機密として秘匿され、北方のアラブ人には窺いようのない場所であったことなどの事情がはたらいていよう。

アラビア語文献での「スーダーン（al–Sūdān）」という地名の初見は、728 年のムナッビー（Munabbih）の著作断簡とされる。そのなかで、彼は、「ヌーフ（Nuh、旧約聖書のノアにあたる）の息子の 1 人であるハーム（Ham）は白人であったが、ヌーフの呪いをうけいれて、神は、彼の肌色を（黒色に）変えた。スーダーンは、ハームの一族によってつくられた[138]」と述べている。ビラード・アッ=スーダーンは、「黒人たちの国々」であると同時に「黄金の国」としても語られていった。黄金への最初の言及は、すでに 8 世紀後半のアル・ファザーリー（al-Fazāli）の著作にみられる。そのなかで彼はスーダーンに所在する国々の領域を列挙し、ガーナについては「ガーナ（Ghāna）すなわち金の国[139]」と説明している。ガーナとは、ガーナ帝国にあたる。

ガーナ帝国は、8 世紀ころに成立したとされる。その成立を導いた重要な契機は、サハラ沙漠を介する北方の地中海世界との遠隔地交易の活発化であった。アル・ファザーリーがガーナ帝国を「黄金の国」と形容した 8 世紀後半をとると、北アフリカの地中海沿岸地方とサハラ以南の「黒人たちの国々」とをむすぶ交通路は、エジプトあたりから西南西にむけてサハラ沙漠を斜断する東西ルートであった。当時は、サハラ沙漠を縦断する南北ルートは存在しなかったと考えられている[140]。

東西ルートの経路を推定すると、その西半部は**付図 1** に①として記入したルートを想定しうる。同ルートは、ガオを「黒人たちの国々」の終起点としていた。それは、8〜9 世紀には、ガオはニジェール川流域の交易拠点かつ政治中心であり、「黒人たちの国々」の金はそこをつうじて集散されていたからである[141]。ガオは、当時、アラブ世界に知られていたニジェール川流域の唯一のセンターであったとされる[142]。竹沢は、ガオで、王宮と考えうる 9 世紀後半〜10 世紀の大型建造物の遺構を発掘している[143]。その時代は、ガオがサハラ東西交易の拠点として繁栄していた時期と一致する。

ガオ（**図 15**・◉C）はトンブクトゥの東方に位置し、水陸交通の結節点といいうる要地であった。水上交通に関しては、ガオは、ニジェール川が大湾曲をはたして南東方へと流路を転じる地点に位置していた。それが、同川の上流域に所在する金産地からの輸送を容易にしたであろう。また陸上交通に関しては、北方からのティルムシ（Tilemsi）峡谷がニジェール川に合流する地点にあたっていた。同峡谷の谷底は大きなワーディ（涸れ川）となり、北東方のアハガル（Ahaggar）高原さらにはイフォラ（Ifora）山地からニジェール川にいたる陸上ルートとして利用されてきた。

　8世紀後半をとると、地中海沿岸からガオへの主要な交通路は、ナイル川下流域を北方の起点として、ほぼ西南西にサハラ沙漠を斜断するルートであった。具体的には、カイロ（Cairo）あたりから、現在のリビア南西端のフェッザーン（Fezzān）地方（付図2・右上端F）、その南方のカワール（Kawār）（付図2・右端K）、さらにアハガル高原とティルムシ渓谷を経てガオに達するものであった。同ルートはサハラ沙漠をほぼ東北東―西南西方向に斜走するので、その走向をもとにサハラ東西交易路とよぶことにしたい。

　同交易路の東半部にあたるフェザンまでの経路は、紀元前5世紀のヘロドトス（Herodotos）も言及していて、彼の時代以前にさかのぼる古い交通路であった[144]。カワールは、フェッザーンの南方にひろがるジャド（Djado）高原一帯を指す地方名であるとともに、その中心都市の名称であった。カワールについて、9世紀中期にエジプトをはじめマグリブの征服記を著したアル・ハカム（al-Hakam）は「巨大な囲郭都市で、沙漠の入口にある[145]」と記している。この記述にしたがえば、カワールは、ジャド高原から大サハラ沙漠の一角を占めるビルマ沙漠への移行帯に所在していたのであろう。その位置は、まさに「沙漠の入口」にあたる。

　南西走してきた東西交易路は、カワール付近で西へと方向を転じ、ビルマ沙漠とテネレ（Ténéré）砂丘帯を経てアハガル高原南端に入り、同高原を開析するワーディー一帯を横断してガオに達する。クークは、この東西交易路を経由して、イスラームがいちはやく7世紀にサハラへと伝通していったとする[146]。もちろん7世紀には、その伝通はサハラ沙漠の内部にとどまり、そこを越えた「黒人たちの国々」にまでは到達していなかった。そこへのイスラームの伝通は、10世紀以降のことである。

　10世紀後半になると、サハラ東西交易路は重要性をうしない、かわってサハラ沙漠を南北に縦断するルートが興隆してくる[147]。これをサハラ南北交易路とよぶことにしたい。東西交易路の衰退をもたらした要因について、10世紀の後半にマグリブ一帯をひろく訪れたイブン・ハウカル（Ibn Hawkal）が興味ぶかい指摘をおこなっている。

　彼は、その衰退理由について「砂嵐によるキャラバン隊の壊滅が頻発したため、アフマド・イブン・トゥールーン（Ahmad Ibn Tūlūn）が（東西交易路の）通行を禁止した[148]」ことにあるとする。アフマド・イブン・トゥールーンとは、アッバス朝のエジプト総督であったが、880年ころに自立してトゥールーン朝を創始した軍事指導者である。彼は、カイロ最古のモスクの1つであり、彼の名を冠するイブン・トゥールーン・モスクの建設者としても知られている。

　ハウカルの記述で示唆ぶかいのは、彼が、東西交易路の衰退を「砂嵐の頻発」にもとめていることである。その衰退をアフマド・イブン・トゥールーン治下の9世紀後半とする

と、その時期は世界的な気候変動の開始期と一致する。主としてヨーロッパでの研究をもとに、9世紀は、寒冷期から「中世温暖期」への移行期とされる。「中世温暖期」は9世紀初から13世紀末までつづき、その前後の寒冷期とは明瞭に区別される顕著な温暖期であった。

　ヨーロッパで提唱された「中世温暖期」の気候変動は、地球規模でみると、場所による相違が大きかった。ヨーロッパのような北半球の高緯度地方では、それは寒冷湿潤から温暖湿潤への移行であった。しかし低緯度に位置するサハラまた東アフリカでは、それは暑熱乾燥の一層の進行であったとされる[149]。サハラでは、それによって沙漠化が一段と加速されたであろう。ハウカルがいう「砂嵐の頻発」は、気候変動に起因する沙漠化の進行・拡大によると推定できる。

　それには、サハラ東西交易路の特徴も関係していたであろう。同交易路は、サハラ沙漠をほぼ東西方向に斜断するルートである。それは、南北縦断交易路よりもはるかに長い距離にわたって沙漠を通過しなければならない。そのことが、沙漠化の激化にともなう「砂嵐の頻発」による打撃をより一層大きくする。「中世温暖期」への移行という気候変動が、サハラ東西交易路の衰退・廃絶をもたらし、東西交易路からサハラ沙漠をより短距離で縦断できる南北交易路への転換を推進した自然的要因であったと考える。

（2）サハラ縦断南北交易の成立

　サハラ以南の「黒人の国々」への交易路が東西交易路から南北交易路へと転換するのは、950年ころとされている[150]。その転換は、交易路の走向の転位にくわえて重要な変動をともなっていた。それは、この時期に生成した北方の地中海側での変動である。東西交易路は、エジプトを主とするマグリブ東部を北の終起点としていた。これに対して南北交易路では、その終起点はマグリブ西部へと転移する。この転移には、いくつもの要因が複合的にはたらいていた。すでに述べた気候変動による砂漠化の激化・拡大も、その1つである。しかし沙漠化は、東西交易路の衰退を説明する要因ではあっても、南北交易路が成立していくことへの説明とはなりえない。

　前述したように、ヒトコブラクダは暑熱乾燥に強い優秀な「沙漠の船」であり、5世紀にはマグリブ西部にも拡散していた。しかし多数のヒトコブラクダが存在しているとしても、その機能を十分に発揮させて遠隔地交易が成立するためには「沙漠の船」を動かす動機・目的そして組織が必要であった。10世紀になると、西アフリカのサハラ沙漠の北と南の双方で、それらを統合させる動きが作動していく。それをうけて、サハラ沙漠を縦断する南北交易が始動する。その始動にあたって重要な契機となったのは、つぎの3つで

あった。

第1は、マグリブ西部が7世紀中期にイスラーム化され、さらに10世紀前半にはエジプトを根拠地とするファーティマ（Fātima）朝の支配領域に編入されたことである。これによって、マグリブ最西部のモロッコにもイスラームがおよぶことになった。これと平行してアラブ人がマグリブ西部に大量進出し、先住集団のベルベル人とならんで、彼らが同地方の主要集団として登場する。その結果、マグリブ全域がファーティマ朝のもとでアラブ・イスラーム世界と一体化して、政治的にも経済的にも安定する。それが、サハラ縦断交易の北方の担い手を用意した。

第2は、このころにマグリブ一帯で、南方の「黒人たちの国々」が産金地であるとの認識が定着することである[151]。前述したように、現存する8世紀前半のガーナ帝国に関する最初のアラビア語記録は、同帝国を「金の国」と述べていた。その知見がマグリブ一帯で一般常識として定着し、金とガーナ帝国への関心が高まっていく。それが、サハラ縦断交易の成立への動機と目的を用意していく。

第3は、アトラス山脈以南のサハラ沙漠の側においても、ベルベル人によって岩塩交易と交易ルートが組織化されるにいたったことである[152]。つまり南方でもサハラ縦断交易の担い手が用意されつつあった。

これらの3つの契機は、マグリブ側での塩金交易への気運の高まりとそのための条件整備といいうる。それらが、すでに「黒人の国々」で展開していた広域的交易ネットワークと有機的・統合的に作用しあうことによって、ヒトコブラクダという「沙漠の船」を運搬・輸送手段として、マグリブ西部と「黒人の国々」とを架橋するサハラ南北交易が成立したのであった。

(2)—1 中世世界図が記すサハラ交易路

サハラ交易路の東西方向から南北方向への転位は、地中海の2つの島嶼で作成された代表的な中世世界図からもよみとりうる。その2つの世界図とは、1154年作成のイドリースィー（al-Idrīsī）図とその221年後の1475年作成のカタローニア図である。

前者の作成者イドリースィー（1100？−65年？）は、イスラーム支配下のコルドバで学んだムスリムであった。彼は、ノルマン・シシリア王朝のルッジェーロ（Ruggero）II世（在位1130−54年）に招聘されて、首都パレルモ（Palermo）で世界図の作成に従事した。当時のシシリアは、地中海世界を構成するカトリック、ギリシア正教、イスラームが共生しあう多文化社会であった。カトリックの国王がムスリムであるイドリースィーを登用して世界図を作成させたのも、その多文化性を反映する。

イドリースィーが完成させた世界図は、直径およそ2メートルにも達する銀盤に描かれた。しかしその作成を推進したルッジェーロⅡ世の崩御後、銀盤世界図は破壊されてしまった。現在に伝わるものは、失われた銀盤原図とくらべると、ごく簡略なものにすぎないと思われる。現存図は、陸地の内部に、山地や河川などの地物にくわえて地名をアラビア語で記入している。

　イドリースィー図の記入地名に注目すると、赤道以北のアフリカに計

写真8　イドリースィー図（1154年）　　ナイル川の2つの源流が流入する円形湖水からの西流河川は、アラビア地理学では「黒人のナイル川」とよばれた。ニジェール川は、イスラーム世界ではその名で知られていた。

21の地名を記載している。「黒人たちの国々」へといたる交易路の関係地名として、すでに言及した中央部のフェッザーン、その南東方のカワール、その西方のガウガウ（ガオ）、そして西端部のガーナの4つをよみとりうる。これら地名は、ガーナ帝国時代のサハラ東西交易路と関連する。しかしガーナ帝国は、モロッコのムラービト（Murābit）朝の軍勢により1076年に壊滅させられている。また12世紀には、東西交易路はすでに衰退していた。イドリースィー図は、正統ムスリムの作成図であるにもかかわらず、作成時の12世紀中期よりも古い時期のサハラ東西交易路の関係地名を記入しているといえる。

　もう1つの中世世界図は、すでにⅠ―（1）で詳述したカタローニア図である。同図は、1375年にキリスト教世界に属するマジョルカ島で、ユダヤ教徒によって作成された。カタローニア図は、**図2**として掲げたアトラス山脈以南の地にサハラ西部の地名を記入している。それらは、「サハラ」と「ギニア」の2つの広域地名をふくめ、計19をかぞえる。イドリースィー図が記載する東西交易路関連の4地名についてみると、カタローニア図は、そのうちゲウゲン（Geugen、ガオ）を**図2**の黒人王の右下端に記入するのみである。しか

も同図は、**図2**に掲げた範域だけでなく、それ以外の図幅でもフェザン、カワールまたガーナの名を記載してない。

それらにかわって、カタローニア図は多くのサハラ南北交易路と関係する地名を記入する。具体的には、南北交易路の北の終起点であったスィジールマーサ（Sijilmessa）（付図2・□1）、交易路上の重要地点であったタガーザ（Tagāza、付図2・△2）とブダ（Buda）、南の終起点であったトンブクトゥ（付図2・★）と「マーッリーの首都」（付図2・▣B）の5地名が記入されている。最後の「マーッリーの首都」とは、ガーナ帝国にかわって興隆してきたマリ帝国の首都を意味している。これらの5地名は、いずれもサハラ南北交易路、厳密には後述する同交易路の中央ルートに関係する重要地名である。しかしここでは、それらの説明はいっさい省略して、のちに中央ルートを検討する際に、あらためてカタローニア図での同ルート関連の地名記載について詳述することにしたい。

このようにイドリースィー図とカタローニア図の地名記載を比較すると、両者のあいだに介在する221年間に「黒人の国々」で生起した政治権力と交易路の変化をよみとりうる。政治権力の変化はガーナ帝国にかわるマリ帝国、交易路の変化は東西交易路にかわる南北交易路の登場である。ちなみに政治権力の変化については、カタローニア図と同時代の14世紀に『歴史序説』を著したイブン・ハルドゥーン（Ibn Khardūn）は、「かつてガウガウ（ガオ）の王は独立していたが、その後マーリーの支配者に征服・併合され、現在ではこの地方に内乱が勃発して、荒廃してしまった[153]」と、ガオの衰退について語っている。

前言したように、カタローニア図が収載する南北交易路の関係地名については後述することにして、ここでは、2つの中世世界図のあいだには、「サハラ交易路に関して、イドリースィー図が東西交易路、カタローニア図は南北交易路の関係地名を記載しているという相違がある。しかしイドリースィー図が作成された12世紀中期には、すでに東西交易路は衰退していた」ということを指摘するだけにとどめておきたい。

(2)—2 サハラ縦断南北交易の基本構成

ヒトコブラクダによる南北架橋をもとに、10世紀中期にはサハラを南北に縦断するキャラバン交易路が成立する。その成立によってサハラの以北と以南の相互交渉は新たな段階にはいり、活発化していく。その動因は、なによりも「黒人たちの国々」が産する金への渇望であった。サハラ縦断交易については、これまで多くの研究成果が蓄積されてきた。**付図2**には、研究成果をもとに関係都市、岩塩と金の産出地、それらをむすぶ交易ルートなどからなるサハラ縦断交易の骨格を図示した。

同図をもとに、まず、サハラ縦断交易の基本的な性格についてふれておきたい。同交易

は、サハラ沙漠の北縁と南縁に所在する都市間の遠隔地（隔地間）交易であった。遠隔地交易は、一般に、それぞれの地元産品を商品とする交易として成立する。たとえば、現在でも、サウジ・アラビアが原油を日本に輸出して、日本から自動車を輸入するのも遠隔地交易の1形態である。その場合、原油と自動車は、ともにそれぞれの国の自国産品である。

　しかし付図2は、岩塩また金の産出地が、サハラ縦断交易の終起点であった北方のマグリブ都市からも、また南方のサヘル都市からも離間した地点に所在していたことを示している。地元産品の交換・交易という前記の遠隔地交易の一般論は、サハラ縦断交易には妥当しないといえる。同縦断交易の大きな特徴は、地域外から移入した産品を交換・交易する中継交易という点にあった。繁栄期のトンブクトゥの経済活動は、中継交易として性格づけられることが多い。しかしそれは、トンブクトゥだけにとどまらず、サハラ縦断交易そのものがもっていた基本的な性格であった。

　まず、岩塩の産出地について検討したい。サハラ縦断交易の開始期である10世紀から現在までを通時的にみると、中心的な岩塩鉱は変遷してきた。各時期の主要塩山をあわせると、計5ヵ所となる。付図2には、それらを△記号で記入し、活動盛期の古い順に番号を付した。その番号順に各岩塩鉱について説明すると、以下のようになる。

　△1：アウリール（Awlīl）　　現在のセネガル川河口の北方に位置する小島嶼にあった。もっとも早い時期から、「黒人たちの国々」で知られていた岩塩産出地で、8世紀とされるガーナ帝国初期には、すでに開発されていたと考えられている。988年の著作で、イブン・ハウカルは「アウダグスト（Audaghust）の西方1ヵ月行程の所にある。そこで海がはじまり、耕作地が尽きる。岩塩鉱がある[154]」と、大西洋岸に位置することを述べている。

　イドリースィーも、1154年に「アウリールの島は海にあって、川中島ではない。有名な塩がここで採掘される。スーダーンには、これ以外には塩山はない。塩は、そこからスーダーン全域に運ばれる。小舟を島に横づけして塩を積み出し、ナイル川の河口まで舟で運ぶ。河口から、内陸のガーナ帝国一帯に輸送される[155]」と記している。

　イドリースィーがこの説明を記した12世紀中期は、アウリール塩山の盛期であった。文中のナイル川は、中世のアラブ人の地理学者がいう「黒人のナイル川」を指し、ニジェール川に比定されている。しかしこの場合には、「ナイル川」はセネガル川にあたろう。1377年のイブン・ハルドゥーンの『歴史序説』も、第1気候帯の第1区に関する説明のなかで、「このナイルは黒人のナイルと呼ばれ、アウリール島付近で周海に注ぐ[156]」と述べている。

　△2：タガーザ（Taghāza）　　その開発の歴史は古いが、重要な岩塩産出地としてサハラ縦断交易に登場してくるのは1030年代になってからである。それによってアウリール

は、セネガル地方のローカルな岩塩供給地と化してしまった[157]。以後、タガーザは西ア
フリカ最大の岩塩鉱として採掘されつづけ、その岩塩は、南方からの金とともにトンブク
トゥさらにはマリ帝国の繁栄を支えた経済基盤であった。しかし16世紀末には廃絶し、
タウデニにとってかわられた[158]。

　カズウィーニー（Kazuwīnī）は、1275年にタガーザについて「マグリブの南で、大西洋
岸に近い都市。市壁は岩塩の塊でつくられ、（家屋も）天井・壁・門も同様に塩塊ででき
ている。町の近くに、岩塩と明礬の鉱山がある。裂いた動物（の死体）を沙漠に放置して
おくと、塩になってしまう。その塩はスーダーンの国々で高く評価され、すべての国々に
移出されている。驚くのは、塩の盆地に位置しているにもかかわらず、淡水井戸が複数あ
ることだ。……1年に1度だけキャラバンがやってきて、住民は彼らに塩を売って必要物
を得る。……耕作はまったくなく、塩の採掘が唯一の生計手段である[159]」と述べている。

　タガーザは、サハラ沙漠北西部のマリ国北端に位置するトラーザ（Thrāza）に比定され
ている。トラーザは、彼が述べるように、干あがった大きな湖盆底に所在する。しかしそ
の位置は大西洋からは遠くはなれたサハラ沙漠中にあるので、「大西洋岸に近い」という
彼の記載は誤りであろう。建造物が岩塩の岩塊で造られているという彼の記述は、タガー
ザを語る際にくりかえされる常套句である。その最初は、後述する11世紀中期のエル・
バクリにあるので、カズウィーニーもそれにならって述べているのであろう。

　△3：イジール（Idjīl）　　アウリールの北北東、現在の西サハラ南部の大西洋岸ちかく
に位置していた。クォーク（Cuoq）は、イジール塩山の盛期を15〜16世紀とする[160]。し
かし8世紀前半から15世紀末にいたる計72人のアラブ人の著作から彼が抜粋・撰修した
史料集には、イジール岩塩鉱は出てこない。同塩山がアラブ世界にひろく知られるにい
たったのは、16世紀以降としうる。

　△4：ビルマ（Bilma）　　さきにIV―(1)―1で、岩塩と海塩の販売価格を比較した際に
紹介した岩塩は、ビルマ産のものであった。V―(1)でサハラ東西交易路が、カワールか
らジャド高原を南下してビルマ沙漠に出ることを述べた。そこは、高原と平坦な沙漠との
傾斜変換帯であると同時に湧水帯でもある。そこに位置するのが、ビルマであった。その
塩は、岩塩鉱から採掘される本来の意味での岩塩ではなく、塩水を天日蒸発させた地下鹹
水塩である。

　ヤークート（Yākūt）は、1220年に、ビルマについて「カワール地方のもっとも重要な
都市」と述べるのみで、塩のことはふれていない。ビルマにおける製塩活動は16世紀に
なって活発化し、主としてニジェール川大湾曲部への供給地として成長した。その活動は、
現在も持続している。

写真9　ビルマ塩山　　表層砂土を掘りあげて、地下帯水層に小区画の塩圃をつくり、強濃度の鹹水を天日蒸発させて地下鹹水塩を製塩する。タウデニ産岩塩よりも品質・価格ともに劣るが、広い販路をもつ（応地撮）。

△5：タウデニ（Tao-deni）　タガーザ岩塩鉱の南南西のおなじ盆地内に位置し、マリ帝国またソンガイ（Songhi）帝国の支配下にあった。しかし16世紀末にモロッコのサード（Saad）朝が割譲を要求して侵攻し、それを端緒としてタガーザは壊滅し、ソンガイ帝国も軍事征服されてしまった。タガーザにかわる新たな塩山として開発されたのが、タウデニで

あった。アフリカに言及した8〜16世紀のアラブ語文献を編纂・収録したクォークの著作には、タウデニの名は出てこない。それは、タウデニの本格的な開発が17世紀に入ってからであったことを示すものであろう。それ以後も採掘は継続し、現在ではサハラ最大の岩塩産出地となっている。

　以上の5つの岩塩鉱は、サハラ沙漠を縦断する南北交易にかかわる代表的な岩塩の産出地であった。しかしその特徴は、時期によって盛衰をくりかえし、全期間をつうじて繁栄してきた塩山がないことにある。その盛期は、つぎのように要約できる。

　　△1　アウリール：〜12世紀　　　　△2　タガーザ：11〜16世紀

　　△3　イジール：15〜16世紀　　　　△4　ビルマ：16世紀〜現在

　　△5　タウデニ：17世紀〜現在

　これらの塩山は、いずれもサハラ沙漠中に所在していたが、その位置は、**付図2**にみるようにたがいに離間しあっていた。そのため塩山の盛衰は、それを北方からの主要交易品とするサハラ縦断交易を左右し、交易ルートの変遷と直結した。

　一方、岩塩に対して南からの主要交易品であった金の産出地も、**付図2**に示した。それらは、サヘルから遠く離れたギニア湾にちかい森林地帯に点在していた。主要な産金地は、**同図**でアミかけした、つぎの4ヵ所にあった。

　1：**バンブク**（Bambouk）　　マリ南西端、セネガル川の支流・ファレメ（Falémé）川流域

一帯。

　2：ブーレ（Būré）　　ギニアとマリ南西端にまたがるニジェール川最上流域。

　3：ロビ（Lobi）　　ブルキナファソ南西端の黒ヴォルタ（Black Volta）川上流域。

　4：アシャンティ（Ashanti）　　ナイジェリア南西部からコートディボァール南東部にまたがる一帯。

　8〜13世紀のアラビア語文献から西アフリカ関係部分を抄録したクォークの編書には、これらの4つの産金地に言及した文献はみられない。その背後には、前述したように、アラブ人と黒人の双方の事情がはたらいていたであろう。アラブ人の側からは、当時、彼らのサハラ以南への地理的認識は、ヒトコブラクダのキャラバン交易でむすばれていたステップとサバンナの半乾燥ベルトまでであったことがあろう。これらの産金地は、彼らの地理的認識の範域外の南方にひろがる湿潤な森林地帯に所在していた。また黒人の側からは、産金地の所在場所は秘匿されるべき高度の秘密事項であったことがあろう。

　これらの産金地は、現在でも採集・採掘がつづけられていて、それぞれの所在国を代表する金鉱床となっている。このように南方の金産地の所在場所は、歴史をつうじて空間的にも固定していた。これに対して北方の産塩地は、時代とともに移動をくりかえしてきた。この相違は、サハラ縦断交易にとって重要な意味をもっていた。IV—(2)でユーラシアのシルク・ロードが位置固定的な交通路であったのに対して、サハラ縦断南北交易路は変遷をくり返してきたことを指摘し、それを「サハラ南北交易路の可変性」と表現した。

　付図2は、もう1つのサハラ縦断交易における南方部と北方部との相違を示している。それは、□で示した交易関係都市と主要交易品産出地との空間配置をめぐる南北間の相違である。個々の交易関係都市については、サハラ縦断交易路の変遷を検討する際に詳述するので、ここでは、それらと交易品産出地の空間関係のみをとりあげることにしたい。付図2でサハラ縦断交易路の南方部をみると、産金地の北方に交易関係都市が東西方向にならんでいる。その配置は、産金地からの金が交易関係都市に集められ、そこから南北交易路をつうじてサハラ以北へと運ばれていくこと、つまり主要交易品である金の集散機能を担っているのが交易関係都市であることを示している。

　これに対して、サハラ縦断交易路の北方部では、主要交易品である岩塩の産出地は交易関係都市の南方に位置していて、両者の空間配置は南方部とは逆転している。南方部では交易関係都市は、南から金を移入し、サハラ南北交易路をつうじて北方へと移出するという金の集散機能を担っていた。しかし北方部では、交易関係都市は岩塩の集散機能をもっていなかった。もし南方部の交易関係都市と同様の集散機能を果たすとすれば、サハラ沙漠のなかに所在する岩塩産出地からサハラ縦断交易路を北上して岩塩を交易関係都市へと

転送したうえで、そこからおなじ交易路を南下して南方部の交易関係都市へと逆送すると
いう無駄な二度手間をかけなくてはならない。

　サハラ沙漠という極度の暑熱乾燥の「空虚な空間」で、このような無用な転送と逆送を
くり返すことは生命にとっても危険であるだけでなく、輸送費用の点でも無駄である。北
方の主要交易品である岩塩は、北方部の交易関係都市をつうじて集散されるのではなく、
岩塩産出地から南方部の交易関係都市へと移出されたのであろう。主要交易品の集散機能
という点に関しても、南方部と北方部の交易関係都市のあいだには非対称性がみられた。

　南方部の交易関係都市は、サハラ塩金交易の主要商品である金と塩の双方について集散
機能をもっていた。しかし北方部の交易関係都市の集散機能は、南からの主要交易品であ
る金（と奴隷）にかぎられていた。生産地に所在し地元産品を遠隔地に移出する問屋を産
地問屋とよぶが、北方部の交易関係都市は、岩塩に関しては産地問屋機能と無縁であった。

(3)　サハラ縦断西方ルート——アル・バクリーの記載から

　ここで、サハラ縦断南北交易の交通路の問題に移りたい。前述したように、サハラ縦断
の塩金交易は 10 世紀中期に始まったとされる。当時、サハラ以南のサヘル西部に君臨し
ていたのは、ガーナ帝国であった。同帝国は、サヘル地方で成立した最初の帝国とよびう
る広域国家であり、その成立は 4 世紀とも 8 世紀ともされる。11 世紀中期にアル・バク
リー（al Bakri）は、「ガーナ」は王の称号であって、国名はアウカル（Aoukar）だと記して
いる[161]。しかしここでは、一般的な呼称にしたがって、アウカル帝国ではなくガーナ帝
国とよぶことにしたい。

　ちなみに第二次大戦後、アジアにつづいて、アフリカ大陸全体が独立の時代をむかえる。
1960 年を「アフリカの年」とよぶように、同年にアフリカの多くの植民地が独立を達成
した。それにさきだつ 1957 年に、ブラック・アフリカ最初の独立国家として国際舞台に
登場してきたのは、旧イギリス領黄金海岸であった。独立に際し、同国は、国号をガーナ
共和国とした。しかしガーナ共和国の領土は、かつてのガーナ帝国からは遠く離れたギニ
ア湾岸にあり、両者の領域はまったく無関係である。

　にもかかわらず、独立に際して同国が国号をガーナとしたのは、つぎのような伝承にも
とづくものであった。ガーナ帝国の滅亡後、同帝国の王族は南東方の森林地帯へと流亡の
旅をつづけ、ガーナ共和国南西部の産金地である前述のアシャンティ地方に新たな王国を
樹立したとの伝承である。この伝承が、1950 年代に再燃する。それが、国号をガーナと
した理由であった[162]。もちろん、サハラ以南のブラック・アフリカ最初の独立国という
自負をこめて、西アフリカ最初の帝国・ガーナに由来する名称を国号に採用したのであっ

た。

付図2には、□でサハラ縦断交易の関係都市また◉で帝国首都の位置を示した。ガーナ帝国の中心は、そのうちの◉Aのガーナにあった。首都ガーナは、現在のモーリタニア南東端に位置するクンビー・サーリフ（Koumbi Saleh）に比定されている。考古学発掘も、そこに複数階の石造建造物をともなう都市的集落の遺構を発見している[163]。同図が示すように、サヘル全体からみると、首都ガーナの位置は西方に偏っている。そのため、10世紀中期に成立するサハラ縦断交易ルートは、□1のスィジールマーサを北方の終起点として、西方へと大きく湾曲してガーナにいたるものであった。これを、サハラ縦断交易の西方ルートとよぶことにしたい。付図2の②は、同ルートを示す。

ノリス（Norris）は、西方ルートが走る西サハラの歴史はキャラバン交易路の歴史であったと述べ、キャラバン交易路の重要性を強調する。しかし同交易路自体は時代とともに変化し、その同定は困難だとしている[164]。たしかに交易路は、ヒトコブラクダのキャラバンがつけていく沙漠中の踏みつけ道にすぎず、つねに風や流砂によってかき消されていく。固定しているのは、点として存在する井戸・オアシス村落・都市などである。しかし井戸や村落・都市とても、長い時間のなかでは衰退と変遷をくり返してきた。ここでは、アル・バクリーの記載をもとに、11世紀中期における西方ルートについて概観することにしたい。

アル・バクリーは、当時、ムスリム支配下にあったスペイン・アンダルス（al–Andalus、アンダルーシア）の歴史・地理学者であった。彼は、西方ルートの北方の終起点であるスィジールマーサについて、ヒジュラ暦140年（西暦757−758）に建設されたこと、都市内には壮大な建築と非常に美しい家がたちならんでいること、郊外にはナツメヤシとブドウの果樹園がひろがっていること、沙漠への入口に位置していること、またスィジールマーサからガーナへは、2ヵ月間、無人の沙漠を行かなくてはならないことなどを述べている[165]。彼の記述は、農耕空間と沙漠との「インターフェイスとしてのフロンティア都市」として繁栄するスィジールマーサを伝えている。

スィジールマーサの都市遺跡は、モロッコ中部南端のオアシス都市・リッサニ（Rissani）の近郊に広大な遺丘となって残っている。10世紀半ばにマスーディー（Mas'ūdī）は、スィジールマーサについて、大きな都市で4つのモスクがあること、その街路は長くて歩くのに半日を要すること、造幣所があることなどを語っている[166]。スィジールマーサは、東と西を大きなワーディーで画された河間の地に南北に長く延びる都市であった。1375年のカタローニア図が、スィジールマーサをアトラス山脈からの南流河川が円形にとり囲む都市として描いている。その描出は、スィジールマーサが河間の地に位置していること

写真10 スィジルマーサ遺跡 図2のカタローニア図が描くように、南流する河川の「河間の地」を占め、広大な遺丘には日干しレンガ造りのキャラバン・サライやモスクなどの大型建造物、また市壁の遺構が残る（応地撮）。

を表現しているのであろう。同図での都市描出のなかで、スィジールマーサのように実情を踏まえた描出は希有である。それは、当時、スィジールマーサが地中海世界にひろく知られた都市であったことを物語っている。

スィジールマーサを有名にしたのは、造幣所の存在であった。サハラ縦断交易でもたらされた砂金・金塊は、ここで金貨に鋳造された。その金貨は良質をもって知られ、地中海世界に広く流通した。11世紀前半期の50年間に鋳造された金貨をとりあげると、1952年までに地中海世界一帯で計423枚発見されている。そのうち最多の77枚を、スィジールマーサで鋳造された金貨が占めていた[167]。

1514−15年にここを訪れたレオ・アフリカヌスは、崩壊し遺跡と化したスィジルマーサを語り、その滅亡を1393年としている[168]。遺丘上にはいまも高い壁面が諸処に屹立し、そこがかつて巨大な都市であったことを伝えている。高い壁面には、間隔をあけて横1列に差し込まれた補強材の穴が、上下数列にわたって残る。その壁穴列は、ナツメヤシの樹幹を割り材にして壁面に差し込んで補強する工法で建造物が建設されていたことを物語る。この建築工法は、サハラ沙漠を越えた現在のサヘル都市でも観察できる。スィジールマーサの壁面遺構は、建築工法においても、両者が古くから交流関係にあったことを語っている。

アル・バクリーは、スィジールマーサを終起点とする交易ルートとして4つをあげる。そのうちの南方への交易ルートが、ガーナへといたるものであった。アル・バクリーにしたがって、同ルートの行程と所要日数を記すと、つぎのようになる。

(1) ＜スィジールマーサ──タメデルト（Tamedelt）＞ ： **11日**[169]

(2) ＜タメデルト──アウダゴースト（Awdaghost）＞ ： **40日**[170]

(3) ＜アウダゴースト──ガーナ＞ ： **15日**[171]

その日数は計 65 日となり、さきにあげた 2 ヵ月という数字とほぼ照応する。これらの都市をむすぶルートを②西方ルートとして、付図 2 に破線で記入した。同ルートは、スィジールマーサから南下して最短距離でガーナにいたるのではなくて、西方に偏っているうえに、大西洋岸と並走するように弧を描いて走っていた。その走向は、当時の岩塩鉱の所在位置と関係していた。

西方ルートに関するアル・バクリーの記載は、まず通過地の地形また井戸・河川などの飲料水源の所在情報を特記したうえで、地方事情を語るというスタイルでなされている。そのなかで、アル・バクリーが岩塩産地として名をあげているのは、ターテンタール (Tātentāl) とアウリールの 2 つである。このうち、彼がくわしく述べているのはターテンタールで、アウリールについては海岸に位置していると述べるにすぎない[172]。しかし臨海部とする彼の記載は、付図 2 に記入したアウリール（△1）の位置比定と照応する。

けれどもターテンタールの所在場所については、彼は、スィジールマーサから 20 日行程と述べるのみである。(1) として前記した＜スィジールマーサ──タメデルト＞の行程は、11 日であった。この日数記載を基準とすると、スィジールマーサからターテンタールまでの距離は、＜スィジールマーサ―タメデルト＞間の 2 倍と推量しうる。付図 2 で、タメデルトから南方にむけて西方ルート上に＜スィジールマーサ―タメデルト＞間の距離をとると、同図に記入したイジール（△3）塩山の北方にあたる。

アル・バクリーは、ターテンタールについては多くを語るが、アウリールについては位置を述べるのみであった。このことは、ターテンタールがアウダゴーストへの行程上かその近傍に位置していて、同塩山に関する情報が多かったことを推定させる。

とするとターテンタール塩山は、西方ルート上か、同ルートから近距離の地点に位置していたとしうる。付図 2 は、イジール塩山（△3）の所在地を西方ルートちかくとしている。これらの点から、イジールないしその周辺に、彼のいうターテンタール塩山が所在していたと推量したい。しかし家島彦一は、ターテンタール塩山を、後述するタガーザ塩山に比定する[173]。タガーザ塩山は、11 世紀中期に開発された。またアル・バクリーがサハラ縦断交易ルートについての書を執筆したのも、11 世紀中期である。両者はほぼ同時期であるので、家島の比定も可能である。さらにイブン・バットゥータが＜スィジールマーサ―タガーザ＞の行程を 25 日としていることも、アル・バクリーが＜スィジールマーサ―ターテンタール＞を 20 日としていることともほぼ一致する。

しかしタガーザの所在地はスィジールマーサの南方にあり、西方ルートからは東方に大きくずれている。アル・バクリーが、＜タメデルト―アウダゴースト＞ルートのなかに、同ルートとはまったく無関係なタガーザーのことを挿入したとは考えがたい。ここでは、

前述したタメデルトからの距離もふくめて、イジール塩山ないしその周辺にターテンタール塩山の位置を比定することにしたい。また、ターテンタールの記載につづけてアウリール塩山に言及していることも、彼が両者を西方ルートに関連する塩山と考えていたことを示唆する。しかしアウリール塩山については、前述したように、彼は大西洋岸に位置すると述べるのみである。その所在地は西方ルートから遠く離れているので、同塩山に関する情報もかぎられていたのであろう。

　ターテンタール塩山について、アル・バクリーは、つぎのようなことを述べている[174]。地下約4メートルのところに岩塩床があり、石切場で石を切り出すように、岩塩をブロック状にして切り出すこと、岩塩はここからガーナをはじめとする黒人地帯のすべてに供給されていること、利益が大きく、たえず商品が流入してくること、見おろすように立つ城館の壁・屋根・小塔・室内などは、すべて切り出された岩塩でできていることなどである。建造物がいずれも岩塩のブロックでできているとの彼の記載は、のちに引用するイブン・バトゥータが当時最大の岩塩産地タガーザについて語るところと一致していて、興味ぶかい。

　スィジールマーサから51日行程とするアウダゴースト（口4）についても、アル・バクリーは、大都市であること、モスクが多いこと、その人口構成や農産物のことなど多くを語っている。ここまで南下すると、彼の記載に金が登場する。それは、アウダゴーストの市場の賑わいを述べたあとで、すべての売買の決済は砂金でなされているとの記載[175]、また世界のどの地方の金よりも、アウダゴーストの金が良質かつ純度が高いことなどの記載が出てくる[176]。またフェルイーン（el-Ferowïn）地方の項でも、ここでは「塩は金で量り売りされている[177]」と述べる。これは、のちに伝説化される塩と金との等量交換のことを語っているのかもしれない。この記載のあと、首都ガーナのことが述べられる。フェルイーンは、アウダゴーストからガーナにいたる途上の地方名と考えられる。

　ガーナについては、よく引用される双子町編成のことをはじめ、アル・バクリーは多くを語る。ここでは、そのなかから金にまつわる話題のみをとりあげると、王宮の10人の近習が捧げもつ剣が金でできていること、10頭のウマも金で荘厳されていることなどが語られている。それらは、ガーナでは金がごくありふれた金属素材であることを強調しているのであろう。

　またガーナ王が課する塩への通行税について、塩を積んでロバが入国するときには1ディナール、おなじロバが塩を積んで出国するときにも2ディナールの金が徴収されることにもふれている[178]。この記載から、3つのことをよみとりうる。第1は、塩が中継交易の商品であって、それへの通行税が高額であること、第2は、金が日常的なありふれた決

済手段であったと類推しうることである。第1と第2の両点をむすびつけると、金にくらべて、塩が非常に高価な貴重品であったと考えうる。

よみとれる第3の点は、ガーナではヒトコブラクダではなく、塩がロバの背で運ばれていたことである。現在も、西アフリカにおけるヒトコブラクダの南方への分布はサヘルまでであって、そこから以南のサバンナ帯にはおよんでいない。サバンナ帯では、輸送手段はロバへと変わる。ガーナは、ロバ地帯に属していたのである。それは、ガーナがサヘルよりも南方のやや湿潤な地帯に所在していたことを意味していよう。ガーナの位置は、**付図2**の▣Aで示される。その位置を**付図1**の生態系の分布と対照させると、そこはステップからサバンナへの境界帯にあたる。前述したように、この境界は西アフリカの生態系の重要な区分線であった。同時に、そこが輸送獣のヒトコブラクダからロバへの移行帯でもあったことになる。

ここで、13世紀と時代は下がるが、＜スィジールマーサ―ガーナ＞間のキャラバン輸送についてのアル・シャリーシー（al Sharīshī）の興味ぶかい記録を紹介したい。彼は、その旅行日数をガーナへの往路は3ヵ月、スイジールマーサへの帰路は1.5ヵ月とする。帰路の日数が半減する理由は、往路はキャラバン隊用の水・食料などの必需品とガーナで売却するための商品をすべてのラクダに満載して行くため遅くなり、帰路は必需品と砂金のみが荷駄なので、必要なラクダの数は10分の1ちかくに減少するため早足で旅行できるからだとしている[179]。

アル・バクリーは、最良の金の産出地について、ガーナから18日行程のジーアルゥ（Ghiarou）にあったとする。同時に、ジーアルゥがナイル（ニジェール）川から12マイル離れた所に位置することを述べている。前記の＜スィジールマーサ―タメデルト＞間が11日行程であったことを距離尺度として、**付図2**でジーアルゥの位置を推定すると、ガーナから南方に行ったニジェール川上流域の産金地付近に比定できる。しかもそこは、ニジェール川近傍という前出の記載とも一致する。ジーアルゥの金の豊富さについて、彼は、金があまりに豊富なのでほとんど無価値であること、鉱山から採掘された金の粉末は民衆に与えられること、ガーナ王が巨礫の大きさの金塊をもっていることなどを記載している[180]。

以上のサハラ縦断交易の西方ルートに関するアル・バクリーの記載は、12世紀中葉という早い時期に属するが、サハラ沙漠の南北における塩と金をめぐる状況、それを背景とする塩金交易の成立基盤について貴重な情報を提供してくれる。もちろんその記載には誇張もふくまれているが、全体としては客観的といえる。

付図2が示すように、ガーナ帝国を支えた塩金交易は、西アフリカのなかでも西方に偏

倚していた岩塩と金の産出地を基盤とする中継交易であった。当時のサハラ縦断交易が、西方ルートを採用していたのは当然であった。同ルートは、前記のスィジールマーサを北の交易拠点としていた。その背後には、11世紀中期から13世紀後半までつづいたムラービト（Murābit）、ムワッビド（Muwahhidūn）の両王朝の首都であったマラケシュ（付図2・◉D）があった。いわば帝国中心のマラケシュに対するサハラ縦断交易の前衛拠点スィジールマーサという構成であった。

　これと同様の構成が、サハラ沙漠南方の「黒人たちの国々」の側にも成立していた。「北のスィジールマーサに対する南の前衛交易拠点はどこであったか」という点に関しては、2つの説がある。1つは、付図2にみるように、岩塩鉱所在地のイジールと直結していた□3ウァダーン（Ouadane）とするもので[181]、他の1つは、前述したアウダゴーストとするものである[182]。この2つの説のうち、ここでは後者のアウダゴーストを南の交易拠点とする説を採用したい。その理由として、つぎの諸点をあげうる。

　1）スィジールマーサから首都ガーナにいたる西方ルートの途上で、アル・バクリーが大都市として語っているのはアウダゴーストのみである。しかもそこを、活発な交易活動の集積地だとしていた。

　2）イジール塩山は、アル・バクリーのいうターテンタール塩山の可能性がある。しかし彼は同塩山については多くを語るが、ウァダーンについてはなんらふれていない。

　3）スィジールマーサは、農耕世界と沙漠とのインターフェイスという交界性をもつ都市であり、そのゆえに北の前衛的な交易拠点となりえたのであった。これに対してウァダーンはサハラ沙漠中の小オアシスであって、沙漠のなかの宿営・休息地としては好適ではあっても、スイジールマーサのような交界性をもたない。

　4）アウダゴーストは、サハラ沙漠とサヘルとの境界帯に位置していて、両者の交界性をもつ都市であった。この点は、アル・バクリーが述べるアウダゴーストの農耕と農産品からも窺える。農耕へのくわしい言及は、まず、アウダゴーストが沙漠と農耕空間との交界都市であることを意味する。彼が列挙するそこでの栽培作物は、コムギ・ブドウ・ヘンナなどの北方のマグリブ・地中海世界との共通作物、またウリ・dora（トウジンビエか）のようなサヘルとの共通作物の双方が語られている。これは、アウダゴーストが生態・農耕においても、北と南の交界性をもつ都市であったことを物語る。

　5）アル・バクリーは、アウダゴーストの人口構成を述べている。そこで列挙されているのは、ほとんどがベルベル系集団で、黒人については女奴隷のことなどが語られているにすぎない。また王も、ベルベル系のサンハジア（Sanhadja）人だとする。これらは、アウダゴーストが基本的にベルベル系集団の都市であったことを物語る。しかしアル・バク

リーは、アウダゴーストの王が20以上の黒人王を服属させ、彼らから人頭税を徴収している とする[183]。アウダゴーストは、北と南をむすぶ交易都市という機能にくわえて、周辺の黒人王を朝貢関係で支配するオアシス都市国家でもあった。

　6）さらに蜂蜜についてのアル・バクリーの言及は、この点を補強する。彼は、「（アウダゴーストは）蜂蜜が豊富で、それは黒人の国から移入されている」と述べている。この文言から、彼は、アウダゴーストを「黒人たちの国々」に属するとは考えていないことになる。農耕におけるマグリブ・地中海的要素の存在とともに、彼は、アウダゴーストを「白人たちの国々」の最南端、つまりサヘルとの交界帯の交易都市として位置づけていることになる。

　以上の理由から、サハラ縦断交易の西方ルートにおける南の前衛交易拠点はアウダゴーストであったと考える。その背後に位置する帝国中心が、首都ガーナであった。

　このようにサハラ縦断交易の西方ルートは、北方には＜前衛交易拠点＝スィジールマーサ：帝国中心＝マラケシュ＞、南方には＜前衛交易拠点＝アウダゴースト：帝国中心＝ガーナ＞を、それぞれ対称的に配した交易路であった。つまり同ルートは、南と北に同型的な都市配置を内包した交易路であった。そのルート上を、塩と金だけでなく、北からは奢侈品に属するアンダルースまたエジプト産の織物などの各種の都市産品・陶器・子安貝・サンゴ・ヘンナ、南からは象牙のほかゴム・黒檀などの森林産品また奴隷が行きかったのである[184]。

　ここで、ガーナ帝国の時代のトンブクトゥについてふれておきたい。同帝国の時代には、トンブクトゥが位置する一帯は、政治的にも経済的にも重要性のごく小さな地帯であったとされる[185]。この点は、アル・バクリーの記載からも確認できる。

　彼は、著書のなかで、計45の都市間ルートについて述べている。その最後にとりあげているのが、＜ガーナ―タドマッカ（Tadmekka）＞ルートである。タドメッカは、付図2に□6として示したように、ニジェール川大湾曲部の北東方の沙漠中に位置していた都市であった。さきに、10世紀末にサハラ縦断交易の東西ルートが重要性をうしない、それにかわって南北ルートが興隆していったことについて述べた。東西ルートはガオとエジプトとをむすぶ交易路で、その交易拠点として栄えたのがタドマッカであった[186]。

　アル・バクリーは、＜ガーナ―タドマッカ＞ルートは50日行程と述べている。ガーナから3日行程のところに、ナイル川に面してセファンクー（Sefencou）があり、そこがガーナ帝国の東境であったとする[187]。彼は、当時の常識にしたがってニジェール川をナイル川の上流とみなし、同川をナイル川とよんでいる。これは、後述するイブン・バットゥータの場合もおなじである。ちなみにニジェール川がナイル川とは無縁の川でギニア

湾に流入することが確定するのは、**19**世紀後半になってからのことである。

　セファンクーから東方については、彼は、行程の所要日数を述べていない。記載の順に掲げると、ニジェール川にそって、まずブーグラト（**Boughrat**）、ついでその東方にティルカ（**Tirca**）とならぶ。彼は、ティルカについて「ここで、ニジェール川は南に転じ、黒人の国へと帰って行く」と述べる。この記載は、非常に興味ぶかい。それは、この短い記載が、現実のニジェール川の流路転換とそれと共伴する居住人口のエスニック構成の変化をみごとに説明しているからである。

　まず流路変化についてみると、この記載は、北東流してきたニジェール川が、大湾曲部の頂部で流路を南方へと転じていくという現実の同川の流路転換と一致する。したがってティルカは、大湾曲部の頂点付近に位置していたと考えうる。またアル・バクリーは、ティルカから沙漠を横断してタドマッカへと到達すると述べている。**付図2**が示すように、タドマッカは大湾曲部の頂点から東方の沙漠中に所在する。ティルカでニジェール川を離れて、沙漠を横断してタドマッカへと向かうという彼の記載は、現実とよく照応する。

　もう1つの「黒人の国へと帰っていく」という記載も、現実の同川大湾曲部におけるエスニック集団の構成変化と照応する。大湾曲部の頂部一帯は、黒人とともに、トゥアレグ人などの白い肌の集団も共住している。しかしその南方の居住人口は、ほぼ黒人集団だけとなる。「黒人の国へと帰っていく」という表現は、ニジェール川が大湾曲部の頂点から南に転じて黒人地帯へと流下していくということであり、ニジェール川の流路転換とエスニック集団の構成変化との共変関係を述べているとしうる。

　このようにティルカが位置するニジェール川大湾曲部に関するアル・バクリーの記載は、現実との照応性が大きく、正確性に富む。トンブクトゥは、その大湾曲部の頂部に所在する。ティルカも、ニジェール川大湾曲部の頂点付近に位置していたと考えうる。所在位置の一致ということをもとに、ティルカをトンブクトゥ周辺に比定することができるかもしれない。

　しかし記述の文脈からすると、ティルカはニジェール川南岸に位置していたようで、トンブクトゥの北岸立地とは異なる。その点からも、ティルカをもってトンブクトゥとすることはできないであろう。たとえティルカがトンブクトゥであったとしても、ここでのアル・バクリーの記載は上記の諸点のみにかぎられていて、ティルカ自体のことをなんら述べていない。このことは、ティルカが特筆に価する都市ではなかったことを示唆するものであろう。

　ティルカとは異なって、ガオについては、彼は都市として言及する。ティルカから川ぞいに3日行程で、サグーマラ（**Saghmara**）に到達する。その対岸に、カウカウ（**Kaoukaou**）

が所在するという。カウカウは、ガオの古名である。このルートの最終地点であるタド
マッカについては、彼は、世界のすべての都市のなかでマッカ（メッカ）にもっとも似た
都市だとし、その名称は「マッカのかたち」を意味していると述べる。そしてタドマッカ
には、ガーナまたカウカウよりも立派な建造物が多いとする[188]。この表現からは、彼が、
カウカウを当時の帝国首都ガーナとならぶ都市としてとらえていたことをよみとりうる。

(4) サハラ縦断中央ルート——イブン・バットゥータの道

　ここで、アル・バクリーの記載をはなれて、サハラ縦断交易の歴史に帰ることにしたい。
西方ルート経由の縦断交易を大きく変化させる出来事が、11世紀に生起する。それは、
1030〜40年ころとされるタガーザ（付図2・△2）での良質な岩塩鉱の開発である[189]。タ
ガーザは、現在のマリ国最北端のサハラ沙漠に位置する。そこは、エルグ（erg）とよばれ
る固定砂丘列と凹地帯とが交互する地帯で、その谷間にあたる凹地帯に岩塩床が所在して
いた。

　タガーザ産の岩塩が安定的に供給されるようになると、それまでのアウリールとイジー
ルは重要性をうしない、それらはセネガル地方のローカルな岩塩供給地と化していっ
た[190]。タガーザは、**付図2**に記入したように、サハラ縦断交易の北方の交易拠点スィ
ジールマーサ（□1）のほぼ南南西、また南の首都ガーナ（◉A）のほぼ北北東に位置する。
この関係位置が示すように、タガーザは、ほぼ両都市をむすぶ直線上に所在していた。当
然、タガーザの岩塩交易路は、両者をむすぶ最短距離にそって成立していった。

　その結果、サハラ縦断塩金交易のルートは一挙に東遷する。従来の西方ルートにかわっ
て、＜スィジールマーサ—タガーザ—ガーナ＞をむすぶルートが主要交易路となる。これ
を、中央ルートとよぶことにし、**付図2**に③を付した実線で記入した。西方ルートから中
央ルートへの転換は、タガーザの岩塩供給が軌道にのった1050年ころには決定的なもの
となる[191]。中央ルートも、西方ルートも、ともにスィジールマーサを北の前衛交易拠点
としていた。そのためスィジールマーサは、交易路の東遷後も繁栄を維持した。しかし西
方ルートの南の前衛交易拠点であったアウダゴーストは、その東遷によって没落する。ア
ウダゴーストにかわって中央ルート上の南の交易拠点として新たに登場してきたのが、**付
図2**に□5として記入したワラータ（Walāta、イーワラータン Īwālātan）であった。

　さきに西方ルートを述べた際に、サハラ沙漠を介在させて、その北と南における＜前衛
的交易拠点：帝国中心＞編成の同型性について指摘した。北の＜前衛的交易拠点＝スィ
ジールマーサ：帝国中心＝マラケシュ＞に対する南の＜前衛的交易拠点＝アウダゴース
ト：帝国中心＝ガーナ＞という編成の同型性であった。

　中央ルートへの転換以後も、北の編成はそのまま持続した。しかし南の編成は、大きく変化する。新たに登場した南の編成は、＜前衛的交易拠点＝ワラータ：帝国中心＝ガーナ＞となった。しかしこのような変化はあったにしても、＜前衛的交易拠点：帝国中心＞というサハラ縦断交易の編成原理そのものは持続しつづけた。

　11世紀には、もう1つの重要な変化が西アフリカで起きる。それは、建国間もないモロッコのムラービト朝が、1076〜77年にガーナ帝国を攻略・滅亡させたことである。そのあと、一時的にガーナ帝国が再興されたこともあったが、かつての大帝国を維持する力はもはや失われてしまった。その結果、サヘルは小王国が分立する時代にはいり、スス（Susu、Sosso）王国などの短命な政権が交互した。それらを統一してサヘル一帯の広域的な支配勢力として登場してきたのが、1230年ころに創始されたマリ帝国であった。同帝国は、サヘル東部にも勢力を拡張していく。13世紀末ころにはトンブクトゥもマリ帝国に編入され、その直轄領の東端に位置することになる[192]。これが、アフリカ史さらには世界史へのトンブクトゥの登場を用意していく。

　トンブクトゥについて述べるまえに、マリ帝国の登場によるサハラ縦断交易路の変化について簡単に検討しておきたい。マリ帝国の首都所在地については諸説が提唱され、確定されていない。**付図2**では、それら諸説のうち、帝国首都の所在地をニジェール川上流域に比定する説にしたがって、首都マリを▣**B**として記入した。他の説でも首都マリは同川の沿岸に比定されていて、ニジェール川流域という点に関しては、諸説は一致している。

　マリ帝国の成立は、イブン・バットゥータがスーダーン人の美徳として強調するように[193]、広大な領域にわたって治安と安全の回復もたらし、サハラ縦断交易を活性化させた。もちろん南の帝国中心は、首都ガーナから首都マリに移行した。しかし両者はともにほぼ西経8度くらいに位置しているため、サハラ縦断交易のルートに関しては、帝国の交替は中央ルートをただ南方へと延伸させただけであった。同ルート上の北と南の前衛交易拠点は、以前とおなじくスィジールマーサとワラータであった。

　したがってマリ帝国時代にも、北の＜前衛的交易拠点＝スィジールマーサ：帝国中心＝マラケシュ＞に対する南の＜前衛的交易拠点＝ワラータ：帝国中心＝マリ＞という編成が維持された。＜前衛的交易拠点：帝国中心＞という編成の同型性は、サハラ縦断交易最初の交易路であった西方ルート以来、この時期の中央ルートでもサハラ沙漠の南と北で持続しつづけた。

　マリ帝国の政治的な安定とそれによる経済繁栄をうけて、サハラ縦断交易も活況を呈していく。それによって、南の交易拠点であったワラータは繁栄の頂点に達する。同交易の活況は、後述するマグリブさらにはヨーロッパにおける金本位制の成立、それによる金需

要の高まりを大きな要因としていた。さらにマリ帝国は、付図2にみるように、当時の主たる産金地であったニジェール川上流域を本拠地としており、金需要の高まりに応えることができた。というよりも、事実の連鎖は逆であった。まずマリ帝国からの金供給があって、はじめて地中海世界またヨーロッパの金本位制が成立したのであった。

タガーザの岩塩鉱が開発されて約300年後の1352〜53年に、イブン・バットゥータは中央ルートを南下して同帝国を訪れる。マリ帝国は、この時期に繁栄を謳歌していた。付図2には、家島彦一にしたがって、イブン・バットゥータの旅行ルートを実線で記入した[194]。彼は中央ルートを往還しないで、帰路には東方のルートをとってスィジールマーサに帰着している。彼の場合にも、スィジールマーサが「黒人たちの国々」への北の終起点であった。彼が帰路に利用した東方のルートについては後述することにして、まずイブン・バットゥータの旅行記載をみることにしたい。

彼は、モロッコのマラケシュからフェズに向かい、そこから南下してアトラス山脈南麓のスィジールマーサに入った。スィジールマーサについて、彼は「諸都市のなかで最も華麗な町の一つ[195]」と述べている。しかしスィジールマーサは、彼の訪問の40年後に滅亡してしまう。彼は、スィジールマーサで、中国のカンジャンフー（福州あるいは建昌か）で知りあったイスラーム法学者の弟と出会っている[196]。イブン・バットゥータは、当時の既知世界の東端で出会った知人の親族と、はるか離れた西端で偶然に出会ったことになる。このエピソードは、当時のイスラーム世界さらにはモンゴル時代の世界性をいまに伝えている。

このエピソードは、1498年にインド・マラバール海岸のコジーコデ（Kozhikode、旧名カリカット）にはじめて到達したヴァスコ・ダ・ガマ（Vasco da Gama）の経験を想起させる。彼は、コジーコデ到着直前の停泊地で、カスティリア語を話すチュニス生まれのムスリムと出会って驚いたとの記事を残している[197]。この2つのエピソードは、当時のムスリムの活動範囲がいかに世界性にみちたものであったかを物語っている。

スィジールマーサは、前述したように中央ルートの北の前衛交易拠点であった。滞在日数をのぞいて、イブン・バットゥータがサハラ沙漠縦断に要した日数のみを記すと、スィジールマーサからタガーザが25日、タガーザからワラータが21日であった。イブン・バットゥータは、タガーザについて、その岩塩床、岩塩で造られた家屋、ラクダによる岩塩板の輸送、食糧はラクダの肉のほか、北からのナツメヤシの乾果と南からのトウジンビエであることなどについて語っている[198]。

彼が食料についてあげているのは、この3つのみである。岩塩鉱で働いているのは、トゥアレグ人にあたるマッスーファ族の奴隷と述べているので、これらのほかにコムギも

移入されていたと考えられる。トウジンビエはサヘルの砂丘地帯を代表する高稈性穀物作物で、より南方のサバンナ地帯に多いモロコシよりも乾燥に強い作物である。トウジンビエとモロコシは、サヘルとそれ以南を代表する2つの畑作穀物作物だ。そのうち、タガーザにより近距離に位置するサヘルからトウジンビエが搬入されていたということであろう。

　つぎにイブン・バットゥータが多くを語るのは、南の前衛交易拠点＝ワラータについてである。家島は、ワラータをモーリタニア東部のサハラ沙漠南縁に位置する同名の小オアシス都市に比定する[199]。1352年4月の酷暑期にイブン・バットゥータはワラータを訪れ、50日ほど滞在している[200]。彼が訪れた14世紀中期は、ワラータがもっとも繁栄していた時期であった。その記載は、繁栄する都市の爛熟した生活を主としていて、住民とりわけ女性のイスラーム的規範から逸脱した生活態度を非難気味に詳述する。しかしその繁栄の基盤にあった交易などの諸活動などについては、彼はほとんど言及していない。

　彼は、ワラータから帝国首都のマーッリーまでの行程は、急ぎ足で24日とする。出発して10日余のちに、ナイル（ニジェール）河畔のカールサフーの町に到達している。そこにいたるまでの地帯では、バオバブやシーアバターノキなどの樹木のことが語られている[201]。その記載は、あきらかに彼がサヘルのステップ帯から南のサバンナ帯北部に入ったことを推測させる。この一帯には、いまも東西方向のベルト状にシーアバターノキの栽培地帯がつらなり、シアー・ベルトともよばれているからである。そこを縦断してニジェール川に到達したとの彼の記載は、現実とよく照応する。

　日数を引き算すると、カールサフーから帝国首都・マーッリーまでは10日ほどの行程ということになる。イブン・バットゥータは、最終的にサンサラ川から約20キロメートルのところにマーッリーが位置しているとしている[202]。サンサラ川の比定は困難で、それが、帝国首都・マーッリーの位置を確定できない理由である。彼は、カールサフーがニジェール川の河畔に位置すると語っているので、サンサラ川は、ニジェール川本流とは別個の川か、ニジェール川上流の別名であるか、のいずれかであろう。ここでは、前者をより妥当としたい。

　この一帯では、河川はニジェール川水系の諸河川だけで、そのなかでもっとも北を流れるのがニジェール川本流である。とするとニジェール川とは別名の河川は、同川本流の南方を流下する支流群のいずれかということになる。その特定は困難なので、ここではニジェール川の支流群の1つに、帝国中心マーッリーが位置していたとしておきたい。

　イブン・バットゥータのマーッリー記載は、中央ルートの諸都市のなかでもっとも詳しい。その多くは、正統ムスリムとしての彼からみたスルタン（王）をはじめとする人間観察である。そのなかで、彼は、金・銀また絹で荘厳された大祭（イード）後の儀式と金の

下賜など豊富な金について語っている。

　彼は、約8ヵ月間マーッリーに滞在したのち、ニジェール川北岸ぞいのミーマ街道を東進してトンブクトゥに入った。しかし彼がトンブクトゥについて語るところは少ない。ニジェール川ぞいの地域をとると、彼は、現在のガオ（カウカウ）の東方でマリ帝国の領域が尽きることを述べている[203]。これは、ほぼ現在のマリとニジェール両国の国境部にあたる。この記載とアル・バクリーの記述とをあわせると、マリ帝国の東境はガーナ帝国時代よりも東に拡大していたこと、またトンブクトゥがマリ帝国領内に編入されていて、その東境部に位置していたことの両点をよみとりうる。

VI　トンブクトゥ簡史
——栄光と凋落——

　カイエがトンブクトゥに滞在したのは、1828 年 4 月のことであった。彼は、ここでも
アラブ人ムスリムと偽っていたので、行動を記録する際にも、他人の目を盗んでおこなう
必要があった。そのための絶好の場所が大モスクのミナレット（塔）で、登高用の階段は
こわれていたが、滞在中に何度も登ったという。滞在が終わりに近づいたころに、ミナ
レットから市街地を見わたした時の感慨を、「驚きをもってこの町をながめた。このおぞ
ましい沙漠のなかに、ただ交易のためのみから建設され、交換によって調達するもの以外
には、なんの自前の資源もない町[204]」と語っている。

　たしかにトンブクトゥの繁栄の源泉は、前章で詳述したサハラ縦断交易活動にあった。
しかしカイエの感慨は、トンブクトゥが担ってきたもう 1 つの重要な役割を見おとしてい
る。それは、II の冒頭で紹介したトンブクトゥの俗謡の「神の言葉と智慧の宝はトンブク
トゥでのみ見いだされる」にかかわる役割である。トンブクトゥは、西アフリカにおける
卓越した「イスラームの学林」また「ムスリム知識人の都市」でもあった[205]。輸送・交
易と宗教・学術の 2 つの機能を中心に、ここで、トンブクトゥの歴史について考えたい。

(1) アル・サァディーの記載から——起源と成長

　すでに何度か引用したアル・サァディーは、17 世紀のトンブクトゥを生きた歴史家で
あった。彼は、トンブクトゥの成立から衰退期に入った 1613 年までのサヘル通史『タ
リーキ　アッ＝スーダーン（Ta'rkh al-sūdān）』（『スーダーン史』）を著した。その第 7 章を
「トンブクトゥの歴史」にあて、冒頭で、つぎのようにトンブクトゥの起源と展開につい
て述べている。

　「トンブクトゥは、ヒジュラ暦・第 5 世紀の末に、マグシャラン・トゥアレグ（Magh-
sharan Tuareg）人によって基礎をおかれた。彼らは、夏にはニジェール河岸のアマディア
（Amadia）村を（夏の）宿営地とし、（現在の）トンブクトゥの地に家畜を放牧するために
やってきた。雨期になると、宿営場所を変えつつ北方のアラワーン（Arawān）の地に帰っ
ていった。アラワーンは、高所域のなかのもっとも遠方にあり、彼らはそこを（冬の）宿
営地としていた。この有徳・清浄・高潔・誇りに満ちた（トンブクトゥの）地を……トァ
レグ人は、彼らの持ち物や食料の保管場所としていた。やがてそこは、旅人たちが行き交

う十字路へと成長していった。彼らの持ち物を管理していたのは、テインブクトゥという名の彼らの女奴隷であった。その名は、彼らの言葉では「コブをもつ者」を意味していた。彼女が宿営していたこの祝福された地点は、彼女の名にちなんでテインブクトゥとよばれた。

　ここには多くの民がすべての方向から集まり、時とともに商業中心地へと発展していった。もっともよく来訪した商人はワガドゥ（Wagadu）人で、ついでいろんな地方からの商人があいついでやってきた。それまでの商業の中心地は、ビールゥ（Bīru）であった。そこには、すべての方向からキャラバンがやってきた。……（しかしトンブクトゥの発展につれて）……（ビールゥから）トンブクトゥに（商人・聖なる人々・富裕者などが）移動し、人口が過剰なまでに充満していった[206]」。

　このアル・サァディーの記述は、トンブクトゥの起源を語る際に、肯定的であれ、否定的であれ、よく引照される。それは、この記載ほどトンブクトゥの起源を詳述するものがないからだ。彼は、トンブクトゥの起源がヒジュラ暦・第5世紀とする。西暦では、それは1010年から1106年にあたる。アル・サァディーは、その末期、つまり12世紀初めころにトンブクトゥが起源したとする。

　当時、トンブクトゥ一帯でのトゥアレグ人の優越集団は、メダーサ（Medāça）部であった。そこから建設集団のマグシャラン・トゥアレグ人は、彼らを指すとされる[207]。彼らの夏営地であったアマディアは、ハンウィクの注釈によると、前述したトンブクトゥの外港・カバーラの西方にあたるという。とすると、マグシャラン・トゥアレグ人は、カバーラ西方を夏営地、北方のアラワーンを冬営地とする遊牧集団であり、トンブクトゥはその移動ルート上の中継地点であったことになる。

　これは、のちのトンブクトゥの歴史展開と奇妙な符合をなす。というのは、トンブクトゥの繁栄は、北からの岩塩と南からの金の中継交易を重要な基盤としていたからである。トンブクトゥは遊牧集団の夏営地と冬営地との中継・保管地点として発生し、最盛期においてもサハラ縦断交易とニジェール川内陸デルタ縦断交易の中継・保管地点であった。両者は、偶然とはいえ、中継・保管地点という点で奇妙な一致を示す。

　アル・サァディーは、トンブクトゥがトゥアレグ人によって選地され、その地名が所有物の保管・管理にあたっていた「テインブクトゥ」という女奴隷の名に由来するとしている。その名称の原義は「コブをもつ者」としているが、「ヘソ（臍）」を意味するという別の解釈もある。ここで想起されるのは、現在のトンブクトゥにかぎらず、サヘルの各所で臍帯が突起状に2センチメートルくらい飛び出ている幼児をよく見かけることである。「コブをもつ者」とは、「臍帯突起がとりわけ大きい者」を意味しているのかもしれない。

トンブクトゥには、「テインブクトゥ」が宿営・管理にあたっていた場所とされる伝承地が存在する。そこは、「トンブクトゥ王の場所」を意味する「トンブクトゥ・コイ・バトゥマ（Tombouctou-Koï- Batouma）」とよばれ、旧市の南東部に位置する。現在も、そこは、市街地のなかの小さなオープン・スペースとして残されている。

トンブクトゥがマリ帝国に編入されたのは、前述したように 13 世紀末とされている。カタローニア図が「トンブク」の名で都市画像を掲出したのは、1375 年であった。この時期までのトンブクトゥについて、シソコ（Cissoko）は、二次的な重要性しかもたない交易都市であったとする[208]。

当時、トンブクトゥの西方には前述したワラータ、東方にはガオ、さらにニジェール川南岸にはジェンネがあって、いずれもマリ帝国の重要な交易都市として栄えていた。ワラータはサハラ沙漠中のタガーザからの岩塩集散地、ガオはマグリブ東部やエジプトとの交易センター、またジェンネは南方からの金・奴隷・農産物の北方への中継移出地であった。当時のトンブクトゥは、これらの繁栄都市には到底およばない小都市にすぎなかった。1352〜53 年に、この地方を訪れたイブン・バットゥータも、トンブクトゥについて語るところはほとんどない。しかしガオについては、スーダン最大の立派な都市と述べていることも[209]、当時のトンブクトゥの無名性を補強する。

にもかかわらず、なぜ、トンブクトゥがカタローニア図に描出されたのであろうか。おそらくそれは、トンブクトゥの都市としての重要性によってではなく、ムーサー王がここを経由してマッカを往還したという事績によるものであったと考えられる。カタローニア図の作成者・クレスケスにとっては、同王のマッカ巡礼は、知られることのなかったトンブクトゥの名をも記憶させる衝撃性をもつ出来事であったということであろう。

たしかに当時のトンブクトゥは、ワラータやガオなどよりも重要性の小さい都市であった。しかしムーサー王の巡礼行から、14 世紀前半のトンブクトゥに関して、つぎの 4 点を指摘できる。

1) ムーサー王は、トンブクトゥを経由してマッカを巡礼した。すでに述べたように、当時のマリ帝国の首都・マーッリーの所在位置については諸説があるが、ニジェール川上流域の本流ないし支流に面する都市であったとされている[210]。**付図 2** では、それらのなかで支流に位置していたとする説にもとづいて、その推定位置を同図に ⊡B として記入した。同王のマッカ巡礼は、多数の人員・駄獣また黄金をはじめとする多量の財物をともなうものであった。それらの輸送にあたっては、ニジェール川の水運を最大限に利用することがもっとも便宜であったと考えられる。

Ⅱ—(1) で前述したように、北東流するニジェール川の流路がもっとも北上する地点が、

写真 11　修復前のジンガレイベル・モスク　　土壁で厚く上塗りさ
れるまでは、躯体の構造がよく分かった。砂漠の表土下層から
採取した石灰岩塊を加工して基本建材として土で固め、木杭で
補強している（応地撮）。

同川大湾曲部の頂部である。そこが、水運を利用してサハラ沙漠中にもっとも深く進入できる地点でもあった。その頂点に位置するのが、トンブクトゥだ。またトンブクトゥの東方で、ニジェール川は岩丘地帯を横断して流下する。そこは、低水期には河床に岩が露出して河川航行の難所となる。この岩丘帯の存在がニジェール川の流速を低下させて、その上流一帯

に広大な内陸デルタを形成させる役割を果たした。したがってトンブクトゥが、西方からのニジェール川の水運利用のほぼ北限点であり、東限点であった。

　2）ムーサー王がマッカ巡礼に際してトンブクトゥを経由したのは、ニジェール川の水運を最大限に利用するためであったであろう。それをもとに、当時のトンブクトゥは、ニジェール川の水運からサハラ沙漠の陸運への乗換地点であって、都市的発展とは無縁の単なる経由地にすぎなかったと主張することも可能であろう。

　前述した 11 世紀中期のアル・バクリーのティルカに関する記載からも、そのように解釈することもできよう。彼の記述は、ニジェール川大湾曲部の頂部一帯には都市的集落がなかったと読めるからである。しかしアル・バクリーとムーサー王のマッカ巡礼行とのあいだには、ほぼ 3 世紀の時代差がある。

　またアル・バクリーはガーナ帝国の時代に属していて、ティルカはその版図の外方にあった。しかしムーサー王は新王朝マリ帝国の王であり、すでにトンブクトゥは同帝国領に編入されていた。これらの点から、アル・バクリーのティルカ記載をもとに、ムーサー王時代のトンブクトゥを類推することはできない。

　3）さらにムーサー王のトンブクトゥでの事績は、トンブクトゥを単なる経由地とする解釈を否定するものである。同王は、マッカで出会った建築家兼詩人のアッ・サーヒーリ（Es Saheli）を招聘して、トンブクトゥに大モスクを建設した。このとき建設された大モス

クは、現存するジンガレイベル（Djingareiber）・モスクとされている。その建設は、当時のトンブクトゥが、人口規模の大きい都市へと成長していたことを物語っていよう。サードは、当時のトンブクトゥの人口を約 10,000 人と推定している[211]。

イスラーム世界の都市にとって、大モスクの建設は特別な意味をもつ。すでに説明したように、金曜正午に男子ムスリムが 1 ヵ所に参集して集団祈祷をおこなう場、それが、大モスクである。そのため都市を代表する大モスクは、同時に「金曜モスク（マスジド・アル・ジュムア Masjid al-Jamal）」ともよばれる。とりわけ大規模な金曜モスクは、イスラーム世界のすべての都市にあるのではなく、人口規模の大きな都市に存在する集団礼拝施設である。

都市と大規模な金曜モスクとの関係は、キリスト教世界において、司教座教会とよばれるカテドラル（大聖堂）が人口規模の大きい都市のみに存在していることと類似する。もちろんイスラームには基本的に司教や大司教といった聖職者も職階制もないが、大都市のみに大規模な金曜モスクが存在するという点に関しては、キリスト教のカテドラルの場合と相似する。ムーサー王による大モスクの建設は、当時のトンブクトゥがかなりの人口規模の都市へと成長していたこと、そしてマッカ巡礼を終えてハッジとなった同王が、金曜モスクの建造によって、トンブクトゥの都市成長を認証したことを示唆する。

4）ムーサー王は、トンブクトゥに大モスクとともに宮殿も造営した。このことは、14世紀前半の同王の時代には、トンブクトゥが政治的にも重要な都市へと発展していたことを示唆する。その背後には、マリ帝国が、自身の直轄領と従属勢力の属領とをあわせもつ帝国であり、前述したように、帝国直轄領の東端部にトンブクトゥが所在していたという地理的要衝性があろう。それは、トンブクトゥが東方の属領に対する帝国支配の拠点であったことを意味する。

東方への政治的拠点としてのトンブクトゥの重要性をふまえて、ムーサー王は、ここに宮殿を造営したのであろう。しかしトンブクトゥが首都となることはなかったので、ムーサー王をはじめとするマリ帝国の王たちが、ここに常住することはなかった。このことをふまえて、以後、ムーサー王が造営した宮殿を離宮宮殿とよぶことにしたい。

上記の 2）を否定したうえで、3）と 4）をもとに、14 世紀前半には、トンブクトゥが、北のアラブ世界と南のサヘルとをむすぶ交通・交易路上の拠点都市、またこの一帯の政治中心都市へと成長していたとしうる。もちろん当時のトンブクトゥの重要性は、ワラータまたガオには及ばなかったであろう。アル・サァディーにしたがって、トンブクトゥの成立を 12 世紀初めとすると、それ以後の 2 世紀のあいだに、トンブクトゥは遊牧集団の中継・保管地から地方中心都市へと大きく発展したことになる。

(2) 塩金交易の拠点都市への発展——繁栄中心の東遷

アル・サァディーの記載は、成立からごく短期間で、トンブクトゥがビールゥを凌駕する都市へと成長したように読める。しかしこの部分の記述は13〜14世紀のことではなく、おそらく15〜16世紀のことを述べていると考えられる。16世紀の最盛期にいたるまでの彼の記載は簡略にすぎるので、ここで、13〜14世紀のもっとも重要な交易都市であったビールゥとトンブクトゥとの盛衰について、多少の補足をおこなっておきたい。フンウィクによれば、ビールゥは、**付図2**で□5としたワラータ（Walāta）—別名イーワラータン（Īwalātan）—にあたるという[212]。

前述したように、12世紀中葉に新たな岩塩鉱としてタガーザが開発され、それによってサハラ縦断交易ルートが東遷した。従来の西方ルートにかわる中央ルートの興隆である。同ルートの南の前衛交易拠点が、ワラータであった。ガーナ帝国が崩壊してマリ帝国の時代になっても、ワラータは繁栄を維持した。14世紀中期にイブン・バットゥータが伝えるワラータの爛熟した市民生活は、その繁栄の裏面であった。

しかし15世紀になると、ワラータはトゥアレグ人によって攻略され、それを契機に没落への途をあゆんでいく[213]。マリ帝国自体も弱体化していき、15世紀末には実質的に解体する。同帝国にかわってサヘル一帯に勢力を拡大したのが、ソンニ（Sonni）朝ソンガイ帝国であった。同帝国の本拠地は、トンブクトゥ東方のガオにあった。

これによってサヘルの政治・経済の中心は、ニジェール上流域から一挙に同川大湾曲部を越えて、その東方に移動し、またサハラ縦断交易路も東遷する。15世紀に生起したこれらの変動は、サヘルにおけるマリ帝国からソンガイ帝国への権力移動を直接的な契機とするものであった。西アフリカ全体からみると、それらはサヘルの内部における変動であった。そのためサハラ縦断交易が、中央ルートから新たなルートへと全面的に移動することにはならなかった。東遷したのは、**付図2**で④とし、1点鎖線で示したタガーザー以南の中央ルート南半部のみで、タガーザ（△2）以北のルートは以前とおなじであった。

タガーザ以南の交易ルートの変動は、同ルートに依存していたワラータの没落を意味していた。かわってより東方に位置するトンブクトゥが、ダガーザ岩塩の集散地さらにはサハラ縦断交易の後期・中央ルートの新しい拠点として台頭していく。**付図2**が示すように、トンブクトゥは、ダガーザからガオをふくむニジェール川大湾曲部への最短距離の地点に位置していた。それによって、サハラ縦断交易の中央ルートの南半部は、タガーザとトンブクトゥとをむすぶルートへと東遷していく。サァードは、すでに14世紀中期のワラータ繁栄期から商人がトンブクトゥに来住し、それによってトンブクトゥの人口集積が促進

されていたとする[214]。

　レオ・アフリカヌスは、この間の事情を、「ソンニ・アリ（Sonni Ali）王の治世期から、商人たちはワラータを捨てて、トンブクトゥまたガオへ移住していった。そのためワラータの支配者は窮乏し、力もなくしてしまうほどであった[215]」と述べている。ソンニ・アリ王は、ソンニ朝ソンガイ帝国の最後の王で、アル・サァディーによると、その治世は1468−69年から24年間であったという[216]。15世紀後半には、トンブクトゥはワラータを凌駕する交易都市へと発展していったのである。

　トンブクトゥのサハラ縦断交易の拠点への台頭・確立を、マクロとミクロの両視点からみると、つぎのように要約できる。まずマクロ的視点からいえば、中央ルートの交易都市構成の変革である。その構成は、11世紀中期の同ルートの成立以来、北の＜前衛交易拠点＝スィジールマーサ：帝国中心＝マラケシュ＞に対する南の＜前衛交易拠点＝ワラータ：帝国中心＝マーッリー＞であった。この構成の南半部が、＜前衛交易拠点＝トンブクトゥ：帝国中心＝ガオ＞へと完全に変換した。

　しかし10世紀中期にさかのぼる西方ルートの成立以来、サハラ縦断交易路の＜前衛交易拠点：帝国中心＞という構成の同型性は、北と南のあいだで断絶することなく維持されてきたのである。また北と南の前衛交易拠点の中間位置に岩塩産出地が所在するという構成も、変化することなく持続してきた。ルートは変遷したとしても、それを機能させる構造そのものはおなじであったといえる。それが、サハラ縦断交易の安定的な展開を担保していたのであった。

　つぎにミクロ的視点からみれば、トンブクトゥのサハラ縦断交易拠点への台頭・確立は、2つの要因に支えられていた。1つは、前述したように、タガーザからニジェール川大湾曲部にいたる最短路の終起点という地理的要衝にトンブクトゥが位置していたことである。しかもトンブクトゥからは、ニジェール川にそって陸路、あるいは小舟利用の水路で帝国首都ガオとむすばれていた。イブン・バットゥータも小舟で、トンブクトゥからガオにむかっている[217]。もう1つの要因は、タガーザからトンブクトゥへといたるルート上に、アラウアーン（Araouane）をはじめとする人工井戸による水補給地を整備することができたことである。それによってキャラバン・ルートの各行程ごとに、飲料水を安定して確保することが可能となった[218]。

　アル・サァディーが、前記の引用部分で、商人・富裕者の集住によってトンブクトゥが急速に都市へと成長し、それまでの交易中心であったビールゥ（ワラータ）を凌駕するにいたったことを述べていた。これは、15世紀後半の状況を述べているのであろう。ここで、彼は、交易活動の担い手である商人だけでなく、同時に「聖なる人々」つまりムスリ

ム聖者・学識者の来住についても語っていることに注目したい。これは、さきのカイエの観察からは抜け落ちていた点であった。

　彼らの来住と「イスラームの学林」としてのトンブクトゥの発展は、相即的な関係にあった。ムスリム聖者・学識者の集住が学林としてのトンブクトゥの名を高め、その名声がムスリム聖者・学識者のさらなる来住につらなるという相乗効果を生みだしていった。「イスラームの学林」の中心施設が、**図 11** でデュボアが旧市北東端に記入しているサンコーレ（Sankoré）・モスクであった。同モスクの建立時期は不明であるが、最初のイマーム（imām、礼拝導師）の来任が **1445/46** 年であるので、15 世紀中期と推定されている[219]。

　アル・サァディーは、その建立が非常に敬虔かつ富裕なアグフラール（Aghlāl）人の女性によってなされたと述べる[220]。アグフラール人とは、トァレグ人に属する集団である。彼らは、サハラ沙漠西部を活動域としていた。とするとアグフラール人は、かつての繁栄中心であったビールゥとの係わりのふかい集団であった可能性がある。彼女の富も、サハラ縦断交易によってもたらされたものであったであろう。彼女によって建立されたサンコーレ・モスクを核として、その周辺に「イスラームの学林」が成立していく。

　フンウイックによれば、それを最初に「大学」とよんだのはデュボアであった[221]。もちろん、その「大学」は、現代のように制度化されたものではなかった。モスクとその周辺に集うイスラーム学識者と弟子たちのゆるやかなネットワークであり、その教場も、蔵書をそなえた学識者の私宅であったとされる[222]。アル・サァディーは、著書の第 9・10 章を「トンブクトゥの学者と聖者」にあて、同書の全 30 章のなかで、もっとも多くの頁を割いている。そこでは、多くの法学者・学者の事績が列伝風に語られ、西アフリカにおけるイスラームの中心的な学林であったトンブクトゥの片鱗をいまに伝えている。

　また彼は、トンブクトゥの繁栄がヒジュラ暦・第 9 世紀の末に確立し、第 10 世紀の中頃に都市空間が良質な家屋群によって充填されたと述べている[223]。ヒジュラ暦・第 9 世紀末は、ほぼ 15 世紀末にあたる。この時期から 16 世紀中期にかけて、サハラ縦断交易とイスラーム学術研究の中心、またニジェール川大湾曲部北岸の中心都市として、トンブクトゥは繁栄のピークを迎えたのであった。

（3）銃によるエル–ドラド奪取——新大陸征服の再演

　16 世紀中期になると、トンブクトゥの繁栄の背後で、北方のモロッコにサアド（Saadids）朝（1549–1659 年）が成立する。当時のモロッコは、大西洋岸の主要都市をポルトガルに奪われ、サハラ縦断交易の利益も、海岸部から内陸への進出を試みる彼らによって蚕食されつつあった。ポルトガルが同海岸で最初に砂金を入手したのは、1441 年にゴンサ

ルヴェス（Gonçalves）の戦隊が「黄金の川（Rio de Oro）」に碇泊していた時であった[224]。「黄金の川」は、西サハラで大西洋に流入する川である。以後、ポルトガルは、黒人の奴隷とギニア山地の金の獲得を主目的として西アフリカ沿岸一帯に侵出していった。

　ポルトガルによる奪取にくわえて、モロッコが輸出しうる自前の商品は砂糖のみであって、モロッコにとって圧倒的に不利な条件下でサハラ縦断交易がおこなわれることになった[225]。とりわけタガーザからの岩塩の移入も、支払い手段の不足から困難になっていた。サアド朝は、武力によるタガーザの領有・支配によって、この状況の打開を目ざす。

　タガーザをはじめとするサハラ沙漠中の岩塩鉱は、当初は、在地のベルベル系遊牧集団の支配下にあった。しかし1515年頃に、ソンガイ帝国がタガーザの支配権の確立に成功する。それが、モロッコとソンガイ帝国とのあいだで紛争を惹起した。付図2にあきらかなように、タガーザ（△?）はモロッコに近接した位置にあったからである。1545年には、サアド朝のエル・ケビール王はソンガイ帝国に使節を送り、その近接性を理由として、タガーザーの領有を主張した[226]。もちろん、それは拒否される。

　しばらく小康状態がつづいたが、このような状況のなかで、サアド朝の王としてアル・マンスール（al–Mansūr、在位1578−1603年）が登極する。同王は、サハラへの勢力拡大を強力に推進していく。その目的は、タガーザーの岩塩鉱とサハラ縦断交易の奪取にあった[227]。その最初の着手が、1583年のソンガイ帝国への使節派遣であった。それは、トンブクトゥまたガオにいたるルートと給水事情の探索を兼ねていた。翌1584年には、同王はタガーザーの奪取に成功する[228]。その動員兵力は、わずか200人であったという[229]。

　マンスールは、さらに、ソンガイ帝国を征服してスーダーンの金を掠奪することに目標をさだめる。奴隷の獲得も、スーダーン征服の重要な目的であった[230]。黒人奴隷は、彼が奨励していたサトウキビ栽培と砂糖生産の重要な労働力であったからである。最終的に1591年に、モロッコ軍はソンガイ帝国に侵攻する。

　このときのソンガイ、モロッコ両帝国の動員兵力を比較すると、ソンガイ軍については、2つの数字がある。ともに、当時マラケシュに在住していた2人の報告である。1つはスペイン秘密諜報員のもので、彼によると、総数80,000（歩兵72,000、騎兵8,000）[231]、もう1つの報告はアル・イルファーニ（al Irfāni）のもので、総数104,000であったとする[232]。両者ともに、ソンガイ軍には銃器はなかったという点では一致している。さらにアル・イルファーニはソンガイ軍の武器は弓矢を主としていて、槍をもつものすら少なかったと述べている。

　これに対するモロッコ軍の動員兵力については、スペイン秘密諜報員がくわしく報告している。それによると、マラケシュ出発時の兵力は、総数4,000（マスカット銃歩兵2,000、

マスカット銃騎兵 500、槍騎兵 1,500）であった。モロッコ軍は飲料水不足に苦しみながら、40 日をかけてサハラ沙漠を縦断して、ガオの近傍でソンガイ軍と交戦した。戦闘そのものはわずか 2 時間ほどで終わり、ソンガイ軍が大敗した。兵力が約 20 分の 1 にしかすぎないうえに、サハラ沙漠縦断直後という疲労困憊状態のモロッコ遠征軍が、ソンガイ帝国の大軍を撃破したのであった。

　その勝因は、当時の最新武器であったマスカット銃とウマによるところが大きかった。約 2500 丁のマスカット銃と大型ウマで装備したモロッコ軍にとっては、弓矢と小型ウマとウシのソンガイ帝国軍は物の数ではなかったであろう。この戦争は、ブラック・アフリカで銃器が使用された最初の大規模な戦闘とされる。ちなみにモロッコ軍のマスカット銃は、砂糖の輸出代金でイギリスから購入したものであった。

　ここで、おなじ 16 世紀の 20 年代におこなわれたスペイン帝国の新大陸への侵略を想起したい。新大陸でスペインと土着勢力とのあいだで起こったとおなじことが、同世紀の末にブラック・アフリカでモロッコ軍によってくり返されたのであった。スペインの秘密諜報員は、モロッコ軍の総指揮官・ジュデルがグラナダ王国出身のキリスト教からイスラームへの改宗者（マワーリー、mawālī）であり、またマスカット銃歩兵 2,000 のうち半数がおなじくイスラームへの改宗者、残りの半数がグラナダ王国から移住してきたムスリムであったとする[233]。つまりモロッコ軍は、実質的にはスペイン出身者からなる軍勢であった。

　ソンガイ帝国の首都ガオにつづいて、トンブクトゥも、1591 年 5 月 30 日にモロッコ軍によって占領される。しかしトンブクトゥの場合には、ガオとは異なった状況がみられた。モロッコ軍の侵攻を前にして、トンブクトゥ在住のソンガイ帝国の軍人と役人はともに敵前逃亡した。しかし在住するムスレム学者と商人はトンブクトゥに残留して、モロッコ軍に抵抗した。トンブクトゥでは、両者のあいだの協働的な連帯が成立していて、それが抵抗の原動力となったとされる[234]。

　この事実は、トンブクトゥが都市としてもつ重要な特質を照射する。世界的に著名な歴史都市の多くは、かつて国あるいは帝国の首都である場合が多い。トンブクトゥは、マリまたソンガイをはじめスーダーンで興亡した帝国の首都となったことはなかった。しかもトンブクトゥは、とくにソンガイ帝国の時代には、同帝国のもっとも重要な経済・宗教都市であり、むしろ帝国を支える基盤であった。

　サァードが述べるように、トンブクトゥは帝国によって担保されたのではなく、逆に帝国がトンブクトゥによって担保されていたのであった。トンブクトゥは、自律性と自立性をもった都市であった[235]。この特質の担い手が、経済に係わる商人であり、宗教・学術

に係わるムスリム知識人であった。彼らが連帯してモロッコの侵略に抵抗したのは、当然であった。自立と自律を誇るトンブクトゥの都市特質が、モロッコの侵略時にもっともよく発揮されたのである。

その抵抗運動の中心にいたのが、イスラーム学者・アフマド・バーバー（Ahmad Bābā）であった。彼は、1556 年にトンブクトゥのベルベル人家族の家に生まれた。その家系は、裁判官（カーディー、qādin）や学者を輩出してきた名門であった。彼自身も、学者として著名であった父と父方の叔父だけでなく、当時のトンブクトゥの著名なムスリム学者のもとで教育をうけた。その時期は、トンブクトゥの最盛期にあたる。彼は、カイロやフェズなどに遊学することなく、トンブクトゥでイスラーム学者として自己形成した[236]。このことは、当時のトンブクトゥが、経済だけでなくイスラーム学においてもきわめて高い水準にあったことを物語る。

アフマド・バーバーは、35 歳のときに、1591 年のモロッコ軍によるトンブクトゥ侵攻に遭遇する。彼は占領に公然と反対し、ムスリム知識人の抗議・反抗運動を領導した。マンスール王は、モスクとりわけサンコーレ・モスクに結集するムスリム聖者・学識者を危険分子とみなし、占領後 2 年に徹底的な弾圧を命じる。彼らは逮捕され、虐殺また 5 ヵ月の投獄ののちモロッコに連行・追放された[237]。アフマド・バーバーもその 1 人であり、彼も家族もろともマラケシュに連行された。

このときに追放されたムスリム聖者・学識者は、一般には、快適な環境での軟禁であったとされている。しかしサアードは、マラケシュでも彼らのほとんどが投獄され、多くが 1596〜98 年に流行したペストで病死したとしている[238]。アフマド・バーバーも幽閉され、2 年後にマラケシュを離れないことを条件として幽閉を解かれた[239]。彼の追放は 14 年間におよび、トンブクトゥへの帰還を許されたのは、マンスール王の死後 5 年を経た 1608 年であった。

モロッコのスーダーン侵攻は、トンブクトゥの繁栄と蓄積を根底から奪取・破壊することを重要な目的としていた。当時マラケシュにいたイギリス人マドック（Madoc）の証言によると、占領後の 1594 年には、アフマド・バーバーをはじめとする学者、ラバ 30 頭に積んだ黄金（3〜3.6 トンに相当）、奴隷 1,200 人がマラケシュに到着したという[240]。また 1599 年にも、5.6〜6.4 トンの黄金と多数の奴隷がモロッコに搬入された[241]。

これによって、通商・交易と宗教・学術というトンブクトゥの 2 つの都市基盤が破壊されることになった。とりわけ経済活動は根底から破壊され、以後、トンブクトゥがかつての輝きをとりもどすことはなかった。しかしそれは、なにもトンブクトゥだけに限られたことではなかった。マンスール王は、かつてニジェール大湾曲部の内陸デルタを指して

写真12　アル・マンスール王のエル・バディ宮殿址　マラケシュ
旧市南西端にあり、水路と遊歩道で十字型に4分割された広大
な庭園と殿舎の遺構が残る。かつての壮麗な化粧材は、アラ
ウィ朝になって他に転用された（応地撮）。

「まばゆいまでに豊かさにみちた地[242]」と述べたという。モロッコの侵略によって、同湾曲部は、都市だけでなく農村・農業も荒廃してしまった。アフマド・バーバーの帰還後、スーダーン一帯でモロッコへの反乱が頻発する[243]。それは、トンブクトゥからのよびかけに呼応するものであると同時に、その背後には、ムスレム学識者の都市間ネットワークと連帯があったとされる[244]。

　しかし略奪者モロッコの状況は、これとはまったく異なっていた。スーダーンの征服によって、マンスール王は「勝利王」また「世界でもっとも富裕な王」と称せられるにいたった[245]。首都マラケシュも、獲得した黄金と奴隷労働力によって壮麗な美観都市へと変貌した。その一端は、マンスール王が造営し、いまもマラケシュ旧市の南端部に残るエル・バディ（El Badii）宮殿の壮大な遺跡からも窺える。

　モロッコのサヘル侵略は、ブラック・アフリカにおける初めての銃器による征服というだけでなく、富の徹底的収奪という帰結においても、さらにスペイン系集団による侵略という点においても、同世紀前半にスペインが新大陸でなしたことの再演であった。

　つづく17・18世紀には、乾燥化、飢饉、洪水、感染症の流行などがあいつぎ、トンブクトゥにとって「災厄の2世紀」とよばれる[246]。その主なものだけを列挙しても、1616－18年：飢饉と感染症流行、1637－43年：飢饉、1657－59年：ペスト流行、1669－70年：干害、1688－90年：飢饉とペスト流行、1697年：ペスト流行、1703年：飢饉とペスト流行、1711－16年：飢饉、1738年：飢饉、1741－44年：飢饉、1764－66年ペスト流行とつづく[247]。

　これらの災害と災厄は、トンブクトゥの衰退をいっそう加速させた。I―（3）で紹介したトンブクトゥ到達の日にカイエが抱いた感慨は、衰微しきった19世紀前半のトンブクトゥの現実であった。

Ⅶ　最盛期のトンブクトゥ
──歴史地理と施設配置──

　図 11 が描く 19 世紀末の旧市は、最盛期のトンブクトゥの都心部にすぎない。Ⅲ─(2)
で検討したように、19 世紀末のトンブクトゥの人口は、最盛期のせいぜい 3 分の 1 ない
し 4 分の 1 と推計されている。人口の衰退は、当然、市街地面域の顕著な縮小をともなっ
ていたであろう。サァードは最盛期の市街地面域を推定し、それと現在との面域比較図を
作成している[248]。図 16 に、それを示した。同図は、2 種類の線で既成市街地の範域を描
いている。実線は小区の境界で，その外周線が、ほぼ現在の新市をふくめた既成市街地の
範域にあたる。その外方に記入された点線は、16〜17 世紀つまりトンブクトゥが最盛期
から衰退期へとむかう時期の既成市街地の外縁線である。

　実線と点線に囲まれた範域の面積を見くらべると、最盛期の市街地は現在のおよそ 2.5
倍となる。いいかえれば、現在の都市域は最盛期のほぼ 40 パーセントに縮小したことに
なる。その推定は、さきにふれた人口減少とほぼ対応している。サァードは、都市域の縮
小過程について、北方部分は 17 世紀末から 18 世紀初めに、また南方部分は交通ルートの
変化によって 19 世紀に、おのおの縮小したとする[249]。前者の縮小について、アビトボル
は、1771 年のトゥアレグ人集団によるトンブクトゥ攻撃が契機となったとしている[250]。

　しかしサァードは、市街地の東方についてはなんら言及していない。図 16 は、そこに
〇記号を記入して、ワラぶきの円形家屋が広がっていたことを表現している。それは、草
ぶき小屋に類する簡易家屋であったであろう。というのは、19 世紀中期にトンブクトゥ
に滞在したバルトも、図 8 でおなじ記号でワラぶき円形簡易家屋を図示し、市街地の東方
部分を同記号で埋めていたからである。簡易家屋によって構成される市街地の境界は固定
したものではなく、伸縮自在の流動的なものであったであろう。

　しかも推定の困難性を考慮するとしても、図 16 の市街地の面域比較には疑問がある。
同図で、点線範域と実線範域との面域差に注目すると、その差がもっとも大きいのは東方、
ついで西方、そしてもっとも小さいのが南方となる。西方の面域差が東方よりも小さいの
は、そこにカバーラ滞水流の小開析谷が南北走しているため、最盛期にも市街地の西方へ
の拡張が困難であったからであろう。

　問題は、南方の推定である。サァードも、前述したように南方部分での市街地縮小を
語っている。しかし南方は最大の外港・カバーラへの方向であり、最盛期には、彼の推定

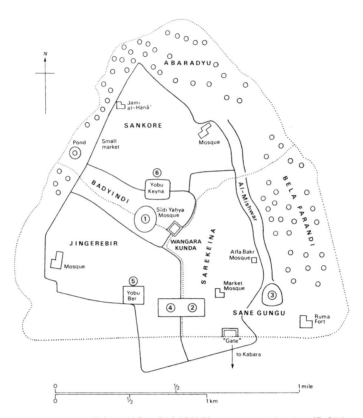

図16　16〜17世紀と現在の都市域比較——サァードによる模式図

よりも南方には市街地が拡大していたと考えられる。少なくとも、**図16**が描くように、現在の市街地よりも小さかったということはないであろう。それを傍証するのが、カイエとデュボワのトンブクトゥ入市時の記録である。

　カイエとデュボアは、ともにカバーラから陸路を北上してトンブクトゥに入った。カイエが記すトンブクトゥ到着時の印象は、**図11**の市街地南方につらなる家屋群の廃墟を実見したときのものであった。またデュボアが市壁と見まちがえた廃屋の集合も、市街地の南方に広がっていたものであった。両者は、ともに市街地南方につらなる廃墟を通って入市したのであり、彼らの記述は、廃墟と化したかつての市街地が南方のカバーラ方面にむけて延伸していたことを示している。したがって市街地の縮小は、南方でもサァードの推定よりも大きかったと考えられる。

（1）栄光の残照景観——拠点施設の比定と現状

　その繁栄がひろく喧伝された最盛期にも、前述したように、トンブクトゥはマリ帝国ま

たソンガイ帝国の首都となることはなかった。帝国の首都は、帝王という絶対的な存在をもとに内部の構成・形態が編成される。それは、明確な中心をもつ都市である。ソフトとハードの両面で都市の中心に君臨するのが帝王であり、帝王の宮殿であった。しかしトンブクトゥは「帝王なき都市」であり、そのゆえに単一の明確な中心をもたない都市であった。

　ここで、近代都市の空間構造に関する 2 つの古典的な説明モデルを想起したい。1 つは、近代都市にも明確な単一の中心があって、都市の空間構造は、それを唯一の核とする同心円的編成で説明できるとするモデルである。近代都市における中心核は、都心部に集積する中心業務地区（CBD：Central Business District）である。この立場では、都市内の空間構造は、中心業務地区との相互作用によって説明できるとする。これを、同心円説（Concentric zone theory）とよぶ。

　もう 1 つの説明モデルは、都市の中心は 1 ヵ所のみに求極するのではなく、機能を異にする複数の中心が都市内に分立して存在し、都市の空間構造は、これらの都市核相互の関係によって説明できるとするものである。中心業務地区も複数の都市核の 1 つで、そのほかにも繁華街・鉄道駅・大学・港湾なども都市核として独自の機能を担っているとする。この立場を、多核説（Multi-nuclei theory）とよぶ。

　この 2 つの都市構造の説明モデルに照らすと、最盛期のトンブクトゥには多核説が妥当しよう。つまり、トンブクトゥは＜単一の求極中心なき多核構造の都市＞であった。前言したように多核構造は、機能を異にする複数の都市核の分立によって実現される。多核説の立場から、最盛期のトンブクトゥの都市構造を検討・復原し、それをつうじて当時の都市機能の実体をあきらかしたい。

　Ⅵ「トンブクトゥ簡史」で、繁栄期のトンブクトゥが 3 つの都市機能を基盤としていたことを述べた。そこで指摘したのは、つぎの 3 機能であった。

　第 1 は、輸送・交易機能であり、それは、西アフリカ全域という大陸規模で展開する 2 つの遠隔地交易活動の結節・集散・中継機能であった。2 つの交易活動とは、陸路でサハラ沙漠を縦断する北方との交易、そして水路でニジェール川内陸デルタを縦断する南方との交易であった。

　第 2 は、スーダーンにおける「イスラームの学林」と総称される宗教・文化・学術活動のセンターとしての機能である。

　第 3 は、帝国の首都ではなかったが、周辺一帯の統治中心としての政治的機能である。

　これら 3 つの機能・活動はそれぞれの施設をもち、それを拠点として都市核を形成していた。それらの拠点的な施設・都市核は、つぎのように整理できる。

　第1の輸送・交易機能にかかわる拠点施設・都市核は、①カバーラ道路、②河港・運河、③キャラバン交易路、④市場の4つがあろう。

　第2の宗教・文化・学術機能のそれは、⑤モスクとそれと一体化したマドラサ（madrassa、イスラーム高等教育施設）である。

　第3の政治的機能にかかわる拠点施設・都市核は、⑥離宮宮殿であろう。

　以上の6つの都市機能の拠点施設をもとに、トンブクトゥの多核的都市構造が成立していた。ここで、それらの拠点施設について考えることにしたい。

(1)―1　運輸・輸送機能の拠点施設――道路と河港

　これまで、輸送関連と交易関連の2つをあわせて輸送・交易機能として一括して述べることもあった。両者は相互依存的な補完関係でむすばれた都市機能であり、それらを一体化させて把握するのは妥当性をもつ。しかしここでは、行論の関係から両者を分離して、それぞれの拠点施設を個別に検討する。

　①　**カバーラ道路**　　外港カバーラとトンブクトゥとをむすぶ道路である。カバーラとトンブクトゥは、同道路のほかに水路でもむすばれていた。しかし水路が輸送路として利用できるのは、ニジェール川の河川水が逆流・湛水するほぼ12月から2月までの期間にかぎられていた。そのため1年をつうじて利用可能な南方への輸送路は、カバーラ道路のみにかぎられていた。この点に、カバーラ道路の重要性があった。

　図6に掲げた19世紀末のトンブクトゥ周辺図は、トンブクトゥとカバーラとをむすぶ道路を二重破線で記入し、「踏みつけ道（Route-piste）」と付記している。これが、当時のカバーラ道路であった。19世紀中期に、同道路について、バルトは「両側に有刺性の小灌木と矮性樹が列植されていたが、（トゥアレグ人の襲撃を恐れて）見通しがきくように木々が切り払われている[251]」と記している。低い路傍樹の列は、道路の所在を示すとともに、流砂防止の役割も果たしていたのであろう。

　彼は、カバーラ道路からトンブクトゥを遠望したスケッチを掲載している。**図17**に、それを示した。カバーラ道路が屈曲しつつトンブクトゥ方向に延びていき、手前の路傍には低い灌木がみえる。スケッチでは、前方にトンブクトゥの市街地が大きな砂丘上にひろがり、その頂部には3つのモスクのミナレットがそびえ立つ。それらは、**図10**に掲げたカイエのスケッチ図が描く3つの主要モスクを示していよう。

　図17のスケッチで興味ぶかいのは、カバーラ道路を行く人物群と家畜である。右端の白い衣服とターバンの集団は、トンブクトゥから一行を出迎えるために待機していた人々であろう。手前の一行の先頭には、彼らにむかって歓呼の声をあげつつウマを駆っていく

Drawn by J.M.Bernatz, from a Sketch by Dr Barth.   M & N Hanhart, lith at Imp'

ARRIVAL AT TIMBUKTU
Septr 7th 1853

図17　カバーラ道路とトンブクトゥ遠望──バルト（1858年）による

騎乗の2人が描かれている。トンブクトゥに向かう一行の服装は、一部をのぞいて、黒い
タテ縞の長衣であって、出迎えの集団とは異なる。その相違は、エスニシティの相違と対
応していよう。家畜も、ウマとラクダは騎乗獣、ロバは主として駄獣と区別されて描かれ
ている。カイエは、トンブクトゥとカバーラをむすぶキャラバン輸送はいやしい仕事とさ
れ、貧しいものがそれに従事するとしている[252]。ロバを導くタテ縞長衣の集団は、彼ら
を示しているのかもしれない。

　1894年の占領直後にフランス軍が作成した市街地略測図（図9）は、市街地を東西に両
分して走る南北道路を描いている。カバーラ道路は、その南端に接続していた。1897年
のデュボアによる市街図（図11）は、そこに広場空間を描き、中央の建造物に「市場
（Market）」と記入している。カバーラ道路は、＜外港カバーラ──広場・市場──市街地
中心街路＞を連結する幹線道路であった。現在のトンブクトゥを示す図12は、旧市の中
央南端の広場空間から南南東に直走する直線道路を描く。それが、かつてのカバーラ道路
を拡幅・直線化した後継道路である。

　② 河港・運河　　図6は、カバーラ道路にあたる「踏みつけ道」の西方に、砂丘間低
地と南東にむけて曲流するワーディー性の浅谷を描き、それらに「カバーラ滞水流（Pool
of Kabara）」と記入している。同水系の上流域東端の浅い谷地には、南北にならぶ「重ね
池」状の小凹地列が描かれている。この小凹地列が、図12の旧市南西方の空白部分に相

写真 13　驟雨で一時湛水したハマ・バングゥー　　かつての舟入・
　船溜で、河港の中心施設であった。雨後の湛水は、ニジェール
　川の逆流水だけでなく、砂丘斜面から集水容易な凹地を選地し
　て、河港が建設されたことを窺わせる（応地撮）。

当する。さらに**図 12** は、
そこに、点線と実線を使
いわけて凹地と水路を描
いている。

凹地は、ニジェール川
の増水期に逆流してくる
溢流水の湛水池を示す。
河川水位の季節変動がは
げしいため、それと連動
して凹地の面域も大きく
変化する。それが、凹地
を点線で図示している理
由であろう。一方、実線
で示された水路が、外港
カバーラとトンブクトゥ

とをむすぶ運河の残存部分である。それは、ほぼ南北方向に直進する水路とその途中から
東方へとほぼ直角に派出する水路の **2** つからなっている。

　このうち東方への派出水路は新しく、**20** 世紀になってフランスによって建設されたも
のである。したがって歴史的な意味をもつのは、南北走する水路のみで、その最北端には
とりわけ大きな凹地がある。そこが、地元のソンライ語ではビリ・バングー（*Bili Bangu*、
旧港）とよばれるトンブクトゥ河港の所在地であった。

　レオ・アフリカヌスは、**16** 世紀初頭の最盛期にトンブクトゥを訪れた。彼は、ニ
ジェール川の氾濫期には、トンブクトゥの水路と凹地に河川水が逆流してきたこと、また
それを飲料水として利用できたことを述べている[253]。その記載は、この運河・河港地区
での観察にもとづくものであろう。河川水の逆流期は、カバーラの外港利用が可能となる
12 月から **2** 月にかけてであったと考えられる。この時期は、乾期の最中にあたる。それ
だけに、逆流水の飲料利用は貴重であったであろう。

　時代は下がるが、デュボアも、**図 6** のトンブクトゥ市街地南西方の凹地に港（**harbour**）
と記入したうえで、つぎのように **19** 世紀末の運河と河港の利用状況を伝えている。彼は、
これらの水路と凹地には、**1** 月ころにニジェール川の溢流・氾濫水が流入して滞水し、**6**
週間ほどのあいだ船荷を軽くしたボート[254]でカバーラから遡航できること、しかし **3** 月
になると水量は減少して、運河と河港は使用できなくなること[255]を述べている。それ以

後は、トンブクトゥの外港機能は、Ⅱ─(2) で詳述したように、ニジェール川の流量変動にあわせて、＜カバーラ→デエ→コリゥーマ＞と遷移していった。

　図 12 は、運河が尽きる最北端に、点線で南北方向に広がる大きな凹地を描いている。その描出は不正確で、現実には、凹地はもう少し北方にまで広がっている。同図で、凹地の最北部に注目すると、その北東方のグリッド・パターン街区が、東西 3 ブロック分、南北 2 ブロック分だけ欠けて、白地のままとなっている。

　現場で観察すると、そこは東西に長い凹地で、ハマ・バングゥー（*Hama Bangu*）とよばれている。その凹地底は、周辺よりも 3〜5 メートル低い。いまも雨期に驟雨があると、周辺からの排水流をうけて一時的に滞水池へと変化する。湛水したハマ・バングゥーは、その湛水深からみて、かつてのもっとも重要な舟入・船溜がここにあったことを彷彿させる。ハマ・バングゥーは、東の市街地にむけて帯状に長く延びる。図 12 は、その延長帯にグリッド・パターンの街区を描いていない。ここはバングゥーメ（*Bangoumé*）とよばれ、それは「凹地の入口」を意味する。その小地名は、バングゥーメが、舟入・船溜であったハマ・バングゥーと市街地とをむすぶ回廊的空間であり、海の港市でいえば「海への入口」にあたる河岸・浜とよばれる臨港空間にあたる。

　これらの運河また凹地の舟入・船溜は、地形と水文を利用しつつ、沙漠中に人工的に造成された水運施設であった。Ⅱの標題「砂丘列のなかの構築港市」は、具体的には、この運河と河港の人工的造成を強調するために命名したものであった。

　運河また凹地の通水・滞水時期は、さきのデュボワが述べるように、ニジェール川の高水位期のごく短期間にすぎなかった。さらに、乾期にサハラからふきつけるハルマッタン（Harmattan）などの強風による飛砂・流砂、またワーディー特有の奔流による埋積・崩落によって、運河や凹地はつねに崩壊の危険にさらされていた。それらの自然の営力に対抗して沙漠中の運河と河港を維持しようとする意志と努力によって、「砂丘列のなかの構築港市」が維持されていたのであった。

　1988 年と 99 年の訪問時のキキトリによると、これらの凹地と水路を維持・管理するために、乾期に入ると市民の共同作業で浚渫・修復がなされてきたという。外港カバーラの近傍部分はカバーラが担当し、そこから河港まではトンブクトゥが担当した。トンブクトゥの担当水路は、後述する小区（カルティエ）ごとに担当部分が定められていて、市民が労働奉仕で作業にあたったという。それは、ニジェール川の溢流・氾濫による逆流水の流入が始まるまえに、トンブクトゥの水運機能を整備・維持するための努力であった。サァードも、同様の作業慣行の存在について注記し、それによって自然の水流が人工水路化されていたと述べる[256]。

　しかしこの共同作業も、独立後の1970年代末には廃絶したという。トラック輸送への移行、それによる水路輸送の重要性低下などにともなう変化があったであろう。キキトリによれば、運河が舟運用に使われたのは1977年が最後であったという。このとき、トンブクトゥの水運機能を支えてきた水路・運河また凹地の舟入・船溜は、機能を永久に失った。歴史をつうじて維持されてきた「砂丘列のなかの構築港市」というトンブクトゥの重要な特質が、このとき終焉をむかえたのであった。

　③ **キャラバン交易路**　北方からのサハラ縦断交易にかかわる運輸・輸送施設である。それを支えたのは、ヒトコブラクダによるキャラバン交易であった。デュボアは、図6の北西端に、固定砂丘帯を越えて南東走する道を二重破線で描き、それに「隊商路（Caravan route）」と記入している。同道路は途中の砂丘帯で終わり、そこからトンブクトゥまでの経路は描かれていない。もちろん、トンブクトゥに収斂するキャラバン交易路は、これのみではなかったであろう。

　その残象は、図12に掲げた現代の市街地図からよみとれる。同図は、周回道路の外方にフランスによって建設されたグリッド・パターンの新市を大きく描く。新市は、多少の歪みはあるが、ほぼ直交しあう街路によって正方形ないし長方形の街区に区画されている。しかし仔細にみると、新市のなかにグリッド・パターンの街区を斜めに切って走る道路が存在する。さらに、それらの斜走道路はサハラ沙漠方向の北方の新市のみでみられ、東方また南方のグリッド・パターン街区には存在しない。東方と南方での欠如は、それらの斜走道路が北方を指向するものであったことを物語る。

　図12で、北方のグリッド・パターン街区を斜走する道路は、計3本を数える。もっとも大きくかつ重要であったと考えられるのは、新市を北と東に分かつ境界道路で、市街地外の北東方から南西方向に斜走して、その末端は旧市の北東端に達する。同道路は、幅員が大きいだけでなく、両側にならぶ街区を断裁して走る。その両側の街区形態は、正方形や長方形ではなく、すべて断裁された変形四辺形となっている。道路にそう街区の形態を正方形や長方形から逸脱させてしまうのが、グリッド・パターンを斜走する道路の特徴である。

　ここで想起されるのは、ニューヨークのブロードウエイ（Broadway）だ。トンブクトゥとニューヨークはまったく異質な都市であるが、ともにグリッド・パターンが街区の多くを占めるという点では共通する。そのなかでニューヨークのブロードウエイは、マンハッタンのグリッド・パターンを斜めに横切って、海岸から北北東にむけて走っている。同様にトンブクトゥの北東方のサハラ沙漠から旧市へと南西走する道路も、グリッド・パターンの街区を斜行して走る道路である。両者は、規模はまったく異なるが、グリッド・パ

ターン街区の斜走道路という共通性をもつ。しかも共通性は、それだけではない。

　ブロードウエイの起源は海岸から内陸へと延びる先住民の「踏みつけ道」にあり、ニューヨークの前身であるオランダによるニュー・アムステルダムの建設以前から存在していた。のちにマンハッタンのグリッド・パターン街区が建設された際に、先行道路として保全・拡充されたのがブロードウエイであった。

　トンブクトゥ新市のグリッド・パターンと斜走道路の前後関係も、ブロードウエイとおなじである。斜走道路は、新市のグリッド・パターン街区の建設以前から存在していたサハラ縦断交易のキャラバン道であったと考えられる。おそらく、北方のサハラ沙漠中に位置するタガーザ、さらにタガーザ衰退後はタウデニの岩塩鉱へといたるキャラバン交易路の後裔であろう。それは、トンブクトゥにとって、もっとも重要なキャラバン交易路であった。その重要性から、ニューヨークのブロードウエイとおなじように、グリッド・パターン街区の建設時に、先行道路として襲用・保全されたのであろう。

　この斜走道路をサハラ縦断キャラバン・ルートの一部とする理由は、もちろん、北方にひろがるサハラ沙漠から南西走してトンブクトゥに入るという同道路の位置と走向にある。1―(2)―2 で、1810 年にトンブクトゥからタウデニに向かったアダムスの談話を紹介した。そこでは引用しなかったが、彼はタウデニへのルートについても語っていた。彼によると、一行はトンブクトゥを出てから、最初は北東方にむかって進み、しだいに北方へと転じていったと述べている[257]。この記載は、アダムスをふくむムーア人の一行が、この北東走する斜走道路を通ってタウデニにむかったことを推測させる。

　ほかにも、この斜走道路を北方へのキャラバン交易路に比定できる理由がある。それは、のちに詳述するように、同道路の西方一帯が「キャラバン・サライ」を原義とするアバラジュ（*Abaradjou*）とよばれ、現在も、そこには一時滞在をふくむ北方からのアラブ人が多く居住していることである。図 11 で、デュボワも、旧市北方の空白部分に「アバラディウすなわちキャラバン郊外区」（Abaradiou or caravan suburb）と記入し、この一帯が、キャラバン交易機能に特化した地区であることを示していた。

　南西走してきた斜走道路は、旧市の北端で周回道路と合流する。というよりも、この部分では、周回道路がキャラバン交易路を踏襲して建設されたのであろう。斜走道路の走向は、周回道路に合流したのち南西方へと転じ、前記の「凹地への入口」バングゥーメにいたる。バングゥーメは、たんに南方からのニジェール川経由の水運輸送の終起点というだけでなく、北方からのサハラ縦断交易の陸運輸送の終起点という運輸・輸送機能の結節点であった。後述するように、サハラ縦断交易に特化した「小市場」がそこに位置していたのは当然であった。

　グリッド・パターン街区をよこぎる第2の斜走道路は、やはりバングゥーメを指向して西方から南東走する道路である。同道路は、バングゥーメから4ブロック分を斜行して走り、それ以北ではグリッド・パターンのなかに埋没してしまっている。それは、第1のものにくらべて重要性の小さい道路であったことを示唆していよう。デュボワが図6の北西端に記入していた「隊商路」は、この斜走道路に接続するものであったのかもしれない。

　いずれにしても、北東からの第1の斜走道路と北西からの第2の斜走道路はバングゥーメで合流し、そこに小広場をつくっていた。その小広場が、後述するように「小市場」の立地点であった。これらの2本の斜走道路は、ともにフランスによる新市建設に先行して存在していたサハラ縦断交易路の歴史的な残象である。

　第3の斜走道路は、ハマ・バングゥーの西方を南西走する道路である。同道路は短小で、2ブロック分を斜行して走るのみである。その位置と走向からみて、それはサハラ縦断キャラバン交易路の延長というよりも、ハマ・バングゥーを周回する道路の一部であったと考えうる。

(1)─2　交易機能の拠点施設──2つの市場

　輸送・運輸機能の拠点施設として列挙した①～③の道路・水路・河港は、いずれも物流のための施設である。物流は、離間して所在する生産・供給の場と消費・需要の場とをむすぶモノの流れである。道路・水路・河港をハードな構造とすれば、物流はそれらを流れるフローである。しかしハードな構造が整備されれば、フローが生じるというわけではない。生産と消費また需要と供給とのあいだに介在する様々なメカニズムが整備されて、はじめて物流が安定して維持される。そのもっとも重要なメカニズムの1つが市場原理にもとづく交換・交易であり、その作用場が市場である。

　④　**市場**（*yobu*）　　サンゴールは、1986年の著作で、トンブクトゥは町全体が市場であり、人口もなんらかの形で商業・交易の関係者がほとんどであると述べている[258]。この言説では、土地利用においても、従事者人口においても、商業・交易関連がほとんどを占めていることになる。しかしこれは、誤解を招く表現である。たしかに商業・交易は、現在のトンブクトゥの重要な経済活動である。しかし、のちにⅪ─(2)で述べるように職業従事者数からみれば、商業・交易は第3位の経済活動にすぎない。そのことを指摘したうえで、ここでは、土地利用に重点をおいてトンブクトゥの市場について検討したい。

　19世紀の前半と末にトンブクトゥを訪れたカイエとデュボアは、Ⅰ─(3)で引用したように、ともにトンブクトゥの商業・交易活動の沈滞を語っていた。デュボアが描写する活気のない市場の状況は、現在にも通用する。現在のトンブクトゥには、屋根つき建造物を

もつ市場施設が 3 ヵ所に存在する。それらの所在位置は、後出する図 20 に記入した。そのうち、旧市南東端のものは小規模な近隣市場にすぎず、その歴史も新しい。これをのぞく他の 2 つの市場は「大市場 (yobu ber)」・「小市場 (yobu kaina)」とよばれ、その歴史は最盛期の 16 世紀にまで遡る。まず、「大市場」から検討することにしたい。

④―1「大市場」　図 20 にあるように、現在の「大市場」は旧市北半の中央部に所在する。しかしその位置は、19 世紀末のフランス領に編入以後の移転によるもので、それ以前の「大市場」の所在地は、旧市の南西端にあった。図 11 に掲げたデュボアの 1897 年図は、図の南西端に当時の「大市場」を凸形に囲い、「市場 (Market)」と付記している。そこは、西方の大モスクに近接する市街地内で最大規模の広場空間であった。当時の「大市場」は、<大モスク―広場空間―「大市場」>からなるシビック・センターの中核施設であった。

デュボアが描く「大市場」の位置は、その約 70 年前のカイエの記述とも一致する。カイエは、トンブクトゥ到達の 3 日目に家を借りる。その家は、図 11 の広場空間北方にデュボアが記入する「ルネ・カイエの家 (René Caillé house)」であった。現在も、その住戸には、「ルネ・カイエ 1799―1838 のために。1827 年 4 月 9 日から 1828 年 9 月 7 日までのギニアからモロッコへの踏査旅行時に、彼は、1828 年 4 月から 5 月にかけて、この家に滞在した」と記されたフランス語の銘板が掲げられている。カイエは、その家について「市場に近いところに家を借りた[259]」と述べている。図 11 の市場の位置は、カイエのこの記述を照応する。

しかし「大市場」の位置は、歴史をつうじてここに固定されていたわけではない。サァードは「大市場」が時代によって位置を変遷させてきたとし、その変遷は、図 16 の数字番号の順であったとする。記録で確認できるもっとも古い「大市場」は、数字番号①に所在していた。そこは、最盛期の市街地中央といういう位置にあたる。そこから南方の数字番号②へと移動していく。彼は、その移動時期は確定できないとしている[260]。

さらに②から③への移動は 1591 年のモロッコによる征服後になされ、彼は、その移動は、図 16 の南東端に記入された「ルマの要塞 (Ruma Fort)」の建設と関連していたという。ルマとはモロッコ人を指し、③への立地移動は、「大市場」をモロッコ軍の要塞近傍に移動させる政策の結果であったと述べる。しかしモロッコの支配が弱体化するとともに、「大市場」は、かつての②の位置へと回帰したこと、さらに 18 世紀には西遷して、⑤に所在するにいたったと説明する[261]。そして⑥は、フランス時代になって北方に移転させられた現在の「大市場」にあたる。

以上の立地変遷をつうじて、「大市場」がもっとも長期にわたって所在していたのは旧

市南西端の⑤であったことになる。18世紀から20世紀初頭までのほぼ200年間、「大市場」はそこに位置していた。図11でデュボアが記入する「市場」は、これにあたる。200年ものあいだ「大市場」がそこを襲用しつづけた背後には、相応の理由があったはずである。この点について検討し、それをつうじて「大市場」が果たしてきた役割・機能をあきらかにしたい。

　まず、図12をもとに、図16の⑤に位置していた「大市場」と輸送インフラとの関係を検討する。図12が旧市南西方に描く水路・凹地の列に注目すると、その多くが点線で描出されているのに対して、南半部のみが短いケバつき実線で描かれている。それは、この部分の運河の残存状態がよかったことを示していよう。そこには、主水路ともいうべき南北水路とそこから東に派出する副水路の2つが描かれている。

　副水路の末端には舟入・船溜用の小凹地があり、その位置は、＜大モスク―広場空間―「大市場」＞からなるシビック・センターに近接する。そのため、一見したところ、東方への派出水路は「大市場」への運河であったとの印象をあたえる。しかし同水路の歴史は新しく、そこに位置する軍事要塞のためにフランスによって建設されたものであり、「大市場」への物流とは無関係であった。

　つぎに、「大市場」と陸運ルートとの関係について検討したい。「大市場」が所在する広場は、①カバーラ道路によって南方の外港・カバーラと直結していた。同道路は、水運ルートとは異なって、1年をつうじて利用可能であった。そのため「大市場」への物流は、多くをカバーラ道路に依存していたと考えられる。この点については、カイエの記載が情報を提供してくれる。

　彼は、トンブクトゥの食料事情について、つぎのように述べる。「（トンブクトゥのまわりの）土地は、耕作にはまったく適していない。生活必需品、たとえば雑穀・米・植物性バター・蜂蜜・綿・布地・服・ろうそく・石けん・トウガラシ・干魚・ピスタチオなどの供給は、完全にジェンネに依存している。そのため（ジェンネからの）舟がカバーラに到着するのが遅れると、トンブクトゥの住民は最悪の食糧不足にみまわれる。その悪夢を避けるために、住民は、店にすべての食料品が多いかどうかを気にかけて生活している[262]」。

　引用文にあるジェンネはニジェール川内陸デルタ東南部の都市で、同デルタを介してトンブクトゥと対向関係にある南の交易センターであった。内陸デルタとその南方の諸産品は、ここをつうじて集散された。ジェンネから水路で輸送されてきた主穀をはじめとする食料・衣料・雑貨などは、外港・カバーラに荷揚げされてから陸路と水路によってトンブクトゥに搬入された。ここに列挙された商品とりわけ食料は生活必需品であり、彼が述べるように、その供給途絶はただちに市民生活を直撃した。

　これを輸送インフラと関連づけて考えると、前述した周年利用が可能という理由から、それらの商品の多くがカバーラ道路によってトンブクトゥに搬入されたと考えられる。同道路がトンブクトゥの市街地に入市する位置、いいかえればカバーラとトンブクトゥ市街地とをむすぶ最短地点に「大市場」が位置していた。食料をはじめとする多様な商品は、「大市場」に搬入されて販売されていたのであろう。

　このことが、「大市場」の性格を照射する。カイエがあげる商品が生活必需品をふくむ日常消費財であることから、「大市場」は、市民の日常生活を維持するためのバーザールであったと考えうる。この性格は、北方への移転後の現在の「大市場」にも継承されている。「大市場」は、後述する「小市場」とは異なった機能を担っていた。

　前言したように、「大市場」は、フランス統治時代に旧市北半の中央部（図16の⑥）に移転させられた。その移転理由として、旧位置では「大市場」が市街地の縁辺に偏在しすぎていて、市民生活に不便であったためとされている。その周縁化は、トンブクトゥの衰退とともに市街地が大きく縮小したことによる。カイエは、「西の大モスク（ジンガレイベル・モスク）の西辺は、同時に町の西辺をなしている[263]」と述べ、同モスクが、市街地の最縁辺に位置していたことを述べている。

　しかしその移転を、市民生活の便益向上ということだけでは説明できない。それは、フランス領への編入以後になされた旧市南西端地区の再編・再開発との関係である。フランスは、トンブクトゥをふくむニジェール川大湾曲部全域を管轄区域[264]とする支配と統治のための軍事・政治拠点として、旧市の南西端地区を整備していく。そのもっとも重要な着手が、図11の南西端を占める広大な旧ボニエ要塞（Fort Bonnier）の建設であった。ボニエは、1894年のトンブクトゥ攻略時のフランス軍指揮官の名である。

　同要塞は、現在はシェイク・スィーデーィ・ベケイエ（Cheik Sidi Bekaye）要塞と改称のうえ、マリ国軍によって襲用されている。図12は、同要塞の北東方に広場空間を描く。その北辺に所在するのが、フランス領時代の民政・司法の中心であった地方総督官邸（Gouverneur）だ。同官邸は、かつての「大市場」を撤去した跡地に建設された。その周辺には、財務局・警察・市役所などの官公署が立ちならんでいた。

　「大市場」の北方への移動は、この一帯に、＜知事政庁―広場空間―軍事要塞＞からなる「支配者の顕示空間」を創出する企図の一環であった。フランスは、そこを、カバーラと直結する改修道路の終起点とする。と同時に、西方の運河・水路から「支配者の顕示空間」にむけて東方に派出する水路を掘削する。同水路については前述したが、図12が描く西方の南北水路から東にむけて鍵型に派出する小水路が、それにあたる。「支配者の顕示空間」は、官衙・兵営にくわえて、交通インフラとして外港カバーラへと通じる陸路と

水路をあわせもっていた。

　「大市場」の撤去と「支配者の顕示空間」の創出は、グリッド・パターンの新市の建設とならんで、フランスがトンブクトゥでおこなった最大の都市改変であった。しかしその規模は、図12であきらかなように、広大な新市の建設とは比較にならないほど小規模なものにすぎなかった。

　④―2「小市場」　もう1つのトンブクトゥの重要な市場は「小市場」である。それは、図16が、市街地の北西端に記入する「小市場（small market）」にあたる。その位置は、2つの点で、現在地への移転以前の「大市場」と共通性をもつ。1つは、ともに旧市の周縁部に位置していることであり、他は、ともに輸送インフラの要地に立地していることである。

　しかも「小市場」は、水と陸の2つの輸送インフラが収斂する地点に位置していた。まず水運インフラからみると、さきに②河港・運河で、カバーラからの水路・運河が北端でハマ・バングゥーとよばれる大きな凹地に通じていたこと、その一帯は旧港を意味するビリ・バングゥーともよばれること、またそこから市街地方向に延びる回廊帯は「凹地への入口」を意味するバングゥーメとよばれていること、バングゥーメは海港でいえば「浜」や「河岸」に比定可能な港と市街地とをむすぶ臨港空間であったことなどについて指摘した。また陸運インフラに関しては、③キャラバン交易路で、かつてのサハラ縦断キャラバン・ルートに比定しうる2本の斜走道路の存在を指摘し、両者がバングゥーメを終起点としていたことを指摘した。

　つまりバングゥーメは、南からの水運利用の運河・河港、北からのキャラバン交易路の両者が収斂する輸送インフラの要衝であった。歴史をつうじてトンブクトゥが担ってきた南と北の交易結合また水運と陸運の輸送結合の結節場が、バングゥーメであった。まさにそこは、トンブクトゥの歴史的トポスであった。そこに立地する交易の場が、「小市場」であった。それが、移動をくり返した「大市場」とは異なって、図16が示すように、歴史をつうじて「小市場」がバングゥーメの位置する旧市北西端を襲用しつづけてきた理由であろう。

　このことは、おなじく物流・取引の場ではあっても、「大市場」と「小市場」とのあいだには機能の相違が存在することを意味する。さきに、かつての「大市場」が、南方のニジェール川内陸デルタから搬入された食料をはじめとする日常生活財を主たる商品とする市場であったことを指摘した。この機能は、移転後の現在の「大市場」にも継承されている。のちに詳しく検討するように「大市場」は、かつても今も、トンブクトゥに在住する市民の生活と直結する市場であった。この性格が、都市の盛衰とともに生じる人口分布の

空間的な変動に対応して、「大市場」が移動をくり返した理由であろう。

　「小市場」も、主たる商品が日常生活財である点に関しては「大市場」と共通する。しかしそれにくわえて、のちに詳述するように、現在の「小市場」の販売商品には、北方のサハラ沙漠を活動域とする牧畜集団むけの生活用品もふくまれている。これは、「大市場」ではみられない商品である。「小市場」は、トンブクトゥに在住する市民を顧客とする対内的な市場であると同時に、サハラの民さらにはサハラ縦断交易を指向する対外的な市場でもあった。「大市場」と「小市場」の機能の相違を、都市経済学の概念をもちいて説明すれば、つぎのように要約できる。

　都市を単位として都市基盤と経済活動との関係をみると、その関係は2つに分類できる。1つは、都市の外部から所得をもたらして都市の基盤を拡充する活動である。これを、都市基盤拡充活動とよぶ。他の1つは、都市基盤の拡大とは直結しないが、都市在住者のニーズに応需して都市基盤を維持する活動である。これは、都市基盤維持活動とよぶ。最盛期のトンブクトゥにおいては、前者の都市基盤拡充活動を代表するのがサハラ縦断塩金交易であり、後者の都市基盤維持活動を代表するのが都市住民への日常消費財の供給であった。

　この観点から「大市場」と「小市場」の機能をみると、市民生活に係わる「大市場」は都市基盤維持活動に、遠隔地交易に係わる「小市場」は都市基盤拡充活動に、それぞれ特化した市場といいうる。トンブクトゥは、歴史をつうじて都市基盤の拡充と維持という機能を異にする2つの市場を両輪とする交易都市であった。

　この「小市場」の特質は、サハラを縦断するキャラバン交易が活発であった時代には、いっそう強かったであろう。図11は、市街地の北方に、前述したように「アバラジュすなわちキャラバン郊外区」と記入していた。しかしその記入部分は白地のままで、その一帯の居住形態などはまったく描かれていない。

　同地区の当時の状況は、トンブクトゥ攻略時にフランス軍が作成した図9の略測図から窺いうる。同図は、市街地を離れた北方に、藁葺き小屋の小クラスターが広範囲にわたって点在している状況を描く。その描出は、デュボアが注記する「キャラバン郊外区」の状況をいまに伝えている。そこは、サハラ縦断交易の担い手であるアラブ系住民の集住地区であり、「小市場」は、彼らが担っていた塩金交易とむすびついた市場であった。そのため「小市場」という名称とは裏腹に、18世紀初めという衰退期にあっても、「小市場」がトンブクトゥ最大の市場であったと史書は伝えている[265]。

(1)—3　宗教・文化・学術機能の拠点施設——モスク

トンブクトゥの都市発展は、先行都市・ワラータからの交易商人またイスラーム学識者の転入・集住を重要な契機としていた。それによって、トンブクトゥはワラータに代わって、サハラ縦断交易におけるソンガイ帝国側の前衛拠点都市、また宗教・文化・学術機能の集積をもとに「イスラームの学林」へと成長する。学林形成の拠点施設が、モスクであった。トンブクトゥの重要な特質は、さきに 16 世紀末のモロッコ軍の侵略への抵抗運動で述べたように、モスクを結集核としてイスラーム学識者とバーザールの商人・職人とが強固な連帯でむすばれていたことにあった。

　⑤　**モスク**　　トンブクトゥの主要モスクは、位置を変えることなく、いまも建立時の場所に定置している。個々のモスクの検討へとすすむまえに、イスラーム世界の都市におけるモスクについて概観しておきたい。モスクは、「マッカに向かう方向」であるキブラ（*qibla*）にしたがったミフラーブ（*miḥrāb*、アーチ型壁龕）をもつ礼拝所という点に関しては、すべておなじである。しかし礼拝する信徒の数とその参集範囲、それらと直結する建物規模などの点で、モスクのあいだには相違がみられる。その相違をもとに、モスクをほぼ 3 ランクに分けうる。

　最上位は、金曜モスクである。巨大都市では、複数の金曜モスクが存在する場合もあるが、基本的には金曜モスクは都市に 1 つしか存在しない。これと対極的な関係にあるのが近隣住区のモスクで、近隣住民が日常的に訪れる礼拝所である。これを、第 3 ランクとしうる。トンブクトゥの場合、後述するカルティエとよばれる住区の住民によって建立・維持されている住区モスクを、第 3 ランクとしうる。両者の中間に位置するのが、第 2 ランクのモスクである。第 2 ランクには、著名な聖者のために寄進・建立され、広い範囲から礼拝者が参集する聖者モスクなどがふくまれる。

　カイエは、トンブクトゥには 7 つのモスクがあると記している[266]。しかしモスクの名称を少数しかあげていないので確認できないが、おそらく、それらは第 1〜第 3 ランクのモスクを網羅した数字であろう。それらのうち、とりわけ重要なモスクは、かつても今も、第 1 ランクの 1 モスク、第 2 ランクの 2 モスクの計 3 つである。

　図 17 に掲げたバルトの遠望スケッチは、これら 3 モスクのミナレットを屹立させて描いている。それらの所在場所は、デュボワが**図** 11 に記入している。景観的にもランドマーク性をもつ 3 モスクを対象として、それぞれが宗教・文化・学術機能の拠点施設としてもつ意味について検討することにしたい。第 3 ランクのモスクについては、ここではふれないで、のちにカルティエの機能を述べる際に言及する。

⑤—1　ジンガレイベル・モスク　　図 11 の市街地南西端に記入された「大モスク（The Grand Mosque）」にあたる。同モスクは第 1 ランクの金曜モスクで、ムーサー王によって 1325 年ころに建造された。その建立がもつ意義については、すでに IV—（1）で述べた。

ここでは、サァードの議論をもとに、トンブクトゥの都市史における同モスクの意味について検討したい。トンブクトゥは、12 世紀初めの成立以来、多くのエスニック集団が共住する都市として出発した[267]。当然、それはエスニック集団の内と外で各種の利害対立をひきおこした。このうちエスニック集団内部の対立は、各集団の長によって調整できる性格のものであった。

しかし問題は、エスニック集団間の利害対立である。トンブクトゥは「帝王なき都市」であり、その調整を支配者に委ねることはできない。形成期のトンブクトゥで、その役割を果たしたのがムスリム学識者であった。彼らの学識にもとづく調停は、エスニック集団を越えて受容されたという[268]。その頂点に立つ学識者が、金曜モスクであるジンガレイベル・モスクのイマーム（礼拝導師）であった[269]。サァードは、3 つの主要モスクのなかで文献で歴代のイマームの名をたどれるのは、ジンガレイベル・モスクだけだとする[270]。その記録の継続性は、同モスクとそのイマームが市民的紐帯の中心にあったことと相即するものであった。

⑤—2　サンコーレ・モスク　　第 2 ランクに属するが、ジンガレイベル・モスク以上の名声を誇ったモスクである。図 11 にみるように、サンコーレ・モスクは旧市の北東端に所在し、市街地を介して南西端のジンガレイベル・モスクとまさに対角的な位置関係にある。同図では、ジンガレイベル・モスクとおなじように、サンコーレ・モスク（Mosque of Sankoré）も、市街地から露出するように描かれている。この点について、カイエも、「（サンコーレ）モスクのすぐ東には、低い小砂丘と東風によって吹きよせられた流砂に埋もれた数軒の家がある[271]」と述べ、現在とおなじく 1820 年代にも沙漠が同モスクにせまりつつある状況を述べている。

サンコーレ・モスクは、VI—（1）で述べたように、15 世紀中期にアグラール人の裕福な女性によって建立された。アグラール人は、初代正統カリフのアブー・バクル（Abū Bakr）の末裔と自称する集団である。その活動域は、西サハラにあった[272]。彼女がサンコーレにモスクを建立し寄進したのは、自身の本貫地が北方のサハラ沙漠であったことと関係していよう。

サンコーレの原義は、「白い貴人」とされる[273]。その原義は、北方のアラブ人をはじめとする白い皮膚の貴人を含意する。現在もそうであるが、旧市北東部のサンコーレ地区は、

写真14　サンコーレ・モスク　　ジンガレイベル・モスクにつぐ古い歴史をもち、かつての「イスラームの学林」の中心施設であった。いまも、周辺にはマラブー（イスラーム修道士・聖者）が多く居住する（応地撮）。

マグリブからのアラブ人集団の集住地であった。イスラームは、彼らによって、マグリブからサハラ縦断交易をつうじてもたらされた。サンコーレ・モスクがここを選地して建立された背景には、このようなアラブ・コネクションが伏在していよう。同モスクを寄進した女性も、そのコネクションのなかで生きていたのであろう。

　3つの主要モスクのなかで、「イスラームの学林」としてトンブクトゥを代表していたのが、サンコーレ・モスクであった。しかも同モスクを中心とする学林は、すべての能力あるものに開放されていた。それが、サンコーレ・モスク一帯を宗教・学術活動の集積地としていた大きな要因であった。

　サンコーレ・モスクを核としてマドラサをはじめとする各種の教育施設が集積し、その一帯には、預言者ムハンマドの子孫を意味するシェリフ（*Shérif*）、ムスリム聖者（マラブー、*marabout*）、学識者（ウラマー、*ulamā*）とその弟子（*taliba*）たちが集住していた。集住者のあいだでは、＜教師（学識者）―修了者―学習者＞というタテの関係と、血縁・通婚・近隣関係というヨコの関係をもとに織りなされた人的な紐帯が成立していた。前述したモロッコの侵略に対するムスリム学識者の抵抗は、その紐帯に支えられたものであった。

　最盛期のトンブクトゥを訪れたレオ・アフリカヌスも、トンブクトゥには学識者・聖者・法官が多いと述べ、またマグリブから将来された多くの写本が売られていて、その価格は他のすべての商品よりも高価だと述べている[274]。彼のこの記載は、モロッコのアトラス山脈を越えるときに、同行していたイタリア人商人の言葉と照応する。その商人は、途中の集落で立派な皮の装幀本を100冊ばかり購入したという。その目的を、彼は、「黒人の国の法官や高官がここの本を買っていくので、この商売は金になる」と説明したとの記録を残している[275]。この記載は、トンブクトゥをはじめサヘルの諸都市がイスラーム関連書のよき市場であることを伝えている。

彼の記載は、16世紀はじめのサンコーレ・モスク一帯の学都としての雰囲気を、いまに伝えている。

当時のトンブクトゥを代表するイスラーム学者であり、前述したように、1594年にモロッコ軍によってマラケシュに連行され、14年のあいだ抑留されたアフマド・バーバーも、ここに居をかまえていた。**図11**で、デュボワは、彼の旧居を

写真15　スィーディー・ヤフヤー・モスク　15世紀前半に造営された聖者モスクで、聖者の名をモスク名としている。その建設は、現在の都市域中央部における人口集住と都市充填の進行を物語る（応地撮）。

「アフマド・バーバーの住居（Ahmed Baba's dwelling）」として、サンコーレ・モスクの北西方に記入している。

　⑤—3　**スィーディー・ヤフヤー**（Sidī Yahyā）**・モスク**　おなじく、第2ランクに属する聖者モスクである。**図11**にみられるように、上記の2モスクの所在場所が市街地周縁部であるのとは対照的に、同モスクは旧市の中央部に位置する。その名称は、1433年ころにトンブクトゥに来訪・定住したイスラーム聖者の名に由来する。スィーディー・ヤフヤーは高い学識と公正な人格で知られ、時の司政者ムハマド・アッラー（Muhammad Al-lāh）をふくむ社会階層のすべてから尊敬されたという[276]。彼を深く敬愛した司政者が聖者のために建立したのが、このモスクであった。ムハマド・アッラーは、モスク名に聖者の名を冠しただけでなく、聖者を新しいモスクのイマームに推戴した[277]。

　スィーディー・ヤフヤー・モスクの建立過程と礼拝導師への推戴過程は、スィーディー・ヤフヤーがここに居住していたこと、その居住地にモスクが建立されたこと、その建立はそこが人口集住地区であったことなどを推測させる。前述したトンブクトゥ発祥の地とされるトンブクトゥ・コイ・バトゥーマも、後出する**図23・24**に図示したように、同モスク南東方に位置する。

　これらのことから、同モスクを核として、当時、その周辺一帯が既成市街地であったことを推量させる。サァードも、**図16**で、同モスクが最盛期の市街地中央部に位置してい

たとし、とくに **17** 世紀初めのモロッコ占領時代以降、市街地の北部と南部との相互交渉の結合核となっていたとする[278]。

　以上の **3** モスクは、いずれも、**16** 世紀に最盛期をむかえるトンブクトゥの学術・宗教活動の拠点であった。このころに、従来からの黄金伝説にくわえて「イスラームの学林」としてのトンブクトゥの名声が、ブラック・アフリカのみでなく、イスラーム世界全体に知れわたっていく。その名声の高さは、当時のイスラームの学術中心であったフェズ、カイロ、ダマスカスに匹敵するほどであったとされる。それを指して、トンブクトゥを「アフリカのカルティエ・ラタン[279]」と形容することもある。

　いかにトンブクトゥのイスラーム研究の水準が高かったかを誇る挿話が、語りつがれている。それは、つぎのような内容のものである。「アラビアから著名なイスラーム法学者が、トンブクトゥで教授することを目的にやって来た。しかしトンブクトゥにはスーダーン人の学者が沢山いて、彼らの水準がすぐれていることを知った。彼はトンブクトゥを去ってフェズに行き、そこで目的としていた職に就くことができた[280]」。この挿話の要点は、イスラーム世界の中心であるアラビアで研鑽した学者が、トンブクトゥで当初の希望を達することができず、フェズで希望していた職を得たということにある。フェズは、当時、マグリブにおけるイスラーム学術研究の中心地であった。そのフェズよりも、トンブクトゥの学術水準が高かったことを誇る挿話なのである。

　当時のイスラーム学習は、**2** 段階の課程でおこなわれた[281]。最初は、権威あるムスリム学識者のマドラサで学ぶ課程である。多くの場合、マドラサは蔵書をそなえた学識者の自宅であって、そこでクルアーン学習のためのアラビア語文法・神学・法学などを学んだ。**1** マドラサあたりの学習者の数は、**75** 人くらいであったといわれる。

　第 **2** の段階は、第 **1** 段階の課程を終えて免状を取得した既習者が、さらに特定の学識者のもとで学ぶ課程である。この課程は、ドゥルース（*durūs*）とよばれる。ドゥルースでの学習者は、通常、数人にかぎられていた。これらは、ともに私塾とよびうる教育課程であって、当然、その教育学習の内容には相違がみられた。しかし学習の質を担保していたのが、モスクであった[282]。

　ここで、最盛期のトンブクトゥにおける学識者人口について検討したい。それについては、いくつかの推計がある。まずデュボアは、当時、サンコーレ・モスクの周辺一帯に在住していた学林関係の人口を **15,000**〜**20,000** 人、トンブクトゥの人口は **7**〜**8** 万人と推定している[283]。またアビトボルは、**16** 世紀後半には **150** のマドラサが存在し、各マドラサに **100** 人の学生が学んでいたという[284]。とすると、これだけで学林関係者の人口は **15,000** 人に達する。

　より厳密な推計をおこなっているのは、サァードである。彼は、学識者集団を 3 つのグループに分けて、その人口を推定する。第 1 はムスリム学者の集団で、その人口は 200〜300 人とする[285]。第 2 は、彼らのマドラサで学ぶ学習者集団である。アビトボルとおなじく、サァードも 150 のマドラサがあったとし、各マドラサに 25 人前後が学んでいたとして、その人口を 4,000〜5,000 人とする[286]。第 3 は、仕立人学識者（tindi-alfa）である。彼らは、トンブクトゥの重要な職人兼商人集団であった衣服仕立人が、経済力と学識への憧憬から開設していた私塾の学習者である。16 世紀末には、その数は 26 を数えた。私塾あたり平均 50 人が学んでいたとして、その人口を 1,300 人とする[287]。これらの 3 つの関係人口をあわせると、イスラーム学識者集団の人口は計 5,500〜6,600 人となる。

　サァードは、前述したように、当時の人口を 3〜5 万とする。人口を中央値の 4 万として、「イスラームの学林」関係の人口比率を算出すると、14〜17 パーセントとなる。この数字は、16 世紀後半のトンブクトゥが学都とよびうる都市であったことを示す。ちなみに現代の代表的な大学都市であるイギリスのケンブリッジ市をとると、その人口は 122,000 人、教職員・学生をあわせた大学人人口は 27,587 人であって、その比率は 23 パーセントとなる。ケンブリッジ市は、まさに大学を中心とする都市である。これに対してトンブクトゥは、本質的に交易都市であった。そのことを考慮すると、最盛期のトンブクトゥの「イスラームの学林」関係人口の推定比率は、現代の代表的な大学都市とくらべても遜色がなかったといえる。

　「イスラームの学林」であると同時に市民の日常生活に重要な意味をもっていたモスクは、金曜モスク＝ジンガレイベル・モスクであった。一般にイスラーム世界の都市では、金曜正午の集団祈祷（salat al-juma）の場である金曜モスクは、全市から参集容易な市街地中心部に位置することが多い。けれども図 11 にみるように、19 世紀末の同モスクは市街地中心部どころか、市街地が尽きる南西端に偏在していた。

　しかし最盛期にも、ジンガレイベル・モスクは市街地周縁部に位置していたのであろうか。この点に関しては、16 世紀初めにトンブクトゥを訪れたレオ・アフリカヌスの記述が参考になる。彼は、「町の中央部に、ベティコス（Béticos）出身の建築家によって石と石灰モルタルで造営された寺院がある[288]」と述べる。しかし彼のいう「寺院」がどのモスクを指すかは不明である。まずそれを特定する必要がある。

　引用文にあるベティコスとは、スペイン南部の山岳地帯を指し、グラナダはその山中に位置する。ムーサー王が招聘したアル・サヘーリは、グラナダ出身の詩人兼建築家であった。とすると、レオ・アフリカヌスがいう「寺院」は、アル・サヘーリによって建造されたジンガレイベル・モスクを指すと考えられる。彼は、最盛期には、金曜モスクであるジ

ンガレイベル・モスクが「町の中央部」に位置していたとしていることになる。しかしそれは、真の意味での「町の中央部」ではなかったであろう。**図 16** でサァードが推定するように、その位置は市街地の南西端に偏倚していたが、その背後の西方また南方にも市街地がひろがっていたという意味であろう。

　1591 年のモロッコ軍による侵略・破壊、さらに「災厄の 2 世紀」によって、トンブクトゥは急速に衰退する。人口減少とともに進行した都市域の縮小・荒廃のなかで、トンブクトゥの金曜モスクは市街地から露出していったのであろう。その露出と周縁立地が、トンブクトゥの衰退を象徴する。

　市街地からの露出という点では、**図 11** が描くサンコーレ・モスクも同様であった。**図16** は、トンブクトゥの繁栄期にはサンコーレ・モスクも市街地の内部に所在していたとする[289]。同モスクを核として成立していた「イスラームの学林」は、モロッコの占領によるムスリム学識者の虐殺・追放によって急速に衰退していった[290]。それは、同時にサンコーレ・モスクの周辺にひろがっていた「ブラック・アフリカのカルティエ・ラタン」を荒廃させ、同モスクを市街地から露出させていったのであろう。

(1)―4　政治機能の拠点施設――離宮宮殿

　なんども強調したように 12 世紀初めの成立以来、15〜16 世紀の繁栄期をふくめて、トンブクトゥは帝国の首都となることはなかった。そのためトンブクトゥの政治機能は、地方中心的なものにかぎられていた。しかしトンブクトゥにも帝王の離宮宮殿が造営され、宮殿所在都市であった時代もあった。いまは亡失した離宮宮殿を政治機能の拠点施設として位置づけて、その所在位置の比定を試みることにしたい。

　⑥　**離宮宮殿**（madugu）　　離宮宮殿の建設は、マリ帝国のムーサー王の時代にさかのぼる。同王はマッカで出会った建築家アル・サヘーリを招聘し、1325 年ころにトンブクトゥに大モスクと離宮宮殿とを造営させた。**図 2** に掲げたカタローニア図は、「トンブク」という名称と家屋の図を描いていた。その図像の特異性から、それが同王の宮殿を表象したものではないかとの可能性を、Ⅰ―(1)―(4) で指摘した。

　しかしムーサー王が造営した離宮宮殿は現存せず、その遺構も発見されていない。臨地調査の際にキキトリで得た離宮宮殿の伝承位置は、2 ヵ所であった。1 つは、**図 12** が旧市北西端に描く凹地つまりハマ・バングゥーから新市方向に北上して、最初に出会う小高い丘とされる。まずこの伝承位置から検討することにしたい。

　現在、その一帯はグリッド・パターンの街区となっている。現場での直線道路の起伏からみて、その原地形は大きな固定砂丘と考えられる。その東方には、前述したキャラバン

交易路にあたる斜走道路が、バングゥーメにむけて南東走している。離宮宮殿の遺構は現認できないが、大きな固定砂丘という原地形から、そこに離宮宮殿の所在地を想定することも可能である。たとえばシソコは、この一帯にムーサー王の離宮宮殿があったとしている[291]。しかし斜走道路への近接は、北方からのキャラバンだけでなく軍勢に対しても宮殿が露出していることを意味する。それは、宮殿の建設地点としては望ましいものではなかったであろう。

さらにアル・サアディーが年代記の末尾に記す洪水の記録も、この伝承の否定材料となる。彼は、1602/03 年の出来事として「川が増水して宮殿に達した[292]」と述べている。この記事でいう「川」は、図 12 が記入する旧市西方の水路以外には考えられない。また原地形から考えて、前記のハマ・バングゥー北方の固定砂丘に増水が及ぶことはないであろう。アル・サアディーの記事は、ムーサー王の離宮宮殿をハマ・バングゥー北方の固定砂丘に比定できないことを示している。

これらの点にくわえて、さらに重要な否定材料がある。それは、ムーサー王が同時に造営した金曜モスク＝ジンガレイベル・モスクと離宮宮殿との距離が離れすぎていることである。イスラーム世界の都市をみわたすと、一般に金曜モスクと宮殿は近接して位置する。そのことを念頭においてトンブクトゥをみると、北方の固定砂丘と金曜モスク（ジンガラベル・モスク）との離間距離は大きすぎる。離間距離が過大という点からも、離宮宮殿址をハマ・バングーの北方の固定砂丘にもとめる伝承には従いえない。

もう 1 つの離宮宮殿址の伝承地は、旧市の西部とするものである。デュボワは、図 11 の市街地中央部の西端に閉曲線を描き、そこに「宮殿廃墟（Ruins of a palace）」と記入している。さらに「ムーサー王の宮殿は 16 世紀に崩壊し、その廃墟が市街地の西方に小丘として残っていて、いまは屠殺屋がそこを使っている[293]」と述べている。サアード[294]、サンゴール[295]、アビトボル[296]なども、デュボワの比定を支持している。

17 世紀中期に、アル・サアディーも『スーダーン史』のなかで離宮宮殿についてふれている。彼は、「ムーサー王はトンブクトゥに宮殿を造営し、その宮殿は "スルタンの宮殿" を意味するマドゥグ（madugu）とよばれた。その位置はいまも知られているが、肉屋の屠殺場となっている[297]」と述べる。サアディーの記載から、2 つのことをよみとりうる。

1 つは、17 世紀前半にはムーサー王の離宮宮殿はすでに亡失していたことであり、もう 1 つは、そこが屠殺場と化していて、19 世紀末のデュボワの記述と一致することである。両者のあいだに介在する約 2 世紀半をつうじて、宮殿址は屠殺場として継続使用されていたということであろう。一般に、都市の屠殺場は、郊外あるいは縁辺部に立地する。とすると、すでに 17 世紀前半にはムーサー王の宮殿址は、市街地の中心部ではなく、周縁に

位置していたことになる。

　しかしこれは、現代都市における屠殺場の立地論からの説明である。トンブクトゥの場合には、そのような一般論だけには還元できない屠殺業への特別な意味づけがあった。それについて、サァードは、つぎのように説明する[298]。トンブクトゥの経済基盤は、遠隔地交易とならんで、遊牧集団との交易を重要な柱としていた。遊牧集団は、家畜・皮革との交換で食料を入手していた。そのためトンブクトゥでは、家畜の屠殺は重要な活動であり、それに従事する集団は特別な地位を占めていたという。その地位の高さを示すのが、離宮宮殿址の屠殺場への転用が許されていたことであり、その転用はトンブクトゥの最盛期であるソンガイ帝国時代になされたという。

　現場で観察すると、閉曲線の小丘はいまでは削平されて中学校の校地となっている。マイナーも、ムーサー王の離宮宮殿の所在地をここに比定し、「町の西端にそった大砂丘は、その位置を示しているように筆者には見える[299]」と述べている。また彼は、みずから作成したトンブクトゥの略図でも、そこにケバ式楕円形で小丘を描く[300]。1940年の彼の調査時には、固定砂丘は削平されることなく、なお原地形をたもって残存していたのであろう。

　伝承またサァードなどにしたがって、現在の中学校の校地一帯をムーサー王の離宮宮殿所在地に比定したい。それを傍証する史料が存在することも、その理由である。その第1は、前述したアル・サアディーの「川が増水して宮殿に達した」との1602/03年の記載である。彼はこれを「事件」として記載しているので、同年の増水は異常なものであったのであろう。

　現場で観察すると、中学校の校地は固定砂丘を削平した微高地上にあり、その西辺にそって周回道路が走っている。同道路の西方は、コンパウンドなどの建設によって原地形が改変されてはいるが、全体として西方の水路にむけて低下していく緩傾斜地である。この微地形から、水路に多量の逆流水が流入して水位が上昇すると、川水が離宮宮殿下まで達することは十分に想定しうる。

　中学校敷地への離宮宮殿の比定は、さらにイスラーム世界の歴史都市における一般的な宮殿と金曜モスクの位置関係からも傍証できる。宮殿は政事にかかわる拠点施設、金曜モスクは祭事にかかわる拠点施設である。この2つの拠点施設に、商事にかかわる拠点施設である市場（バーザール）をくわえた3つが、イスラーム世界の前近代都市における基本的な都市核であった。これらの3つの都市核は、都市の中心部でたがいに近接立地し、いわば3点セットとして都市核複合を形成している場合が多い。

　最盛期のトンブクトゥについて、この観点から都市核複合を検討することにしたい。

ムーサー王の離宮宮殿址を中学校校地として、そこから金曜モスク＝ジンガレイベル・モスクまでの直線距離を地図上で計測すると、約250メートルとなる。両者の位置関係は近接立地といえる距離であり、離宮宮殿と金曜モスクとの2点セットはなりたつ。この点も、離宮宮殿址を中学校の校地に比定する説を補強する。

　しかしバーザールの位置は、この2点セットからは離間していた。しかもトンブクトゥのバーザールは、機能を異にする「大市場」と「小市場」の2つからなっていた。図16の最盛期トンブクトゥの復原図は、市民の日常生活に係わる「大市場」が当時の市街地中央部の同図の①に、「小市場」がキャラバン交易路と河港との交会点に、おのおの所在していたとする。2つのバーザールは、それぞれの機能にとって最適地点に立地し、両者の位置も離間していた。

　その結果、最盛期のトンブクトゥでは、離宮宮殿と金曜モスクとの2点セットはなりたつとしても、それにバーザールをくわえた3点セットはなりたたないといえる。その基本的な理由は、バーザールの肥大と最適立地の追求ともいうべき自己増殖にあった。それは、商事にかかわるバーザールの3点セットからの自立を意味すると同時に、交易都市として繁栄したトンブクトゥの性格を反映するものである。

（2）最盛期の都市構成——双子町から多極へ

　都市構成の図式化へと進むのにさきだって、ここで、これまで論述してきたトンブクトゥの都市特質を要点整理しておくことにしたい。それが、図式化への指針を提供してくれるからである。

（2）—1　トンブクトゥの都市性——その特質

　「その都市がいかなる意味の都市であるか」を都市性とよぶと、前節での検討はトンブクトゥの多面性を照射する試みであったといえる。そこから浮上してくる特質を箇条書き的に列挙すると、つぎのように要約できる。

　1）多エスニック都市　　トンブクトゥは、12世紀初めに遊牧集団の生活資材保管場所として起源した。それは、ほぼゼロからの出発であった。以後、各地からエスニック集団が参集して都市的集落をつくり、都市活動のさらなる拡大・拡充がエスニック集団の多様性を高めていった。彼らは、集住の場をたがいに分化させながらも共住しあい、現在にいたるまで、トンブクトゥを多エスニック都市として持続させつづけてきた。

　2）帝王なき都市　　トンブクトゥは、ニジェール川南岸の対向的な双子都市であるジェンネとともに、マリ帝国後半期またソンガイ帝国のもっとも繁栄する都市であった。

しかし、両帝国の首都となることはなかった。ただモロッコは、トンブクトゥ攻略後、トンブクトゥにパシャ（総督、*paşa*）を置いて占領地の支配中心とした。しかし彼らはあいつぐ反乱への対処に追われ、とうてい安定した支配の中心をトンブクトゥにつくることはできなかった。トンブクトゥは、近世大坂とおなじく、マリ、ソンガイ両帝国を支えた「天下の台所」ではあったが、「帝王なき都市」のままであった。

　3）**単一中心なき都市**　　都市生態学でいう同心円説は、都市は単一の中心都市核とその周辺からなり、周辺の空間編成は中心都市核との相互作用によって説明できるとする。しかしトンブクトゥは、明確な中心都市核をもたない「中心なき都市」であった。そのため都市構造は、同心円説では説明できない。この特質は、2）「帝王なき都市」という特質からの帰結でもあった。

　4）**多機能の重層都市**　　トンブクトゥは、サハラ縦断塩金交易によって繁栄を謳われ、「黄金の都」として伝説化されてきた。しかし遠隔地交易という単一の機能に特化したオアシス都市ではなく、複数の都市機能が重層する都市であった。その主要な機能は、運輸・輸送、交易、宗教・文化・学術、政治の4つであった。

　5）**多核構造都市**　　都市生態学における同心円説とならぶ説明モデルは、多核説である。その説では、都市は、独自の機能を担いつつ分立しあう複数の都市核をもち、それらの相互作用によって都市の構造は説明できるとする。4つの都市機能は、それぞれの拠点的また関連的な施設の集積をつうじて、独自の都市核を析出した。トンブクトゥは「単一中心なき都市」ではあったが、それらの都市核の相互作用をつうじて多核的な都市構造を組成してきた。

　6）**学識者による「多様性の統一」都市**　　4つの都市機能・都市核のなかで特異かつ重要であったのは、「ムスリム学識者の町」・「イスラームの学林」・「ブラック・アフリカのカルティエ・ラタン」の生成母胎となった宗教・文化・学術機能にかかわるものであった。その担い手であるムスリム学識者集団は、人口に対する比率が高いだけでなく、エスニック集団・職能集団・社会集団の多様性に統一性を付与する存在であった。「帝王なき都市」において、ムスリムとしての市民的連帯の維持・強化にあたって中心的役割を果たしたのが、モスクのイマームをはじめとするムスリム学識者集団であった。

　7）**自律・自立都市**　　市民的連帯を基盤に、トンブクトゥは自律性と自立性をもつ都市として持続した。この特質がもっともよく発揮されたのが、1591年のモロッコ軍の侵略時であった。当時、駐在していたソンガイ帝国の兵士・役人がいち早く逃散したなかにあって、トンブクトゥにとどまって最後まで抵抗したのは、ムスリム学識者と商人・職人との連合体であった。その背後には、ムスリム学識者がムスリム市民の紐帯と連帯の中心

にいたという6）の特質があった。

　8）**学識の共有志向都市**　　ムスリム学識者への信頼の背後には、遠隔地交易を重要な経済基盤とするトンブクトゥの特質があった。遠隔地交易はリスクの大きい経済活動であり、それゆえに人的ネットワークによる情報収集、また情勢・状況の洞察と判断が要求される。トンブクトゥの遠隔地交易は、直接的にはイスラーム世界のなかで自己完結する活動であった。リスク回避をふくむ遠隔地交易の円滑な遂行にあたっては、個別都市また個別集団を超えたムスリムとしての学識が重要な役割を果たした。そのためトンブクトゥでは商人・職人も、ムスリム学識者を必要としたのである。交易・通商と宗教・学術は、分立しつつも相互に補完しあう共通集合の場をもつ活動であった。

　それを端的に示すのが、商人・職人の設立になるクルアーン学習のための私塾であり、その修習者からなる多くの「仕立人学識者」の存在であった。仕立人について、16世紀はじめにレオ・アフリカヌスは「多数の職人の工房、商人、とりわけ綿織物の織工・仕立人が多い」と述べ、また市民たちが多くの男女の家内奴隷を抱えていることを記載している[301]。この記載は、織工・仕立人集団が有力な市民層を形成していたことを物語る。

　以上の8特質はたがいに連係・補完しあって、トンブクトゥの複合的な都市性をつくりあげていた。

（2）―2　拠点施設の布置――南北軸と2項対位

　前節で要約したトンブクトゥの都市性は、ハードとソフトの両面にまたがる特質であった。それを歴史地図の作成へとむすびつけることが、ここでの主題である。地図は事物を二次元に投写・表現する手段なので、位置・分布・形態などのハードな事象が地図表現と親和的である。上述したトンブクトゥの都市性に関する8つの特質のうち、6）〜8）はソフトな事象に属する。それらを地図に表現するのは困難である。

　そのため歴史地図の作成は、1）〜5）のハードな都市性を中心とすることになる。それらの相互関係は、［2）と3）の帝王という中心なき都市］が、［4）と5）の多機能・多核重層都市］と［1）の多エスニック都市］を帰結したという構造となる。なかでも4）・5）をいかに地図に構図できるかが、トンブクトゥの歴史地図作成にあたっての具体的な課題である。

　歴史地図の作成は、ベースマップの確定からはじまる。これまでの議論でなんども参照したのは、デュボアが著書に掲載する19世紀末の市街地図（図11）と現在の市街地図（図12）であった。このうち、前者をベースマップとして採用する。その理由は、それが、利用可能なトンブクトゥの測量図のなかでもっとも古いことにある。図12とデュボア図

を比較すると、新市の付加だけでなく、旧市に関しても相違がみとめられる。たとえば、既述の旧市中央部を貫走する南北街路の両側、またその南端に所在していた広場空間一帯で街区形態の変化である。さらにⅢ—(2)で指摘した周回道路にそう東西方向の短冊型街区の成立、市街地内に点在していた小広場の消失も、フランス領への編入以後の変化である。

　デュボア図も、トンブクトゥ攻略後にフランスによって作成された。そのため同図には、フランス領への編入以後の新設施設、具体的には北東端のフィリップ要塞（Fort Philippe）と南西端のボニエ要塞、また後者への取り付け水路が描出されている。それらをデュボア図から消去して、1894年の植民地化以前のトンブクトゥに近づけることにした。

　ベースマップを確定したうえで、多機能・多核重層都市の地図化の問題に移ることにしたい。Ⅶ—(1)では、19世紀から現在までの著作や地図をもとに、トンブクトゥに集積する4つの基幹機能の拠点施設を特定したうえで、さらに通時的に遡及して最盛期のトンブクトゥの状況をあきらかにすることを試みた。その検討結果は、現在の拠点施設の多くが最盛期にまで遡りうることを示していた。基幹機能と関連づけて拠点施設を再整理すると、第1の輸送・運輸機能にかかわる拠点施設は①運河・河港、②カバーラ道路、③キャラバン交易路、第2の交易機能のそれは④の2つの主要市場、第3の宗教・文化・学術機能にかかわるものが⑤の3つの主要モスク、そして第4の政治機能の拠点施設が⑥離宮宮殿であった。これらのうち⑥は亡失し、遺構も確認されていない。

　つぎの作業は、これらの拠点施設をベースマップに布置することである。まず、①運河・河港と③キャラバン交易路の2つは、**図12**をもとにベースマップに布置できる。⑤の3主要モスクも、ベースマップとしたデュボア図の記入どおりに布置できる。⑥ムーサー王の離宮宮殿所在地に比定できる固定砂丘は、ベースマップ自体が描いているものなので、これも容易に布置することが可能である。

　②カバーラ道路については、**図6**が19世紀末の状況を示している。カバーラ道路は、外港・カバーラと「大市場」とをむすぶ物流ルートであった。19世紀末の「大市場」の所在場所は、同図が記入するように市街地南西端の広場にあった。カバーラ道路も同広場を終起点として、カバーラにむけて南走していた。しかしこの「大市場」とカバーラ道路との位置関係は19世紀末の状況であって、それを最盛期のトンブクトゥに敷衍することはできないと考える。それは、最盛期の「大市場」は別個の場所に位置していたからである。

　最盛期には、サァードが**図16**に①として図示しているように、「大市場」は市街地中央部に所在していた。当時もカバーラ道路の重要な機能は、「大市場」と外港・カバーラと

をむすぶモノ・ヒトの陸運輸送にあったであろう。とすると、同道路の終起点は、**図** 11が描く広場よりも東方の「大市場」に近接する位置にあったと考えうる。

その位置を比定する際に、サァードの復元図（**図** 16）が参考になる。彼は、市街地中央部に位置する「大市場」南南東の市街地縁辺に ⌐⌐ 記号を記入し、それに "Gate" との説明を付している。さらに門構え記号から南方にむけて↓印を描き、それに「カバーラ方向（to Kabara）」と添え書きしている。つまりサァードは、最盛期のトンブクトゥでは、門構えの "Gate" を終起点としてカバーラ道路が南走していたとする。最盛期のカバーラ道路については、この復元にしたがうことにしたい。

ここで、トンブクトゥの"門"について考えることにしたい。それは、トンブクトゥに"門"があったとする言説が散見されるからである。たとえばアビトボルは、トンブクトゥには「カバーラ門」と「市場門」の2門があったとしているが、その位置については語っていない[302]。またサァードも門があったとする[303]。しかしトンブクトゥは市壁をもたない非囲郭都市であったので、この "門" は囲郭都市にみられる市門とは異なっていたと考えられる。囲郭都市では、一般に市門は市壁に建設される。そのため市門は、市壁にあけられたトンネル状の門道と一体化している。しかし市壁をもたないトンブクトゥでは、"門" があったとしても、それは門道とは無縁のものであったであろう。現在も、マリでは、幹線道路が主要都市に入るときに、その入口にあたる道路の両側に2本の門柱が立てられていることがある。アビトボルのいう「カバーラ門」・「市場門」も、またサァードの "門" も、これに類する門柱のみの門であったと推測する。

最後に残された拠点施設は、④市場である。現在と同様に、最盛期のトンブクトゥも、「大市場」と「小市場」の2つを主要市場としていた。このうち「大市場」は、歴史をつうじて位置を変えてきた。サァードは、著作の本文ではその所在場所を具体的に述べていないが、復原図（**図** 16）では、前述したように、最盛期の「大市場」を市街地の中心部に位置づけている。これを参考にして、「大市場」を、旧市中心部のスィーディー・ヤフヤー・モスク近傍に布置することにした。

またサァードは、「小市場」の所在地についても語っていないが、復原図では市街地の北西端に「小市場」を記入している。そこは、ベースマップでは旧河港地区のバングゥーメにあたる。現在も「小市場」は、そこに所在する。「大市場」とは異なって、「小市場」の所在場所は固定していた。最盛期の「小市場」も、現在の「小市場」の位置にあったとしうる。

以上の手順にしたがって、運輸・輸送施設は柄模様、交易施設は黒の円形、宗教・文化・学術施設は黒の六角形、政治施設は黒の楕円形でおのおの標示したうえで、それぞれ

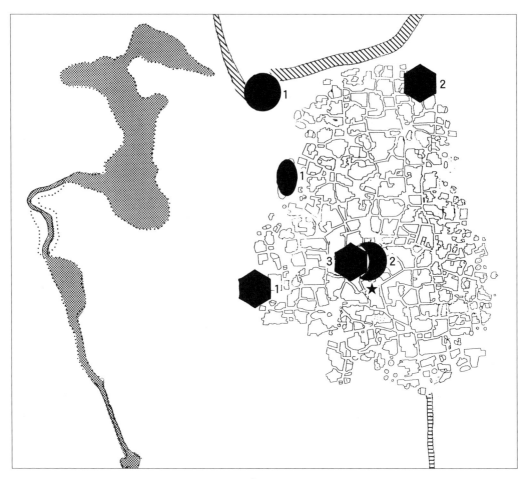

図18　最盛期トンブクトゥの復原──基本都市機能の拠点施設布置（応地作図）

に属する拠点施設に番号を付してベースマップに布置すると、**図18**となる。同図を一瞥したとき、まず目につくのは、各拠点施設の配置よりも、市街地西方の運河・河港と市街地とのあいだに介在する大きな空白地帯の存在である。そこからは、トンブクトゥが市街地と運河・河港とがまったく分離した都市との印象さえうける。しかし最盛期のトンブクトゥは、決し

写真16　東方からジンガレイベル・モスクを望む　　同モスク後方には、砂丘帯と砂丘間凹地が白く写っている。その中央部の凹地を、同モスクと平行して、トンブクトゥの繁栄を支えた運河・水路が走っていた（応地撮）。

てそのような都市ではなかった。市街地西方にも都市域がひろがり、また河港も大きく、両者は一体化して「砂丘列のなかの構築港市」を形成していた。

　旧市西方の空白は、かつての市街地の解体と後退によるものであった。それは、1591年のモロッコ軍の侵略による都市基盤の破壊に始まり、それ以降も継続した経済活動の衰退によって加速された。同様の市街地の解体と後退は、市街地の北方と東方でもみられた。もともと北方はサハラ縦断交易のキャラバン従事者、また東方はサハラを活動域とする遊牧従事者たちの住地であった。それらは、**図16**の復原図でサァードが図示するように、一時滞在用のワラぶき住戸が卓越する地区であった。

　図18で、運輸・輸送にかかわる拠点施設の配置に注目すると、北東にキャラバン交易路、西に運河・河港、南にカバーラ道路とならび、運輸・輸送関連の拠点施設が東方をのぞく市街地の三方をとり囲むように配列している。これらの施設はたがいに連係しあって、トンブクトゥの運輸・輸送の動脈をつくっていた。とくに市街地の西方には、凹地を利用してつくられた河港を核として、その北東方にキャラバン交易路、南方に運河がほぼ南北方向につらなり、トンブクトゥの運輸・輸送動脈を形成していた。これを、運輸・輸送の南北軸とよぶことにしたい。

　市街地に目を転じると、運輸・輸送の南北軸と並列して、市街地北西端から「小市場」、離宮宮殿、金曜モスク＝ジンガレイベル・モスクが南北方向にならぶ。「小市場」は交易

機能、離宮宮殿は政治機能、金曜モスク＝ジンガレイベル・モスクは宗教・文化・学術機能の拠点施設である。それらの拠点施設は、トンブクトゥが担ってきた4つの基幹機能のうち、運輸・輸送をのぞく3機能を網羅している。これを、交易・政治・宗教の南北軸とよぶことにする。トンブクトゥは、運輸・輸送と交易・政治・宗教にかかわる2つの南北軸を西方に並列させ、その東方に市街地を配した都市であった。さらにその東方には、砂丘列が累々とひろがっていた。

　交易・政治・宗教の南北軸以東の市街地をみると、拠点施設としては、中央部にスィーディー・ヤフヤー・モスクと「大市場」、そして北東端にサンコーレ・モスクの3つが分散して所在する。その配置は、交易・政治・宗教の南北軸を構成するおなじ機能の拠点施設に対して対角的とよびうる関係にある。北東端のサンコーレ・モスクは、南西端のジンガレイベル・モスクと対角関係にあり、その中間的な位置にスィーディー・ヤフヤー・モスクが位置している。また「大市場」も、市街地北西端の「小市場」から南東方向という対角的位置に所在している。

　このように、市街地内部に所在する拠点施設は少ないうえに、線状あるいは塊状のまとまりに欠けていた。しかしトンブクトゥ発祥の地は、市街地中央の南部にあった。女性の奴隷・ティンブクトゥが管理していた生業資材の保管場はトンブクトゥ・コイ・バトゥマとよばれ、いまも小さなオープン・スペースとして残されている。その位置を、★記号で図18に記入した。

　トンブクトゥ・コイ・バトゥマの位置は、スィーディー・ヤフヤー・モスクと「大市場」に近接する。しかしさらに多くの拠点施設がここに集積して、発祥の地がトンブクトゥの中心へと成長することはなかった。いわば西方の2つの南北軸の成立によって、市街地中央部への拠点施設集積の芽が摘みとられたのであった。それが、トンブクトゥを中心なき多核構造都市とした理由の1つであったであろう。逆にいえば、遠隔地交易にかかわる運輸・輸送機能の南北軸とそれと並走する交易・政治・宗教の南北軸の2つの南北軸が、トンブクトゥの都市形成に決定的ともいうべき意味と役割をもっていたことを逆照射するものである。

　ふたたび図18が描く西方部分に注目すると、西から順に＜運輸・輸送機能の南北軸→空白地帯→交易・政治・宗教の南北軸→市街地＞と移行していく。最盛期の突然の終焉とともに始まった都市活動の全般的な崩落のなかで、とりわけ進行したのが空白地帯の拡大であった。空白地帯は東進をつづけ、市街地を西から侵食して進行した。その侵食を食い止める役割をはたしているのが、交易・政治・宗教の南北軸である。同軸を構成する拠点施設である「小市場」・離宮宮殿・金曜モスクは、その侵攻に対抗する橋頭堡のように現

在では市街地から露出してしまっている。

　最後に、都市活動と都市基盤との関係をめぐる都市経済学の概念を援用して、同一の基幹機能の拠点施設間にみられる2組の2項対位を指摘したい。その概念についてはすでに述べたが、ここで再言すると、つぎのようになる。都市がおこなう活動は、都市の外部に対する活動と内部に対する活動とに分けうる。この都市活動の2区分と都市基盤との関係は、つぎのように整理できる。都市外部への活動は、都市外から所得をもたらして都市基盤を拡充させる。これを基盤拡充活動とよびうる。一方、都市の内部に対する活動は、所得の内部循環であって都市基盤の拡充とは直結しない。しかしそれは都市基盤を維持するためには必要な活動であり、これを基盤維持活動とよぶ。

　2組の2項対位のうちの第1は、交易機能の拠点施設である「小市場」と「大市場」の2項対位である。「小市場」は、都市外への遠隔地交易という基盤拡充活動の拠点施設である。これに対して「大市場」は、都市住民への日常生活財の供給という都市の内部活動に特化した基盤維持活動の拠点施設である。おなじ交易機能の拠点施設であるが、両者の関係は、＜「小市場」：「大市場」＝基盤拡充活動：基盤維持活動＞という2項対位に整理できる。

　第2の2項対位は、宗教・文化・学術機能の拠点施設であるサンコーレ・モスクとジンガレイベル・モスクとのあいだでみとめられる。サンコーレ・モスクは、「サヘルのカルティエ・ラタン」として都市外からムスリム学識者・学生を吸引する基盤拡充活動にかかわるモスクである。これに対してジンガレイベル・モスクは、金曜モスクとして金曜正午の集団礼拝をはじめムスリム住民の日常生活と直結するモスクであった。それは、都市の内部活動に特化した基盤維持活動にかかわるモスクといえる。このように、宗教・文化・学術機能に関しても、＜サンコーレ・モスク：ジンガレイベル・モスク＝基盤拡充活動：基盤維持活動＞という2項対位を観察できる。

　このように、トンブクトゥを代表する2大基幹機能というべき交易機能と宗教・文化・学術機能に属する2つの拠点施設のあいだには、まったく同型的な2項対位がみられるのである。この2項対位は、それぞれの拠点施設が担う機能だけでなく、それらの所在位置に関してもみとめられる。交易機能の拠点施設である「小市場」と「大市場」の立地は、前者が市街地北西端、後者がその南東方向にあたる市街地中央部であって、両者の所在位置は対角関係にあった。また宗教・文化・学術機能の拠点施設であるサンコーレ・モスクとジンガレイベル・モスクのあいだでも、前者の北東端立地に対する後者の南西端立地という対角関係にあった。

　交易機能と宗教・文化・学術機能の2つの機能にかかわる計4つの拠点施設は、それぞ

れが独自の機能を担いつつ相互に補完しあう関係にあった。その補完的関係は、各拠点施設がたがいに都市基盤拡充活動と都市基盤維持活動を分担しあっていたことに示される。このようにトンブクトゥは、同一の機能に関しても、2項対位で整理可能な重層しあう計4つの拠点施設から構成された都市であった。この点にも、最盛期のトンブクトゥを多核重層構造の都市とよぶ理由がある。

(2)―3　拠点施設から都市核へ――4極の分立

　まず、拠点施設と都市核との関係について考えたい。すでに紹介した都市構造に関する多核説は、都市内に分立する市場・鉄道駅・大学など拠点となる施設をもとに都市核が成立し、それら複数の都市核の分立によって都市の構造を説明できるとするものであった。最盛期トンブクトゥも、**図**18でベースマップに布置したように、拠点施設を基盤として複数の都市核が分立する都市であった。それは、多核説によって説明可能な都市の構造である。しかも拠点施設のほとんどが、最盛期である16世紀に遡る歴史をもっていた。このことを含意して、以後、これらの拠点施設を基盤として形成された都市核を歴史的都市核とよぶことにする。

　トンブクトゥの歴史的都市核の形成は、1325年のムーサー王による大モスクと離宮宮殿の建設を端緒とする。大モスクは、既存の小規模モスクをとりこわして建設されたともいわれ[304]、その増改築は、人口の集住によってトンブクトゥが大規模な金曜モスクを必要とする都市へと成長していたことを意味していよう。

　このときに造営された金曜モスク＝ジンガレイベル・モスクを拠点施設とする都市核を、歴史都市核Aとよぶことにしたい。金曜モスクは、日常的な祈祷の場であると同時に、都市に在住する男子ムスリムが金曜正午に参集しておこなう集団礼拝の場でもあった。そのためイスラーム世界の都市では、金曜モスクは、参集容易な人口集住地区の中心部に所在する場合が多い。金曜モスクを拠点施設とする歴史的都市核Aの周辺は、ムーサー王来訪時の人口集住地区であったことを示している。

　一方、離宮宮殿の所在地は、ジンガレイベル・モスクの北方に所在する中学校校地に比定されている。いまでは削平されてしまっているが、かつての固定砂丘の跡地である。離宮宮殿を拠点施設とする都市核を、歴史的都市核Bとする。そこは、当時の人口集住地区の北端と考えうる。離宮宮殿と金曜モスクの間隔距離は約250メートルで、両者は近接しあっていた。もし当時の人口を10,000人として、その多くが歴史的都市核AとBとの中間帯に居住していたとすれば、その一帯は人口の集住地区となっていたであろう。ここは、金曜モスク・離宮宮殿・人口集住地区が一体となって、14世紀前半までの初期の都

市化地区を形成していた。

　歴史的都市核A・Bと対角関係にあたる市街地北東端に所在していたのがサンコーレ・モスクで、同モスクを歴史的都市核Cとしうる。サンコーレ・モスクの建設時期は不明であるが、15世紀前半には存在していたとされる。歴史的都市核Cは、同モスクを中心とする「ブラック・アフリカのカルティエ・ラタン」であった。16世紀初めにトンブクトゥに滞在したレオ・アフリカヌスは、「トンブクトゥには、多数の判官・学者・聖職者が住んでいる[305]」と述べていた。それは、「カルティエ・ラタン」に集住するムスリム聖者・学識者や学生のことを指していよう。トンブクトゥの最盛期における彼らの人口比率は、前述したように、全人口の15パーセント以上と推定しうる。

　歴史的都市核AとCは、宗教・文化・学術にかかわる歴史的都市核という点ではおなじであった。しかし両者のあいだには、顕著な相違がみられた。前述した所在位置の対角関係にくわえて、拠点施設のモスク建立者も、ジンガレイベル・モスクが黒人帝国の土、サンコーレ・モスクがアラブ・ベルベル系の富裕女性であった。また機能においても、ジンガレイベル・モスクが市民のための金曜モスクであったのに対して、サンコーレ・モスクはイスラーム学術研究の中心という対照性を示していた。さらにモスク一帯に流入・集住する人口集団のエスニシティも相違していた。これについては、節をあらためて詳述することにして、ここでは両者のあいだで集住エスニック集団も相違していたことを指摘するだけにとどめたい。これらの対照的な相違をふまえると、宗教・文化・学術機能にかぎっても、トンブクトゥの都市構造が多核的であったことを物語る。

　このように14世紀前半から15世紀中期のトンブクトゥは、南西端に歴史的都市核A・B、北東端に歴史的都市核Cという2つの都市核から構成される双子町（twin city）であった[306]。

　つぎに、トンブクトゥのもっとも重要な都市基盤であった輸送・輸送と交易の両機能にかかわる歴史的都市核の検討に移ることにしたい。その最初の形成が、市街地北西端に位置する「小市場」で、それを歴史的都市核Dとしうる。図18に図示したように、南方からの運河と河港、また北方からの2本のサハラ縦断キャラバン交易路がここで集合し、トンブクトゥ最大の運輸・輸送の拠点施設を形成していた。歴史的都市核Dは、これらの＜運河＋河港＋キャラバン交易路＋「小市場」＞複合からなり、北方のサハラ沙漠さらには地中海南岸のマグリブ、また南方のスーダーンさらにはニジェール川上流域を後背関係圏とするトンブクトゥの遠隔地交易の結節核であった。

　サァードは、図16の復原図で、市街地の北西端の「小市場」の南方にベルト状の地区を区画し、そこにバジンディ（*Badyindi*）と記入している。バジンディは、歴史的都市核

Ｄの中心地区であるバングゥーメに接続する街区にあたる。そこは、遠隔地交易関連の大商人たちの集住地であった。レオ・アフリカヌスも、きわめて富裕な商人の存在を語っている。彼はその居住場所については記していないが、おそらくバジンディであったと考えられる。

　歴史的都市核Ｄの成立と拡充は、トンブクトゥの都市構造を、それまでの南西と北東の２つの極からなる双子町的編成から３極構造の都市へと変化させた。３極とは、成立順に、市街地南西端の歴史的都市核Ａ・Ｂ、北東端の歴史的都市核Ｃ、そして北西端での歴史的都市核Ｄの３つである。これらの歴史的都市核は、図18の市街地の西辺と北辺に位置していた。それは、トンブクトゥが、西の運河と河港、北のサハラ交易路を指向する都市であったことを物語る。

　15世紀は、トンブクトゥにとって、経済的繁栄と人口の急増期であった[307]。新たに流入してきた人口によって、既成の歴史的都市核の背後、つまり都市域中央部の人口充填が急速に進行していく。それによって立地したのが、図18が市街地中心部に描く宗教・文化・学術にかかわるスィーディヤー・ヤフヤー・モスク、また交易に係る「大市場」の２つの拠点施設であった。両施設が融合しあって形成していたのが、歴史的都市核Ｅである。

　既存の歴史的都市核Ａ〜Ｄの成立場は、いずれも都市域の周縁であった。これに対して歴史的都市核Ｅは、唯一、周縁部ではなく都市域の中央部に位置していた。これが、歴史的都市核Ｅの第１の特質である。第２の特質は、輸送・運輸関連をのぞくと、２つの拠点施設が重合する唯一の都市核であった。図18には、その重合関係を六角形と円形の二重記号で図示した。具体的には、六角形記号３がスィーディー・ヤフヤー・モスク、円形記号２が「大市場」にあたる。

　スィーディー・ヤフヤー・モスクの建立時期は、サンコーレ・モスクよりもやや遅れた15世紀後半とされる。同モスクは、ここに在住するムスリム聖者のために、時の統治者がモスクを建立・寄進し、彼の名にちなんで命名したという。聖者モスクの建立は、当時、この一帯の人口集積がすすんでいたことを物語る。また「大市場」についても、図16でサァードは、最盛期の「大市場」の所在場所を数字記号①に比定している。その位置は都市域中央部にあたるので、彼の比定にしたがって、スィーディー・ヤフヤー・モスクと重合させて「大市場」を記入した。

　「大市場」は、在住する市民のための日常消費財に特化した市場であった。人口の流入による都市域中心部の人口充填は、そこを「大市場」の最適な立地点としたのであろう。北方のサハラ沙漠からの家畜生産物をのぞくと、トンブクトゥへの食料などの日常必需品

またコーラなどの嗜好品の供給地は、南方のニジェール川内陸デルタとその彼方の森林地帯にあった。

それらの産品は外港・カバーラに集荷され、そこからトンブクトゥに送出された。このことが、歴代の「大市場」の立地を規定していた。図16に記入された「大市場」の立地移動をつうじて、この点について検討すると、同図の①とフランス領編入後に強制移転された⑥の2つをのぞくと、他の時期の「大市場」所在地は市街地南部に集中している。それは、日常消費財に特化し、その供給を南方に依存している「大市場」の特質を反映した立地であった。

(2)—4　流入人口のエスニシティ——住み分けの原型

トンブクトゥの本格的な都市形成は、14世紀前半から15世紀末までの約1世紀半のあいだになされた。それによって前述した4つの歴史的都市核が成立し、トンブクトゥは多核重層都市へと成長していった。機能の多様化と集積は、人口流入による都市人口の増加と相乗してあって進行した。ここで流入人口をエスニシティと関連づけて検討し、エスニック集団の共住都市というトンブクトゥの特質の成立過程を検討することにしたい。この課題に接近するためには、視座をトンブクトゥからサヘル全体に移して、そこでのイスラーム化と交易活動の拠点変遷という巨視的な視点から、トンブクトゥの都市形成を考える必要がある。

イスラームは、7世紀末から8世紀はじめにエジプトからマグリブに拡散する。しかしマグレブから南下してサヘルにイスラームが伝通するためには、なお多くの時間が必要であった。坂井信一は、その伝通過程を2つの段階に分けて説明する[308]。

第1の段階は、マグリブからサヘルへの伝通である。それは、サハラを縦断する塩金交易の展開に随伴するものであった。その北方の担い手はイスラーム化されたベルベル人で、彼らによってイスラームがサヘルに伝えられた。その経路は、初期のサハラ縦断交易路であった西方ルートであったであろう。同ルートの成立は、前述したように、10世紀中葉とされている。

当時の西方ルートは、アウダゴーストを南方の前衛交易拠点としていた。アウダゴーストはサハラ沙漠の南縁に位置し、イスラーム化されたベルベル系集団を主要住民とする交界都市であった。アル・バクリーはアウダゴーストには多くのモスクがあることを述べているので[309]、当時、すでにアウダゴーストはイスラーム世界に編入されていた。アウダゴーストが、その南方につらなるサヘルへのイスラーム伝通の重要拠点であったのであろう。当然、その最初の受容集団は、アウダゴーストに来訪する機会が多い交易商人の集団

であったと考えられる。

　坂井は、ベルベル系集団からイスラームを最初に受容したのは、マンデ系とよばれるエスニック集団であったとする。マンデ系集団とは、マンデ語系の言語を母語とする集団を指し、彼らは、西スーダーン一帯に多くの話者人口をもつ集団であった。そのなかでサハラ縦断交易にふかく関与していたのが、ソニンケ人の商人であった。彼らが塩金交易の南方の担い手であり、北方のベルベル系集団の直接的なカウンターパートナーであった。ソニンケ商人はサヘル西部を本拠地とし、その活動範囲は当時のガーナ帝国の領域とかさなっていた。

　イスラーム伝通の第2の段階は、サヘル内部での拡散である。坂井は、その担い手は最初にイスラームを受容したソニンケ商人であったとする。彼らは、ガーナ帝国の崩壊後、つづいて成立したマリ帝国のもとでも交易活動を拡大させつつ東進し、11世紀にはニジェール川大湾曲部へと進出していく[310]。その東進は、交易活動と同時にイスラームの東進でもあった。マグリブからサヘルへのイスラームの伝通の第1段階でイスラーム化したベルベル系商人が果たしたとおなじ役割を、第2段階で担ったのがソニンケ商人であった。ムーサー王がトンブクトゥに大モスクと離宮宮殿を造営した14世紀はじめには、すでにイスラームがニジェール大湾曲部一帯に伝通していた。

　トンブクトゥの都市形成は、前述したように、歴史的都市核A・B一帯からはじまった。ムーサー王による金曜モスクの建立が示すように、当時、その一帯はすでに人口集住地区となっていた。サァードは、流入人口の主要エスニック集団として、ニジェール川内陸デルタの南方と西方からのソニンケとマリンケ、東方からのソンライの名をあげている[311]。この時期には、前2者は一体的な集団であったとされる。そのうちソニンケ人は、前言してきたように、サヘルの交易とイスラーム化を主導してきた集団であった。またソンライ人は、ニジェール川内陸デルタの北部地方を本拠地とするエスニック集団であり、いわばトンブクトゥ一帯の先住集団であった。当然、彼らも建設当初からの主要集団であったであろう。

　ソニンケ人だけでなく、他の2集団も商業交易を主たる生業としていた。ソニンケ人とマリンケ人はワラータの衰退を契機として、トンブクトゥに流入してきた集団であった。ソンライ人は、ソンガイ帝国の首都ガオをふくむ内陸デルタ一帯から来住した。彼らは、南方のニジェール川河畔からトンブクトゥに通じる水路また道路を経由して来住したであろう。歴史的都市核A・Bへの集住人口は、この交通体系につらなる南方のニジェール川内陸デルタ一帯を本拠とする肌の黒いエスニック集団を主体としていた。

　15世紀になると、歴史的都市核Aと対角的な位置にある北東端にも人口が集住し、そ

こに歴史的都市核 C が成立する。その主要住民は、北方のサハラとマグリブからの肌の白いエスニック集団であった。そこでの人口集住を明示するのが、15 世紀中期と推定されるサンコーレ・モスクの建立とそれを中心とする「イスラームの学林」の成立であった。図 16 で、サァードは、歴史的都市核 C の北方一帯に「アバラジュ（Abaradyu）」と記入している。それは、アラビア語で「非都市民」を意味するアブラジュに由来するソンガイ語で、具体的には北方からのキャラバン交易に従事するアラブ人集団を指している。歴史的都市核 C は、アラブ人集団との密接な関係性のもとで形成され、今日まで維持されてきたのであった。

ここで、歴史的都市核 C と A とを比較したい。両者は、ともに宗教・文化・学術機能、具体的にはイスラームを基本とする歴史的都市核であった。しかし両者のあいだには、明瞭な相違があった。まず所在場所が、市街地の北東端と南西端という対角的位置を占めていた。それは、後背関係圏の相違と対応するものであった。歴史的都市核 C は北方のサハラさらにはマグリブを、また歴史的都市核 A・B は南方のニジェール川内陸デルタをそれぞれの後背関係圏としていた。

この相違が、流入人口のエスニシティの相違を生みだし、歴史的都市核 C はアラブまたベルベル系をふくむ北方からの白い肌のエスニック集団、歴史的都市核 A・B は南方からの黒い肌の諸エスニック集団を主としていた。この時期に成立する双子都市構造は、同時に肌の色を異にする集住集団の相違をともなっていた。

歴史的都市核 C の拠点施設であったサンコーレ・モスクは、「白い貴人のモスク」を意味していた。「白い貴人」とは、北方からのアラブ人などを指す。「白い貴人」の集住は、もちろんサンコーレ・モスクが、北方からのサハラ縦断交易ルートがトンブクトゥに入市する地点に所在するという地理的位置と関連している。

イブン・バットゥータがマリ帝国を訪れた 14 世紀中期に、サハラ縦断交易のサヘル側の前衛拠点都市として繁栄していたのはワラータであった。彼は、ワンガーラ（Wangāra）商人の大集落がワラータの南方に存在することを記している[312]。ワンガーラは、ソニンケのアラビア語の別称なので、彼らもマンデ系の言語集団に属する。15 世紀に入ると、ワラータはサハラ縦断交易の南方の中心という地位を失い、かわってトンブクトゥがサハラ縦断交易のサヘル側の前衛拠点都市へと成長していく。それによって、ワラータのワンガーラ商人のトンブクトゥへの移動も加速された。

トンブクトゥの交易機能の成長・集積とともに、市街地北西端に歴史的都市核 D が成立する。前述したように、＜運河と河港＞と＜キャラバン交易路＞という南と北からの交通動脈がここで結節し、遠隔地交易に特化した「小市場」がここに立地していた。＜運河

と河港＞は南方のニジェール川内陸デルタからのヒト・モノを、＜キャラバン交易路＞は北方のサハラ・マグリブからのヒト・モノを吸引し、さらに「小市場」がそれらのモノを2つの交通動脈をつうじて集散することが、歴史的都市核Ｄの基本機能であった。

　歴史的都市核Ｄは、北方と南方の両方向からの交通路が交会する場であった。それを反映して流入人口でも、北方系と南方系の両集団が交会する場であった。これを比喩的にいえば、歴史的都市核Ｃから西進してきた白い肌の北方系集団と、歴史的都市核Ａ・Ｂから北進してきた黒い肌の南方系集団とがここで交会して、共住しあうことになった。このことは、両集団の内部における機能にもとづく住み分けでもあった。北方系の集団に関しては、宗教・文化・学術つまり「イスラームの学林」関係者は歴史的都市核Ｃ、運輸・輸送と交易従事者は歴史的都市核Ｄに集住するという住み分けである。まったく同様の機能による住み分けは、南方系の集団の内部においても、歴史的都市核Ａ・Ｂと歴史的都市核Ｄとのあいだでみられることになった。

　これらのなかで歴史的都市核Ｄを特色づけるのは、北方系のアラブ商人の集住であった。彼らの集住地区は、「白い人たちの社会」とよばれていた。これに関して、19世紀末のものではあるが、デュボアの記載が参考になる。彼は、最盛期のトンブクトゥの人口構成にふれつつ、「アラブ商人は、かつてはトンブクトゥでもっとも多数の企業的商人であり、最富裕層を形成していた。……彼らの居住区はバジンディにあり、彼らのほかモロッコ、トリポリなどからの商人とともに、そこに「白い人々の居留地」とよばれる居留地をつくっていた[313]」と述べている。

　バジンディは、水陸両交通の交会点であるとともに「小市場」が立地するバングゥーメの東方に接続する地区である。現在も、当時をひきついで、バジンディ一帯には大規模な店舗がならび、そのなかにはアラブ人の経営になるものも多い。ここに集積する大規模店舗のエスニック構成については、臨地調査をもとにⅩⅡ―(2)でくわしく検討することにしたい。

　歴史的都市核Ｅは、市街地の北辺や西辺ではなく、それらから離れた中心部に位置していた。そこへの流入人口について、シソコは重要な指摘をおこなっている。彼によると、最盛期のトンブクトゥでは、歴史的都市核Ｅの一帯はワンガーラ地区とよばれていたという[314]。またサァードも、図16の最盛期トンブクトゥの復原図で、歴史的都市核Ｅの拠点施設の1つであったスィーディー・ヤフヤー・モスクの近傍に、ワンガーラの名を記入している。ワンガーラは、前述したように、アラビア語でマンデ系集団に属するソニンケ人をいう。

　15世紀のトンブクトゥの人口増加は、ソニンケ人集団の流入を重要な要因としていた。

彼らは、既存の3つの歴史的都市核ではなく、都市中心部のスィーディー・ヤフヤー・モスク周辺に集住し、そこに彼らの名を冠する地区を形成するにいたっていたのであろう。もちろん歴史的都市核Eの周辺への流入人口は彼らだけではなく、マンデ系をはじめとするニジェール川流域一帯からの肌の黒い諸集団の多くをふくんでいた。それによる同地区の人口充填は、トンブクトゥにとって重要な意味をもっていた。それは、ワンガーラ地区とその周辺一帯での人口充填が、トンブクトゥの3極編成を発展的に解消させて、都市域の統合を実現したことである。

以上、歴史的都市核の成立順に、そこへの流入人口を概観した。トンブクトゥは、都市形成の端緒となった14世紀以来、多くのエスニック集団の集住都市として成長してきた。しかしこれはトンブクトゥだけの特徴ではなく、サヘル自体がもつ社会編成の投影であった。サヘル社会は、エスニック集団・生業・職能などの諸方面にわたる多様性を内包した複合的編成を特徴とする[315]。トンブクトゥの多エスニック都市という特質は、サヘルという全体社会の縮図であったといいうる。その多様性を統合する編成原理としてあったのが、イスラームであり、商業・交易であった。

現在のトンブクトゥにおけるエスニック集団の住み分け的集住については、臨地調査で筆写した人口センサスの集計結果をもとにⅨで詳述する。

(3) 都市構成の模式的提示――磁極としての「小市場」

以上の検討を踏まえて、最盛期トンブクトゥの都市核編成を模式化して図示することにしたい。その出発点は、最盛期トンブクトゥがもつ運河・海港と一体化した「砂丘列のなかの構築港市」という特質である。

(3)―1 都市と港の関係論――市壁をめぐって

略図にせよ、概念図であるにせよ、トンブクトゥの都市形態を模式的に表現する場合、その形態は三角形とされることが多い。たとえば、すでに引用したものにかぎっても、サァードによる最盛期の都市復原図（図16）、またカイエの観察をひきつぐ19世紀中期のバルトによる都市見とり図（図8）は、ともにトンブクトゥを三角形の都市として描いている。

しかしこれらは既成市街地のみに注目したものであり、トンブクトゥの「砂丘列のなかの構築港市」という重要な特質を考慮することなく作図されている。その特質を踏まえて模式化すると、トンブクトゥの都市形態は三角形とはならない。しかし「砂丘列のなかの構築港市」がトンブクトゥの重要な特質であり、それをふくめて模式化することの必要性

を強調するためには、まず、港市の拠点施設である運河・河港がトンブクトゥに対してもつ意味を明示することがもとめられよう。

　それについて考える際に重要なのは、Ⅲ―(1)で論じたように、歴史をつうじてトンブクトゥが市壁をもたない非囲郭都市であったということである。つまり市壁の有無によって、都市と港の関係が変化するということである。この点を、港をもつと同時に、市壁にも囲繞された囲郭都市を事例として検討したい。

　比較対象としてとりあげるのは、市壁をもつ囲郭都市であって、河港をもつイラクのバクダードと海港をもつモロッコのタンジールである。両者の市壁と港との関係をみると、バクダードとタンジールでは、河港や海港は市壁の外に位置していた。それが、市壁をもつ囲郭都市での港湾施設の通常のあり方である。水門を開閉して侵入を防止できる運河はともかくとして、港の建設が可能な河川や入江を市壁の内側にとり込むことは、市壁の防御機能を低下させるからである。

　つまり囲郭都市では、港は、市壁で市街地から遮断された都市外に所在する施設である。しかし市壁をもたないトンブクトゥでは、運河・河港は市街地と一体化した都市内の施設であった。このような市街地と港との一体化は、囲郭都市では実現できない。トンブクトゥの「砂丘列のなかの構築港市」という特質は、さらに「港と市街地とが一体化した砂丘列のなかの構築港市」へと拡張できる。

　このように考えると、運河・河港を無視して、トンブクトゥの都市構造を論じるのは不十分である。トンブクトゥでは、運河・河港は、都市内施設として市街地と一体化しているだけでなく、最重要活動であった交易をささえる運輸・輸送機能の拠点施設であった。トンブクトゥの都市構成を模式化するにあたっては、運河・河港をふくめて考えることが重要だといえる。運河・河港は、市街地の西方に、北端の河港とそこへと北上する運河・水路からなる南北ベルトを形成していた。この運河・河港の南北ベルトを考慮すると、トンブクトゥの都市形態は三角形ではなく、タテ長・長方形となる。

　運河・河港また「砂丘列のなかの構築港市」を強調するのは、たんに都市形態をいかに模式化するかという問題のためだけではない。トンブクトゥの形成と発展の重要な画期は、運河・河港さらにはそれらの母胎ともいうべきニジェール川水運と関係していたからである。

　都市発展の最初の画期は、ムーサー王による離宮宮殿と金曜モスクの建造であった。同王のマッカ巡礼行のルートについてはすでに検討したが、それは、ニジェール川の水運を最大限に利用したものであったと考えられる。つまり上流域の首都から、ニジェール川の水運を利用してサハラ沙漠の南縁ふかくにまで北上してトンブクトゥに到来し、そこから

陸上ルートでマッカを往還したものであった。つまりニジェール川の水運利用が、ムーサー王にトンブクトゥを経由するルートを採用させた理由であったであろう。トンブクトゥがニジェール川の水運と結合していなければ、同王による離宮宮殿と金曜モスクの造営を端緒とするトンブクトゥの都市形成はなかったであろう。

写真17 カバーラ　トンブクトゥ運河　　同運河は 1970 年代末には廃絶したが、カバーラ河港近傍の末端部分では、いまも、8 月ころから始まる増水期にはニジェール川から河川水が逆流し、かつての姿を再現する（応地撮）。

　第 2 の画期は、サハラの以北と以南とをむすぶ遠隔地交易の拠点都市への成長である。その南方への輸送手段が、ニジェール川の水運と結合した運河と河港の南北ベルトであった。このときも、ニジェール川の水運が画期成立の重要な形成要因であった。それによって成立したのが、歴史的都市核 D であった。そこは、北方からのサハラ縦断交易路と南方からの運河・河港とが交会し、それを基盤に遠隔地交易の拠点施設＝「小市場」が立地するだけでなく、その背後の街区には北方系のエスニック集団も集住していた。歴史的都市核 D とその背域は、まさに「港と都市とが一体化した砂丘列のなかの構築港市」を表徴する歴史的トポスであった。

(3)―2　都市形成過程の模式化――多核構造の成立

　市街地西方の運河・河港の南北ベルトは、運輸・輸送にかかわる拠点施設として、トンブクトゥの都市形態だけでなく、都市形成の展開においても重要な意味をもっていた。当然、トンブクトゥの都市形成の模式化は、同ベルトを構成要素として位置づけておこなう必要がある。それは、これまでのトンブクトゥの都市形態を三角形とする常套的な図式化を放棄することを意味する。

　最初に、歴史的都市核の成立と展開という視点から、トンブクトゥの都市形成の過程を要約して、つづく作業への準備としたい。その過程を時系列で示すと、以下のようになる。

① ＜歴史的都市核Ａ・Ｂの成立とその周辺での人口集積→歴史的都市核Ｃの成立→双子町の成立＞

② ＜運河・河港の南北ベルトの成立→歴史的都市核Ｄの形成と拡充→歴史的都市核ＣとＤの連結＝「白い人々の居留地」地区の成立→双子町から３極構造へ＞

③ ＜市街地中心部の人口充塡の進行→歴史的都市核Ｅの成立→４極分立へ＞

①→②→③の展開によって、トンブクトゥの多極構造都市という特質が成立した。以上の展開過程を確認したうえで、最盛期トンブクトゥの都市構成を模式化して作図し、図19として提示する。同図は、都市構成の模式的な提示を目的としているので、図18の拠点施設布置図とはまったく異なった印象をあたえる。つまり図19は、さらにデフォルメされた都市構成図である。

西方には、運河・河港のベルトを波線で埋めた楕円形と直線帯で記入した。北端の楕円形は舟入・船溜からなる河港を、直線帯は南方のカバーラへの運河・水路を示す。また黒く塗りつぶされた直線帯は道路で、北端の河港に収斂している道路がサハラ縦断のキャラバン交易路、南方の運河と並走する道路がカバーラ道路にあたる。

運河・河港の東縁から東方一帯にひろがるアミ目模様は、最盛期のトンブクトゥ市街地を表す。前述したように最盛期の市街地は、現在のおよそ３倍と推定されている。図19では、その倍数を参考にして市街地の範囲を推定した。そして市街地の内部には、★印で歴史的都市核を成立順にＡ〜Ｅの記号を付して記入した。

歴史的都市核は、一見したところ市街地内に分散立地している印象をあたえる。しかしそれらは、２つのベルトでむすばれていた。１つは、歴史的都市核＜Ａ—Ｂ—Ｄ＞からなる南北ベルトⅠで、＜宗教・文化・学術—政治—交易＞というトンブクトゥがもつ基幹機能を網羅する。もう１つは、歴史的都市核＜Ｃ—Ｄ＞からなる東西ベルトである。両者を結びつけたのは、アラブ・ベルベル系の北方エスニック集団の集住であり、そこに成立したベルトは「白い人々の地区」とよばれた。さらに市街地の西方には、運河・河港の南北ベルトⅡがつらなっていた。

これらの３ベルトには、共通性が存在する。それは、いずれのベルトも、歴史的都市核Ｄをその形成動因としていたことである。歴史的都市核＜Ａ—Ｂ—Ｄ＞の南北ベルトの場合でも、Ｄの発展によって、先行都市核であるＡ・ＢとＤとが架橋されて成立した。また「白い人々の地区」の東西ベルトの形成も、サハラ縦断交易センターへの歴史的都市核Ｄの発展を動因とする。運河・河港の南北ベルトⅡも河港のための運河であり、河港に立地していたのが歴史的都市核Ｄであった。

このように３ベルトは、ともに歴史的都市核Ｄへのベクトルを共通してもち、そのべ

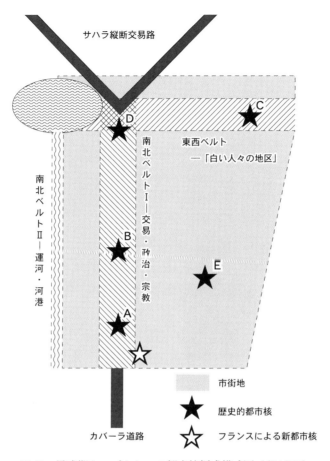

サハラ縦断交易路

C

東西ベルト
― 「白い人々の地区」

南北ベルトＩ―交易・政治・宗教

D

B

E

A

☆

南北ベルトⅡ―運河・河港

カバーラ道路

市街地

★ 歴史的都市核

☆ フランスによる新都市核

図19　最盛期トンブクトゥの都市核編成模式図（応地作図）

クトルの収斂点が「小市場」つまり遠隔地交易の拠点施設であった。そこは、運河・河港の南北ベルトだけではなく、北方からのキャラバン交易路の収斂点でもあった。トンブクトゥの都市形成の磁極は、初期の歴史的都市核Ａ・Ｂから、最盛期には歴史的都市核Ｄへと転位していったのである。

　歴史的都市核Ｄは、遠隔地交易に特化した「小市場」を拠点施設としていた。16世紀末のモロッコ軍に侵攻によるトンブクトゥの繁栄奪取は、「小市場」を直撃した。それ以後の衰退過程で、現在へと連続する新しい歴史的都市核が形成されることはなかった。その長い沈滞を変えたのは、19世紀末のフランス領への編入であった。それによって、植民地支配のための新たな政治と軍事のための拠点施設が建設される。その場所は、当時の市街地南西端であった。それによって成立した新しい都市核を、図19に☆印で記入した。その位置は、歴史的都市核＜Ａ―Ｂ―Ｄ＞からなる南北ベルトＩの南端であった。

写真 18　サンコーレ・モスクを襲う砂嵐
ハルマッタンは、乾期にサハラから南西
方にむけて吹き出す乾燥した強風で、地
上には走砂を、空には砂嵐を引きつれて、
トンブクトゥを吹き抜けていく（応地撮）。

　☆印の位置は、2つのことを語っている。
1つは、近代においても依然として南北ベ
ルトⅠがトンブクトゥの都市形成の基軸で
あり、他の1つは、近代になって都市形成
の磁極が歴史的都市核DからA・Bへと
回帰したことである。この回帰にも、トン
ブクトゥの交易機能の衰退をよみとりうる。
　ここですこし話題をかえて、運河・河港
の南北ベルトⅡと市街地との関係について
考えることにしたい。Ⅶ─(3)─1で、「港
と都市とが一体化した砂丘列のなかの構築
港市」を、港と都市をめぐるトンブクトゥ
の特質とした。ここで問題としたいのは、
この立言の妥当性ではなくて、「港と都市
との一体化が、なぜ運河・河港の南北ベル
トⅡの両側ではなく、その東方のみでなさ
れたのか」ということである。
　運河・河港の南北ベルトⅡが位置するの
は、ニジェール川本流へと流入する砂丘列
のなかの小開析谷である。現場で観察する

と、小開析谷の両側はともに規模の大きな固定砂丘の発達帯であって、地形的には同じと
いってよい。それらの固定砂丘には、アカシアなどの強旱性の灌木が疎生するにすぎない。
1999年の臨地調査時には、両側の砂丘面でユーカリの植林が試みられていた。それは、
水文条件においても東西の両砂丘帯がおなじであることを意味する。とすると、トンブク
トゥの都市形成が開析谷東岸を選地して展開したことへの説明は、その東西両岸の地形ま
た水文条件の相違にもとめることはできないことを意味する。おそらくその説明は、卓越
風の風向と交通路の走行にもとめうると考える。
　まず、卓越風から検討する。トンブクトゥ一帯のもっとも優勢な風系は、サハラ沙漠に
形成される中緯度高圧帯から冬季に吹きだす北東貿易風である。サヘルでは、その北東風
をハルマッタンとよんでいる。その語源はアラビア語のハラーム（*halām*）といわれ、「邪
悪なるもの」を意味する。
　その語義のとおり、ハルマッタンは、乾期の乾燥しきった砂を巻きあげつつ、砂嵐と

なってサヘルを吹きぬけていく。さきに、サンコーレ・モスクの東側が流砂によって埋もれようとしているとのカイエの記載を紹介し、その状況は現在も変わっていないと述べた。彼は、流砂が東風によって吹きよせられると記しているが、厳密には北東から吹きつけるハルマッタンを指していよう。

もしトンブクトゥの市街地が開析谷西岸の砂丘東面斜面にあれば、北東から吹きつけるハルマッタンは、なんの障碍もなく前面から流砂を吹きつけてくるであろう。しかし市街地は、運河・河港の南北ベルトⅡと並走して、その東岸一帯にひろがっていた。それは、ハルマッタンの風上の方向である。吹きつける風にむかって身を守るとき、人は風上に対して背をむける。同様に、建設の余地があれば、市街地もハルマッタンに対して背をむけて立地するのが理にかなっている。それは、トンブクトゥの場合には、小開析谷の東斜面である。しかも砂丘は削平容易であり、多少の起伏があっても、都市建設の意思さえあれば改変可能な空間である。

東方に建設された市街地は、いわばハルマッタンに対する防風帯として、運河・河港の南北ベルトⅡを流砂から保守する役割を果たしていたといえる。それでも、前述したように1970年代後半までは、乾期になってニジェール川本流からの溢流水が逆流してくる前に、市民たちが共同作業で運河・水路を浚渫し、水運機能の維持に努めてきたのであった。

つぎに陸上交通路についてみると、南方への交通路は、トンブクトゥと外港・カバーラとをむすぶものであった。**図6**のデュボア図が示すように、カバーラは、小開析谷がニジェール川氾濫原に合流する地点から南方の氾濫原に所在していた。カバーラからトンブクトゥを直線でむすぶと、その線は、小開析谷をまったく横断することなく東岸を走る。この最短線の延長上に、カバーラ道路とトンブクトゥの都市形成の端緒となった歴史的都市核 A・B が位置する。

トンブクトゥから北方へのキャラバン交易路の重要な機能は、タウデニからの岩塩の搬入にあった。Ⅰ─(2)─2で紹介したアダムスのサハラ縦断行は、トンブクトゥから経路をまず北東にとってから、ついで北に転じてタウデニを目指した。このルートに対しても、都市が小開析谷の東岸に位置していることが望ましいといえる。

このように、風系また南と北の両道路の走向からみて、小開析谷の東岸に市街地が立地するのが便益も大きい。小開析谷の水系を利用して建設された運河・河港と都市との一体化が、小開析谷の東方で実現されたのは、これらの理由からみて合理的であったと考える。

(4) トンブクトゥをめぐる交易──商品の諸相

Ⅶ─(3)では、表題として掲げた「都市構成の模式的提示」に関心を集中させて議論

をすすめてきた。その模式図の作成過程で言及すべきであったにもかかわらず、行論の関係から触れることができなかった問題を最後にとりあげたい。それは、歴史的都市核Dなかでも「小市場」が担ってきた遠隔地交易の実態を具体的に検討することであった。ここで、補論的に、その検討をおこなうことにしたい。

　まず、代表的な遠隔地交易商品であった岩塩をとりあげる。岩塩は、サハラ沙漠中のタガーザ（のちにはタウデニ）の岩塩鉱で厚板状に切りだされ、ヒトコブラクダの背荷運搬によってトンブクトゥに搬入された。そのキャラバン隊を、アザライ（*Azalai*）とよんでいる。その語義は、タマシェック語で「塩のキャラバン[316]」とされる。トンブクトゥから南方への岩塩輸送に関しては、15世紀中期のカダモスト（Cà da Mosto）の記録がある[317]。それによると、トンブクトゥからマリ帝国の首都・マッリーまでは厚板のままラクダの背荷で運ばれ、そこで、人間の頭上に載せて運びやすい大きさに砕かれるという。マッリーから南方への輸送は、畜力ではなく、人力による担夫輸送に依存していたのである。さらに彼は、終着地での塩と金との沈黙交易について貴重な記録を残しているが、それへの言及をここでは省略することにしたい。

　16世紀はじめに、レオ・アフリカヌスは、ラクダ1頭が113キログラムの塩を運び、その価格は80ミスカール（*mithqāl*）の金に相当すると記している[318]。ハンウイックは、16世紀前半のトンブクトゥでは、1ミスカールは4.5〜5.0グラムにあたるという[319]。とすると、ラクダ1頭が運ぶ113キログラムの塩は、金に換算すると360〜400グラムの金に相当したことになる。これをもとに、キログラムあたりの塩の交換比率を推算すると、金3.2〜3.5グラムにあたる。よくいわれる「トンブクトゥでは塩と金が等量で交換された」というのは誇張だとしても、サハラからの岩塩がきわめて高価であったことには変わりはない。

　ちなみに、この部分の執筆時である2015年8月をとると、金地金の価格はグラムあたり5,000円前後で推移している。それをもとに円に換算すると、1キログラムあたりの岩塩価格は16,000〜17,500円となる。当時のトンブクトゥでは貨幣は鋳造されていなかったので、岩塩をはじめとする大きな取引は砂金で、また小さな取引は子安貝でおのおの決済されていた。子安貝は、ペルシア湾からもたらされていたという[320]。

　ちなみに、現在、日本でもタウデニ産の岩塩を入手できる。その価格は、キログラムあたり6,500円ほどとされている。時代も状況もまったく異なるので比較は困難だとしても、レオ・アフリカヌスが伝える当時の岩塩価格は非常に高価であったといえる。

　トンブクトゥ最盛期におけるアザライの編成を語る史料はないので、19世紀末のデュボアの記載をもとに、それについてふれておきたい。デュボアは、トンブクトゥ在住者が

アザライに従事するのではなく、その運搬はサハラ沙漠のラクダ遊牧集団の生業活動としている[321]。彼らによって編成されるアザライには、規模の大小があった。大編成のものは、30〜50人の従事者と600〜1000頭のラクダからなり、12〜1月と7〜8月にトンブクトゥに到来した。これに対して小編成のアザライについては、彼は従事者の人数を記してい

写真19　トゥアレグ人のラクダ・キャラバン　　ニジェールのテネレ沙漠で遭遇した。約300頭のラクダが、ほぼ2列になってビルマの地下鹹水塩を運んでいた。1,000頭のキャラバンは、この数倍の規模となる（応地撮）。

ないが、ラクダに関しては60〜100頭という数字をあげている。小規模なアザライは、1年をつうじてトンブクトゥにやってきたという。

　デュボアは、年間をつうじて岩塩鉱所在地のタウデニからトンブクトゥに到来するラクダの数は総計5〜6万頭に達するとする[322]。その数は、大編成キャラバンのラクダ頭数を800頭ととして推定すると、年間に60〜75隊の大規模な岩塩輸送キャラバンが到来していたことになる。この数字は、19世紀末にもアザライが活発に活動していたことを物語っている。このことは、19世紀においてもサハラ縦断交易が重要性を維持していたとするサァードの指摘[323]と符合する。

　ここで閑話休題をはさみたい。1998年11月に、マリの隣国ニジェール最北部のサハラ沙漠中で3週間を過ごした。そのとき、写真9として掲げた塩井のビルマから結晶塩を運ぶラクダ・キャラバンと遭遇した。そのキャラバンは約300頭のラクダからなり、先頭のラクダには誘導役のほか何人もの男がついていた。それは、日本でのいわゆるシルク・ロード物のテレビ番組などで紹介されるキャラバンとはまったく異なっていた。テレビが放映するキャラバンはステレオ・タイプ化されていて、多くの場合、ロープでたがいの尻尾と頭部をつなぎあったラクダが、一列縦隊で夕日の砂丘を粛々と歩む映像が流される。

　ビルマで出会ったラクダ・キャラバンは、多数のラクダが、粛々どころか、個々に散開しつつ沙漠を闊歩していった。そこには、シルク・ロードのフタコブラクダを家畜とする

と、サハラのヒトコブラクダは半野生とよびうるほどの違いがあった。おなじラクダ・キャラバンではあっても、奢侈品に特化したシルク・ロードのキャラバンに対して、塩という日常消費財に特化したサハラのキャラバンとのあいだには、これほども相違があるのかと感じた。

　塩金交易は、多くの利益をもたらした。レオ・アフリカヌスは、トンブクトゥでは住民は非常に裕福で、とりわけ「外国からの居住者」が金持ちだという。「外国からの居住者」とは、主として塩金交易に従事するアラブまたベルベル系の商人を指していよう。さきにバングゥーメの一帯に、北方からの白い肌の大商人が集住し、「白い人々の居留地」とよばれていたことを紹介した。レオ・アフリカヌスの記載は、それと照応する。また彼は、王も金の延べ棒などの莫大な財宝をもつが、王よりもはるかに富裕な大商人が存在すること、そして王は2人の息女を大商人の2人の息子に嫁がせていること、その理由は王以上に豊かな彼らの財宝にあることを述べている[324]。もちろん彼のいう王は、当時の帝国の王ではなく、トンブクトゥ駐在の統治者であろう。

　トンブクトゥの遠隔地交易については、塩金交易に関心が集中している。もちろん遠隔地交易は、塩と金以外の多くの商品を対象としておこなわれていた。ここで、遠隔地交易だけでなく、南と北からトンブクトゥの「小市場」と「大市場」をつうじて集散された商品について検討しておきたい。それを詳細に語るのは19世紀の記録であるので、ここでの検討は近代に限定される。現代の「小市場」と「大市場」での販売商品については、Ⅻ・ⅩⅢで詳述するので、これらの記録はその際の重要な参考資料となろう。

　もっとも詳細な記録を残しているのは、デュボアである。彼が記載するトンブクトゥの集散商品を整理すると、以下の①〜③の3グループにまとめうる。彼は述べていないが、当然、サハラ沙漠からの④として岩塩と家畜生産物をそれらにくわえる必要がある。

① **トンブクトゥとサハラをふくむ周辺牧畜集団むけに、南方から搬入される商品**
　雑穀（トウジンビエであろう）・米・シアーバター（シアーバターノキの実からつくる食用油脂）・マニオク（キャッサバ）・蜂蜜・コーラの実・バオバブの実（monkey-bread）・バオバブの粉・タマリンド・タマネギ・タバコ・干し魚などの食料品と嗜好品、鉄片・アンチモニーなどの鉱産品、石けん・陶器・ヒョウタン製容器などの雑貨、綿・綿製品などの繊維品。

② **モロッコを主とする北方むけに、南方から搬入される商品**
　金、象牙、ダチョウ羽、皮革、蝋、香料、ジャコウ、インディゴ、ゴム、そして少数の奴隷[325]。

③ **南方むけに、北方のモロッコまた西方のセネガルから搬入される商品**

銃器・火薬などの武具、藍染めの紺綿布（ギネアとよばれる）・白綿布（キャラコ）・絹布・じゅうたん・トルコ帽・バーヌース（ずきん付きマント）・カフタン（女性用長衣ドレス）などの繊維製品、刺繍用細粒真珠（seed-pearl）・コハク・サンゴなどの宝飾品、砂糖・茶葉・コーヒー豆などの嗜好品、チョウジなどの香辛料、ナツメヤシなどの乾果類、ティーポット・カップ・嗅ぎタバコ入れなどの陶磁器、紙・ハサミ・刃物・針・鏡などの雑貨類[326]。

④ 南方むけに、サハラ沙漠中から搬入される商品

岩塩、皮革、食肉用家畜。

ここに列挙した多数の商品のなかで、トンブクトゥとその周辺からの産出品は、わずかに④に属する食肉用家畜と皮革のみにすぎない。その他のすべての商品は、奴隷をのぞいて、①・②はニジェール川内陸デルタとその南方の森林地帯、③はヨーロッパ、マグリブとマシュリクをあわせた北方のイスラーム世界、④の岩塩は遠く離れたサハラ沙漠からの産品である。

地元産品がわずか2品目にのみで、残るすべての交易品が遠隔地からの搬入物である点に、中継交易の拠点として発展してきたトンブクトゥの特質がよくあらわれている。それは、さきに紹介したカイエの感慨と一致する。彼は、トンブクトゥ滞在の終わりちかくに大モスクのミナレットに登高して、そこからの眺望を「なんらの産出物もない沙漠のなかに、ただ交易のためのみにつくられた町」と語っていた。

さらに①〜④の商品は、トンブクトゥを主たる市場とする局地的な交易むけの商品とトンブクトゥから再搬出される遠隔地交易むけの商品とに分けることもできる。ほぼ前者に属するのは①のすべてと④のうちの食肉用家畜、後者に属するのは②・③のすべてと④のうちの岩塩となる。遠隔地交易商品が圧倒的に多い点に、サハラ縦断交易の南方の中継拠点というトンブクトゥの特質を観察できる。この性格は、歴史をつうじてトンブクトゥが果たしてきたものであった。上記の商品リストは、衰退しきった19世紀末のトンブクトゥにおいても、その役割が持続していたことを示している。

Ⅷ　近現代のトンブクトゥ
——植民都市への改変——

　ここで、話題を近現代に転じることにしたい。トンブクトゥに焦点をあわせて近現代という時代概念についてふれると、つぎのように要約できる。トンブクトゥのみでなく、ブラック・アフリカ全体にとって、近代は、ヨーロッパ列強による植民地体制への編入とともに始まる。トンブクトゥの場合には、その編入は 1894 年であった。トンブクトゥの攻略・編入をもって、17 世紀の後半以来、フランスがめざしてきた西アフリカの植民地化がほぼ完成する。そして現代は、植民地体制からの離脱・独立を画期とする。トンブクトゥの現代は、1960 年にはじまる。したがってここで対象とするのは、フランス植民地支配下と独立以後のトンブクトゥである。

(1) 西スーダーンの植民地化——「新しいインド」の建設

　イギリスの帝国主義史研究者のカニヤー=フォーストナー（Kanya-Forstner）は、「フランスによる西スーダーン征服は、熱帯アフリカへのヨーロッパ列強の拡張史のなかで、もっとも特筆すべき帰結の 1 つであった[327]」と述べる。たしかに、それによってフランスは、面域規模だけに限っていえば、同国最大の植民地を西アフリカで領有するにいたった。

　その端緒は、1659 年のセネガル川河口に位置するサン・ルイ（St. Louis）島での要塞建設であった。フランスは、同島を西アフリカ内陸部への進出拠点としていく。ここで想起されるのは、Ⅴ—(2)—2 で述べたアウリール岩塩坑（付図 2・△1）のことである。同岩塩鉱は、サン・ルイ島とおなじくセネガル川河口部の小島嶼に位置していたとされる。その最盛期にあたる 12 世紀中期に、イドリースィーはアウリール岩塩鉱の塩が「河口から、内陸のガーナ帝国一帯に輸送される」と述べていた。それは、同時に大西洋岸から西アフリカ内陸部への門戸として、セネガル川河口部がもつ戦略位置の重要性へと敷衍できる。フランスのサン・ルイ島への注目とそこでの要塞建設は、その重要性を認識したものであった。

　サン・ルイ島を拠点として西アフリカ内部への進出を本格的に推進したのが、1697 年から 1724 年までサン・ルイ総督を務めたブリュエ（Brüe）であった。彼は、内陸進出の最終目的地をトンブクトゥに設定したうえで、セネガル川とニジェール川を経路としてアフリカ内部への進出を構想したとされる[328]。**付図 2** の南西端に描かれているように、セ

写真20　サン・ルイ島遠景　　沿岸州が陸化した小島で、セネガル川河口・北岸沖合に位置する。フランスは、1902年に西アフリカ総督府をダカールに移転するまで、ここを根拠地として「新しいインド」の建設を推進した（応地撮）。

ネガル川とニジェール川の上流域は近接していて、2つの河川はいわば連水関係でむすばれている。セネガル川河口部に位置するサン・ルイ島は、セネガル川とニジェール川の両水系を利用してトンブクトゥと直結しうる戦略位置を占めていた。

しかし本国の政治的不安定などのために、フランスの野望は中断する。その再開は、1870年の第3共和政の登場を待たなければならなかった。同共和制政府は従来の植民地政策を再検討し、西アフリカではニジェール川流域一帯（西スーダーン）への軍事進攻を決定する[329]。その大きな目的は、西スーダーンを植民地化することによって、つぎの2つを達成することにあった。1つは、＜アルジェリア―西スーダーン―セネガル＞を連結する陸続きの巨大なフランス領植民地を建設することであり、他の1つは、それをもってイギリスのインド支配に対抗しうるフランスの「新しいインド（Nouvelle Inde）」を建設することにあった[330]。

「新しいインド」とは、1740年代から50年代にかけて、インド亜大陸を舞台にイギリスとフランスとのあいだで3度にわたって戦われたカーナティック（Carnatik）戦争の敗北をうけた表現であろう。その敗北によって、インド亜大陸で大植民地を建設しようというフランスの野望が断ち切られる。それにかわる巨大なフランス領植民地をアフリカで建設するという意味が、「新しいインド」という表現に込められていたであろう。

第3共和制政府によって決定されたニジェール川流域一帯への軍事進出も、トンブクトゥ攻略を最終的な目標としていた。すでに18世紀の末には、トンブクトゥはニジェール川の流路ちかくに位置しているということが知られるにいたっていた。Ⅰ―（2）―2で紹介した1816年刊行のアダムスの『トンブクトゥ滞在録』は、トンブクトゥがニジェール川近傍に所在し、同川から1日行程で到達可能と結論していた。18世紀初めのブリュエの時代とは異なって、ニジェール川流域への進出の最終目標をトンブクトゥとするのは、

1870 年代には、地理的認識に裏づけられた現実的な判断であった。

　軍事進攻の第 1 歩が、1880 年のニジェール川上流域に位置するキタ（Kita）、さらに 83 年の現在のマリ国首都バマコ（Bamako）の攻略と両地点での要塞建設であった[331]。84 年には、トンブクトゥの攻略をめざして陸路での遠征が試みられる。しかしそれは、失敗に終わる。86 年に新たな攻略計画が策定され、翌年にはトンブクトゥの最遠の外港であるコリュメにまで到達する。しかしその攻略は一時的なものに終わり、撤退を余儀なくされる[332]。それは、当時、西アフリカを席巻していたママドゥ・ラミン（Mamadu Lamin）指導下のジハード軍事行動、またトンブクトゥを支配していたトゥアレグ人の軍事抵抗のためであった。

　当時のトンブクトゥは、トゥアレグ人の支配下にあった。彼らも、フランスの侵攻に備えて防御策を講じた。トンブクトゥ一帯は、1591 年のモロッコによるソンガイ帝国滅亡以後、モロッコの保護領となっていた。17 世紀前半をつうじてモロッコ支配からの解放をめざす抵抗運動がはげしく戦われ、サァード朝モロッコの弱体化に乗じて、1657 年にその目的を達成する[333]。しかし 19 世紀のトンブクトゥは、遊牧戦闘集団であったトゥアレグ人の支配下におかれていた。

　フランスの進攻を前にして、1888 年に、トンブクトゥのトゥアレグ人支配者は、当時のモロッコ国王ハッサン（Hassan）に使節を派遣し、かつての保護領の復活をもとめた[334]。それは、トンブクトゥの繁栄を奪取したマンスール王の時代への回帰をもとめるものであった。しかし当時のアラウィー（Alawi）朝モロッコは鎖国体制を採用していたうえに、独立を保っていたとはいえ、もはやその力はなかった。1 年後にハッサン王は、遠距離を理由に、近隣諸国に助力を仰ぐようにとの断りの書簡を送る[335]。トンブクトゥの陥落後 18 年の 1912 年には、モロッコそのものがフランスの保護領と化した。

　フランスは体制を立てなおし、西スーダーンを軍事征圧するという武断政策を採用する。1893 年に陸軍中佐ボニエを遠征軍司令官として、一挙にトンブクトゥの攻略をめざすことになる。ボニエ指揮下のフランス軍は、武装船でバマコを出立して、ニジェール川河岸の各所を武力平定しつつ進撃し、翌 94 年 1 月 10 日にトンブクトゥの外港カバーラに到達する。カバーラからは、フランス軍は、抵抗らしい抵抗をうけることなく分列行進しつつ陸路でトンブクトゥに入城したと伝えられている[336]。

　占領直後の 1 月 12 日に、陸進してきた後続部隊を迎えるために、ボニエは軍勢の半数を率いてトンブクトゥ西方で野営する。しかし 14 日夜にトァアレグ人の夜襲攻撃をうけ、ボニエをふくめて 13 人のフランス人将校、現地兵 68 人が戦死する。この事件はフランスを震撼させ、西スーダーンのフランス支配のための軍事・政治拠点をトンブクトゥとする

ことを決定する。大砲6門を備えた要塞と3個中隊の現地兵駐屯地を、トンブクトゥに建設する[337]。その要塞は、図11に記入されているように、当時の市街地南西方にあり、戦死した遠征軍司令官の名にちなんでボニエ要塞と名づけられた。

　トンブクトゥの軍事駐屯地は、バマコ以東のニジェール川流域では最大規模であった。その駐屯兵力は、フランス兵32人、現地兵368人であった。トンブクトゥにつぐ駐屯地は外港コリュメであって、その規模はおのおの5人、95人にすぎなかった[338]。この数字は、いかにフランスがトンブクトゥを重視していたかを示す。フランスがニジェール川大湾曲部一帯の支配拠点をトンブクトゥとすることを決定したこと、それが、近代におけるトンブクトゥの都市構造に新たな要素を付加していった。

(2)　公的施設の配置——中心の創出と土着化

　トンブクトゥの市街地を歩いて、Ⅶ—(1)で述べた歴史的都市核の現状を確認するとともに、軍事・宗教をふくむ都市施設の所在位置を調べた。これらの諸施設は、大きくは、3つにまとめうる。第1は官公署・病院・都市基盤維持施設などの公共施設、第2は警察・兵営などの保安施設、そして第3は市場・モスク・学校・墓地などからなる生活基盤維持施設である。

(2)—1　公共施設——官公署・都市基盤維持施設

　最初に、公共施設をとりあげたい。1999年の臨地調査で現認した公共施設の配置を、図20に示した。同図を通観すると、公共施設は、旧市南西端に集中している。それらは、フランス領への編入以後の植民地体制下で設置・建設された諸施設である。植民地化される以前の前近代には、トンブクトゥは、首都ではなかったうえに、職務分掌にもとづいて各種の官公署が都市統治にあたるという思想とも無縁であった。当時のトンブクトゥは、これらの公共施設を必要としていなかったのである。フランスによる諸公共施設の建設は、トンブクトゥの前近代から近代への転換を表徴する新しい都市景観の創出であった。

　フランスは、トンブクトゥを最終攻略目標として、ニジェール川を東進して西スーダーンの植民地化を進めた。その完了後、ニジェール川大湾曲部全域の統治拠点をトンブクトゥに置いた。のちにその拠点はガオに移動するが、フランスは、トンブクトゥに支配の確立を顕示するための地方総督官邸（gouvernorat）を建設する。その建設は、図11の1897年図が記入するMarket（「大市場」）を移転させた跡地とその周辺を収用してなされた。

　その一帯は、植民地化以前には、<広場—「大市場」—金曜モスク>からなるシビック・センターであった。広場は、オープン・スペースというだけでなく、トンブクトゥの

南方への門戸でもあった。南方の外港カバーラから北走してきたカバーラ道路は広場に入って、そこで市街地を南北に貫走する中央街路と接続していた。

　フランスは、トンブクトゥのシビック・センターであり、南方への門戸でもあった市街地南西端を再開発して、新しい広場空間とそれをとりまく官公署地区として整備する。現在、同広場は

写真 21　独立広場とモニュメント　　フランスは、「大市場」を撤去し、また旧広場を拡張して「支配者のシンボル空間」を創出した。背後にみえる地方総督官邸をはじめ諸官庁・兵営が、広場をとりまいて立つ（応地撮）。

「独立広場（Place de l'Indépendence）」とよばれている。広場空間を囲んで、北には地方総督官邸、東には警察署、南には市役所・兵営、西には財務局などの主要公共施設を配して、そこに統治のための「支配者の顕示空間」を創出した。かつての市民のためのシビック・センターを、「支配者の顕示空間」へと変容させたのである。

　これは、トンブクトゥの歴史にとって、重要な意味をもつ再開発・改変であった。VIIで強調してきたように、前近代のトンブクトゥは、一貫して複数の歴史的都市核からなる多核構造の都市であり、「中心なき都市」として持続してきた。フランス統治は、トンブクトゥを＜中心なき多核構造の都市＞から＜「支配者の顕示空間」という明確な中心核をもつ都市＞へと変容させたといえる。図 20 は、広場空間からカバーラ道路にそって郵便局・電信局さらには裁判所などの官公署が連続し、「支配者の顕示空間」が南方にむけて延伸していることを示す。

　「支配者の顕示空間」は、官公署だけでなく、少数とはいえ支配者であるフランス人の居住地区でもあった。彼らの住戸は、郵便局・電信局に接する東と南のブロック群にあった。その東端には、現在もカトリック教会が所在している。デュボアは、占領後すぐに、同教会が「トンブクトゥ聖母教会（Notre Dame de Tombouctou）」として献堂されたことを述べている[339]。また図 20 は、キリスト教・ユダヤ教墓地が旧ボニエ要塞の南東端に描いている。そこは土塀に囲まれたコンパウンドで、その内部には、トンブクトゥ攻略直後に

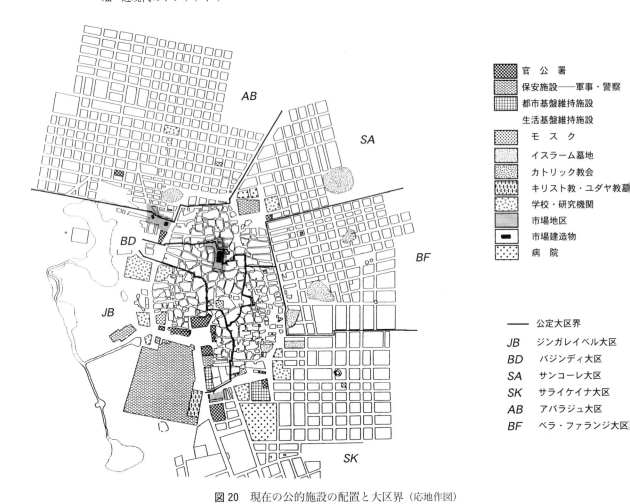

官　公　署
保安施設──軍事・警察
都市基盤維持施設
生活基盤維持施設
モ　ス　ク
イスラーム墓地
カトリック教会
キリスト教・ユダヤ教墓
学校・研究機関
市場地区
市場建造物
病　院

——　公定大区界
JB　　ジンガレイベル大区
BD　　バジンディ大区
SA　　サンコーレ大区
SK　　サライケイナ大区
AB　　アバラジュ大区
BF　　ベラ・ファランジ大区

図20　現在の公的施設の配置と大区界（応地作図）

トゥアレグ人の襲撃によって殺害された指揮官ボニエをはじめとする墓がならぶ。

　同図は、公共施設が旧市南西端の「支配者の顕示空間」に集中立地していて、同地区外に所在するものは3施設のみであることを示している。そのうち2つは、同地区の北東方に所在している。しかしそこは、旧市の内部である。この2施設からも遠く離れた北西方の新市内に単独立地する施設が、1つある。それは、税関である。そこへの税関の立地は、北方からのサハラ縦断交易で栄えたトンブクトゥの歴史を想起させる。

　税関所在地と周辺との関係をみると、そこから2ブロック東方には、かつてのサハラ縦断キャラバン交易路の後裔である斜走道路が南東走し、その南端は、周回道路をへて「小市場」地区に入る。そこは、かつての遠隔地交易機能の集積地区であった。また「小市場」のすぐ西方には、ハマ・バングーとよばれる舟入り・舟溜からなる河港が所在してい

た。河港から「小市場」地区を経て旧市北西端へとおよぶ一帯は、バングゥーメとよばれた河岸・浜にあたる水陸両交通の結節点であった。そこには、かつてアラブ・ベルベル系の遠隔地交易商人たちの店舗がたちならび、「白い人々の地区」とよばれていた。税関は、かつての水陸両交通の結節点であり、遠隔地交易機能の集積地点に近接して所在している。

写真22　カトリック教会　　「支配者の顕示空間」南部は、フランス人の住宅地であった。その一角に小さなカトリック教会が存在する。イスラーム厳格主義の武装集団の占領後も、破壊されることなく残っているのであろうか（応地撮）。

　さらにそこは、サァードによる繁栄期トンブクトゥの復原図（図16）が示すように、都市域北方に郊外地区（アバラジュ）にあたる。図11で、デュボアが、その一帯に「アバラジュすなわちキャラバン郊外」と記入しているように、サハラ縦断キャラバン交易の担い手であったベルベル系またアラブ系集団のトンブクトゥにおける根拠地であり、宿営地であった。税関の新市北方での孤立的な立地の背景には、これらの地理的慣性の相互作用をよみとりうる。

　さらに、税関の立地について考えることにしたい。一般には、税関は出入国の際の検問施設であり、国境に所在するのが通例である。しかしトンブクトゥは、国境に位置する都市ではない。トンブクトゥから直近の国境は、西方のモーリタニアとの国境で、そこまでの距離は直線で約300キロメートルにおよぶ。トンブクトゥからは、西方だけでなく、北方のアルジェリアまた東方のニジェールとの国境まで、サハラ沙漠というアネクメネ（無住空間）がひろがる。ここで想起されるのは、サヘルがアラビア語の「岸辺」を原義としていることである。トンブクトゥは、サハラ沙漠という「砂の海」に面する「岸辺」の都市であった。国境ではなく、「砂の海」の「岸辺」に税関が立地しているのは当然であった。

　旧市南西端の「支配者の顕示空間」に話題を戻すと、さきに官公署地区がカバーラ道路にそって南方にむけて延伸していることを述べた。その南方への延伸は、植民地時代には

周回道路との交点までで、その末端にフランス人の住宅地とカトリック教会が位置していた。独立後、かつての「支配者の顕示空間」に接続して、周回道路を越えた南方に裁判所・文化センターなどの官公署、また発電所などの都市基盤維持施設が新たに建設されている。それらの立地も、地理的慣性によって説明できるとともに、継承独立国家によって「支配者の顕示空間」が土着化していく過程を示している。

(2)―2　保安施設――軍事・警察

　軍事・警察にかかわる諸施設を、保安施設として一括する。具体的には、警察、国家警察・憲兵、国軍に係わる施設である。**図20**には、それらの諸施設の分布を示した。その特徴は、都市の規模にくらべて、保安施設が広大な面域を占めている点にある。それは、＜サハラという「砂の海」の「岸辺」に位置する交界都市・トンブクトゥ＞の特質に由来する特徴といえる。それらの規模と配置からは、保安施設を2つのグループに分けうる。

　第1のグループは、1894年のフランス軍による攻略から初期統治時代にかけて建設された施設である。それらは、当時の市街地である旧市に接する位置に建設され、都市外からのトゥアレグ人の襲撃に備える防御施設であると同時に、トンブクトゥ自体の治安維持を目的とする施設であった。そのなかで、もっとも目につくのは、「支配者の顕示空間」の南西角を占有して建設された広大な要塞である。同要塞は、独立後シェイク・スィーディ・ベケイエ（Cheik Sidi Bekaye）要塞と改称されたが、フランス統治下ではトンブクトゥ攻略作戦のフランス軍指揮官ボニエ大佐の名にちなんでボニエ要塞とよばれていた。**図9**のトンブクトゥ略測図は、フランス軍による占領直後に作成されたものであった。しかし同図には、すでに「ボニエ要塞」の名で兵営や兵器庫などが記入されている。

　占領直後に作成された略測図であるにもかかわらず、ボニエ要塞がすでに描かれているのは奇異な印象をあたえる。それは、同要塞がフランスによって新造されたものではなく、既存の崩壊状態にあった要塞を収用・修治したものであったからである。もとの要塞は、1591年のモロッコ軍による侵攻・占領のあと、同軍の駐屯地として建設されたものであった。それは、モロッコにとってはトンブクトゥ占領のシンボルであると同時に、トンブクトゥにとっては掠奪・衰退のシンボルであった。おなじようにフランスにとっても、ボニエ要塞は、トンブクトゥの攻略と植民地体制への編入のシンボルであった。

　フランス領への編入当初の時期には、ボニエ要塞は重要な意味と機能をもっていた。同要塞は、トンブクトゥのみでなく、ニジェール川内陸デルタ一帯のフランス軍の根拠地であった。1894年のトンブクトゥ占領から1911年までの初期植民地時代には、ボニエ要塞に拠るフランス軍司令官は、軍事だけでなく行政・司法の長も兼ねていたからである[340]。

図 21　19 世紀末のボニエ要塞——デュボア（1897 年）による

図 21 は、デュボアが 1897 年の著書に掲げるボニエ要塞北辺のスケッチである[341]。現在のシェイク・スィーデーィ・ベケイエ要塞の北辺景観は、この図とほぼおなじであって、再建当初のボニエ要塞がいまも襲用されていることを示す。相違は、手前に描かれた棱堡にある。現在では、スケッチの現地兵歩哨が立つ棱堡は、要塞の北東方にひろがる独立広場で催行される各種行事の有蓋観閲台へと改築されている。

　旧ボニエ要塞が市街地南部とカバーラ道路への威嚇のための軍事施設とすれば、その北方のカウンターパートが、旧市北東端の固定砂丘上に建設された旧フィリップ要塞（Fort Philippe）であった。その名称は、戦死したボニエにかわって、占領当初のトンブクトゥで治安維持にあたったフィリップ少佐の名にちなんだものであった。同要塞も、かつてのモロッコ軍の要塞を修治したものである。2 つの要塞は、トンブクトゥの旧市を介して対角状に位置する。その配置は、モスクの立地を想起させる。金曜モスクにあたるジンガレイベル・モスクが旧市南西端、学林にあたるサンコーレ・モスクが旧市北東端という対角配置とまったく同型である。現在では、旧フィリップ要塞は憲兵・国家警察本部として襲用されている。

　保安施設の第 2 のグループは、旧市を離れた南方に所在する警察都市（Cité Policière）、憲兵・国家警察地区（Terrain de la Gendarmèrie Nationale）、国軍基地である。しかしそれらは、いずれも図 20 の範域外に所在する。これらもフランスによって新設されたものであり、トンブクトゥを越えた広域的な治安維持を目的とするものであった。フランス統治下で、

トンブクトゥはニジェール大湾曲部一帯を所管する地方総督駐在地となり、同地帯の民政・軍事の中心へと変容した。これらの広大な保安施設の新規造営は、トンブクトゥが、従来の交易都市にくわえて軍事都市という性格を強化したことを景観的に表徴するものであった。

(2)—3　生活基盤維持施設──モスク・墓地・学校・市場

　ここでとりあげるのは、市民生活に直結するモスク・市場・学校・墓地の4施設である。これらのうち、学校をのぞく他の3つは、前近代から存続してきた生活基盤維持施設であった。もちろん学校も、クルアーン学校またイスラーム学の研修・習得のためのマドラサとして、前近代においても存在していた。マドラサは、重要性を低下させてはいるが、現在もモスク付属学校として存続している。しかし植民地時代に、フランスは本国の学制を導入して、学校教育を私教育から公教育へと大きく転換させた。ここでは、学校として公教育にかかわる教育施設のみをとりあげる。

　生活基盤維持施設の配置は、官公署を中心とした公共施設の配置とは異なった特徴を示す。官公署は、旧市南西端を再開発した「支配者の顕示空間」に集中立地していた。これに対して、生活基盤維持施設は市街地内部に分散立地していると同時に、旧市だけでなく新市にも所在している。市民生活と直結する施設であるモスクを例にとって、この点について説明することにしたい。

　Ⅶ—(1)—3で、祈祷の際に信徒が参集する範域を主たる指標として、イスラーム世界のモスクは、基本的に3ランクに分級できることを述べた。第1ランクの金曜モスクと第3ランクの近隣モスクを両端として、その中間に第2ランクとして、やや広域から信徒が参集する聖者モスクなどが位置する。トンブクトゥでは、図20に示したように、第1ランクの金曜モスクは旧市南西端のジンガレイベル・モスクであり、第2ランクに属すモスクは、旧市北東端のサンコーレ・モスクと同中央部のスィーディー・ヤフヤー・モスクの2つである。

　これらの3モスクは、14〜15世紀の建立以来、当初の建設位置を襲用しつづけて現在にいたっている。Ⅰ—(3)で、荒廃したジンガレイベル・モスクに関するカイエの叙述を紹介した。3つのモスクは、いくども荒廃と修復をくり返しつつ今日まで存続してきた。その過程で、ジンガレイベルとサンコーレの両モスクは、いまも日干しレンガと礫石で建造された当初のスーダーン様式を遵守している。しかしスィーディー・ヤフヤー・モスクは、現在では石造モスクへと変化している。

　図20は、これらの第1・2ランクの3モスクのほかに、小モスクが旧市の東縁部と新市

の各所に点在しているこ
とを示す。これらの小モ
スクは、第3ランクの近
隣モスクにあたる。その
立地は、ファランディ
（大区）と関連する。
ファランディについては
次節でとりあげるので、
ここでは、それが都市の
下位的な地域単位であっ
て、「大区」という用語
をあてうることを指摘す
るだけに止めておきたい。
また後述する理由から、
住民が意識しているファ

写真23　ムスリム墓地　　ムスリム墓地は、原則として大区を単位
として設けられている。主として旧市東方の砂丘に所在するが、
市街地の拡大によって、その内部に取りこまれたものもある
（応地撮）。

ランディの境界を地図上に描くことは困難なので、トンブクトゥ市役所が行政目的で設定
しているファランディの境界を「公定大区界」とよんで、それを図20に記入した。「公定
大区界」に注目すると、近隣モスクと墓地の散在的な分布は、それらがファランディを単
位として建設され、また維持・管理されてきたことを示している。

　イスラーム世界では、たとえば西アジアでよくみられるように、モスクの用地内とその
隣接空間一帯に墓地がひろがっている場合が多い。トンブクトゥでは、このようなモスク
と墓地の一体的な関係はほとんどみられず、墓地はモスクとは別個の場所に所在している。
図20は、7つのムスリム墓地と1つのキリスト教徒・ユダヤ教徒の墓地を描いている。
イスラーム世界では、ムスリムとキリスト教徒などの他の宗教信徒とが同一の墓域に埋葬
されることはない。トンブクトゥにおいても、両者の墓地は立地場を異にしている。

　キリスト教徒・ユダヤ教徒墓地は、旧ボニエ要塞の東南端に位置する。同墓地について
は、官公署の立地を検討した際に、近傍のカトリック教会とともに前述した。1992年の
キキトリによれば、トンブクトゥに在住するカトリック教徒は500人くらいにすぎないこ
と、そのこともあって同墓地の荒廃が急速に進行しつつあることのみを指摘して、それ以
上の言及を省略することにしたい。

　ムスリム墓地は、計7ヵ所に所在する。それらは、フランス領への編入以前の前近代か
ら存在していた。いずれも、当時の既成市街地にあたる旧市の外縁部と、かつては沙漠で

あった新市の内部に所在している。注目されるのは、7つのムスリム墓地のうち6つが旧市の東方に所在していることである。これには、2つの理由を考えうる。

　1つは、キブラ＝「マッカに向かう方向」との関係である。イスラームの墓制では、死者は顔をキブラにむけて埋葬され、アッラーの再臨を待つ。トンブクトゥのキブラはほぼ東にあたるので、旧市の東方からは、市街地ではなく、沙漠の彼方にマッカの方向をのぞむことができる。もう1つの理由は、地形である。そこにひろがる砂丘帯は大きく、市街地よりも高位・高燥である。「マッカに向かう方向」の高燥な砂丘帯を選地して、ムスリム墓地のほとんどが旧市東方に造成されたのであろう。

　これらのムスリム墓地は、大区つまりファランディに付属するものであった。前近代の大区はエスニック集団を基本として形成されていたので、これらの墓地は、ファランディと同時に特定のエスニック集団に付属するものであった。

　つぎに、教育機関の配置について検討したい。その前に、マリ国の学制を説明しておく必要がある。同国の公教育制度は、植民地時代にフランスによって導入された。独立後も、学制そのものは踏襲されているが、修業年数は現在のフランスとは相違している。それを要約すると、つぎのようになる。

　1）初等・中等教育 前期課程（premier cycle） ：　修業年数6年

　2）初等・中等教育 後期課程（second cycle） ：　修業年数3年

　3）高等学校（lycée）：　修業年数3年

　4）大学（université）：　修業年数2年

　このうちトンブクトゥに所在するのは、1）～3）である。1990年代末のマリでは、大学は首都バマコに所在するのみで、それとても90年代半ばに高等師範学校（école normale supérieure）を昇格させて開設されたものであった。2）の後期課程の初等・中等学校は、単独で存在する場合と、1）の前期課程と合体している場合との2つがある。図20は、初等・中等学校が新市に点在して所在していることを示す。それらは前期課程と後期課程とが合体した9年制の初等・中等学校で、大区を学区として設立されたものである。

　これに対して、後期課程のみの初等・中等学校は1校のみである。それはヤフヤー・アルカヤー・イブラーヒーム（Yahā Alkaya Ibrāhīm）中等学校で、旧市南西部に所在する。そこは、14世紀前半にマリ帝国ムーサー王によって造営された離宮宮殿址の最有力比定地にあたる。周回道路をへだてて、その西方に所在するのがトンブクトゥ唯一の高等学校であるリセ・フランコ–アラブ（Lycée Franco–Arabe）である。同校は、かつての運河・河港ベルトへとゆるやかに傾斜していく固定砂丘の斜面地を占め、その校地面積はトンブクトゥ所在の教育機関のなかでもっとも大きい。

大学などの高等教育機関をもたないトンブクトゥでは、後期課程のみの初等・中等学校とリセ（高等学校）は、いわば「最高学府」ともいいうる存在である。両校は、ともに旧市南西端の官公署地区の外囲に所在し、そこにひろがる「支配者の顕示空間」を延伸・強化する役割を果たしている。初等・中等併設校が大区という地域社会のための教育機関であるのに

写真24 アフマド・バーバー・センター　　1964年にユネスコがトンブクトゥで開催した会議で採択された勧告をもとに、西アフリカの史資料の収集・研究機関として1973年に設立され、貴重な典籍を収蔵する（応地撮）。

対して、専修中等学校また高等学校はトンブクトゥの全市的な「最高学府」といえる。それは、トンブクトゥ全体を管轄する官公署に類似する性格をもつ教育機関である。そのゆえに「最高学府」が、「支配者の顕示空間」の一角を占有するのは当然としうる。

　以上の学校にくわえて、トンブクトゥにはイスラーム学の研究機関が存在する。それは、トンブクトゥが「イスラームの学林」として担ってきた歴史を継承するもので、トンブクトゥが生んだ最高のイスラーム学者の名にちなんで、イスラーム学高等研究所アフマド・バーバー（IHERI-AB, Institut de Hautes Etudes et de Recherches Islamiques Ahmed Bābā）を正式名称とする。しかし一般には、アフマド・バーバー研究センター（Centre Ahmad Bābā）とよばれる。アフマド・バーバーの住居は、図11の北端部に記入されているように、旧市北東端のサンコーレ・モスクの西方にあった。高等研究所は旧市南端にあり、彼の住居址とは南北対称関係にある位置に建設されている。

　同研究所は1973年に創設され、重要な活動の1つを、トンブクトゥとサヘル一帯に伝存するイスラーム関係の写本・文書の収集・保存においている。収集点数は1万点を越え、そのなかには、トンブクトゥの成立期にあたる12世紀の作成になるムハンマドの生涯を描いた華麗な写本、また13世紀中期にさかのぼるクルアーン注釈書などがある。2013年春、反政府勢力によって同研究センターが襲撃され、その際に貴重な写本が破却されたとの報が伝えられた。しかし最終的には、それらが無事であったことが判明して、なにより

であった。

　16世紀はじめにトンブクトゥを訪れたレオ・アフリカヌスは、多数の写本が高価で売られていることを述べていた[342]。同世紀末に逮捕されてモロッコのマラケシに幽閉されたアフマド・バーバーは、そのとき1600冊の蔵書を押収されたが、その蔵書数は親族のなかでは最少のものであったと述べている[343]。トンブクトゥに蒐集・集書されていた多数の写本は、16世紀末のモロッコ軍による侵略と掠奪、またそれを端緒とする長い衰退過程のなかで、多くが失われてしまった。しかし現在もトンブクトゥとその周辺だけにかぎっても、多数の写本・文書が伝存していて、その数は、少ない推定でも100万点、多いものでは500万点とされている[344]。

　残された生活基盤維持施設は、市場である。市場は、小店舗また露店とともに商業施設に属する。しかしここで検討対象とする市場施設は、それらをふくむ商業施設一般ではなく、地元のソンライ語でヨブ（yobu）、また公用語の1つであるフランス語でマルシェ（marché）とよばれる市場に限定する。小店舗・露店と市場とのあいだには、商業にかかわる活動・施設という点では共通しているが、店舗形態・立地などの点で大きな相違がみとめられる。

　小店舗や露店は、トンブクトゥの旧市また新市の諸処でみられる商業施設である。その特徴は、なによりも規模の零細性にある。しかもそれらは、個々ばらばらに単独で営業しているにすぎない。それらはたがいに異なった商品を販売する店舗・露店であって、ごく一部をのぞいて、同一商品をあつかう複数の店舗・露店がならんで営業することはほとんどない。これに対して、のちに詳細に分析するように、市場とその周辺では同一商品をあつかう複数の店舗・露店が連なって営業している。

　立地論からみると、この相違は重要な意味をもつ。市場に集まる同一商品を扱う複数の店舗・露店は、競合しつつも「集積の利益（economy of agglomeration）」を享受することができる。また異なった商品を品揃えする店舗・露店とのあいだには、相互交渉をつうじて「連関の利益（linkage economy）」を享受することもできる。これらの「集積の利益」また「連関の利益」の実現を可能にするのが、市場である。トンブクトゥの市場は、大型の屋根つき建造物とその内部を分割・占有する店舗群、それらの市場建造物の外部にならぶ露店から構成されている。

　このような性格をもつ市場として、Ⅶでなんども言及した「大市場」と「小市場」をあげうる。その際、「大市場」は市民の日常消費財に、また「小市場」はそれと同時にサハラ縦断交易またサハラを活動域とする遊牧集団への生活資材の供給に、おのおの特化した市場であることを強調した。この性格は、前近代ほど鮮明ではないとしても、後述する

ように、今日においてもなお確認できる。

　図20は、「大市場」を旧市の北部中央に、「小市場」を旧市の北西端の外方に描く。「小市場」の立地は、サァードが最盛期トンブクトゥの模式図（図16）で当時の市街地北西端に位置づけているように、当時から現在にいたるまで場所を変えることなく固定していた。これは、そこが河港とキャラバン・ルートとの結節点であり、そのゆえにサハラ縦断交易における陸運から水運への積み替え地点であったという立地優位性を独占しうる場所であったことによる。逆に、このことは、かつての「小市場」が現在以上に遠隔地交易に特化した市場であったかを物語る。

　図20が描く「大市場」の位置は、前述したように、20世紀初頭にフランスによる移転後のものである。図11のデュボアによる1897年図では、「大市場」は旧市南西端のジンガレイベル・モスク（金曜モスク）に近接して立地し、両者があいまって当時のシビック・センターを形成していた。植民地体制下の「大市場」の北方への移転は、シビック・センターを再開発して、そこに「支配者の顕示空間」を創出するためのものであった。

　サァードによる最盛期トンブクトゥの復原模式図（図16）は、同時に「大市場」の通時的な立地移動を示していた。その頻繁な移動は、「小市場」の位置固定性とは対照的である。「大市場」は、市民への食料をふくむ日常消費財の供給を主たる機能としてきた。トンブクトゥの荒廃とそれによる居住人口の分布変動と共変して、「大市場」は立地場を変えてきたのであった。

　独立後、「大市場」と「小市場」につづく第3の市場が設立された。それは、図20がカバーラ道路と周回道路との交点に描くアルバメ市場で、「大市場」とおなじく市民の日常生活財の供給に特化した市場である。その位置は、前記の官公署・都市基盤維持施設の南方への延伸地区にあり、この一帯での人口増加と需要拡大に対応すべく建設されたものであろう。

（3）大区と小区──自律的空間組織から行政的下部単位へ

　トンブクトゥは「帝王なき都市」ではあったが、自律性と自立性をもつ都市として持続してきた。その背後には、都市の基盤活動である遠隔地交易また市民生活を担保するイスラームの教義、イスラームへの全市民的な帰依と尊敬、それらを基盤とする富裕商人とムスリム知識人との連帯の成立などの特質があったことについては、すでに述べた。これらにくわえて、トンブクトゥは、自律性と自立性を空間から担保する装置をそなえていた。それが、トンブクトゥを構成する大区とさらにその下部単位の小区である。

(3)—1　大区・小区の成立背景——属人から属地へ

　大区と小区の呼称は、地元のソンライ語では、大区がファランディ（*farandi*）、小区がジェレ（*djéré*）、また公用語の1つとなっているフランス語では、大区はカルティエ（quartier）また小区はセクトゥール（secteur）とよばれる。トンブクトゥ市役所は、歴史的な大区編成を継承して市域を7つの大区に区分し、それらを市政の下位区域としている。そのなかには、**図13**の空中写真で示される範域を越えた南方を管轄区域とするカバーラ大区も含まれる。同大区をのぞく6つの大区を対象として、大区・小区について検討することにしたい。

　最初に、大区の成立背景について考えたい。じつは、トンブクトゥにおける大区の起源・成立については不明な点が多く、いくつかの説が提唱されている。それらのなかで有力なのは、大区の成立を18世紀の治安悪化にもとめる考えである。1591年のモロッコ侵略に対する抵抗運動は、占領直後からアフマド・バーバーを指導者として開始され、それ以後もねばり強く遂行されていった。長い抵抗運動のすえに、1657年にトンブクトゥはモロッコ支配からの自立を達成した[345]。

　このとき、モロッコ軍は完全に撤退せず、トンブクトゥに残留した軍事集団も多かった。彼らはルマ（*Ruma*）とよばれ、1700年ころには本国との紐帯も断絶する[346]。土着化したルマは、18世紀には再び有力集団へと成長していった。それとともにルマ集団内部の抗争も頻発し、トンブクトゥの治安は極度に悪化していく。サァードは、それへの自衛と安全確保のための組織として、18世紀に成立したのがファランディつまり大区であったとする[347]。

　しかしサァードの説明は、大区の成立契機の指摘にとどまっている。その成立背景には、居住をめぐる住民の住み分けと紐帯の強化があったであろう。具体的には、エスニシティ・職業・階層などの相違にもとづく住民間の住みわけである[348]。それによって特定の空間的範域に居住する人口は、社会的特性を共有しあうことになる。このような社会的特性の等質性にもとづく居住隔離は、トンブクトゥにかぎったことではなく、前近代には世界各地の都市で普遍的にみられた[349]。

　大区の成立以前には、エスニシティ・職業・階層などにもとづく居住隔離は存在していたとしても、それが実体的な空間組織として機能することはなかった。当時、都市内の空間組織はモスクを中核として成立し、その空間組織を代表する長は存在していなかった[350]。たとえば家族間また近隣住戸間の争いは、18世紀までは、主としてモスクのイマーム（モスクの宗教指導者）によって調停されていた。職人また商人の業種別集団内部の

調整・調停も、その代表者によってなされていた。

　このように、18世紀になって大区が実体化される以前には、トンブクトゥには組織原理を異にする2つの住民組織が存在していた。1つはモスクに結節する信徒組織であり、他は職人・商人集団の業種別組織であった。両者は、ともにイマームあるいは集団の長などによって統括されていた。

　これら2つの既存組織にくわえて、新しく大区が成立するにいたった事情ないし過程は、つぎのように推考できる。既存の2つの組織は、ともに人的なネットワークを基盤とする属人的な組織であった。これに対して18世紀に成立する大区は、特定の空間的範域に共住する人口集団を基盤とした属地的な組織といえる。18世紀の治安悪化は、従来の属人的な組織にくわえて属地的な空間組織を必要とし、そのニーズをもとに成立したのが大区であったとしうる。

　大区はしだいに実体性を獲得し、制度化されていく。それを具体的に示すのが、範域の画定、またアラビア語に由来するアミール（amir）とよばれる大区の長の出現である。家族間・近隣住戸間などの紛争は、かつてはモスクのイマームによって調停されていたが、19世紀になると、その役割はアミールによって代替されるようになる[351]。実体性を獲得していくにつれて、大区は、市民生活の重要な属地的な空間単位へと成長していった。しかしこれは、他方では危険をはらむものでもあった。抗争の頻発のなかで大区は紐帯をいっそう強化する一方で、大区もそれに巻き込まれ、大区間の敵対関係も発生していったからである。そのため、敵対的な大区の住民を立ち入り禁止にすることもなされるようになったという[352]。

　もちろん大区は、18世紀の混乱のなかで一挙的に成立したのではなく、その母胎となった既存の地域組織が存在していたはずである。これを先行地域単位とよぶことにすると、その起源は、トンブクトゥの都市形成の初期にまでさかのぼると考えうる。トンブクトゥは、地元在住の集団にくわえて、北方のサハラ、また南方のニジェール川大湾曲部さらには同川上流域などからの多様なエスニック集団の来住によって形成された。

　これらのエスニック集団は、集団ごとの紐帯・慣習を維持しつつトンブクトゥに定着していった。そのための居住様式が、集団ごとに一定の範域を占居して集住することであった。各エスニック集団は、モザイク状に住み分けしつつ都市域を充填・拡充してきたのである。その住み分けによって成立したのが先行地域単位であり、それを基盤として小区が形成されたと考えられる。

　大区の長にあたるアミールからのキキトリによっても、前近代のトンブクトゥでは、エスニック集団は小区を単位として住み分けていたという。しかし現在は、都市行政の構成

単位としては、小区ではなく、大区が前面に出ている。歴史的には大区よりも小区の方が古く、その歴史は大区が成立する 18 世紀以前にさかのぼると考えうる。いいかえれば、小区を先行地域単位として、大区が成立したとしうる。

(3)—2　現在の大区・小区編成──歴史とエスニシティ

　ここで、小区にも目配りしつつ、話題を現在の大区に移したい。トンブクトゥ市役所は市域内部の下位行政区域を大区にあたるカルティエとよび、それを人口センサスなどの行政統計の集計単位としている。また市民への事務連絡・広報も、大区の長であるアミールをつうじてなされる。ここで、市役所がトンブクトゥの旧市と新市に設定している大区について検討したい。各大区のアミールまた市役所の人口センサス担当者から、大区・小区の名称とその原義をキキトリした。それをもとに 6 つの大区を個別にとりあげ、その位置特性、形成史、主要エスニック集団また構成小区などについて要約すると、以下のようになる。またトンブクトゥ市役所が設定している大区の境界を「公定大区界」として、大区の名称とともに図 20 に記入した。

① ジンガレイベル（*Dingrei Ber*、「大モスク」）大区

　名称は、ここに位置する「金曜モスク」に由来する。固定砂丘上の高燥地を占め、東部にはトンブクトゥ発祥の地とされるトンブクトゥ・コイ・バトゥマ、また西端部にはムーサー王の建立になる大モスクと離宮宮殿址が位置する。6 つの大区のなかで、もっとも早く都市形成をみた大区である。

　トンブクトゥへの最初期の集住者は、主として南方のニジェール川流域一帯を本拠地とするソンライ、マリンケ、プール（フラニ、フルベ）などの黒人集団であったとされる[353]。このうちソンライ人は、トンブクトゥの最盛期にあたるソンガイ帝国の形成集団であった。トンブクトゥは首都ではなかったが、同帝国時代には、政事の担い手であったソンライ人の官人貴族層がジンガレイベル大区に居住し、同大区は貴族地区ともいうる性格をもっていたとされる[354]。

　現在も、ジンガレイベル大区はソンライ人を主要エスニック集団としている。フランス領への編入後、大区の南東部は、植民地支配のための官公署を中心とする「支配者の顕示空間」として再開発された。独立後も、それらの官公署は政府機関として襲用されている。そのため中央政府によって派遣されたバンバラ人の官僚・技術者など、遠隔地からのエスニック集団の混住もみられる。

　この大区に属する小区は、つぎの 2 つである

　　①－ 1　ジンガレイベル

①−2　ヨブ・ベル（*Yobu Ber*、「大市場」）

フランス領下で、再開発のために「大市場」は大区外の旧市北方に移転した。その移転後も、①−2は旧来の「大市場」を小区名としている。

② バジンディ（*Badjinde*、「カバのいる池」）大区

その名称は、西方に所在する凹地に由来する。凹地は、ニジェール川の増水期に水路をつうじて逆流してくる河川水によって湛水状態になり、かつては河港の中心施設である舟入・舟溜として利用された。水路を経由して、逆流水とともに凹地にカバも来訪したのであろうか。カバは、現在もニジェール川本流に棲息している。

「凹地」を原義とするように、旧市のなかでもっとも低位面にある。そこが、北からのサハラ縦断交易のキャラバン陸運路と、南からのニジェール内陸デルタの水運路の結節点であった。この歴史的トポスに、遠隔地交易に特化した「小市場」が立地していた。それらの交易にかかわる南方と北方からの商人さらに職人が集住し、トンブクトゥの最盛期にあたる16世紀には人口の稠密地区であったとされる。

南方からの黒人商人の中心は、ワラータから移住してきた商人集団であった[355]。ワラータは、前述したように、トンブクトゥに先行するサハラ縦断交易活動のサヘル側の中心都市であった。ワラータからトンブクトゥへの交易中心の移動にしたがって、ワラータで交易活動を担っていたソニンケ人・マリンケ人などのマンデ系と総称されるエスニック集団に属する商人が来住し、ここに定着して交易根拠地とするにいたった。ソニンケ人の重要性は、後述するように、いまも小区の名称として彼らの名が継承されていることにも示されている。しかし現在では、住民の主要部分は地元系のソンライ人となっている。

北方からのベルベル系またアラブ系の商人集団も、モロッコ、サハラ沙漠中のトゥアト（*Touat*）、さらに地中海岸のトリポリ（*Toripoli*）などから来住し、ここに「白い人々の社会」をつくっていた。しかしその規模は黒人の商人集団にくらべるとはるかに小さく、デュボアの報告によると、交易後退期の19世紀末には300人くらいであったという[356]。

この大区に属する小区は、つぎの3つである。

②−1　バジンディ

②−2　バングゥーメ（*Bangumé*、「池沼の入口」）

②−3　ワンガラ・クンダ（*Wangara Kunda*、「ソニンケ人地区」）

このうち②−2バングゥーメは、凹地の船溜と市街地をむすぶ地区であって、いわば港市中心ともよびうる地区であった。前記の「白い人々の社会」は、ここを核として形成されていた。またサァードは、**図16**の復原模式図の中央部に、ワンガラ・クンダの名を先行小地域単位として記入していた。それは、②−3のワンガラ・クンダにあたる。ワン

ガラ・クンダは大区となることなく、小区として存続した先行小地域単位の例である。

③　サンコーレ（*Sankoré*、「白い学者」）大区

　名称は、かつての「イスラームの学林」の中心的存在であったサンコーレ・モスクに由来する。旧市北東端の固定砂丘上を占める。15世紀までは、**図10**のスケッチで、カイエが東と西の周縁部に描く円形ワラぶき小屋からなる地区であった。地元のソンライ人また北方からのベルベル系サンハジャ（*Sanhaja*）人がここに定住し、それにつれて家屋も陸屋根の日干しレンガ造りへと変化していった[357]。

　この大区の性格形成に重要な意味をもったのは、15世紀中期とされるサンコーレ・モスクの建立であった。同モスクは、前述したように、アラブ系またベルベル系ネットワークのなかで寄進・建立された。イスラーム学者・聖者また裁判官、さらにマドラサで修業する学生などが集住し、サンコーレ・モスクを核としてサヘルを代表する「イスラームの学林」が成立した。その中心にいたのが、北方からの肌の白いベルベル系またアラブ系のイスラーム知識人であった。それが、大区名の由来である。現在でも、卓越エスニック集団のソンライ人に対する北方系集団の世帯比率が、他の大区にくらべて相対的に大きい。

　サンコーレ大区の「イスラームの学林」としての成長、またバジンディ大区のサハラ縦断交易の盛行による肥大の2つがあいまって、両者は一体化していく。その結果、＜南部の黒人集団の集住地区（大区①・④）：北部の「白い人々の地区」（大区②・③）＞という大区間の対照性がみられるにいたった。

　この大区に属する小区は、つぎの3つである。

　　③－1　バングゥーメ（*Bangumé*、「池沼の入口」）
　　③－2　タカ・ブンドゥ（*Taka Boundu*、「よく似た木々」）
　　③－3　コイラ・タウォ（*Koira Tawo*、「新市」）

　このうち③－1は、②－1とおなじ名称であり、両者は隣接しあう小区である。②－1のバングゥーメはアラブ系またベルベル系の商人からなる「白い人々の地区」、また③－1のバングゥーメはおなじくアラブ系などの白いムスリム知識人の多い地区であったという。前述したように、サァードは、遠隔地交易に従事する有力商人とムスリム知識人とのあいだでの連帯の成立を、トンブクトゥの大きな特質としていた。その連帯は、バングゥーメにみられる両者の近接居住を基盤として成立していたのであろう。このことは、同時に、両者をあわせたバングゥーメがメタ大区ともいうべき先行小地域単位であったことを意味する。それを分断して、現在の行政的大区が設定されたと考えられる。

　トンブクトゥの周辺では樹木は、疎生するアカシアなどの灌木がほとんどで、喬木とよびうる樹木はごく少ない。それらの数少ない喬木の生育地は、一部の砂丘間凹地にかぎら

れている。③－2は、北東方からおしよせる砂丘の凹地に生育する樹木に由来する小区名であろう。サンコーレ大区の範域は、**図20**が示すように、周回道路を越えた新市にもおよんでいる。③－3は、その新市部分に設定された新しい小区である。

④ サライケイナ（*Sarai Kaina*、「小墓地」）大区

前述したように、現在のトンブクトゥには、ムスリム墓地が7ヵ所に存在している。大区の名称は、そのなかで最古の墓地名に由来する。**図20**の施設配置図は、サライケイナ大区にあたる旧市南西端とその周辺に計4つの墓地を描いている。そのうち周回道路の内側の旧市周縁に位置するのは、1つのみである。その面域も他の3つよりも小さく、「小墓地」という名称はこの墓地に由来するものであろう。

大区の範域は、①ジンガレイベル大区の東方に小起伏しつつ連なる固定砂丘帯にあたる。ここも、歴史的には、①と同様に、ニジェール川内陸デルタ一帯からの黒人集団の集住地区として形成され、歴史をつうじてその性格を保持してきた。当初の主要エスニック集団は、①とおなじくソンライ人、マリンケ人、プール人などであった。彼らによる人口充填によって、トンブクトゥの双子町的空間構成が解消され、トンブクトゥが空間的に連担する一体的な都市となった。人口充填と都市一体化の実現にあたって重要な契機となったのが、ここに所在するスィーディー・ヤフヤー・モスクの建立であった。

この大区に属する小区は、つぎの4つである。

④－1　ハマ・バングゥ（*Hama Bangou*、「Hama（人名）の池」）

④－2　ヨブ・ケイナ（*Yobu Kaina*、「小市場」）

④－3　アブラメ（*Albamé*、「市場の入口」）

④－4　アガウェレイネ（*Agawelane*、「解放奴隷（*gawela*）の地区」）

これらの小区のなかで、もっとも注目されるのは④－2である。それは、**図8**のトンブクトゥ模式図で、バルトが中央部に記入するYOBUKAINAと名称・位置ともに一致するからである。④－2には「小市場」が所在し、それを中心として形成された先行小地域単位であった。しかし現在では、大区のなかに埋没した小区と化してしまっている。遠隔地交易に特化した「小市場」がここに立地していたことはないので、④－2の「小市場」は、①－2の「大市場」とおなじく市民の日常生活財に特化した小規模な市場であったのであろう。マイナーは、ここに所在していた「小市場」は、19世紀中期には食肉販売に特化した市場であったとしている[358]。④－3は「小市場」への入口を原義とし、④－2に隣接する小区と考えうる。**図20**は、南端部に市場空間を記入している。④―3はこの一帯を範域とし、同市場はアブラメ市場とよばれる。「市場への入口」を原義とする小区に、現在、市場が新設されているのは興味ぶかい。

　この大区は、ニジェール川が逆流してくる水路・運河とは離れているので、④－1の名称の由来となった「池」は、多雨時のみに一時的に湛水する砂丘間凹地に由来するものであろう。また④－4は、トゥアレグ人の奴隷であったタマシェク（ベラ）人が解放されて、初期に定着した地区を意味していよう。現在の世帯構成でも、大区④は、ソンライ人よりもタマシェク人の方がはるかに多い。

　⑤　アバラジュ（*Abaradjou*、「キャラバン・サライ（隊商宿）」）大区

　旧市を囲む周回道路の北方にあたり、そこには大小の固定砂丘列が東西走する。フランス領への編入以前には小灌木と短い草本が疎生する荒原で、そのなかにワラぶき円形小屋のキャラバン・サライが点在するのみであった。フランス領下で、グリッド・パターン区画による都市形成が図られた。

　大区の名称は、ここがサハラ縦断キャラバン交易の終着宿営地であったことに由来する。しかしここで宿営したのは、サハラ縦断交易の商人ではなく、そのヒトコブラクダとキャラバン輸送に従事する北方遊牧民であった。この点に関するデュボアの記載は、興味ぶかい[359]。

　彼は、タウデニからの岩塩輸送を例に、つぎのように述べる。岩塩を積んだキャラバンが北方からここに到着すると、随行してきた商人は市街地内の宿所に向かい、そこで宿泊・滞在する。輸送に従事してきたトゥアレグ人のラクダ駆者は、ここのワラぶき小屋のキャラバン・サライに滞在し、周辺の荒原でラクダを放牧したという。前述したように、大規模なキャラバンは、ラクダ600〜1,000頭、商人とラクダ駆者をあわせた人間が30〜50人から編成されており、彼らの宿泊・滞在のために多くのキャラバン・サライと広い荒原が必要であった。それを提供したのが、この大区であった。現在でも、アラブ人などの北方系集団の世帯・人口比率が大きい。

　大区は、つぎの5小区から構成されている。

　　⑤－1　ボコヤット（*Bokoyatt*、「草ぶき小屋」）

　　⑤－2　シェシェシア（*Chechechia*、「風車」）

　　⑤－3　モハマド・フォンド・グモ（Mohammad Fondo Gumo、人名）

　　⑤－4　アフマドゥ・ベレ（Ahamadou Bellé、人名）

　　⑤－5　スィーディー・マハムド（Sidi Mahamoud、人名）

　これらの小区名の特徴は、人名を原義とするものが過半を占めていることである。既述の大区①〜④は、旧市を範域とする歴史の古い大区であった。それらの大区には、人名に由来する小区名は存在しなかった。⑤－3・4・5の人名は、そこへの最初の定着者の名に由来するという。日本でいえば、「草分け」の名を小区名としているのである。

　それにくわえて、⑤－1と⑤－2は、ともに都市というよりも郊外的な景観を連想さ
せる名称である。「風車」は、北方系のエスニック集団の主食はコムギのパンであるので、
その製粉用風車に由来するのであろう。すべての小区が「草分け」人名と郊外景観のいず
れかを名称の原義としている点に、この大区の基本的な性格を窺いうる。

　⑥　ベラ・ファランジ（Bella Farandi、「ベラ人の地区」）大区

　その名称は、大区の全域が、ほぼベラ人のみの居住地区であることに由来する。旧市東
方の新市部分にあたり、範域一帯には起伏の大きな砂丘がひろがる。⑤とおなじく、フラ
ンス領になってからグリッド・パターン区画で街区化されたが、それ以前はワラぶき円形
家屋が散在する地区であった。原義の「ベラ人」とは、トンブクトゥ周辺に住むトゥアレ
グ語の方言にあたるタマシェク（Tamasheq）語を母語とする集団を指す。そのためベラ人
は、タマシェク人と同一視される。しかし両者は、つねに一致するとはかぎらない。ベラ
人は、かつてはサハラを遊動域とするトゥアレグ人遊牧集団の奴隷であったが、現在は解
放されて、ここに集住することになったとされる。

　この大区は、つぎの4つの小区から構成されている。

　　⑥－1　アルファ・ドォナ（Alpha Dauna、人名）

　　⑥－2　マハマド・ムバレク（Mohammad Al Moubarek、人名）

　　⑥－3　アルファ・サゲドゥ（Alpha Sagaidu、人名）

　　⑥－4　アルマウルゥ（Almaouloud、人名）

　小区の名称は、すべて上述した「草分け」的存在の人名を原義としている。半数の人名
に、ムスリム指導者の尊号である「アルファ」が冠されている。

　以上、現在のトンブクトゥの市街地を構成する6つの大区をとりあげ、その性格を通覧
した。それらは、いずれも、起源・成立過程、役割・機能、またその担い手であった集住
エスニック集団などをたがいに異にしていて、それぞれが個性的な性格をもった地域組織
であったと結論できる。これまで何度も強調してきた「中心なき都市」というトンブク
トゥの性格は、たがいに個性的な大区の併存と表裏の関係にあった。「中心なき都市」と
は、たんに王権にかかわる権力施設の欠如だけでなく、トンブクトゥを構成する大区の多
様性を基盤として生成したものであったといえる。

　その多様性の形成基盤のなかでとりわけ重要であったのは、エスニシティによる空間的
な住み分けであった。前述したように、その住み分けは小区を基本的な単位として成立し
ていた。それらの小区が、トンブクトゥの多様性を構成する地域単位であったと考えうる。
それを先行地域単位とよぶとすれば、それらを母胎として現在の大区また小区が成立した

という過程を想定できる。

　そのなかには、大区へと成長しうる可能性をもちつつも、戦乱や植民地化のなかで実体と経済力をうしない、大区のなかに埋没してしまった先行地域単位も多く存在していたであろう。たとえば、バルトが**図8**の都市模式図で中央に記入するヨブケイナ（Yubukaina）、またサァードが**図16**の復原模式図で中央部に記入するワンガラ・クンダ（Wangara Kunda）また南東端に記入するサネ・グングゥ（Sane Gungu）などである。これらは、現在の行政的な大区のなかに埋没してしまった先行地域単位といえる。

(3)―3　大区意識の属人主義――境界の臨地調査から

　ここで大区の具体的な範囲、つまり大区の境界について検討したい。現場で大区の境界とされる街路をキキトリしつつ、それをたどって地図上で境界を確定することをなんどか試みた。しかし結論からいうと、それらの試みは失敗し、その確定は不可能であった。その失敗の原因は、境界線をめぐる私の思いこみにあった。

　地図上の境界線は、大きくみれば、2つの原則にもとづいて線引きされる。日本の公立中学校を例にとって、これについて考えてみよう。公立中学校は、原則として1校区に1校ずつ設置されている。校区は、境界線で区切られた一定の地理的範囲で、変更されないかぎり、その境界は固定している。このような境界を、属地主義にもとづく境界とよびうる。校区のほかにも、国家また都道府県の境界も属地主義的境界にあたる。

　つぎに、この公立中学校に在籍する生徒の居住地について考えてみよう。彼らの居住地を点として、それを地図上に落としていくと、在籍生徒の分布図を描くことができる。図上で、中学校からもっとも遠い点をむすんでいくと、分布範囲の境界線となる。この境界線は、在籍生徒の居住地をもとに引かれたものであり、属人主義的境界といえる。属人主義的な境界は、極端にいえば、生徒の転入学によって日々変化する境界であり、固定した属地的境界とは根本的に相違する。

　トンブクトゥの大区について現場で調査するときに、大区は市を構成する下位行政区でもあるので、私は、日本の政令指定都市の区とおなじように、属地主義にもとづいて区画された地域単位であろうと速断していた。その予断をもって、市が境界線とする街路の両側にならぶ居宅を訪ね、「あなたの家族またあなたの家は、どの大区に属しますか」というキキトリをくりかえした。もちろん、境界線が属地主義的な境界であって、境界線の両側で所属大区が異なっている場合も多い。しかし属地主義では予想できない事態に遭遇することも、再三あった。それは、つぎのような場合である。

　境界線とされる街路の東側をA大区、その西側をB大区として、その事情を説明する

と、境界線に沿う東側の居宅の住民がA大区に属すると答えても、その背後つまり境界街路を離れた東方の居宅で「自分たちはA大区ではなく、B大区に属している」と主張される場合が何度もあった。とりわけ、①ジンガレイベル大区と②バジンディ大区との境界、また②バジンディ大区と④サライケイナ大区の境界線に沿う一帯で、そのような回答に出会うことが頻繁であった。図20によってあきらかなように、これらの地区は旧市の中央部にあたる。

旧市中央部では、属地主義ではなく属人主義の原則にもとづいて自家の帰属大区を認識し、主張する住民が多いということである。帰属大区が居宅によってモザイク状に異なる場合には、1本の線でもって大区の地理的境界を引くことは不可能である。そこから、元来は属人主義的な単位であった大区また小区が、フランス領に編入後に行政上の必要から属地主義的単位に再編されたという過程を推察できる。

これをいいかえれば、大区・小区が行政目的のために任意に設定された地区へと転化したということであろう。その一方で、なお属人主義的な原理で大区を認識している住民も多いということである。このことは、大区・小区の属地主義にもとづく行政的地域への転換が、市民的な承認を得るにはいたっていないことを意味する。これらのキキトリは、住民にとって帰属意識の最初にくるものはエスニック集団であり、エスニック集団を単位とする住み分けがトンブクトゥの基本的な居住形態であったこと、それらがあいまって属人主義的な大区認識が現在にも持続していることを示していよう。

たとえば現在はA大区に住んでいても、自分はB大区に帰属していると主張する場合には、自分の家族はもともとB大区に住んでいたことをその理由とする場合がほとんどであった。いわば現住所の大区ではなく、本籍地の大区が現在の自分が所属する大区だとする意識である。本籍地を同じくするエスニック集団に属する家族との紐帯・交渉が、いまも日常生活の根幹にあるということであろう。これは、属人主義と同時に本籍地主義ともいうべき大区認識である。

マイナーも、1940年の臨地調査をもとに、同様の属人主義的な帰属意識と現住大区との乖離を指摘している。彼は、その理由を、居住場所を変えても、もとの居住区での年齢階梯にしたがった社会的行動が継続されていることにもとめていた[360]。しかしこの指摘は、居住の場を変えた第1世代には妥当しても、以後の世代での帰属大区意識の持続は説明できない。彼の説明にくわえて、住民の帰属意識の筆頭に位置するのがエスニック集団であり、その意識は世代を越えたものであって、それが属人主義的な大区意識を持続させていく要因であることを指摘したい。

このようにトンブクトゥの旧市中央部においては、大区の境界を属地主義的に確認する

ことは不可能であって、地図上にそれを線引きすることはできなかった。そこで、トンブ
クトゥ市役所が設定している大区境界を採用して、大区の範域とすることにした。それを、
「公定大区界」とよぶことにする。**図20**の施設配置図に記入した大区の境界は、市役所が
採用している「公定大区界」である。

　ここで「公定大区界」にもとづく大区の範域と旧市・新市との関係について、**図20**を
もとに検討することにしたい。それを要約すると、つぎのようになる。大区①・②は周回
道路内の旧市を、大区③・④が旧市と周回道路外の新市との双方を、大区⑤・⑥は新市のみ
を、それぞれの基本範域としている。

　市役所でのキキトリによれば、これらのうち古くから存在していたのは、南部に位置す
る大区①と④、北部に位置する大区②と③で、これらの4つの大区を古大区（ファラン
ディ・ジェノ、*farandi jeno*）とよぶ。当然のことながら、いずれも旧市を基本範域としてい
る。残る大区⑤と⑥は新大区（ファランディ・タァウディ、*farandi tawoudi*）とよばれ、フラ
ンス領時代の**1947**年に設置されたという。新大区は、たんに設置時期が新しいというだ
けでなく、その範域が新市のみに限られているという特徴をもつ。

　古大区と新大区の相違は、範域の旧市と新市との対応関係にくわえて、小区呼称によく
あらわれている。小区の呼称は多様であるが、ほぼ3つのグループにまとめうる。第1の
グループは、河港を構成する「池」・「池への入口」などの主として地形条件を、第2のグ
ループは「市場」・「モスク」などの都市施設を、第3のグループは人名を、それぞれの呼
称とするものが多い。

　このうち第3の人名を呼称とする小区は、①〜④の古大区には存在しない。そこでの小
区呼称は、第1と第2のグループを主としている。これに対して、新大区では、⑤では半
数の小区が、また⑥ではすべての小区が、ともに第3の人名を呼称とする。おそらく定着
の際のムスレム指導者兼「草分け」的リーダーの名称であろう。その点に、来住・定着が
ごく近過去の出来事であり、その記憶がなお鮮明な新大区の性格がよくあらわれている。

(3)—4　大区の形式地域化——アミールからのキキトリ

　別の角度から大区と小区について検討するために、地理学における地域の2分類を紹介
したい。それは、形式地域（formal region）と実質地域（substantial region）の2分類である。
形式地域とは、特定の目的、たとえば行政・司法、計画の策定・遂行また軍事作戦などの
ために設定される地域である。それらは、目的に適合する範域を任意かつ形式的に区分し
て設定されることから、形式地域とよばれる。

　これに対して実質地域は、その地域がなんらかの実体をそなえた存在である場合をいう。

たとえば官公署の集中地区、特定のエスニック集団の集住地域などが、その例である。これらは、おなじ官公署また特定エスニック集団という性格を同じくする施設や住民からなる地域であり、それらの等質性によって特徴づけられた地域である。そのゆえに、等質性という実体をもった地域といえる。

　トンブクトゥを構成する大区と小区は、この分類にしたがえば、フランス領植民地への編入によって意味を変化させたと考えうる。18世紀の政治的混乱・治安悪化への対抗として成立した大区は、エスニック集団の相違などの異質性を内包しつつも、一体化した実体をもつ実質地域であった。また小区も、同一エスニック集団の集住空間として実体性をもっていた。フランス領植民地化以前の大区と小区は、ともに実質地域であったといえる。

　しかし大区の実体性の増大は逆に小区のもつ意味を小さくし、小区の形式地域化を結果していった。さらに植民地支配の確立によるパックス・フランコともいうべき「フランスによる平和」の到来は、大区の形式地域化を急速に促進させた。それは、大区の行政下請機関化としてあらわれている。つまり植民地支配は、大区・小区をともに形式地域へと転化させたといいうる。このことをよく示しているのが、大区の長であるアミールの役割である。

　サァードは、アミール制の成立時期は不明であるが、旧大区に属する①〜④が大区としての実体を確立するとともに、各大区がアミールを戴くようになったこと、アミールの地位は主としてソンライ人やルマの軍事エリートによって占められ、世襲されていったことを指摘する[361]。また彼は、20世紀になると、アミール制が廃絶していったと述べている。しかし形骸化しつつも、アミール制はいまも残っている。この点を中心に、現在のアミール制について検討することにしたい。

　アミールの職務を具体的に知るために、旧大区からジンガレイベル大区、新大区からアバラジュ大区のアミールを訪問して、キキトリをおこなった。その結果を要約すると、つぎのようになる。

　ジンガレイベル大区　　アミールは、かつても今も特定家系の世襲職ではなかった。現在は市役所による任命制で、大区在住者なら誰でもなりうる。自分の父も、アミール職に就いたことはなかった。アミールの主たる職務は、つぎのようなものである。

① 家屋税などの市税徴収。
② 市の決定事項などの各家族への周知。
③ マラ（mara、大区会議）の招集。マラは、大区内の家父長をメンバーとする会議で、いまでは市政の周知徹底などの必要から開かれ、自治的な意味はほとんどない。
④ 市長職務の大区内での代行。

⑤　大区内で事件などが発生した場合、住民の知らせをうけると、それを市役所に伝達
　　する。

⑥　外部から大区内に居住を希望する者に許可を与え、世帯主と同行のうえ市役所に
　　行って身元保証をして、世帯登録書（carnet de famille）の交付を依頼する。

⑦　大区内の所有家屋を売却しようとする者に対して、その者が真の所有権者であるこ
　　とを証明する。

アバラジュ大区　　アラブ系・ベルベル系の住民が多いが、アミールは、この大区では
少数集団のソンライ人で、その地位は世襲である。なぜ世襲制なのかについては分からな
いが、自家がこの大区に最初に居住した家系に属することと関係しているのかもしれない。
アミールの主たる職務は、つぎのようなものである。

①　家屋税、井戸・道路利用税などの市税の徴収。

②　市の決定事項などの各家族への報知。

③　大区在住の家父長からなるマラ（大区会議）を招集して大区内のもめ事を仲裁し、そ
　　の結果を市長に報告する。

④　共同の水道や井戸などの建設場所の決定。

⑤　市の行政関係の会合への出席。

　以上、2つの大区のアミールからのキキトリをもとに、現在のアミール制について検討
したい。まずアミールの選任法についてみると、ジンガレイベル大区は市役所による任命
制、アバラジュ大区は世襲制であって、両者は相違する。しかしおなじくキキトリ調査を
した他の大区でのアミールの選任法をみると、任命制とするキキトリは、サンコーレ、サ
ライケイナ、ベラ・ファランジの3大区で得た。前記のアバラジュ大区の世襲制は、いま
では例外的といいうる。サァードは、前述したように、植民地化以前のアミール職は世襲
制であったとする。現在の任命制の普及は、アミール制が当時とは大きく変化しているこ
とを示す。

　さらに大きな相違は、アミールの職務からも確認できる。個条書きにして列挙したア
ミールの職務を一覧すればあきらかなように、それらの職務は圧倒的に市政の下請・伝達
事務である。そのなかにあって、ジンガレイベル大区では⑥・⑦、またアバラジュ大区で
は③にみられるように、アミールが大区を代表しておこなう自律的な機能の残存をみとめ
うる。しかしそれらを「残存」と表現したように、現状では行政の下請的な職務が圧倒的
に多くなっている。

　2つの大区でのキキトリは、アミール職の世襲制から任命制への移行、アミール職の行
政下請化の進行を明示している。これらの点は、すでに1921年にデュピュイが述べる

「アミールが有力者から選ばれ、主として税の徴収と行政命令の伝達責任を負う[362]」との指摘を再確認させるものである。それは、アミール職の現状への変化が、フランス植民地下の1910年代末には完了していたことを示していよう。同時に、その変化は、たんにアミール職だけにとどまるのではなく、大区そのものが自律性と自立性を喪失して市の下位行政区と化していること、さらに大区が実質地域から行政目的のための形式地域と化していることを意味している。

Ⅸ　人口構成とエスニシティ
――諸集団共住の実態――

　ここで、分析の対象を現在のトンブクトゥへと転じたい。マリ国では、1976年以降、ほぼ10年ごとに人口調査がおこなわれている。各年次の人口調査によるトンブクトゥ市（Commune de Tombouctou）の現住人口（résidents présents）は、つぎのように推移している。1976年：18,418人、1987年：30,936人、1996年：28,167人、2009年：54,453人であって、変動しつつも、全体として増加傾向を示している。その変動を要約すると、① 70年代後半から80年代前半にかけての増加、② 90年代の微減、そして③ 21世紀に入ってからの激増となる。

　①の人口増は、サヘルの乾燥化によって家畜をうしなった遊牧民の大量流入を主たる要因としていた。また②の人口減少の要因として、多くの住民は、経済停滞による人口流出を指摘する。③の人口激増は、①とおなじく、乾燥化の進行を要因とする遊牧集団また周辺村落からの人口流入にくわえて、トンブクトゥ国際空港の開港を契機とする観光客の増加などに要因をもとめうる。人口調査でのトンブクトゥ市の範域は、トンブクトゥ・プロパーともいうべき旧市と新市からなる既成市街地にくわえて、その外方にひろがる周辺一帯、具体的には、南郊のアバサドゥ（Abasadu）また外港のカバーラを含んでいる。

（1）1996年人口調査――資料としての家族帳簿

　ほぼ10年ごとになされる人口調査は、日本でいえば、国勢調査にあたる。国勢調査の際には、それにさきだって世帯を単位とする調査世帯一覧が作成される。おなじようにマリでは、人口調査の際に家族を単位として家族帳簿（Carnet de Famille）が作成される。しかし日本の調査世帯一覧は国勢調査の準備のためのものであるが、マリでは家族帳簿の作成が人口調査となる。家族帳簿は冊子体の帳簿で、つぎのような事項からなっている。

　まず戸主（chef de famille）の氏名を掲げ、それにつづけて戸主の性別・エスニシティ・年齢・職業を列記する。ついで、戸主が生活をともにしている共住親族について、その性と年齢、さらに有職者の場合には職業が記載される。配偶者については、それらにくわえて、エスニシティが記入されている。

　1992年と99年の臨地調査の際に、許可を得て、家族帳簿を市役所で閲覧・筆写した。1992年の調査時には、男女別・エスニック集団別に在住人口の構成をあきらかにするこ

とを目的としていたので、筆写対象を戸主・配偶者のエスニシティ、男女別共住家族員数に限定した。また99年の臨地調査の際には、トンブクトゥの人口構成をより多面的に分析することをめざして筆写対象を拡大した。その際の筆写事項と留意点とをあげると、つぎのように要約できる。

　① 戸主と配偶者のエスニシティ　：　トンブクトゥをふくむ西アフリカ一帯の家族制度は、例外もあるが、家父長制家族を基本とする。そのため家族帳簿は、家父長をもって戸主としている。しかし離婚あるいは死別家族も多く、その場合には離別女性・寡婦が戸主として記載されている。また、ごく一部の遺漏はあるが、ほぼすべての戸主とその配偶者について、申告したエスニシティが記載されている。それをもとに、婚姻とエスニシティとの関係を検討することができる。もちろん同一エスニシティ内の結婚が圧倒的に多いが、異エスニシティ間結婚も散見される。

　② 家族員の男女別構成とその年齢　：　家族帳簿には、個々の家族員の性別と年齢が記載されている。筆写にあたっては男女別に合算して、その員数のみを転写した。

　③ 家族内有職者の職業　：　職業に関しては、有業者全員ではなく、家族を単位とする職業構成をあきらかにすることに調査目的を設定した。そのため、基本的には戸主の職業をもって、その家族の職業とみなして筆写した。しかし前述したように、戸主が女性である家族も相当数にのぼり、その場合に家族の職業をどのように判断するかという問題に遭遇した。このことをふくめて、のちに XI でトンブクトゥの職業構成を検討する際に、あらためて採録・筆写の方針について説明することにしたい。

　しかし家族帳簿の資料利用にあたっては、より大きな問題があった。Ⅷ—(3)—4 で大区の代表者であるアミールの職務について述べた際に、ジンガレイベル大区のアミールは、大区内への転入・居住を希望する者に許可を与え、市役所に同行して身元保証をしたうえで世帯登録証の交付を依頼することを職務の1つにあげていた。これらの手続きを経て、新規転入者とその家族は市役所に登録される。その登録簿となるのが、人口調査の際に作成された家族帳簿である。

　そのため、家族帳簿は人口調査の終了後も住民登録簿として継続使用され、転入・転出にともなう加除修正がくりかえされていく。1999 年の閲覧・筆写の際に利用できたのは、96 年の人口調査時に作成され、それ以後およそ3年間、加除修正がくり返されてきた家族帳簿であった。しかも部外者には、家族帳簿のうえで、どの部分までが人口調査時に作成されたものであり、どこからがそれ以後の継続使用部分かを判断することはできない。

　まず、この点について、市役所の人口調査担当者から人口調査時の作成範囲を大区ごとに確認した。その確認範囲内に記載された家族を、96 年の家族帳簿作成時の在住家族と

した。これらの家族に記入された加除修正は作成時以降のものとみなし、筆写の対象とは
しなかった。したがって同範囲内に記載されているが、閲覧時には家族全員が抹消されて
いる場合には、その家族も 96 年当時の在住家族とみなした。こうした手続きによって、
1996 年の人口調査時の家族構成を再構成しつつ、筆写作業をおこなった。

（2） 人口とエスニシティ――14 の在住集団

　筆写作業にもとづく集計結果をもとに、前述した 6 つの大区からなるトンブクトゥの新
旧市街地を対象として、主としてエスニシティの観点から在住人口について検討すること
にしたい。

（2）―1　人口概観――大区別総数・家族規模・性比

　1996 年の家族帳簿によるトンブクトゥ市の集計人口は、21,890 人となる。同年の人口
調査にもとづく市の人口は、28,167 人であった。両者のあいだには、6,277 人の相違があ
る。しかし人口調査でのトンブクトゥ市の範域は、前述したように、トンブクトゥ市街地
の南方にひろがるアバサデュと外港・カバーラの 2 大区をふくんでいる。筆写作業で対象
としたのは、アバサデュと外港・カバーラの両大区をのぞいて、トンブクトゥの既成市街
地にあたる旧市と新市の 6 大区であった。この対象範囲の相違が人口差をうみだした理由
であろう。

　この点について検証すると、1996 年の人口調査による在住人口は、アバサデュが 4,528
人、カバーラが 1,877 人であって、両者をあわせると 6,405 人となる。この合算人口は、
前記の筆写作業による集計人口と人口調査の差＝ 6,277 人と近似し、両者のあいだの相違
は 128 人となる。このことは、旧市と新市をあわせたトンブクトゥの人口特質の検討をめ
ざす際に、家族帳簿にもとづく集計結果は十分に資料となりうることを示している。

　トンブクトゥの人口を概観するために、表 1 に、集計結果にもとづく大区別にみた家族
数と男女別人口・性比などを掲げた。市役所の「公定大区界」にしたがえば、トンブク
トゥの大区は、市街地との領域関係をもとに、A） 旧市のみからなる大区、B） 旧市と新
市の両者からなる大区、C） 新市のみからなる大区の 3 つに分かたれる。表 1 は、この大
区 3 分類にしたがって作表している。しかしトンブクトゥ市役所は、旧市を領域にふくむ
A） と B） とをあわせて旧大区、新市のみからなる C） を新大区として、2 つに大分類し
ていた。

　この大分類にしたがって、全市の人口と世帯数に占める旧大区の比率をとると、家族数
の 50％、人口の 53％ となる。前掲した図 20 からあきらかなように、面域では、旧大区よ

表1　大区別　家族数・男女別人口・性比──1996年

大　　区 （ファランディ）		家族数	人　　口			平均家族人口	性　比
			男	女	計		
A) 旧 大 区	① ジンガレイベル	256	890	900	1790	7.0	99
	② バジンディ	252	900	961	1861	7.4	94
B) 新・旧両大区	③ サンコーレ	429	1597	1500	3097	7.2	106
	④ サライケイナ	711	2481	2292	4773	6.7	108
C) 新 大 区	⑤ アバラジュ	783	2514	2404	4918	6.3	105
	⑥ ベラ・ファランジ	862	2801	2652	5453	6.3	106
	計	3293	11183	10709	21892	6.6	104

（性比：女性100人あたりの男性人口）

りも新大区が圧倒的に大きい。しかし家族数と人口に関しては、面域がはるかに小さい旧大区が新大区と折半しあっているといえる。

　これは、もちろん両者の居住密度が大きく異なることに由来する。密度の相違をさらに増幅しているのは、両者のあいだでの平均家族人口の相違である。**表1**は、平均家族人口が、旧大区では6.7〜7.4人、新大区では6.3人であることを示す。その背後には、新大区が人口の流入地区であり、相対的に若い世代の家族が多いということがあろう。同表にはあらわれていないが、旧大区と新大区とのあいだには、後述するように住戸の敷地面積での相違も存在する。当然、旧市の敷地面積が小さい。大区全体だけでなく、家族の居住単位である住戸敷地においても、新大区にくらべて、旧大区の居住密度がはるかに大きい。

　女性100人あたりの男性人口をもって性比とすると、トンブクトゥ全体の性比は104人と、男性にかなり偏倚している。しかし男性の単身流入者が多いアフリカ都市としては、この性比はとりわけ高い数値ではない。むしろ興味ぶかいのは、旧大区の核心ともいうべき大区①と②の性比が逆に女性に偏倚していることである。他の4つの大区の性比は105〜108であって、両者のあいだには顕著な相違が存在する。

　その要因は、のちにくわしく検討する職業構成の相違にもとめることができよう。後出する**表7**の「L　分類不能・不明」のほとんどを占めるのは、女性を戸主とし職業を「家事」とする家族群である。「L　分類不能・不明」の構成比率は、大区①と②では14〜16％を示し、大区④〜⑥の8〜11％よりも大きい。これは、離別者・寡婦を戸主とする家族が多いことを意味し、大区①と②の性比を女性に偏倚させる要因としてはたらいていよう。

(2)—2　エスニシティと植民地支配──アフリカとアジア

　在住エスニック集団を個別的に検討するまえに、家族帳簿が記載するエスニシティについて注釈しておきたい。結論からいえば、それらは、植民地支配をつうじて個別化された

エスニシティだということである。

16世紀以降に展開した植民地支配は、ほとんどがヨーロッパ諸国による支配であった。その統治の体制は、たとえば国民国家のそれと比較すると、2つの点で大きく相違する。1つは現地とはまったく無縁なヨーロッパ諸国による権力支配であること、もう1つはごく少数の支配者が圧倒的多数の先住集団を統治する体制であること、の2点である。このような状況下での少数者による異民族支配は、当然、統治の効率性を重視するものとならざるをえない。その過程で、外来の支配者によって、エスニシティに新しい意味が付与されていった。

もちろんエスニシティそのものは、植民地化の以前からたがいに意識され、それをもとにして各集団のアイデンティティが形成されていた。しかしヨーロッパ列強による植民地化は、支配者に新たなニーズをうみだした。それは、実効支配を効率的におこなうために、なんらかの基準によって現地住民を分級することが必要となったことである。

西アフリカさらにはアフリカ全体で、フランスやイギリスが分級基準として採用したのがエスニシティであった。植民地化以前の西アフリカにおけるエスニシティについて、坂井は「異なる生業、職能、言語、慣習などからなるひとつの複合的なシステムであり、（エスニック集団をふくむ）特定の社会集団は、このシステムのなかで……ひとつの位置をもつことによって特定の集団としてのアイデンティティと政治経済上の地位をもつように」なるのであって、「特定の民族集団に帰属させられるような「文化」では」なかったと説明する[363]。

つまりエスニック集団は、複合的な全体社会を構成する部分要素の1つであって、自己完結的なシステムとして存立する社会集団ではなかったということである。しかし効率的な支配のためには、エスニシティが他のエスニシティとのあいだで本来もっていた複雑かつ微妙な差異の重層関係、またそれをもとに成立していた共生関係などは切り捨てられて、エスニシティと言語がきわめて単純化された明確な分級基準としてとりだされたのである。言語を基準としてエスニシティが設定され、それが被支配集団を分断する支配の枠組として活用されることになった。

植民地支配のために被支配集団を効率的に分級することは、アフリカにかぎらず、アジアにおいても普遍的にみられた。東南アジアでは、アフリカとおなじく、その分級基準として採用・強調されたのはエスニシティであった。白石隆は、東南アジアでは、植民地支配下でエスニシティによる先住民の差異化が強化されたとしている[364]。

またインドでも、イギリス支配下で被支配集団の分級基準として活用されたのは、ヴァルナ（Varna）とジャーティ（Jāti）、つまり一般にカーストとよばれるものであった。もち

表 2　大区別・エスニシティ別　家族数・人口——1996 年

エスニシティ	① ジンガレイベル 家族数	人口	② バジンンディ 家族数	人口	③ サンコーレ 家族数	人口	④ サラインイナ 家族数	人口	⑤ アベラジェ 家族数	人口	⑥ ベラ・ファランジ 家族数	人口	計 家族数	人口	人口比率
I　アラブ	6	50	14	133	41	301	16	146	217	1435	2	14	296	2079	9.50
モール	1	2	6	35	18	85	4	24	12	61			41	207	0.95
II　ソンライ	203	1423	212	1596	279	2109	288	2059	61	384	4	23	1047	7594	34.69
タマシェク	27	193	8	46	72	491	347	2190	479	2952	853	5374	1786	11246	51.38
III　マルカ							1	7					1	7	0.03
ボゾ	1	6											1	6	0.03
ソモノ							1	5					1	5	0.02
IV　ドゴン	1	3					1	8					2	11	0.05
ボボ					1	6	1	4					2	10	0.05
V　バンバラ	13	92	9	38	7	25	36	214	4	25	3	42	72	436	1.99
プール	4	21	3	13	11	80	13	100	8	51			39	265	1.21
サラコレ							1	1					1	1	0.00
カソンケ							1	12					1	12	0.05
ウォロフ							1	3	1	9			2	12	0.05
不　明									1	1			1	1	0.00
計	256	1790	252	1861	429	3097	711	4773	783	4918	862	5453	3293	21892	100.00

I：北方系　　II：地元系　　III：ニジェール川内陸デルタ系　　IV：ニジェール川以南の南方系　　V：ニジェール川上流域の西方系

ろん四姓と和訳されてきたヴァルナも、また職業などともむすびついたジャーティも、ともに古代から存在していた社会制度であった。しかしヴァルナもジャーティも、本来は差異・差別のために強調される集団ではなく、それぞれ、社会生活の円滑な遂行という共通の目的のために必要な職能・職位などにかかわる集団であった。効率的な支配のためにヴァルナとジャーティを被支配集団の分級基準として強調したのが、イギリスによるインド支配であった。差別の体系としてのヴァルナ＝ジャーティ制度は、英領インドという植民地支配下でむしろ強化されることになった。

　家族帳簿が記載するエスニシティは、このような植民的言説に彩られた集団の分級である。当然、同帳簿から筆写・集計したエスニック集団は、植民地支配下でフランスによって推進されたバイアスを帯びた分級であったということに留意する必要がある。その点を念頭において、トンブクトゥに在住するエスニック集団の検討へと移ることにしたい。

(2)―3　在住エスニック集団概況
――本貫地・歴史・生業

　各大区に居住する家族と人口をエスニシティ別に集計して、**表 2**を作

成した。同表の最左列に一覧したように、家族帳簿に記載のエスニック集団は計 14 を数える。マリは、多民族国家として知られ、同国に在住するエスニック集団の数は、主要なものにかぎっても 23 ないし 24 とされている。それらの集団は、それぞれの本貫地あるいは本拠地ともいうべき特定地域とむすびついている。

　14 のエスニック集団のうち、家族数 1 ないし 2 のみの少数集団が過半の 8 を占めている。そのほとんどは、首都バマコからトンブクトゥ州に派遣された政府機関などの管理者や専門技術者の家族である。これらの少数集団をふくめて、14 のエスニック集団は、本貫地の所在地をもとに 5 グループにまとめうる。表 2 の最左列に記入した I～V が、それにあたる。まず、I～V のグループ別に、各エスニック集団の歴史またトンブクトゥとのかかわりを簡単にみておくことにしたい。

　① **グループ I：　北方系集団**　　アラブ（Arab）人とモール（Maur）人からなり、全在住人口の約 10% を占める。モール（ムーア、Moor）という呼称は、マグリブ地方に住むムスリムを総称する集合名詞として、ヨーロッパ人によって使用されてきたものである。この定義によると、マグリブ在住のアラブ人も、モール人にふくまれることになる。しかもモール人とアラブ人のあいだには、ともにムスリムであることにくわえて、人種的には白色系のコーカソイドに属し、言語的にはアラブ語を母語としていることなどの共通性がある。

　しかし両者は、別個の集団として意識され、区別されている。アラブ人は、アラビア半島を本貫地として、西アジアから北アフリカ一帯にひろがるアラビア語を母語とするセム系の集団、これに対してモール人は、マグリブの先住民であるセム系のベルベル人のうち、アラブ人との接触をつうじてアラブ化したベルベル人集団とされる。

　アラブ人は、東方からヒトコブラクダを導入して 7 世紀後半にサハラに進出し、サハラ縦断交易は彼らを主要な担い手としていた。生業からいえば、アラブ人は商業・交易民に属する。彼らはサヘルにイスラームをもたらし、また彼らによってナツメヤシ、ワタ、サトウキビなどの農作物もサヘルに将来されたといわれる[365]。

　モール人は、アラブ人よりもやや遅れてサハラからサヘルに進出し、キャラバン交易の担い手また牧畜民として活動してきた。彼らの主要家畜は、北方ではヒトコブラクダ、南方でウシであった。トンブクトゥのもっとも重要な活動であったサハラ縦断交易は、主として北方系の両集団によって担われてきたのであった。

　② **グループ II：　地元系集団**　　ソンライ人とタマシェク人からなり、ともにトンブクトゥをふくむニジェール川大湾曲部の東半部を本貫地とする。全人口に対する比率をとると、ソンライ人が約 35%、タマシェク人が約 51% であって、トンブクトゥの人口の圧

倒的な部分を両集団が占めている。この点を強調すれば、現在のトンブクトゥはニジェール川大湾曲部東半の1地方都市ともいえる。しかしそのように断言できないのは、全人口の10%を占めるグループⅠに属する前記の北方系エスニック集団の存在である。

ソンライ人はソンガイ（Songhaï）ともよばれ、ソンライ語を母語とする。ニジェール川内陸デルタの有力な農耕・牧畜民であると同時に、ニジェール川南方の諸地方との交易でも重要な役割を担ってきた商業民であった。後述するマンデ系集団とは異なって、彼らの交易活動は広域におよぶことなく、本貫地を中心とした局地的なものであった。彼らはトンブクトゥ住民の主要部分を占め、トンブクトゥでは、みずからを「町の人」を意味するコイラボロ（Koyraboro）と称する。

15〜16世紀にガオを本拠地として栄えたソンガイ帝国は、その名のとおり、彼らの建設国家であった。同帝国は、1591年のモロッコ軍の侵略によって崩壊し、それを契機に、支配集団であったソンライ人は2つに分裂する。東方のオンボリ（Honbori）山地一帯に逃散した集団とトンブクトゥに残留した集団の2つである。後者は、さらに2グループに分かれていく。第1のグループは、進駐してきたモロッコ人兵士とソンライ人女性との混血集団で、アルマ（Arma）とよばれる。彼らは、モロッコの占領時代にはトンブクトゥの支配層であった。第2のグループは、アルマに従属する農奴ともいうべきソンライ人で、ガビビ（Gabibi）とよばれた[366]。トンブクトゥ在住のソンライ人の多くは、ガビビに属するとされている。

タマシェク人はベラ（Bella）ともよばれ、表1・2で、大区名の⑥として掲げたベラ・ファランジは「ベラ人の大区」を意味する。トンブクトゥを構成する6つの大区のうち、エスニック集団の名を大区名とするのはベラ・ファランジのみで、同大区は、名のとおりベラ人が圧倒的に優占する地区となっている。タマシェク人は、トゥアレグ語のトンブクトゥ一帯での方言であるタマシェク語を母語とする。トゥアレグ語を母語とする本来のトゥアレグ人は、モール人とおなじく北方のベルベル系コーカソイド集団に属する。トンブクトゥでは、彼らを白色トゥアレグとよんでいる。これに対してトンブクトゥでベラと総称されるタマシェク人は、黒色のネグロイドからなる集団である。そのため、彼らは黒色トゥアレグとよばれることもある。

このように、タマシェク人はトゥアレグ人の下位集団、ベラ人はタマシェク人の下位集団として、[トゥアレグ＞タマシェク＞ベラ]という関係で整理できる。しかしタマシェク人とベラ人はネグロイド、トゥアレグ人はコーカソイドであって、彼らの関係は人種をまたがっている。共通するのは、ただ使用言語がトゥアレグ語とその方言だという点のみである。それを唯一の共通項として、これら3集団がタマシェク人として家族帳簿では合

体されている。差異の存在を無視して、使用言語を分級基準として、3つのエスニック集団が一括されてしまっているのである。

使用言語にもとづくタマシェク人への一括化は、前述した植民地下での単純化された基準にもとづく被支配集団の分級の具体例といえる。もちろん、そのような一括化がなされた背後には、トゥアレグ社会の階級制度があった。彼らの社会は、3つの階級からなる明確な成層社会を形成していた。最上層に位置するのがコーカソイドの白色トゥアレグ人で、下位に2つの階級を従属させた貴族階級にあたる。彼らは、同時に機動性に富む軍事集団として、サハラ沙漠だけでなく、その外部世界に対しても君臨してきた。トンブクトゥでのキキトリによると、トゥアレグ人貴族がトンブクトゥを訪れることはまれだったという。

第2の階級は自由民で、彼らも白色トゥアレグ人に従属する存在であった。彼らはネグロイドとコーカソイドの混血集団とされるが、その混血の度合いはさまざまであった。彼らは、主としてサハラ沙漠とその周辺で、ラクダなどの遊牧・放牧に従事していた。

第3の階級は奴隷で、トンブクトゥをはじめサハラ沙漠周縁のサヘル帯に定着し、貴族・自由民のための食料生産に従事してきた。トンブクトゥでベラとされる集団は、この白色トゥアレグ人の農耕奴隷にあたる。彼らは人種的にはネグロイドなので、先述したように黒色トゥアレグともよばれる。現在ではベラは奴隷身分から解放されて、自由民となっている。しかし後述するように、彼らの職業は、現在も圧倒的に農耕従事である。

③ グループⅢ： 内陸デルタ系集団　マルカ（Marka）、ボゾ（Bozo）、ソモノ（Somono）の3集団で、いずれも、ニジェール川大湾曲部の内陸デルタを主たる居住域とする。しかし居住域がトンブクトゥに近いにもかかわらず、家族帳簿にはそれぞれ1世帯が記載されているのみである。その理由としては、集団の人口規模が小さいこと、現在のマリ国の支配集団ではないこと、さらにその主たる活動域がニジェール川本流とその南岸一帯であって、トンブクトゥが位置する北岸部からは離れていることなどが考えられる。

生業からみると、マルカ人は内陸デルタの低湿地の稲作農耕民、ボゾ人とソモノ人はニジェール川水系の漁労民である。ボゾ人はみずから小舟を造るが、ソモノはそのような技術をもたないとされる。これら3集団は、農耕あるいは漁労という本来の生業のほかに、いずれも内陸デルタを場とする交易活動に積極的に進出していた。

マルカ人は、ソニンケ（Soninké）人の東方拡散にともなってニジェール川内陸デルタに定着した集団にあたる。言語も、いまではソニンケ語ではなく、マリンケ語やバンバラ語を母語としている。彼らは、ジェンネ、モプティ（Mopti）、サン（San）などのニジェール川南岸に位置する諸都市の主要住民であり、そこでの商業活動を担ってきた。しかし1996年の家族帳簿での在住マルカ人は、1家族にすぎない。彼らは、ニジェール川南岸の

諸都市では主要住民であるにもかかわらず、北岸に位置するトンブクトゥでの彼らの居住家族・人口は極度にすくない。それは、彼らの商業活動が南方、具体的にはニジェール川内陸デルタと同川南岸地方を指向していたことを反映するものであろう。

　この点は、ボゾ人またソモノ人の交易活動への参入についても妥当する。彼らの同活動への参入は、交易・商業活動そのものではなく、漁労活動の延長として舟運による商品・貨物輸送への参入であった。とりわけ＜北のトンブクトゥ・カバーラ⟷南のジェンネ＞間の舟運輸送への参入であった。その舟運輸送は、ニジェール川の増水期を活動期としておこなわれた[367]。彼らの本来の生業である漁労は、主として減水期を活動期としている。その代表的な漁労法の1つに、小河川を横断するようにジェネとよばれる巨大な筌（うえ）をよこならびに連結させて魚を捕獲するものがある。このような方法での漁獲は、当然、河川水量が減水する乾期を適期とする。

　ボゾ人やソモノ人にとっては、漁労と舟運輸送は、二者択一的な関係にある活動ではなく、ニジェール川の増水期と減水期という河況の季節的変動に連動しておこないうる両立可能な相補的活動であった。両集団の活動空間は、漁労にしろ、舟運輸送にしろ、ともにニジェール川の河流そのものにある。現在では、内陸に位置し、ニジェール川本流から切離されてしまったトンブクトゥは、彼らにとっては大量居住の場とはなりえなかったのであろう。

　前言したようにマルカ、ボゾ、ソモノの在住家族数は、ともに1家族のみである。その職業は、のちにくわしく検討するが、いずれも専門的・技術的職業に属する。それらは、マルカの場合には稲作農耕と商業、ボゾとソモノの場合には漁労と舟運輸送という本来の生業とは無縁のものである。独立以後の国家形成のなかで、教育をつうじて習得した専門技術によって得た職業である。集団の生業とはまったく異なった新しいネットワークのなかで、グループⅢの3世帯はトンブクトゥに在住しているのである。

　④　**グループⅣ：　南方系集団**　　ドゴン（Dogon）、ボボ（Bobo）の2集団からなる。彼らの在住家族数はいずれも2家族であって、グループⅢとおなじくごく少ない。ドゴン人またボボ人はともに農耕民で、その主たる居住域は、ニジェール川内陸デルタを離れた南方のマリ中南部から隣国のブルキナファソにかけての一帯である。ドゴン人は、イスラーム化の波を逃れて西方の本貫地から東遷し、バンディアガラ（Bandhiagara）の急崖地帯にアジールの地を見いだした。彼らは、不毛な岩山と山麓の痩せた土壌を肥培管理して集約的な穀物耕作をおこなうとともに、独自の文化を保持してきた。

　またボボ人は、ブルキナファソの西部地方を主要居住域とする。同地方の中心都市であるボボ・デュラッソ（Bobo-Djoulasso）の名は、彼らに由来する。家族帳簿に記載の職業に

関しては、ドゴン人とボボ人とのあいだには相違がある。ドゴン人の場合には、2家族ともに専門的・技術的職業で、グループⅢとおなじである。しかしボボ人の2家族の職業は一般事務と生産従事者となっていて、中央政府とは無縁のネットワークをつうじてトンブクトゥに来住してきたことを物語る。

　⑤　グループⅤ：　西方系集団　　5集団からなり、いずれもニジェール川内陸デルタ西方のマリ西部からセネガルにおよぶ広大な範囲を本貫地としている。具体的には、バンバラ（Bambara）人、プール（Peul）人、サラコレ（Sarakolé）人、カソンケ（Kassonké）人、ウォロフ（Wolof）人である。言語的には、もっとも西方を本貫地とするウォロフ人とプール人は西アトランティック系語派に属するが、より東方のニジェール川の中・上流域を本貫地とする残りの3集団はマンデ系語派に属する。後者は、言語の共通性にくわえて、かつてのマリ帝国につらなる歴史を共有しあう集団であって、この歴史も含意して「マンデ」と総称される。しかし「マンデ」という呼称も、植民地支配の要請から普遍的に使用されるようになったとされる[368]。

　マンデ系集団は、歴史をつうじて、ニジェール川内陸デルタ西半部からセネガルにおよぶ西スーダーン一帯の中心的な集団であった。その初期の中心集団はソニンケ人で、サラコレ人は彼らの末裔とされる。彼らは、モール人によって開始されたサハラ縦断交易のサヘル側のカウンターパートであり、塩金交易に基礎をおくガーナ帝国の建設集団であった。同帝国の崩壊後、ソニンケ人は商業民として西アフリカ各地に拡散し、バンバラ人などのマンデ系集団とともにマリ帝国の建設集団となった。初期トンブクトゥの交易活動を担ったワンガーラ人は、ムスリムのソニンケ人にあたるとされる[369]。

　バンバラ人は、現在のマンデ系集団の中心的存在である。彼らは農耕民で、低湿地をさけて、高燥な砂質土壌地帯でトウジンビエなどの高稈性穀物作物の栽培を主たる生業としてきた。そのため彼らは、図5のニジェール川内陸デルタの南西端に記入したマッシーナ（Massina）から東方へとひろがる同デルタ本体部の低湿帯へは進出していない[370]。彼らの根拠地はマッシーナ南西方の砂質土地帯に位置しているセグー（Ségou）で、18〜19世紀にはここを中心にしてセグー王国を建設した。

　バンバラ人は、人口規模においてもマリ国最大の集団で、現在の政治・軍事権力の中枢部を占めている。後述する職業構成でも管理的職業に従事する家族が多いことも、マリにおける彼らの支配的地位を物語る。

　グループⅤでバンバラ人についで在住家族数が多いのは、プール人である。プールとはフランス人の呼称で、彼ら自身はフルベ（Fulube）と称する。家族帳簿は彼らの集団名をプールとして記載しているので、ここではその呼称にしたがうことにした。プール人は西

アフリカを代表する牧畜民で、とくにウシ飼養を中心的な生業としている。また夏の雨期には、補助的な活動として高稈性穀物作物の栽培もおこなう。

　プール人は、人口ではバンバラ人よりも少ないが、その活動域はバンバラ人よりも大きく、本貫地のセネガル川上流域からニジェール川内陸デルタ一帯にまでおよぶ。内陸デルタにおける彼らの根拠地は、前記のマッシーナであった。バンバラ人がニジェール川内陸デルタの内部へと東進できなかったのは、同デルタの低湿環境を主たる要因としているが、マッシーナに拠るプール人によって阻止されたという一面もある。

　18〜19世紀に、イスラーム化またイスラーム国家の建設運動がジハード（聖戦）の名のもとで西アフリカ一帯を席巻する。それを領導したのは、プール人のイスラーム指導者であった。それを契機に西アフリカ一帯にイスラーム国家が成立し、フルベ・イスラーム王国と総称される。フランスによる西アフリカの植民地化は、各地に割拠するフルベ・イスラーム王国を個別撃破していくことによって完成した。

　バンバラ人とプール人をのぞくと、グループVとした他の3集団の在住家族数はごく少なく、グループIII・IVと同様に1ないし2家族にすぎない。これら3集団に属する計5家族の職業は、1家族をのぞいて管理的職業に属する。彼らの来住は、本来の生業ネットワークをつうじてではなく、中央政府によって任命・派遣されたものであることを示す。同グループに属するウォロフ人も、14〜16世紀にセネガルで興隆した王朝の建設集団であった。

　以上の家族帳簿に記載された計14のエスニック集団のうち、在住家族数が1ないし2のエスニック集団が8集団に達する。それら8集団に属する家族の職業は、中央政府から任命・派遣された管理的・専門的職業従事者がほとんどであった。この点に、トンブクトゥ州の州都という地方中心都市と化したトンブクトゥの現状をよみとりうる。もしトンブクトゥが現在も活発な経済都市であるとすれば、都市力をもとに遠隔エスニック集団をより強力に吸引することができたであろう。

　このことを逆言すれば、14エスニック集団のうち在住家族数が30家族を越えるものは、6集団のみということになる。それら6集団のほとんどが、人口規模の大きいマリの代表的なエスニック集団で占められている。マリ共和国は、フランス語を公用語とし、話者人口の多いバンバラ、プール（フルベ）、ソンライ、タマシェックの4言語を国語と定めている。これらの4つの国語集団は、トンブクトゥでも在住家族数の多い前記の6集団に含まれている。

　残る2主要集団は、グループIとした北方系のアラブ人とモール人である。アラブ人とモール人は全国的にはごく少数の集団ではあるが、トンブクトゥでは相対的には有力人口

集団の地位を占めている。それは、歴史をつうじてトンブクトゥが培ってきた北方のサハラ・マグリブとの紐帯が現在も持続していることを示す。しかし他方では、グループⅡの近在集団であるソンライ人とタマシェク人の両集団は、在住家族数 3,293 の 86％ という圧倒的多数を占めている。この点をあわせ考えると、トンブクトゥは地方中心都市であると同時に、1 地方都市という性格をあわせもつといえる。

(3) エスニック集団と居住隔離——過去半世紀間の変動

エスニック集団、とりわけ家族数・人口ともに多い有力集団は、市街地に拡散して居住するのではなく、たがいに特定の範域に集住して住み分ける傾向がある。それを、居住分化あるいは居住隔離とよぶ。ここで、1940 年のマイナーの調査を参考にしつつ、大区を単位としてエスニック集団の集住傾向について検討することにしたい。1996 年は、彼のトンブクトゥ調査の 56 年後にあたる。彼の調査と比較することによって、20 世紀後半期におけるエスニック集団別居住分化の変動を推測することが可能となる。

マイナーは、当時の大区を単位として、主要な在住エスニック集団の集住傾向を要約・表示している[371]。しかしその利用にあたっては、1 つの問題がある。それは、対象が最有力集団のみに限定されていることである。彼がとりあげたのは、アラブ、ベラ（タマシェク）、アルマ、ガビビの 4 集団であった。このうちアルマとガビビは、1996 年の人口調査には記載されていない集団である。しかし両者はソンライ人の内部区分なので、合体させてソンライ人とすることにした。したがって彼の資料は、アラブ、ソンライ、タマシェクの 3 主要集団の居住分化にかぎられることになる。1996 年についても、おなじ 3 主要集団に限定して、それらの各大区人口に占める比率を算出することにした。表 3 は、1940

表3　大区別　卓越エスニック集団の変動——1940 年・1996 年

（単位：％）

大	区	調査年次	アラブ	ソンライ	タマシェク	そ の 他
A) 旧 大 区	① ジンガレイベル	1940 年		★★		
		1996 年	2.8	79.5	10.8	6.9
	② バジンディ	1940 年	★	★		
		1996 年	7.1	85.8	2.5	4.6
B) 新・旧両大区	③ サンコーレ	1940 年	★★			
		1996 年	9.7	68.1	15.9	6.3
	④ サライケイナ	1940 年	★★	★		
		1996 年	3.1	43.1	45.9	7.9
C) 新 大 区	⑤ アバラジュ	1940 年	★★			
		1996 年	29.2	7.8	60.0	3.0
	⑥ ベラ・ファランジ	1940 年			★★★	
		1996 年	0.3	0.4	98.6	0.7

マイナーによる存在性評価　★ 顕著な存在　★★ 支配的存在　★★★ 独占的存在

年のマイナーの調査結果と 1996 年の大区別人口構成比とを並示したものである。

　マイナーは、★記号の数で 3 段階に分類して、1940 年の 3 主要エスニック集団の各大区での人口比重を表している。表 3 下端に付記したように、★★★は当該大区の人口がその集団によって独占状態にあること、また★★は支配的な存在であること、★は顕著な存在であることを示す。定性的な評価ではあるが、この 3 段階区分を手がかりとして、1940 年の主要エスニック集団の大区別集住を考えることにしたい。一方、1996 年については、同年の人口調査時に作成した家族帳簿の集計結果にもとづく大区別人口構成比である。大区と旧市・新市との領域関係を考慮しつつ、表 3 をもとに主要エスニック集団の居住状況を検討すると、以下のように要約できる。

　A）旧市のみを領域とする大区　　①ジンガレイベルと②バジンディの 2 大区が、これにあたる。両者は、ともに在住人口の圧倒的部分をソンライ人が占め、その比率は、①ジンガレイベル大区では 80％、②バジンディ大区では 86％ に達している。彼らは、トンブクトゥをふくむニジェール川大湾曲部の東半一帯の主要住民であるとともに、トンブクトゥの最盛期にあたるソンガイ帝国の建設集団であった。1940 年の調査をもとに、マイナーは、①ジンガレイベル大区については、ソンライ人のみに★印を記入して、ソンライ人を同大区の優越集団としている。同大区は、トンブクトゥの最初の都市化地区であり、ソンガイ帝国時代には上層ソンライ人の居住区であった。同大区は、過去 50 年余のあいだ変化することなく、ソンライ人のほぼ独占的な居住区であったことを物語る。

　②バジンディ大区は、①ジンガレイベル大区の北方と東方に接続する大区である。マイナーは、同大区についてアラブ人とソンライ人を「顕著な存在」としていた。しかし 1996 年には、ソンライ人が同大区のエスニシティ構成の圧倒的多数を占めている。過去半世紀のあいだに、②バジンディ大区のエスニック人口構成が大きく変化したことを物語る。

　その変化は、2 方向で観察できる。1 つは、アラブ人人口の著減であり、この 56 年間に、彼らは「顕著な存在」から、人口比率 2.8％ の「顕著な少数集団」へと大きく変化している。もう 1 つは、ソンライ人の激増である。マイナーの時代には、ソンライ人は「顕著な存在」ではあったが、その集中度はアラブ人と同程度であった。したがって過去 56 年間における②バジンディ大区の人口構成の変化をマイナー流に表示すれば、アラブ人の★印の消失、ソンライ人の★印から★★★印つまり「独占的な住民」への転換と要約しうる。

　B）旧市と新市を領域とする大区　　③サンコーレと④サライケイナの両大区にあたる。しかし両大区の新市部分の面域は相違し、図 20 に記入した大区界で明瞭なように、その面域は④サライケイナ大区の方がはるかに大きい。このことが、両者のソンライ人の人口

比率に反映し、同比率は、③サンコーレ大区では68％であるが、④サライケイナ大区では43％に低下する。

　トンブクトゥのソンライ人は、みずからをコイラボロつまり「町の人」と称するように、都市つまり旧市の住民である。ソンライ人の比率が、旧市が多くを占める③サンコーレ大区で3分の2以上を占め、範域に新市を多くふくむ④サライケイナ大区では5分の2に低下するのは、それによって説明できよう。このことは、旧市のみを領域とする先述した①ジンガレイベルと②バジンディの両大区でのソンライ人の比率の圧倒的な高さとも照応する。

　ソンライ人の比率低下を補填するように、人口比率を上昇させているのがタマシェク人である。彼らの人口比率は、③サンコーレ大区では16％にすぎないが、④サライケイナ大区ではソンライ人を上まわる46％を占める。マイナーは、両大区ともにアラブ人を★★印の「支配的存在」、くわえて④サライケイナ大区ではソンライ人を★印の「顕著な住民」としていた。彼の記載から、これら2つの大区でも、人口のエスニシティ構成が過去半世紀のあいだに大きく変化したことをよみとりうる。

　まず、彼が「支配的存在」とするアラブ人の比率は、1996年には、③サンコーレ大区では10％、④サライケイナ大区では3％にすぎない。ここでも、アラブ人の退潮が顕著にみられる。またマイナーが注目していなかったタマシェク人が、とりわけ④サライケイナ大区で人口の半数ちかくを占めるにいたっている。

　このような大きな変化の背後には、大区の範域が変化した可能性も否定できない。まず、それについて検討することにしたい。Ⅷ―(3)で大区と小区について述べた際に、サライケイナ大区では下位単位の小区として、ハマ・バングゥーがあった。同小区は、サライケイナ大区の南東部に位置する。マイナーは、エスニック集団の居住分化の検討に際して、サライケイナなどとおなじく、ハマ・バングゥーを大区として表示している。彼の調査時には、ハマ・バングゥーは独立的な大区とされていたのかもしれない。

　ハマ・バングゥーのエスニシティ構成について、マイナーは、ソンライ人を★★印の「支配的集団」、タマシェク人を★印の「顕著な存在」としていた。彼によれば、当時のハマ・バングゥーでも、タマシェク人はソンライ人よりも少なかったようである。つまり半世紀前の④サライケイナ大区は、1996年よりもタマシェク人の比率の小さい大区であったとしうる。

　④サライケイナ大区の重要な特質は、トンブクトゥのすべての大区のなかで、もっともエスニック集団の多様性がみられることにある。同大区に居住するエスニック集団の数は、表2にみられるように、全14集団のうち13に達している。同表で在住家族数が1ないし

2 にすぎない少数集団のほとんどが、ここに居住している。すでにみたように、これらの家族の職業は、多くが中央政府によって任命・派遣された管理的・専門的職種である。

　フランス領時代の「支配者の顕示空間」をひきつぐ官公署の集積地区は、①ジンガレイベル大区の南東端にあった。それに隣接する街区群が、これらの政府関係者家族の在住地区となっている。現在のマリ政府の中心的なエスニック集団は、バンバラ人である。彼らも、中央政府出先機関の管理的職業に従事するものも多い。このことが、④サライケイナ大区で、バンバラ人をアラブ人よりも多い第 3 位の人口集団へと押しあげている理由であろう。

　Ｃ）新市のみを領域とする大区　⑤アバラジュと⑥ベラ・ファランジの両大区が、これにあたる。両者は、ともに旧市ではごく少ないタマシェク人を最大のエスニック集団としている。その比率は、⑤アバラジュでは 60％、⑥ベラ・ファランジ大区では 99％に達する。すでに説明したように、ベラとは「白色トゥアレグ人」から解放された旧農耕奴隷で、トンブクトゥではタマシェクとは彼らを指す。したがってベラ・ファランジとは、「ベラ人つまりタマシェク人地区」を意味する。その語義が示すように、同大区は、ほぼタマシェク人のみからなる彼らの専住地区となっている。

　⑤アバラジュ大区は「キャラバン・サライ」を原義とし、サハラ縦断交易の終着キャラバン・サライを意味していた。同交易の担い手は、アラブ人とモール人であった。1996 年のエスニシティ別人口構成も、アラブ人が 29％、モール人が 1％で、両者で約 30％を占めている。しかしタマシェク人が在住人口の 60％で、現在では同大区の最大人口集団となっている。

　⑥ベラ・ファランジ大区では、マイナーは、タマシェク人を★★★印つまり「独占的な住民」としていた。このタマシェク人専住地区という同大区の性格は変化することなく、半世紀後にも持続している。また⑤アバラジュ大区について、マイナーはアラブ人のみを★★印とし、彼らを同大区の「支配的存在」としていた。1996 年にも、アバラジュ大区はアラブ人がもっとも集住する地区ではあるが、その人口はタマシェク人の半数にすぎない。マイナーの表記にしたがえば、1996 年の⑤アバラジュ大区のエスニック集団の構成は、タマシェク人が★★印の「支配的集団」、アラブ人を★印の「顕著な存在」ということになろう。

　以上、現在のトンブクトゥを構成する 6 つの大区を単位として、居住人口のエスニシティ構成について、まず、1996 年の家族帳簿からの集計結果をもとに検討した。その結果、大区を単位とするエスニック集団の明瞭な居住分化を確認しえた。それを要約すると、＜旧市の大区におけるソンライ人の集住＞に対する＜新市の大区におけるタマシェク人の

集住＞という両エスニック集団の対抗的な居住分化である。それが現在のトンブクトゥの居住分化を奏でる主旋律であり、それ以外は、ごく副次的な変奏にすぎないといえる。変奏としてあげうるのは、⑤アバラジュ大区における北方系のアラブ人の居住、④サライケイナ大区における西方系のバンバラ人をふくむ少数エスニック集団の居住の2つのみである。

さらに1996年の家族帳簿からの集計結果を、マイナーの1940年の調査と比較対照した。マイナーの調査時においても、エスニック集団の居住分化が観察された。しかしそれは、現在のように、単純化された居住分化ではなかった。＜旧市におけるソンライ人の集住＞：＜新市におけるタマシェク人の集住＞は重要な旋律ではあっても、唯一の主旋律ではなかった。もう1つの重要な旋律は、旧市と⑤アバラジュ大区における「支配的存在」としてのアラブ人の在住であった。彼らは、サハラ縦断交易を繁栄基盤としてきたトンブクトゥの歴史においても、また1940年当時の在住人口としても重要な存在であった。

しかし現在では、トンブクトゥにおけるアラブ人の存在性は縮小している。マイナーの半世紀前の調査は、さらにその点を確認させてくれる。彼は、1940年のフランスによる調査がトンブクトゥの人口を5,000人としているのは過少であって、6,000人くらいが妥当とする。そのエスニック集団別の人口を、アラブ人が1,500人、タマシェク人が1,000人、そして残りの3,500人がソンライ人と推定している[372]。これら3集団の1996年の人口は、ほぼ2,100人、11,200人、7,600人となる。

いま列挙したソンライ人、タマシェク人、アラブ人について、各集団の1946年と1996年の構成比の変動をみると、ソンライ人：58→37％、タマシェク人：17→54％、アラブ人：25→10％となる。この半世紀間に、これら3主要集団の人口そのものは増加している。しかしその増加率には大差があり、それが前記の構成比の変動をうみだす主たる要因であった。過去半世紀の構成比変動を要約すれば、タマシェク人の急増、ソンライ人の低減、アラブ人の著減と表現できよう。

ここから窺えるエスニック集団の人口変動をさらに要約すれば、タマシェク人へのさらなる収斂の進行といえる。このことを踏まえて、さきに指摘した旧市の大区でのソンライ人の優占を再考すると、そこからは別の意味を解読できる。それは、押しよせるように流入するタマシェク人に対して、ソンライ人がやっと確保している橋頭堡という性格を、これらの旧大区からよみとりうることである。⑤アバラジュ大区でのアラブ人とタマシェク人との人口逆転とアラブ人の少数集団化も、押しよせるタマシェク人によってアラブ人が飲みこまれた姿と形容しうる。ここで連想されるのは、トンブクトゥに押しよせる流砂による沙漠化の進行である。トンブクトゥは、沙漠化の渦中で存立しているのとおなじよう

に、人口においても押しよせるタマシェク化の渦中にあるといいうる。

(4) 居住変動のエスニシティ——1990 年〜1999 年

　エスニック集団の居住状況をより具体的に検討するために、旧市から 1 地区、新市から 2 地区を選定して、そこに所在する住戸・宅地の区画（ロット）ごとに現状と居住家族のエスニシティについて調査した。調査区の選定にあたって重視したのは、つぎの 2 点であった。

　(1) 商業地あるいは商住混合地ではなく、住宅地であること。

　(2) モスク周辺の市民生活の中心地区に位置すること。

　臨地調査は、おなじ地区を対象に、1990 年と 99 年の 2 回にわたっておこない、90 年代における変動を住戸・宅地区画ごとに観察した。図 22 は、選定した調査区の位置と範域を示したものである。

　調査区 (1) は、同図に示されるように、旧市の北部ではなく南部に設定した。旧市南部を調査区としたのは、そこが前記の選定方針 (1)・(2) をほぼ満足する地区だからである。旧市の北部地区は「大市場」と「小市場」が立地し、それらを中心として商業店舗と住宅とが混在する。そのため、住宅地でのエスニック集団の居住状況調査という目的から逸脱する。

　さらに調査区 (1) を旧市南部に選定したのは、これ以外にも 2 つの理由による。1 つは、旧市北部に位置する「大市場」と「小市場」を対象として、店舗商人・露店商人のエスニシティと販売商品について別個に調査していたことである。これによって商業地区としての旧市北部の都市的土地利用をあきらかにしうるので、旧市の居住変動調査を南部に集中させることにした。もう 1 つの理由は、1999 年と 90 年に転写した家族帳簿のエスニシティ記載から、前述したように、旧市南部とりわけ④サライケイナ大区で多様なエスニック集団の在住を確認できたことにある。

　調査区 (2) は、旧市北方の新市に属する⑤アバラジュ大区南東部から選定した。図 22 が示すように、そこは、かつてのサハラ縦断キャラバン・ルートがグリッド・パターンを斜行して旧市へと入る地点にあたる。その要衝性は、軍事要塞（現憲兵隊駐屯地）が同調査区南東方に所在していることからも示される。同要塞は 16 世紀末のモロッコ占領時代に建設され、それ以降も、廃絶した時期もあったが、今日まで襲用されつづけている。選定した調査区 (2) はグリッド・パターンの住宅地からなり、そのなかに近隣モスクが含まれている。

　調査区 (3) として、旧市北東方の③サンコーレと⑥ベラ・ファランジの両大区にまた

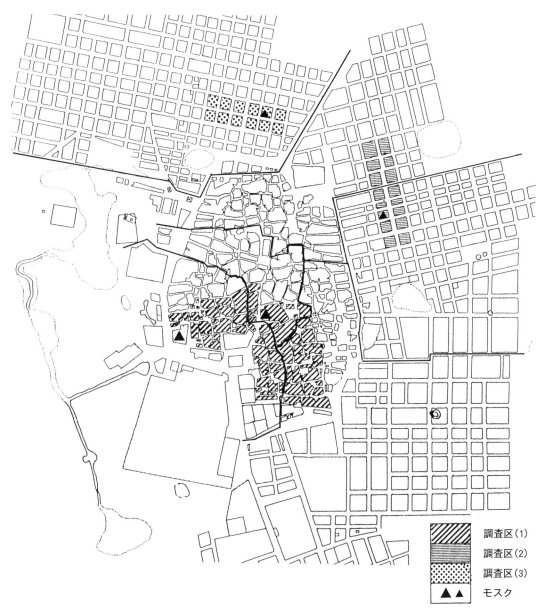

▨	調査区（1）
▤	調査区（2）
▦	調査区（3）
▲ ▲	モスク

図 22　大区界と居住状況調査の選定地区（応地作図）

がる新市のグリッド・パターン街区を選定した。そのベラ・ファランジ側には、近隣モス
クが所在している。前述したように、⑥ベラ・ファランジ大区の在住人口は、ほぼタマ
シェク人のみからなっていた。そこに調査区（3）を設定したのは、大区界を境にして、
その独占状況がどのように変化するかを検討したかったことにある。

　以上の3調査区を対象として、1990年と99年に居住状況に関する臨地調査をおこなった。その方法は、調査区内の街路にそってならぶ住戸・宅地の各ロットをたずね、まず土地利用の現況を確認した。その際、住戸・宅地ロットを、居住用に使用されているロットと無住のロットの2つに大別した。居住ロットでは、居住者——不在の場合には近隣家族——からエスニシティをキキトリし、それをもとに居住住戸をエスニシティによって分類した。各家族から確認したエスニシティは、人口調査時に作成された家族帳簿の記載エスニシティとほぼ一致している。しかし同帳簿に記載されていないエスニック集団に属する家族も、少数とはいえ存在していた。

　3調査区で確認できた在住エスニック集団の数は計19で、家族帳簿から筆写した14集団はすべてそのなかにふくまれている。両者の差の5集団は、まったく新しいエスニック集団である。さきに表2で、14集団をⅠ～Ⅴの5グループに統合・要約して表示した。それらにつづく第6のグループとしてⅥを立て、そこに新規に登場してきた5集団を一括することにした。具体的には、ジェルマ（Djerma）、モシ（Mossi）、マリンケ（Malinké）、ガーナ（Ghana）そしてレバノン（Lebanon）の5集団である。

　このうちジェルマ人はソンライ人とおなじグループⅡ＝地元系集団に属する農耕民で、ソンライ人の本貫地の東方部を主たる居住域としている。モシ人も農耕民で、彼らの本貫地は、グループⅣ＝南方系集団のボボ人の居住域よりも東方のブルキナファソ一帯にある。またマリンケ人はグループⅤ＝西方系集団の多くを占めるマンデ系に属し、かつてのマリ帝国の建設集団であるとともに、交易活動の担い手として東方に進出してきたエスニック集団である。このように、これらの集団は、トンブクトゥに在住するグループⅡ～Ⅴに包括可能な集団といえる。

　しかし残るガーナ人とレバノン人は、それらの既存グループには包摂できない。ガーナ人は、ガーナ国の出身者である。ガーナ国はモシ人の本拠地の南方に所在するので、彼らのトンブクトゥ来住は納得できる。しかしトンブクトゥから遠く離れた地中海東岸のレバント（Levant）地方を本貫地とするレバノン人については、その来住を地理的関係性で説明することは困難である。西アフリカの旧フランス領諸国では、地方中心都市のレベルでも、レバノン人が経営する商店・ホテルなどをみかけることが多い。したがって彼らのトンブクトゥ来住自体は、とりわけ特異なことではない。

　レバノン人は、地中海海域世界の交易活動において、古代から重要な役割をはたしてきた。しかし彼らが同海域世界から遠く離れた西アフリカと組織的にむすびつくのは、20世紀になってからのことである。その契機は、第一次および第二次の両世界大戦のあいだに介在する戦間期に、現在のレバノンとその背後のシリアをふくむ一帯がフランスの委任

統治下におかれたことにある。この時期に、多くのレバノン商人が当時のフランス領植民地へと進出し、商業活動の担い手となっていった。独立後の西アフリカ諸国でのレバノン商人の存在は、フランス植民地時代の遺産といいうる。

写真25 崩壊家屋 トンブクトゥ旧市の住戸ロットには、崩壊家屋や空地に分類できるものも多い。しかしそれは、衰退の表徴ではなく、＜崩壊→更地→新築＞という住戸の新陳代謝が活発になされていることを意味する（応地撮）。

これと同様の外来商人層の形成は、東アフリカの旧イギリス領植民地でもみられた。ケニアやウガンダなどの諸都市では、現在も旧英領インドとりわけ西部インド出身の都市商人が多い。西アフリカにおけるレバノン商人、東アフリカにおけるインド商人のプレゼンスは、かつての宗主国のネットワークをつうじて、ともに植民地時代に形成・強化されたという共通性をもつ。

これらのエスニック集団の確定は、居住ロットの居住者調査にもとづくものであった。しかし3調査区のいずれにおいても、居住に供されていない住戸・宅地がみられる。これらの非居住ロットをグループⅦとし、土地利用の現況をもとに、以下の3つに分類した。

空き家 ： 住戸は現存するが、無住の空き家ロット。トンブクトゥ旧市には、半壊状態であるけれども、なお居住に供されている住戸もみられる。それらを念頭に、一部は崩壊しているが、居住可能と考えうる住戸は、非居住の場合にも、崩壊には分類しないで、空き家とみなした。

崩　壊 ： 住戸が完全に崩落して、崩土と化しているロット。

空　地 ： 住戸・崩土ともに存在しない更地のロット。

以上で、居住状況に関する調査・作図方針の説明を終えて、調査結果の検討へとすすむことにしたい。3調査区で1990年と99年におこなった臨地調査をもとに両年次の居住状況を地図化して、**図23～28**に提示した。その検討へとすすむ前に、各図の凡例について説明しておきたい。

凡例では、訪問ロットを居住と非居住の2つに大別し、前者を居住者のエスニシティを

図23　調査区（1）の居住状況とエスニシティ——1990年（応地作図）

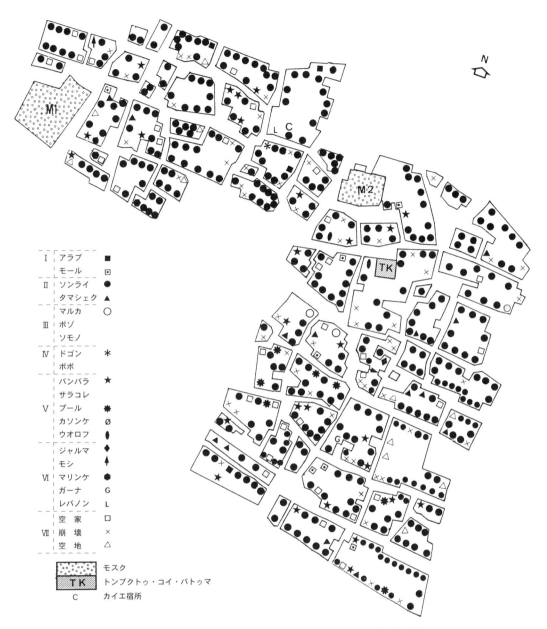

凡例

I	アラブ	■
	モール	◨
II	ソンライ	●
	タマシェク	▲
	マルカ	○
III	ボゾ	
	ソモノ	
IV	ドゴン	*
	ボボ	
	バンバラ	★
	サラコレ	
V	プール	✳
	カソンケ	Ø
	ウオロフ	◖
	ジャルマ	◆
	モシ	▲
VI	マリンケ	⬢
	ガーナ	G
	レバノン	L
	空　家	□
VII	崩　壊	×
	空　地	△

モスク
TK　トンブクトゥ・コイ・バトゥマ
C　カイエ宿所

図24　調査区（1）の居住状況とエスニシティ──1999年（応地作図）

表 4 調査区 (1) の居住変動——1990 年・1999 年

1999年の居住区分への移動（縦：1990年、横：1999年）

1990年＼1999年	I アラブ	I モール	II ソンライ	II タマシェク	II マルカ	III ボゾ	III ソモノ	IV ドゴン	IV ボボ	V バンバラ	V サラコレ	V プール	V カソンケ	V ウォロフ	V ジェルマ	V モシ	VI マリンケ	VI ガーナ	VI レバノン	VII 空家	VII 崩壊	VII 空地	計
I アラブ	2		5																		2		9
I モール																							
II ソンライ		3	294	3	1					15		7	1	1	1	2	1	1	1	20	29	4	384
II タマシェク			8	2	1															3	2	3	19
II マルカ			1																				1
III ボゾ																							
III ソモノ			2																				2
IV ドゴン																							
IV ボボ																							
V バンバラ	1		19	1						5		1								3	5	2	36
V サラコレ			2							1													3
V プール			6	2						1		1					1						11
V カソンケ																							
V ウォロフ																							
V ジェルマ																							
V モシ																							
VI マリンケ			1														1						2
VI ガーナ																							
VI レバノン																							
VII 空家			16	1				1		2										5	4		29
VII 崩壊	1	1	20	2																2	15	2	43
VII 空地			18	4																		2	24
計	4	4	392	15	2			1		24		8	1	1	1	2	3	1	1	33	57	13	563

もとに分級した。居住ロットで確認した計19のエスニシティを前記のⅠ～Ⅵの6集団に
まとめて、その順に凡例に列記した。エスニシティ名につづけて記号が記入されている場
合は、そのエスニシティに属する居住者が調査区に存在することを、また記号が無記入の
場合は、そのエスニック集団の居住家族を確認できなかったことを示している。最後のⅦ
は非居住ロットを示し、それについても前述した3種に分級して記号化した。

(4)―1　調査区（1）――旧市南部の3大区交界帯

調査区（1）として選定したのは、旧市の①ジンガレイベル、②バジンディ、④サライ
ケイナの各大区にまたがる一帯である。具体的には、図22に示したように、「金曜モス
ク」にあたるジンガレイベル・モスクを西端として、旧市の中央部に位置するスィー
ディ・ヤフヤー・モスク、さらにそこから官公署地区の東方を南下して旧市南端へといた
る範域を、調査区（1）とした。ジンガレイベル・モスク北方の北西端から南東端までの
直線距離は約770メートルで、そこに所在する街区の総数は68である。

調査区（1）での住戸・宅地ロットの調査結果を、1990年については図23に、99年に
ついては図24に掲げた。また両年次間の居住状況の変動を整理して、表4として掲げた。
同表には、タテ列には1999年、ヨコ行には1990年をとって、各エスニック集団の居住状
況を、居住ロットと非居住ロットに分けて示したものである。これは、一般に行列表とよ
ばれるもので、両年次間の居住状況の変動を表示している。たとえばアラブ人をとると、
その1990年の居住住戸は9戸であったが、1999年には、それら9住戸は、ソンライ人住
戸5、タマシェク人住戸1、バンバラ人住戸1および崩壊住戸2に変化したことを示す。

同表では、左の最上端から右の最下端へとつらなるセル群を太い実線で囲った。これら
のセル群は対角行列とよばれ、数値が対角セルのみに記入されている場合には、居住変動
が当該エスニック集団の内部で自己完結していて、他集団の関与がゼロであることを意味
する。

両図の範域に所在する調査ロットの数は、非居住ロット――空き家・崩壊・空地――を
含めて、計563である。これら563ロットのうち、グループⅦに分類される非居住ロット
の数は、90年には96、99年には103とほぼ一定であって、全ロット数の17～18%を占め
ている。図23・24から窺える旧市の稠密な居住状況からみると、意外にも、両年次とも
に非居住ロットが約20%弱という高い比率を占めていることになる。都市の衰退を表徴
する空き家・崩壊・空地のロットが約5分の1に達するという事実から、最初に思い浮か
べるのは「零落しつつあるトンブクトゥ」というイメージである。しかし非居住ロットの
動態は、そのイメージとは大きく異なる。最初に、この点について、表4をもとに具体的

写真 26　街路に突出する雨水排水管　街路
には排水溝などはなく、街路が排水路を
兼ねる。陸屋根からの雨水排水は、長く
突きだした雨樋で街路に放水し、日干し
レンガ造りの住戸の基部を傷めないよう
にしている（応地撮）。

に説明したい。

　非居住ロットのうち、空地からみると、そのロット数は90年の24から99年の13へと減少している。くわえて、両年次ともに空地のままであったロットはゼロ、つまり90年の空地ロットは99年にはすべて住戸として再生されている。これらは、空地ロットの住戸への転用が活発になされていることを意味していよう。

　崩壊ロットは、99年には57で、90年の43よりも増加している。家屋崩壊の原因は、基本的には、トンブクトゥが雨水排水を顧慮していない都市だということにあろう。このことは、沙漠とその周辺地帯の都市では一般的にみられることであって、なにもトンブクトゥのみの特異性とはいえない。トンブクトゥでは、たとえば陸屋根に降った雨水の排水は、屋根から街路にむけて1メートルほどつき出た排水管で街路にむけて放水される。現在では、配水管はほぼ土管やブリキ樋となっているが、かつてはトンブクトゥー周辺に自生するドームヤシの樹幹を半割にした木樋であった。

　未舗装の街路には排水路はまったくなく、雨樋からの落水は、少量の場合には街路の沙漠土のなかに吸収される。しかし問題は、雨期にごく短時間に集中して降る雨水の排水である。土中に吸収不可能な大量の雨水は、排水路がないために街路を流路として流下していく。その流水は、水量を増して流下しつつ、住戸の日干しレンガ壁の基部をえぐるように侵食していく。集中豪雨にちかい場合には、その壁面侵食によって、雨水で重みを増した外壁面が崩落し、さらに家屋そのものの崩落さえ発生する。1999年8月の調査時は、連日、はげしい雨が断続的に降る異常な気象の夏であった。それによって新たに崩壊した家屋を、旧市の各所で相当数みかけた。

　崩壊ロットの数が、90年から99年には1.3倍へと大きく増加していることについては前言した。その重要な要因の1つとして、この間における気象変動があるかもしれない。

しかし崩壊ロットが増加しているにもかかわらず、両年次ともに崩壊ロットのままであったのは、90年の43ロットのうち15にすぎない。崩壊ロットでも、住戸の再建が活発になされているといえる。さらに空き家ロットに関しても、両年次ともに空き家のままであったのは、90年の29ロットのうち5にすぎない。空き家に関しても、再入居が活発になされているといえる。

このように、90年の空地ロットのすべてで住戸が建設されていること、また崩壊ロットも崩壊後に再建される住戸が多いこと、さらに空き家ロットでも再入居が活発になされていること、これらの3点は、トンブクトゥの旧市において住戸の新陳代謝また入居変動が活発になされていることを物語る。さきに指摘した約20%のロットが非居住という特徴は、一面においてはトンブクトゥの都市荒廃を意味していても、その数字の背後には、荒廃を修復・補填する住戸建設・再入居の活発な動きが伏在していることを強調したい。同時に、それは、「零落・落魄しつつあるトンブクトゥ」というイメージが一面的であることを物語っている。

調査年次における非居住ロットの空間分布について、**図23・24**をもとに検討したい。両図からは、非居住ロットの分布に関する興味ある傾向性をよみとりうる。それは、非居住ロットが調査区全域にわたってほぼ均等に分布するのではなくて、両年次ともに、特定の街区にかなり集中して分布していることである。□・△・×の記号で示される非居住ロットの集中街区は、1990年調査の**図23**では2ヵ所で確認できる。1つは、トンブクトゥ・コイ・バトゥマ（TK）東方の北東縁の街区群であり、他は、西端のジガレイベル・モスク（M1）東方の街区群である。

1999年の状況を示す**図24**では、90年における上記の非居住ロットの集中街区は、主としてソンライ人家族の居住住戸によって充填されている。これらの街区群は、90年の非居住ロットの優越から99年には住戸による充填へと転じている。この転換のなかに、前述した「荒廃を修復・補填する住戸建設・再入居の活発な動き」を確認することができる。1999年の**図24**では、トンブクトゥ・コイ・バトゥマ（TK）南方の街区群が、あらたな非居住ロットの集中街区として登場している。90年には、**図23**から窺えるように、それらは街路にそって居住住戸がたちならぶ街区であった。

ここで、グループⅦとした非居住ロットの検討を終えて、Ⅰ〜Ⅵのエスニック集団別居住住戸の検討へとすすむことにしたい。調査区（1）の範域は、前述した3つの大区の交界部を選んで設定している。**図23・24**ともに、前述した非居住ロットの集中地区以外の街区では、街路にそってソンライ人の居住住戸が連続し、他集団の住戸の存在を覆いかくしてしまっている。調査区におけるソンライ人の居住住戸は、1990年には384、99年に

は 392 であって、非居住ロットをのぞく居住住戸全体のおのおの 86%、84%という圧倒的な比率を占めている。

　さきに、**表2**をもとに、大区を単位として人口のエスニシティ構成を述べた際に、ジンガレイベルとバジンディの両大区では在住人口のほとんどがソンライ人であること、またサライケイナ大区では、ソンライ人とタマシェク人とが人口のほとんどを占めているが、タマシェク人の人口がソンライ人をうわまわっていることを指摘した。

　しかし**図23・24**ともに、調査区（1）のうちサライケイナ大区に属する南東地区でも、他の2大区とおなじく、ソンライ人の居住住戸が他を圧倒していて、タマシェク人の住戸は見いだすのが困難なほど少ない。サライケイナ大区は、大区全体の人口構成では、タマシェク人がソンライ人を上まわっているにもかかわらず、調査区（1）の範域ではタマシェク人の居住住戸はごく少数にすぎない。タマシェク人住戸の優越分布地区は、両図が対象とするサライケイナの範域を越えた東南方の一帯にあるためであろう。そこは、後述する新市の調査区（3）と同様に、タマシェク人の完全な優占集住地区と考えられる。

　タマシェク人の居住住戸については、特記すべきことが1つある。1999年の居住状況を示す**図24**には、散在して位置する計15の彼らの住戸が▲記号で記入されている。そのうち、トンブクトゥ旧市の一般的な建築様式である日干しレンガ造りは1戸のみであって、残りの14はすべてテントないしワラ小屋である。このような簡易住戸居住は、他のエスニック集団では、ソンライ人の住戸で2戸みられるにすぎない。簡易住戸が、かつては遊牧集団の白色トゥアレグ人貴族の農耕奴隷であったというタマシェク人本来の居住様式であることを示していよう。

　1940年の調査をもとに、マイナーは、旧市の優越エスニック集団がアラブ人であることを述べていた。しかし調査区（1）に関しては、北方系のアラブ人とモール人をあわせたグループ I に属する居住住戸はごく少なく、90年の**図23**では9、99年の**図24**では8をかぞえるにすぎない。おなじように、ニジェール内陸デルタ系のグループⅢ、また南方系のグループⅣに属するエスニック集団の居住住戸もごく少数にすぎない。つまり地元系のグループⅡを別として、Ⅰ・Ⅲ・Ⅳの旧来からの来住3グループは少数居住集団と化してしまっている。

　かわってグループⅤの居住ロット数は、90年には50、99年にも34を占める。彼らは、トンブクトゥのかつての後背圏域からは遠くはなれたニジェール川上流域を本拠とする西方系集団である。しかし現在では、彼らの居住ロット数が、グループ I ・Ⅲを大きく上まわるにいたっている。後者は、トンブクトゥの歴史を支えてきた経済的後背地を本拠として、古くから交流してきた集団であった。グループⅤの多くを占めるのは、バンバラ人と

プール人である。調査区（1）でもソンライ人の居住住戸が圧倒的多数を占めているが、1990 年と 99 年の両年次ともに、ソンライ人につぐ第 2 位集団はバンバラ人となっている。もちろんソンライ人の住戸に対するバンバラ人住戸の比率は、1990 年には 9％、99 年には 6％にすぎない。しかしかつて旧市最大の人口集団であったグループ I のアラブ人・モール人の比率は、両年次ともに 2％と激減している。

　このように調査区（1）に関しては、西方系のバンバラ人が、サハラ縦断交易の担い手としてトンブクトゥの歴史を動かしてきた北方系のアラブ人・モール人を凌駕する存在となっている。バンバラ人は、マリ国最大の人口集団であるだけでなく、独立以後の政治・軍事・経済などの諸分野で中心的な役割を果たしてきたエスニック集団である。調査区（1）の南西方は、フランス領時代の「支配者の顕示空間」をひきつぐ官公署また兵営の集中地区であり、中央政府の出先機関がいまも集中立地する。エスニック集団別にみた居住住戸数でバンバラ人が第 2 位を占めているのは、首都バマコから来任した官僚・技術者が、近在の調査区（1）に住戸をもとめて居住していることによる。

　人口調査の家族名簿では見いだすことができなかったグループ VI の諸集団も、興味ある動きを示す。同グループに属する住戸は、1990 年の図 23 ではマリンケ人のみで、その住戸数も 2 にすぎなかった。しかし 99 年の図 25 では、同グループに属する 5 集団のすべてが調査区（1）に居住住戸をもち、その総数も 8 へと増加している。グループ VI の諸集団の増加は、トンブクトゥをめぐる居住人口の移動が広域性を増しつつあることを示していよう。それは、前記のバンバラ人の第 2 位集団への上昇と軌を一にする動向といえる。

　ここで表 4 の対角行列に注目すると、その特徴は、数値が記入された有値セルが少ないことにある。同表は、非居住ロットをふくめて 22 の行と列からなる行列表である。もちろん対角行列のセル数も 22 であるが、そのうち有値セルは 7 のみである。非居住ロットを除くと、有値セルの数値はさらに低下して、19 セルのうちの 5 のみとなる。このことは、エスニック集団を単位としてみた場合、両年次間の居住変動が、同一エスニック集団の内部ではなく、異なった集団の居住住戸への変化によるところが大きいことを物語っている。それらは、住居の異動にあたって、エスニック集団の相違が障碍とはなっていないことを意味していよう。

　つぎに居住住戸の検討を、個別エスニック集団から総数レベルへと高めることにしたい。居住ロットの対角行列セルが有値であるのは、5 エスニック集団のみであった。それらの有値セルの合計値は 302、また 1999 年の全居住ロット数は 460、したがって有値セル合計値の全居住ロット数に対する比率は 66％となる。逆言すれば、1990 年から 99 年の 9 年間に他のエスニシティの居住住戸へと変化した住戸が、3 分の 1 に達している。

　最大のエスニック集団であるソンライ人の場合でも、1990 年の彼らの居住住戸 384 の
うち、ソンライ人によって継続居住されているのは 294 住戸で、その比率は 77% となる。
残りの 23% つまり約 4 分の 1 は、他のエスニック集団の居住住戸へと転換した住戸にあ
たる。全居住ロット数の場合の 3 分の 1 と比較すると、この比率は低下している。それは、
ソンライ人の居住住戸数が大多数を占めているので、居住移動をおこなう場合にも、おな
じソンライ人の住戸を継承する機会が多いことによろう。いま検討してきたのは、エスニ
シティ集団というレベルでの居住移動であった。もしさらにエスニシティ集団から家族レ
ベルへと検討単位をおろすと、同一家族によって継続居住されている住戸の数はさらに小
さくなると推量しうる。

　さきに、非居住ロットに属する空家・崩壊・空地の 1990 年から 99 年への利用変化を検
討して、非居住ロットの居住のための再生・再利用がひろくみられることを指摘し、それ
を「居住住戸の活発な新陳代謝」と表現した。これと同様の活発な新陳代謝が、**表 4** の対
角行列に示される同一エスニック集団内と異エスニック集団間の居住移動からも確認でき
る。しかし同表からは、居住変動に関する別個の側面をよみとりうる。

　表 4 の行と列の「計」を対照すると、居住ロットにかぎった場合、前記の活発な新陳代
謝にもかかわらず、エスニック集団ごとの総計レベルで変動が意外に小さい。非居住ロッ
トをのぞいた居住ロットの総数は、1990 年には 460、99 年には 467 でほとんど変化して
いない。最大の居住集団であるソンライ人の両年次の住戸数は、おのおの 384、392 で
あって、その居住ロット総数に対する比率もともに 84% である。居住ロットの総数にお
いても、ソンライ人の比率においても、両年次間の変化はほとんどないといってもよい。

　たしかに、両年次間に調査区（1）の第 2 位人口集団であるバンバラ人の居住住戸は、
36 から 24 へと減少している。このような変動がソンライ人をのぞく他のエスニック集団
においてもみとめられるにしても、その変動は、ソンライ人の圧倒的な優越のもとでは、
いわば微変動というレベルにとどまっているといえる。

　以上の検討から、90 年代における調査区（1）の居住住戸変動をめぐって、二重の性格
をよみとりうる。まず居住住戸の総計レベルでは、ソンライ人の居住住戸の圧倒的優位が
継続し、それが総計レベルでの両年次間の変動を小さなものとしていることである。全体
としては調査区（1）の居住住戸変動は、いわば安定した性格をたもっている。しかし総
計レベルから個別エスニック集団へと検討のレベルを下げると、エスニック集団間の居住
住戸異動が活発に展開していた。ここから総計レベルでの安定性とエスニック集団レベル
での活発な新陳代謝という二重の性格をよみとりうる。その二重性は、居住住戸異動をめ
ぐる外面における「静」と内面における「動」といいかえることもできる。

（4）—2　調査区（2）——アバラジュ大区南東部

　第2の調査区は、⑤アバラジュ大区の南東部に設定した。そこは、図12で、北方の新市を切って南西走するかつてのサハラ縦断交易路がトンブクトゥ市街地に入市する地点にあたり、同大区の近隣モスクであるアバラジュ・モスク（Mosqué d'Abaradjou）もそこに所在している。アバラジュの名が「キャラバン・サライ」を原義としているように、同大区の南部一帯はサハラ沙漠中のタウデニの岩塩鉱から到達したキャラバン隊の宿営地であった。「北方への門戸」という同大区の歴史が、現在の居住状況にどのように反映しているかを検討することも、ここに調査区を選定した理由であった。

　調査区（2）の範域は、図22に示したように、アバラジュ・モスクをふくむ南北2×東西6の計12街区である。東端のすぐ東方には、前述のサハラ沙漠からのキャラバン交易路がグリッド・パターン区画を切って斜走している。調査区一帯のグリッド・パターンは、辺長およそ45メートルの正方形区画である。各区画の四辺は土塀で囲まれ、各辺には4つの門が開かれている場合が多い。これを標準的な宅地ロットとすると、約11メートルを間口単位としていることになる。

　調査区（2）についても、1990年と99年の2回にわたって、住戸・宅地ロットの現況を臨地調査した。その方法は、調査区（1）の場合とまったくおなじである。調査結果を、1990年については図25に、1999年については図26に図示した。検討の対象とした住戸・宅地のロット数は、両年次ともに107である。前言したように、調査区（2）では、正方形街区の1辺が4ロットに分割されている場合が多い。とすると、1区画あたりの宅地ロットの数は平均すると12となる。

　これを標準区画とすると、計12街区からなる調査区に所在する宅地ロットの総数は、144と推定できる。しかし臨地調査で確認したのは107ロットで、その数は街区の標準分割を想定した場合の144よりもかなり少ない。それは、調査区（1）とは異なった調査区（2）の特質に由来する。調査区（1）は、フランス領への編入以前には、市民生活の結節核であった「金曜モスク」と当時の「大市場」が所在するシビック・センター一帯の既成市街地にあたる。

　これに対して、調査区（2）は、都市化途上の郊外的な新市に位置する。都市化途上という性格は、図25・26で正方形街区の四辺に残された白地部分つまり空地の多さからも窺いうる。両年次ともに白地のままであるロットについては、臨地調査の集計対象からは除外した。その理由は、日干レンガの高塀で囲まれているため、それらのロットが未利用の荒地なのか、宅地なのか判断できなかったからである。標準分割した場合の144ロット

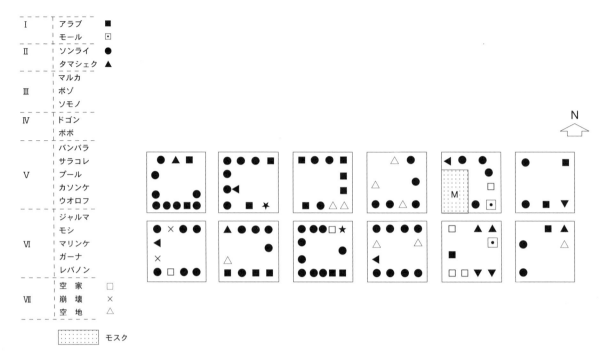

図25　調査区（2）の居住状況とエスニシティ——1990 年（応地作図）

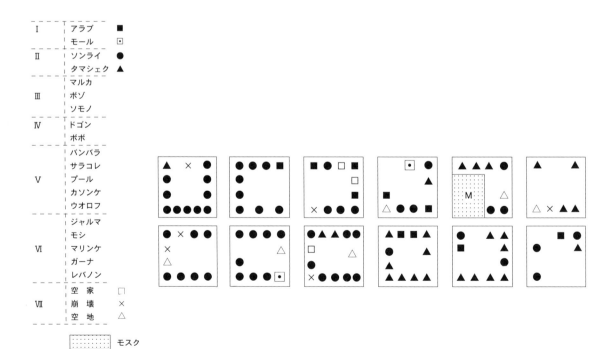

図26　調査区（2）の居住状況とエスニシティ——1999 年（応地作図）

表 5　調査区 (2) の居住変動——1990 年・1999 年

1999年

1990年 \ 1999年	I アラブ	I ブモール	II ソンライ	II タマシェク	II マルカ	III ボゾ	III ソンモノ	IV ドゴン	IV ボボ	V バンバラ	V サラコレ	V プール	V カンンケ	V ウォローフ	VI ジェルマ	VI モシ	VI マリンケ	VI ガーナ	VI レバノン	VII 空家	VII 崩壊	VII 空地	計
I アラブ	7		11																				18
I ブモール	1	1																					2
II ソンライ	3		32	13																2		7	57
II タマシェク			2	7																	2		11
II マルカ																							
III ボゾ																							
III ソンモノ										2													2
IV ドゴン																							
IV ボボ																							
V バンバラ																							
V サラコレ																							
V プール																							
V カンンケ																							
V ウォローフ																							
VI ジェルマ																							
VI モシ																							
VI マリンケ																							
VI ガーナ																							
VI レバノン																							
VII 空家																				1		1	2
VII 崩壊	1	1																			2		4
VII 空地			7	4																			11
計	12	2	52	24						2										3	4	8	107

と確認ロット数 107 との相違を生みだした主たる要因は、この集計方針にもとづく確認不能ロットの除外にある。

　図 25・26 の具体的検討へとすすむまえに、両図の凡例記載をもとに、在住エスニック集団の調査区 (1) との顕著な相違について述べておくことにしたい。両図に付載した凡例の様式は、調査区 (1) の図 23・24 とおなじである。またエスニシティの記号を、調査区内で居住が確認できたエスニック集団のみに記入した点もおなじである。しかし凡例の様式また記号の記入方針はともに同じであるにもかかわらず、両者の凡例を見くらべると、まったく違った印象をうける。

　その相違は、凡例に記号が記入されたエスニック集団の数が両者で大きく異なることに由来する。調査区 (1) を示す図 23・24 の凡例では、セルの多くに記号が記入されている。とくに図 24 の場合には、その記入は、ほとんどのセルにおよぶ。これに対して調査区 (2) の図 25・26 では、記号が記入されているエスニシティはごく少数で、グループ I の北方系、グループ II の地元系、そしてグループ V のバンバラ人の計 5 集団にすぎない。

　このように調査区 (1) と調査区 (2) とのあいだには、在住エスニック集団数の顕著な相違がみられる。その相違は、調査区 (2) における特定の少数エスニック集団への特化・集中、これに対する調査区 (1) の多様なエスニック集団の包摂・分散といいかえうる。両者のあいだには、在住エスニシティ構成における対極的ともいいうる相違を確認できる。この相違は、たんに第 2 と第 1 の両調査区間の相違ということを越えて、新市と旧市との相違へと敷衍できる。のちに検討する新市に属する調査区 (3) においても、調査区 (2) 以上に特定エスニック集団への集中・特化がみられる。

　ここで、図 25 をもとに、1990 年における調査区 (2) の居住状況の検討へと移ることにしたい。同図は、西半の 6 街区と東半の 6 街区とのあいだで、住戸・宅地ロットの利用状況が明瞭に相違することを示す。その相違点として、つぎの 2 つをあげうる。

　第 1 は、宅地ロットの充填度に関する相違である。西半の 6 街区は、ロットは居住住戸によってほぼ充填され、記号が記入されたロットが空白ロットをはるかにうわまっている。しかし東半の 6 街区では、街区の辺長にそって空白部分が残され、居住住戸の充填度が低い。しかも空白部分は東方にむかうにつれて増加していき、最東端の街区では、空白部分が居住住戸よりも多くを占めるにいたっている。

　第 2 の相違は、厳密には、西方の 8 街区と東方の 4 街区とのあいだでの居住住戸のエスニシティの相違である。西方の街区群では、ソンライ人が優越し、そのなかにアラブ人が混住している。これに対して東方の 4 街区では優越集団はなく、ソンライ人・アラブ人とならんで、西方の街区では少数であったタマシェク人の住戸が増加する。1990 年の調査

区（2）のエスニシティ別居住住戸数は、ソンライ人 57、アラブ人 18、タマシェク人 11、モール人・バンバラ人各 2 であって、ソンライ人が他を圧倒していた。

　つぎに、1999 年の居住状況とその 1990 年との変動比較の検討へとすすみたい。そのために、両年次の居住住戸数の変動を行列表に要約して表 5 に掲げた。1999 年の居住状況を示した図 26 を図 25 の 1990 年と比較すると、ここでも、西半の 6 街区と東半の 6 街区とのあいだでの顕著な相違を指摘できる。1990 年に宅地ロットの空白部分が東半街区に多く、西半街区で少ないという相違は、1999 年にも持続している。

　居住住戸のエスニシティ構成でも、西半街区に関してはソンライ人の優越という特徴は1999 年にも観察できる。しかし東半街区に関しては、この間にエスニシティ構成は大きく変化している。それは、ソンライ人の減少とそれを充填するタマシェク人の急増という新たな特徴の成立である。またアラブ人の居住住戸は、西半街区と東半街区の双方でともに減少し、1990 年には 18 であったのが、1999 年にはタマシェク人の半数以下の 12 となってしまっている。

　表 5 に示した両年次間の居住変動の行列表からも、興味ある結果をよみとれる。非居住ロットをのぞいて、居住ロットの対角行列セルの居住住戸数を合計すると計 46 となる。1999 年の非居住ロットをのぞくロット数は 92 であって、それに対する対角行列セルの居住住戸数の比率は 50％にすぎない。調査区（1）の同比率＝ 65％と比較すると、調査区（2）の同比率＝ 50％はかなり少ない。このことは、居住ロットが同一エスニシティ間で継続居住される割合が調査区（2）では少ないこと、いかえれば異エスニック集団間の居住移動がより活発におこなわれていることを意味する。その重要な要因は、タマシェク人住戸の増加にもとめうる。表 5 は、1990 年のソンライ人の居住ロット 57 のうち 13 がタマシェク人の居住に供されていることを示している。活発な新規参入と居住移動は、調査区（2）がもつ新開地的性格を反映するものといえる。

　ここで調査区（2）の人口特性を、アバラジュ大区全体のなかに位置づけることを試みたい。既出の表 2 では、大区別に、1996 年の家族帳簿から集計した家族数・人口とそのエスニック集団別構成を示した。同表は、旧市を全範域あるいは主要範域とするジンガレイベル、バジンディ、サンコーレの 3 つの大区ではソンライ人が第 1 位の人口集団であって、タマシェク、アラブの両集団をはるかに上まわる圧倒的多数を占めていること、しかしアバラジュ大区の住民構成は、第 1 位がタマシェク人、第 2 位がアラブ人であって、ソンライ人は第 3 位にとどまることを示していた。しかもアバラジュ大区では、ソンライ人の人口はタマシェク、アラブの両集団よりもはるかに少ない。

　しかし調査区（2）のエスニック集団別の居住住戸数は、1999 年には、第 1 位：ソンラ

イ人、第2位：タマシェク人、第3位：アラブ人となっている。しかも、ソンライ人の家族数が圧倒的に多い。このエスニシティ構成は、調査区（2）が属するアバラジュ大区よりも、ソンライ人の優占という点では旧市の3大区と共通する。その理由として、つぎのようなことを予想した。調査区（2）が同大区のなかでも旧市に近い南東部に所在していることから、そこでのソンライ人の優占は旧市からの彼らの溢流・流入によると考えうる。旧市北部が「大市場」と「小市場」を中心とする商業地区であることを考慮すると、その溢流・流入は商業にかかわるソンライ人を主体としていると予想したのである。

　しかし1999年に調査区（2）でおこなったキキトリ調査は、この予想を裏切るものであった。同調査区に在住するアラブ人とモール人の家族は、北方のサハラ砂漠中の岩塩産地タウデニに岩塩鉱をもつものが多く、ここに居住するソンライ人とタマシェク人は彼らの岩塩鉱で働く労働者がほとんどだということであった。現在では、アラブ人鉱山主とソンライ人・タマシェク人労働者との関係は、契約にもとづく＜雇用―被雇用＞関係となっている。しかし両者のあいだには、かつての＜奴隷主―奴隷＞という意識がいまも残存しているという。

　ソンライ人とタマシェク人の居住住戸も、ほとんどは彼らの雇用主であるアラブ人・モール人の所有だという。さきに、調査区（1）と比較して、調査区（2）における特定のエスニシティ集団の活発な新規参入と居住移動を指摘し、それを、調査区（2）がもつ新開地的性格の反映とした。この指摘自体は妥当であるが、そこに中間項を挿入してより丁寧に説明する必要がある。それは、新開地的性格にくわえて、調査区（2）がサハラ縦断交易路のトンブクトゥ旧市への入市地点に位置すること、このことが、アラブ人・モール人の岩塩鉱所有者による宅地ロットの取得と住戸建設を容易にし、それによる借家の提供がソンライ人・タマシェク人の岩塩採掘労働者の新規招来と居住移動を活発化させているという中間項の挿入である。

　これらのキキトリをもとに、調査区（2）のソンライ人またタマシェク人の優占は、近接する旧市北部の商業機能との関係よりも、トンブクトゥ北方のタウデニの岩塩鉱との関係を主たる動因としているとしうる。さらにその動因の生成は、グループⅠに属する北方系のアラブ人・モール人にもとめうる。この構造は、かつてトンブクトゥが担ってきたサハラ沙漠縦断交易を彷彿とさせる。調査区（2）は、かつてとおなじく、トンブクトゥと北方との歴史的関係性のなかでいまも存立しているのである。

　最後に、ソンライ人やタマシェク人の岩塩鉱労働者の就労形態について、キキトリをもとに簡単に言及しておくことにしたい。彼らは、6ヵ月サイクルで、トンブクトゥとタウデニとを往還しつつ岩塩採掘に従事する。まず約2週間かけて、ラクダとともに徒歩でト

ンブクトゥからタウデニに行く。岩塩鉱では、3ヵ月のあいだ採掘に従事する。それを終えると、また約2週間かけて、砂漠を越えてトンブクトゥに帰還し、2ヵ月のあいだトンブクトゥで休養する。これらの日数を合計すると、6ヵ月となる。彼らは、この6ヵ月からなる就労サイクルを、年に2回くりかえしてタウデニの岩塩鉱で働く。

　岩塩鉱での労働は、1年のうち4ヵ月にすぎない。しかし岩塩採掘は、トンブクトゥではもっとも過酷な労働とされている。タウデニ岩塩鉱は、1990年代には、沙漠中の隔絶した女人禁制の流刑労働地という性格もあわせもっていた。このことも、岩塩採掘労働の過酷さを物語っていよう。

(4)─3　調査区（3）──サンコーレ、ベラ・ファランジ両大区交界帯

　第3の調査区として選定したのは、図22に図示したように、新市北東部の東西2街区×南北8街区からなる計16街区である。そのほぼ中央北よりを、サンコーレとベラ・ファランジ両大区の公定大区境界線が東西走し、境界線より北方がサンコーレ、南方がベラ・ファランジにあたる。調査区のサンコーレ側のすぐ西方には、「金曜モスク」とならぶトンブクトゥの中心的モスクとして長い歴史をもつサンコーレ・モスクが所在する。調査区内にも、ベラ・ファランジ側に、近隣モスクにあたるアルファ・セイドゥ・モスク（Mosqué d' Alpha Seidou）が所在している。

　調査区とその周辺は、グリッド・パターンで区画されている。しかしこの一帯のグリッド・パターン区画は、新市のなかでもっとも多様性に富む。その形態は方形という点では統一されているが、実際には、規模と形態を異にする正方形と長方形の区画が混在している。その理由は明確ではないが、調査区（3）一帯のグリッド・パターンからは、その理由を推測しうる重要な特質をよみとりうる。

　新市は、旧市の北・東・南の三方をとりまいて、その外方にひろがっている。図22で両者の接触帯に注目すると、旧市の北方と南方の2方向に関しては、その接触帯はごく短い。これに対して調査区（3）をふくむ東方部分の新市は、周回道路を介して旧市と接する部分がもっとも長い。そのため同部分の新市のグリッド・パターン区画を設定するにあたっては、「新市と旧市の連結・接合をいかに確保するか」という問題が考慮されたと推測しうる。

　その連結・接合を具体的に実現するのは、街路によってである。とりわけ、新たに建設される新市の街路によってである。図22で、旧市の東西街路と周回道路との交点に注目すると、それらが、周回道路の東側から新市内にむけて東西走していく街路の起点と一致している。旧市と新市の東西街路がたがいに齟齬をきたすことなく、連結・接合されてい

るのである。

　したがって**図22**では、旧市の東西街路の東端から直進させていくと、新市側のグリッド・パターンの東西街路に移行していくことになる。旧市側の東西街路は迷路状の不規則街路であるので、その周回道路との交点間の南北長は一定ではなく変化に富む。そこから、旧市街路の南北長の多様性が、新市側のグリッド・パターン区画の南北長を多様なものとしていくという関係をよみとりうる。これを、調査区（3）一帯の「東西幅は一定ではあるが、南北長が多様な正方形・長方形のグリッド・パターン区画」という街区の特質を生みだした理由としうる。

　調査区（3）についても、調査区（1）・（2）の場合とおなじ方法で、1990年と99年に臨地調査をおこなった。その調査結果を、1990年については**図27**に、1999年については**図28**に、おのおの図示した。検討の対象とした住戸・宅地ロットの数は、両年次ともに159である。

　これら2図に付した凡例をもとに、調査区（3）の在住エスニック集団について瞥見しておきたい。第1・第2の両調査区の場合と同様に、**図27**・**図28**でも、調査区内で居住を確認できた集団にかぎって、その記号を凡例に記入した。両図の凡例は、ともに北方系のグループⅠのアラブ人とモール人、地元系のグループⅡのソンライ人とタマシェク人、そして西方系のグループⅤのうちのバンバラ人の計5集団のみにかぎられている。この在住エスニシティの構成は、調査区（2）に関する**図25**と**図26**の凡例とまったくおなじである。

　したがって凡例をもとに、調査区（2）の在住エスニシティについておこなった議論は、そのまま調査区（3）に対しても妥当するので、ここで再言することは省略したい。ただ1点のみをつけくわえれば、居住集団が特定の少数エスニシティにかぎられているという第2・第3の両調査区の共通特質は、たんに調査区のみでなく、新市全般へと敷衍可能な特質と考えうることである。

　居住状況の検討を、非居住ロットの空き家・崩壊・空地から始めることにしたい。**図27**は、1990年の状況を示す。その非居住ロットは39で、全159ロットの25%に達している。同比率は、同年の調査区（1）の17%、調査区（2）の16%よりも相当に大きい。その比率の高さにくわえて、非居住ロットに関する調査区（3）の特徴は、その総数が1990年の39から、1999年には15へと激減している点にある。他の2つの調査区では、**表4・5**でみられるように、両年次の非居住ロット数はほぼ一定であって、このような大きな変動はみられない。

　1999年に非居住ロット数が急減する理由は、空地の減少にある。調査区（3）では、両年

次間に、空地のロット数は 27 から 5 へと激減している。このような両年次間での空地の激減は他の 2 つの調査区ではみられないもので、空地ロットでの住戸建設が活発になされたことを意味する。さきに調査区 (2) を、都市化途上の地区と性格づけた。しかし調査区 (3) は、調査区 (2) 以上に、空地——というよりグリッド・パターン区画内の沙漠荒地というのが正

写真27　新市のグリッド・パターン街路　　調査区 (3) のソンライ人地区の直線街路。南方のタマシェク人地区にくらべて住戸の充填が進んでいるが、外観からはエスニシティの相違は分からない（応地撮）。

確であるが——の居住住戸への転用が活発に進行し、都市化最前線ともいうべき性格をもつ地区といえる。

　以上を踏まえたうえで、**図27** をもとに、1990 年の居住状況について検討することにしたい。同図に記入された居住ロットの数は、120 であった。そのエスニシティ別内訳は、第 1 位のタマシェク人が 70 住戸、第 2 位のソンライ人が 33 住戸、第 3 位のアラブ人が 12 住戸となる。しかし同図は、サンコーレとベラ・ファランジ両大区の公定境界線を境にして、その南と北でエスニック別居住状況が一変することを示している。分界線の北方では、ソンライ人の住戸が圧倒的である。しかしソンライ人の住戸群のなかに、少数ながらアラブ人・バンバラ人さらにはタマシェク人の住戸が点在している。分界線の北方は、ソンライ人の住戸がほとんどを占めるが、その他のエスニック集団も少数ながら居住する地区である。

　しかし公定境界線を南に越えた南方では、2 つの居住ロットをのぞいて、他のすべてのロットがタマシェク人の住戸で覆われている。例外的な 2 ロットは、モール人とバンバラ人の居住住戸である。タマシェク人の住戸も、ごく少数ながら、分界線の北方にも存在している。しかし同線の南方地区では、ソンライ人またアラブ人の居住住戸はまったく存在しない。それは、ソンライ人またアラブ人のベラ・ファランジ大区への居住忌避を示すものであろう。

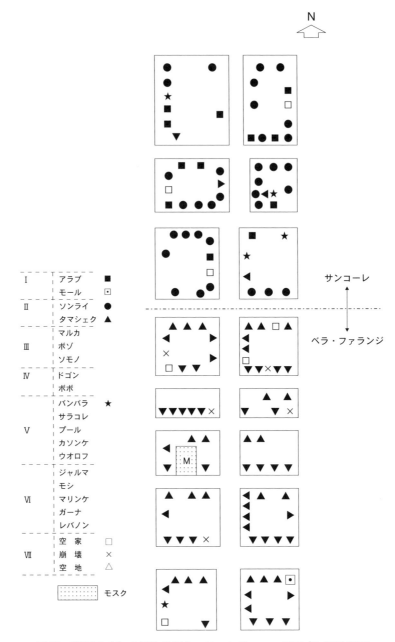

<table>
<tr><td>I</td><td>アラブ</td><td>■</td></tr>
<tr><td></td><td>モール</td><td>⊡</td></tr>
<tr><td>II</td><td>ソンライ</td><td>●</td></tr>
<tr><td></td><td>タマシェク</td><td>▲</td></tr>
<tr><td></td><td>マルカ</td><td></td></tr>
<tr><td>III</td><td>ボゾ</td><td></td></tr>
<tr><td></td><td>ソモノ</td><td></td></tr>
<tr><td>IV</td><td>ドゴン</td><td></td></tr>
<tr><td></td><td>ボボ</td><td></td></tr>
<tr><td></td><td>バンバラ</td><td>★</td></tr>
<tr><td></td><td>サラコレ</td><td></td></tr>
<tr><td>V</td><td>プール</td><td></td></tr>
<tr><td></td><td>カソンケ</td><td></td></tr>
<tr><td></td><td>ウオロフ</td><td></td></tr>
<tr><td></td><td>ジャルマ</td><td></td></tr>
<tr><td></td><td>モシ</td><td></td></tr>
<tr><td>VI</td><td>マリンケ</td><td></td></tr>
<tr><td></td><td>ガーナ</td><td></td></tr>
<tr><td></td><td>レバノン</td><td></td></tr>
<tr><td></td><td>空　家</td><td>□</td></tr>
<tr><td>VII</td><td>崩　壊</td><td>×</td></tr>
<tr><td></td><td>空　地</td><td>△</td></tr>
</table>

モスク

サンコーレ

ベラ・ファランジ

図27　調査区（3）の居住状況とエスニシティ——1990年（応地作図）

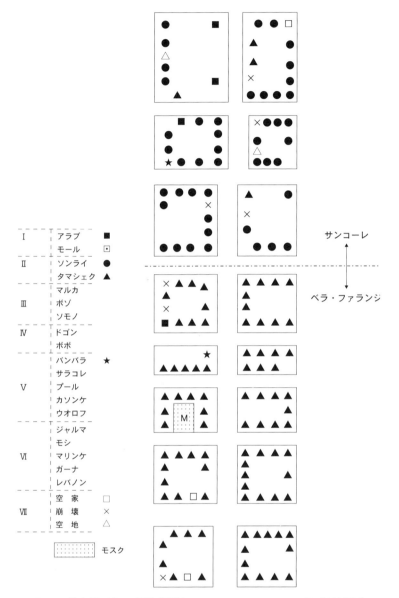

図28　調査区（3）の居住状況とエスニシティ——1999 年（応地作図）

　この点について、表2のエスニック集団別にみた大区人口の集計表をもとに検討すると、ベラ・ファランジ大区に居住するソンライ人家族数はわずか4のみで総家族数の0.4%、またアラブ人の場合にも同家族数は2で、その比率は0.2%にすぎない。両集団の同大区居住比率は、他のエスニック集団とくらべても極端に少ない。それは、ソンライ人とアラブ人のベラ・ファランジ大区への居住忌避傾向とよびうるものであろう。調査区（3）の

表6　調査区 (3) の居住変動——1990年・1999年

1990年 ＼ 1999年	I		II			III		IV		V					VI					VII			計
	アラブ	モール	ソンライ	タマシェク	マルカ	ボゾ	ソモノ	ドゴン	ボボ	バンバラ	サラコレ	プール	カソンケ	ウォロフ	ジェルマ	モシ	マリンケ	ガーナ	レバノン	空家	崩壊	空地	計
I　アラブ	2		7		1																1	1	12
モール																					1		1
II　ソンライ	1		28		4																		33
タマシェク			2		66							2											70
マルカ																							
III　ボゾ																							
ソモノ																							
IV　ドゴン																							
ボボ																					2	2	4
V　バンバラ																							
サラコレ																							
プール																							
カソンケ																							
ウォロフ																							
VI　ジェルマ																							
モシ																							
マリンケ																							
ガーナ																							
レバノン																							
VII　空家	1		3		1																1	1	7
崩壊			1		2															1	1		5
空地			4		19															2	1	1	27
計	4		45		93							2								3	7	5	159

サンコーレとベラ・ファランジ両大区の公定境界線を介して、その南方のベラ・ファランジ大区でソンライ人・アラブ人の居住住戸が皆無であるのは、この大区レベルで観察される両集団の居住忌避傾向を尖鋭的に示すものと考えうる。

つぎに、**図 28** をもとに 1999 年の居住状況を検討したい。また**表 6** として、調査区（3）における 1990 年から 1999 年への居住状況の変動を行列表に要約して掲げた。前述したように、両年次間に居住ロット数は 120 から 144 へと増加している。この変化を公定境界線の南方と北方に分けてみると、北方のソンライ人の集住地区であるサンコーレ大区側が 51 から 54 への微増にとどまっているのに対して、南方のタマシェク人の集住地区であるベラ・ファランジ大区側は 69 から 90 へと激増している。居住ロット数の増加は、同境界線の南と北で大きく異なる。

表 6 は、両年次間に、タマシェク人の居住住戸が 70 から 93 へ、ソンライ人の住戸も 33 から 45 へと、ともに著増したことを物語っている。公定境界線南方のタマシェク人地区では、この間に居住ロットの激増があった。したがって同地区では、空地の居住ロットへの転用によって、タマシェク人住戸の増加がなされたことを容易に想像させる。事実、**表 6** は、90 年の空地 27 ロットのうち 19 がタマシェク人の住戸に転用されたことを示す。しかし同線北方のソンライ人地区での居住ロット数は微増にとどまっており、ソンライ人の居住住戸の増加はそれによっては説明できない。この点に関しても、**表 6** は、アラブ人の居住住戸が 12 から 4 に激減し、アラブ人の転出住戸 10 のうちの 7 がソンライ人の住戸へと転用されていることを示している。

両大区の公定境界線の南北で、1990 年から 99 年のあいだに、北方ではアラブ人住戸の減少とソンライ人による補填、南方では非居住ロットの減少とそのタマシェク人住戸への転用が進行した。その結果、公定境界線の北と南におけるソンライ人とタマシェク人両集団の住み分け的な居住分化は、この間にも変化することなく持続していたといえる。**図 27** と**図 28** とを見くらべると、その居住分化は、持続というよりも、いっそう増幅・強化されたとの印象をうける。その背景には、前述した両集団の集住地区での居住住戸の著増による居住密度の増大がある。とりわけ公定境界線南方におけるタマシェク人の居住密度の増大が顕著で、それが、南北の対照性を増幅・強化している。これによって、北方のサンコーレ大区側ではソンライ人、南方のベラ・ファランジ大区側ではタマシェク人への純化がいっそう進行したといえる。

このような特定エスニック集団への純化の進行にもかかわらず、1990 年とおなじく、1999 年の**図 28** でも、公定境界線を越えた北方のサンコーレ大区側にはタマシェク人の居住住戸が 4 戸みられる。しかし南方のベラ・ファランジ大区側には、1990 年の**図 27** とお

なじく、ソンライ人の居住住戸は存在しない。ソンライ人集団のベラ・ファランジ大区への居住忌避の強さを物語っていよう。しかし注目されるのは、1999 年には、ベラ・ファランジ大区側にアラブ人 1 家族の居住が観察されることである。ソンライ人にくらべてアラブ人の同大区への居住忌避傾向は弱いのかもしれない。

　最後に、ソンライ人とタマシェク人の居住変動について、別の側面から検討しておきたい。表 6 の「計」列は、1990 年のエスニック集団別にみた居住住戸数を示している。それによると、タマシェク人住戸が 70、ソンライ人住戸が 33 であった。同表の対角行列は、これらのうち、99 年にも両集団によって継続使用されている居住住戸の数を示している。その数は、タマシェク人の場合には 70 のうち 66、またソンライ人の場合は 33 のうち 28 に達している。この安定した継続使用は、もちろん調査区（3）が両集団の集住地区の合体からなるという性格を反映するものである。

　その安定性は、タマシェク人の場合にとりわけ顕著である。それは、調査区（1）と比較すれば、よりあきらかになる。表 4 は、おなじ年次間における調査区（1）の居住変動を示していた。それによると、1990 年のタマシェク人居住住戸 19 のうち、99 年にも同集団によって継続使用されているものは 2 住戸にすぎない。その低さは、同調査区のタマシェク人居住住戸の異集団住戸への転用が活発になされたことを物語る。

　これと関連して興味ぶかいのは、99 年の臨地調査によると、調査区（1）内に在住するタマシェク人の居住住戸のほとんどが簡易家屋であったことである。同調査区のタマシェク人家族は、主としてソンライ人の所有ロットを借地して居住している。彼らの居住ロットの他エスニック集団への頻繁な転用の背景には、住居移動が容易な簡易住居の頻用と関係していよう。調査区（1）でのタマシェク人の簡易家屋居住への選好は、彼らの居住住戸の不安定性とむすびついているのである。

　調査区（3）では、前言したように、タマシェク人の居住住戸は、おなじタマシェク人集団によって継続使用され、高い安定性を示していた。その多くは、タマシェク人集団というよりも同一家族による継続使用であろう。このことは、調査区（1）の場合とは異なって、1999 年の臨地調査で確認したタマシェク人の居住住戸 93 のうち、簡易家屋であったものはわずか 3 戸で、他はすべて日干しレンガ家屋であったことと関連していよう。継続使用という居住安定性の増大は、彼らの本来の居住様式であった簡易家屋から、より恒久的な日干しレンガ家屋への居住様式の転換を随伴していた。

X　トンブクトゥ町家論
──「住まい」と「住まう」──

　カイエは、1828 年にトンブクトゥの市街地景観をスケッチしている。そのスケッチの清書図を、既出の**図**10 に掲げた。そのなかで、彼はトンブクトゥの住戸を 2 種類に描き分けていた。1 つは、1 階中央に入口を開いた陸屋根の方形家屋で、市街地の本体部に立ちならんでいる。もう 1 つは、草ぶきのドーム状屋根の円形家屋で、市街地の周縁に点在している。そのスケッチでは、円形家屋はごく少数しか描かれていない。しかし彼は、「(市街地の) 内部にも、その外縁にも、ほぼ円形の多くの草ぶき家屋があり、それらは貧困者と奴隷の住戸に供されている[373]」と述べている。現実には、スケッチ以上に草ぶき円形家屋が多かったのであろう。

　また日干しレンガ造りの方形家屋についても、カイエは、さきの引用につづけて「大きいが、高くはなく、ほとんどが単層住戸である。ごく少数が複層で、それも、(1 階の) 入口の上に 1 部屋を積み重ねたものである」と述べる。**図**10 で彼が描く日干しレンガ造りの方形家屋は、ほとんどが入口の上方に小窓を左右相称に配していて、複層住戸のようにみえる。しかし彼はほとんどの住戸は単層と述べているので、現実には、それらは単層住戸なのであろう。彼の複層住戸に関する記載は、単層家屋の入口上方に上屋を載せて複層化した住戸のように読めるが、そのような家屋はスケッチには描かれていない。

　図 8 のバルトによる同時期の模式図、またそれを下敷きにして描かれたであろう**図** 16 のサァードによる最盛期トンブクトゥの復原図も、ともに市街地本体の三方をとりまく円形家屋のベルトを描いている。カイエの記述とこれらの模式図や復原図のように、19 世紀のトンブクトゥでは、草ぶき円形家屋が周辺部とりわけ市街地東方部にひろく分布していたのであろう。現在でも、**写真** 7 から窺えるように、ベラ・ファランジ大区の東縁部では、コンパウンドの内外に草ぶき円形家屋を多くみかける。

　図 15 で、同大区をとりあげて、空中写真をもとに、新市周縁から旧市をとりまく周回道路にいたるまでの街区区画の形態遷移をたどった。そこで説明したように、それは、グリッド・パターン区画の自生的な形成過程を示していた。その遷移は、同時に、区画内に立つ住戸の変化を随伴していた。最周縁の東端部では、住戸の多くはテントあるいは草ぶきの円形家屋である。しかし周回道路つまり新市の西端部へとむかうにつれて、住戸は日干しレンガ造りの方形家屋へと変化していく。それは、前記の模式図や復原図が描く周縁

部における円形家屋の卓越という住戸景観がいまも持続していることを物語っている。

　ここで、町家論へとすすむことにしたい。住戸には、2つの側面がある。1つは、「住まい」とよびうる建築物としてのハードな側面である。もう1つは、住戸に「（ヒトが）住まう」ことをめぐるソフトな側面である。この2つの側面は、住戸をめぐるモノとコトと言いかえることもできる。トンブクトゥの都市住戸について検討するにあたっては、このハードなモノ的「住まい」とソフトなコト的「住まう」の両側面を同時にとりあげて、そこにみられる特質をとりだすことにしたい。トンブクトゥの町家は、この特質を考察するための格好の事例を提供する。

　ハードなモノ的側面とは、「住まい」の物理的あるいは建築的な構造・構成である。具体的には、建築資材、工法、間取りなどをいう。またソフトなコト的側面とは、「住まう」ということがもつ住戸の居住・使用をめぐる行動をいう。たとえば、家族員と外来者、また家族員の男性と女性、既婚者と未婚者などによる部屋利用の許容度・差異化などである。これらは文化がもつ価値体系に根ざした行動であり、その意味で文化行動とよびうる。さらにトンブクトゥの場合には、イスラーム的生活様式の「住まう」への規定性も大きい。「住まい」と「住まう」が重合しあってつくりあげる複合体としての住戸をときほぐしつつ、トンブクトゥ町家論を試みたい。

(1) 町家のモノ的側面──剛構造の装飾建築

　トンブクトゥの代表的な町家ともいうべき日干しレンガ造りの方形家屋を対象として、都市住戸について検討することにしたい。とりあげるのは、ソンライ人の上層と中層～下層の典型的な居住住戸である。彼らは、トンブクトゥ旧市の優占的なエスニック集団で、みずからを「都市の人」と称している。もちろん、トンブクトゥの都市住戸はエスニック集団によって大きく異なることはなく、ここでの議論は、ソンライ人以外の諸集団の居住住戸にも妥当する。

(1)─1　日干しレンガの厚壁構造──製法と工法

　最初に、モノ的「住まい」というハード面から検討したい。トンブクトゥの都市住戸の主要建材は、日干しレンガである。それらは、つぎの順序でつくられる。

　① 砂質粘土に自生植物を細かく裁断したスサ（茢）と水とをくわえてこねあげる。

　② こねあげた粘土を立方体の枠型に入れて成型する。

　③ 枠型の上面にはみだした粘土を木片で削りとって水平にならす。

　④ それを枠型からとりだして、地面に並べて天日乾燥させる。

この日干しレンガの製法は、サヘルだけでなく、アジアの乾燥地帯でもひろくみられるもので、相違はスサの材料のみであろう。農耕の可能な地帯では、多くの場合、コムギ・イネなどの短稈性穀物作物のワラをスサとするが、それらが入手困難なトンブクトゥでは、イネ科の野生植物を利用している。

粘土は、砂丘間凹地の地底から採掘される。そ

写真 28　建設中の住戸　手前の日干しレンガ（バンコ）で壁を造り、さらに石灰岩の白い切石タイル（アロール）を上張りして仕上げている。建材造りを含めて、ここにみられる作業は、すべて石工の仕事である（応地撮）。

こには、砂丘斜面の少ない降水が流下するとともに、微細な砂質土が流入し堆積する。凹地底の地中には、灰色がかった砂質粘土の層が存在する。粘土といっても砂まじりなので、日干しレンガに加工しても、完全な粘土製のものにくらべると粘度も強度も劣る。日干しレンガはバンコ（*banco*）とよばれ、それを厚く積みあげて住戸の外壁をつくる。その壁厚は、複層住戸の場合、1 階では約 60 センチメートル、2 階でも約 40 センチメートルに達する。住戸は、厚壁の外壁を躯体として支える壁構造の工法で建てられる。これは、石造建築の工法とおなじである。

きわめて厚壁造りの外壁には躯体としての機能のほかに、重要な効能がある。それは、壁厚が大であればあるほど外気熱の断熱効果が大きく、夏期には屋外からの暑熱の侵入を小さくできることである。トンブクトゥのように湿度が極度に低い乾燥地帯では、湿気による導熱効果が小さいという気候特性がある。厚壁による断熱効果大と乾燥気候による導熱効果小という特性が相乗しあって、外気熱の遮断効果をいっそう大きくする。とくに乾期末の 6 月から 8 月初めの酷暑期には、日中の室内温度を小さくできる効果が大きい。

日中は涼しい室内で過ごし、夜間は陸屋根の屋上テラスで就寝するというのが、酷暑期の過ごし方である。夜間を屋外で過ごすのは、大陸性気候による外気温の夜間冷却効果を享受するためである。と同時に、外壁は昼間に蓄熱した熱を夜間に放熱するために、昼間とは逆に、夜間には室内が屋外よりも暑いという事情もはたらいている。

　日干しレンガは、焼成レンガとは異なって、硬度に欠けるだけでなく、多孔性のために雨水侵食に弱い。Ⅸ—(4)—1 で居住状況の変動を述べた際に、旧市の調査区 (1) で崩壊住戸が目につくこと、集中豪雨的な降雨によって崩壊した住戸をいくつも目にしたことについてふれた。それらの降雨は、暑熱によって顕著な上昇気流が生じる 8 月〜9 月に多い。そのはげしい雨から日干しレンガ造りの外壁を保護するために、乾期の末に、目の細かい粘土で外壁を上塗りする。この作業は、雨水の浸透と雨漏りを防止するため、陸屋根にも周到になされる。とくに土のみで陸屋根がつくられている場合には、粘土を敷きかためるように陸屋根を厚塗りする。

　上層階級の住戸は、日干しレンガ積みの外壁を粘土で上塗りしないで、石灰岩の切石タイルで仕上げられている場合が多い。切石タイルはアロール（*alhore*）とよばれ、沙漠中の石切場で石工たちによって採掘される。トンブクトゥの周辺には、アロールの石切場が数ヵ所に所在する。アロールは、沙漠を覆う風成砂層を掘りあげて、その下の軟質石灰岩から切りだされる。ⅩⅠ—(3)—2 で後述するように、トンブクトゥには石工を職業とする家族が相当数を占め、彼らの中にはアロールの採掘に従事するものも多い。

　Ⅸ—(4)—2 で居住状況調査の対象としたアバラジュ大区の調査区 (3) では、在住するソンライ人またタマシェク人の多くがサハラ沙漠中のタウデニ岩塩鉱で岩塩鉱夫として働いていることを述べた。そこではふれなかったが、そのなかにはアロールの採掘に従事しているものもいる。彼らは、主として北方約 120 キロメートルの採石場で働いている。また少数ながら、東方約 350 キロメートルのブーレム（**Bourem**）近傍の採掘場で働くものもいる。ともにトンブクトゥから遠く離れているが、良質なアロールを産出するという。

　切り出された石灰岩の石塊はさらに成型加工して、アロールに仕立てあげられる。アロールには、正方形のものと長方形のものとの 2 種類がある。数ヵ所の建築現場で計測すると、正方形のものは 27 × 27 × 15 センチメートルから 22 × 22 × 13 センチメートルくらいであった。それらは、主として外壁の上張りに使用される。また長方形のものは 32 × 20 × 14 センチメートルくらいで、陸屋根の舗装用レンガとして使用されることが多い。

　アロールのタイル張り外壁は、風雨とりわけ夏の集中豪雨から日干しレンガの弱い壁面を保護する。アロール壁には、雨水などによる外部侵食から壁面を保護するという機能だけではなく、それを化粧タイルとして壁面を美しくみせるという装飾効果がある。アロールは、壁面保護石材であると同時に化粧石材でもあるという二重の効用をもつ。深い黄色味を帯びたクチナシ色ないし玉子色のアロールで覆われた壁面は、とりわけ朝と夕の弱い陽光のなかで端正な輝きを帯びる。その端正さは、トンブクトゥでは、アロール張りの住戸ファサードが富裕の象徴とされていることを納得させる。

住戸の階数は、単層ないし2層である。その相違は家族の経済力に対応するとされ、とりわけアロールのファサードをもつ複層住戸は富裕の表徴とされる[374]。現在では、都市中心部の住戸は単層よりも複層住戸の方が多い。しかし1828年にトンブクトゥに滞在したカイエは、中心部は日干しレンガ造りの住戸であるが、単層住戸が多く、2階建てはごく少数と述べていた[375]。

(1)—2　ファサード構成──サハラ縦断交易の残映

ここで複層住戸をとりあげて、富裕家族の象徴とされるファサードの構成について概観したい。住戸の間口距離には大小があるが、2階建て住戸で12〜15メートルくらいである。玄関（フゥメ、humé）は、1階の間口中央に設けられることが多い。しかし間口中央ではなく、その左右のどちらかに偏在していることもある。しかしいずれの場合でも、ファサード構成の焦点が玄関にある点に関してはおなじである。

写真29　玄関扉の装飾　装飾鉄片を規則的に張りめぐらし、扉の中央上部に円環ノッカーが付く。上端の銘板は、カイエにさきだつ1826年にトンブクトゥを来訪したスコットランド人・レイングの止宿住戸と記す（応地撮）。

玄関は、もちろん街路にむかって開いている。吹きよせる流砂が街路に堆積して路面が高くなり、そのため玄関下端の位置が、路面よりも低くなっている住戸も多い。その場合には、路面からほりくぼめられた斜面をいったん下がって、玄関へと入ることになる。玄関は、角材を枠型にめぐらせた框（かまち）と、それにとりつけられた片開きの厚板扉からなる。トンブクトゥでは、玄関は開き戸のみで、引き戸の玄関をみることはなかった。おしよせる流砂のために、引き戸はすぐに開閉困難となってしまうからであろう。

頑丈な厚板を張りあわせた片開き扉は、防犯にも、熱風・流砂の侵入防止にも効果的である。玄関扉は内開きで、外開きのものをみることはない。それは、外開きだと、玄関口にたまる流砂が開閉を困難にするためであろう。また見知らぬ来訪者に対して玄関扉を開けてしまい、ただちに閉めようとする場合、内開きの方が容易に閉め切ることができると

いう防犯効果もあろう。

　玄関扉の表面には、全面にわたって、銀色に鍍金された幾何学模様の化粧鉄板が規則的に打ちつけられ、きわめて装飾性に富む。その装飾は、イスラーム的な幾何学性と規則性にあふれ、かつて交易都市また「イスラームの学林」として栄えたトンブクトゥを彷彿とさせるデザインである。装飾的な玄関扉のなかで、ひときわ目につくのは、中央上部にとりつけられた円環ノッカーだ。それは、上下にとりつけられた大・小2つの饅頭形の半球体のうち、上方の大きな半球体に固定されている。来訪者は、円環ノッカーを下方の半球体にうちつけて来訪を告げる。

　円環ノッカーを中心にして、2種類の装飾鉄板が、玄関扉の全面に打ちつけられている。1つは、マヤ文明の装飾模様を連想させる幾何学的な模様鉄板であり、もう1つは、小さな饅頭形の半球体である。この2つの装飾鉄板は、1列おきにヨコ直列に打ちつけられている。しかも各装飾鉄板はタテ方向にも1列にならんでいて、玄関扉の全面が碁盤目状に装飾金具で埋めつくされている。銀色の装飾金具はヨコ方向の水平性とタテ方向の垂直性をともに強調して、玄関扉を飾っている。

　住戸のファサードは、装飾的な玄関扉の垂直中線を対称軸とする左右相称原理で構成されている。玄関が間口距離の中央ではなく、左右のいずれかに偏在している場合でも、玄関を中心とした左右相称性は観察できる。まず玄関口の両側には、街路に面して石またはレンガのベンチ（ティムティム、timtim）が、外壁にそって左右相称にならぶ。やや涼しい夏の午前や夕刻などには、そこに人が集まって談笑に興じている光景をよくみかける。また屋内に招き入れる必要のない外来者との面談も、ここでなされる。

　ティムティムはエジプトの民家にもあるとされ、それを根拠の1つとして、トンブクトゥの都市住戸の起源をエジプトにもとめる説もある[376]。しかしトンブクトゥで一般的な日干しレンガ造りの住戸は、そのデザイン・様式とともに、ニジェール川南岸のジェンネから導入されたとする説が多い[377]。その説では、導入時期については、15世紀にアスキア朝ソンガイ帝国を樹立したアスキア・ムハンマド（Asukia Muhammad、在位1443〜1538年）の時代、導入契機については、同王が500人の石工をジェンネから招致してトンブクトゥの「金曜モスク」を修復したという事績にもとめる説もある[378]。

　長方形の玄関框の両側には、やや距離を置いて、左右相称性と垂直性の2つを効果的に強調しつつ、サリア（saria、パイロン状の飾り柱）が立つ。玄関扉の全面にタテ・ヨコともに直列かつ等間隔に打ちつけられた装飾鉄板も、サリアによる左右相称性と垂直性の強調とよく呼応する。サリアには、1階部分だけの場合と2階の上端にまで達している場合とがあり、後者の場合には、垂直性がいっそう強調される。

サリアの両側には、おなじく左右相称性をもって窓が開く。複層住戸の場合には、1階と2階に窓が設けられている。1階の窓は、玄関の上部とほぼおなじ高さの位置に開かれている。その窓は、外壁の開口部に、花柄や菱形の空隙が蜂の巣状にあけられたセメント製ブロックをはめ込んだだけのものが多い。この蜂の巣状の開口窓は、3つの機能をもつ。第1は、

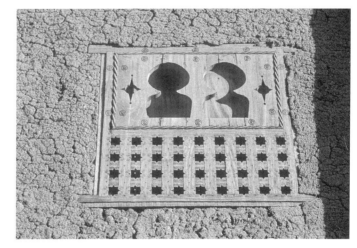

写真30　二重窓：装飾と機能の融合　　上部に馬蹄形アーチ、下部に格子を配したソト窓は、装飾性と同時に通風に特化した機能性をもつ。ウチ窓は装飾を排した両開きの板戸のみで、開閉による外気の流入調整という機能に徹する（応地撮）。

硫砂が堆積して高くなった街路を行く者の目を遮断して、プライバシーを確保することである。第2は、街路面からの反射熱・輻射熱の射入を小さくすると同時に、換気・通風をよくすることである。第3は、はめ殺しのブロック窓によって、外部者の侵入を防止するという防犯機能である。1階の窓はこれらの機能に特化していて、装飾的なファサードのなかでもっとも装飾性のとぼしい構成要素といえる。

これに対して、2階の窓は、構造・機能ともに1階のものとはまったく異なる。それについて、日本都市の町家、とくに京町家と比較して述べることにしたい。京町家の2階窓は、前近代には虫籠窓であった。それは、固定されたソト窓と開閉式のウチ窓の2つからなる二重構造の窓である。ソト窓は、壁にあけられたタテ長のスリット状開口部とタテ桟状の壁部分とが交互する固定窓である。ウチ窓は引き戸形式の障子窓で、自由に開閉できる。京町家の1階に多い格子窓も、これとおなじ構造である。格子窓も、ソトは固定した竪格子、ウチは開閉可能な障子窓からなり、この二重構成は、2階の虫籠窓の場合とおなじである。

トンブクトゥの都市住戸の2階窓も、ソトの固定窓とウチの開閉窓の2つから構成されている。この点に関しては、京町家の虫籠窓や格子窓と類似する。トンブクトゥの場合も、開閉不能のソト窓と開閉可能なウチ窓の2つからなっているからである。しかし両者の類似性は、この基本構成のみである。それ以外の点では、両者はまったく異なる。

　まずソト窓から、みることにしたい。トンブクトゥの都市住戸のソト窓の一般的な形式
は、上半部は大きく開かれた馬蹄形のアーチ窓、下半部は桟をタテとヨコに等間隔に配し
た碁盤目状の組格子窓の2つからなる。開放性とイスラーム的な装飾性にあふれたソト窓
は、なによりも通風を重視し、2階窓であることもあって防犯への配慮はとぼしい。それ
は、暑熱への対応という機能性とイスラームの文化性とをあわせもつデザインである。よ
くみると、馬蹄形アーチの框また組格子窓の桟には、唐草文や蛇の目文に似た細やかな模
様を陰刻されている。組格子の交叉部には銀色で塗金された饅頭形金具が打ちつけられ、
装飾性をいっそう高める。

　ウチ窓は、京町家では引き戸式の開閉窓である。しかしトンブクトゥの都市住戸のウチ
窓は大きな厚板の観音開き戸が多く、開口部はまったくない。締め切ったウチ窓を屋外か
らみると、ウチ窓の板戸を背景にしてソト窓の馬蹄形アーチと組格子がうかびあがってみ
える。さらにウチ窓には、玄関扉の円環ノッカーに似た半球状金具が固定されている。し
かしノッカーとして使用されることはないので、その取りつけはまったく装飾のためであ
る。その銀色塗装された饅頭形装飾金具が、ソト窓の馬蹄形アーチの中央部に位置するこ
とになり、ソト窓とウチ窓とがあいまって装飾性をいっそう高めている。

　開口部のないウチ窓を締め切ると、外気と外気熱の室内への侵入を遮断できる。トンブ
クトゥは強乾燥地帯に属するので、それによる熱射と熱風の遮断・断熱効果は大きい。乾
期の後半からはじまる暑熱期にはウチ窓を閉め切り、雨期になって暑熱がやわらぐと、ウ
チ窓の板戸を開いた状態にする。そのときには窓はソト窓のみとなり、ソト窓の大きな開
口部から風をとりいれる。このように、トンブクトゥの都市住戸の窓は、装飾性と機能性
をあわせもつ。そのソト窓とウチ窓からなる二重構成またソト窓のイスラーム的なデザイ
ンは、ともにモロッコから受容したものとされる。それは、サハラ沙漠縦断交易と平行し
て展開したマグレブとブラック・アフリカとの文化交流の歴史を反映している。

　ここで、ファサードを構成する個々の要素の検討から、それらが集合してつくりだす
ファサード全体の検討へと進むことにしたい。複層住戸の場合、まずファサードの焦点と
して玄関が1階に開いている。玄関扉自体が、円環ノッカーを中心にして化粧鉄板で左右
相称に装飾されている。玄関下端からはベンチが左右相称性をたもって両側に延び、タテ
長・長方形の玄関に水平性を付与する。それをうけて、玄関框の両側に左右相称に配され
た飾り柱・サリアが、ファサードの垂直性を強調すると同時に、ファサードを左・中央・
右の3つの垂直縞帯に区分する。

　中央は、玄関を基点として上方に延伸していく垂直縞帯である。左と右の垂直縞帯には、
1階と2階に左右相称に窓が開いていている。外部からの侵入を考慮する必要のない2階

の窓は、とりわけ装飾的である。その2階という高所への配置は、左右相称性と同時に、左・右両縞帯の垂直性を強調するものとなっている。このようにファサードは、ファサードが本来そなえるべき垂直性にくわえて、左右相称という水平性を同時に強調するように各構成要素を配して立つ。ファサードの表面には、壁面の保護と装飾のために、一面に淡いクチナシ色のアロールが貼られ、ファサードを一層きわだたせる。その端正さは、ファサードが富裕の象徴であることを想起させるとともに、かつてのトンブクトゥの繁栄をいまに伝えている。

　ファサードの上には、陸屋根が載る。平らな陸屋根は、使用資材から3つに分けうる。粘土を積み固めた土屋根、日干しレンガ屋根、長方形の大型アロールをセメントで接合した舗装屋根の3つである。このうち前2者の場合には、雨期の到来寸前に、雨漏り防止のために泥土で表面を塗り固める補修作業がなされる。雨水を排水するために陸屋根には細い

写真31　**複層住戸のファサード**　　玄関の両側に立つパイロン（飾り柱）は、1階で終わっているが、垂直性を強調し、また壁面に規則正しく張られた切石タイルの横線は水平性を強調して、ともにファサードを装飾する（応地撮）。

溝が切られ、その末端には排水用の横樋が取りつけられている。横樋は、街路上に1メートル以上もつきだしていて、雨水を街路面に落水させて排水する。住戸の外壁面よりも遠くに放水して、日干しレンガ壁の基礎がえぐられないようにするためである。排水樋は、もとは素焼きの土管あるいは自生するドームヤシ（Doumpalm）の半割樹幹であった。しかしいまではそれらは少なくなり、ブリキ製の排水樋に変化している。

（2）町家のコト的側面──「口」と「奥」の2項対位

　「住まい」は、「住まう」ための場であり、装置である。生活場としての「住まい」は、2つの役割を担っている。それは、① 家族内に配偶者を迎えて後継世代を再生産する場、② その再生産のために必要な外部者・外部世界との相互交渉がなされる場、の2つである。このうち、①は外部者・外部世界には閉ざされたプライベートな空間としての「住ま

い」であり、②は家族外の外部者にも開かれたセミ・パブリックな空間としての「住まい」である。つまり「住まい」とは、①の「閉ざされた場」であるとともに、②の「開かれた場」でもあるという背反性を抱えこんだ空間、いいかえれば「閉じ、かつ開く」という両義的な空間である。

　「住まう」とは、この矛盾ともいえる両義性を両立させつつ、「住まい」を使用していく作法・用法である。それは、具体的には、①のプライベートな「閉じた場」から、②の家族外の外部者に対しても「開かれた場」へといたる遷移を、「住まい」の空間を区分けして序列づけていくことによって実現される。その区分けに際しては、多くの変数がはたらく。たとえば宗教・文化・階層・身分・性別などである。

　そのなかで、もっとも重要な変数は家族と外来者との親密度・知己度である。その程度に応じて、外来者を迎え入れる「住まい」の場が変化していく。家族の守るべきプライバシーが大きい場ほど、外部者への許容度が小さくなり、両者のあいだには逆比例ともいうべき関係が存在する。これを重要な視座として、トンブクトゥの都市住戸における「住まい」と「住まう」の関係性について考察することにしたい。

　2つの具体例をあげて、その検討をおこないたい。1つは富裕家族の複層住戸、もう1つは中層から下層に属する家族の単層住戸である。「住まい」の構成場は、住戸の平面形態をつうじて検討しうる。また「住まう」は、その平面形態が描く個々の住戸構成要素、たとえば玄関、部屋また中庭などを、外部者をどのように類別しつつ、どのように使用するかという住行動をつうじて検討できる。

(2)―1　事例　① 富裕家族の 2 階建て住戸

　第 1 の事例として、富裕家族の複層住戸をとりあげたい。その平面図を、**図 29** に掲げる。**図 29** の左方は 1 階、右方は 2 階の住戸平面を示す。前述したファサードの説明の際に、玄関がファサードの中央ではなく、左右のいずれかに偏在している場合もあることを指摘した。同図の事例は、玄関の位置がファサードのやや左方に偏っている場合にあたる。玄関框の両側にはティムティム（ベンチ）があり、その背後の外壁にサリア（飾り柱）が立つ。一対のティムティムとサリアは、ともに玄関の両側に左右相称関係をたもって配置されている。

　1 階の平面図から検討すると、その大きな特徴は、玄関・部屋・中庭がいずれも 2 つあって、それぞれがペアーをなして配されている点にある。たとえば対をなす玄関は、ともに外来者を迎え入れる空間であって、その機能はおなじである。したがって 2 つの玄関が設けられている理由は、機能だけでは説明できない。それを説明するためには、ひとま

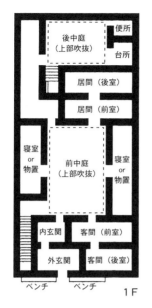
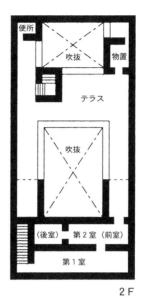

図 29 住戸の平面形態図（1）——富裕家族の複層家屋（応地作図）

ず機能論をはなれて別の説明を探求する必要がある。

　その手がかりを提供するのは、外来者に対する「住まい」の各部分の開放度に相違があり、その相違は家族のプライバシー保護の必要度と相関しているという事実である。ここで、男性外来者に例をもとめて、外来者への許容度と家族のプライバシー保護との交錯を住戸の空間的側面から検討することにしたい。それは、同時に「住まい」と「住まう」の関係を考えることでもある。

　「男性外来者が住戸内のどこまで立ち入ることが許されるか」という許容範囲を考えると、以下のように変化していく。外来者は、まず戸外の2つのベンチにはさまれたフゥ・メ（hu mê）とよばれる玄関先に歩を進めて、玄関扉の円環ノッカーを打って来訪を伝える。その音を聞きつけた家族員が玄関扉をわずかに開けて来訪者を確認し、来意を聞いたうえで玄関扉を閉じて奥に帰っていく。家族員から外来者の来訪を伝えられた戸主は、玄関扉を開けて来訪者を確認する。戸主が来訪者を住戸内に招じ入れる必要がないと判断すると、彼は戸外に出て、玄関横のベンチに腰を下ろして用件を聞く。ベンチは、親密度や知己度と関係なく、どの外来者にも開放された空間である。私も、はじめて訪れた住戸では、ベンチに座ってキキトリをしたことがよくあった。

　外来者が知己であれば、玄関扉の内側に招じ入れられる。そこには、大小2つの玄関が前後にならぶ。ソンライ語では、玄関扉を入ったところにある玄関を「大玄関（sifa ber）」、

その背後の玄関を「小玄関（*sifa keyna*）」とよぶ。**図** 29 に示されるように、2 つの玄関は、名のとおり大きさが異なる。ここでは、規模よりも両者の空間配置に注目して、大玄関を外玄関、小玄関を内玄関とよぶことにしたい。外玄関と内玄関は、隔壁にあけられたイスラーム的な馬蹄形アーチの開口部で連結されていることが多い。開口部には、ドアーはとりつけられていない。

　2 つの玄関には、ともに沙漠から運んできた砂が厚く敷きつめられている。夏の昼間には砂はひんやりとしていて、戸主と外来者はそのうえに座して話す。しかし 2 つの玄関のいずれに招き入れられるかは、戸主との知己関係によって変化する。用件をもって初めて来訪した外来者は、せいぜい外玄関までしか招じ入れられない。臨地調査の際に私に許容されたのは、1 つを例外として、せいぜいそこまでであった。格別の用件もない「一見さん」だからであろう。その奥の内玄関に通されるのは、より関係性のふかい外来者である。たとえば知り合いだけれども、親しいとはいいがたい関係の外部者がこれにあたる。機能的にはおなじ玄関ではあっても、2 つの玄関の外来者への許容範囲は、戸主との知己度・親密度によって異なるのである。

　この 2 つの玄関をめぐる関係は、京町家、なかでも表屋造りとよばれる京町家を想起させる。表屋造りとは、道に沿った店舗棟とその背後の住居棟からなる町家形式をいう。表屋造りの京町家では、道に面した引き戸の入口から中に入ると、店庭とよばれる土間があり、その奥に玄関庭がある。それらは、通り庭とよばれる歩廊にあたる。通り庭とは、道に面する入口から店舗棟と住居棟を貫いて奥へと延びていく土間の歩廊をいう。店舗棟の通り庭を分割しあって、玄関庭と店庭が設けられている。両者は、引き戸あるいは暖簾で明確に仕切られた 2 つの玄関である。店庭は、誰もが売買や商用のために出入りできるオープンな場所である。しかし玄関庭に招き入れられるのは、懇意にしている得意先や友人・親族などにかぎられる。京町家の店庭と玄関庭の関係は、トンブクトゥの町家の外玄関と内玄関の場合とよく似ている。

　トンブクトゥの町家の内玄関は、背後の中庭（パティオ）につうじている。中庭も、玄関とおなじように 2 つ存在する。2 つの中庭の関係については後述するので、ここでは内玄関背後の中庭を前中庭とよぶことにして、内玄関から前中庭、さらに前中庭から内奥への外来者の許容範囲についてみていくことにしたい。前中庭は大きく、まわりに部屋をめぐらした吹き抜けのパティオ空間なので、断熱効果また換気効果にすぐれている。とりわけ夏の日中には、住戸内ではもっとも快適な開放空間となる。戸主の友人などの親しい外来者は内玄関から快適な前中庭に通され、そこで談笑また用談をする。私も、前中庭に通されてキキトリできたのは、ただ 1 回のみであった。

　雨の日や寒い冬には、吹き抜けの前中庭は快適な空間ではなくなる。そのような日には、外来者の許容空間は親しさによってさらに変化する。それほど親密ではない友人との談笑・用談の場は、逆もどりして内玄関となる。これに対して親しい友人や親族の場合には、その場は内奥の客間となる。

　客間は、図29が右下端に描くように、玄関の東に隣接して所在する。玄関からそこへの動線は、＜外玄関→内玄関→前中庭→客間＞である。客間は、動線からいうと、前中庭の奥に位置する空間である。客間も、玄関とおなじく2つの部屋からなり、前中庭よりの部屋はメスアール（*mesuar*）、その背後の部屋はタシカ（*tasika*）とよばれる。ここでは、動線にしたがって、メスアールを客間前室、タシカを客間後室とよぶことにしたい。ごく親しい友人などとの談笑には、客間前室があてられる。もしその友人や親族が客として寝泊まりする場合には、寝所として客間後室があてられる。1階では、客間後室が、もっとも親密な男性外来者に許容された最奥の空間である。

　このように、男性外来者への住戸内の許容空間は、知己度・親密度などによって相違する。もっとも疎遠な関係にある外来者を一方の極として、親密度・知己度が増大していくにつれて、その許容空間は＜屋外のベンチ→外玄関→内玄関→前中庭→客間前室→客間後室＞と変化していき、屋外から住戸の内奥へと段階的に進んでいく。それは、親密度・知己度に応じて障壁を低下させて、「住まい」のよりプライベートな空間への接近を許容していくという「住まう」智慧である。

　ここで注目されるのは、「もっとも疎遠な外来者の屋外ベンチ」から「もっとも親密な外来者の客間後室」へといたる外来者への許容空間が、前中庭をふくめて、すべて街路に面した側、つまり図29の下端に集中していることである。この下端部分を「住まい」の「口」とよぶとすれば、それに対する「住まい」の「奥」は、前中庭をふくんで、その左右と背後の空間となる。そこは、男性外来者には許容されない禁断の空間である。トンブクトゥの町家は、＜「口」＝セミ・パブリックな空間＞に対する＜「奥」＝プライベートな空間＞という2項対位を基本として構成されているといえる。

　ここにみられる2項対位は、住戸内の部分空間つまり部屋・中庭にまで貫徹している。この点について、順次、観察していくことにしたい。最初に、さきに後述するとした中庭をとりあげたい。図29は、住戸中央に「大きな中庭」、また住戸最奥に「小さな中庭」という2つの中庭を描く。それらのソンライ語での方名は、前者が空地を意味するバトゥマ（*batuma*）、後者がフ・コレ・バトゥマ（*hu kore batuma*）とよばれる。前中庭は、住戸の中央部に所在するだけでなく、住戸内のすべての部屋がその四辺に出入口を開いているという中心性と求心性をあわせもつ場である。さらに前中庭は、先述したセミ・パブリックな

「口」とプライベートな「奥」という 2 項対位をあわせもつ空間でもある。その機能は、住戸の中心に位置し、「住まい」のすべての部屋をむすびあわせる結節場といいうる。都市にたとえれば、前中庭は、中央広場空間あるいはシビック・センターにあたる。

　前中庭と対をなす奥中庭は、住戸の最奥部という位置が示すように、そこは、もっともプライベートな空間であり、女性たちの空間である。奥中庭に面して、台所（フゥテイ、futey）と便所（サランガ、salanga）が開いている。奥中庭は、女性たちが調理などの家事労働をおこなう場であるとともに、彼女たちの談笑の場でもある。そこへは、男性の外来者は立ち入ることはできない。前中庭は、親密な男性外来者に関しては許容されるセミ・パブリックな空間でもあった。外来男性をいっさい許容しない奥中庭は、この点でも前中庭とは大きく異なっている。

　住戸内のすべての部分空間つまり部屋・玄関・通路は、前述したように、前中庭の四辺に開口部をひらいている。開口部の数は、上辺と下辺がともに 2、左右両辺がおのおの 1 の計 6 となる。これらの開口部は、いずれも向かいあう開口部と対をなしている。その対向関係は、開口部のみでなく、開口部がつうじている内部の空間にまでもおよぶ。前中庭に開く 6 つの開口部は、対をなす 3 つの対向的なペアーにまとめられる。それらのペアーについて検討すると、つぎのようになる。

　3 つのペアーの第 1 は、前中庭の上辺と下辺の右端にある開口部である。この 2 つの開口部は、まず前中庭を介してたがいに向きあって位置するという対向的な 2 項対位にくわえて、その背後には 2 つの部屋がつらなるという形態的な 2 項対位を示す。さらに、上辺の開口部とその背後の 2 つの部屋は、住戸の「奥」に位置する家族のプライベートな空間である。これに対して下辺の開口部とその背後の 2 室は、住戸の「口」に所在する来客のためのセミ・パブリックな空間である。両者のあいだには、＜「奥」のプライベートな空間＞に対する＜「口」のセミ・パブリックな空間＞、という＜「奥」：「口」＞という 2 項対位を観察できる。

　両者の 2 項対位は、それだけにとどまらない。上辺に位置する家族のための＜「奥」のプライベートな空間＞は、日本でいえば居間に比定しうる。居間の 2 室も、ソンライ語では、開口部を入ったところにある居間前室はメスアール、そのうしろの居間後室はタシカとよばれる。この呼称は、客間の 2 室とおなじである。前後 2 つの部屋は呼称がおなじであるだけでなく、機能においてもおなじ機能を分担しあっている。居間前室は夫婦と家族員の空間、居間後室は夫婦の寝室として使用される。同様に、客間前室は親族やもっとも親しい友人との談笑の場、客間後室は友人や親族が宿泊する場合の寝室であった。前室と後室の機能分担に関しても、居間と客間は相称的な 2 項対位を示す。

　このように、前中庭の上辺と下辺の右端にある開口部を出入口とする居間と客間は、対向関係、形態、＜「奥」：「口」＞、構成2室の機能分担などの諸点で明確な2項対位を示している。これら4つの2項対位は、住戸のもつ「すまい」と「すまう」という二面性からいえば、さらに2つに要約できる。居間と客間の対向的また形態的な2項対位は、「すまい」という住戸のハードな構造と連環し、＜「奥」：「口」＞また構成2室の機能分担における2項対位は、「すまう」というソフトな住行動と連環しているということである。

　第2のペアーは、対をなす前中庭の左上端と左下端の開口部である。それらは、ともに部屋への開口部ではなく、通廊への出入口である。左下端の開口部は、内と外の2つの玄関を経て街路に通じている。これと同様に、左上端の開口部からはソロ・ディンデ（*soro dyinde*）とよばれる通路が住戸内にのびる。それは、前中庭と奥中庭とをむすぶ通廊である。このペアーにおいても、「口」に所在する玄関（シファ）は外来者にも開放されたセミ・パブリックな通廊であり、「奥」に所在するソロ・ディンデは家人のみのプライベートな通廊であるという相称的な2項対位を観察できる。

　第3のペアーは、前中庭の左右両辺の対向しあう開口部である。これは、住戸1階でみとめられる唯一の左右相称のペアーである。開口部は、背後の部屋への出入口であるが、その部屋数は、他のペアーの場合のように2室ではなく、1室のみである。ソンライ語での部屋の呼称は、左右ともにガリア（*galia*）である。ガリアは、子供たちの男女別寝室あるいは物置として使用されることが多いので、子供寝室／物置とよぶことにしたい。このように子供寝室／物置は、対向的、形態的、機能的な2項対位でむすばれている。

　以上で1階部分の「すまい」と「すまう」の検討を終えて、2階へと目を転じることにしたい。2階への階段も2ヵ所にあって、ペアーをなしている。住戸左下端の階段は、ソロ・ティエ（*soro tye*）とよばれる。ここでは、これを前階段とよぶことにしたい。前階段は、住戸のセミ・パブリックな「口」部分に位置していて、外来者にも開放された階段である。彼らは、前中庭をとおって前階段へといたる。もう1つの階段は、プライベートな奥中庭から昇降する。これを後階段とよぶことにする。後階段は家族員のみの「奥」の階段で、外来者には開かれていない。両者は、所在位置に関してはなんら相称関係にはないが、ともに前と後の中庭のいずれかからしか昇降できないという点では共通性をもつ。

　前階段をあがると、**図29**右方の2階平面図が示すように、住戸内でもっとも大きな部屋に通じる。これを、階上室とよぶことにしたい。階上室も前後にならぶ2室からなり、最初の部屋はソロ・グング（*soro gungu*）、その背後の部屋は「後」を意味するタシク（ta-sik）を付してソロ・タシクとよばれている。ファサードについて述べた際に、その重要な構成要素として二重構造の木製窓について説明した。イスラーム的な装飾性にみちた木製

窓は、ソロ・グングの外壁に左右相称に開いている。階上室は、戸主の私室として利用されることが多い[379]。戸主は、ここでごく親密な友人と談笑することもあるので、階上室も住戸の「口」に所在するセミ・パブリックな空間といえる。

　2階では、まわりに壁をめぐらせた部屋は階上室のみである。その背後には、前中庭と外壁で左右を画されたタテ長の部屋がある。そこは、タファ・ラフォラ（*tafa rafara*）とよばれる。おなじ名をもつ2室が、吹きぬけの前中庭を介して左右相称にならぶ。左右相称配置と同一名称という特徴は、1階のガリアと共通する。ここは倉庫として利用されることが多いので、倉庫とよぶことにしたい。倉庫は、プライバシーを考慮する必要のない空間なので、部屋の上辺には壁はなく、「奥」にむかって完全に開口されている。

　しかし2階でもっとも大きな面積を占めているのは、ソロ・バトゥマ（*soro batuma*）とよばれる屋上テラスである。そこは、暑熱期には涼をもとめる家族員の就寝の場となる。屋上テラスへの昇降は、階下の「奥」にある後階段によってなされる。屋上テラスは、「奥」のプライベート空間の2階への延長・拡張部なのである。2階も1階と同様に、街路に面する階上室は親しい外来者にも許容された空間であり、セミ・パブリックな「口」にあたる。これに対して屋上テラスは、「奥」のプライベートな空間に属する。1階で観察できる「口」と「奥」という2項対位が、2階にも貫徹している。

　以上、複層住戸を事例として、「住まい」というハードと「住まう」というソフトを相関させて、その関係性を詳論した。それを要約すると、つぎのようになろう。トンブクトゥでの富裕な家族の一般的な居住様式は、街路に玄関扉をむけて立つ2階建て家屋である。それは、3つのレベルの2項対位を重層的にくみこんだ入れ子構造の住戸といえる。しかもその2項対位は、前・後また左・右の両者にまたがる空間な相称性をもって配置されている。この住戸の内部空間の体系的な配置・配列という点に、トンブクトゥの上層住戸がもつ形態的特質があると考える。その特質をうみだしている3つのレベルの2項対位は、以下のように要言できよう。

　第1のレベルは、前中庭を共通項とする街路側と内奥側の2項対位である。街路側を「口」、内奥側を「奥」とよべば、「口」は、親密度の変化に対応して障壁を変化させつつも、男性外来者にも許容されるセミ・プライベートな空間である。これに対して「奥」は、家族員のみのプライベートな空間であり、そこへの男性外来者の入室は許されない。この「口」と「奥」の2項対位は、2階にも貫徹している。しかも街路側を「口」また内奥側を「奥」とする2項対位は、空間的にも前中庭を介して前後相称の関係にある。

　第2のレベルは、「口」と「奥」の内部を分割する部屋・通路のレベルでの2項対位である。このレベルでも、前中庭を介して＜客間：居間＞、＜玄関：通路＞が前後相称的に、

また2つの子供部屋／物置が左右相称的に配置されている。2階でも、<階上間：屋上テラス>が前後相称関係で、また2つの倉庫が左右相称関係でならぶ。これらの分割区画は、いずれも、<セミ・パブリックな空間：プライベートな空間>という「口」と「奥」の2項対位を継受している。空間的な相称性には欠けているが、前中庭と奥中庭のペアーも、この「口」と「奥」の2項対位を示す。

第3のレベルは、上記の住戸内の分割区画内部の2項対位である。第2のレベルで列挙した居間・客間・玄関・階上室は、いずれも前室（外）とその背後の後室（内）の2室からなる。居間・客間では、後室は寝所としてつかわれる。また2つの玄関も、外来者との親密度の相違によって使いわけられる。

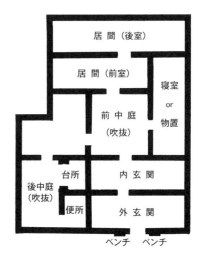

図30　住戸の平面形態図（2）——
中層〜下層家族の単層家屋
（応地作図）

いずれの場合も、セミ・パブリックな前室に対してプライベートな後室という2項対位の関係にある。

(2)—2　事例② 中層〜下層家族の単層住戸

トンブクトゥ旧市の中心街路には、2階建ての住戸が連続する都市景観がつづく。しかし旧市の中心部から周辺にむかうにつれて、しだいに単層住戸がめだっていく。周回道路を越えた新市では、複層住戸よりも単層住戸が卓越するようになる。たとえばⅨ—4で居住状況調査の対象とした調査区（2）のアバラジュ大区でも、またベラ・ファランジ大区の調査区（3）でも、方形住戸の多くは単層であった。2階建て住戸と単層住戸との相違は、主として居住家族の経済力と在住年数によるところが大きい。

ここで、サライケイナ大区の南部に所在するソンライ人家族の単層住戸を、中層〜下層家族の住戸の事例としてとりだすことにしたい。その平面図を、図30に掲げた。このクラスの単層住戸では、外壁に砂岩タイル（アロール）を張るものはほとんどなく、外壁は砂質粘土をモルタル状に塗って仕上げられているものが多い。

図29の左図は、富裕家族に属する2階建て住戸の階下部分を示したものであった。同図と図30とをくらべると、おなじく1階部分の平面図ではあるが、両者のあいだには相違点も多い。その第1は、建物面積にある。当然、図29・左図の富裕家族の住戸がはるかに大きい。その差は、経済力によって説明できよう。この建物面積の縮小が、両者の住

戸内部における空間構成の相違を生みだす要因としてはたらく。これについては、中庭の検討を終えたのちに詳述したい。

　第2の顕著な相違点は、中庭の形態と配置にある。家屋規模の大きな図29の住戸とおなじく、図30の小さな単層住戸においても、2つの中庭が存在する。1つは、住戸中央部に位置する中庭である。図29でも、前中庭は、これとおなじく住戸の中央部に所在していた。それを踏襲して、ここでも中央部の中庭に対して前中庭という名称を使用することにしたい。しかし図30では、図29にくらべて前中庭の面域はいちじるしく縮小している。前中庭は吹き抜けのオープン・スペースであり、建物面積を縮小するとすれば、その縮小の対象となるのは前中庭であろう。建物面積の縮小が集中的に表出しているのが、後述する客間とともに前中庭である。

　もう1つの中庭は、図29では奥中庭とよんだ。その命名は、①住戸の最奥部に位置することにくわえて、②家族員のみのプライベートな空間である「奥」に所在していることの2点をふまえたものであった。この2つの根拠に照らして、図30でのもう1つの中庭をみると、その位置は住戸最下端であって、前記の根拠①は妥当しない。しかし②に関しては、のちにくわしく検討するように、プライベートな空間である「奥」に所在している。この点を重視して、図30の住戸最下端の中庭に、後中庭という名称をあてることにしたい。

　図29の複層住戸の場合とおなじく、前中庭の四辺にはおのおの1つの開口部があり、それによって前中庭は住戸内のすべての部屋や通路とむすばれている。前中庭は、面域は縮小されているが、前中庭は住戸内の中心に位置するだけでなく、機能のうえでも住戸内部での結合の中心となっている。この2点に関しては、面域に関係なく、図29・図30の前中庭はともにおなじである。四辺の開口部は、上辺が居間、右辺が子供部屋／物置、下辺が玄関、左辺が後中庭への通路の出入口である。このなかで注目されるのは、つぎの2点である。

　第1の点は、図29では前中庭の下辺には2つの開口部があったが、図30では1つのみとなっていることである。それは、図29の住戸の右下端部を占めていた客間が省略されていることによる。第2の点は、後中庭への通路の開口部が、上辺ではなく、左辺に位置することである。実は、この2つは連動したドミノ的変化である。

　前項で説明したように、富裕家族の住戸は、知己度また親密度の差異をもとに、外来者への許容空間を微妙に変化させて住戸内を分節していた。それを可能にするのが、富裕家族の証明でもあった。しかしそれは、分節空間の増加と多様化なくしては実現しえない。その最たるものが、親密な外来者の許容空間としての客間であった。図29では、客間は、セミ・パブリックな「口」空間の最奥部に位置していた。建物面積の縮小は、いわば「贅

沢な誇示空間」ともいいうる客間のあり方を変化させる。

　図30では、後中庭は住戸の左下端部へ移動している。図29では、そこには玄関が位置していた。そして玄関が図29の客間の位置に移動し、客間はなくなってしまっている。また図30でも、住戸の左下端に移動した後中庭の背後には台所と便所がある。＜後中庭―台所―便所＞からなる構成は、図29の後中庭の場合とおなじであり、そこが女性たちの家事空間であることを示す。家事は家庭生活にとって不可欠であり、建物面積の縮小があったとしても、家事空間である＜後中庭―台所―便所＞構成を変更することはできない。日常生活との直結度が小さい客間が、縮小対象となるのは自然であろう。ここにみられるのは、＜建物面積の縮小→後中庭の住戸左下端部への移動→客間の省略＞というドミノ的な連鎖変動である。

　この連鎖変動は、住戸の基本構成に大きな影響をあたえる。図29をもとに、富裕家族の2階建て住戸の「住まい」と「住まう」の関係性を検討して、トンブクトゥの2階建て都市住戸が、レベルを異にする3つの2項対位の入れ子構造として性格づけうることを指摘した。これを視座として、図30の中層〜下層家族の単層住戸の構成を検討することにしたい。

　第1は、住戸全体のレベルでみられる2項対位である。それは、前中庭を介して、＜その前方の街路に面した「口」空間＞：＜その背後の内奥に所在する「奥」空間＞の2項対位であり、それは、同時に、＜外来者にも開かれたセミ・パブリックな空間＞：＜家族員のプライベートな空間＞という2項対位と結合していた。

　この2項対位は、図30では解体してしまっている。その動因は、「奥」のなかでも最奥の空間ともいうべき後中庭が、街路に面する住戸の左下端に移動していることにある。そのため、中層〜下層家族の単層住戸では、住戸の街路ぞいの部分はセミ・パブリックな「口」の空間とプライベートな「奥」の空間とが並存しあっている。富裕家族の住戸でみられた住戸全体のレベルでの2項対位は、建物面積が縮小した中層〜下層家族の単層住戸では観察できなくなる。

　第2の2項対位は、部屋・通路などの部分空間のレベルで成立していたもので、第1の場合とおなじく、前中庭を介して対向的な関係で観察しうる2項対位であった。図29の富裕家族の住戸では、＜客間：居間＞が前後相称的、また2つの子供部屋／物置が左右相称的な2項対位を形成していた。この2つの2項対位は、図30では大きく変化している。前者に関しては前後相称的な2項対位は観察可能だけれども、その内容が＜玄関：居間＞からなる2項対位へと変質していることであり、後者に関しては左右相称的な2項対位そのものが解体してしまっている。その解体は、建物面積の縮小によって、子供部屋／物置

が1部屋のみとなっていることによる。

　ここで、＜客間：居間＞から＜玄関：居間＞への2項対位の変容について、その意味を検討したい。玄関は、**図29**では、セミ・パブリクな「口」のなかでも外来者に対してもっとも許容度の大きい空間であった。しかし**図30**では客間が消失し、かわって玄関が客間の機能をあわせもつ空間となる。つまり客間が果たしていた親密な外来者の応接空間という役割が、玄関に付託されることになる。これについては、部屋レベルでの2項対位を検討する際に再論したい。

　客間の消失と玄関の移動とをうけて、居間に対して前中庭を介して対向的関係にあるのは、**図29**の客間ではなく、**図30**では玄関へと変化する。その結果、**図30**では＜居間：玄関＞という新しい2項対位が成立する。しかし居間と玄関は、前記の対向的な位置関係だけでなく、ともに前中庭に開いた開口部の背後に前室と後室の2室を配するという形態的な相称性を維持している。また＜居間＝プライベートな「奥」の空間＞：＜玄関＝セミ・パブリックな「口」の空間＞という2項対位も維持されている。つまり＜居間：客間＞から＜居間：玄関＞へと編成は変容しても、これらの2項対位が維持されていることを示している。しかし**図30**における玄関と客間の合体は、玄関そのものの機能変化を惹起していく。それについて検討するためには、居間また玄関からそれらを構成する個々の部屋のレベルへと観察レベルを降下させる必要がある。

　第3は、部屋レベルでの2項対位である。**図30**においても、玄関と居間は2室からなっている。さきに富裕家族の住戸での玄関が、玄関を入った所にある外玄関とその背後の前中庭へとつうじる内玄関の2つからなり、前者が初めての来客をふくむ知己度小の外来者の応接空間、後者がそれよりも知己な外来者の応接空間であることを指摘した。この知己度による外玄関と内玄関が使い分けは、**図30**の中層家族の住戸の場合にも妥当する。それにくわえて、中層家族の住戸の場合には客間がないために、もっとも親密な外来者との談笑の場という機能も内玄関が担うことになる。客間の省略という住戸面域の縮小が、内玄関の機能的拡大による補完という帰結をもたらしているのである。

　これに対して、もう1つの部屋レベルでの2項対位は、居間内部の＜居間前室：居間後室＞という編成であった。**図30**の中層〜下層家族の住戸でも居間は前・後2室から編成されていて、＜家族員の居間空間としての居間前室：戸主夫婦の寝所としての居間後室＞という2項対位は、経済力・階層に関係なく共通してみとめられる。

　このように、家族の経済力低下に起因する建物面積の縮小は、住戸の内部編成に相違をうみだす要因としてはたらいている。その結果、おなじソンライ人であっても、富裕家族と中層家族の居住住戸のあいだには、同形性と異形性の2つをみいだすことができる。重

266

要な同型性としては、両者におけるパティオ的な前中庭の存在とそれによる部屋・通路などの住戸内の分割空間の統合、また分割空間の編成に2項対位という概念が適用可能なことをあげうる。

　また異形性としては、2項対位概念の適用範囲の相違がある。富裕家族の住戸では、①前中庭を介する街路側と内奥側のレベル、②部屋・通路などの部分空間間のレベル、③部屋レベルからなるすべてのレベルで、2項対位関係を観察することができた。これに対して中層～下層家族の住戸では、①のレベルでの2項対位は成立しなくなる。内奥側の「奥」のなかでも、もっともプライベートな＜後中庭―台所―便所＞からなる「女性の空間」が街路側に移行しているからである。そのため富裕家族の場合とは異なって、住戸の「口」は、セミ・パブリックな半開放空間とプライベートな閉鎖空間の2つが左右に並存する空間と化してしまっている。また残る2つのレベルでも、2項対位は観察できるけれども、その構成内容は富裕家族の住戸とは変化していることを指摘できる。

XI　家族の職業
——大区別・エスニシティ別特性——

　日本では、特定の都道府県や都市の職業構成に関する資料は、国勢調査から容易に得られる。マリではこれに類する公刊資料はなく、トンブクトゥに在住する全家族の職業構成を検討することは不可能であった。これまでなされてきたのは、エスニック集団を単位として、どの集団にはどの職業に従事するものが多いというような概括的な指摘のみであった。

　IXで、人口のエスニック構成を検討した際に資料としたのは、1996年の人口調査時に作成された家族帳簿であった。同帳簿は、戸主の氏名や家族人員などにくわえて、戸主の申告にもとづく家族内有業者の職業を記載している。その記載は、トンブクトゥ在住家族の職業を全数的に検討するための唯一の資料となりうる。

　しかし資料化にあたっては、記載職業の筆写・集計という作業だけでなく、筆写・集計のための明確な方針を設定することが必要であった。それについては、次節で詳述したい。これらの設定した方針のもとに、家族単位でトンブクトゥの職業データ・ベースを作成した。それを資料として、属地的な大区と属人的なエスニック集団の2つに焦点をあわせて、トンブクトゥの職業構成を要約したい。

(1) 家族単位の職業集計——方針と分類

　職業構成は、一般に有業者全員を対象として、その職種の内訳を要約する言葉として使用される。しかし家族帳簿からの筆写・集計にあたっては、この一般的な用法を離れて、有業者全員ではなく家族を単位とする職業構成をあきらかにすることをめざした。それは、トンブクトゥでは、社会生活は家族を単位として営まれているからである。しかし家族帳簿の記載をもとに家族の職業を判断する際に、いくつかの問題に遭遇した。とくに、それは、戸主が女性の場合の職業判断に関してであった。

　前述したように、トンブクトゥをふくむ西アフリカの家族制度は家父長制家族を基本とする。そのため家族帳簿に "chef du famille（戸主）" として記入されているのは、圧倒的に男性が多い。しかし女性が戸主とされている事例も、かなり存在する。具体的にいえば、家族帳簿から集計した計3,293家族のうち、301家族が女性を戸主としていた。その全家族数に対する比率は9.1％で、無視できる数字ではない。夫との死別あるいは離婚によっ

て、女性が戸主として記載されているためである。

　WHO（世界保健機構）による 2011 年の日本の男女別平均余命は、男性の 79 歳に対して女性は 86 歳であって、ともに高齢であるだけでなく年齢差も 7 歳に達する。それが、日本で老齢者の女性単身世帯を多くしている理由である。しかしマリの平均余命は、男性が 50 歳、女性が 53 歳であって、ともに中高年であるうえに年齢差は 3 歳と小さい。このことを考慮すると、女性を戸主とする 301 家族は、夫との死別よりも離婚によるものが多いと推定される。この点は、キキトリからも確認できる。その理由の多くは、経済的なものよりも、夫の妻に対する家庭内暴力であった。またハッカールも、20 世紀初頭にトンブクトゥでは離婚が多いことを指摘している[380]。離婚率の高さは、当時から、この地方でみられたのであろう。

　問題は、それらの女性戸主の職業が「家事（ménagère）」と記入されているものが非常に多いことである。「家事」は、日本でいえば「主婦」にあたるもので、それ自体としては職業とみなされない。もし女性戸主の「家事」をもって、その家族の職業とすると「家事」＝無職が過大なものとなってしまう。この点を避けるために、つぎのような判定基準を設けて、家族帳簿の筆写・集計をおこなうことにした。

　Ａ）**男性を戸主とする家族**

　　① 戸主を含めて有業者が 1 人のみの場合　：　記載職業をもって家族の職業とする。もちろん、その 1 人は戸主である場合が圧倒的に多かった。

　　② 家族内に戸主を含めて複数の有業者がいる場合　：　最年長者の職業をもって、その家族の職業とする。この場合も、最年長者のほとんどは戸主であった。

　Ｂ）**女性を戸主とする家族**

　　① 戸主のみが有業者である場合　：　その職業をもって家族の職業とする。このケースは、女性戸主の年齢が比較的若く、子供が幼少である家族によくみられた。戸主の職業欄に「家事」と記入されている場合にも、家族の職業を「家事」とした。

　　② 家族内に戸主以外にも有業者が存在する場合　：　戸主の職業欄に「家事」と記入されていても、他の有業者の職業をもって家族の職業とした。このケースは、戸主の年齢が高く、成人した子供が就業している家族によくみられた。

　以上の 4 つの基準をもとに各家族の職業を判断し、それを筆写・集計して、在住家族の職業データ・ベースを作成した。この章では、同データ・ベースをもとに、トンブクトゥの職業構成について検討することにしたい。

　家族帳簿が記載する職業は多様で、計 160 に達する。それらの職種は、日本の職業分類

とほぼ重なっていて、産業分類的に記載されているものは意外に少なかった。**160** の記載職業を、「日本標準職業分類」（2009 年 12 月統計基準設定）に準拠して、最終的には **A〜L** の大分類に分級した。最初に「日本標準職業分類」の大分類について、その定義を中心に説明することにしたい。ただし、同分類の説明を一部改変している場合がある。

A 管理的職業従事者——組織の経営管理に従事する管理的公務員、会社・団体などの管理的職員・経営者など。

B 専門的・技術的職業従事者——高度な知識をもとに、科学・医療・法律・教育・宗教・芸術などの仕事に従事する者。

C 事務従事者——監督者の下で、庶務・会計・通信・営業などの事務、また事務用機械の仕事などに従事する者。

D 販売従事者——商品・不動産の販売・仲買に従事する者、また小売・卸売業の店主・店員など。

E サービス職業従事者——家事サービス・調理・接客・娯楽・対個人サービスなどに従事する者。

F 保安職業従事者——国家の防衛、社会・個人・財産の保護、秩序の維持に従事する者。

G 農林漁業従事者——農作物の栽培、家畜・動物の飼育、林木の育成・伐採、水産動植物の捕獲・養殖に従事する者。

H 生産工程従事者——道具・機械をもちいて、加工・組立・調整・修理などの作業に従事する者。

I 輸送・機械運転従事者——自動車・船舶・土木機械・採掘機械・発電機などの運転・操縦に従事する者。

J 建築・建設・採掘従事者——建築・土木・電気工事・採掘などの作業に従事する者。

K 運搬・清掃・包装等従事者——郵便・荷役・配達・清掃・包装などの作業に従事する者。

L 分類不能の職業——A〜Kのいずれにも分類不能の職業。

上記の説明では、大分類に属する代表的な職種をいくつか例示した。この職種レベルでの分類が、ほぼ職業中分類にあたる。家族帳簿に記載された計 **160** の職業を中分類にまとめると、その数は計 **123** となる。それらを、さらに最終的には A〜L の 12 の大分類に統合していった。

計 **160** の記載職業の多くは、前述したように、職業分類表をもとに中分類さらには大分類へと集約可能である。しかし少数ではあるが、職業か産業かの区別が困難なものもあっ

た。また家族帳簿の職業欄がまったく空白の場合には「不明」とし、家事（主婦）・学生・失業・無職とあわせてLに分類した。大分類Lは、「日本標準職業分類」では「分類不能の職業」とされているが、ここでは、それを「分類不能・家事・無職・不明」として標記することにした。

(2)　全体的概観——都市的と非都市的の拮抗

　1996年の家族帳簿が記載する計3,293家族の職業を大区ごとにA～Lの職業大分類に分級して集計し、大区別職業データ・ベースを作成した。それをもとに、最初に、その全体的な構成を概観しておきたい。ここでいう大区は、IXで集計単位としたものとおなじで、トンブクトゥの旧市と新市を領域とする6つの大区をいう。

　その集計結果を、表7に掲げる。同表には、3つの表を収めた。上表には職業大分類別にみた従事者の大区別実数値、中表・下表にはそれをもとに算出した2つの構成比を掲げた。中表の構成比Aは、上表のタテ列の構成比で、その大区の全職業従事者を100.0とした場合の大区内の職業大分類別構成比を示す。また下表の構成比Bは、上表のヨコ行の構成比で、その職業のトンブクトゥ全市の従事者数を100.0とした場合の同職業従事者の大区間構成比を示している。

　最初に、表7をもとに、トンブクトゥの職業構成の特徴を全市レベルでみておくことにしたい。中表の構成比A・最右列の「計」欄は、構成比が第1位の職業はG農林漁業の28％、第2位はJ建築・建設・採掘の17％であって、両者をあわせると、その比率は全職業従事者の45％に達することを示す。イギリスの経済学者コリン・クラーク（Colin Clark）にはじまる産業三分類からいえば、農林漁業は第1次産業に、建設・採掘は第2次産業に分類され、両者は基本的に異なった産業とされる。しかし生産工学での作業分類を参照すると、この2つはおなじ作業特性の活動である。

　それについて簡単に説明すると、生産工学では、作業を2つに分類する。1つはフィールド・オペレーション（field operation）で、作業場所を離れると同じ作業をおこなうことのできない作業をいう。たとえば作物栽培はその栽培場所を変えると、土壌・水文・気候などの条件も変化するため、栽培法・作業内容も変化せざるを得ない。そのため作物栽培には、場所的な拘束性がつよく働く。この場所的拘束性大という性格は、林業、鉱物採掘、ダム・道路の建設などの諸作業にも共通する。つまりそれらは、産業三分類では異なった産業とされていても、いずれもフィールド・オペレーションに分類可能な諸活動である。

　生産工学でのもう1つの作業分類は、ショップ・オペレーション（shop operation）とよばれるものである。それは、特定の場所から他の場所へと移動・移転しても、おなじ方

表7　大区別・大分類別　職業構成──1996年

	① ジンガレイベル	② バジンディ	③ サンコーレ	④ サライケイナ	⑤ アバラジュ	⑥ ベラ・ファランジ	計
＜実　数＞							
A 管理的職業	11	14	5	12	2	1	45
B 専門的・技術的職業	43	47	82	94	63	26	355
C 事　務	14	18	27	42	18	6	125
D 販　売	29	52	74	46	94	62	357
E サービス職業	4	1	8	13	19	3	48
F 保安職業	4	2	6	56	12	17	97
G 農林漁業	20	18	35	126	203	509	911
H 生産工程	45	32	47	51	45	32	252
I 輸送・機械運転	17	17	25	33	38	26	156
J 建築・建設・採掘	27	15	52	177	202	100	573
K 運搬・清掃・包装等	2	1	3	6	2	4	18
L 分類不能・無職・不明	40	35	65	55	85	76	356
計	256	252	429	711	783	862	3293
＜構成比 A＞							
A 管理的職業	4.3	5.6	1.2	1.7	0.3	0.1	1.4
B 専門的・技術的職業	16.8	18.7	19.1	13.2	8.0	3.0	10.8
C 事　務	5.5	7.1	6.3	5.9	2.3	0.7	3.8
D 販　売	11.3	20.6	17.2	6.5	12.0	7.2	10.8
E サービス職業	1.6	0.4	1.9	1.8	2.4	0.4	1.5
F 保安職業	1.6	0.8	1.4	7.9	1.5	2.0	2.9
G 農林漁業	7.8	7.1	8.2	17.8	25.9	59.0	27.8
H 生産工程	17.6	12.7	10.9	7.2	5.7	3.7	7.6
I 輸送・機械運転	6.6	6.7	5.8	4.6	4.9	3.0	4.7
J 建築・建設・採掘	10.5	6.0	12.1	24.9	25.8	11.6	17.4
K 運搬・清掃・包装等	0.8	0.4	0.7	0.8	0.3	0.5	0.5
L 分類不能・無職・不明	15.6	13.9	15.2	7.7	10.9	8.8	10.8
計	100.0	100.0	100.0	100.0	100.0	100.0	100.0
＜構成比 B＞							
A 管理的職業	24.4	31.2	11.1	26.7	4.4	2.2	100.0
B 専門的・技術的職業	12.1	13.2	23.1	26.6	17.7	7.3	100.0
C 事　務	11.2	14.4	21.6	33.6	14.4	4.8	100.0
D 販　売	8.1	14.6	20.7	12.9	26.3	17.4	100.0
E サービス職業	8.3	2.1	16.7	27.1	39.5	6.3	100.0
F 保安職業	4.1	2.1	6.2	57.7	12.4	17.5	100.0
G 農林漁業	2.2	2.0	3.8	13.8	22.3	55.9	100.0
H 生産工程	17.9	12.7	18.7	20.1	17.9	12.7	100.0
I 輸送・機械運転	10.9	10.9	16.0	21.2	24.3	16.7	100.0
J 建築・建設・採掘	4.4	2.6	9.1	31.0	35.4	17.5	100.0
K 運搬・清掃・包装等	11.1	5.6	16.7	33.3	11.1	22.2	100.0
L 分類不能・無職・不明	11.2	9.8	18.3	15.4	23.9	21.4	100.0
計	7.8	7.7	13.0	21.6	23.8	26.1	100.0

法・方式でおこないうる作業をいう。たとえばオフィス、官庁、商店、工場などの諸施設での作業が、これにあたる。これらは、作業の場である施設を他所に移転させることが可能であるうえに、場所にかかわりなく同一の方法・方式で作業をおこないうるという特性をもつ。つまり、場所的な拘束性から自由な作業である。

　前述したように、産業分類でいえば、G農林漁業は第1次産業、J建築・建設・採掘は第2次産業に属するとされる。しかしこの生産工学での作業分類にしたがえば、両者はともにフィールド・オペレーションとして一括できる。G農林漁業従事者とJ建築・建設・採掘従事者とをあわせた比率は、L分類不能・家事・無職・不明をのぞくと、職業従事者総数の51%と過半に達する。トンブクトゥの職業構成の大きな特徴は、フィールド・オペレーションに属する職業従事者が半数を占めていることにある。

　さきに列挙したショップ・オペレーションの場である諸施設は、いずれも都市との結合性が大きな施設であり、ショップ・オペレーションは都市的な作業活動という性格をつよくもつ。フィールド・オペレーションに属する職業従事者が全従事者数の過半を占めているという事実は、逆言すると、トンブクトゥは都市であるにもかかわらず、都市的なショップ・オペレーションに属する職業従事者が相対的に少ないことを意味していよう。つまり非都市的なフィールド・オペレーションの職業と都市的なショップ・オペレーションの職業とが拮抗しあっているのである。

　とりわけ代表的なショップ・オペレーションに属する業種であり、また第2次産業を代表するH生産工程従事者の比率は8%と、非常に少ない。のちに詳述するように、その職種も、工場での作業従事者よりも工房での職人が多い。

　もちろん、これらは工業化が低位な西アフリカ諸国の都市に共通する特徴である。しかしトンブクトゥの歴史を支える柱の1つであったD販売従事者も、全職業従事者の11%と少ない。トンブクトゥは、家族帳簿に記載された戸主の申告職業からみるかぎり、商人・職人都市というよりも農人都市という性格をつよくもっている。これらの点を中心にして、トンブクトゥの職業構成について詳述していくことにしたい。

(3)　大区別職業構成——旧市と新市の異質・対照性

　表7に掲げた諸表をもとに、A〜Lの12職業大分類を個別にとりあげて、その職業従事者の大区別分布にみられる特徴を検討する。それをつうじて、トンブクトゥの職業分布の空間的側面を明確にしたい。

(3)—1　グリッド・パターンの農人都市

　前言したように職業従事者の第1位は、「意外にも」G農林漁業の911人であり、その全従事者に対する比率も28%に達する。この結果を「意外にも」と表現したのは、予想しなかった2つの驚きからである。1つは、農林漁業が従事者数第1位の職業だという事実そのものへの驚きであり、もう1つは、その比率が全職業従事者の4分の1以上に達す

表8　G 農林漁業の大区別・職種別従事者——1996 年

職　業 (中分類)	① ジンガレイベル	② バジンディ	③ サンコーレ	④ サライケイナ	⑤ アバラジュ	⑥ ベラ・ファランジ	計
G　主穀作農	15	15	33	116	195	498	872
野菜作農	1	2	2	4	2		11
伐木夫	2			3			5
牧　夫	2	1		2	6	9	20
漁　夫				1		2	3
計	20	18	35	126	203	509	911

るということへの驚きである。家族帳簿からの筆写作業を開始したときには、このような結果をまったく予想していなかったからである。

　大分類から中分類の職種レベルへと降りて、よりくわしく G 農林漁業従事者の内訳をみると、また新たな「意外にも」に遭遇する。表8 に、同従事者の大区別内訳を示した。最右列の「計」欄をみると、全911 人の G 農林漁業従事者は、主穀作農＝ 872、野菜作農＝ 11、牧夫＝ 20、漁夫＝ 3、伐木夫＝ 5 となっている。主穀作に従事するものが、「意外にも」98% とほぼ全体を占める。ここで、また「意外にも」という言葉で形容したのは、トンブクトゥ周辺は耕種農耕地帯ではなく、広大な砂漠地帯であるからだ。トンブクトゥの起源が遊牧民の夏営地にあったように、この一帯での G 農林漁業として最初に想起されるのは主穀作ではなく、遊牧をふくむ移動牧畜である。しかし職業を牧夫として申告した戸主はわずか20 人であって、主穀作農の44 分の 1 にすぎない。

　トンブクトゥ市民の主食は、トウジンビエを主とする高稈性ミレット（millet）、コメおよびコムギである。これらの食糧は、いずれも外部からの供給に全面的に依存していて、自給からはほど遠い。現在も、それらは、コムギをのぞいて、ニジェール川に面する外港・カバーラを経由して南方からトンブクトゥに移入される。過去においても、同様であった。ハッカールは、1900 年に「トンブクトゥ自体は、（食糧を）ごく少量しか生産しない。11〜12 月に、カバーラにはトウジンビエやコメが大量に到着する[381]」と述べている。この事実を踏まえると、前述の G 農林漁業が従事者数第 1 位の職業であり、そのほとんどすべてが主穀作農であるという家族帳簿からの集計結果は、まさに「意外にも」としか表現しようがない。

　では、少ないとはいえ、トンブクトゥ周辺で現認できる主穀作は、どのような農耕なのであろうか。トンブクトゥでは、市街地内部の居住状況またバーザール商人だけでなく、市街地外の周辺一帯でも臨地調査をおこなった。周辺での調査対象は、点在的に存在する農耕的土地利用であった。それについては、XV でくわしく説明することにして、ここでは、地形と水文条件の相違をもとに、トンブクトゥ近傍に 2 タイプの耕種農耕が存在する

写真 32 旧市周辺唯一の農耕 図 12 の空中写真は、数ヵ所に黒い円を写す。それは、すり鉢状に掘り込まれた斜面の小耕圃で、地底から運びあげた地下水で灌漑される菜園である。レタスなどの生鮮葉菜の唯一の供給源だ（応地撮）。

ことを指摘するだけにとどめておきたい。

第 1 のタイプは、トンブクトゥ周辺を覆う大砂丘帯の砂丘間凹地で営まれるごく小規模な主穀作である。夏のわずかな降水と砂丘斜面からの流下雨水とをもとに、砂丘間の凹地底にはごく少量の土壌水分が保存される場合がある。条件にめぐまれた砂丘間凹地では、その少ない土壌水分をもとに主穀作物の栽培が可能

なところもある。もちろんそこでの栽培作物は、トウジンビエのように要水量が小さく、雨期を作期とする夏作穀物作物に限定される。

ここで想起されるのは、19 世紀末のデュボワによるトンブクトゥ周辺図（図 6）である。同図は、トンブクトゥの北方一帯を空白のまま残して、そこに「耕作（Cultivation）」と記入していた。その記入は、この一帯が広大な農耕地帯であるかのような印象をあたえる。しかしさきに引用したカイエによるジンガレイベル・モスクのミナレットからの眺望記載でも、トンブクトゥ周辺での農耕の存在を語っていない。臨地調査の際にトンブクトゥの北方一帯も歩いたが、そこは累々と砂丘帯がつづくのみで、砂丘間凹地のいくつかでわずかな主穀作の痕跡を現認できただけであった。このように、デュボワの記入には疑問が多い。

第 2 の農耕のタイプは、雨期末のニジェール川の増水・溢流によって湛水状態となる氾濫原での稲作農耕である。その成立はトンブクトゥから離れた同川の沿岸にかぎられ、主としてソンライ人の農耕民によって営まれている。彼らは、氾濫原に位置する村落に在住する。したがってニジェール川の氾濫原での主穀作を職業とするトンブクトゥ市民は、ほとんどいないと考えられる。

トンブクトゥ在住家族の戸主が職業として申告する主穀作は、第 1 のタイプのミレット作農耕であろう。それは、きわめて零細かつ粗放的な耕種農耕である。分布の点在性にく

わえて零細性また不安定性から、G農林漁業従事者の圧倒的部分を主穀作農が占めているというのは、やはり「意外にも」といわざるをえない。

　従事者数第1位の職業部門がG農林漁業であることをめぐって、なんども「意外にも」という形容句を付して語ってきた。その「意外性」について、さらに**表7**に中表として掲げた＜構成比**A**＞をもとに検討をくわえたい。＜構成比**A**＞は、職業従事者の大分類別構成比を大区単位にみたものである。G農林漁業従事者に注目すると、その構成比は、②バジンディ大区の**7%**を最小値とし、⑥ベラ・ファランジ大区の**59%**を最大値としていて、大区間の相違はきわめて大きい。前者は旧市のみを、また後者は新市のみを、それぞれの範域とする大区である。G農林漁業従事者比率の顕著な大区間相違は、空間的には、周回道路を境界とする旧市と新市とのあいだで存在していることになる。

　ここで公定大区界を記入した**図22**をもとに、再度、対象とする6つの大区の範域と新市・旧市との対応関係を整理しておきたい。なお○で囲った数字番号は、**表7**の大区名に付した数字番号と対応する。

　a　旧市大区＝旧市のみを範域とする大区：大区①・②

　b　漸移大区＝旧市と新市の双方にまたがる大区：大区③・④

　c　新市大区＝新市のみを範域とする大区：大区⑤・⑥

　表7の中表をもとに、G農林漁業従事者の大区別構成比を**a〜c**の類型ごとにみると、その構成比は、**a**旧市大区が**8%**以下、**b**漸移大区が**18%**以下、**c**新市大区が**26%**以上と著増していく。市街地中心部に位置する旧市大区から周辺の新市大区へと移行していくにつれて、G農林漁業従事者の構成比が急増していくことを示す。この変化のなかで注目されるのは、ともに漸移大区とした③サンコーレ大区と④サライケイナ大区との相違である。同従事者の構成比は、前者では**8%**で旧市大区とほぼおなじ比率なのに対して、後者では**18%**へと一挙に上昇する。大区③の範域は、旧市が多くを占め、新市部分は小さい。逆に大区④の範域は、大部分が新市に属する。範域が旧市と新市にまたがるという意味で漸移大区として一括可能ではあっても、範域内の新市の面域規模の相違が、両者におけるG農林漁業従事者の構成比の顕著な相違を生みだす要因といえる。

　新市大区に属する⑥ベラ・ファランジ大区では、G農林漁業従事者が全家族の**59%**と過半を占めている。おなじく新市大区に属する⑤アバラジュ大区でも、その構成比は**26%**であって、第1位の就業部門となっている。このように新市を範域とする2つの大区に在住する家族は、G農林漁業をもっとも重要な生業としている。新市は、農耕従事者の集住地区という農村的性格をつよくもつ。それが、G農林漁業従事者をトンブクトゥの職業構成の首位部門としている理由である。この点に、職業構成からみたトンブクトゥ

の重要な特質がある。この農村的な特質を「都市とはなにか」という観点から、さらに再考することにしたい。

　都市をめぐっては、これまで多くの定義・概念が提唱されている。そのなかで重視されてきたのは、＜都市＝人口規模にくわえて、商業・サービス業・行政などの非農業活動の集積地＞とするものである。この立場では、多くの人口が集住するだけでは都市といえないのであって、人口規模にくわえて非農業活動の集積が都市の必要条件だということになる。とすると、トンブクトゥは、＜旧市＝都市といいうる非農業活動従事者の集住地＞と＜新市＝都市とはいいがたい農業活動従事者の集住地＞という性格を異にする2つの地区が空間的にも分立し、非都市的な新市が都市的な旧市を囲繞する二重構造の都市といえる。

　この点を端的に物語るのが、**表7**に下表として掲げた＜構成比B＞である。＜構成比B＞は、各職業の全従事者数を100.0として、その大区間分布比率を示す。同表は、G農林漁業従事者総数のうちの56%が⑥ベラ・ファランジ大区に、22%が⑤アバラジュ大区に居住し、両大区をあわせた新市大区で78%に達することを示す。旧市大区の①ジンガレイベル大区と②バジンディ大区、そして漸移大区のうち旧市を基本範域とする③サンコーレ大区の3つの大区に在住するG農林漁業従事者の比率は、3大区をあわせても8%にすぎない。G農林漁業従事者に関して、旧市の大区と新市の大区とのあいだで顕著な相違がみられる。その背後には、それぞれの地区に在住する主要エスニシティの相違がある。職業とエスニシティとの関係については次節（4）でくわしく検討するので、ここでは、この点を指摘するだけにとどめておきたい。

　G農林漁業従事者の検討結果を、III—（2）で検討した都市形態の二重構成とむすびあわせて考えると、さらに興味ぶかいトンブクトゥの特質を指摘できる。そこで指摘した二重構成とは、「街路が曲走する不規則街区からなる旧市」に対する「グリッド・パターンで区画された規則的な街区からなる新市」という都市街区の景観的対照性の存在であった。これにG農林漁業従事者の検討結果をかさねると、その景観的二重構成は、都市景観だけでなく、＜旧市＝「不規則街区」＋「非農業的職業従事者の集住地区」＞に対する＜新市＝「グリッド・パターン街区」＋「農業的職業従事者の集住地区」＞という職業構成の対照性へと敷衍できることを強調したい。

　ひるがえって考えると、トンブクトゥ新市のグリッド・パターン街区がフランスによって建設されたように、一般に、グリッド・パターンは近代ヨーロッパが植民地空間に移植した新たな空間装置であった。しかしフランスが西アフリカにおいて建設したグリッド・パターン区画の新市は、居住民と土地利用の両点で、たとえば旧英領インドのそれとは大きく異なっている。

　旧英領インドでは、地方中心都市の場合でも、旧市に付加・建設されたグリッド・パターンをふくむ直線街路で区画された新市が存在する。それらは、軍事駐屯地・兵営地区を意味するカントンメント（Cantonment）、あるいは官衙地区を意味するシヴィル・ライン（Civil Line）とよばれている。そこはイギリス人が占居し、みずからのプレゼンスを誇示する支配のための空間であった。独立後も新市地区の兵営また官衙は、政府の軍事・行政地区として踏襲されている。

　トンブクトゥでも、フランスは「支配者の顕示空間」を創出した。しかしその場所は、グリッド・パターンで区画された新市ではなく、Ⅷ―(2)で検討したように、旧市南西端であった。これに対して新市のグリッド・パターン街区を充填していたのは、現状から考えて、フランス支配下においても支配者ではなく、在来村落につらなる G 農林漁業従事者であった。

　上述してきた 1996 年の家族帳簿にもとづく検討は、グリッド・パターン区画の新市住民が G 農林漁業従事者であり、フランス植民地時代の特質が現在にも継承されていることを示している。この点は、トンブクトゥにかぎらず、マリ国でいえば、首都バマコ以外の主要都市でも観察可能な特質を考えうる。しかもこの特質は、マリ国にかぎられたことではなく、旧フランス領西アフリカの諸国の首都をのぞく諸都市にも敷衍しうる。

　グリッド・パターン街区は、古代にも、地中海世界、インダス川流域また東アジア世界に存在していた。しかしその全世界的な拡大は、16 世紀以降のヨーロッパの世界進出を契機とする。それによってヨーロッパ諸国の植民地と化した地帯では、グリッド・パターンは近代を代表する都市の街路区画として採用されてきた。グリッド・パターン街区は、世界的には、植民地支配者の空間であり、さらに独立後も中央政府の官僚・兵士の空間でありつづけてきた。しかしこのことは、トンブクトゥには妥当しない。

　トンブクトゥでは、フランスは、グリッド・パターン区画の新市ではなく、旧市に「支配者の顕示空間」を建設した。独立後も、「支配者の空間」は、兵営もふくめて中央政府の諸機関の所在地として踏襲されている。そしてグリッド・パターンの新市は、主として G 農林漁業従事者の空間のままであった。この旧市と新市とのあいだの居住者と機能の相違は、旧英領インドの諸都市とはまったく異なる。しかし世界の植民都市空間をみわたすと、旧英領インドのあり方が通例であって、トンブクトゥのあり方は例外的といえる。

　ここで植民都市論を終えて、G 農林漁業従事者の検討に回帰することにしたい。主として旧市に位置する①・②・③の 3 つの大区でも、G 農林漁業従事者の構成比は 7〜8％を占めている。その比率は小さいとはいえ、13 家族に対して 1 家族の割合で G 農林漁業従事者が存在することを意味する。このことは、旧市においても G 農林漁業が無視でき

表9 J 建築・建設・採掘の大区別・職種別従事者——1996 年

職 業 （中分類）	① ジンガレイベル	② バジンディ	③ サンコーレ	④ サライケイナ	⑤ アバラジュ	⑥ ベラ・ファランジ	計
J　石　工	17	14	37	61	118	45	292
大工・建具師	4		2	10	13	9	38
配 管 工			1	2		1	4
井戸掘り職				2	9	17	28
岩塩鉱夫			2	1	35		38
労 務 者	6	1	10	101	27	28	173
計	27	15	52	177	202	100	573

ない家族の職業であることを物語っていよう。その構成比がもっとも小さい大区②においても、L 分類不能・家事・無職・不明をのぞくと、G 農林漁業従事者数が第 4 位であることにも示されている。これらのことは、職業従事者数からみれば、農耕とりわけ主穀作がトンブクトゥ全域で重要な生業活動といいうる地位を占めていることを示していよう。

(3)—2　建築・建設・採掘関連職業とりわけ石工の肥大

　J 建築・建設・採掘の従事者数は、G 農林漁業につぐ第 2 位を占める。建築・建設・採掘も、農林漁業とおなじくフィールド・オペレーションに属する活動である。

　表 7 の上表と中表が示すように、J 建築・建設・採掘従事者の総数は 573 人で、全従事者数に占める比率は 17% をかぞえる。職種レベルでみると、J 建築・建設・採掘には計 6 職種がふくまれる。それらの大区別従事者数を、表 9 に掲げた。

　もっとも多いのは、家族帳簿では maçon と記入された石工の 292 人で、彼らのみで J 建築・建設・採掘従事者の半数を占めている。日本で石工といえば、石切り、石積み、石刻など石と直接的にかかわる仕事に従事する者をさす。しかしトンブクトゥでは、石工は、日本とは異なって、建築に関連する多様な仕事に従事する。それらを列挙すると、建材となる石灰岩の採掘と加工、住戸の外壁用化粧石板（アホール）の切出しと加工、砂質粘土を原材料とする日干しレンガの製造、建物躯体の構築、躯体の上塗りとアホール張りなどにおよぶ。これらの作業は重量物の運搬をともなうものが多いので、運搬獣としてロバを飼養する石工も多い。

　大工・建具師は、石工とおなじく建築にかかわる。その主な仕事は木製の玄関扉や窓枠を製作して、石工が営造した住戸躯体を木工で装飾して完成させることにある。石工と大工・建具師はともに建築関連の職種ではあるが、両者のあいだには、住戸の営造は石工、内装は大工・建具師という分担がみられる。

　木造住戸が一般的な日本では、石工よりも大工・建具師の方がはるかに多い。トンブク

トゥではこの関係は逆転し、大工・建具師の数は石工よりもはるかに少なく、38人にすぎない。石工と大工・建具師とをあわせて、それらを建築関連職種とすると、その従事者数は330人で、全職業従事者3,293人に対する比率は約10%という高い比率となる。彼らは建築資材の採掘・生産・加工過程にも従事するので、その職務は、日本の石工・大工・建具師より

写真33　日干しレンガの原料土採取　　砂丘間凹地の底部から砂質粘土を掘りあげ、ロバで加工場に背荷運搬して日干しレンガをつくる。背後に、できあがった日干しレンガが見える。これらも、すべて石工の仕事である（応地撮）。

もはるかに広い範囲におよぶ。前言したトンブクトゥの石工と大工・建具師がおこなっている仕事を、日本の国勢調査での職業・小分類に当てはめると、つぎのような職業を包括していよう。石工、レンガ・瓦・土管製造、大工、ブロック積み・タイル張り、屋根ふき、左官、木製家具・建具製造の7職業（小分類）である。

　このことを確認したうえで、ここで、平成17（2005）年国勢調査の都道府県別報告をもちいて大胆な比較を試みることにしたい。鳥取県は、大都市もなく、日本でもっとも農村的な県の1つとされる。同年の鳥取県の15歳以上の就業者総数は305,317人、また前記の石工以下の7職業（小分類）の就業者数は計5,561人であって、それらの就業者総数に対する比率は2%となる[382]。トンブクトゥでは、建築関連の石工と大工・建具師の全職業従事者に対する比率は10%であった。職業分類の基準また調査方法などの相違は大きいとしても、トンブクトゥでは、鳥取県さらには日本とくらべて建築関連職業の従事者比率が異常なまでに高いといいうる。その背後には、トンブクトゥの一般的な住戸である日干しレンガ造り家屋の脆弱性があろう。その脆弱性が住戸の新陳代謝を早め、それらが、結果として石工と大工・建具師の増殖をもたらしていると考えうる。この点について、前述した居住状況の調査を引照して述べると、つぎのようになろう。

　IX—(4)—1では、トンブクトゥの旧市内に調査区（1）を設定して、1990年と99年の臨地調査をもとに居住状況を分析した。既出の表4で示したように、調査区（1）の563

ロットに占める崩壊家屋と空地の比率は、1990 年にはおのおの 8% と 4%、1999 年には 10% と 2% であった。したがって両年次ともに、崩壊家屋と空地とをあわせた無住ロットが 10% 強を占めている。しかし 1990 年に崩壊家屋と空地であったロットについて、その 1999 年の状況をみると、崩壊家屋 43 ロットのうち 99 年にも崩落家屋・空地であったのは 18 ロットのみであり、また空地の 24 ロットにはすべて住戸が建設されている。

　これらの変化は、トンブクトゥの旧市においては、脆弱な日干しレンガを躯体とする住戸の＜建設→崩壊・崩落→空地化→再建＞という新陳代謝サイクルが活発にみられることを意味していよう。住戸をめぐる同サイクルの活発な発動が、建築関連の仕事を恒常的に創出し、ひいては石工と大工・建具師の比率を全職業従事者の 10% 強という高い比率へと押しあげている要因と考えうる。もちろんその背後には、石工の仕事が広範囲にわたっているため、石工の数が大きくなるという事情もはたらいていよう。

　表9 で、石工についで従事者が多い職種は労務者の 173 人である。ここで労務者というのは、家族帳簿が記載する manoeuvre（労務者）、cantonnier（道路作業員）、employé traveaux publics（公共事業被備者）などをあわせたもので、主として土木関連作業の従事者からなる。そのなかには、サハラ沙漠から押しよせる流砂を除去して市街地また道路を保守する労務作業従事者もふくまれている。全職業従事者 3,293 人に占める労務者の比率は 5% であるが、その比率は、発展途上国の地方都市としてはとりわけ大きいとはいえないであろう。

　多数の石工の存在とならんで、トンブクトゥの J 建築・建設・採掘従事者を特色づけるのは、岩塩鉱夫である。さきに IX—（4）—2 で、⑤アバラジュ大区の南東部に選定した調査区（2）の居住状況を検討した。その際、現場でのキキトリをもとに、同調査区に在住するタマシェク人またソンライ人に、サハラ沙漠中のタウデニで岩塩採掘に従事する者が多いことを述べた。表9 でも岩塩鉱夫 38 人のうち 35 人が、⑤アバラジュ大区に居住している。彼らは、すでに述べたように、家族をトンブクトゥに残して、ラクダとともにほぼ 30 日かけて約 750 キロメートル北方のタウデニ岩塩鉱へ行き、そこで岩塩採掘に従事する。その労働形態は、半奴隷状態にくわえて、きわめて長大な距離にまたがる職住分離を特色とする。

　1921 年にデュピュイは、岩塩鉱夫について「彼らは、金持ちのモロッコ人またアラワーン人の奴隷で、主人から穀物・砂糖・茶が提供され（て労働に従事す）る。採掘した岩塩は、奴隷主に帰属し、トンブクトゥで主としてモシ人に売却される[383]」と述べている。1996 年の人口調査では、彼のいうモロッコ人はアラブ人、アラワーン人はモール人とされている。もちろん現在では奴隷は解放されているが、前述したように、彼らはいま

も半奴隷状態に置かれていて、その実状は、デュピュイの記載と大きくは異なっていない。

　J建築・建設・採掘従事者に関しても、G農林漁業従事者の場合とおなじく、大区間の相違が大きい。**表7**・中表の＜構成比A＞が示すように、J建築・建設・採掘従事者の大区内構成比は、旧市大区に属する②バジンディ大区の6%を最小とし、新市大区に属する⑤アバラジュ大区の26%を最大としていること、したがって両者のあいだには約20ポイントもの相違がある。この大きな大区間格差の存在という点に関しては、G農林漁業従事者と共通する。

　しかしJ建築・建設・採掘従事者の場合には、その大区間の相違はより複雑な様相を呈している。前言したように、同従事者の構成比の大区間格差は大きい。しかしその相違は段階的であって、それをもとに6つの大区を3グループにまとめうる。第1のグループは同構成比が6%の②バジンディ大区、第2のグループは10%台の①ジンガレイベル大区、③サンコーレ大区および⑥ベラ・ファランジ大区の3大区、第3のグループは20%台の④サライケイナ大区と⑤アバラジュ大区となる。

　このうち複数の大区からなる第2・第3の両グループは、ともに旧市大区と新市大区の両者をふくんでいる。この点は、G農林漁業従事者の場合と相違する。G農林漁業従事者構成比の大区間相違は、旧市大区と新市大区とのあいだで生じていた。しかしJ建築・建設・採掘従事者の場合には、新市大区また旧市大区のなかでも、構成比大の大区と構成比小の大区の双方が存在していて、構成比の相違を新市と旧市の別によって説明できない。

　また職種レベルでも、J建築・建設・採掘従事者とG農林漁業従事者は相違をみせる。G農林漁業従事者の場合には、その内訳はほぼ主穀作農のみであって、単一職種への極端な集中が観察された。これに対してJ建築・建設・採掘従事者の職種は、はるかに多様である。たとえば、J建築・建設・採掘従事者の構成比が20%以上の④サライケイナ大区と⑤アバラジュ大区をとると、両者は主要職種を異にしている。前者は第1位が労務者、第2位が石工であり、また後者は第1位が石工、第2位が岩塩鉱夫となっている。

(3)―3　商業・交易活動の停滞と食肉商の突出

　歴史をつうじてトンブクトゥの重要な経済基盤は、サハラ縦断交易を筆頭とする商業・交易活動にあった。しかしすでに紹介したように、19世紀にトンブクトゥを訪れたカイエとデュボアは、ともにトンブクトゥの商業・交易活動の衰退、さらにはそれらの拠点であるバーザールの衰退を慨嘆していた。その状況は、今日にも持続している。

　表7の上表と中表が示すように、商業・交易活動にかかわるD販売従事者は従事者数では第3位の職業ではあるが、その実数は357人、職業従事者総数に対する比率は11%

にとどまっている。この比率は、予想していたものよりもはるかに少ない。「トンブク
トゥ＝商業・交易都市」というイメージが定着しているからである。1921 年にトンブク
トゥの職業について調査したデュピュイは、その著書で、住民の 3 分の 2 が商人だと述べ
ている[384]。もしその数字が正しいとすれば、トンブクトゥの商業・交易活動は、彼の調
査時から、絶対的にも相対的にも大きく縮小したことになる。しかしそうではなく、彼の
推定が過大であったのであろう。

　最初に、表 7 の下表に掲げた各職業従事者の大区間分布を示す＜構成比 B＞をもとに、
従事者数第 1 位の G 農林漁業従事者また第 2 位の J 建築・建設・採掘従事者の場合と比
較しつつ、D 販売従事者の大区間分布について検討したい。旧市大区に属する①ジンガ
レイベル、②バジンディ、旧市と新市にまたがるけれども旧市を基本範域とする③サン
コーレの 3 つの大区の＜構成比 B＞を合計すると、G 農林漁業従事者は 8%、J 建築・建
設・採掘従事者は 16% であって、ともにごく低位な比率にとどまっている。しかし D 販
売従事者に関しては、これら 3 つの大区をあわせた＜構成比 B＞は、一挙に上昇して 43%
に達する。販売従事者によって代表される商業・交易機能は、現在も旧市大区に集積して
いることを示す。

　D 販売従事者を職種レベルに細分すると、計 19 をかぞえる。表 10 に、それら 19 職種
の従事者数を大区別に示した。もっとも多いのは、家族帳簿に commerçant と記載された
職種で、163 人を数える。同表にあるように、商店労働者は「店員」として別の職種とし
て立てられているので、commerçant を経営者にあたる「商店主」と訳した。臨地調査で
は、commerçant が営む店舗を訪ね歩いた。そのときに確認した商店規模と品ぞろい商品
の相違をもとに、それらは、ほぼ 2 種類に分類できるようである。

　1 つは、比較的規模が大きく、穀物をはじめとする各種食料、工場製布地、雑貨類など
に特化した店舗である。日本流にいえば、大店（おおだな）にあたる店舗である。他の 1 つは、各種商
品を少量ずつ品ぞろいしている小規模な店舗で、日本でいえば「よろず屋」にあたる。し
かしこの 2 つ以外にも、特定商品のみを扱う商人が、販売商品によってではなく、com-
merçant として職業を申告している戸主も存在する。

　commerçant の店舗がとりわけ集積しているのは、旧市の「大市場」地区である。なん
ども述べたように「大市場」は、歴史的にも市民の日常生活財に特化したバーザールで
あった。「大市場」とその一帯に所在する commerçant の店舗が一体となって、そこに市
民の日常生活のための市場空間が形成されている。この点は、表 10 で、大バーザールに
近接する旧市大区の①ジンガレイベル大区と②バジンディ大区で、商店主が D 販売従事
者の過半を占めていることからも窺いうる。

表10　D　販売の大区別・職種別従事者——1996年

職業 (中分類)	① ジンガレイベル	② バジンディ	③ サンコーレ	④ サライケイナ	⑤ アバラジュ	⑥ ベラ・ファランジ	計
D 商 店 主	17	39	35	18	19	35	163
食 肉 商	9	6	19	10	53	12	109
家 畜 仲 買			3	2	1	5	11
宝石・貴石商	1		3	5	2		11
書 店 主				1			1
文 具 商			2	1			3
写 真 店 主			1				1
薬 局 主		1		1			2
パ ン 店 主		2		1	1	2	6
飲 食 店 主					2		2
岩 塩 商			1				1
種 苗 商						1	1
古 物 商				1			1
ト タ ン 商				2			2
故 鉄 商					6	1	7
ブ ロ ー カ ー			1		1		2
露 天 商	1			3		4	8
行 商 人					3		3
店 員	1	4	9	1	8	2	25
計	29	52	74	46	96	62	359

　表10の最上行の商店主と下方のブローカー以下の4職種をのぞくと、残る14職種の従事者はいずれも特定商品の販売に特化した商人である。その多くは従事者数が5人以下の職種で、計9を数える。それらのなかで、2つの職種が注目される。16世紀の最盛期には、トンブクトゥは「イスラームの学林」として知られ、レオ・アフリカヌスは多くの写本が販売されていることを述べていた。しかし申告職業からみるかぎり、20世紀末のトンブクトゥには書店は1店舗しか存在していない。「イスラームの学林」と関連ぶかい文具商も、3店舗にすぎない。

　このように従事者数からみるかぎり、現在のトンブクトゥは、かつての「イスラームの学林」からは断絶してしまっているようにみえる。しかし、それはトンブクトゥのイスラーム的伝統が解体してしまったことを意味するものではない。つぎにとりあげるB専門的・技術的職業従事者の項で、現在のトンブクトゥにおけるイスラーム的伝統の持続について検討することにしたい。

　トンブクトゥは、北のサハラ沙漠と南のニジェール川内陸デルタという異なった生態系を連繋する交易都市であった。トンブクトゥの場合、交易都市としての主要な経済機能として強調されてきたのは、岩塩に代表される北方からの産品と金に代表される南方からの産品との中継交易、つまりサハラ縦断塩金交易であった。

　しかしトンブクトゥは、アフリカ大陸規模の広域におよぶサハラ縦断交易だけでなく、交界都市として連接する2つの異質な生態系をむすぶ交換・交易活動も重要な経済基盤と

してきた。それは、北のサハラ沙漠の遊牧民がもたらす家畜生産物と南のニジェール川内陸デルタの農耕民がもたらす農業生産物との交換・交易機能である。これを、牧・農交易とよぶことにしたい。もちろん塩金交易ともよばれたサハラ縦断交易とくらべると、牧・農交易の関係圏域は狭く、局地的である。

　しかしサハラ縦断交易は、現在では衰退がいちじるしい。表10でも岩塩商として自己申告しているものは、わずか1人にすぎない。しかし牧・農交易は、いまもトンブクトゥの重要な経済機能として継承されている。それを示すのが、食肉商と家畜仲買の両職種である。表10は、食肉商が109人、家畜仲買が11人で、両者をあわせた家畜・食肉関連の従事者は120人に達することを示す。その数は、D販売従事者では、商店主の163人についで多い。

　食肉商は、ヤギ・ヒツジ・ラクダをサハラ沙漠の遊牧集団から直接あるいは家畜仲買をつうじて購入し、食肉に加工する。同表で食肉商の大区別分布をみると、新市北部に位置する⑤アバラジュ大区への集中がいちじるしく、その数は、全109人のうちの53人に達している。同大区につぐのは、やはり市域の北部に位置する③サンコーレ大区の19人で、両者をあわせると72人となり、全食肉商に対する比率は66%に達する。

　アバラジュは「キャラバン・サライ（隊商宿）」を語源とし、同大区一帯は、トンブクトゥを南の終起点とするサハラ縦断交易のラクダ駆者またラクダの宿営地であった。エスニック集団別人口の大区別分布については、すでに表2に掲げた。同表は、アラブ人の人口比率がトンブクトゥ全体では10%であるが、⑤アバラジュ大区ではその比率が29%へと急増することを示していた。同大区へのアラブ人の集住は、現在も、⑤アバラジュ大区が北方のサハラ沙漠さらにはマグリブとの紐帯・関係を保持していることを物語る。このことは、J建築・建設・採掘従事者の検討で指摘したように、同大区が岩塩鉱夫の集住地区である事実とも照応する。

　このように、過去においても、現在においても、⑤アバラジュ大区はサハラ沙漠とその北方へのトンブクトゥの門戸という機能を担っている。北方の遊牧集団の飼養家畜も、ここを門戸としてトンブクトゥにもたらされ、食肉に加工される。それが、食肉商を同大区に集積させ、牧・農交易をいまもトンブクトゥの重要な交易活動としている。食肉業は、トンブクトゥの重要な経済活動であるだけでなく、社会的地位も高い活動であった。VII—（1）—4で述べたように、崩壊したムーサー王の宮殿址は16世紀には屠殺場に転用され、その状況は20世紀前半まで持続していた。その転用を可能としたのは、トンブクトゥにおける食肉業者の高い社会的地位であった。

　表10では、特定の商品とむすびつかない4つの職種を最下方に列挙した。そのうちブ

ローカーとしたのは、家族帳簿で revendeur として記載された職種で、ソンライ語ではテイファ（*teifa*）とよばれる。テイファは、歴史的には、エスニシティまた商慣行を異にする商人を仲介して円滑な商取引を担保するという重要な役割を担っていた。彼らは、多方面から商人集団が参集する交易都市トンブクトゥが必要とし、その都市機能にふさわしい職種であったといえる。彼らの活躍の場は、集散圏がきわめて広域にまたがる岩塩取引においてであったとされる[385]。しかし現在の彼らの数は、わずか 2 人にすぎない。先述した岩塩商が 1 人のみという事実とともに、現在におけるトンブクトゥの岩塩交易の縮小・衰退を示していよう。

　露天商は、家族帳簿に étalagiste と記載されているもので、その数は 8 人となっている。しかし後述するように、「大市場」一帯では、多数の露店商人が地面に商品をならべて販売している。それらのほとんどは、タマシェク人の女性である。ここでの検討対象を家族単位での職業構成に設定したので、戸主以外の家族員の従事職業は原則としてデータ・ベースの構築にあたって考慮しなかった。大・小両バーザールの商人のエスニック構成について後述する際に、女性の露天商人についても詳述することにしたい。

(3)―4　専門的・技術的職業にみる伝統と革新

　従事者数が第 4 位の職業は B 専門的・技術的職業の 355 人で、その全従事者に占める比率は 11％ である。

　まず、表 7 の中表に掲げた＜構成比 A＞をもとに、大区内の全従事者に対する B 専門的・技術的職業の構成比をみることにしたい。それを大から小への順に列挙すると、③サンコーレ大区＝ 19％、②バジンディ大区＝ 19％、①ジンガレイベル大区＝ 17％、④サライケイナ大区＝ 13％、⑤アバラジュ大区＝ 8％、⑥ベラ・ファランジ大区＝ 3％ となる。旧市のみからなる①・②に、旧市を基本範域とする③をくわえた 3 大区では、その比率はいずれも 16％以上となっている。これに対して、新市のみからなる④・⑤の両大区ではその比率は 8％以下にすぎず、旧市大区とは 10 ポイントちかい相違がある。B 専門的・技術的職業も、D 販売従事者とともに旧市在住者を主たる担い手とする職業であることを物語る。

　表 11 に示したように、B 専門的・技術的職業には計 20 の職種がふくまれる。それらの職種には、フランス領植民地への併合を契機として、それ以後の近代化過程で増殖した近代的職種とそれ以前から存続してきた在来職種の 2 つに大別できる。同表に引いたヨコ破線は、両者の境界を示す。同線より上方に列挙した 14 職種が近代的職種、下方の 6 職種が在来職種にあたる。従事者数でみると、前者が 266 人、後者が 87 人となる。相対的に

表11　B 専門的・技術的職業の大区別・職種別従事者——1996 年

職業 （中分類）	① ジンガレイベル	② バジンディ	③ サンコーレ	④ サライケイナ	⑤ アバラジュ	⑥ ベラ・ファランジ	計
B　研究者			1	6	1		8
文書館司書				2			2
気象官	1			1			2
技師	15	7	17	26	7	4	76
官庁検（監）査官	2		4	10	1		17
法曹専門職				2			2
教員	14	32	28	20	24	5	123
新聞通信員	1						1
アナウンサー	1		2	1			4
医師			1		3		4
獣医師				3	1		4
助産婦						1	1
救護班員				1		1	2
看護師	2	1	3	10	3	1	20
在来医						1	1
マラブー	6	7	26	10	20	10	79
イスラーム導師	1				1		2
クルアーン読誦者						2	2
楽師					2		2
口承伝承者				1			1
計	43	47	82	93	63	25	353

縮小しているとはいえ、いまも在来職種の従事者が約 4 分の 1 を占めている。

　近代的職種に属する 14 職種から検討すると、それらは 4 グループにまとめうる。第 1 のグループは、**maître**（小学教員）、**maître second cycle**（後期中学教員）、**proférseur lycée**（高校教授）などからなる教員で、その従事者数は 123 人ともっとも多く、その比率は近代的職種従事者の 46% に達している。その高い比率は、独立後の公教育の普及と相即している。

　教員につぐ第 2 のグループは、農業・畜産・林業から地質・電気・電算機・機械・測量さらには気象などにおよぶ各種の技師・技術者である。その従事者数は 76 人と多い。彼らを現業部門の専門技術従事者とすれば、それに対応する行政部門の専門職従事者が第 3 のグループにあたる。具体的には、商品検査官・財政監査官・郵便検査官・輸入検査官などからなる官庁検（監）査官で、計 17 人を数える。さらに第 4 のグループとして、医師・看護師などの医療関係の専門技術職業従事者がある。その従事者数は、計 31 人となる。

　これらの第 1〜第 4 の 4 グループの従事者は、計 247 人を数える。これに司法関係の法曹専門職の 2 人をくわえると、それらによってトンブクトゥの B 専門的・技術的職業の近代セクターがほぼ網羅されることになる。

　これに対して在来職種に属する B 専門的・技術的職業の特徴は、ほとんどがイスラームにかかわる職種で占められていることである。具体的には、家族帳簿に *marabout*、 *imām*、coranique と記入されたもので、おのおのマラブー、イスラーム導師、クルアーン読誦者とした。その従事者数は、おのおの 79 人、2 人、2 人の計 83 人で、在来職種従事者 87 人の 95％に達している。このことは、在来職種がイスラームを紐帯とするトンブクトゥ社会そのものに基盤をおいてきた職種であることを意味していよう。一方、近代的職種は、公教育・生活基盤維持・官庁・司法など近代化過程のなかで外部から移植・拡充されて活動にあたる。在来職種が社会基盤を維持する職種であるのに対して、近代的職種はトンブクトゥ社会の上部構造に特化した職種ともいえる。

　在来職種のなかで従事者数が最多の職種は、マラブーである。その数は、B 専門的・技術的職業のなかで教員についで多い。マラブーとは、アラビア語のムラビート（*murābit*）に由来するフランス語で、トンブクトゥをふくむ西アフリカ一帯ではイスラーム聖者を本義とする。かつてはマラブーの地位は高く、現在以上に尊敬される存在であったようである。19 世紀末に、デュボワは「マラブーとは、イスラームへの献身、クルアーンが定める義務の遂行、聖典への深い知識、尊厳にみちた生活のゆえに、すべてのムスリムの模範となる者のことである[386]」と述べ、そのためにはマッカ巡礼またアラビアの大学での学習が重要視されると付言していた。

　しかしマイナーは、1940 年の調査をもとにマラブーの違った側面を伝えている。彼は、マラブーがクルアーンへの知識をもち、高い社会的地位をもつと述べると同時に、彼らが呪術的な力によって病気の治療にもあたることを述べている[387]。現在も、その聖者性のゆえに、彼らは、他人の心の読心、病気の治癒、透視をふくむ探知などの超能力保持者ともされる。いわば彼らは、イスラームが、本来、異端とする現世利益の追求を体現する存在でもある。家族帳簿で、マラブーをみずからの職業として申告する戸主が 79 人に達するという事実のなかに、トンブクトゥにおけるマラブーの特質を読みとりうる。その特質として、つぎの 2 点を指摘できよう。

　現世利益の追求にもかかわるマラブー的な存在は、呼称は変化するが、世界各地のイスラーム社会でみられる。そのなかで、たとえばマレーシアのムスリムのあいだでは、自身がマラブー的存在であることが周知の事実であるとしても、それを職業としてみずから名のることはないといわれる。その能力は、職業ではなく、秘儀に属するものとの感覚が存在しているためであろう。これは、トンブクトゥとは異なったマラブーのありかたである。トンブクトゥでは、マラブーの活動は秘儀的な職種ではなく、それを職業としてみずから申告するほど社会的に認知された活動であることを意味していよう。

　その背後には、トンブクトゥの歴史があろう。すでに Ⅶ—(2)—1 で指摘したように、歴史をつうじて、トンブクトゥは自律性をもつ都市として自立してきた。その基盤にムス

リム学識者と上層市民との連帯の成立があり、その紐帯がイスラームであったことを指摘した。このことは、イスラームがトンブクトゥの市民と社会のなかに深く根を下ろした存在であったことを意味する。それが、一方では「イスラームの学林」としてのトンブクトゥを生成させるとともに、他方ではマラブーの認知さらには「職業としてのマラブー」の社会的認知へと導いたと考えられる。

　マラブーをめぐるトンブクトゥの特質の第2は、その数の多さにある。トンブクトゥの全人口21,892人に対して79人という数字は、人口277人に対して1人という対人口比となる。この数字は、相当に高いといえる。もちろんそれは、前述の「職業としてのマラブー」の社会的認知の所産である。しかし表11からは、マラブーをめぐる他の側面を読みとりうる。それは、同表で「イスラーム導師」として掲げたイマームが2人と非常に少ないことである。イマームは、集団礼拝の際に先達的な役割を果たす導師であると同時に、トンブクトゥではモスクを預かるムスリム社会の指導者でもあった。さきに大区が実体性をもった属地的組織へと成長する以前には、モスクを結節核とする属人的なネットワークが社会の基底にあり、住民間の対立・争論などは、モスクの長でもあるイマームによって調停されていたことを述べた。イマームは、重要な社会的役割を担う存在であった。

　トンブクトゥには、金曜モスクであるジンガレイベル・モスク、それにつぐ広域的なモスクであるサンコーレ・モスクとスィーディー・ヤフヤー・モスクをはじめとして、他にいくつかの近隣モスクも所在する。このなかで「イスラームの学林」として名をはせたのは、サンコーレ・モスクであった。表11でマラブーの大区別分布に注目すると、第1位は、③サンコーレ大区の26人である。

　これを③サンコーレ大区の現住人口3,097人に対する比に換算すると、119人に1人となる。トンブクトゥ全体の対人口比が277人に対して1人であったので、現在でも、いかにマラブーが③サンコーレ大区に集住しているかを物語る。マイナーも、1940年の調査をもとに、マラブーの同大区への集住傾向を述べていた[388]。マラブーの顕著な集住とその持続のなかに、かつての「イスラームの学林」という伝統が、核心施設であったサンコーレ・モスク一帯にいまなお息づいていることを物語っている。

　イマームに話題をもどすと、多くのモスクが所在するトンブクトゥで、イマームが2人というのは極端に少ないといえる。さきに名をあげた3モスクのイマームは、特定のイスラーム学識者の家系に属する者のなかから、マラブーによって選ばれてきたとされている[389]。このことは、イマームとマラブーとの社会的な距離が近かったことを意味していよう。マラブーのなかには、イスラーム学識者としてイマームが担うべき役割を果たしているものも含まれていると考えうる。それが、マラブーの数を大きくしている要因の1つ

としてはたらいていよう。

　表11の最下行に掲げた口承伝承者とは、グリオ（*griot*）の訳語である。日本では、グリオは西アフリカの楽器とりわけ弦楽器の演奏者として知られているが、彼らの活動はそれにとどまらない広さをもつ。王家をはじめ各家族の系譜、叙事詩、事件などを音楽にのせて語り、無文字社会であった西アフリカでは、大小の歴史の語り部ともいうべき社会的役割を担う世襲集団であった。語りに歪曲をくわえて、関係者をほめあげたり、またほめ殺したりすることもあるだけでなく、呪術をよくする黒魔術集団でもあった。そのゆえに、グリオは人々から怖れられる集団であった。家族帳簿での彼らの人数は1人にすぎない。1920年代にデュピュイも、彼らの数は多くないとしていた[390]。

　表11下端部の楽師は、家族帳簿に musicien として記載されているものにあたる。彼らも、グリオである可能性がある。しかし集計にあたっては、griot と記載されているもののみを口承伝承者とした。グリオに楽師2人をくわえたとしても、その数は3人にすぎない。

(3)─5　工場労働者不在の生産工程従事者

　従事者数・第5位の職種は、ショップ・オペレーションの代表的活動であるH生産工程従事者である。その従事者数は252人、全従事者数に占める比率は8％で、第4位のB専門的・技術的職業よりも、従事者数で101人少ない。最初にH生産工程にふくまれる職種をみるために、表12を掲げることにしたい。

　同表には、大区別に計16職種の従事者数を示した。これらの職種も、B専門的・技術的職業の場合とおなじく、近代的職種と在来職種の2つに大別できる。ただし表11では、従事者数の多い近代的職種を上にしていた。しかし表12では従事者数の多い在来職種を上方にしているので、近代的職種と在来職種の順序は表11とは逆転している。表11にならって、表12でも、両者をヨコ破線で区別した。

　B専門的・技術的職業の従事者数は、近代的職種が在来職種を大きく上まわっていた。しかしH生産工程従事者では、この関係は逆転し、在来職種の従事者数が201人に対して、近代的職種の従事者はその4分の1の51人にすぎない。その理由は、表12の職種名を一覧すればあきらかなように、職種のすべてが近代的な工場生産とは無縁のものであることによる。それは、トンブクトゥがいわゆる工業化以前の段階にあることを示している。このことは、トンブクトゥだけでなく、マリ国の諸都市にも敷衍できよう。もちろん表12には、ラジオ・時計・自動車・タイヤといった近代工業の産品にかかわる職種も散見される。しかしそれらの職種は、いずれも修理という職人的な手仕事である。

表12　H 生産工程の大区別・職種別従事者——1996 年

職業 (中分類)	① ジンガレイベル	② バジンディ	③ サンコーレ	④ サライケイナ	⑤ アバラジュ	⑥ ベラ・ファランジ	計
H 仕立職	25	22	30	21	19	12	129
機織職		1	2	7	1	2	13
絨毯織職	1		1				2
染色職			2	1	1		4
履物職	13	2	3	10	7	5	40
鍛冶職	1	1	2	4	1	2	11
製粉職					1	1	2
印刷職						1	1
溶接職	1		1	1	1		4
製水職	1	1					2
塗装職				1	1		2
ラジオ修理職	1	1	1	1	7	3	14
時計修理職	1	1					2
自動車修理	1	2	4	4	7	5	23
タイヤ修理						1	1
修理工		1		1			2
計	45	32	47	51	45	32	252

　在来職種からみると、計7職種のうちの4つまでが、仕立・機織・絨毯織・染色といった縫織関連の職種である。その検討に入るまえに、トンブクトゥにおける織物生産の重要性についてふれておく必要がある。トンブクトゥの歴史的な交易活動は、遠隔地交易に属する塩と金の交易を中心に論じられてきた。それは当然のことではあるが、結果として、遠隔地交易とならんで、トンブクトゥが果たしてきた局地的な交易中心という役割が等閑視されることになった。(3)—3 で D 販売従事者について検討した際に、トンブクトゥに結節する北の牧畜と南の農耕との局地的な産品交易を牧・農交易と名づけた。そのうえで、北の「牧」から家畜を移入する家畜仲買、それを食肉へと加工する食肉商の従事者が計120 人であって、D 販売従事者全体の 3 分の 1 を占めることを指摘した。

　局地的な牧・農交易のもう一方の担い手は、南方の「農」であった。縫織関連の 4 職種も、その「農」と大きくかかわっていた。トンブクトゥの南方にひろがるニジェール川大湾曲部のデルタ地帯は、イネ・トウジンビエなどの主穀作にくわえて綿作地帯でもあった。16 世紀初頭に同デルタの中心都市であったジェンネを訪れたレオ・アフリカヌスは、「大麦・米・家畜・魚、さらに綿の産が多い。この地の人々は、綿布取引で多くの利益を得ている。彼らは、綿布を北方の商人に売る[391)]」と述べている。もちろん「北方の商人」とは、ジェンネの北のカウンターパートであったトンブクトゥの商人を指す。彼らは、綿布だけでなく、綿糸も移入していた。それを原料として織布をはじめとする縫織加工が発達し、トンブクトゥの重要な経済基盤を形成していた。

　その中心的な担い手が、仕立職であった。Ⅶ—(1)—(3) で「栄光の残照景観」として

最盛期トンブクトゥの都市核を論じた際に、「イスラームの学林」としてのトンブクトゥの成立基盤がイスラーム学識者の集住・集積にあったこと、さらに当時のトンブクトゥにおけるイスラーム学識者が 3 つの集団から構成されていたことの 2 点を指摘した。その集団の 1 つが、ティンディ・アルファとよばれた仕立人学識者であった。有力な商人層であった彼らは、蓄積した富をもとにイスラーム学習・研究のための私塾を開設し、その修了者はムスリム知識人の一翼を担っていたのであった。

　1920 年代はじめに、トンブクトゥの職業を調査したデュピュイも、「仕立職は、学問のある者（アルファ、*Alfa*）が従事する仕事である。どの階級の子供もアルファについて仕立仕事を学んだうえで、それによってアルファとなることができる[392]」と述べている。仕立職が学識者でもあるというティンディ・アルファの伝統が、彼の調査時にも生きつづけていたのである。現在では公教育の普及によって、その伝統はうすれてしまったといわれる。**表 12** の仕立職は、この系譜につらなる職人兼商人集団である。現在も、彼らは、H生産工程従事者の最大集団であって、その数は同従事者総数の **51%** を占めている。

　13 人をかぞえる機織職も、仕立職とおなじく男性の仕事であって、女性は従事しない。投げ足姿勢で地面に座りこんで座機を操り、幅 50 センチメートルくらいの布を織りあげていく。土器がプラスティック製品によって代替される以前には、土器つくりは機織と鍛冶両職種の妻の仕事であった。履物職は、トンブクトゥの代表的な特産品の 1 つである皮製サンダルの生産と修理を業とする。その従事者数は 40 人と、仕立職についで多い。

　ここで在来職種から近代的職種に目を転じると、前述したように、全従事者数 51 人のうち 42 人がラジオ・時計・自動車・タイヤといった工業製品の修理職である。それら以外の職種も印刷・溶接・製氷・塗装などで、いずれも個人で経営できる自営業に属するものばかりである。日本では生産工程従事者といえば、工場での作業従事者を連想する。しかし 1996 年の家族帳簿は、それに類する職種を記載していない。

　表 7・中表の＜構成比 A＞、つまり大区内の職業従事者全体に占める H 生産工程従事者の比率に注目すると、その大区間相違から興味ある事実がうかびあがってくる。それは、旧市大区と新市大区との間での構成比の相違である。H 生産工程従事者の構成比は、旧市大区にあたる①ジンガレイベルと②バジンディの両大区では、おのおの 18%、13% であって、ともに 10% を越えている。前者では、H 生産工程が従事者第 1 位の職業部門となっている。これに対して新市大区の⑤アバラジュと⑥ベラ・ファランジの両大区では、その構成比は、おのおの 6% と 4% にすぎない。H 生産工程は、旧市に所在する大区でより重要性をもつ職業といえる。

　もちろん **表 7**・下表の＜構成比 B＞が示すように、H 生産工程従事者の大区間分布をみ

ると、大区間では大きな相違はみられない。職業従事者数さらには人口規模の相違が、
＜構成比Ａ＞の大きな大区間相違を生みだす要因として働いていることを示していよう。
しかし**表12**からは、Ｈ生産工程の職種別従事者に関する新たな動向をよみとれる。①と
②の旧市大区と⑤と⑥の新市大区とに分けて、同表の在来職種201人の分布をみると、前
者66人で33％、後者が52人で26％となる。これに対して近代的職種51人の分布比率は、
前者が11人で22％、後者が25人で49％となり、完全に逆転している。近代的職種は、
自動車などの工業生産物の修理を中心としていた。それらの近代的職種が、主として新市
の大区を立地場としていることを物語っている。近代的職種の拡充が進行していくにつれ
て、Ｈ生産工程の従事者分布における＜旧市＝在来職種＞：＜新市＝近代的職種＞という
対照性が、いっそう強化されていくと予想される。

(3)—6　輸送・機械運転従事者の近代的転換

　従事者数・第6位の職業は、Ｉ輸送・機械運転である。その従事者数は156人で、第5
位のＨ生産工程従事者よりも約100人少なく、両者のあいだに大きな懸隔が存在する。Ｉ
輸送・機械運転に属する職種は、**表13**に掲げたように、わずか4つにすぎない。これら
も、同表に引いたヨコ破線で区分したように、上方の近代的職種と下方の在来職種の2つ
に分類できる。Ｉ輸送・機械運転の顕著な特徴は、このうちの近代的職種が全156人のう
ちの142人、91％という圧倒的な比率を占めていることにある。そのほとんどは自動車運
転手で、実数で131人、比率で84％に達している。

　さきに (3)—5 で、自動車修理が、Ｈ生産工程の近代的職種で最多の従事者をもち、そ
の多くが新市大区に居住していることを指摘した。①・②の旧市大区と⑤・⑥の新市大区
とにわけて自動車運転手の分布をみると、前者の25人に対して後者は54人となっている。
Ｉ輸送・機械運転従事者に関しても、近代的職種従事者の新市大区への集住傾向がみとめ
られる。

　在来職種は、1人をのぞいて、他の13人は anier と記載されたロバ牽き人によって占め
られている。自動車が普及する以前のトンブクトゥ一帯での陸運輸送は、世界各地とおな
じように、人力と畜力でなされていた。人力による場合は、主として頭上運搬による担夫
輸送であった。当時のサヘル一帯での畜力輸送の特徴は、ラクダによるキャラバン輸送を
のぞくと、ロバに全面的に依存していること、車輪つきの荷車をもちいないこと、した
がってロバの背による積荷輸送であることなどの諸点にあった。ロバの背に荷を積んで誘
導するのが、ロバ牽き人の仕事であった。

　図17に掲げたバルトによるトンブクトゥ入市時の図は、当時の輸送状況をよく伝えて

表13　I　輸送・機械運転の大区別・職種別従事者——1996年

職業 （中分類）	① ジンガレイベル	② バジンディ	③ サンコーレ	④ サライケイナ	⑤ アバラジュ	⑥ ベラ・ファランジ	計
I　運送業者	2	5	1	2	1		11
自動車運転手	13	12	22	30	29	25	131
ロバ牽き人	2		2		8	1	13
船　頭				1			1
計	17	17	25	33	38	26	156

いる。図には、ロバだけでなく、ウマやラクダも描かれている。まず、車両を牽く動物はいない。というよりも、車両は存在しなかったのである。またウマやラクダは乗用獣として使われているが、荷を積んだ駄獣はロバである。ロバ牽き人がロバにつきそって、荷くずれしないように気をくばりつつ誘導している。1920年代初頭のロバ牽き人の状況について、デュピュイは、トンブクトゥとニジェール川に面した3つの外港との輸送に従事すること、特定の大商人と特約して、彼らの商品の輸送に従事するのが一般であることなどを語っている[393]。

(3)—7　民間部門なき管理的職業と事務従事者

　従事者数・第7位の職業は、C事務従事者である。ここでは、C事務従事者125人とA管理的職業従事者45人とをあわせて検討の対象とすることにしたい。この2つは、地方中心都市として成長しつつあるトンブクトゥの事務部門での労働者と管理者にあたる。また職種を在来職種と近代的職種とに分けた場合、ともに後者に属するという共通性がある。

　両者の職種別・大区別従事者数を、表14の上表と下表として示した。C事務従事者は、上表に掲げた計6職種からなり、そのなかで多くを占めるのは、家族帳簿でagentと記載された一般事務の64人、ついでcomptableの会計事務の38人である。

　これらにつぐのは、13人を数えるタイピスト秘書である。タイピスト秘書は日本では聞きなれない用語であるが、マリでは、フランスにならって秘書はタイピストを兼ねている。このことを含意するために、secrétaireをあえてタイピスト秘書と訳すことにした。

　A管理的職業の職種は、下表にあるように11を数える。その大きな特徴は、公的部門の官公庁の長また管理職が圧倒的に多く、民間部門の会社経営者がわずか3人にすぎないことである。地方中心都市ではあっても、首都バマコからの官庁出先機関の集積にとどまり、民間部門の成長がいちじるしく遅れていることを物語っている。このことをふまえていえば、前言したC事務従事者は、官庁出先機関での事務労働に従事している者がほとんどであろうと推測しうる。

表14　C事務およびA管理的職業の大区別・職種別従事者——1996年

C事　務

職　業 (中分類)	① ジンガレイベル	② バジンディ	③ サンコーレ	④ サライケイナ	⑤ アバラジュ	⑥ ベラ・ファランジ	計
C　一般事務	7	6	13	24	11	3	64
タイピスト秘書		2	4	4	3		13
電話交換手				1			1
会計事務	6	9	9	10	2	2	38
裁判所吏員		1		1		2	4
納付金徴収人	1		1	3	2		7
計	14	18	27	43	18	7	127

A管理的職業

職　業 (中分類)	① ジンガレイベル	② バジンディ	③ サンコーレ	④ サライケイナ	⑤ アバラジュ	⑥ ベラ・ファランジ	計
A　知　事	1						1
警察署長・警視	1			1			2
電話局長				1			1
消防署長				1			1
税関長					1		1
官庁管理職	7	10	5	7	1	1	31
銀行管理職	1			1			2
病院長	1						1
会社経営者		2		1			3
政党代表		1					1
大区長		1					1
計	11	14	5	12	2	1	45

　旧市大区と新市大区とに分けて、C事務従事者とA管理的職業従事者の分布をみると、両者のあいだで顕著な相違を観察できる。①ジンガレイベルと②バジンディの両大区からなる旧市大区に在住する従事者の合計値に対する比率は、C事務従事者では25%、A管理的職業従事者では56%となる。一方、⑤アバラジュと⑥ベラ・ファランジの両大区をあわせた新市大区の比率は、C事務従事者では20%、A管理的職業従事者では7%である。この比較から、とりわけ旧市大区へのA管理的職業従事者の集住がいちじるしいことを示している。

　A管理的職業は、職業分類の筆頭に置かれているように、近代社会においてもっとも重要視される職業である。トンブクトゥにおいては、なお残存する前近代的性格を反映して、その従事者数は45人とごく少ない。しかしA管理的職業従事者は、絶対数としてはごく少数とはいえ、旧市大区への顕著な集住を示している。ここで想起されるのは、従事者数第1位のG農林漁業従事者が新市大区に集中していた事実である。両者のあいだには、A管理的職業従事者の旧市大区への集住に対するG農林漁業従事者の新市大区への集中という対照的な空間分布の相違がみられる。

　さらに街路・街区形態においても、新市大区はグリッド・パターン区画、旧市大区は迷

路状区画という相違を示していた。この＜新市大区—グリッド・パターン区画—G農林漁業従事者集中＞という連環を強調して、G農林漁業従事者を対象とした(3)—1のタイトルを「グリッド・パターンの農人都市」とした。これになぞらえていえば、＜旧市大区—迷路状区画—A管理的職業従事者集住＞という特徴をもとに、「迷路状錯綜街区の管理機能集積」といえる。このことがもつ意味について、さらに考えることにしたい。

　すでに述べた南アジアの諸都市も、地方中心都市レベル以上の都市をとると、イギリス支配下で在来の旧市に新市が付加された双子町編成の都市へと改変された。街路形態でも、新・旧両地区は、「不規則な迷路状街路の旧市」に対する「グリッド・パターン状街路の新市」という顕著な対照性を示す。この街路形態に関する二重構造は、トンブクトゥさらには西アフリカの旧フランス領都市においても同様に観察される。

　A管理的職業従事者の集住・活動場がこの二重構造のいずれとむすびつくかというと、それは、「グリッド・パターン状街路の新市」である。しかしトンブクトゥでは、「グリッド・パターン状街路の新市」は、都市機能とは異質なG農林漁業従事者の集住・活動場となっている。そして都市を代表する管理機能にかかわるA管理的職業従事者は、「不規則な迷路状街路の旧市」に集住している。いわば、トンブクトゥの新・旧両市の機能分担は、世界の新・旧双子都市の常識とは乖離しているといえる。

　この特質が成立したのは、なんども強調したように、旧市南西部の再開発によるフランスのための「支配者の顕示空間」の創出であった。図20の官公署・都市基盤維持施設・保安施設の配置図が示すように、かつての「支配者の顕示空間」が現在も「統治と治安維持の空間」として継承されている。このことが、旧市の迷路状街区を、A管理的職業従事者の集住地区としている最大の要因である。

(3)—8　その他の職業

　以上、A〜Lの計12の職業分類をもとに、従事者数が上位第1位〜第7位の職業にA管理的職業をくわえた計8職業を順次とりあげて、中分類レベルの職種構成にまで降下して、その従事者の大区別分布について検討してきた。ここでは、残る4職業についても同様に職種別構成表を作成し、表15—1〜4として一括表示することにした。

　表15—1には、軍隊・警察・消防・守衛などからなるF保安職業従事者の職種別・大区別分布を掲げた。その従事者総数は97人で、うち各種の守衛が76人と最多を占めている。彼らは、官庁が立ちならぶ「支配者の顕示空間」の背後地に所在する④サライケイナ大区に集中している。これに対して兵士の数は、13人とごく少数にすぎない。家族帳簿は街区内に在住する家族を対象として作成されているので、旧市の南東方と北東方に所在

する 2 つの兵営は、その対象外となっているためであろう。また警官も 3 人にすぎないのは、ここでは対象範域外としたカバーラ大区に所在する警察街区に在住するものが多いためであろう。

　表 15—2 は、E サービス職業従事者数の職種別・大区別分布を示した。その総数は 48 人と少なく、卓越した従事者をもつ職種もない。表 15—3 は、同様の様式で K 運搬・清

表 15　その他の職業 F・E・K・L の大区別・職種別従事者——1996 年

表 15-1　F 保安職業

職　業 (中分類)	① ジンガレイベル	② バジンデイ	③ サンコーレ	④ サライケイナ	⑤ アバラジュ	⑥ ベラ・ファランジ	計
F　軍司令官				1			1
兵営管理将校		1					1
憲　兵			1	1			2
兵　士			1	6	3	3	13
警察官			1	2			3
守　衛	4	1	3	45	10	13	76
消防夫				1			1
計	4	2	6	56	13	16	97

表 15-2　E サービス職業

職　業 (中分類)	① ジンガレイベル	② バジンデイ	③ サンコーレ	④ サライケイナ	⑤ アバラジュ	⑥ ベラ・ファランジ	計
E　家政夫					1		1
理容師			1	3	1		5
洗濯人			2	2	5		9
料理人	2			6	1	4	13
ホテル経営	1		2				3
ホテル労働者				1	8		9
土地管理人	1						1
貸間業			1				1
観光案内人			1	1			2
ムアッズイン		1	1				2
計	4	1	8	13	16	4	46

表 15-3　K 運搬・清掃・包装等

職　業 (中分類)	① ジンガレイベル	② バジンデイ	③ サンコーレ	④ サライケイナ	⑤ アバラジュ	⑥ ベラ・ファランジ	計
K　官庁書類配達人	1		3	4	1	4	13
郵便配達人		1					1
触れ役人					1		1
バス切符売り	1			2		1	4
計	2	1	3	6	2	5	19

表 15-4　L 分類不能・無職・不明

職　業 (中分類)	① ジンガレイベル	② バジンデイ	③ サンコーレ	④ サライケイナ	⑤ アバラジュ	⑥ ベラ・ファランジ	計
L　家　事	38	27	61	41	81	67	315
学　生		1		2	1		4
失業者	2	6	4	11	3	9	35
不　明		1		1			2
計	40	35	65	55	85	76	356

掃・包装等の従事者数を示した。その総数も少なく、19 人にすぎない。そのうち 13 人までが、家族帳簿で platon と記入された官庁書類の配達人が占めている。彼らの主たる職務は、官庁間の書類配達、また市役所をふくむ官庁と大区の長（アミール）とのあいだの書類送達である。

　表 15—4 には、L 分類不能・家事・無職・不明を掲げた。その総数は 356 人と多い。そのうち 315 人が、家族帳簿には ménangère（家事）と記入されているものである。この章の冒頭で説明したように、それらは、家族内に他の成人有業者がいない寡婦あるいは離婚者の女性戸主にあたる。その数が全職業従事者の 10% を占めているところに、マリの女性をめぐる厳しい社会状況をよみとることができる。家族帳簿に sans profession と記載された失業は、35 人と意外に少ない。しかし「家事」のかなりの部分は、実質的には失業状態にあるものと推測される。

（4）エスニシティと職業

　トンブクトゥは、サハラ縦断の遠隔地交易また牧・農間の局地的交易などを経済基盤として、2 つの異なった生態系をむすぶ交界都市の役割を今日まで果たしてきた。この特質をもとに、私は、トンブクトゥを「インターフェイスとしてのフロンティア都市」の代表例として述べたことがある[394]。それは、たとえば、かつてのアメリカ合衆国西部の「開拓前線」が示すように、異なった生態系に居住するエスニック集団を征服・同化するための「クラッカーとしてのフロンティア都市」とは、まったく異なった交界都市のあり方である。トンブクトゥの「インターフェイスとしてのフロンティア都市」という性格を具体的に示すものが、歴史をつうじて多くのエスニック集団がトンブクトゥで共住しあってきたという事実だ。

　トンブクトゥに在住するエスニック集団については、① 1996 年の人口調査の際に作成された家族帳簿でのエスニシティ記載、また② 1990 年と 99 年におこなった居住状況調査の 2 つをもとに、すでに言及してきた。①の集計結果は、「大区別エスニック集団構成」として表 2 に掲げた。②については、選定した調査区（1）〜（3）を対象として、居住状況のエスニシティ間変動を表 4〜6 に要約して提示した。居住状況の臨地調査をもとに作成した表 4〜6 に掲げたエスニック集団のなかには、①の家族帳簿には記載されていない集団もふくまれていた。表 2 に表示したものよりも、現実にはより多様なエスニック集団がトンブクトゥに在住していることを意味する。

　このような相違が家族帳簿のエスニシティ記載にあることをみとめたうえで、ここでも、同帳簿からの筆写資料をもとに、エスニシティに焦点をあわせて職業構成を考察すること

にしたい。**表2**に記載されたエスニック集団の数は、不明をのぞいて計14であった。同表では、各集団の本拠地をもとに14集団をⅠ〜Ⅴのグループにまとめた。ここでも、おなじグループ化を採用して、エスニシティと職業について検討する。

(4)—1　政府機関とエスニシティの多様化

　各エスニック集団別にみた職業構成を実数値と2つの構成比に分けて、**表16**に表示した。同表・上表は、家族帳簿が記載するエスニック集団と職業大分類とを相関させて集計した実数値を示す。それによれば、トンブクトゥは14のエスニック集団が共住する都市ではあるが、そのうち職業従事者数が1人のみのエスニック集団は、5集団を数える。これらの集団の職業には、共通性がみとめられる。そのことを示すのが、同表・中表として掲げた＜構成比A＞である。＜構成比A＞は、エスニック集団ごとに、職業従事者の大分類別構成比をみたものである。前記の5集団の従事者数は1人のみなので、当然、＜構成比A＞は単一の職業のみで100％となる。問題は、それがどの職業・職種かということで、それを整理すると、つぎのようになる。

　　　A　管理的職業　　　　：　サラコレ人—電話局長　　　カソンケ人—官庁管理職
　　　B　専門的・技術的職業：　マルカ人—研究者　　　　　ボゾ人—看護師
　　　　　　　　　　　　　　　　ソモノ人—官庁検（監）査官

　これら従事者1人の5集団の共通性は、職業大分類のレベルではA管理的職業とB専門的・技術的職業というもっとも知的な職業従事者のみであること、職種のレベルでは政府出先機関あるいは国立研究機関の管理者・技術者・研究者という上層ホワイトカラーがほぼ全体を占めていることである。彼らは、首都・バマコの中央政府によって任命・派遣された高級官僚・技術者・研究者である。

　職業従事者2人のみのエスニック集団も、3つをかぞえる。それらの職業と職種をエスニック集団ごとに示せば、つぎのようになる。

　　　ドゴン人　　　：　B　専門的・技術的職業—ともに技師
　　　ウォーロフ人：　B　専門的・技術的職業—技師　　　H　生産工程—自動車修理
　　　ボボ人　　　　：　C　事務—一般事務　　　　　　　H　生産工程—自動車修理

　これら職業従事者数2名の3集団の場合でも、計6名のうち3名が職業としてはB専門的・技術的職業、職種としては技師であって、この点では従事者1人のみの5集団と類似した性格をもつ。しかしボボ人の場合には、これらとは異なって、下層ホワイトカラーの一般事務従事者と自動車修理である。ボボ人は、首都バマコから遠くはなれたブルキナファソ南西部からマリ国南東部一帯に居住するエスニック集団で、その本拠地はブリキナ

＜実数値＞

	職業	I				II			III		IV					不 明	計
		アラブ	モール	ソンライ	タマシェク	マルカ	ボゾ	ソモノ	ドゴン	ボボ	バンバラ	サラコレ	プール	カソンケ	ウォローフ		
A	管理的職業	1		26	1						10	1	5	1			45
B	専門的・技術的職業	48	3	197	59				2		30		10		1		353
C	事 務	10	3	72	21												127
D	販 売	45	6	146	156	1							5				359
E	サービス職業	2		14	27						2		1				46
F	保安職業	8	1	19	62						6		1				97
G	農林漁業	40	10	79	781												910
H	生産工程	11	3	157	71		1				7		3		1		252
I	輸送・機械運転	16	2	61	72						2		3				156
J	建築・建設・採掘	87	7	115	361						2		7				573
K	運搬・清掃・包装等			10	9												19
L	分類不能・無職・不明	27	6	151	167			2			2				1	1	356
	計	295	41	1047	1787	1	1	1	2	2	72	1	39	1	2	1	3293

＜構成比 A＞

	職業	I				II			III		IV					不 明	計
		アラブ	モール	ソンライ	タマシェク	マルカ	ボゾ	ソモノ	ドゴン	ボボ	バンバラ	サラコレ	プール	カソンケ	ウォローフ		
A	管理的職業	0.3		2.5	0.1						13.9	100.0	12.8	100.0			1.4
B	専門的・技術的職業	16.2	7.3	18.9	3.3				100.0		41.6		25.6		50.0		10.7
C	事 務	3.4	7.3	6.9	1.2			100.0			13.9		25.6				3.9
D	販 売	15.3	14.6	13.9	8.7	100.0							12.8				10.9
E	サービス職業	0.6		1.3	1.5						2.8		2.6				1.4
F	保安職業	2.7	2.4	1.8	3.5						8.3		2.6				2.9
G	農林漁業	13.6	24.5	7.5	43.7												27.7
H	生産工程	3.7	7.3	15.0	4.0		100.0				9.7		5.1		50.0		7.6
I	輸送・機械運転	5.4	4.9	5.8	4.0						2.8		7.7				4.7
J	建築・建設・採掘	29.6	17.1	11.0	20.2						2.8		5.1				17.4
K	運搬・清掃・包装等			1.0	0.5												0.6
L	分類不能・無職・不明	9.2	14.6	14.4	9.3						2.8					100.0	10.8
	計	100.0	100.0	100.0	100.0	100.0	100.0	100.0	100.0	100.0	100.0	100.0	100.0	100.0	100.0	100.0	100.0

＜構成比 B＞

	職業	I				II			III		IV					不 明	計
		アラブ	モール	ソンライ	タマシェク	マルカ	ボゾ	ソモノ	ドゴン	ボボ	バンバラ	サラコレ	プール	カソンケ	ウォローフ		
A	管理的職業	2.2		57.9	2.2						22.2	2.2	11.1	2.2			100.0
B	専門的・技術的職業	13.6	0.8	55.8	16.7				0.6		8.5		2.8		0.3		100.0
C	事 務	7.9	2.4	56.6	16.5			0.8			7.9		7.9				100.0
D	販 売	12.5	1.7	40.7	43.4	0.3							1.4				100.0
E	サービス職業	4.3		30.4	58.8						4.3		2.2				100.0
F	保安職業	8.2	1.0	19.6	64.0						6.2		1.0				100.0
G	農林漁業	4.4	1.1	8.7	85.8												100.0
H	生産工程	4.4	1.2	62.2	28.2		0.4				2.8		1.2		0.4		100.0
I	輸送・機械運転	10.3	1.3	39.1	46.1						1.3		1.9				100.0
J	建築・建設・採掘	15.2	1.2	20.1	63.0						0.3		0.2				100.0
K	運搬・清掃・包装等			52.6	47.4												100.0
L	分類不能・無職・不明	7.6	1.7	42.4	46.8			0.6			0.6					0.3	100.0
	計	9.0	1.2	31.8	54.3	0.0	0.0	0.0	0.1	0.1	2.2	0.0	1.2	0.1	0.1	0.0	100.0

ファソ側にある。彼らは、バマコの中央政府とは無縁の集団である。これが、ボボ人集団の職業が、A管理的職業やB専門的・技術的職業ではなく、一般事務や自動車修理であることの理由であろう。

　したがってボボ人をのぞくと、職業従事者が1ないし2人のエスニック集団の職業・職種は、中央政府によって任命・派遣された上層ホワイトカラー層を基本とすると性格づけるうる。彼らの来住は、トンブクトゥが歴史的に担ってきた交易活動を基盤とする経済機能による吸引ではなく、中央政府によってトンブクトゥに設置された出先機関の拡充によってもたらされたものである。多エスニック集団の共住というトンブクトゥの特質は、独立後のマリ国北部における地方中心都市としての政府機関の集積によって強化されたといいうる。

　それを端的に示すのが、ニジェール川上流域を本拠地とするマンデ系エスニック集団のA管理的職業またB専門的・技術的職業従事者の来住であろう。つまりバマコの中央政府経由というチャネルによって、少ないながら新しいエスニック集団の流入がみられるようになり、それによって在住エスニック集団の数という点だけからいえば、多エスニシティという特性が強化されているということであろう。しかし新たなエスニック集団は、1人ないし2人の職業従事者のみのものばかりで、現状では、彼らによる多エスニシティの強化は微々たるものにすぎないともいえる。

(4)―2　主要集団の職業特性――大分類レベル

　計14のエスニック集団から、上記の職業従事者数が1人ないし2人のみの8エスニック集団をのぞくと、残るのは6集団となる。それらを、主要エスニック集団とよぶことにしたい。表16でも、表2にしたがって、各エスニック集団が本拠とする範域をもとにI〜IVに区分して表示した。トンブクトゥ在住のエスニック集団とその本拠地については、すでにIX―(2)でくわしく説明した。ここでは簡単にI〜IVの4区分を説明し、それに属する主要エスニック集団を列挙するにとどめたい。

　　I：　北方系集団――トンブクトゥ北方のサハラ沙漠さらにはマグリブ地方を本拠地とする集団で、アラブ人とモール人がこれにあたる。両集団の職業従事者数はおのおの295人と41人で、主要6エスニック集団のなかで、前者は第3位、後者は第5位にあたる。

　　II：　地元系集団――トンブクトゥとその南方にひろがるニジェール川内陸デルタ一帯を本拠地とする集団で、タマシェク人とソンライ人がこれにあたる。その職業従事者数はおのおの1,787人、1,047人と圧倒的に多く、第1位と第2位を占める。

III： 南方系集団——ニジェール川内陸デルタ南岸から南方を根拠地とする集団である。しかしここを本拠地とする主要エスニック集団はすべて職業従事者数が2名以下で、主要集団は存在しない。

IV： 西方系集団——ニジェール川内陸デルタを越えた同川上流域を本拠地とする集団である。これに属する在住集団は5つであるが、主要集団はそのうちのバンバラ人とプール人のみである。それら2集団の職業従事者数はおのおの72人と39人で、第4位と第6位にあたる。

　ここにみられるように、トンブクトゥの職業従事者総数＝3,293人のうち、エスニック集団別従事者が第1位と第2位のタマシェク人とソンライ人の両集団が2,834人を占めている。その従事者総数に対する比率は、86％という圧倒的な比率を示す。両者につづく第3位のアラブ人の職業従事者数は295人、その総数に対する比率は9％と一挙に低下する。6主要エスニック集団とはいっても、それらのあいだには「二強四弱」ともいえる職業従事者数の相違がみられる。そのためエスニック集団別にみたトンブクトゥの職業・職種構成は、タマシェク人とソンライ人によってほぼ規定されることになる。しかしアラブ人以下の「四弱」集団の職業・職種構成も、独自の特性を示す。この点にも注目して、トンブクトゥの職業・職種構成を、エスニシティの観点から検討することにしたい。

　表16の中表と下表には、2つの構成比を掲げた。中表の＜構成比A＞は「エスニック集団内構成比」で、エスニック集団ごとに職業従事者の内訳を構成比で示したものである。また下表の＜構成比B＞は「エスニック集団間構成比」にあたり、各職業について、トンブクトゥ全体の従事者総数に対する各エスニシティ集団の比率をみたものである。

　表16・中表の＜構成比A＞列のセルを一覧すると、有値セルの多くは数パーセントであって、10％を越える職業は意外に少ない。その理由は、同表・上表の実数値が示すように、従事者そのものが少数の職業が多いことによる。従事者数が少なければ、＜構成比A＞が10％以上となることはむつかしいからである。このことを踏まえて、ここでは＜構成比A＞が10％以上の職業をもって、その集団の主要職業とすることにしたい。ただしL分類不能・家事・無職・不明については、検討の対象外とした。

　6主要集団について、その主要職業の＜構成比A＞・＜構成比B＞をとりだして、表17を作成した。同表で、＜構成比A＞列の有値セルの数が少ないほど、その集団の職業従事者は特定の職業に集中していることを意味する。まず、表16をもとに6主要エスニック集団の大分類別職業構成を検討し、その共通性にもとづいて6集団をグループ（1）〜（3）の3つに集約した。

表17　6主要エスニック集団と主要職業のリンケージ──1996年

(%)

		グループ（1）				グループ（2）				グループ（3）			
		タマシェク		モール		バンバラ		プール		ソンライ		アラブ	
		A	B	A	B	A	B	A	B	A	B	A	B
A	管理的職業					13.9	22.2	12.8	11.1				
B	専門的・技術的職業					41.6	8.5	25.6	2.8	18.9	55.8	16.2	13.6
C	事　務					13.9	7.9	25.6	7.9				
D	販　売			14.6	1.7			12.8	1.4	13.9	40.7	15.3	12.5
E	サービス職業												
F	保安職業												
G	農林漁業	43.7	85.8	24.5	1.1							13.6	4.4
H	生産工程									15.9	62.2		
I	輸送・機械運転												
J	建築・建設・採掘	20.2	63.0	17.1	1.2					11.0	20.1	29.6	15.2
K	運搬・清掃・包装等												
L	分類不能・無職・不明			14.6	1.7					14.4	42.4		

A：＜構成比A＞＝エスニック集団内の各職業従事者の構成比率
B：＜構成比B＞＝エスニック集団間の各職業従事者の構成比率
主要職業：Aの比率が10％以上の職業

I　グループ（1）＜タマシェク人─モール人＞

　表17で、タマシェク人の有値セルは、G農林漁業とJ建築・建設・採掘の2つに限られている。この2業種は、典型的なフィールド・オペレーションに属する職業である。両者をあわせた＜構成比A＞は64％で、タマシェク人の全職業従事者のほぼ3分の2に達している。タマシェク人は、サハラ沙漠のトゥアレグ遊牧集団の奴隷として、トンブクトゥ一帯での農耕とタウデニでの岩塩採掘に従事してきた。現在では奴隷身分から解放されて自由民となっているが、現在の主要職業はかつての奴隷時代の労働を承継していることを示す。

　G農林漁業とJ建築・建設・採掘は、大分類別職業従事者数の上位1・2位を占めるトンブクトゥ最大の職業である。表17の＜構成比B＞は、両職業の総従事者数に占めるタマシェク人の比率がおのおの86％と63％にも達すること、したがってそれらがほぼタマシェク人によって担われていることを示す。もちろんタマシェク人は人口最多のエスニック集団であり、この高い比率は当然ともいえる。しかし両部門への彼らの参入はかつての奴隷時代にさかのぼり、以後、継続してそれらを主要職業としてきたという歴史を無視することはできない。

　特定職業への集中という点で、タマシェク人と類似するのがモール人である。その主要職業は、G農林漁業、J建築・建設・採掘、D販売の3つで、それらは、GとJがフィールド・オペレーション、Dがショップ・オペレーションに属し、モール人の職業が両者にまたがっていることを示す。しかしG農林漁業とJ建築・建設・採掘の＜構成比A＞を合算すると、職業従事者の42％という高い比率に達している。

　これらの共通性をもとに、**表17**にはタマシェク人とモール人とをあわせてグループ
（1）として表記した。前節で、フィールド・オペレーションの職業従事者が新市の大区に
集中していることをあきらかにした。この大区別特徴をエスニシティとむすびつけると、
それはタマシェク人とモール人、とりわけ人口の最大集団であるタマシェク人とむすびつ
く特徴であったとしうる。

Ⅱ　グループ（2）＜バンバラ人─プール人＞

　タマシェク人についで＜構成比A＞列の有値セルの数が少ないのは、バンバラ人である。
その数は、A管理的職業、B専門的・技術的職業、C事務の3つのみで、それらの＜構成
比A＞の合計値は70%という高い比率に達する。これらの3職業は、タマシェク人の場
合とはまったく異なって、すべてショップ・オペレーションに属するホワイトカラー的職
業である。タマシェク人とバンバラ人の主要職業の構成は、対極的ともいえる相違をみせ
る。バンバラ人は、独立以後のマリ国の政治・経済・文化・軍事の諸分野において中心的
役割を果たしてきた優越エスニック集団である。彼らのトンブクトゥ在住も、中央政府の
中心的・優越的集団という力を背景とするところが大きい。

　第1位と第2位の人口規模をもつタマシェク人とソンライ人とをのぞいて、残る4集団
の職業従事者数は少ない。これら少数集団をとりだして、その＜構成比A＞と＜構成比
B＞とを比較すると、一般的には＜構成比A＞が＜構成比B＞よりも大きい数値を示して
いる。それは、人口規模が小さいため、集団内の＜構成比A＞が大であっても、集団間の
＜構成比B＞は小さくならざるを得ない場合が多いからである。

　しかしそのなかで、唯一の例外が存在する。それがバンバラ人のA管理的職業で、
＜構成比A＞＝14%、＜構成比B＞＝22%と、後者が前者を大きくうわまわっている。
これは、「いかに、A管理的職業という管理中枢的機能を担う職業がバンバラ人によって
多くを占められているか」ということを示すものである。その背景にあるのが、前述した
マリ国の優越エスニック集団としての彼らの力と地位である。

　バンバラ人と類似する構成を示すのは、プール人である。彼らの主要職業は、A管理的
職業、B専門的・技術的職業、C事務、D販売の4つで、いずれもショップ・オペレー
ションに属する。その＜構成比A＞の合計値も、77%に達する。ホワイトカラーに属する
A、B、Cの比率にかぎっても計64%と、バンバラ人に匹敵する数値を示す。プール人は、
バンバラ人につぐ西方系の有力エスニック集団である。その地位は、**表17**で、A管理的
職業の＜構成比A＞が10%を越えているのは、バンバラ人とプール人のみにかぎられて
いることからも窺える。しかもその＜構成比B＞は11%であって、＜構成比A＞の13%
をわずかに下まわっているにすぎない。

　しかしバンバラ人の場合とは異なって、プール人の場合には、**D** 販売が主要職業として登場してくる。その相違は、両集団とトンブクトゥとの関係史の相違と関係していよう。プール人の本拠地がニジェール川上流域にあったが、彼らはそこから東方ふかくに進出して、同川内陸デルタ南西端のマッシーナを東端の根拠地としていた。プール人は、そこを拠点として、同デルタを介してトンブクトゥと長い交易の関係史を築いてきた。それが、彼らのトンブクトゥの基幹的な経済活動であった商業・交易にかかわる **D** 販売従事者の比率を高くしている理由であろう。

　プール人の主要職業は、中央政府のチャネルによる **A** 管理的職業、**B** 専門的・技術的職業、**C** 事務にくわえて、在来チャネルによる **D** 販売から構成されているとしうる。プール人の職業構成が複線的なチャネルによって形成されているのに対して、バンバラ人のそれは、独立以後の中央政府との関係という単線的チャネルで形成された。こうした相違があるとしても、主要職業の構成における共通性をもとに、バンバラ人とプール人とをあわせてグループ（2）としたい。

Ⅲ　グループ（3）＜ソンライ人―アラブ人＞

　残るソンライ人とアラブ人の職業構成も共通しあっていて、あわせてグループ（3）としうる。その共通性とは、ともに主要職業が4つで、そのうちの3つが同一であるという点にある。両者は、**B** 専門的・技術的職業、**D** 販売、**J** 建築・建設・採掘を共通の主要職業としている。このうち、**B**・**D** はショップ・オペレーションに、また **J** はフィールド・オペレーションに属する。それは、同時に、両集団の内部における階層分化の進行を物語っていよう。

　しかし**表** 17 は、これらの3つの共通職業以外にも、＜構成比 **A**＞が 10％以上の職業が存在することを示す。それは、ソンライ人の場合には **H** 生産工程、またアラブ人の場合には **G** 農林漁業である。それらを追加すると、当然、両集団の職業構成は変化する。その変化は、ソンライ人の場合はショップ・オペレーションの比率上昇、またアラブ人の場合はフィールド・オペレーションの比率上昇と要約できる。その相違は、両集団のトンブクトゥにおける歴史を反映していよう。

　ソンライ人は、旧市に在住する「都市の人」としてトンブクトゥの都市的活動を担ってきた集団であり、その追加によってショップ・オペレーションの比率が上昇するのは当然といえる。これに対してアラブ人は旧市と新市の双方を居住域とし、非都市的な活動にも参画してきた集団であった。**G** 農林漁業の追加による変化がフィールド・オペレーションの比率上昇へと向かうのは、これまた当然であろう。

　表 17 で **H** 生産工程を主要職業とするのは、ソンライ人のみである。(3)―5 で前述し

たように、トンブクトゥの H 生産工程は「工場労働者不在の生産工程従事者」からなり、いまも、圧倒的に職人の手仕事を基本としている。その職人労働のもっとも重要な担い手がソンライ人であり、そのことを示すのが、ソンライ人の H 生産工程の＜構成比 B＞＝62％という高い比率である。同様に、彼らの B 専門的・技術的職業の＜構成比 B＞も56％であって、同職業従事者の過半がソンライ人であることを物語っている。

このようにソンライ人は、タマシェク人とならぶ人口規模をもつエスニック集団ではあるが、主要職業の構成からみると、両集団のあいだには決定的な相違がある。それは、タマシェク人の野外肉体労働への集中に対して、ソンライ人の多様な都市的職業への進出と要約できる。ソンライ人の 4 主要職業の＜構成比 A＞をあわせても、その合計値が 60％にとどまっているのは、そのゆえである。この点を、さきに主要職業構成がソンライ人と類似しているとしたアラブ人の場合とくらべてみよう。アラブ人の 4 主要職業の＜構成比 A＞を合計すると、その比率は 75％に達する。アラブ人の主要職業の構成は、ソンライ人よりも特定職業への集中がはるかに顕著なことを示す。

最後に、以上の 3 グループを構成するエスニック集団を、その職業従事者数とともに掲げると、つぎのようになる。

　　グループ（1）：＜タマシェク 1,787 人—モール 41 人＞
　　グループ（2）：＜バンバラ 72 人—プール 39 人＞
　　グループ（3）：＜ソンライ 1,047 人—アラブ 295 人＞

これら 3 グループのうち、職業従事者数がともに少ないグループ（2）をのぞくと、他の 2 グループは職業従事者数が大きく異なる 2 つのエスニック集団からなっている。しかし 2 集団の職業従事者数は相違するけれども、その部門別構成比が類似していて、それをもとに両者を同一のグループに一括することができた。ここで問題としたいのは、「従事者数の相違、いいかえれば集団の規模の大きな相違があるにもかかわらず、なぜ職業構成が類似しているのか」ということへの説明である。この問題への視角は、おそらく各エスニック集団のトンブクトゥとの関係史にあると考えられる。

グループ（1）のタマシェク人とモール人の共通項は、サハラ遊牧集団との関係史にある。タマシェク人は、同集団のトゥアレグ人の農耕奴隷であった。またモール人は、IX—(2)—3 で述べたように、アラブ語を母語とするベルベル人集団である。彼らの生業は、キャラバン交易とともに、サハラまたサヘルでのラクダ／ウシの遊牧にあった。マイナーは、彼らは沙漠遊牧民であったとしている[395]。つまりモール人は、彼ら自身がサハラの遊牧集団であった。このようにタマシェク人とモール人は、ともにサハラ・サヘルで農耕あるいは遊牧・牧畜を生業とする集団であった。この前史が、両集団の職業のフィール

ド・オペレーションへの特化の背後にあろう。

　またグループ（3）のソンライ人とアラブ人の共通項は、独立前までは両者がトンブク
トゥ旧市の最有力エスニック集団であったという前史にある。現在ではアラブ人の人口減
少が顕著となって変化しつつあるが、かつては、両者がトンブクトゥの社会・経済を担う
主要集団であった。それが、人口規模の相違にもかかわらず、両集団の職業構成の共通性
を生みだしている要因であろう。

(4)—3　主要集団の職種構成——中分類レベル

　前節で職業大分類レベルでの職業構成の共通性をもとに、6 主要エスニック集団をグ
ループ（1）〜（3）にまとめた。ここでは、職業大分類から中分類にあたる職種へと降下
して、これら主要集団の職種構成の特徴をあきらかにしたい。具体的には、各エスニック
集団の職種別従事者の順位表を作成し、その上位 15 位までの職種と従事者数を検討の対
象とした。表 18—1〜3 は、それを示したものである。同表には、参考のために、各集団
の全従事者数と総職種数、また各職種にはその職種が属する職業大分類のアルファベット
記号を付した。

　前節で、職業大分類レベルで職業構成を検討した際には、L 分類不能・家事・無職・不
明を、その対象から除外した。しかしここでの目的は職種レベルでの職業構成の考察にあ
るので、職業大分類 L にふくまれる家事、失業、学生のおのおのを職種とみなし、それ
らも検討の対象とすることにした。

｜グループ（1）　＜タマシェク人—モール人＞

　両集団の上位 15 位までの職種順位表を、表 18—1 に示した。両集団の従事職種の総数
は、タマシェク人が 71、モール人が 16 と大きく相違する。その理由は、前者の 1,787 人
に対する後者の 41 人という職業従事者数の大きな相違による。タマシェク人の場合には
第 13 位と第 15 位に 2 職種、モール人の場合には第 7 位に 9 職種が同数でならぶため、職
種順位表には両者ともに 16 位までを記入している。モール人の最下位の 11 職種の従事者
数は 1 人で、その結果、職種順位表にはモール人が従事する 16 職種のすべてが網羅され
ることになる。

　職業大分類レベルでは、両集団のあいだでは、特定職業——具体的には G 農林漁業、J
建築・建設・採掘——への集中という共通性がみられた。職種順位表で上位 5 位の職種に
注目すると、そのうちの 4 職種までが共通している。それらは、G 主穀作農、J 石工、I
自動車運転手、L 家事の 4 つである。これにくわえて、G 主穀作農を第 1 位の職種とし、
しかもその従事者数が第 2 位職種のそれを大きく上まわっていることも、両集団の共通点

表18　6主要エスニック集団の上位職種——1996年

表18-1　グループ（1）

タマシェク		モール	
総従事者数	1787	総従事者数	41
職　種　数	71	職　種　数	16

順位		職　種	従事者	順位		職　種	従事者
1	G	主穀作農	750	1	G	主穀作農	10
2	J	労務者	159	2	D	商店主	6
3	L	家事	148	2	J	石工	6
4	J	石工	143	4	L	家事	5
5	I	自動車運転手	64	5	I	自動車運転手	2
6	D	商店主	62	5	B	教員	2
7	D	食肉商	57	7	B	看護師	1
8	F	守衛	56	7	C	一般事務	1
9	J	井戸掘り職	27	7	C	タイピスト秘書	1
10	B	マラブー	24	7	C	納付金徴収人	1
11	H	仕立職	20	7	F	守衛	1
12	G	牧夫	18	7	H	仕立職	1
13	J	大工・建具師	17	7	H	ラジオ修理職	1
13	L	失業	17	7	H	時計修理職	1
15	B	教員	14	7	J	岩塩鉱夫	1
15	J	岩塩鉱夫	14	7	L	失業者	1

表18-2　グループ（2）

バンバラ		プール	
総従事者数	72	総従事者数	39
職　種　数	29	職　種　数	17

順位		職　種	従事者	順位		職　種	従事者
1	B	技師	13	1	C	一般事務	6
2	A	官庁管理職	10	2	A	官庁管理職	5
3	B	官庁検(監)査官	6	3	B	教員	4
4	C	一般事務	4	3	C	会計事務	4
5	B	教員	3	3	D	商店主	4
5	B	看護師	3	6	B	技師	3
5	C	会計事務	3	6	I	自動車運転手	3
8	B	文書館司書	2	8	L	家事	2
8	C	裁判所吏員	2	9	B	官庁検(監)査官	1
8	F	守衛	2	9	B	法曹専門職	1
8	H	鍛冶職	2	9	B	医師	1
8	H	自動車修理工	2	9	B	看護師	1
8	I	自動車運転手	2	9	D	ブローカー	1
8	J	石工	2	9	E	ホテル労働者	1
8	L	家事	2	9	F	守衛	1
				9	H	仕立職	1
				9	J	石工	1

表18-3　グループ（3）

ソンライ		アラブ	
総従事者数	1047	総従事者数	295
職　種　数	84	職　種　数	42

順位		職　種	従事者	順位		職　種	従事者
1	L	家事	134	1	J	石工	52
2	H	仕立職	100	2	G	主穀作農	39
3	J	石工	88	3	D	商店主	24
4	B	教員	81	4	L	家事	23
5	G	主穀作農	72	5	J	岩塩鉱夫	21
6	D	商店主	67	6	B	教員	19
7	B	技師	51	7	B	マラブー	18
8	I	自動車運転手	49	8	I	自動車運転手	11
9	D	食肉商	42	9	D	食肉商	10
10	B	マラブー	35	10	J	労務者	8
11	C	一般事務	35	11	H	仕立職	6
12	H	履物職	26	11	F	守衛	6
13	C	会計事務	24	11	J	大工・建具師	6
14	A	官庁管理職	20	14	C	一般事務	5
15	J	大工・建具師	15	15	I	ロバ牽き人	4

として指摘できる。これらの共通性は、職業大分類レベルでの特定職業への集中という共通性が、上位ランクの職種にも通底していることを示している。

　職業大分類レベルでは、D 販売がモール人の主要職業の地位を占めていた。職種レベルで、その内訳を検討すると、両集団で商店主が上位職種に登場する。しかし D 販売に関連する職種は、モール人の場合には商店主のみであるが、タマシェク人の場合には食肉商が商店主につぐ第 7 位を占めている。前述したように、トンブクトゥは、北方の牧畜産品と南方の農耕産品との牧・農交易を重要な局地的な経済活動としてきた。現在のトンブクトゥにおける食肉商の多数存在は、同交易がいまも活発になされていることを意味すると同時に、その重要な担い手がソンライ人とならんで、タマシェク人であることを示している。

　一方、両集団のあいだには従事職種の顕著な相違も観察しうる。タマシェク人の場合には、労務者、石工、井戸掘り職、大工・建具師、岩塩鉱夫といった J 建築・建設・採掘に属する職種が上位 15 位内に入っていること、またマラブーと教員を例外として、上位 15 位の職種のなかに A 管理的職業、B 専門的・技術的職業、C 事務に属するホワイトカラー的職種をみいだすことができないこと、の 2 点を指摘できる。

　モール人の場合にも、A 管理的職業に属する職種はまったくない。また B 専門的・技術的職業に属する職種も、教員 2 人と看護師 1 人のみにかぎられている。これらは、タマシェク人とおなじく、モール人の場合も上級ホワイトカラー的職種をほぼ欠いていることを意味する。しかしタマシェク人との相違は、モール人の場合には、一般事務、タイピスト秘書、納付金徴収人といった C 事務に分類される下級ホワイトカラー的職種が散見されることをあげうる。この点は、ブルーカラー的職種への特化が顕著であるタマシェク人の職種構成との相違である。

II　グループ（2）＜バンバラ人―プール人＞

　両集団の上位 15 位までの職種順位を、総従事者数と総職種数とあわせて、表 18―2 に掲げた。バンバラ人とプール人は、ともにトンブクトゥから遠隔のニジェール川上流域を本拠地とする西方系のエスニック集団である。そのため両集団の総従事者数・総職種数は、バンバラ人が 72 人・29 職種、プール人が 39 人・17 職種と少ない。

　表 18―1 のグループ（1）＜タマシェク人―モール人＞の場合とは異なって、バンバラ人とプール人の職種順位表には、A 管理的職業、B 専門的・技術的職業に属する上級ホワイトカラー的職種が多くふくまれている。A・B に属する職種数をみると、バンバラ人の場合には上位 15 職種のうち 6、プール人の場合にはおなじく 7 を数える。これらに下級ホワイトカラー的職種とした C 事務の職種をくわえると、その数は、両者ともに 9 へと

増加する。つまりバンバラ人とプール人の上位職種の構成は、圧倒的にホワイトカラー的職種からなっている。これは他の4主要エスニック集団との顕著な相違であり、バンバラ人とプール人のみにみられる職種構成の特質である。

　いまホワイトカラー的職種としたA管理的職業、B専門的・技術的職業、C事務をのぞいて、それら以外の職種をブルーカラー的職種とよぶと、両集団のあいだで、それらの順位の相違を観察できる。バンバラ人の場合には、ブルーカラー的職種は第8位以下の下位に集中していて、それよりも上位の職種にはまったく存在しない。上位15位までの職種の上層はホワイトカラー的職種、下層はブルーカラー的職種という明瞭な相違をみせる。職種順位表で、これほど明瞭な職種分化がみられるのはバンバラ人のみである。

　一方、プール人の場合も、ブルーカラー的職種の多くが下位にならぶ点はバンバラ人と共通する。しかし商店主や自動車運転手といった職種も、ホワイトカラー的職種とならんで中位に進出している。

　ここにみられる両集団の職種構成の共通性と相違性は、つぎのように要約できよう。共通性としては、バンバラ人とプール人の職種構成がともにホワイトカラー的職種への特化傾向を示すことである。とりわけA管理的職業、B専門的・技術的職業に属する上級ホワイトカラー的職種が職種順位の上位を占めるのは、両集団の特徴である。もちろん、上級ホワイトカラー的職種を両集団が独占しているわけではない。すでに述べた従事者数が1人のみのマルカ人やカソンケ人などの5集団も、その従事職種は上級ホワイトカラー的職種であった。また後述するソンライ人も、上級ホワイトカラー的職種に多く従事している。しかしそれらの集団では、バンバラ人とプール人の場合のように、上級ホワイトカラー的職種が職種順位表の上位にならぶということはない。

　つぎに、両集団の上位職種の構成における相違の説明にうつることにしたい。バンバラ人の職種構成は、上・中位はホワイトカラー的職種、下位はブルーカラー的職種という顕著な分化・二重性という特徴を示していた。その分化・二重性は、バンバラ人集団内部での階層分化を反映していよう。

　その背後には、バンバラ人の職業従事者数がプール人を大きく上まわっていることがあろう。そのため中央政府チャネルによるホワイトカラー的職種だけでは、バンバラ人の来住者を吸収できないという事情がはたらいていると考えられる。とりわけ「工場労働者つまり工場の不在」・「民間部門つまり企業の不在」という性格をもつトンブクトゥでは、その吸収不能部分はブルーカラーのサービス業職種への就業とならざるをえない。

　具体的には、バンバラ人の職種順位表の下位にならぶ守衛・自動車運転手・自動車修理といった職種である。しかしここで注目されるのは、これらの職種は、歴史をつうじてト

ンブクトゥの経済活動を担ってきた商人・職人的職種ではなく、独立以後に登場した新し
い職種といえる。それが、一方では職種順位表の上位と中位でのホワイトカラー的職種へ
の特化、他方ではランク表の下位での新たに登場してきたブルーカラー的職種への特化と
いうバンバラ人の職種構成の二重性を生みだしている理由であろう。

　一方、プール人のブルーカラー的職種の上位進出を象徴するものが、商店主が第5位を
占めていることである。その進出は、彼らの古くからの経済活動への参画から説明できよ
う。プール人は、ニジェール川上流域というトンブクトゥから遠隔の地を本拠地としてい
た。しかし彼らは本拠地から東進し、ニジェール川内陸デルタの西端に位置するマッシー
ナ一帯に東方拠点を形成していた。

　その東方拠点は、トンブクトゥの局地的な交易圏との接点という地理的位置を占めてい
た。その有利な関係位置をもとに、彼らはトンブクトゥの局地的な交易活動に参画し、ト
ンブクトゥの社会に地歩を築いてきた。それを示すのが、商店主の上位順位への進出であ
る。バンバラ人の職種構成で顕著であったホワイトカラー的職種が上位、ブルーカラー的
職種が下位という二重性がプール人の場合に明瞭でないのは、商店主の上位順位への進
出によるところが大きい。

　Ⅲ　グループ（3）＜ソンライ人─アラブ人＞

　表18─3として、ソンライ人とアラブ人の総従事者数と総職種数、上位15位までの職
種別従事者数を示した。従事者数と職種数は、ソンライ人が1,047人・84職種、アラブ
人が295人・42職種であって、両集団のあいだには大きな相違がある。ここで注目され
るのは、総従事者数の相違の大きさに比して総職種数の相違が小さいことである。つまり
アラブ人が職業従事者数が小であるにもかかわらず、相対的に多様な職種に進出している
ことを意味している。このことが、両集団の職種構成における共通性を生みだす要因とし
てはたらく。

　ソンライ人とアラブ人の職業大分類レベルでの職業構成の共通性は、B専門的・技術的
職業、D販売、J建築・建設・採掘の3つを主要職業としていること、さらにこれら3職
業に、ソンライ人の場合にはH生産工程、またアラブ人の場合にはG農林漁業が付加さ
れて、両者がともに計4つを主要職業としている点にあった。まず、この共通性を、職種
のレベルで検討することにしたい。表18─3の職種順位表で両集団に共通する職種を列挙
すると、つぎのようになる。

　B専門的・技術的職業─教員・マラブー、　C事務─一般事務、　D販売─商店主・食
肉商、　G農林漁業─主穀作農、　H生産工程─仕立職、　I輸送・機械運転─自動車運転
手、　J建築・建設・採掘─石工・大工建具師、　L分類不能・無職・不明─家事。

　ここに列挙した共通職種の数は、上位職種 15 のうちの 11 に達する。順位は相違するが、共通職種の多さの背後には、両集団がトンブクトゥの諸活動で担ってきた役割の共通性がある。ソンライ人は「都市の民」と自称するように、かつても今も旧市の主要住民である。アラブ人も、現在では在住人口の減少が顕著であるが、Ⅸ—(2) で紹介した 1946 年のマイナーの調査によると、当時は、ソンライ人とならぶトンブクトゥ旧市の主要住民であった。つまり独立以前の時期をとると、トンブクトゥ旧市に集積していた諸活動はソンライ人とアラブ人の両集団を主要な担い手として営まれていたのであった。現在では両集団の職業従事者数と職種数は大きく相違しているが、彼らの歴史的役割の共通性が上位職種の共通性大という特徴を持続させているといえる。

　そのことを踏まえたうえで、両者の共通職種を個別に検討することにしたい。その大きな特徴は、表 18—3 にみられるように、職業大分類 B・C に属するホワイトカラー的職種数が 3 と少ないことである。その内訳も、B 専門的・技術的職業では教員・マラブーという在地性大の職種であり、C 事務では一般事務という単純労働にかかわる職務である。そのため D 以下のブルーカラー的職種が、共通職種のほとんどを占めている。

　それらは、商店主、食肉商、仕立職、石工、大工・建具師、さらには主穀作農といったトンブクトゥの歴史的な在来活動とかかわる職種である。ソンライ人とアラブ人の両集団の共通職種は、とりわけトンブクトゥの経済基盤をなしてきた職種への特化という特徴をもつ。それは、両集団がトンブクトゥの旧市に集積する諸活動の担い手であったという歴史を反映するものである。

　しかしソンライ人とアラブ人の職種順位表は、以上の共通性と同時に、両集団間の相違が顕在化しつつあることを示している。それは、A 管理的職業と B 専門的・技術的職業という上級ホワイトカラー的職種での相違である。アラブ人の場合には、上位 15 職種のなかには A 専門的職業に属する職種はなく、また B 専門的・技術的職業でもさきに在地的職種とした教員とマラブーだけである。つまりアラブ人の上級ホワイトカラー的職種への進出は、皆無といいうるほど低位である。

　これに対してソンライ人の場合には、教員とマラブーのほかに、A 管理的職業と B 専門的・技術的職業を代表する官庁管理職と技師が、おのおの職種順位表の第 14 位と第 7 位に登場している。両職種は、中央政府によって任命・派遣された政府出先機関の管理・運営にあたる職種である。ソンライ人の場合には、バンバラ人またプール人のように上級ホワイトカラー的職種への特化とはいえないとしても、それらへの進出が進行中であるということはできよう。これは、アラブ人だけでなくタマシェク人・モール人という北方系また地元系の他のエスニック集団とは異なったソンライ人の職種構成における特徴である。

XII 市場活動のエスニシティ・ジェンダー（Ⅰ）
—— 「大市場（ヨブ・ベル）」 ——

　1990年代におこなった臨地調査をもとに、現場で確認した官公署・都市基盤維持施設・生活基盤維持施設などの公的施設の分布を図20に示した。このうち生活基盤維持施設とは、市民生活を維持するための公共的な施設を指す。市場（バーザール）も、都市の経済活動と市民の日常生活とを連結する重要な生活基盤維持施設である。図20には、3ヵ所に市場空間をヨコ・細線で図示した。それらの名称と所在位置は、つぎのようになる。

- (1)「大市場（ヨブ・ベル、*Yobou Ber*）」 ： 旧市内北部に所在。
- (2)「小市場（ヨブ・カイナ、*Yobou Kaina*）」 ： 旧市北西端に所在。
- (3)「アルバメ市場（ヨブ・アルバメ、*Yobou Albamé*）」 ： 旧市南西端のカバーラ道路と周回道路の交点に所在。

　これら3つの市場は、ともに共通した空間構成を示す。まず中核的な施設として有蓋の大型建造物があり、その内部は間仕切りされた固定店舗となっている。有蓋建造物の周辺にはオープン・スペースがひろがり、そこには零細な売り手たちの路上店舗が所せましとならぶ。そしてオープン・スペースの外囲には、連棟式の店舗兼住宅がつらなる。このように、＜有蓋の大型建造物—それをとりまくオープン・スペース—その外囲を画してならぶ連棟式の店舗兼住宅＞が一体となって、複合的なバーザール空間を形成する。もちろん商人以外にも、少ないとはいえ事務所や職人たちの工房も所在し、バーザールの構成をいっそう複合的なものとしている。

　「大市場」と「小市場」は歴史的な名称で、当初は市場規模の大小にもとづく呼称であったと考えられる。しかし現在ではその意味は失われ、それらは規模とは無関係な固有名詞と化している。図20からよみとれるように、両者の市場空間の面域規模は大差がないだけでなく、後述するように、路上店舗をふくめた店舗数では「小市場」が「大市場」をうわまわっている。一方、「アルバメ市場」の面域は、両者よりもはるかに小さい。「大市場」と「小市場」は、それぞれ特化業種を異にするが、トンブクトゥとその後背地を関係圏域とする全市的なバーザールである。これに対して「アルバメ市場」の関係圏域は小さく、周辺住民のための近隣商業地区的なバーザールといえる。

　もちろんトンブクトゥには、商業施設としては、これら以外にも旧市内の主要街路にそってならぶ店舗兼住宅、また新市をふくめた市中の各所に点在する小店舗群などが存在

TIMBUCTOO: THE GREAT MARKET

図 31　19 世紀末の「大市場」——バルト（1858 年）による

する。しかしここでは前記の **3** バーザールをとりあげて、そこに集積する固定店舗と路上店舗、売り手のエスニシティ、さらには彼らの業種・主要販売商品などを中心に、バーザール空間の構成と活動について検討することにしたい。

（1）「大市場」地区の成立——フランス治下の移転と再開発

歴史をつうじて「大市場」が担ってきた機能は、市民への日常生活財の供給にあった。図 **16** に掲げたサァードによる繁栄期トンブクトゥの復原図は、時代によって「大市場」が位置を変遷させてきたことを併示していた。それは、人口分布の空間的な変動に対応した変遷であったであろう。**19** 世紀には「大市場」は、旧市の南西端に位置していた。すでに引用した同世紀のカイエやデュボアによるバーザール記載は、そこに立地していた「大市場」を訪問した際のものであった。

図 **31** は、バルトが著書に掲げる **19** 世紀中期の「大市場」の情景である。同図は、「大市場」が位置する広場空間を示したものであろう。図の左右には草ぶき丸屋根の円形仮屋がならび、空地には参集した市民たちが描かれている。草ぶき仮屋はすべて背面だけの描出であるので確認できないが、おそらく店舗と思われる。もし店舗とすれば、このような草ぶき円形店舗は、現在の「大市場」の周辺ではまったく見かけなくなっている。また空地も現在よりも大きく、売買にかかわる人々と同時に、路上にひろげたマットに座りこん談笑しているらしい人々も描かれている。現在の「大市場」の周辺空地には路上店舗が密集し、このような談笑できる場は存在しない。**19** 世紀中期の「大市場」とその周辺は、

売買の場であるとともに、広場にふさわしい市民たちの交歓の場でもあったのであろう。しかし現在の「大市場」は、売買のみに特化した経済空間と化している。

　1894年にトンブクトゥを攻略して植民地に編入したフランスは、20世紀はじめに「大市場」とその周辺を再開発する。その目的は、「大市場」を撤去して、そこに前述した「支配者の顕示空間」を創出することにあった。その背景には、つぎのような事由があったであろう。バーザールは、市民また外来者を問わず、誰もが自由に出入りできる開放系の空間である。それは、逆に治安維持にとっては不安定要因ともなりうる施設である。誰に対しても開かれた「大市場」は、被支配民の接近を制限して権力と権威を顕示するための「支配者の顕示空間」とは親和性にとぼしい施設といえる。そのためフランスは在来の「大市場」を撤去し、新しく「大市場」を市街地の北部に建設したのであろう。**図20**が描く「大市場」は、それにあたる。

　「大市場」とその周辺は、トンブクトゥを代表するバーザール空間である。**図20**の公的施設配置図をもとに、トンブクトゥ全体のなかで「大市場」の立地を考えると、その位置は旧市の北方に偏っていて、地理的には旧市の中央立地とはいえない。しかし旧市を走る主要街路と関連づけると、そこは、街路網の要衝といいうる地点を占めている。

　まず「大市場」の東端を南北走する街路は、1894年のトンブクトゥの攻略直後にフランス軍が作成した略測図（**図9**）が描く当時の都市域を南北走する街路にあたる。同街路は、現在もトンブクトゥの中心街路であり、旧市を東と西に二分しつつ市街地内を南北に貫走する。**図31**が描く「大市場」は同街路の南端に位置し、そこで外港・カバーラへといたるカバーラ道路と接続していた。また「大市場」北西方の広場空間から西へと派出する街路は、かつての河港の中心施設であった船溜・河岸と市街地とをむすぶ街路であった。「小市場」も、同街路上に位置している。さらに「大市場」地区の北東端から北東方へと延びる街路は、「イスラームの学林」の中心施設であったサンコーレ・モスクへと通じる。現在の「大市場」は、これらの重要街路の交会点に位置している。

　デュボアによる1897年図（**図11**）は、当時の市街地を詳細に描いている。それによると、19世紀末には、現在の「大市場」一帯は不規則な形態の街区で充填されていて、そこには大きなオープン・スペースは存在していない。フランスは、おそらくは荒廃していた密集街区を再開発して、そこに新たに「大市場」を建設したのであろう。「大市場」の旧市南西端から北方への移転は、南においては「支配者の顕示空間」を、北においては「大市場」を核とする市場空間を、ともに市街地再開発の手法によって強権的に創出したのであった。

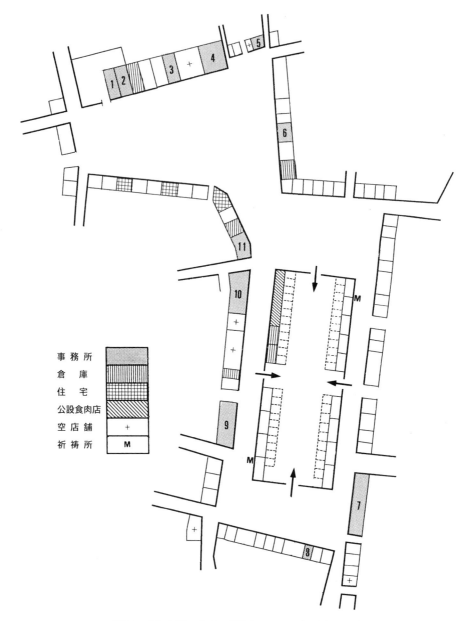

図 32　「大市場」とその周辺――1999 年（応地作図）

（2）「大市場」地区の構成――固定店舗と路上店舗の並立

　「大市場」については、1990 年 8 月と 1999 年 8 月の 2 回、臨地調査をおこなう機会を
得た。図 32 は、1999 年の臨地調査時に現場で歩測・作成した「大市場」とその周辺の図

である。同図は、**図 20** にヨコ・細線で図示した「大市場」の範域と照応している。市場空間は、**図 32** が中央右よりに描くタテ長・長方形の大型市場建造物を核として、その周辺のオープン・スペース一帯にひろがっている。大型建造物の北西方には、さらにラッパ状四辺形の小オープン・スペースがひろがる。ここも、かつては市場空間として使用されていた。しかしいまでは、バス・自動車のターミナル地区と化しつつある。

　「大市場」地区に立地する店舗・工房──以下、あわせて店舗と総称する──を、まず恒久的な固定店舗と臨時的な路上店舗とに大別し、さらにそれらを細分して市場空間の店舗構成をあきらかにしたい。

　固定店舗（I）　　南北 2 つのオープン・スペースの外囲には複層の連棟式建物がつらなり、市場空間を明確に境界づけている。**図 32** では、それらを実線で区画して示した。複層建造物は、間口距離を異にする大小の区画に区分されている。各区画は、店舗兼住宅として利用されている。それらを、固定店舗（I）と総称することにしたい。

　固定店舗（I）の階下部分は、商人たちの店舗また職人たちの工房として利用されてきた。現在では、店舗・工房以外の用途に供される区画も増加している。用途・機能をもとに固定店舗（I）を分類すると、以下の 4 つに類別できる。第 1 は、**図 32** で白地のまま残された店舗・工房群である。そのうち工房として使用されているものは、ごく少数である。店舗のなかには、調査時には閉鎖・閉店状態のものもあった。同図では、それらの空き店舗には＋記号を記入して、営業中のものと区別した。

　図 32 に示した 1999 年の状況を 1990 年と比較するために、**図 33** として 1990 年の臨地調査にもとづく「大市場」地区の構成を掲げた。両年次のあいだには、ほぼ 10 年という歳月の経過がある。**図 32** と**図 33** とを比較してもっとも目につく変化は、＋記号の空き店舗の動向である。1990 年の**図 33** では、固定店舗（I）の東辺をのぞく北・西・南の 3 辺には＋記号の区画が多く分布する。しかし 1999 年の**図 32** では、＋記号の閉鎖・閉店状態の店舗は大きく減少し、90 年代をつうじて空き店舗の充塡・解消が進行したことを物語る。

　しかしその充塡・解消は、バーザール本来の店舗・工房ではなく、それら以外の諸施設によってなされた。店舗・工房につぐ第 2 の固定店舗（I）の施設は、**図 32** で、細粒模様で示した事務所である。**図 32** と**図 33** とを比較すると、とりわけ北辺の固定店舗（I）群への事務所の進出が顕著にみられる。それらの事務所について検討するために、**図 32** で左上端に位置するタテ長・長方形区画の事務所を 1 として、そこから時計まわりに事務所区画に番号を付した。それらの事務所を具体的に示すと、1 商工会議所、2 イスラーム関係図書館協会、3 政党支部、4 旧マリタス航空（**Air Malitas**）、5 女性仕立業促進センター、

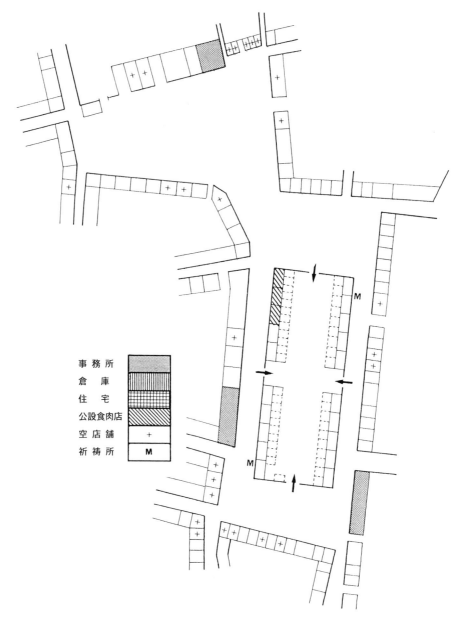

事務所
倉　庫
住　宅
公設食肉店
空店舗　＋
祈祷所　M

図33 「大市場」とその周辺──1990年（応地作図）

6 政党支部、7 村落教育会、8 商事会社、9 国営煙草会社、10 マリ航空（Air Mali）、11 保険代理店となる。

　列挙した事務所の多くは、間口距離の大きな区画を占めている。それらの事務所名が示すように、現在では「大市場」一帯は、店舗・工房の集積地区という従来の機能にくわえ

て、主として各種民間機関の事務所所在地区という性格を兼備することになった。あえて
いえば「大市場」一帯は、商人と職人のバーザールからトンブクトゥの業務地区（Busi-
ness District）へと転化・成長しつつある。もちろん業務地区への転化・成長は、トンブク
トゥの都市規模に相応した萌芽的かつ小規模なものにとどまっている。

　固定店舗（Ⅰ）の第3の用途・機能は、図32で、格子模様で図示した住宅である。固
定店舗（Ⅰ）は、1階を店舗、2階を住居とする店舗兼住宅を基本とする。ここで住宅と
するのは、1階部分もふくめて全体が居住目的に供されている区画をいう。そして第4の
用途・機能は、同図でタテ・実線で示した倉庫である。これも、1階部分を倉庫として利
用しているものをいう。図32からよみとれるように、第3の住宅また第4の倉庫はとも
に少なく、固定店舗（Ⅰ）の店舗・工房以外への転用は、圧倒的に事務所によって占めら
れている。

　このことを定量的に示すために、図32と図33で広場空間に面する固定店舗（Ⅰ）の総
延長間口距離に対する第1〜第4に属する各施設の合計間口距離の比率を、臨地調査をも
とに1990年と1999年の両年次について算出した。図12の測量図に記載の縮尺をもとに、
99年の固定店舗（Ⅰ）の総延長間口距離を計測すると、ほぼ495メートルとなる。90年
の図33と99年の図32が描く固定店舗（Ⅰ）を比較すると、つぎのような変化を観察で
きる。たとえば、90年の店舗兼住宅が99年には街区内部への通路に転用されていたり、
空地に店舗兼住宅が建設されているといった変化である。それらを補正して1990年の総
延長間口距離を計測すると、ほぼ500メートルとなる。固定店舗（Ⅰ）の総延長間口距離
に関しては、両年次間の変化はごく小さい。

　90年と99年の両年次について、前記の第1〜第4の各施設の間口距離を計測し、それ
らが総延長距離に占める比率を算出すると、つぎのようになる。その90年から99年への
同比率の変動を→印で示すと、＜店舗・工房：85 → 69％＞、＜事務所：13 → 22％＞、
＜住宅：0 → 5％＞、＜倉庫：0 → 4％＞、＜空地：2 → 0％＞となる。これらの比率の
変動は大きく、両年次間に固定店舗（Ⅰ）の用途・機能が顕著に変化したことを物語る。
その変化を要約すると、①店舗・工房の比率の著減、②事務所・住宅・倉庫の比率の著増
といえる。その変動からは、90年代をつうじて、①の衰退と②への活発な転用とが同時
に進行したとの印象をうける。

　しかしその変動を仔細に検討すると、印象は異なったものとなる。図32・図33は、と
もに店舗を白地で図示したうえで、2つに分類している。白地のままのものと＋記号が記
入されたものとの2つである。凡例にあるように、前者は営業中の店舗、後者は閉鎖・閉
店状態の店舗にあたる。このうち、後者の総延長間口距離に占める比率は、1990年の25

写真 34　「大市場」・大型市場建造物　外観　　中央出入口の内部は床面で、通路的部分を残して、その両側に路上店舗（I）、その背後に固定店舗（III）がならぶ。右端の傾斜屋根部分には、固定店舗（II）が入る（応地撮）。

写真 35　「大市場」・大型市場建造物　屋内　　せり出した路上店舗（I）のために通路は屈曲し、すれ違いうる程度の幅しかない。おなじ場所ではあるが、図 34 の単純化された店舗配置図からうける印象とはまったく異なる（応地撮）。

％から 1999 年には 7 ％へと激減している。しかし営業中の店舗の間口距離比率は、両年次間に 60 → 62 ％とほとんど変化していない。

　つまり営業中の店舗が減少・衰退したのではなく、両年次ともに営業中の店舗はほぼ同一の間口距離比率を維持している。さきに②として指摘した 1999 年の事務所・住宅・倉庫の比率著増は、総計レベルでいえば、90 年には閉鎖・閉店状態にあった店舗の再利用・転用によって実現されたといいうる。それが、90 年の＜多くの閉鎖・閉店状態の店舗・工房をともなったバーザール＞から、99 年の＜商工活動＋オフイス機能からなる業務地区への成長＞という「大市場」地区の機能拡充と活性化をもたらした原動力であった。

　　固定店舗（II）　　こ

こで、バーザール空間の外囲にあたる固定店舗（I）から、市場空間の内部へと目を転じることにする。「大市場」は、ソンライ語ではヨブ・ベルまたフランス語ではグラン・マルシェとよばれている。それらは、狭義には、**図 32** の中央南方に描かれたタテ長・長方

形の大型市場建造物を指す。現在の建物は、仏領時代末期の 1954－55 年に改築されたものだという。同建造物は市の管理下にあり、そこで営業する売り手は、出店料として、店舗規模に応じて 1 日あたり 50 ないし 25CFA フランを納入する。大型市場建造物の規模は南北 70×東西 30 メートルほどで、上に大きな切妻トタン屋根を越屋根状に載せる。その四辺の壁面は切石づくりで、各辺の中央に計 4 つの出入口を開いている。床面がまわりの広場空間よりも一段と高くなっているので、「大市場」には切石積みの階段を昇降して出入りする。

大型市場建造物の内部は、**図 32** に示したように、大きくは 3 つの区域に分かたれる。まず、もっとも外側には、長辺にそって実線で囲われた小区画が南北方向にならんでいる。それらは切妻屋根の末端部にあたり、外側にむけて入口を開いた片流れ屋根状の店舗群である。各店舗の壁面は 3 方とも石壁からなっているので、大型市場建造物の内部からは出入りすることはできない。これらの大型市場建造物の東西両端にそって南北にならぶ店舗区画を、固定店舗（Ⅱ）とよぶことにしたい。

固定店舗（Ⅲ）　大型市場建造物の内部には、一部をのぞいて、店舗が南北方向につらなる。それらは、2 種類の店舗群からなる。まず、固定店舗（Ⅱ）の後背壁面にそってならぶ小さな店舗群である。その規模は 3 メートル四方ほどで、固定店舗（Ⅱ）の約半分の規模である。**図 32** では、それらを破線で囲って図示した。実線ではなく破線で示したのは、背面をのぞく 3 面がすべて目の荒い金網で区画されていることを表現するためでもある。通廊にむけて開かれた出入り戸も金網でつくられ、閉店時には施錠される。これらの金網囲いの店舗は、ソンライ語ではブティキ・カイナ（*boutiki kaina*）とよばれる。それは、フランス語のブティク（店、 boutique）を語源とするブティキに「小」を意味するカイナを付した語で、「小店舗」を意味する。大型市場建造物の内部にならぶ金網囲いの小店舗群を、固定店舗（Ⅲ）とよぶことにしたい。

路上店舗（Ⅰ）　大型市場建造物内部の最後の市場空間は、固定店舗（Ⅲ）の前面にひろがる床面である。そこは路上商人・職人の空間で、対向しあう出入口をむすぶ十字型通廊に商品・機器をならべて営業する。大型市場建造物は切妻屋根で覆われているので、これらの店舗は厳密には露店とはいえない。しかし「大市場」の開場とともに売り手がやってきて、床面に商品などをならべて販売し、閉場にさきだってそれらを集めて持ち帰るという営業形態は、露店とおなじである。大型市場建造物内部の路上店舗を、路上店舗（Ⅰ）とよぶことにしたい。

路上店舗（Ⅱ）　市場空間でもっとも中核的な施設は、狭義の「大市場」にあたる大型市場建造物である。当然、買い手が参集する「大市場」周辺のオープン・スペースは、

路上商人にとって最良の営業場となる。具体的には、大型市場建造物の 4 辺にそうオープン・スペースである。とくに、北方のオープン・スペースでは、通行人がかろうじてすれ違える程度のスペースを通路として残して、路上商人が列状にならんで営業する。それらを、路上店舗（II）とよぶことにしたい。

　路上店舗（I）は、有蓋建造物内部の路上店舗であった。これに対して路上店舗（II）は、露店という言葉がもつ本来の意味での無蓋店舗である。ソンライ語は、それらの露店を 3 つの方名でよび分けている。第 1 はファラムー（*faramuh*）で、路上に敷いた布や紙のうえに商品をならべて営業する完全な無蓋露店をいう。第 2 はヨブ・ジルネイ（*yobu jilnei*）で、路上にならべた商品を布地の天幕やパラソルなどで遮光して販売する有蓋露店である。第 3 はパラソルなどの下に立ち机状の台を置き、そこに物品をならべて販売する有蓋・有台の露店で、フェンダー（*fendā*）とよばれる。売り手の姿勢は、第 1 と第 2 の場合には路上での座売り、第 3 の場合には立売りとなる。

　これらの路上店舗が密集する「大市場」北方のオープン・スペースは、さらに北西方のラッパ状広場空間へとつうじている。そこはフランス語で「道の駅（gare routière）」とよばれ、長距離バスまた乗り合いタクシーなどの駐車・発着場である。大型のバスやトラックをはじめ各種の自動車が出入りするため、歩行者天国ともいうべき「大市場」周辺のオープン・スペースとは異なって、路上商人が店を開きうるスペースは固定店舗（I）ぞいのごく一部にかぎられる。「道の駅」広場の縁辺で営業している露店も、路上店舗（II）にふくめて検討することにしたい。

　以上のように、「大市場」地区に集積する店舗は多様で、固定店舗（I）・（II）・（III）、路上店舗（I）・（II）の計 5 種類をかぞえる。これらの店舗類型と売り手のエスニシティとを相関させると、**表 19** となる。まず 5 つの店舗類型を固定店舗と路上店舗とに集約すると、固定店舗＝ 118、路上店舗＝ 177 となる。「大市場」でも、路上店舗が総数 295 店舗の 60 ％を占め、売り手の多くが露店商人であることを示している。しかし「小市場」また近隣市場にあたるアルバメ市場の固定店舗比率は、おのおの 7 ％と 8 ％にすぎない。それを考慮すると、事務所などの進出があるとしても、現在も固定店舗が「大市場」の重要な機能を担っていることを物語る。

　固定店舗は、広場空間の外囲につらなる店舗兼住宅の固定店舗（I）と大型市場建造物のなかに所在する固定店舗（II）・（III）の 3 つに類別できた。その店舗数は、固定店舗（I）が 61、後 2 者が 57 であって、数のうえでは両者はほぼ拮抗している。しかし**図 32**にみるように、両者の店舗規模はまったく異なる。大型市場建造物内の固定店舗の内訳は、固定店舗（II）が 14 とごく少なく、固定店舗（III）が 43 とほとんどを占めている。ソン

表 19　店舗類型別・エスニシティ別 売り手数——「大市場」・1999 年

エスニシティ	固定店舗			路上店舗		小　計		合　計
	（Ⅰ）	（Ⅱ）	（Ⅲ）	（Ⅰ）	（Ⅱ）	固定店舗	路上店舗	
Ⅰ　アラブ	12		5	1	2	17	3	20
モール	1					1		1
白色トゥアレグ			3			3		3
Ⅱ　ソンライ	31	11	4	21	22	46	43	89
タマシェク	11	3	24	41	83	38	124	162
Ⅲ　マルカ	3				1	3	1	4
ボ　ゾ					2		2	2
Ⅳ　ドゴン					1		1	1
モ　シ			1			1		1
Ⅴ　バンバラ	2		6		2	8	2	10
プール					1		1	1
セヌフォ	1					1		1
計	61	14	43	63	114	118	177	295

ライ語での固定店舗（Ⅲ）の方名が「小さい店舗」を意味していたように、「大店（おおだな）」ともいいうる固定店舗（Ⅰ）にくらべて、その店舗規模ははるかに小さい。つまり「大市場」で固定店舗を代表するのは、店舗数の点からも、また規模の点からも、固定店舗（Ⅰ）である。

　路上店舗 177 の内訳は、大型市場建造物内の路上店舗（Ⅰ）が 63、オープン・スペースに所在する路上店舗（Ⅱ）が 114 であって、後者が圧倒的に多い。「大市場」の路上店舗を代表するのは、路上店舗（Ⅱ）である。とすると、「大市場」の店舗は、一方における固定店舗（Ⅰ）、他方における路上店舗（Ⅱ）によって代表されることになる。両者をあわせた店舗数も、全店舗数の 59 ％と過半を占める。

　この節の副題を「固定店舗と路上店舗の並立」とした。それには、2 つの意味を含意させている。まず、「大市場」が固定店舗と路上店舗という両極端の店舗形態をともに重要な構成要素とする市場だということである。この 2 つの店舗形態は、同時に、買回り品と最寄り品という商品類型とむすびついていることである。ここにみられる＜固定店舗（Ⅰ）—買回り品＞：＜路上店舗（Ⅱ）—最寄り品＞という対向的な連環こそが、他の 2市場とは異なった「大市場」地区の複合的な性格を示している。

（3）「大市場」の売り手たち——集団・性・商品

　ここで、検討の対象を、「大市場」の形態的な店舗類型というハード面からソフト面へとすすめることにしたい。具体的には、「大市場」を生業の場とする商人・職人の分析である。その分析・検討にあたっては、調査時に「大市場」地区で営業していた固定店舗ま

た路上店舗に対象を限定する。逆にいえば、閉鎖／閉店状態の店舗・工房また事務所・倉庫・住宅は検討の対象から除外するということである。以後、煩雑を避けるため、商人と職人の両者を「売り手」という言葉で一括することにしたい。

　臨地調査では、前記の固定店舗（I）・（II）・（III）、路上店舗（I）・（II）のすべての店舗について、その売り手のエスニシティ・ジェンダー・主要販売商品を記録した。このうちエスニシティとジェンダーは、キキトリまた観察によってただちに了解しうる。しかし販売商品については、なにをもって主要とするかの確定は困難であった。その理由は、特定の商品のみに特化した売り手はごく一部にすぎないことにある。売り手のほとんどは、多種の物品を少量ずつ店頭にならべて販売している。このような零細な多種少量販売という状況で、主要商品を措定することは困難である。ここでは、困難性の存在を指摘するだけにとどめ、のちに売り手の業種・品目を検討する際にくわしく再述する。

（3）—1　エスニシティ——タマシェク人の優越とアラブ人の健在

　ここで、売り手のエスニシティについて検討したい。1999 年 8 月の調査時に、「大市場」地区で確認した売り手の総数は 295 人であった。既出の**表 19** をもとに、ここで売り手のエスニシティについて概観することにしたい。

　売り手のエスニシティ数は、計 12 集団におよぶ。IX—（2）—3 で、トンブクトゥ在住のエスニック集団を、彼らの本拠地によって I～V のグループに集約した。それらを再述すると、I 北方系、II 地元系、III ニジェール川内陸デルタ系、IV 同川以南の南方系、V 同川上流域の西方系であった。おなじ方法で 12 エスニック集団を I～V に集約し、**表 19** の最左列にローマ数字で記入した。

　このうち II 地元系のソンライ人とタマシェク人が、売り手の総数 295 人のうちの 251 人を占める。なかでもタマシェク人の売り手が 162 人で、総数の 55 ％に達している。既出の**表 2** で、1996 年の人口調査にもとづく在住エスニック集団別人口を掲げた。同表での全市人口に対するタマシェク人の比率は、51 ％であった。売り手総数に占めるタマシェク人の比率は、人口比率よりも 4 ポイント高い。売り手の数からみると、「大市場」の担い手は圧倒的にタマシェク人ということになる。

　しかしタマシェク人の店舗類型は、固定店舗＝ 38、路上店舗＝ 124 であって、後者なかでも路上店舗（II）が多くを占める。さきに、「大市場」の店舗形態を代表する一方の極が路上店舗（II）であることを述べた。その 1 極を担っているのが、タマシェク人の売り手集団である。固定店舗の場合でも、彼らに属する 38 店舗のうち 24 までが、固定店舗のなかで最小規模の固定店舗（III）である。路上店舗での路上店舗（II）への集中、また

固定店舗での固定店舗（Ⅲ）への集中は、ともにタマシェク人の売り手の零細性を物語る。

　ソンライ人の売り手は計89人で、売り手総数の30％となっている。その1996年の在住人口総数に占める比率は、35％であった。ソンライ人の売り手総数に占める比率は、対人口比よりも小さい。しかしそれは、彼らの商業活動への進出が小であることを意味しない。というのは、既出の表18で主要エスニック集団の上位15職種を検討した際に、ソンライ人のみが商店主を上位職種としていたからである。その一端をうかがわせるのが彼らの店舗類型で、固定店舗＝46に対して路上店舗＝43と前者が多い。しかも固定店舗46のうち、固定店舗（Ⅰ）が31に達している。路上店舗（Ⅱ）への集中がいちじるしいタマシェク人とは異なって、ソンライ人は、固定店舗の優位と「大店」的な固定店舗（Ⅰ）への集中という特徴を示す。この特徴は、商店主がソンライ人の上位職種に進出している事実と相即する。

　売り手の数は少数ではあるが、ソンライ人以上に「大店」的な固定店舗（Ⅰ）に特化しているのが、北方系のアラブ人である。彼らに属する店舗は、20にすぎない。しかしそのうちの12までが固定店舗（Ⅰ）に、また5つが固定店舗（Ⅲ）に所在している。アラブ人の店舗は、固定店舗とりわけ固定店舗（Ⅰ）への集中を示す。路上店舗（Ⅱ）に対する他方の極である固定店舗（Ⅰ）は、ソンライ人ついでアラブ人の商人集団を担い手としていることを物語る。

　Ⅸ—(3)で言及したように、1946年にトンブクトゥの調査をおこなったマイナーは、アラブ人が人口でも多くを占める「顕著な存在」としていた。しかし1996年の人口調査では、アラブ人は全人口のわずか2.8％という「顕著な少数集団」と化してしまっている。この50年間にアラブ人の在住人口は大きく減少しているが、「大市場」の「大店」的な商業施設である固定店舗（Ⅰ）に関しては、アラブ人が全61店舗のうち20％を占めている。彼らは、買回り品に特化した固定店舗（Ⅰ）の商人集団として、依然として「顕著な存在」でありつづけていることを物語る。それは、最盛期トンブクトゥの都市核構成を示した図19で強調した市街地北端を東西走する「白い人々の地区」の東西ベルトが、変容しつつも、いまも「大店」店舗レベルでは持続していることを物語る。

　以上の3エスニック集団をのぞくと、他の9集団の売り手数は一挙に少なくなり、1人のみの集団が5をかぞえる。そのなかで売り手の数がやや多いのは、西方系のバンバラ人で10人を数える。彼らの店舗のうち8が固定店舗ではあるが、それらは「小さな店」の固定店舗（Ⅲ）を主としている。

　このように売り手の絶対数を考慮しないで、先述した＜固定店舗（Ⅰ）—買回り品＞、＜路上店舗（Ⅱ）—最寄り品＞という相即性をエスニシティと関連づけると、アラブ人が

前者と、タマシェク人が後者と、そしてソンライ人が両者と結合しているといいうる。商品の階層性と店舗類型との相即性は、担い手のエスニシティの相違を内包させているのである。

　固定店舗（Ⅱ）は、「大市場」の大型市場建造物の長辺にそってならぶ店舗群である。その店舗数は 14 と少ない。その理由の 1 つは、**図 32** にみられるように北西辺の区画が、すべて市営の公設食肉販売施設と倉庫として利用されていることにある。倉庫については、その所有者はアラブ人とのキキトリを得た。固定店舗（Ⅰ）のなかにも、倉庫が 4 ヵ所に存在している。その所有者のエスニシティはアラブ人が 3、タマシェク人が 1 となっている。倉庫を考慮に入れると、固定店舗（Ⅰ）におけるアラブ人のプレゼンスはより一層「顕著な存在」となる。

　表 19 は、ソンライ人に属する店舗が、固定店舗（Ⅰ）では 61 のうち 31、固定店舗（Ⅱ）では 14 のうち 11 を占めることを示している。固定店舗（Ⅰ）・（Ⅱ）は、ソンライ人が売り手総数の過半を占める市場空間である。固定店舗におけるアラブ人のプレゼンスを「顕著な存在」とすれば、ソンライ人のそれは「優占的な存在」とよびうる。

　固定店舗（Ⅱ）に所在する公設食肉販売施設でも、調査時には計 10 人が食肉の加工・販売に従事していた。キキトリによると、彼らはすべてソンライ人であった。これに関連して、2 つのことが想起される。1 つは、トンブクトゥの歴史で、食肉業が特別な意味をもつ業種であったことである。もう 1 つは、XI—(3)—3 で述べたように、現在でも食肉業が有力な職種であり、その従事者にソンライ人が多かったことである。公設食肉販売施設の従業者がすべてソンライ人であることの背後には、食肉業とソンライ人との歴史的なむすびつきが伏在している。

　ここで**表 19** をはなれて、「大市場」で営業する売り手のエスニシティについて、さらに空間分布という観点から検討することにしたい。**図 34** は、「大市場」地区で確認した計 295 人の売り手をエスニシティ別に地図化したものである。同図の凡例に掲げたエスニック集団は、**表 19** の 12 集団と対応する。同図には、各エスニック集団を表象する記号を、店舗規模の大きい固定店舗については大記号で、また店舗規模の小さい路上店舗については小記号で記入した。凡例で、記号の記入がなく空白のまま残されているセルは、それに該当する売り手が「大市場」には存在しないことを意味する。たとえば、モール人の路上店舗のセルが空白であるのは、モール人に属する路上店舗はなく、彼らは固定店舗のみで営業していることを示す。

　図 34 から受ける印象の第 1 は、市場空間が 2 つの区域に明確に区分されていることである。北西方の「道の駅」広場一帯と南西方の大型市場建造物一帯の 2 区域である。図に

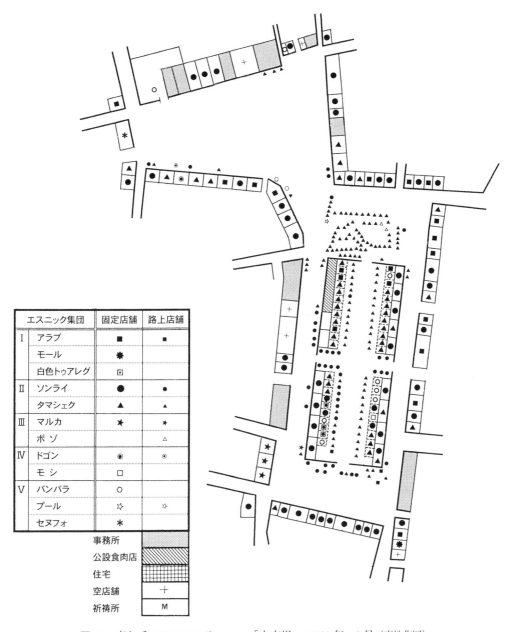

	エスニック集団	固定店舗	路上店舗
I	アラブ	■	■
	モール	✳	
	白色トゥアレグ	⊡	
II	ソンライ	●	●
	タマシェク	▲	▲
III	マルカ	★	★
	ボ ゾ		△
IV	ドゴン	◉	◉
	モ シ	□	
V	バンバラ	○	
	プール	☆	☆
	セヌフォ	✳	

事務所	▨
公設食肉店	▧
住宅	▦
空店舗	+
祈祷所	M

図 34　売り手のエスニシティ──「大市場」　1999 年・8 月（応地作図）

　みるように、「道の駅」広場をとりまく固定店舗（I）には事務所・倉庫・住宅といった非商業的施設が進出し、それらの面域は店舗のそれに匹敵するレベルに達している。

　さきに、「大市場」地区が＜商工活動＋オフィス機能からなる業務地区＞へと変容しつ

つあることを指摘した。**図 34** は、この指摘がもっとも妥当するのが「道の駅」広場一帯であることを示している。くわえて路上店舗も、同広場にはごく少数しか存在していない。路上店舗の寡少と固定店舗（I）への非商業施設の進出の 2 つが相乗しあって、「道の駅」広場一帯は、市場空間というよりも輸送と事務業務を中心とする空間へと変容しつつあるといえる。この点は、さらに固定店舗（I）の倉庫への転用からも窺える。**図 32** にみるように、固定店舗（I）に所在する倉庫は、4 棟のうち 3 棟は、「道の駅」広場を囲む区域に所在している。倉庫は、輸送と密接に関連する施設である。輸送を重要な機能としつつある「道の駅」広場に、倉庫のほとんどが所在しているのは当然の動向であろう。

「道の駅」広場とは対照的に、南西方の大型市場建造物一帯はオープン・スペースをふくめて店舗の集中地区である。ここでも、とりわけ固定店舗（I）の西辺は事務所・倉庫・住宅また閉鎖状態の店舗兼住宅が多くを占める。しかし、西辺をのぞいて北・東・南の 3 辺にならぶ固定店舗（I）は、ほとんどがいまも店舗として利用されている。それらの店舗の売り手のエスニシティは、ソンライ人とアラブ人が多い。注目されるのは、マルカ人の店舗が南西端に集中分布していることである。マルカ人はニジェール川内陸デルタを本貫地とするⅢグループに属する。キキトリによれば、ここで営業する 3 人のマルカ人の商人は、いずれもマリ国西端のセネガルとの国境の都市・カイ（**Kayes**）からやってきたという。

大型市場建造物内の固定店舗（Ⅱ）・（Ⅲ）に目を転じると、固定店舗（Ⅱ）はソンライ人の独占的な店舗群となっている。これに対して固定店舗（Ⅲ）の売り手のエスニシティは、興味ぶかい対照性を示す。固定店舗（Ⅲ）は、建造物の長辺にそって南北にならんでいる。それらは、東西の出入り口をむすぶ東西通廊によって 4 つのブロックに区分される。

この東西通廊を境にして、固定店舗（Ⅲ）の売り手のエスニシティは大きく相違する。同通廊以北の 2 ブロックでは、ごく少数をのぞいて売り手はタマシェク人からなり、タマシェク人が独占的な地位を占める。しかし同通廊以南の 2 ブロックでは、タマシェク人の店舗は全店舗数 19 のうちの 6 へと激減する。かわってバンバラ人・白色トゥアレグ人・モシ人などの売り手が進出し、多様なエスニック集団が混在しあうブロックとなっている。このうち白色トゥアレグ人とモシ人の店舗は、「大市場」地区ではここのみで確認できた。

このように、大型市場建造物内の固定店舗（Ⅲ）の売り手のエスニシティ構成は、東西通廊の以北と以南で大きく相違する。その理由として、両者間での集客力の相違があろう。**図 34** が示すように、大型市場建造物外のオープン・スペースに立つ路上店舗（Ⅱ）の数は、同建造物の北方と南方でまったく相違し、北方が圧倒的に多い。それは、両者の集客力の相違と対応していよう。大型市場建造物内の固定店舗（Ⅲ）の集客力もこれと比例関

係にあり、東西通廊以北のブロックの方が大きいと推定される。それが、固定店舗（Ⅲ）の売り手のエスニシティに相違をもたらす要因として働く。つまり北方の2ブロックは地元系エスニック集団であるタマシェク人による独占、南方の2ブロックには非地元系集団のバンバラ人・白色トゥアレグ人・モシ人の新規参入という相違である。

固定店舗（Ⅲ）の各ブロックの前面には、それと並行して路上店舗（Ⅰ）の列が南北にならぶ。固定店舗（Ⅲ）とおなじく、路上店舗（Ⅰ）も東西通廊によって4ブロックに分断される。これらの4ブロックのうち、南西辺のものをのぞく他の3ブロックの店舗数は計37で、そのうちの36までがタマシェク人に属している。しかし南西ブロックのみは、彼らの店舗がソンライ人よりも少ないという異なった性格を示す。前言したように、南西ブロックにならぶ固定店舗（Ⅲ）の店舗群も多様なエスニック集団に属していた。これらの固定店舗（Ⅲ）とその前面にならぶ路上店舗（Ⅰ）は、ともにエスニシティを異にする売り手が混在しあうという共通した性格をもつ。

大型市場建造物には、もう1つの路上店舗（Ⅰ）のブロックが存在する。それは、東と西の出入口をむすぶ東西通廊にそってならぶ店舗群である。**図34**は、それらがすべてソンライ人に属することを示す。タマシェク人の店舗が多くを占める大型市場建造物のなかにあって、同建造物の最外縁に南北にならぶ固定店舗（Ⅱ）と路上店舗（Ⅰ）のうちの東西通廊にそう部分の2区画で、ソンライ人が優占空間を形成しているのである。

路上店舗（Ⅱ）は、大型市場建造物の四方をとりまくオープン・スペースを営業場とする店舗群であった。とくに北方のオープン・スペースには、「道の駅」広場に所在するものを合算すると、計86もの路上店舗群が密集する。そのうち74までが、タマシェク人に属する。彼らにつぐのはソンライ人であるが、その数はわずか6にすぎない。北方広場の路上店舗（Ⅱ）は、圧倒的にタマシェク人の路上商人が優占する市場空間となっている。ここで、大型市場建造物の内部でも、東西通廊以北に位置する固定店舗（Ⅲ）と路上店舗（Ⅰ）では、ともにタマシェク人の売り手が独占的な地位を占めていたことを想起したい。彼らの独占的地位は、東西通廊以北の大型市場建造物内だけでなく、同建造物外の北に連続するオープン・スペースの路上店舗（Ⅱ）にまで広がっているのである。

大型市場建造物南方のオープン・スペースにも、路上店舗（Ⅱ）が立地する。しかしその店舗数は16と、北方広場にくらべてはるかに少ない。そのうちソンライ人の店舗が9を占め、タマシェク人の5をうわまわっている。ここで、また、前言した東西通廊以南の大型市場建造物内に所在する固定店舗（Ⅲ）と路上店舗（Ⅱ）での売り手のエスニシティ構成を想起したい。その大きな特徴は、南東ブロックの路上店舗（Ⅱ）をのぞいて、タマシェク人店舗の優位性喪失と彼ら以外のエスニック集団の進出にあった。その特徴は、そ

のまま南方広場の路上店舗（Ⅱ）のエスニック構成にも妥当する。

　路上店舗（Ⅱ）は、大型市場建造物外の東と西を南北走する街路状の狭長なオープン・スペースにも所在している。その数は、あわせて 12 と少ない。ここでもソンライ人の店舗が 7 を占め、タマシェク人の 5 をうわまわっている。大型市場建造物の最外縁に南北につらなる固定店舗（Ⅱ）は、先述したようにソンライ人に属する店舗空間であった。大型市場建造物の北西端の固定店舗（Ⅱ）に所在する公設食肉販売施設での加工・販売の従事者も、彼らによって占められていた。固定店舗（Ⅱ）は、ソンライ人の優越する区画であった。その前面に位置する路上店舗（Ⅱ）でも、売り手の多くがソンライ人によって占められているのである。

　大型市場建造物外の東と西の狭長なオープン・スペースで注目されるのは、同建造物を介して、その北東端と南西端の対称位置にイスラーム礼拝施設がつくられていることである。既出の図 32 では、その所在位置に M と記入した。それらはモスクではなく、小さな土壁にキブラ（マッカへの方位）を示したものである。イスラーム世界の規模の大きなバーザールでは、そこで働くムスリムのための大小のモスクが所在する。トンブクトゥの「大市場」では近くにサンコーレ・モスクが所在するので、M に位置する礼拝施設はモスクにかわる一時的な礼拝施設で、無蓋のムサッラー（*musallā*）にあたる。

　以上の検討をふまえて、エスニシティの観点から「大市場」の市場空間を営業場とする 295 人の売り手とその店舗について要約すると、つぎの 2 点を指摘できる。

　（1）市場空間の外囲をとりまく固定店舗（Ⅰ）をのぞくと、大型市場建造物内の東西通廊を境界として、それ以北の店舗群におけるタマシェク人の独占的ともいいうる優越、以南の店舗群における彼らの地位低下とタマシェク人以外の売り手集団の進出、というエスニシティ構成の顕著な南北差である。これとおなじ南北間相違は、大型市場建造物の内部だけでなく、同建造物の外方にひろがる北と南の 2 つのオープン・スペースに立つ路上店舗（Ⅱ）のあいだでも観察できる。北方のオープン・スペースにおけるタマシェク人の優占、南方のオープン・スペースにおける彼らにかわるソンライ人などの他エスニック集団の進出である。

　（2）大型市場建造物の東西の外縁につらなる固定店舗（Ⅱ）と同建造物内の東西通廊にならぶ路上店舗（Ⅰ）の両者が、ソンライ人の独占的な区域となっていることである。その位置は、第 1 の特徴としたエスニック構成の南北間相違の境界帯にあたる。その南北間相違は、タマシェク人売り手の北方での優占から南方での後退であった。つまりその相違をうみだす動因は、タマシェク人店舗数の変化にあった。タマシェク人の売り手を基軸として形成された南北相違の境界帯に、楔のようにソンライ人店舗の優占区域が打ちこまれ

ているといえる。その意味については、のちに再考したい。

(3)—2　ジェンダーの構成——＜固定店舗の男性：路上店舗の女性＞

　「大市場」で営業する売り手のジェンダー、つまり性別について検討することにしたい。**表20**には、295の店舗を固定店舗と路上店舗に分けたうえで、それぞれの売り手のエスニシティとジェンダーを示した。男女別の合計値は、男性＝203人、女性＝92人となっていて、男性の売り手が全体の3分の2以上を占める。売り手の3分の2が男性であることは、トンブクトゥの「大市場」が商業都市のバーザールであることを物語る。この点は、西アフリカの農村に立つ定期市と対比すれば、あきらかである。

　マリをふくめて西アフリカの農村部では、1週＝7日を周期として特定の曜日に定期市が立つ。その立地点は、交通位置にめぐまれた規模の大きい集落である場合が多い[396]。トンブクトゥの「大市場」とは違って、これらの定期市では売り手の多くは女性である。定期市は、とりわけ農村生産物に関しては、女性たちの世界である。その背後には、農耕における男女間の分業がある。女性たちの農耕は、自家菜園での各種の蔬菜栽培にほぼ限られている。それらは作期が短いので、女性たちは頻繁に定期市に出かけて販売し、自らの収入とする。これに対して男性は、作期が数ヵ月におよぶ穀物作物の栽培に従事する。また彼らは収穫物を定期市で販売するよりも、収穫期にムラにやってくる買い付け商人に売却する。そのため農村の定期市は、女性たちの売り手が優越するバーザールである。

　農村の定期市とは逆に、トンブクトゥの「大市場」では売り手の多くが男性である。**表20**に、固定店舗と路上店舗の2つに分けて、売り手のジェンダーを掲げた。すべてのエ

表20　店舗類型別・エスニシティ別・男女別 売り手数——「大市場」・1999年

	エスニシティ	固定店舗 男	固定店舗 女	路上店舗 男	路上店舗 女	小 計 男	小 計 女	合 計
I	アラブ	17		3		20		20
	モール	1				1		1
	白色トゥアレグ	3				3		3
II	ソンライ	46		41	2	87	2	89
	タマシェク	38		37	87	75	87	162
III	マルカ	3		1		4		4
	ボゾ			2		2		2
IV	ドゴン			1		1		1
	モシ	1				1		1
V	バンバラ	8			2	8	2	10
	プール				1		1	1
	セヌフォ	1				1		1
	計	118		85	92	203	92	295

スニック集団ともに、固定店舗の売り手は男性のみである。固定店舗（I）・（II）・（III）
の売り手の多くを占めるエスニック集団はソンライ人とタマシェク人、ついでアラブ人で
ある。

　これに対して路上店舗では、売り手総数 177 人の内訳は、男性＝ 85 人、女性＝ 92 人と
なっている。固定店舗の場合とはまったく異なって、路上店舗では女性の売り手が登場す
るだけでなく、その総数は男性をうわっている。表 20 でエスニシティに注目すると、路
上店舗の女性の売り手はすべてのエスニック集団に共通してみられるのではなく、特定の
集団とりわけタマシェク人に集中している。ソンライ人の路上店舗の売り手は計 43 人で
あるが、そのうち女性は 2 人にすぎない。これに対してタマシェク人の路上店舗の売り手
124 人の男女別内訳は、男性の 37 人に対して女性が 87 人とはるかに多い。このように
「大市場」に参集する女性の売り手は路上店舗にかぎられ、かつタマシェク人女性に偏倚
している。

　同表で、タマシェク人とソンライ人をグループ II として一括しているように、ともにト
ンブクトゥ一帯を本拠地とする地元系のエスニック集団である。しかし「大市場」の売り
手のジェンダーに関しては、両集団は大きな相違をみせる。その背後には、両集団をめぐ
る歴史の相違があろう。ソンライ人は、歴史をつうじて、トンブクトゥの都市経済とイス
ラーム的伝統を担ってきた「都市の民」であった。これに対してタマシェク人は、近時に
いたるまで、サハラを活動域とするトゥアレグ人遊牧集団の農耕奴隷であり、「農耕の民」
であった。XI—(3)—1 で、タマシェク人の職業は農耕が圧倒的に多いことを指摘した。
先述したように西アフリカでは、農耕は女性によって担われている部分が大きく、定期市
でも女性たちの進出が顕著である。タマシェク人女性の売り手への顕著な進出の背後には、
農耕奴隷という集団の歴史、農耕従事者が多くを占めているという現状、さらに農村女性
の路上販売への進出などの要因が相乗しあっていると考えられる。

　売り手のジェンダー別空間分布を、図 35 に示した。さきに表 20 をもとに、女性の売り
手が店舗形態では路上店舗に、またエスニシティではタマシェク人に集中していることを
述べた。それを反映して、同図でも、女性を示す〇記号が、大型市場建造物内の路上店舗
（I）と同建造物北方のオープン・スペースに密集する路上店舗（II）の 2 ヵ所に集中し
ている。それらはともに路上店舗であり、そこから＜路上店舗―タマシェク人―女性の売
り手＞の 3 者連環を観察できる。さらに、この連環を「大市場」の路上店舗の特質として
抽出できる。

　図 35 を仔細にみると、たしかに大型市場建造物内の東西通廊以北の路上店舗（I）で
は、女性を示す〇記号が圧倒的に多い。しかし以南の路上店舗（I）では、男性を示す●

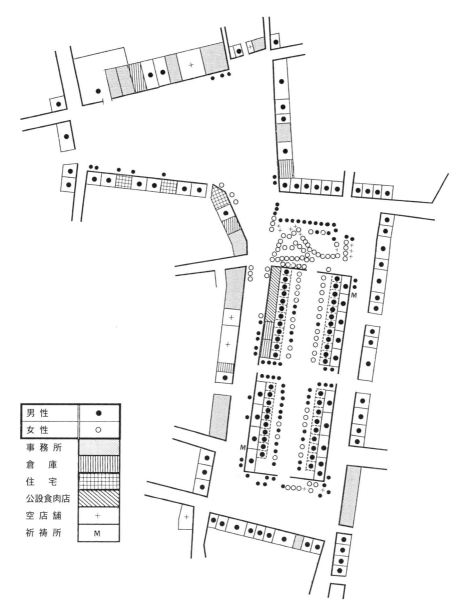

図 35　売り手のジェンダー──「大市場」　1999 年・8 月（応地作図）

記号が○記号をうわまわっている。同通廊以南の路上店舗（Ⅰ）では、前記の 3 者連環が
なりたたないことになる。この点を検討するために、**図 34** と **図 35** をもとに、路上店舗
（Ⅰ）で営業するタマシェク人のジェンダーをみると、東西通廊を境界として、その南北
でジェンダー構成が変化する。同通廊以北の路上店舗（Ⅰ）のタマシェク人売り手の総数

は 24 人、そのうち女性が 20 人と圧倒的に多い。これに対して以南の路上店舗（Ｉ）では、タマシェク人の売り手の総数は 17 人と減少し、女性の売り手はそのうちの 8 人と半数以下となっている。おなじくタマシェク人の売り手であっても、東西通廊の以北における女性への偏倚、以南における男性の比率上昇というジェンダー構成の相違を観察できる。

　このことを強調すると、前記の＜路上店舗―タマシェク人―女性の売り手＞の 3 者連環は、東西通廊以北の路上店舗（Ｉ）では妥当性大、以南では妥当性小ということになる。この点についてさらに検討するために、図 35 をもとに、エスニシティを考慮しないで同通廊以南に位置する路上店舗（Ｉ）の売り手の＜男：女＞比をみると、南東ブロックでは＜7：5＞、南西ブロックでは＜10：3＞と、ともに男性の方が多い。これは、とりわけ南西ブロックへのタマシェク人以外のソンライ人などのエスニック集団の進出によって説明できる部分もある。表 20 が示すように、ソンライ人の売り手のほとんどが男性だからである。しかしそれだけでは、前述のタマシェク人の売り手の場合でも男性が多いということは説明できない。その説明のためには、次節でとりあげる販売商品をめぐるエスニシティとジェンダーの検討が必要となる。

　このように、もっとも多数を占めるタマシェク人の売り手のジェンダーに関しても、大型市場建造物の中央部を東西走する通廊を境として南北間の相違を観察できる。この南北間相違は、たんに大型市場建造物内部のみにとどまるものではなく、同建造物外のオープン・スペースを南北に二分する相違と一体となって、「大市場」のバーザール空間全域にまたがる構造的な南北間相違を生みだしている。

　ここで、大型市場建造物内の路上店舗（Ｉ）のもう 1 つの集積ベルトに目を転じることにしたい。それは、東西通廊にそってならぶ店舗群である。その売り手は、すべてソンライ人の男性のみからなる。同通廊以北の路上店舗（Ｉ）がほぼ女性のタマシェク人売り手のみからなっていたのとは、顕著な対照性を示す。さきにタマシェク人が優越する大型市場建造物のなかで、東西通廊にそってソンライ人の路上店舗（Ｉ）の列が楔状に打ちこまれていることを指摘した。図 35 は、そのソンライ人店舗列の売り手がすべて男性からなっていることを示している。

　大型市場建造物の北にひろがるオープン・スペースには、路上店舗（II）が密集する。図 34 と図 35 にみるように、その売り手はほぼすべてタマシェク人であり、またそのほとんどが女性である。大型市場建造物の北方広場を覆う路上店舗（II）でも、＜路上店舗―タマシェク人―女性の売り手＞の 3 者連環が妥当することを示している。しかし図 35 は、女性の売り手が卓越するなかで、路上店舗（II）の北縁にそって東西方向にならぶ男性を売り手とする店舗の列を描いている。おなじくタマシェク人売り手であっても、北縁列の

ジンダー構成は男性へと変化している。これは、大型市場建造物内でも東西通廊を境界として、マシェク人路上店舗（Ⅰ）の売り手のジェンダーが、以北での女性優位から以南での男性比率上昇へと変化していくのと軌を一にする変化である。このようなタマシェク人売り手の内部における男女別分化の理由を探求するためには、さきに課題とした売り手の販売商品つまり業種・品目の検討が必要となる。

　さきに＜固定店舗（Ⅰ）：路上店舗（Ⅱ）＞という対極的な店舗類型が、＜買回り品：最寄り品＞という販売商品の対極性と相即していることを指摘した。両店舗群で最多を占めるエスニック集団は、固定店舗（Ⅰ）ではソンライ人、路上店舗（Ⅱ）ではタマシェク人であった。とすると、この2つの対極性に、さらに＜ソンライ人：タマシェク人＞という売り手のエスニシティの対極性が重合していることになる。タマシェク人とソンライ人についで売り手の数が多い集団は、アラブ人とバンバラ人であった。しかしその数は、それぞれ20人と10人にすぎない。前述したようにアラブ人は、固定店舗（Ⅰ）の「顕著な存在」であって、この点に関してはソンライ人と似た性格をもつ。またバンバラ人の店舗も計10のうち8までが固定店舗であって、この点ではタマシェク人と相違し、むしろアラブ人と類似する。つまり売り手の数が第3位と第4位にあたるアラブ人とバンバラ人は、第2位のソンライ人の売り手とおなじ側に属する集団としうる。

(3)―3　販売品目の構成――買回り品と最寄り品の両極化

　「大市場」のみでなく、のちに検討する「小市場」またアルバメ市場でも、売り手のほとんどは、多様な物品を少量ずつ店頭にならべて販売する零細商人である。このような多種少量の販売品をもとに、主要販売品さらには業種を措定するのはむつかしい。最初に、その措定をおこなった手順について説明したい。

　品目の措定　　臨地調査にあたっては、大小を問わず、すべての店舗を訪れて、その販売品のなかで量的に多い商品をフィールドノートに列記した。零細商人の場合には、店頭にならべられているものがすべての商品なので、それらのなかから目につくものを記録するだけでよい。しかし固定店舗（Ⅰ）の大規模店舗の場合には、店頭の陳列品だけでなく、天井からつり下げられている商品、また壁際の棚に置かれた商品にも目くばりして記録した。

　フィールドノートの商品記載をもとに、その売り手の販売品目を措定した。その手順を具体的に示すために、フィールドノートから固定店舗（Ⅰ）と路上店舗（Ⅱ）の記載例をいくつか掲げることにしたい。

＜固定店舗（I）＞

店舗例1　：　布地のみ

店舗例2　：　ズボン（多）・上着シャツ・靴・カセット

店舗例3　：　食品・缶詰・粉ミルク・砂糖

店舗例4　：　バケツ・皿・フォーク・電池

店舗例5　：　服地・糸・履物・眼鏡・ランプ・ナツメヤシ干果・砂糖

店舗例6　：　マットレス・缶詰・鉄製椅子・セメント・服地

店舗例7　：　自動車部品・バッテリー・タイヤ・パイプ

＜路上店舗（II）＞

店舗例8　：　米・シアバター（shea butter）・落花生油・葉煙草・かけ汁用乾燥野菜

店舗例9　：　米・干しトマト・各種かけ汁用乾燥野菜（多）・唐辛子・ササゲ

店舗例10　：　食肉のみ

店舗例11　：　塩・茶葉・干し唐辛子

店舗例12　：　落花生油・シアバター・練りトマト・干しトマト

店舗例13　：　塩（多）・干しサフラン

店舗例14　：　サツマイモの揚げ物・煮物

店舗例15　：　皮革染色加工

　上記の店舗例で商品名が1つのみの場合は、その品目に特化している店舗であることを示す。しかしそのような専門店といえる店舗は、ごく少ない。また（　）内に「多」と記入しているのは、その商品がとりわけ多く陳列されていることを意味する。これらの店舗は例外的で、圧倒的に多いのは多種少量の商品をならべているものである。

　店舗例の記載からもあきらかなように、列挙した商品から業種を措定するのはむつかしい。その理由は、たんに販売品が多種にまたがっているというだけでなく、日本での八百屋・雑貨屋・金物屋などといった商店分類の「常識」とは異なった基準・原理で商品がならべられているからである。このような状況のなかで、日本人である私が、多種少量の陳列商品をもとに業種を措定するのは困難としかいいようがない。当然、その措定には主観性また恣意性がつきまとう。しかし危険性はあるが、全店舗についてフィールドノートの記録を総覧したうえ、以下の7つに大分類して品目を措定した。分類過程の参考資料として、各業種に該当する上記の店舗例の主な販売商品とそれにもとづく大分類と細分類を掲げることにする。

　I　衣　料

　　店舗例1　：　布地のみ→＜衣料—*布地のみ*＞

店舗例 2　：　ズボン（多）・シャツ・靴・カセット→＜衣料―衣類（布地なし）＞

Ⅱ　食　料

店舗例 3　：　食品・缶詰・粉ミルク・砂糖→＜食料―食品全般＞

店舗例 8　：　米・シアバター（shea butter）・落花生油・葉煙草・かけ汁用乾燥野菜→＜食料―食料全般＞

店舗例 9　：　米・干しトマト・各種かけ汁用乾燥野菜（多）・唐辛子・ササゲ→＜食料―乾燥野菜＞

店舗例 10　：　食肉のみ→＜食料―食肉＞

店舗例 11　：　塩・茶葉・干し唐辛子→＜食料―香辛料・茶葉・砂糖＞

店舗例 12　：　落花生油・シアバター・練りトマト・干しトマト→＜食料―食用油・バター・ミルク＞

店舗例 13　：　塩（多）・干しサフラン→＜食料―塩＞

Ⅲ　雑貨・電器

店舗例 4　：　バケツ・皿・フォーク・電池→＜雑貨・電器＞

Ⅳ　よろず屋＋食料／衣料

店舗例 5　：　服地・糸・履物・眼鏡・ランプ・ナツメヤシ干果・砂糖→＜よろず屋＋食料／衣料＞

店舗例 6　：　マットレス・缶詰・鉄製椅子・セメント・服地→＜よろず屋＋食料／衣料＞

Ⅴ　その他の商品

店舗例 7　：　自動車部品・バッテリー・タイヤ・パイプ→＜その他―自動車部品・ガソリンスタンド＞

Ⅵ　食堂・食べ物屋台

店舗例 14　：　サツマイモの揚げ物・煮物→＜食堂・食物屋台＞

Ⅶ　職　人

店舗例 15　：　皮革染色加工→＜職人＞

　これらの店舗例では、列挙した商品名のうしろに→記号を付したうえで、＜　＞内に、まず品目の大分類を大文字の明朝体で記入した。さらにⅠ～Ⅶの大分類のうち、Ⅰ衣料、Ⅱ食料、Ⅴその他の商品の3品目については、Ⅰ・Ⅱについては店舗数が多いこと、Ⅴについては包括的な大分類であることから、さらに品目を細分類して示すことにした。＜　＞内のそれぞれの大分類のうしろに、―記号と小文字の明朝斜字体で記入したものが、それにあたる。品目の細分類については、のちにⅠ・Ⅱ・Ⅴを個別に検討する際に詳述し

たい。またI・II・V以外の4品目については、その名称から品目の内容が自明なので大
分類のみにとどめ、それらをさらに細分類することはしなかった。

販売品目とエスニシティ　このような手順で集約したI〜VIIの7大分類品目をもとに、
品目とエスニシティの関係について検討する。**表21**は、「大市場」地区に所在する295店
舗を対象として、販売品目と売り手のエスニシティとの相関表である。最初に同表のエス
ニシティに注目して、品目構成をみることにしたい。

表21　エスニシティ別・品目別 売り手数——「大市場」・1999 年

エスニシティ		I 衣 料	II 食 料	III 雑貨・電器	IV よろず屋	V その他	VI 食堂・屋台	VII 職 人	計
I	ア ラ ブ	5	7	2	5	1			20
	モ ー ル	1							1
	白色トゥアレグ				3				3
II	ソ ン ラ イ	17	18	8	6	7	2	31	89
	タ マ シ ェ ク	12	103	15	18	8	1	5	162
III	マ ル カ	3		1					4
	ボ ゾ		1			1			2
IV	ド ゴ ン			1					1
	モ シ		1						1
V	バ ン バ ラ		7	1		2			10
	プ ー ル			1					1
	セ ヌ フ ォ		1						1
	計	38	138	29	32	19	3	36	295

　計12のエスニック集団のなかで、店舗数が圧倒的に多いのは、II地元系のタマシェク
人とソンライ人の店舗である。両集団の店舗数の総店舗数＝295に対する比率は、タマ
シェク人：162（55％）、ソンライ人：89（30％）で、両者で計85％を占めている。トン
ブクトゥの全人口に占める両集団人口の比率は85％であった。「大市場」地区の経済活動
においても、彼らは人口比どおりの重要性を保持しているといえる。

　表21にみるように、店舗が7品目のすべてにまたがっているのはタマシェク人とソン
ライ人の両集団のみである。もちろんそれは、彼らの店舗数が他の集団よりも圧倒的に多
いことにもとづく。しかし総数から品目構成へと視座を移すと、両者の構成はまったく異
なる。タマシェク人の場合には、162店舗のうちほぼ3分の2にあたる103までがII食料
に集中している。それにつぐ2位品目は、IV「よろず屋＋食料／衣料」である。しかしそ
の店舗数は18と一挙に少なくなる。タマシェク人の業種構成は、II食料への顕著な特
化・集中を特徴とする。それは、彼らの家族のうち農耕を職業とするものが44％を占め
ていたことと相即する。販売商品の詳しい検討は後述することにして、ここではII食料へ
の特化・集中は、「かつての農耕奴隷の民」であり、現在も農耕を主職業とするタマシェ

ク人の集団史を反映しているということだけを指摘しておきたい。

一方、ソンライ人は、売り手の数ではタマシェック人の約半数にすぎない。しかしその店舗構成は、タマシェック人とはまったく異なる。**表21**でとりわけ注目されるのは、つぎの2点である。

1つは、ソンライ人の筆頭業種・品目が、Ⅶ職人であることである。もう1つは、ソンライ人の品目構成が特定品目への顕著な特化・集中ではなく、分散していることである。Ⅶ職人の31人につぐ2位と3位の品目は、Ⅱ食料の18とⅠ衣料の17であって、とりわけ筆頭のⅦ職人が突出しているわけではない。ソンライ人の業種・品目構成は、Ⅶ職人というもっとも都市的な業種をふくめて、店舗の均衡的な多角化がみられる点にある。

ここで、**表16**で＜構成比A＞として掲げたエスニック集団の職業構成を想起したい。同表で、タマシェク人とソンライ人について、「分類不明・無職・不明」をのぞく上位3位までの職業構成比を比較すると、つぎのようになる。

タマシェク人　　1位—G 農林漁業 44 ％　　2位—J 建設・採掘 20 ％
　　　　　　　　3位—D 販売 9 ％——計 75 ％
ソンライ人　　　1位—B 専門的・技術的職業 19 ％　　2位—H 生産工程 15 ％
　　　　　　　　3位—D 販売 14 ％——計 48 ％

職業構成においても、タマシェク人の特定職業への集中・特化、それに対するソンライ人の均衡的多角化という店舗構成で観察された傾向をよみとることができる。職業また「大市場」地区の店舗構成に共通して観察できるソンライ人の均衡的多様化ともよびうる業種構成のなかに、「都市の民」としてトンブクトゥの歴史を担ってきた彼らの集団史が反映されているといえる。

地元系のエスニック集団についで多くの店舗をもつのは、北方系のアラブ人である。彼らの店舗数は20とごく少ないが、品目数では5つをカバーしている。すでに述べたようにアラブ人は、固定店舗（Ⅰ）では「顕著な存在」といえる地位を占めていた。それを反映して、彼らの業種の特徴は、Ⅱ食料が首位業種ではあるが、Ⅰ衣料とⅣ「よろず屋＋食料／雑貨」の2業種が半数を占めていることにある。のちに検討するように、この2つは固定店舗（Ⅰ）に多く立地する。それらを営業場とするアラブ人商人が相対的に多いことが、固定店舗（Ⅰ）でのアラブ人を「顕著な存在」としているといえる。

アラブ人についで店舗数が多いのは、西方系のバンバラ人である。しかしその店舗数はさらに少なく、10にすぎない。そのうちの7がⅡ食料で、その比率が大である点では、バンバラ人はタマシェク人と類似する。おなじく少数集団ではあるが、バンバラ人と対照的なのは、ニジェール川デルタを根拠地とするマルカ人である。彼らの店舗数は4にすぎ

ないが、そのうちの 3 店舗を I 衣料が占めている。

　ここで視点をエスニシティから品目に移して、検討をつづけることにしたい。表21 で、店舗数が 10 以上の品目をとりだすと、VI食堂・食物屋台をのぞく 6 品目となる。それらは、参入エスニック集団の数をもとに 2 つのグループに分けられる。

　第 1 のグループは、参入エスニック集団の数がともに 7 つを数える II食料と III雑貨・電器の 2 品目である。両者のうち、もっとも日常的な生活財として需要と買い手の多い II食料が、参入集団が最多なのは当然であろう。しかし III雑貨・電器への参入集団の数が II食料と同数であるのは、意外にも思える。しかしのちに詳述するように、両業種の販売商品は最寄り品に属する。それが、両品目へのエスニック集団の参入数をもっとも多くしている理由であろう。

　第 2 のグループは参入集団の数が 5 以下の品目で、残りの 4 品目が該当する。そのうち多様な業種からなる V「その他の商品」をのぞくと、I 衣料、IV「よろず屋＋食料／雑貨」、VII 職人の 3 つが参入集団の少ない業種・品目となる。その参入数は、I 衣料と IV「よろず屋＋食料／雑貨」がともに 4 であるが、VII 職人はわずか 2 と極端に少ない。その理由は、3 業種・品目それぞれによって異なっていよう。

　I 衣料は、固定店舗（I）を代表する業種であり、その商品はもっとも買回り品的な性格をもつが、新規参入には資力が必要である。さきにニジェール川デルタ域を本貫地とするマルカ人の店舗が 4 つあり、そのうちの 3 つが I 衣料であることを述べた。彼ら 3 人は血縁関係にあり、ともにマリ西端のセネガルとの国境都市・カイで布地商を営んでいる。彼らは、固定店舗（I）でやはり布地のみをあつかう店舗を開業したという。彼らは、資力のある商人といえる。同様に資力が必要なのは、IV「よろず屋＋食料／雑貨」であろう。とりわけよろず屋は、少量ではあるが多種にわたる商品の在庫を抱えなければ営業できない業種だからである。VII 職人の参入エスニック集団数が最小の 2 にすぎないのは、伝統的な＜親方―徒弟＞関係に新規参入するのは困難だからであろう。その 2 集団が地元系のソンライ人とタマシェク人の 2 つにかぎられているのは、そのゆえであろう。

　店舗類型と品目・ジェンダー　　ここで店舗類型というのは、図32 をもとに設定した固定店舗（I）～（III）と路上店舗（I）・（II）の 5 つを指す。じつは、これらの 5 店舗類型と品目とのあいだには、特定の店舗類型が特定の品目と結合しているという親和的な関係が存在する。この点を明らかにすることが、ここでの目的である。

　そのために、店舗類型と品目別店舗数との相関表を表22 に、また業種別の店舗分布図を図36 に掲げた。まず表22・最終列の「合計」をもとに、店舗数 10 以上の品目にかぎって、店舗数とその全店舗数＝ 295 に対する比率を 1 位から順にあげると、① II食料

―138（47 %）、② Ⅰ衣料―38（13 %）、③ Ⅶ職人―36（12 %）、④ Ⅳよろず屋＋食料／衣料―32（11 %）、⑤ Ⅲ雑貨・電器―29（10 %）、⑥ Ⅴその他の商品―19（6 %）となる。

表22　店舗類型別・品目別 売り手数――「大市場」・1999 年

品　　　目	固定店舗			路上店舗		小　　計		合　計
	（Ⅰ）	（Ⅱ）	（Ⅲ）	（Ⅰ）	（Ⅱ）	固定店舗	路上店舗	
Ⅰ　衣　　料	24		2	3	9	*26*	*12*	38
Ⅱ　食　　料	16		10	34	78	*26*	*112*	138
Ⅲ　雑貨・電器	2		4	9	14	*6*	*23*	29
Ⅳ　よろず屋＋食料／衣料	5		25	2		*30*	*2*	32
Ⅴ　その他の商品	9		2	2	6	*11*	*8*	19
Ⅵ　食堂・食物屋台	1				2	*1*	*2*	3
Ⅶ　職　　人	4	14		13	5	*18*	*18*	36
計	61	14	43	63	114	*118*	*177*	295

　Ⅱ食料が全店舗数のほぼ半数を占めていて、「大市場」の機能が、市民生活の「食」の供給を基本としていることを示す。それは、歴史をつうじて「大市場」が果たしてきた役割であった。Ⅱ食料につづく2 位から5 位までは、4 つの品目が店舗数30 前後でならぶ。Ⅰ衣料が2 位であるのは当然としても、興味ぶかいのは、3 位にⅦ職人が登場することである。それは、いまも「大市場」が商人たちだけでなく、職人たちの活動空間としても機能していることを物語る。

　このように店舗数の総計レベルでは、Ⅱ食料の卓越性がきわだつ。しかし総計レベルから店舗類型のレベルへと降下すると、それとは異なった「大市場」の側面が浮かんでくる。表22 で、店舗類型ごとに店舗数が最多の業種に注目すると、つぎのように整理できる。なお各店舗類型に付記した店舗構成比とは、「大市場」地区に所在する店舗総数＝295 に対する各店舗類型の構成比、また（　）内は、各店舗類型の店舗総数に占める最多品目の店舗数比率である。

　　固定店舗（Ⅰ）：　店舗構成比 21 %―Ⅰ衣料（39 %）
　　固定店舗（Ⅱ）：　店舗構成比　5 %―Ⅶ職人（100 %）
　　固定店舗（Ⅲ）：　店舗構成比 15 %―Ⅳ「よろず屋＋食料／衣料」（61 %）
　　路上店舗（Ⅰ）：　店舗構成比 21 %―Ⅱ食料（54 %）
　　路上店舗（Ⅱ）：　店舗構成比 38 %―Ⅱ食料（68 %）

　この整理から、Ⅱ食料が総店舗数の約半数を占めているにもかかわらず、それが最多の品目であるのは路上店舗（Ⅰ）・（Ⅱ）の2 つにかぎられていて、すべての店舗類型で最多

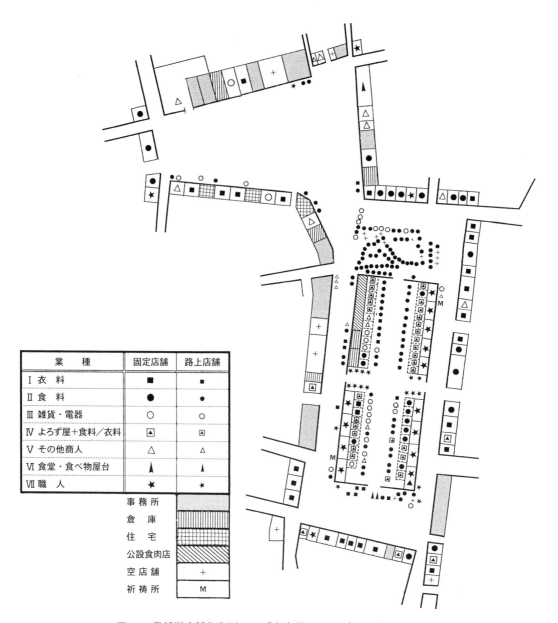

業　　種	固定店舗	路上店舗
Ⅰ 衣　料	■	▪
Ⅱ 食　料	●	•
Ⅲ 雑貨・電器	○	○
Ⅳ よろず屋＋食料／衣料	▣	▣
Ⅴ その他商人	△	△
Ⅵ 食堂・食べ物屋台	▲	▴
Ⅶ 職　人	★	⋆

事　務　所	
倉　　庫	
住　　宅	
公設食肉店	
空　店　舗	+
祈　祷　所	M

図36　業種別店舗分布図──「大市場」　1999年・8月（応地作図）

　の品目とはなっていないことが分かる。このことは、店舗類型とその最多品目との関係が多様であることを示していよう。食料は、最寄り品に分類される商品である。最寄り品とは、品質や好みさらには店舗を問題としないで、最寄りの店舗で日々購入する商品をいう。路上店舗は、最寄り品である食料との親和性がとりわけ大きい店舗類型といえる。

　最寄り品の対概念は、買回り品である。買回り品とは、購買頻度が小さいだけでなく、品質や自分の好みにあうものをもとめて、いくつもの店舗を訪ね回って購入する商品をいう。その代表的な商品が、トンブクトゥでは、衣料とりわけ布地である。Ⅰ衣料の全 38 店舗のうち 24 までが固定店舗（Ⅰ）に所在し、同店舗類型での最多品目となっている。図 36 で、固定店舗（Ⅰ）でのⅠ衣料店舗の所在区画をみると、大型市場建造物の東方と南方、また「道の駅」広場南辺に多く立地している。

　この節の副題として、「買回り品と最寄り品の両極化」を掲げた。このうちの「買回り品」とは、固定店舗（Ⅰ）に集積するⅠ衣料を含意している。＜Ⅰ衣料—買回り品—固定店舗（Ⅰ）＞連環が、両極化の一方の極を代表する。それへの対極をなすのが、前述の＜Ⅱ食料—最寄り品—路上店舗（Ⅰ）・（Ⅱ）＞連環である。

　両者の対極性をさらに増幅させる要素がある。それは、品目別にみた売り手のジェンダー構成で、それを検討するために表 23 を作成した。同表は、店舗を固定店舗と路上店舗とに大別したうえで、品目別に売り手のジェンダーをみたものである。両極化の一方の極は、＜Ⅰ衣料—買回り品—固定店舗（Ⅰ）＞連環であった。同表は、固定店舗（Ⅰ）だけでなく、すべての固定店舗で営業するⅠ衣料の売り手は男性のみであることを示す。とすると、同結合は＜Ⅰ衣料—買回り品—固定店舗（Ⅰ）—男性店主＞連環へと拡充できる。

　これに対するもう一方の極は、＜Ⅱ食料—最寄り品—路上店舗＞連環であった。表 23 は、Ⅱ食料の売り手のジェンダーは、路上店舗では［男性：女性＝ 26：86］と女性が圧倒的に多い。つまり同連環は、＜Ⅱ食料—最寄り品—路上店舗—女性店主＞連環へと拡充できる。売り手のジェンダーを要素としてくみ入れることによって、「大市場」の特質とした「買回り品と最寄り品との両極化」の対極性はいっそう拡充される。

　「大市場」地区の市場空間は、固定店舗（Ⅰ）と路上店舗（Ⅱ）の 2 つを両極として、その中間に固定店舗（Ⅱ）・（Ⅲ）が位置していることになる。つぎに、これらの 2 つの店舗類型の＜業種—店舗類型＞連環について検討することにしたい。固定店舗（Ⅱ）の 14 店舗はすべてⅦ職人の工房で、彼らの独占的な市場空間となっている。表 23 は、Ⅶ職人がすべて男性であることを示す。固定店舗（Ⅱ）の＜業種—店舗類型＞連環は、＜Ⅶ職人—固定店舗（Ⅱ）—男性店主＞と要約できる。

　Ⅶ職人は、Ⅱ食料・Ⅰ衣料についで業種別店舗数の第 3 位を占めている。図 34 で、売り手のエスニシティを確認すると、固定店舗（Ⅱ）に店舗をかまえる 14 人は、ソンライ人が 11 人、タマシェク人が 3 人となっている。つまり固定店舗（Ⅱ）は、ソンライ人の職人がほとんどを占める工房群である。14 人の業種を細分類レベルでみると、仕立人が 11 人、ラジオ修理が 2 人、写真師が 1 人となる。仕立人以外の 3 店舗は、すべて固定店

表 23　店舗類型別・品目別・男女別 売り手数──「大市場」・1999 年

品　　　目	固定店舗		路上店舗		小　　計		合　計
	男	女	男	女	男	女	
Ⅰ　衣　　料	26		11	1	*37*	*1*	38
Ⅱ　食　　料	26		26	86	*52*	*86*	138
Ⅲ　雑貨・電器	6		23		*29*		29
Ⅳ　よろず屋＋食料／衣料	30		2		*32*		32
Ⅴ　その他の商品	11		4	4	*15*	*4*	19
Ⅵ　食堂・食物屋台	1		1	1	*2*	*1*	3
Ⅶ　職　　人	18		18		*36*		36
計	118		85	92	*203*	*92*	295

舗（Ⅱ）のうち大型市場建造物南西端のベルトに所在している。

　図 36 でⅦ 職人にあたる★記号の分布に注目すると、同記号は、大型市場建造物内では 2 ヵ所に集中している。1 つは前記の固定店舗（Ⅱ）、もう 1 つは東西通廊の両側である。後者は 13 人を数え、表 22 に掲げたⅦ 職人のうち路上店舗（Ⅰ）で営業する 13 人と対応する。図 35 は、この 13 人がすべてソンライ人であることを示す。その職業を細分類レベルでみると、仕立人が 9 人、靴修理が 4 人である。

　さきに、大型市場建造物内の売り手のエスニシティ構成が、東西の出入口をむすぶ東西通廊を境界帯として南北で相違し、その境界帯に楔を打ちこむようにソンライ人売り手の優占区が形成されていることを指摘した。このソンライ人優占区は、仕立人を主とし、靴修理とラジオ修理を従とするⅦ 職人の集団からなっている。トンブクトゥの歴史をつうじて重要な役割を担ってきたソンライ人の仕立人集団が、現在においても、「大市場」の大型市場建造物の一角に彼らの優占地区を保持しているといえる。そこは、同時に「大市場」地区で唯一の職人工房の集積地区でもある。以上の検討から、Ⅶ 職人集団の特質として、＜Ⅲ職人─固定店舗（Ⅱ）＞連環にくわえて、エスニシティとしてはソンライ人、業種では仕立人、ジェンダーとしては男性との結合を指摘できる。

　固定店舗（Ⅲ）も、独自の＜業種─店舗類型＞連環を示す。そこでの最多品目は、Ⅳ「よろず屋＋食料／衣料」である。最初に、現在の日本語としては古風な「よろず屋」という言葉を使用することについて説明しておきたい。トンブクトゥでは、フランス語をもちいて magasin général とよばれる店舗がある。さきにあげた例示のうち、店舗例 5 の「服地・糸・履物・眼鏡・ランプ・ナツメヤシ干果・砂糖」、また店舗例 6 の「マットレス・缶詰・鉄製椅子・セメント・服地」が、magasin général での販売品の具体例である。

もちろん、これら以外にも多種類の商品が、magasin général で販売されている。多様な商品を販売する店舗という意味で、magasin général を「総合店舗」と訳すこともできる。しかしその訳語はあまりに近代的で、零細な多種少量販売という magasin général の実体からずれてしまう。その感覚を含意させるために、訳語として、「総合店舗」ではなく「よろず屋」をあてることにした。

しかし日本語の「よろず屋」は、主として雑貨商・荒物商を指す場合が多い。そのため、「大市場」の magasin général で販売されている雑貨・荒物以外の服地・糸・子供服・Ｔシャツ・下着・巻スカートなどの衣料品、またナツメヤシ干果・干しオクラ・干しトマト・干しバオバブ葉・落花生・茶葉・缶詰・砂糖などの食料品は、日本では、おのおの衣料品店、食料品店の商品であって、「よろず屋」の販売品ではないことが多い。これらの点を考慮して、ここでは magasin général を「よろず屋」とだけしないで、「よろず屋＋食料/衣料」と表記することにした。「食料／衣料」は、食料と衣料のいずれか一方あるいは双方を販売品にふくんでいることを意味している。

表22 にあるように、Ⅳ「よろず屋＋食料／衣料」の店舗総数は 32、そのうちの 25 が固定店舗（Ⅲ）に所在する。固定店舗（Ⅲ）は、大型市場建造物内の東西両壁にそって南北にならぶ金網囲いの店舗群で、図32 では、その区画を破線で図示した。各区画の面域は 3 メートル四方くらいで、固定店舗（Ⅰ）にくらべると小さいが、路上店舗よりもはるかに大きい。固定店舗（Ⅰ）にも 5 店舗が所在し、両者をあわせると固定店舗に所在するものが 32 のうちの 30 に達する。Ⅳ「よろず屋＋食料／衣料」は、固定店舗とりわけ固定店舗（Ⅲ）との結合性が大きい業種といえる。売り手のジェンダーに関する表23 は、固定店舗・路上店舗を問わず、同業種の売り手がすべて男性であることを示す。売り手のジェンダーをくみ入れると、固定店舗（Ⅲ）の＜業種―店舗類型＞連環は、＜固定店舗（Ⅲ）―Ⅳ「よろず屋＋食料／衣料」―男性店主＞としうる。

ここで、なぜ、Ⅳ「よろず屋＋食料／衣料」が固定店舗（Ⅲ）に集中しているのかについて考えたい。それには、売り手と買い手の双方からの店舗選好の相乗作用があろう。まず売り手の側からは、Ⅳ「よろず屋＋食料／衣料」が多種にわたる品ぞろいを必要とするため、面積の小さな店舗では営業困難ということがある。さらに、少量とはいえ、多種にわたる商品の在庫をかかえなければ営業困難という事情がくわわる。これらを満足させるのは、一定規模の面積があり、保管も可能な店舗である。固定店舗（Ⅲ）は、保管機能においてもすぐれている。同店舗の特質は、夜間には出入口が閉鎖される大型市場建造物の内部にあって、しかもまわりが金網で囲われていて施錠も可能な点にある。つまり固定店舗（Ⅲ）は、夜間は二重に閉鎖可能な店舗である。

　これらの売り手の店舗選好を満足させるのは、当然、固定店舗とりわけ固定店舗（I）であろう。IV「よろず屋＋食料／衣料」は、固定店舗（I）にもっと多く立地してもよいはずである。しかし現実には、そのほとんどすべての店舗が固定店舗（III）に所在している。それを説明するのが、買い手の側からの選好である。固定店舗（I）の特徴は、買回り品に特化した店舗群が多くを占めている点にある。しかしIV「よろず屋＋食料／衣料」が扱うのは、さきに列挙した諸品目が示すように最寄り品に属する。それらの店舗が大型市場建造物内の固定店舗（III）に集中していることは、食料を主とする最寄り品をもとめて「大市場」に参集する買い手にとっても望ましいことである。いわゆる「ついで買い」が容易だからだ。IV「よろず屋＋食料／衣料」の固定店舗（III）への集中は、これらの売り手と買い手の双方からの選好相乗によって説明できよう。

　固定店舗に所在するIV「よろず屋＋食料／衣料」の売り手30人のエスニシティをみると、タマシェク人：16、アラブ人：5、ソンライ人：6、白色トゥアレグ人：3となる。タマシェク人が多くを占めるのは当然としても、彼らのうち固定店舗（I）で営業しているのは1人にすぎない。注目されるのは、アラブ人と白色トゥアレグ人という北方系のエスニック集団に属する売り手が8人を数えることである。とくに白色トゥアレグ人が売り手として登場するのは、IV「よろず屋＋食料／衣料」においてのみである。

　IV「よろず屋＋食料／衣料」は路上店舗（I）にも2店舗が存在し、それらはともにタマシェク人を売り手とする。彼らをふくめて、売り手のジェンダーはすべて男性である。このようにIV「よろず屋＋食料／衣料」の売り手は、エスニシティに関しては多様であるが、ジェンダーに関してはすべて男性という共通性を示す。エスニシティを問わず、VII職人とおなじく、IV「よろず屋＋食料／衣料」は男性の専業的な営業活動という意識が定着しているのであろう。これは、おなじく最寄り品を主商品とする点ではおなじではあっても、売り手の女性への偏倚がいちじるしいII食料とは対照的である。

　表22に掲げた店舗数10以上の業種のなかで、未検討のまま残されているのは、III雑貨・電器とV「その他の商品」の2つである。両業種についても、ここで店舗数を中心に検討しておきたい。III雑貨・電器は、路上店舗（II）に14、路上店舗（I）に9店舗が所在する。両者をあわせて路上店舗とすると、その店舗数は全29のうちの23に達する。III雑貨・電器は、路上店舗との親和性が大きい業種としうる。この点では、路上店舗に集中しているII食料と共通する。しかし売り手のジェンダーに関しては、表23にみるように両者はまったく相違する。II食料が女性を基本としているのに対して、III雑貨・電器はすべて男性である。したがってIII雑貨・電器は、＜III雑貨・電器─路上店舗─男性店主＞連環としうる。

　Ⅲ雑貨・電器の路上店舗との親和性大という特質の背後には、Ⅱ食料とのもう1つの共通点がある。それは、Ⅲ雑貨・電器の販売品が、Ⅱ食料とおなじく最寄り品に分類できることである。しかし雑貨・電器の商品が最寄り品だというと、日本では奇異な印象をあたえる。というのは、日本では、とりわけ耐久消費財としての電器製品は買回り品に分類される商品だからである。しかしトンブクトゥでは、それらはむしろ最寄り品の性格をもつ。この点について、簡単にふれておきたい。

　さきに例示した店舗例4で、Ⅲ雑貨・電器の主要販売品を掲げた。それらは、バケツ・皿・フォーク・電池であった。これら以外に、Ⅲ雑貨・電器に分類した店舗でのフィールドノートの記載から商品を列挙すると、雑貨では土器・プラスチック食器・マッチ・石けん・ランプ・カセットテープ・プラスチック製カバン・ビニール袋など、また電器では電球・懐中電灯・トランジスターラジオなどである。日本での「常識」にしたがうと、これらのうち買回り品に分類できるのはトランジスターラジオのみであろう。しかし路上店舗に置かれているトランジスターラジオはごく安価なものにすぎず、品質をもとめて買い回るというような性格のものではない。

　このように「大市場」で販売されているⅢ雑貨・電器の商品は、日本での位置づけとは異なって、Ⅱ食料とともに最寄り品に分類しうる。さきにⅡ食料に関して、その＜品目―店舗類型＞結合を、＜Ⅱ食料―最寄り品―路上店舗＞を要約した。Ⅲ雑貨・電器も路上店舗との親和性の大きく、その商品も基本的に最寄り品に分類できる。とすると、Ⅲ雑貨・電器の＜品目―店舗類型＞連環は、Ⅱ食料とおなじく＜Ⅲ雑貨・電器―最寄り品―路上店舗＞連環としうる。しかし大きな相違は、売り手のジェンダーにある。Ⅱ食料は女性店主優位、Ⅲ雑貨・電器は男性店主のみであって、この点では両者は相反する。

　図36で、Ⅱ食料とⅢ雑貨・電器の店舗分布をみると、2ヵ所の路上店舗群に集中している。その1つは、大型市場建造物内の路上店舗（Ⅰ）である。そこでの両業種の店舗分布は、同建造物の東西通廊を境界として南北対照性を示す。東西通廊以北の路上店舗（Ⅰ）はほぼⅡ食料のみからなっているのに対して、以南ではⅢ雑貨・電器の店舗が増加し、両者の混在地区となっている。このことが、図35での東西通廊を境界帯とする売り手のジェンダーの南北対照性を説明する。その対照性は、以北における「女性―Ⅱ食料」連環、以南における「男女混在―Ⅱ食料とⅢ雑貨・電器の混在」連環の所産である。

　もう1つのⅡ食料とⅢ雑貨・電器の集中地区は大型市場建造物北方の路上店舗（Ⅱ）で、そこは両業種の独占地区である。そこでは、図36が示すように、Ⅲ雑貨・電器は最北端に東西方向にならび、それ以外はすべてⅡ食料の路上店舗群からなっている。ここでも、両業種の分布域の相違が、図36の売り手のジェンダー分布を説明する。同図では、大型

市場建造物北方の路上店舗（II）では、男性の売り手は最北端の東西列のみでみられた。しかしその数は、ここで営業するIII雑貨・電器の店舗数をうわまわっていて、そこでの男性の売り手のすべてを説明することはできない。それは、II食料のなかでも、男性を売り手とする業種の店舗がここにも所在しているからである。それを説明するには、後述する細分類レベルでのII食料の検討が必要となる。

　図32の「大市場」地区の現況図をもとに設定した固定店舗（I）～（III）、路上店舗（I）・（II）は、店舗の形態・規模というハード面にもとづく店舗類型であった。しかしそれらの店舗類型は、ハード面だけにとどまらず、ソフト面においても、特定の店舗類型に対して特定の業種がむすびつくという個性的な＜店舗類型—品目＞連環を示していた。さらにその連環は売り手のエスニシティまたジェンダーの相違と重合して、＜店舗類型—品目＞連環をより多様かつ包括的なものへと拡張していくのである。

（4）細分類レベルでの店舗構成

　店舗数の多いI衣料とII食料、また異質な商品を一括したV「その他の商品」の3業種については、さらにくわしく検討することにしたい。具体的には、これら3業種の販売商品を細分類したうえで、品目別店舗分布また売り手のエスニシティなどについて分析する。

（4）—1　I「衣　料」

　図37には、凡例に衣料品の細分類を掲げ、その細分類にもとづく各店舗の分布を図示した。衣料品は、代表的な買回り品である。そのなかで買回り品の筆頭にくるのは、広幅反物の布地である。トンブクトゥでは、フォーマルな衣服は、既製服でなく、布地を購入して仕立人にオーダーメードさせる方法で購求される。さきにVII職人の店舗分布について述べた際に、彼らの工房が固定店舗（II）と東西通廊にそう路上店舗（I）を占有し、そのほとんどがソンライ人の仕立人であることを指摘した。彼らは、布地の購入者から布地をあずかり、採寸して注文どおりの衣服に仕立てることを業としいる。ソンライ人仕立人の仕事は、布地店舗と密接にむすびついている。

　衣料品の店舗は、筆頭買回り品ともいうべき布地との関係をもとに段階的に細分類することができる。**図37**の凡例に表示したように、ここでは、衣料品を以下のA～Gの7つに細分類した。

　A「布地のみ」：　反物布地のみを扱う店舗である。布地は、約1メートル幅の反物で販売される。反物を広げるためのカウンターを介して、内側の売り手は外側の買い手と相対して、品さだめしつつ売買する。

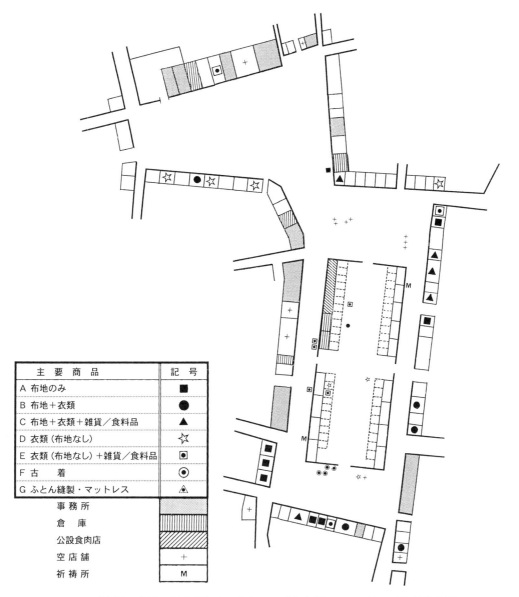

主 要 商 品	記 号
A 布地のみ	■
B 布地＋衣類	●
C 布地＋衣類＋雑貨／食料品	▲
D 衣類（布地なし）	☆
E 衣類（布地なし）＋雑貨／食料品	◉
F 古 着	◉
G ふとん縫製・マットレス	⬙
事 務 所	
倉 庫	
公設食肉店	
空 店 舗	＋
祈 祷 所	M

図 37　Ⅰ「衣料」店舗の細分類とその分布──「大市場」 1999 年・8 月 （応地作図）

　B「布地＋衣類」 ：　布地に衣類がくわわった店舗である。ここでは衣類という言葉を広義に使用する。衣類本来のシャツ・ズボン・スポーツウエア・ターバンなどだけでなく、糸・毛糸・ボタンなどもふくめて衣類として一括する。

　C「布地＋衣類＋雑貨/食料」 ：　B に雑貨や食料が加わった店舗である。ここで、C

と類似する大分類レベルのIV「よろず屋＋食料／衣料」との区別についてふれておきたい。その区別は、もっとも重要とみなす商品の相違にもとづく。Cは「布地・衣類を主とし、雑貨／食料を従とする店舗」であり、IVは「よろず屋と総称しうる雑貨を主とし、布地以外の食料・衣料を従とする店舗」である。両者の商品構成は、布地・衣類の重要度で顕著な相違がみられる。

D「衣類（布地なし）」：　A〜Cが共通して布地を主商品としているのに対して、D以下は、布地がごく副次的かあるいはそれをまったく欠く店舗である。Dは、布地にかわって衣類を主商品とする専門店といえる。

E「衣類（布地なし）＋雑貨／食料品」：　衣類を主商品とし、ほかに雑貨／食料品を販売する店舗である。

F「古着」・G「ふとん縫製・マットレス」：　以上のA〜Eは、いずれも新品の衣類を販売する店舗である。バーザールで、それら以外の衣料関連商品として目につくものに、古着と布団縫製・マットレスなどの寝装品がある。それらを、おのおのFとGとして独立させることにした。

以上の手順によって、II衣料をA〜Gの7品目に細分類した。このうちG「ふとん縫製・マットレス」は「大市場」地区には存在しないので、ここで対象となるのはA〜Fの6品目となる。これら6品目は、前言したように、布地を販売商品に含むか否かによって3つに大別できる。具体的には、布地を主要販売品とするA〜C、布地以外の衣料を主要販売品とするD・Eおよび古着のFである。それらの店舗数は、A〜C：19、D・E：15、F：4となっていて、布地をふくむ衣料店舗が半数を占めている。

図37に、細分類別にみた店舗の分布を示した。同図からは、いくつかの特徴をよみとることができる。第1は、店舗が固定店舗（I）に集中していて、大型市場建造物内またオープン・スペースに所在するものがごく少数にすぎないことである。第2の点は、さきに3分類した細分類業種の店舗分布が明瞭な相違をみせていることである。その分布を、店舗数に対する固定店舗（I）に所在する店舗数の比であらわすと、布地をふくむA〜C：17/19、衣類のみのD・E：7/15、古着のE：0/4となる。ほとんどすべてが「大店」にあたる固定店舗（I）に分布するA〜Cを一方の極として、固定店舗（I）以外の店舗のみからなるFを他方の極として、その中間にD・Eが位置していると要約できる。

これらの細分類業種のなかで、クラスター的な店舗分布をみせる品目をあげると、固定店舗（I）の南西角のA「布地のみ」、固定店舗（I）の東辺のC「布地＋衣類＋雑貨/食料品」の2つをあげうる。これとは逆に路上店舗に集積するのはE「衣類（布地なし）＋雑貨/食料品」とF「古着」で、おのおの市場建造物外の西方と南方に集中している。A・

表24　Ⅰ「衣料」の品目別・エスニシティ別 売り手数
——「大市場」・1999 年

エスニシティ		Ⅰ 「衣料」の細分類							計
		A	B	C	D	E	F	G	
Ⅰ	アラブ	2	1	1	1				5
	モール		1						1
	白色トゥアレグ								
Ⅱ	ソンライ	3	1	2	2	5	4		17
	タマシェク		3	2	4	3			12
Ⅲ	マルカ	3							3
	ボ ゾ								
Ⅳ	ドゴン								
	モ シ								
Ⅴ	バンバラ								
	プ ール								
	セヌフォ								
	計	8	6	5	7	8	4		38

A「布地のみ」　　　　　　　　　　B「布地＋衣類」
C「布地＋衣類＋雑貨/食料」　　　D「衣類（布地なし）」
E「衣類（布地なし）＋雑貨／食料」
F「古着」　　　　　　　　　　　　G「布団縫製・マットレス」

CとE・Fは、店舗分布に関しても対照性を示す。

　ここで視点を、エスニシティに移すことにする。さきに表21 をもとに、大分類レベル
で、Ⅰ衣料の売り手のエスニシティ構成について検討した。その際にとり出した特徴を、
ここで再確認しておきたい。同表では、売り手の多くが単一のエスニック集団に属する品
目がほとんどのなかで、Ⅰ衣料は、Ⅴ「よろず屋＋食料／衣料」とともに優占的なエスニ
シティが存在しない品目であった。Ⅰ衣料の売り手38 人のうち、ソンライ人：17 人、タ
マシェク人：12 人であって、ともに過半には達していない。それにつぐのはアラブ人で
あるが、その数は一挙に 5 へと低下している。

　しかし細分類レベルに下降して売り手のエスニシティをみると、異なった様相があらわ
れる。表24 に、A～G の細分類レベルで、Ⅰ衣料の売り手のエスニシティを示した。主
要販売品がより買回り品的な性格をもつ A～C とそれ以外とに分けて、売り手の総数を分
母とし、各細分類業種の売り手数を分子としてエスニック集団ごとに示すと、つぎのよう
になる。まず A～C については、総数の多い順に、ソンライ人＝6/17、タマシェク人＝
5/12 であって、両集団ではともに A～C に属する売り手が少数派である。これに対して
アラブ人＝4/5、マルカ人＝3/3、モール人＝1/1 であって、A～C が多数を占めている。

　地元系のエスニシティ集団であるソンライ人またタマシェク人とくらべて、北方系のア
ラブ人・モール人や内陸デルタ系のマルカ人の売り手の A～C への特化が顕著にみられる。

彼らは売り手総数では少数であるが、布地を中心とする買回り品的なI衣料においては、有力な商人として存在感をもつ。

　これと対照的なのが、ソンライ人である。彼らは、固定店舗（I）のA「布地のみ」ではマルカ人とおなじく3店舗をもつが、**図37**と**図34**とを比較すると、大型市場建造物外の路上店舗（II）で営業するE「衣類（衣料なし）＋雑貨/食料品」の3店舗、F「古着」の4店舗は、すべてソンライ人に属する。ソンライ人は売り手総数ではI衣料の最多集団であるが、その細分類レベルでの売り手は買回り品と最寄り品への両極性を示す。この点で、彼らは、アラブ人・モール人・マラカ人の買回り品への特化とは異なった性格をもつ。とりわけソンライ人のみからなるF「古着」の路上店舗は大型市場建造物外の南部に集中し、路上に古着を乱雑に並べて販売するという特異な市場景観をつくりだしている。

(4)―2　II「食　料」

　つぎに、II食料の店舗群を細分類レベルで検討することにしたい。I衣料とちがって、II食料の場合には、主要販売品目を体系的に細分類することはむつかしい。それは、品目が多種にわたるだけでなく独立性も高くて、相互に関連づけて要約することが困難だからである。ここでは、後出する**図38**の凡例にあるとおり、A～Jの10種類に細分類した。まず、それらの細分類について簡単に説明したい。

　A「食料全般」　：　多種類の食料品を販売する店舗。その販売品は、穀物・食料油・嗜好品・缶詰などの保存性の高い食品を中心としていて、保存性小の食肉・生魚・乾魚・生野菜などは皆無にちかい。具体的には、前記の店舗例3の＜食品・缶詰・粉ミルク・砂糖＞、また店舗例8の＜米・シアバター・落花生油・葉煙草・かけ汁用乾燥野菜＞が、その好例である。なおシアバターとは、西アフリカの半乾燥地帯に多いシアーバターノキの果実から抽出した植物性脂肪のことで、西アフリカでは主として食用油として使用される。

　B「穀物・パン」　：　穀物は、ジュート製の布袋に入れて販売される。固定店舗（I）の「大店」では高さ1メートルくらいの大袋に、また路上店舗（II）では、少数の卸売品店舗をのぞいて、ごく小さな袋に入れて店頭にならべられている。販売穀物は米・トウジンビエ・モロコシを主とし、フォニオ（Fonio）また小麦が売られている場合もある。このうち米は、ニジェール川内陸デルタの湿地帯を原産地とするアフリカ稲（*Oriza glaberrima*）の長粒種を主としている。それらは精米された状態で売られているが、精米前の処理法の相違によって2種類に分けられる。1つは、日本の通常の白米と同様に、なんら前処理することなく籾米を精米したものである。もう1つは、籾米を浸水・加熱処理してから天日乾燥させて精米したものである。これは、一般にパーボイル（parboil）米とよばれる。

パーボイル加工の主たる目的は、グラベルマ・イネの穀粒は砕けやすいので、熱処理によって硬化させてから精米し、精米後も粒状を保ちうるようにすることにあろう。それ以外にも、味覚の向上、虫をつきにくくして保存性を高めることなどの目的もある。

トウジンビエとモロコシは、穀粒のまま売られている。米の調理法は穀粒のまま炊きあげる粒食であるのに対して、この2つの穀物は製粉してから加工する粉食である。製粉は、自家で女性たちによってタテ杵とタテ臼をつかってなされる。フォニオ（*Digitaria exilis*）はヒメヒバに似た穀物作物で、その穀粒はきわめて細粒で、粒食と粉食の2方法で食される。粉食のための製粉は、女性によってトウジンビエやモロコシとおなじ方法で自家でなされる。

以上の穀物作物は、共通して夏を栽培時期とする夏作物である。これに対してコムギは、冬を作期とする冬作物である。トンブクトゥでは、夏作物の穀物だけでなく、冬作穀物の小麦も重要な主食である。しかしバーザールでは小麦が穀粒のまま売られることは少なく、小麦粉に製粉して売られている場合が多い。小麦粉からパンへの加工は、2つの方法でなされる。在来の方法は、自家で半発酵の生地をつくって、街路や小広場の一角に築かれた共同パン焼き窯で焼きあげるものである。パン焼き窯は土でつくられ、大きな砲弾を据えつけたような形態をしている。その上方の開口部から手をさし入れて、円形のパン生地を熱くなった内壁に張りつけて焼いていく。もう1つはフランスによって導入されたもので、生地を発酵させてフランスパンに焼きあげる方法である。これは、自家ではなく、製パン屋が機械を使って生産する。

バーザールでは、フランスパンを店頭にならべて販売する店舗がある。穀物商とパン屋はまったく異なった業種であるが、主食用穀物とその加工という一体的な関係にあることをもとに、ここでは「穀物・パン」として両者を合体させることにした。

C「食肉」： ヒツジ・ヤギ・ウシの肉を一括して食肉とよぶことにしたい。食肉の店舗は、すべて食肉のみをあつかう専門店である。またヒツジ・ヤギ・ウシの食肉をすべて販売する店舗はなく、羊肉・山羊肉をあつかう店舗と牛肉の店舗とに分化している。なかには、日本では見かけない頭部のみを売る店もある。頭部は、貧しい人々が購入する食肉だという。

D「生野菜」： ここでは生野菜を、後述する乾燥野菜に対する言葉として使用する。バーザールでは、日本ではとうてい商品とはならない干からびた野菜もならべられている。それが、生鮮野菜とはよばずに、生野菜という言葉を使用する理由である。

8月の調査時に目についた主な生野菜は、葉菜：レタス・ミント、果菜：トマト・ウリ・ササゲ、根菜：タマネギ・ニンニク・サツマイモ・ヤムイモ・バンバラマメ、果実：

レモン・マンゴなどである。日本語の生野菜からただちに連想される葉菜は少なく、根菜が多いことが特徴的である。

　E「乾燥野菜」：　乾燥野菜は生野菜よりも重要で、その店舗数もはるかに多い。その用途は、粉粥のかけ汁（トー）用の食材である。店頭で目につく乾燥野菜を列挙すると、干しオクラ・干しトマト・干しタマネギ・干しバオバブ葉・バオバブ粉などである。具体的に示すと、さきに店舗例 9 として掲げた＜米・干しトマト・各種かけ汁用乾燥野菜（多）・唐辛子・ササゲ＞がある。

　F「食用油・バター・ミルク」：　食用油はラッカセイ油、またバターは前述した植物性のシアバターを主とする。ミルクには生乳のほか、ミルクを加工したクリーム・乾燥チーズをふくめている。F の具体例として、さきの店舗例 12 の＜落花生油・シアバター・練りトマト・干しトマト＞をあげることができる。

　G「落花生・乾燥果実」：　落花生は多くの店舗でみかける品目なので、ここに独立させてあつかうことにした。乾燥果実でもっとも多いのは、干しナツメヤシである。乾燥させたスイカノタネも、よくみかける間食用の副食品だ。

　H「生魚・乾魚」：　すべてニジェール川産の淡水魚で、漁労民のボゾ人によって供給される。生魚と乾魚は、販売形態を異にする。一般に生魚はそれのみを扱う専門店舗で、また乾魚は乾燥野菜などとともに販売されている場合が多い。店頭で乾燥野菜よりも乾魚の方が目につく場合には、それを H に分類した。

　I「香辛料・茶葉・砂糖」：　香辛料は、干しトウガラシ・干しサフラン・乳香・コーラナッツなどである。コーラナッツはカフェインなどをふくんだ口内清涼用の堅果で、重要な儀礼用贈答品として売られている。店舗例 11 とした＜塩・茶葉・干し唐辛子＞は、この具体例である。

　J「塩」：　バーザールでみかけた塩は、すべて北方のサハラ沙漠中のタウデニからもたらされた岩塩である。それらはタウデニで厚板状に切りだして、それを細い革紐で固定してラクダの背の両側に振り分けて駄荷輸送されてくる。搬入時のままの岩塩板を立てかけて販売している店舗もある。しかしそれはごく少数で、ほとんどの店舗は小さく切断した断片を売っている。販売形態としては、岩塩のみを販売する店舗とその他の商品もならべて販売している店舗の 2 つがある。後者の例としては、店舗例 13 の＜塩（多）・干しサフラン＞をあげうる。

　Ⅱ食料を、以上の 10 品目に細分類したうえで、品目別店舗数とエスニック集団とを相関させると、表 25 のように整理できる。その検討にあたっては、まず表 21 のエスニック集団別・業種別店舗数の集計表を参看したい。表 21・最終列の「計」は、エスニシティ

別店舗数の合計値を示す。その第1位はタマシェク人の 162（55 %）、第2位はソンライ人の 89（30 %）であり、両集団で全店舗数の 85 % を占めていた。それをふまえて表25・最終列の「計」にかえると、II食料でも両集団の店舗数順位は、第1位がタマシェク人の 103（75 %）、第2位がソンライ人の 18（13 %）であって、両集団の合計比率は 88 % へと微増す

写真36　岩塩の路上店舗（II）　　岩塩は、タウデニから運ばれてきた塩板を断片に切って販売される。多種少量販売が卓越するなかで、岩塩の路上店舗は塩のみに特化し、「小市場」をふくめると、アラブ人男性を売り手とするものも多い（応地撮）。

る。しかしソンライ人の店舗比率は 30 % から 13 % へと大きく減少し、それを過剰補填するかのようにタマシェク人の比率が 55 % から 75 % へと激増している。II食料は、タマシェク人の売り手が独占的な地位を占める品目といえる。

　そのことを反映して、タマシェク人の店舗は、E「乾燥野菜」の 38 を最多として、最

表25　II「食料」の品目別・エスニシティ別 売り手数——「大市場」・1999 年

エスニシティ		A	B	C	D	E	F	G	H	I	J	計
I	アラブ	4	1							1	1	7
	モール											
	白色トゥアレグ											
II	ソンライ	8	4	4						2		18
	タマシェク	13	11	4	11	38	7	4	2	9	4	103
III	マルカ											
	ボゾ									1		1
IV	ドゴン											
	モシ						1					1
V	バンバラ				1	2	3	1				7
	プール											
	セヌフォ	1										1
	計	26	16	8	12	40	11	5	2	13	5	138

A「食料全般」　　　　　B「穀物・パン」　　　　　C「食肉」
D「生野菜」　　　　　　E「乾燥野菜」　　　　　　F「食用油・バター・ミルク」
G「落花生・乾燥果実」　H「生魚・干魚」　　　　　I「香辛料・茶葉・砂糖」
J「塩」

少の H「生魚・乾魚」の 2 にいたるまでの 10 品目すべてにまたがっている。他のエスニック集団には、細分類をすべて網羅する集団はなく、せいぜい 4 品目に店舗をもつにすぎない。もちろん、それは、第 2 位集団のソンライ人をふくめて、他集団の店舗数そのものが少ないことによる。しかしタマシェク人の地位は圧倒的であるが、その優占にゆらぎをみせる品目が 2 つ存在する。1 つは、A「食料全般」である。その全店舗数＝ 26 のうち、8 がソンライ人、4 がアラブ人の店舗であって、タマシェク人の店舗は 13 と半数にすぎなくなる。これをエスニック集団の側からみると、アラブ人は全 7 店舗のうち 5 が、ソンライ人の場合には 18 店舗のうちの 8 が A「食料全般」に属する。このことは、両集団の Ⅱ食料店舗が A「食料全般」に特化していることを示す。

　もう 1 つは、C「食肉」である。その全店舗数＝ 8 を、ソンライ人とタマシェク人で折半しあっている。前述した固定店舗（Ⅱ）の北西ベルトに市営の公設食肉販売施設があり、そこで食肉の加工と販売に従事する 10 人はすべてソンライ人であることを指摘した。それをくわえると、C「食肉」はソンライ人がタマシェク人を凌駕している唯一の品目である。もちろんこれは、「大市場」地区の店舗構成にみられる特徴である。より多くの C「食肉」店舗が集積するのは、小市場」地区である。それを考慮すると、C「食肉」におけるソンライ人の優越は「大市場」地区のみで妥当する、という限定を付す必要があろう。

　ここで、Ⅱ食料の店舗分布を細分類レベルで考えることにしたい。計 138 の店舗を 10品目に細分したうえで、その分布を図 38 に図示した。図 38 は、Ⅰ衣料に関する図 37 と同様に、凡例に Ⅱ食料の品目別細分類を掲げたうえで、それらに該当する店舗の分布を示したものである。しかし両図の店舗分布は、顕著な相違を示す。表 22 からも窺えるように、Ⅰ衣料の店舗分布はほとんどが「大市場」地区をとりまく固定店舗（Ⅰ）に所在し、大型建造物内またその外方のオープン・スペースには少数の店舗が分布するのみであった。図 38 が描く Ⅱ食料の店舗分布は、これとは 2 つの点でまったく相違する。まずほとんどの店舗が大型建造物内とその外方のオープン・スペースに所在していること、そしてそれらのほとんどが路上店舗であることに 2 点である。したがって固定店舗（Ⅰ）に所在する店舗は、ごく一部にすぎない。

　その例外が●記号で示した A「食料全般」で、固定店舗（Ⅰ）の北東部に集中分布している。A「食料全般」は、前述したように、穀物・食料油・嗜好品・缶詰などの保存性大の高額食品に特化した店舗で、「大店」的性格をもつ固定店舗（Ⅰ）にふさわしい店舗群といえる。その分布は、Ⅰ衣料のなかでも買回り品的性格が大であった A「布地のみ」と固定店舗（Ⅰ）内をすみ分けているかのようである。ⅠA「布地のみ」は、ⅡA「食料全般」が集中立地する固定店舗（Ⅰ）の北東部とは対角位置にあたる南西部に集中している

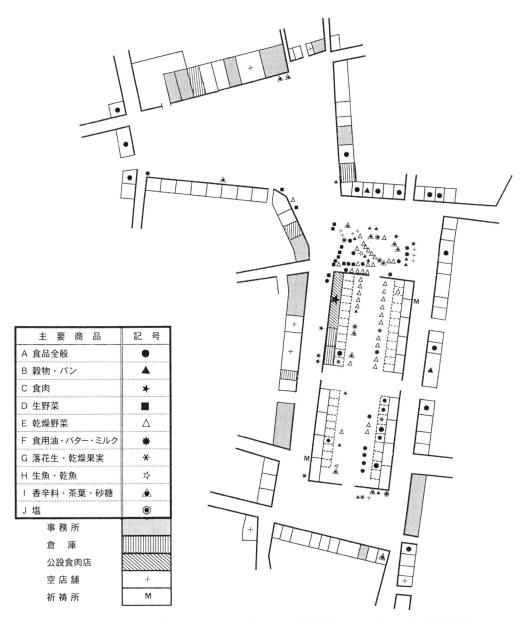

主要商品	記号
A 食品全般	●
B 穀物・パン	▲
C 食肉	★
D 生野菜	■
E 乾燥野菜	△
F 食用油・バター・ミルク	✳
G 落花生・乾燥果実	✱
H 生魚・乾魚	☆
I 香辛料・茶葉・砂糖	◓
J 塩	◉

事 務 所	
倉 庫	
公設食肉店	
空 店 舗	＋
祈 祷 所	M

図 38　II「食料」店舗の細分類とその分布――「大市場」 1999 年・8 月（応地作図）

からである。

　図 38 は、固定店舗（I）に所在する A「食料全般」の店舗が計 13 であることを示している。図 38 と図 34 と対照させて、それらの店舗のエスニシティをみると、ソンライ人：6、アラブ人：4、タマシェク人：2、セヌフォ人：1 となる。これを表 25 の A「食料全

写真37　タマシェク人女性の路上店舗（II）　彼らを売り手とする店舗の特徴は、食料の多種少量販売への集中にある。写真でも、右下の乾燥タマネギ以外は、少量の乾燥トマト・トウガラシなどがならぶ（応地撮）。

般」の店舗数と比較すると、固定店舗（I）に立地するのは、ソンライ人では8店舗のうちの6、アラブ人では4店舗のうちの4なのに対して、タマシェク人では13店舗のうちの2にすぎない。固定店舗（I）に所在する「大店」的なA「食料全般」は、ほとんどがソンライ人とアラブ人によって占められている。これに対して、タマシェク人は固定店舗（I）で

は存在感をもっていない。彼らのA「食料全般」店舗は、**図38**の大型市場建造物の南半部に多く分布する●記号群によって代表される。品目ではおなじくA「食料全般」ではあっても、ソンライ人・アラブ人とタマシェク人の店舗のあいだには、店舗規模また立地場所の大きな相違がある。

　当然、その相違は販売品目に反映する。さきに掲げた店舗例3の＜食品・缶詰・粉ミルク・砂糖＞は固定店舗（I）に立地するアラブ人店舗、店舗例8の＜米・シアバター・落花生油・葉煙草・かけ汁用乾燥野菜＞は大型市場建造物内の路上店舗（I）に位置するタマシェク人店舗にあたる。前者では食品工業製品、後者では農産加工品を主としていて、両者の品目構成の相違はあきらかであろう。

　細分類レベルで店舗数が最大の品目は、**図38**で△記号で示したE「乾燥野菜」で、計40を数える。それらは、固定店舗（III）に所在する1店をのぞいて、残りの39店舗はすべて路上店舗である。△記号は、大型市場建造物内の路上店舗（I）のうちの東西通廊以北、同建造物外の北方に密集する路上店舗（II）のうちの中央部の2ヵ所に集中している。**表25**によると、E「乾燥野菜」40店舗のうち38までがタマシェク人であった。また**図35**の売り手のジェンダー分布は、これら2ヵ所は女性の売り手の集中地区でもあった。つまりE「乾燥野菜」の売り手は、圧倒的にタマシェク人女性からなっている。その理由は、E「乾燥野菜」の販売品目の多くが、女性が栽培・管理する自家菜園での収穫物を乾

燥させた自家産品を主としていること、日常食である粉粥のかけ汁用の食材として需要も多いこと、軽量かつ保存性大であるのでタマシェク人女性が遠隔地からでも頭上運搬で参入可能なことなどにあろう。これらの特徴は、同時に E「乾燥野菜」の店舗の零細性を示している。

　大型市場建造物北方の路上店舗（Ⅱ）の E「乾燥野菜」の店舗列（△）の西方には、■記号の D「生野菜」が集まっている。これに関して、表 25 は、D「生野菜」の 12 店舗のうち 11 までがタマシェク人を売り手としていること、また図 35 は、そこに位置する店舗のすべてが女性を売り手としていることを示している。とすると、この一帯につらなる E「乾燥野菜」と D「生野菜」の店舗は、ともに自家栽培の野菜を主要商品とするタマシェク人女性を売り手とするという共通性をもつ。

　これとは対照的なのは、E「乾燥野菜」の店舗群の北東方にならぶ路上店舗である。それらは、C「食肉」（★）と I「香辛料・茶葉・砂糖」（▲）の両品目を主としている。両者の売り手はともにタマシェク人であるが、そのジェンダーはほとんどが男性である。さきに図 35 をもとに売り手のジェンダーを検討した際に、大型市場建造物北方の路上店舗（Ⅱ）では女性の売り手が卓越するなかで、その北端部のみに例外的に男性の売り手が東西方向に列状にならんでいることを指摘し、その検討をのちの課題とした。ここで、それへの解答を提出したい。その課題は、店舗の品目レベルでの相違と売り手のジェンダーとの関係をもとに説明できる。それを整理すると、E「乾燥野菜」と D「生野菜」は女性、C「食肉」と I「香辛料・茶葉・砂糖」は男性を主たる売り手としていることである。図 35 が示す大型市場建造物の北方に密集する路上店舗（Ⅱ）の北端部での男性の優越は、その一帯に C「食肉」と I「香辛料・茶葉・砂糖」の店舗が多くならんでいることによる。

　表 25 は、C「食肉」の店舗数＝ 8 のうち 4 がソンライ人に属することを示していた。これらのソンライ人の C「食肉」店舗は、おなじく路上店舗（Ⅱ）ではあっても、北方のタマシェク人のそれとは異なった場所に位置している。それは、大型市場建造物の西辺中央部の路上で、図 38 は、そこに C「食肉」の 3 店舗を記入している。図 35 からよみとれるように、それらは、ソンライ人の男性を売り手とする店舗である。その背後の固定店舗（Ⅱ）内には、公設食肉販売施設が所在する。図 38 で、そこに大きな★記号を記入した。同施設で食肉の加工と販売に従事しているのは、前述したように 10 人のソンライ人であった。同施設とその外にならぶ路上店舗とが一体となって、そこにソンライ人の C「食肉」関連区画が形成されている。その売り手のジェンダーは、男性である。ソンライ人とタマシェク人を問わず、C「食肉」店舗の売り手はすべて男性である。

表 26　V「その他の商品」の品目別・エスニシティ別 売り手数――「大市場」・1999 年

エスニシティ		V「その他の商品」の細分類										計
		A	B	C	D	E	F	G	H	I	J	
I	アラブ									1		1
	モール											
	白色トゥアレグ											
II	ソンライ		1								6	7
	タマシェク		2	4	1						1	8
III	マルカ											
	ボゾ								1			1
IV	ドゴン											
	モシ											
V	バンバラ										2	2
	プール											
	セヌフォ											
	計		3	4	1				1	1	9	19

A「乾燥タバコ葉」　　　　　　　B「履　物」　　　C「木炭・薪」
D「井戸用つるべ・滑車・ロープ」　E「皮　革」　　　F「ヒツジ用飼料・農具・金具」
G「ビニール袋・故鉄」　　　　　H「土産物」　　　I「書　籍」
J「自動車部品・ガソリンスタンド」

(4)―3　V「その他の商品」

　商業にかかわる I〜IV の 4 業種には入らない計 10 品目をまとめて、V「その他の商品」として一括した。それらは、「その他」という言葉が意味するように、相互関連のない雑多な品目からなる。最後に、それらについて検討することにしたい。V「その他の商品」の品目とエスニック集団とを相関させて、表 26 に表示した。またその店舗分布を、図 39 に掲げた。表 26・最終行の品目別「計」が示しているように、A〜J の 10 品目のうち数字が記入されているのは 6 品目である。空白セルは、その品目の店舗が「大市場」地区には存在しないことを意味する。まず「大市場」地区に所在する店舗の品目について、簡単に説明しておきたい。

　B「履物」　：　もっとも多い商品はゴム草履で、それ以外に、つっかけ、運動靴また在来の皮製サンダルなどがある。これらは、よろず屋などでも販売されているが、履物が主商品となっている店舗を B「履物」として独立させた。

　C「木炭・薪」　：　木炭も薪も、ともに周辺の沙漠凹地に自生する灌木を原材料としている。木炭は、調理用よりも、ホウロウ製小ヤカンで茶葉を煎じるようにしてお茶を立てるときに、風通しのよい針金製小コンロの燃材として使用される。C「木炭・薪」の店舗は、それらのみを販売する専門店舗である。塵埃の多さが、他の商品の併売を困難とするからであろう。

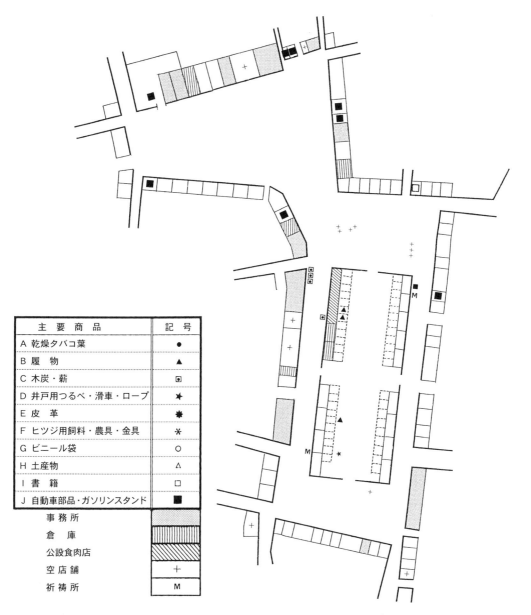

主 要 商 品	記 号
A 乾燥タバコ葉	●
B 履　物	▲
C 木炭・薪	◉
D 井戸用つるべ・滑車・ロープ	✸
E 皮　革	✹
F ヒツジ用飼料・農具・金具	✳
G ビニール袋	○
H 土産物	△
I 書　籍	□
J 自動車部品・ガソリンスタンド	■
事 務 所	
倉　庫	
公設食肉店	
空 店 舗	＋
祈 祷 所	M

図 39　Ⅴ「その他」店舗の細分類とその分布──「大市場」　1999 年・8 月（応地作図）

　　D「井戸用つるべ・滑車・ロープ」：　いずれも、飲料用に井戸水をくみ上げる際に使用される用具である。現在では、トンブクトゥ市中には水道が普及し、つるべなどの使用は周辺部にかぎられている。

　　H「土産物」：　観光客むけの仮面やビーズ刺繍の腕輪などの店舗である。

I「書籍」：　現認した書店は、アラビア語の本を販売するもので、フランス語書籍は扱っていない。なおマリのエスニック集団はほぼ無文字社会の民であるので、書籍はアラビア語や西欧諸語のものにかぎられている。

J「自動車部品・ガソリンスタンド」：　自動車関連ということで、運送業者とガレージもこれに含めた。

以上の「大市場」地区に所在するV「その他の商品」の店舗は、計19にすぎない。そのなかでもっとも多いのは、J「自動車部品・ガソリンスタンド」で、その店舗数は9を数える。図39は、これらの店舗はすべて固定店舗（I）、なかでも北西方のオープン・スペースをとりまく固定店舗（I）に集中している。同広場は、フランス語で「道の駅」とよばれているように、自動車交通のターミナルであり、その一帯に自動車関連の店舗がならぶのは当然であろう。そのうちガソリンスタンドは、同広場北西角の■記号を記入した大区画にあたる。エスニシティの観点からJ「自動車部品・ガソリンスタンド」関連の9店舗をみると、そのうちの6をソンライ人が、また2をバンバラ人が占めている。タマシェク人の店舗は、「大店」的な固定店舗（I）への進出がきわめて少ないという他業種・品目の場合と同様に、わずか1にすぎない。

固定店舗（I）を特色づけるのは、大型市場建造物の北方広場北東角に□記号で示したI「書籍」店舗の存在である。その店主はアラブ人で、イスラーム関係のアラビア語書籍を主商品としている。しかしその数は1店にすぎない。ここで想起されるのは、最盛期の16世紀はじめにトンブクトゥを訪れたレオ・アフリカヌスの記録である。彼は、アラビア語の多くの書物が売られていることを述べていた。

9店舗を数えるJ「自動車部品・ガソリンスタンド」をのぞくと、他の品目の店舗数はごく少ない。複数の店舗をもつのは、C「木炭・薪」とB「履物」の2品目のみである。その店舗は、特定の場所に集まっている。前者は、すべて大型市場建造物北西方のオープン・スペースにあり、タマシェク人の女性を売り手とする。また後者は大型市場建造物内にあり、その売り手は男性のタマシェク人とソンライ人からなっている。

XIII 市場活動のエスニシティ・ジェンダー（II）
——「小市場（ヨブ・カイナ）」——

　「小市場」地区は、**図20**の公共施設配置図で、旧市北西方のヨコ・細線が施された範域にあたる。同図が示すように「小市場」は単一の大型市場建造物ではなく、**2**棟の中規模の方形建造物と路上店舗を基本とする市場であった。ここで「市場であった」と過去形をもちいるのは、つぎのような事情のためである。

　「小市場」では、1992年に「大市場」とおなじ方法で臨地調査をおこなった。ここで報告するのは、そのときの調査をもとにしている。1999年にも、1992年との比較を目的として再度調査する予定でいた。しかし1999年に「小市場」を訪れると、完全に再開発され、1992年には広汎に分布していた路上店舗は、恒久的な建造物からなる固定店舗を主とするバーザールへと変化していた。バーザールの景観また店舗の形態・配置がまったく変化してしまったために、比較のための調査を断念した。したがって、ここで検討対象としてとりあげるのは、すでに歴史のなかに埋没してしまった1992年の「小市場」である。その報告は、いまでは完全に失われた「小市場」の歴史的な記録としても意味があろう。

(1)「小市場」の立地と構成——サハラと内陸デルタへの勝手口

　「小市場」は、南のニジェール川に面するカバーラからの輸送水路と北からのサハラ縦断キャラバン交易路との結節点に位置していた。現在も、「小市場」の北西にはかつての河港にあたる凹地が残っている。掘りこまれた旧河港は干あがって、いまでは単なる砂丘間凹地のようである。しかし雨期に多くの雨をうけると、そこは一時的に湛水状態となり、かつての河港の姿を彷彿させる。河港とその河岸からは、南東のトンブクトゥ市街地へと街路がつうじていた。この街路をふくむ一帯はバングゥーメとよばれ、それはソンライ語で「池沼への入口」を意味する。「小市場」は、「池沼への入口」であると同時に、トンブクトゥ旧市への入口という要地に位置している。

　水陸両交通の交会点という「小市場」が享受してきた立地条件は、1970年代後半に輸送水路が廃絶するまで不変であった。「小市場」は場所を変えることなく、このめぐまれた交通位置を立地場としてきた。歴史をつうじて移転をくりかえしてきた「大市場」と比較すると、「小市場」の重要な特質は立地の位置固定性にあった。

　サァードは最盛期トンブクトゥを**図16**のように復原し、そのなかに「小市場」と「大

写真 38　「小市場」市場建造物と路上店舗群　　図 40 が北西方に描く大型市場建造物とその南方の路上店舗にあたる。座り込むヒトコブラクダが、「小市場」とサハラとのつながりを示す（応地撮）。

市場」の所在場所を図示していた。しかしその図示にあたって、彼は、表示の方法を変化させていた。「大市場」の所在位置は、1 ヵ所に固定していなかったからである。そのため「大市場」については番号を記入して、時代による立地移動を示していた。しかし「小市場」については、現在の所在地に「小市場（Small market）」と記入し、その位置が変化することなく固定していたことを表現している。彼は、Small market との記入の西方に◎記号を描き、それに「池（Pond）」との説明を付している。これは、かつての河港にあたる凹地（ハマ・バングゥー）を示していよう。

　このように「小市場」と「大市場」とのあいだには、立地の固定と移動という明瞭な相違が存在する。その背後には、両者が担ってきた機能の相違があった。「大市場」は、かつても今も、市民への日常生活財の供給を基本機能としている。それは、人口分布の稠密地区を好適な立地場とする。そのゆえに「大市場」は、市街地内部の人口分布の空間変動に対応して変遷をくりかえしてきた。サァードが「大市場」に関しては、**図 16** で時代ごとに所在位置を変えて表示するという方法を採用したのは、そのためであろう。

　これに対して「小市場」の立地位置が固定的であるのは、その機能が遠隔地交易にあったことによる。トンブクトゥを結節場とする遠隔地交易は、北からのサハラ縦断陸運路と南からのニジェール川水運路とを交通基盤としていた。トンブクトゥの水運路は、自然河川を利用したものではなく、固定砂丘間の凹地を掘りこんで造成された人工的な運河と河港からなっていた。それは、河川の流路変化などの影響をうけることのない交通基盤施設であり、浚渫などの保全・維持活動がなされるかぎり、同一場所で継続使用が可能な施設であった。位置固定的な交通基盤の存在を立地条件とし、遠隔地交易に特化した「小市場」は、当然、所在場所を変えることなく同一場所を占有しつづけてきたのであった。**図**

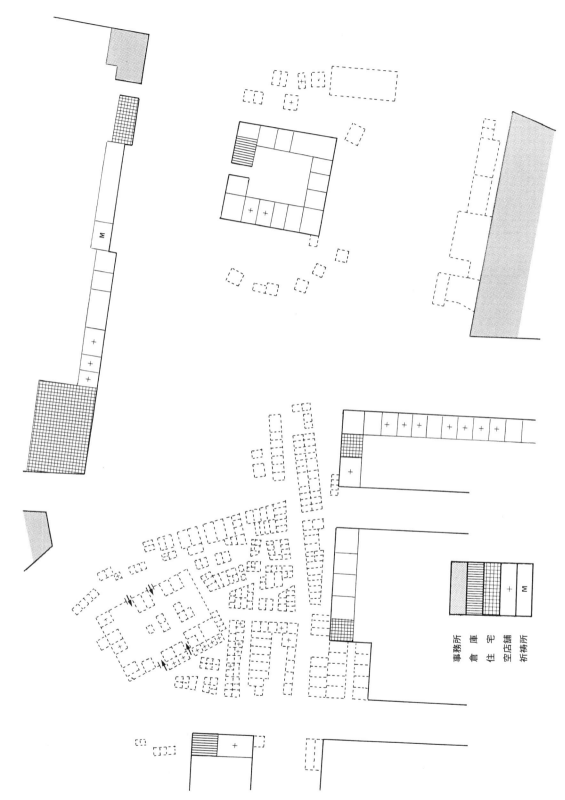

事務所
倉　庫
住　宅
空店舗
祈祷所

図 40　「小市場」とその周辺──1992 年・8 月（応地作図）

16でサァードが、**Small market** と記入して「小市場」の位置を通時固定的に図示できたの
は、そのゆえであった。

　しかしトンブクトゥの名を世界的なものとしてきた遠隔地交易の衰退は、現在の「小市
場」の機能を大きく変えてしまった。その現状をあきらかにし、変化のなかになお生きつ
づける遠隔地交易の残光を探ることが、ここでの検討課題である。

　「小市場」地区の調査も、歩測によって店舗配置図を作成することからはじめた。「大市
場」地区とは異なって路上店舗が圧倒的に多く、固定店舗はごく少数のみである。両市場
のあいだには、それだけでなく、路上店舗の構造そのものの相違がみられる。「大市場」
周辺のオープン・スペースにならぶ路上店舗は、共同の日覆いなどはなく、個々の店舗が
独立しつつ列状に配列している。しかし「小市場」の路上店舗は、より共同的・恒久的な
性格をもつ。それは、日覆いの構造から窺いうる。「大市場」では、路上店舗（II）とし
たオープン・スペースにならぶ路上店舗は、個々の店舗が布地やパラソルなどで日覆いを
つくっている。日覆いは、各路上店舗の売り手が個別に用意するものであった。

　しかし「小市場」の路上店舗は、多くの場合、もっと頑丈な共同の日覆いの下で営業し
ている。日覆いは、掘立柱に架けた桁材のうえにトウジンビエなどの高稈性穀物作物の稈
茎を厚く積みわたしたもので、その下に複数の路上店舗を収容できる。日覆いは、個々の
店舗の施設ではなく、「小市場」の共同施設である。オープン・スペースには、これらの
共同日覆いをもつ有蓋ブロックが島状に配列している。「小市場」は、単一の大型市場建
造物はないが、これらの有蓋ブロックの島を基本単位とするバーザールである。

　図40 は、1992年の臨地調査時に作成した「小市場」とその周辺の図である。**図12** に
掲げたトンブクトゥの現況図を参照しつつ、**図40** をもとに「小市場」地区の構成につい
て説明したい。**図12** は「小市場」の所在地に「市場（**Marché**）」と記入し、その記入の左
右に、対角線を交叉させた正方形と長方形で建造物を描いている。むかって右方のものは、
図40 の中央右端に描かれた正方形の市場建造物にあたる。これは、閉鎖中庭式の陸屋根
構造の石造建造物である。また左側の長方形は、**図40** が左上端に破線で描く長方形の建
物にあたる。これは土塀をめぐらせた有蓋コンパウンドで、その開口部の←記号は、そこ
をつうじてコンパウンド内に出入できることを示す。

　図40 の南東端に大きく描かれた事務所は、**図12** に **Somiex** と記入された建造物の北端
部にあたる。**Somiex** とは、**Société Malienne d'Impôts et d'Expôts**（マリ国輸出入公社）の略名
で、ここではサハラ経由の陸送貿易を管轄している。遠隔地交易の拠点であった「小市
場」地区に、いまも輸出入にかかわる公社が位置するのは興味ぶかい。VIII—(2) で現在
の公共施設の立地について述べた際に、ほとんどの役所が旧市南端部の官庁集積地区に所

在しているなかで、税関が同地区を離れた「小市場」北西方に位置していることを指摘した。そしてその立地は、「小市場」に結節するかつての遠隔地交易の歴史的慣性の所産とした。Somiex の「小市場」地区への立地も、同様に歴史的慣性で説明できよう。

図 40 にみるように「小市場」の市場域は、北方を画して東西走する大型建造物、また南方を画する Somiex をふくむ建造物群、そして両者のあいだに介在する大きなオープン・スペースの 3 つから構成されている。オープン・スペースには西と東を画する遮断的な建造物はなく、広場空間は、全体として大きなベルトをなして西から東へとつらなっている。広場空間の北西方にはかつての河港・河岸、また南東方には市街地があって、オープン・スペースは両者をむすぶ大きな回廊といえる。そのバングゥーメとよばれる回廊を占有して、「小市場」が位置し、存続しつづけてきたのであった。オープン・スペースには、前記の有蓋ブロックが島状にならび、そこに多くの路上店舗が密集する。図 32 の「大市場」地区の構成図とは異なって、図 40 では路上店舗を破線で囲って図示した。その破線囲いは、共同の日覆いをもつ島状ブロックを示す。

「小市場」の店舗も、「大市場」とおなじ原則で、以下のように分類した。

固定店舗（Ⅰ）——バーザール空間を画して北方と南方に東西走する建造物を区画した住居兼店舗にあたる。事務所・住宅・倉庫として利用されている区画も多いだけでなく、＋記号で示した閉店・休業中の店舗も多い。それらが、固定店舗（Ⅰ）の店舗数をより少なくしている理由である。北方の建造物内の中央部には小モスクがあり、その所在区画にM として記入した。

固定店舗（Ⅱ）——オープン・スペース中央右端に所在する市場建造物の内部にならぶ店舗。市場建造物の規模が小さいために、固定店舗（Ⅱ）に属する店舗は少ない。

表 27　店舗類型別・エスニシティ別 売り手数——「小市場」・1992 年

エスニシティ		固定店舗 (Ⅰ)	固定店舗 (Ⅱ)	路上店舗	小　計 固定店舗	小　計 路上店舗	合　計
Ⅰ	ア ラ ブ	4	1	23	5	23	28
	白色トゥアレグ			3		3	3
Ⅱ	ソンライ	6	5	87	11	87	98
	タマシェク	1	6	192	7	192	199
Ⅲ	ボ ゾ			4		4	4
Ⅳ	ド ゴ ン			2		2	2
Ⅴ	バンバラ	1		6	1	6	7
	プ ー ル			1		1	1
	計	12	12	318	24	318	342

　路上店舗──「小市場」では、「大市場」とは異なって市場建造物内の通廊にならぶ店舗はなく、路上店舗はすべてオープン・スペースに建つ有蓋ブロックに所在する。これらの路上店舗は、「大市場」での路上店舗（II）にあたる。左上端の長方形コンパウンド内の店舗群も、これにふくめた。

　「小市場」の店舗構成を定量的に示すために、店舗類型と売り手のエスニシティとを相関させて**表27**を作成した。同表は、「小市場」の店舗数が計342で、店舗数に関しては、名称とは逆に「大市場」の294を大きく上まわっていることを示す。市場建造物内の区画の多くは事務所、住宅、倉庫、閉店・休業中の店舗で占められていて、固定店舗の数は24のみで、その全店舗数に占める比率もわずか7％にすぎない。「大市場」では、同比率は40％であった。それと比較すると、「小市場」の固定店舗比率は極度に小さく、圧倒的に路上店舗からなるバーザールといえる。

　しかしその路上店舗は、前述したように、掘立柱の上に穀物桿を積んで共同日覆いとする構造で、「大市場」の路上店舗（II）よりも恒久的な路上店舗といえる。トンブクトゥの最盛期にも、おそらく「小市場」一帯には、同様の有蓋路上店舗が密集するバーザール空間が形成されていたのであろう。

（2）「小市場」の売り手たち─集団・性・商品

　ここで市場施設の店舗構成から、そこを営業の場としている計342人の売り手の側に視点を移すことにしたい。「大市場」での検討結果を踏まえて、「小市場」の売り手の属性を、エスニシティ・ジェンダー・販売品目の諸側面から検討する。

（2）─1　エスニシティ──「大市場」との同型性

　最初に、売り手のエスニシティについて全体的な検討をおこないたい。表27の最終列に「合計」として、各エスニック集団の売り手の合計値を掲げた。同表に登場するエスニック集団の数は計8で、「大市場」の12集団よりも4集団すくない。「小市場」は、店舗・売り手の数では「大市場」よりも多く、関係エスニック集団数では「大市場」よりも少ないという特徴を示す。「大市場」では存在したが、「小市場」には登場しないエスニック集団は、Ⅰ北方系のモール人、Ⅲニジェール内陸デルタ系のマルカ人、Ⅳ南方系のモシ人、Ⅴ西方系のセヌフォ人である。彼らは、「大市場」では3店舗をもつマルカ人をのぞくと、いずれも店舗数1のみの集団であった。しかし**表20**にあるように、それらの店舗はすべて固定店舗である。また**図34**は、モシ人の1店舗をのぞいて、それらがすべて固定店舗（Ⅰ）の「大店」であることを示している。これら非地元系の4集団の「大店」商人が「小市場」に登場しないのは、逆に路上店舗を基本とし、後述するようにⅡ「食料」

に特化した「小市場」の性格を、別の角度から照射するものといえる。

　売り手の数が20人以上のエスニック集団は、Ⅱ地元系のタマシェク人：199（58％）とソンライ人：98（29％）、Ⅰ北方系のアラブ人：28（8％）となる。「大市場」では、これら3主要集団の比率は、タマシェク人：162（55％）、ソンライ人：89（29％）、アラブ人：20（7％）であった。「大市場」と比較すると、タマシェク人の比率が微増するのみで、両市場間の相違は小さい。

　主要3集団をのぞくと、残る5集団の売り手数は極度に少なくなる。第4位はバンバラ人で、その数は4人にすぎない。「大市場」では、第3位のアラブ人が20人、第4位のバンバラ人が10人であった。これに対して「小市場」では、アラブ人の売り手数は28人へと増加し、バンバラ人は4人へと激減している。そのため売り手の数は、両集団のあいだで大きな懸隔が生じるにいたった。「大市場」では固定店舗（Ⅰ）の「大店」商人であった非地元系4集団の退場にくわえて、西方系のバンバラ人売り手の激減は、前言した「小市場」の性格をさらに別の側面から示すものといえる。

　バンバラ人につづく少数集団の売り手数は、ボゾ人3、白色トゥアレグ人3、ドゴン人2、プール人1となる。売り手が1人のみの集団は、「小市場」ではプール人だけで、「大市場」での5集団から大きく減少している。前述した「小市場」の売り手のエスニック集団数の減少は、1人集団の減少によるものであった。そのなかでボゾ人の売り手の数が、少ないながら「大市場」の2から4へと倍増していることが注目される。彼らの増加は、「小市場」がもつ特質と相即する。この点については、後述することにしたい。

　つぎに、さきに分類した店舗類型と売り手のエスニシティとの関係について、固定店舗と路上店舗とに分けて検討することにしたい。まず、**表27**をもとに固定店舗をとりあげる。それをエスニシティ集団別にみると、固定店舗（Ⅰ）は12で、その集団別内訳は、ソンライ人：6（50％）、アラブ人：4（33％）、タマシェク人とバンバラ人：各1（8％）、また固定店舗（Ⅱ）は12で、ソンライ人：5（42％）、アラブ人：1（8％）、タマシェク人：6（50％）となる。ここにみられる傾向を要約すると、＜固定店舗（Ⅰ）・（Ⅱ）の双方でのソンライ人の優越とアラブ人の固定店舗（Ⅰ）への特化＞といえる。

　これを「大市場」地区と比較すると、「大市場」では固定店舗（Ⅰ）の「大店」的な店舗はソンライ人とアラブ人がほとんどを占めていて、前者を「優占的な存在」、後者を「顕著な存在」と形容した。これと同様のことを、「小市場」の固定店舗（Ⅰ）についても指摘できる。また「小市場」の固定店舗（Ⅱ）は、「大市場」の大型市場建造物内の固定店舗（Ⅲ）に比定できる。「大市場」の固定店舗（Ⅲ）は、タマシェク人の優占空間であった。これも、「小市場」の固定店舗（Ⅱ）のエスニック構成におけるタマシェク人の

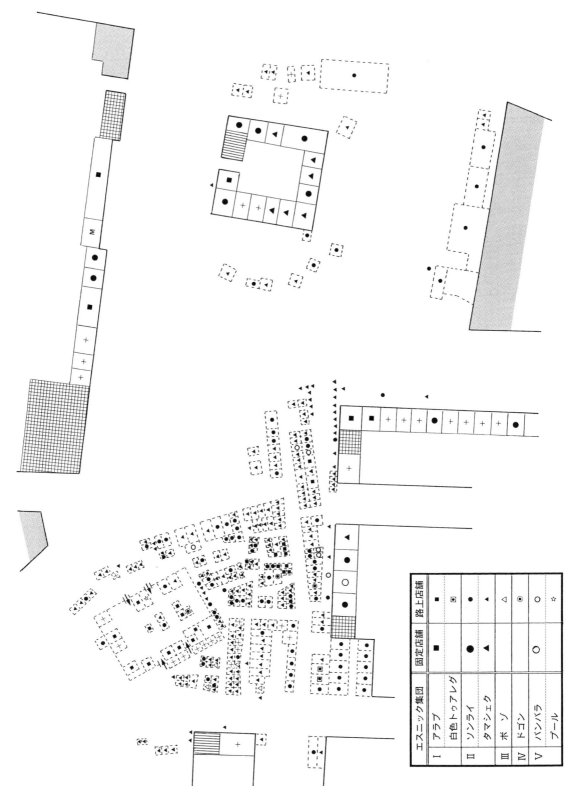

エスニック集団		固定店舗	路上店舗
I	アラブ	■	▪
	白色トゥアレグ		▣
II	ソンライ	●	●
	タマシェク	▲	▲
III	ポソ		△
IV	ドゴン		◉
V	バンバラ	○	○
	プール		☆

図41 売り手のエスニシティ──「小市場」 1992年・8月 (応地作図)

優越とおなじである。「大市場」地区の固定店舗に関して指摘した店舗類型とエスニシティとの関係は「小市場」地区においても妥当し、それをもって、トンブクトゥのバザールにおける固定店舗構成の一般的な特質として敷衍できると考える。

つぎに、路上店舗をとりあげたい。路上店舗は、全342店舗のうち318（93％）という圧倒的多数を占める。その売り手の属性を検討するために、まずエスニック集団別の店舗分布図を図41として掲げた。その検討を詳細におこなうために、市場空間をつぎの4区域に内部区分して、説明のための準拠枠とした。

区域A　：　オープン・スペースの北と南を画して東西につらなる建造物内の固定店舗群——固定店舗（Ⅰ）

区域B　：　オープン・スペース東半部——正方形の市場建造物内の固定店舗（Ⅱ）とその周辺の路上店舗群。南東端のSomiexの背面にならぶ路上店舗も、これにふくめる。

区域C　：　オープン・スペース西半部の北部地区——ほぼ南北方向の長方形コンパウンドとその東と西に分布する路上店舗群。

区域D　：　オープン・スペース西半部の南部地区——上記の長方形コンパウンドと南縁建造物とのあいだに密集する路上店舗群。

318の路上店舗の売り手をエスニシティ別にみると、タマシェク人が61％におよぶ。そのため図41では、タマシェク人を示す▲記号が、破線で囲った路上店舗をひろく覆って分布する。その広汎な分布は、「小市場」の売り手に占めるタマシェク人の卓越性を示す。しかし彼らの路上店舗の規模は総じて小さく、その零細性を物語っている。

ソンライ人の路上店舗は計87（27％）で、タマシェク人のおよそ半数である。両集団の分布は混在しあっているが、仔細にみると、ソンライ人を示す●記号がクラスター状に分布している区域が、3ヵ所でみとめられる。さきに設定した「小市場」の4区域区分をもとに、それらについて説明すると、第1は区域BのSomiex背面にならぶ路上店舗群、第2は区域Dの南縁にあたる固定店舗（Ⅰ）の周辺である。第1と第2のクラスターに所在するソンライ人の店舗は、路上店舗としては規模も大きい。第3のクラスターは、区域Dの中央部である。ここでのソンライ人の路上店舗は小さく、周辺のタマシェク人のものと同規模である。

アラブ人の店舗は、タマシェク人やソンライ人にくらべて計28と少ない。しかし彼らの店舗は、2ヵ所に明瞭なクラスターを形成して分布する。1つは、区域Cの長方形のコンパウンド内である。ここにはタマシェク人の店舗はごく少なく、■記号のアラブ人店舗がほとんどを占めている。その店舗規模も大きい。もう1つのクラスターは、区域Dの

表28　エスニシティ別・品目別 売り手数——「小市場」・1992 年

エスニシティ		I 衣料	II 食料	III 雑貨・電器	IV よろず屋	V その他	VI 食堂・屋台	VII 職人	計
I	ア ラ ブ	2	9	2	9	2		4	28
	白色トゥアレグ					1		2	3
II	ソンライ	5	69	1	2	8	9	4	98
	タマシェク	1	163	2	1	26	5	1	199
III	ボ ゾ		4						4
IV	ド ゴ ン		2						2
V	バンバラ		3	3			1		7
	プ ー ル							1	1
	計	8	250	8	12	37	15	12	342
＜「大市場」との構成比比較＞	（%）								
	「小市場」	2.3	73.2	2.3	3.5	10.8	4.4	3.5	100.0
	「大市場」	12.9	46.9	9.8	10.8	6.4	1.0	12.2	100.0

中央南端部にある。しかしその店舗数は少なく、また店舗規模も小さい。上位 3 集団をのぞく他の 5 集団の店舗数はごく少なく、路上店舗の海のなかに散在している。

(2)—2　業種・品目の構成——「食」への特化

　エスニック集団の店舗分布の背後には、業種また販売商品の相違がある。この点を検討するために、表28 を作成した。同表は、2 つの表からなっている。上表は、列には売り手のエスニシティを、また行には「大市場」とおなじ 7 大分類別業種・品目をとっている。最終列と最終行には「計」として、それぞれの合計値を示した。また下表には、「小市場」の業種・品目構成を「大市場」と比較できるように、両市場の全店舗の業種・品目別構成比を掲げた。

　店舗数最大の業種は II「食料」で、全店舗数 342 の 4 分の 3 にあたる 250 に達している。同表の下表が示すように、「大市場」での II「食料」の構成比は 47 ％と約半数であったので、「小市場」は圧倒的に II「食料」に特化したバーザールといえる。ここで興味ぶかいのは、II「食料」関連の 250 店舗のエスニシティ別構成比である。同構成比は、第 1 位がタマシェク人：65 ％、第 2 位がソンライ人：28 ％となる。「大市場」では、II「食料」133 店舗に占める両集団の比率は、おのおの 75 ％、13 ％であった。その相違は、「小市場」におけるタマシェク人の比率著減、ソンライ人の比率著増と要約できる。「小市場」では、ソンライ人の II「食料」への活発な参入がみられるのである。その参入がどの業種でなされているかについては、のちに細分類レベルで II「食料」について再論する際に詳述することにしたい。

　表28・下表は、「大市場」と比較して、「小市場」の食料への顕著な特化が、逆に I「衣料」、III「雑貨・電器」、IV「よろず屋＋食料／衣料」、VII「職人」の構成比低下をもた

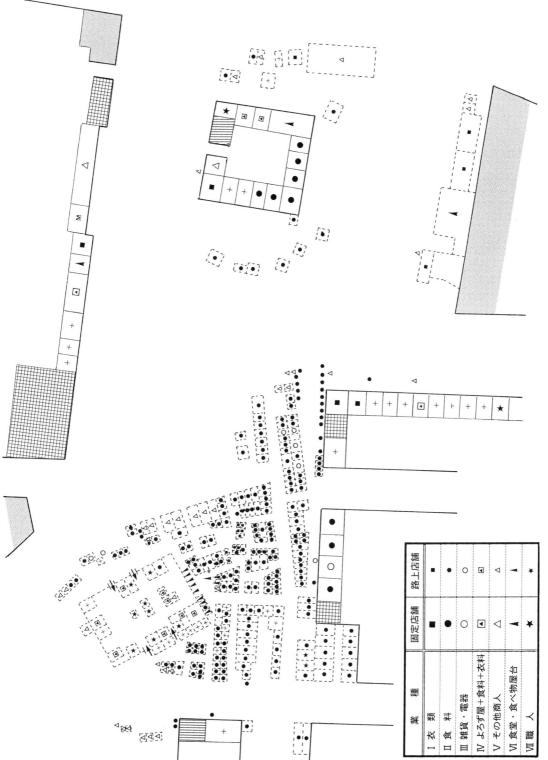

図 42　業種別店舗分布——「小市場」 1992 年・8 月（応地作図）

業　　種　　類	固定店舗	路上店舗
Ⅰ 衣　類	■	■
Ⅱ 食　料	●	●
Ⅲ 雑貨・電器	○	○
Ⅳ よろず屋＋食料＋衣料	◩	◩
Ⅴ その他商人	△	△
Ⅵ 食堂・食べ物屋台	◀	◀
Ⅶ 職　人	★	★

らしていることを示す。これらの 4 業種は、都市バーザールの代表的業種といえる。なかでも I「衣料」と IV「よろず屋＋食料／衣料」は、「大市場」でも「大店」的な固定店舗（I）の有力業種であり、また VII「職人」は固定店舗（II）の、IV「よろず屋＋食料／衣料」は固定店舗（III）の優占業種であった。

この節の副題に「勝手口」という表現をもちいた理由は、これらの都市的業種の後退と「食」への特化という「小市場」の性格を強調するためであった。一方、II「食料」をのぞいて、構成比が「大市場」よりも大きい業種をみると、V「その他の商品」と VI「食堂・食べ物屋台」の 2 業種のみである。前者は「勝手口」に搬入される商品の多様化、また後者は「大市場」ではごく少数であった食べ物屋台の増加を背景としている。

ここで、図 42 をもとに、各店舗の大分類別業種・品目について検討する。その分布状況を形容すれば、II「食料」の店舗で覆われた大海になかに、島のように他業種・品目のクラスターが点在しているといえる。それらの大小のクラスターに注目して、その分布を説明したい。

図 42 の凡例に掲げた I 〜 VII の順に、その分布をみると、つぎのように要約できる。その際、図 41 に図示した売り手のエスニシティと関連させて、エスニシティと品目との関係についても言及することにしたい。

I「衣料」——店舗数は 8 のみで、その半数にあたる 4 が区域 A・B の固定店舗に所在する。それらの店舗は、アラブ人とソンライ人に属する。I「衣料」は、「大市場」では店舗数がはるかに多いだけでなく、そのほとんどが固定店舗（I）に所在していた。これに対して「小市場」では、その店舗数が少ないことにくわえて、路上店舗が半数を占めている。それらの路上店舗は区域 B の Somiex の背面に集中し、そこに、ソンライ人の店舗からなる小クラスターが形成されている。I「衣料」店舗の内訳については、のちに細分類レベルで詳述する。

II「食料」——市場空間の 2 ヵ所に、大クラスターを形成している。1 つは区域 B で、正方形の市場建造物内の固定店舗（II）とその西方の路上店舗群である。ここでは、タマシェク人とソンライ人とが店舗を分けあっている。もう 1 つは、区域 D の全域にまたがる「小市場」最大のクラスターである。そこに密集する路上店舗は、一部をのぞいて、II「食料」の店舗で覆われている。ここでも売り手のエスニシティは、タマシェク人とソンライ人がほとんどを占める。しかし両集団の分布は、区域 B の混在とは異なって、すみ分け的といえる。ソンライ人の顕著なクラスターは同区域南西部一帯のやや規模の大きい路上店舗群にあり、それを除く全域がほぼタマシェク人の店舗で占められている。このすみ分け的なエスニシティ分布の背後には、販売品目の相違がある。それらについては、の

ちに改めて細分類レベルで詳述したい。

　Ⅲ「雑貨・電器」——店舗数は 8 と少なく、そのうちの 7 店舗が、区域 C・D の路上店舗に散在している。「大市場」とおなじく、「小市場」でもⅢ「雑貨・電器」は路上店舗の最寄り品である。そのうち、まとまった分布は区域 D の南東端でみられ、そこに半数の 4 店舗が集まっている。そこでの売り手のエスニシティは、アラブ人 2、ソンライ人・バンバラ人各 1 となっている。

　Ⅳ「よろず屋＋食料／衣料」——全 12 店舗のうち 8 店舗までが区域 C の長方形コンパウンド内に集中し、そこに明瞭なクラスターを形成している。それらは、すべてアラブ人の店舗である。また区域 A の北を画する建造物内に所在する店舗も、アラブ人に属する。表 28 が示すように、Ⅳ「よろず屋＋食料／衣料」は、売り手の 8％にすぎない少数集団であるアラブ人が優占する唯一の業種である。

　Ⅴ「その他の商品」——構成比が「大市場」よりも大きい例外的な業種の 1 つで、3 ヵ所に明瞭なクラスターを形成する。第 1 のクラスターは区域 D の北東縁に南北にならぶ路上店舗群、第 2 は同地区の南東端の路上店舗群、そして第 3 は区域 C の西方のやや離れた位置に南北にならぶ路上店舗群である。第 1 のクラスターではタマシェク人がソンライ人と店舗を分けあっているが、後 2 者では、すべての店舗がタマシェク人に属する。Ⅴ「その他の商品」は多様な業種の集合であるので、その構成業種の検討が必要である。それについても後述したい。

　Ⅵ「食堂・食べ物屋台」——「大市場」にくらべて構成比を上昇させている業種である。「大市場」では 3 店舗のみで、それらは固定店舗（Ⅰ）の食堂と路上店舗 2 からなっていた。後者は、蒸しサツマイモと揚げ物の屋台であった。「小市場」のⅥ「食堂・食べ物屋台」は、区域 A・B と区域 C・D とに分かれて分布するが、その規模また分布パターンは相違する。前者では規模も大きく、固定店舗と路上店舗にまたがって分散的に分布する。それらは、すべてソンライ人の店舗である。後者では、長方形コンパウンドの南辺にそって列状のクラスターを形成している。それらは小規模な路上店舗で、ソンライ人とタマシェク人の両集団に属する。「小市場」のⅥ「食堂・食べ物屋台」は、いわゆる食堂のほか、ヤギ肉の焼肉、魚フライ、揚げサツマイモ、ピーナツとトウジンビエの粉の蒸しパン、ササゲ豆の炊き物、米の蒸し菓子など多様な食品を提供している。

　Ⅶ「職人」——「大市場」とくらべると、その数は 12 人とはるかに少なく、構成比でも 10 ポイントちかい差がある。総数の内訳は、仕立人：9、皮革加工：2、ラジオ修理：1 となっている。Ⅶ「職人」の店舗は、市場空間の全域にわたって点在する。そのなかで、唯一の小クラスターが、区域 C の長方形コンパウンド内に形成されている。それは、布

表29　エスニシティ別・品目別・男女別　売り手数——「小市場」・1992年

エスニシティ		A 男女別売り手数			B 品目別女性の売り手数						
		計	男	女	I 衣料	II 食料	III 雑貨・電器	IV よろず屋	V その他	VI 食堂・屋台	VII 職人
I	ア　ラ　ブ	28	17	11		9	2				
	白色トゥアレグ	3	1	2							2
II	ソ　ン　ラ　イ	98	57	41		32	1		1	7	
	タ　マ　シ　ェ　ク	199	38	161		141			15	5	
III	ボ　　ゾ	4		4		4					
IV	ド　　ゴ　　ン	2		2		2					
V	バ　ン　バ　ラ	7	4	3		1	1			1	
	プ　ー　ル	1	1								
	計	342	118	224		189	4		16	13	2
<「大市場」との比較>		①売り手の男女比（%）			②品目別女性の売り手率（%）						
	「小市場」	100.0	34.5	65.5		75.6	50.0		43.2	86.7	16.7
	「大市場」	100.0	68.8	31.2	2.6	62.3			21.1	33.3	

地をミシン縫製する仕立人の5工房を中心とするクラスターである。

　「小市場」でも、前記の小クラスターが示すように、VII「職人」は仕立て人を主体とする。この点は、「大市場」と共通する。「大市場」では、仕立人のほとんどがソンライ人であった。しかし「小市場」の職人のエスニシティは、アラブ人：4、ソンライ人：3、タマシェク人・プール人：各1となり、ソンライ人はむしろ少数で、アラブ人の仕立人の数を下まわっている。アラブ人の優越は、「小市場」の顧客の重要な部分が北方系のエスニック集団にあることを意味していよう。この北方のサハラとの関係性大という性格は、仕立だけにかぎらず、「小市場」のもつ一般的な性格へと敷衍できると考える。

　それを物語るもう1つの職人仕事が、皮革加工である。それは「大市場」ではみられなかったもので、北方のサハラからもたらされた原皮を染色加工する職種である。その工房は、区域D南西端に位置するVII「職人」の2店舗にあたる。その従事者は、2店舗ともに北方系に属する白色トゥアレグ人の女性である。III「職人」の店舗数は少ないけれども、それらを仔細にみると、関係圏域の北方指向という「小市場」の特質をよく示しているといえる。

(2)—3　ジェンダー——売り手の全層的女性化

　「小市場」の売り手の検討で残されているのは、ジェンダー構成である。**表29**は上・下2表からなり、上表にはエスニシティと品目の大分類別売り手の男女構成を、下表にはその「大市場」との構成比比較を掲げた。上表・左方のAは、総数342人の売り手のうち224人までが女性で、その比率は66％と3分の2に達することを示している。同表・下表に掲げた「大市場」と比較すると、「大市場」では男性の比率が3分の2であって、売

り手のジェンダーに関しては、両市場の男女比はまったく逆転している。

　その逆転は、たんに総計レベルだけでなく、すべてのエスニシティ集団に共通する。「大市場」と比較しつつ、この点をあきらかにしたい。まず上位3エスニック集団をとりあげて、「大市場」については**表20**、また「小市場」については**表29**をもとに、それらの売り手の男女比を転記すると、つぎのようになる。なお＜＞内の数字は＜男性：女性＞の実数値、大は「大市場」、小は「小市場」を意味する。

　　タマシェク人：　大＜75：87＞―小＜38：161＞

　　ソンライ人　：　大＜87：2＞―小＜57：41＞

　　アラブ人　　：　大＜20：0＞―小＜17：11＞

　この対比から、主要3集団の売り手のジェンダー構成に関しても、両市場のあいだでの劇的ともいえる変化をよみとりうる。3集団ともに、共通して「小市場」では女性の売り手が激増している。その増加を要約すると、タマシェク人の「大市場」での女性の比較優位から「小市場」での女性の圧倒的優位への転換、ソンライ人・アラブ人の「大市場」での男性の絶対優位から「小市場」での男性の比較優位への転換といえる。

　「小市場」の売り手の女性への偏倚は、これらの上位3集団だけでなく、少数エスニック集団でも観察できる。「大市場」では、表20にあるように、それらの少数集団の数はバンバラ人の10人を筆頭として計9を数える。その売り手の総数は24人で、そのうちの21人までが男性である。これに対して「小市場」では、少数集団の数は5へと減少する。その売り手の総数は、バンバラ人の7人を筆頭として計17人である。そのうち男性の売り手は、わずか6人にすぎない。少数エスニック集団でも、売り手は「大市場」における男性の圧倒的優位から、「小市場」では女性の圧倒的優位へと変化している。

　「小市場」における売り手の顕著な女性偏倚には、いくつかの要因が働いていよう。1つは、表29が示すように、「小市場」における業種・品目構成のⅡ「食料」への一層の偏倚である。全店舗に占めるⅡ「食料」の比率は、「大市場」の47％から「小市場」では73％に急増している。また**表29・下表B**は、Ⅱ「食料」の売り手の女性比率が、「大市場」の62％に対して「小市場」では76％へと上昇していることを示す。「大市場」でも、Ⅱ「食料」は女性の職域であった。しかし「小市場」では、一方では業種・品目構成におけるⅡ「食料」の比率急増、他方では同業種における売り手の女性比率上昇の2つが相乗しあって、売り手の女性への偏倚をいっそう顕著なものとしている。

　さらにⅡ「食料」をめぐって、もう1つの理由が働く。「小市場」の店舗構成の特徴は、固定店舗が少なく、ほとんどが路上店舗だという点にある。固定店舗は男性の職域、路上店舗はとりわけ女性の職域であって、「小市場」の路上店舗への偏倚は、売り手の女性増

加と直結する。

　以上の諸点をまとめると、「小市場」は、＜II「食料」—路上店舗—タマシェク人—女性＞連環を特徴とするバーザールといえる。この連環は、女性への偏倚の強度と規模の相違はあるが、「大市場」においても観察できた。したがって同連環を、トンブクトゥのバーザールの一般的な特徴としてとりだしうる。しかし「大市場」とのジェンダー構成の大きな相違は、「小市場」での売り手の女性化がソンライ・アラブの両集団をはじめ全集団を席巻して進行している点にある。さきに「小市場」におけるII「食料」の肥大を指摘し、その重要な要因としてソンライ人の同業種への活発な新規参入をあげた。上記の検討は、彼らの参入が女性によってなされていることを物語っている。

　業種・品目別に、**表29**・上表Bの女性売り手数と**表28**の売り手総数を対照すると、女性の売り手比率が業種・品目によって異なることが分かる。女性への偏倚が顕著な「小市場」でも、女性の売り手比率が極端に小さい業種として、I「衣料」、IV「よろず屋＋食料/衣料」、VII「職人」をあげうる。これらの3業種は都市バーザールを代表する都市的な業種であり、それらの女性比率は、「大市場」においては「小市場」以上に小さい。これに対して農耕的な業種・品目の代表は、II「食料」とVI「食堂・食物屋台」である。両者は、「大市場」でも売り手の女性比率が大きい業種であった。都市的と農耕的の両業種・品目は、単に業種・品目の相違だけでなく、売り手の男女比の顕著な相違を随伴しているのである。

　図43に、売り手の男女別分布を地図化した。同図を一覧すると、男性と女性の売り手が混在しあっているのではなく、女性を売り手とする店舗の大海に、島嶼のように売り手が男性のクラスターが点在しているといえる。女性の大海は＜II「食料」—路上店舗—タマシェク人—女性＞連環を基本とし、その広汎な分布が「小市場」を特色づけている。同図からは、「小市場」の全域と部分域の両レベルで売り手のジェンダー構成の相違をよみとりうる。

　まず全域のレベルでは、市場空間を東と西に二分する区域A・Bと区域C・Dとのあいだでの対照性である。その対照性は、東部の男性優位に対する西部の女性優位と要約できる。東部では、区域Aの固定店舗は、1つを例外として、他のすべてがソンライ人とアラブ人の男性を売り手としている。また区域Bでも、正方形の市場建造物内の固定店舗だけでなく、その西方に南北にならぶ路上店舗群、さらにSomiex背後の路上店舗群もすべて男性を売り手とする。

　これらの路上店舗群には、タマシェク人のII「食料」店舗も多く含まれている。しかし、その売り手は男性である。これは、「小市場」の特色とした＜II「食料」—路上店舗—タ

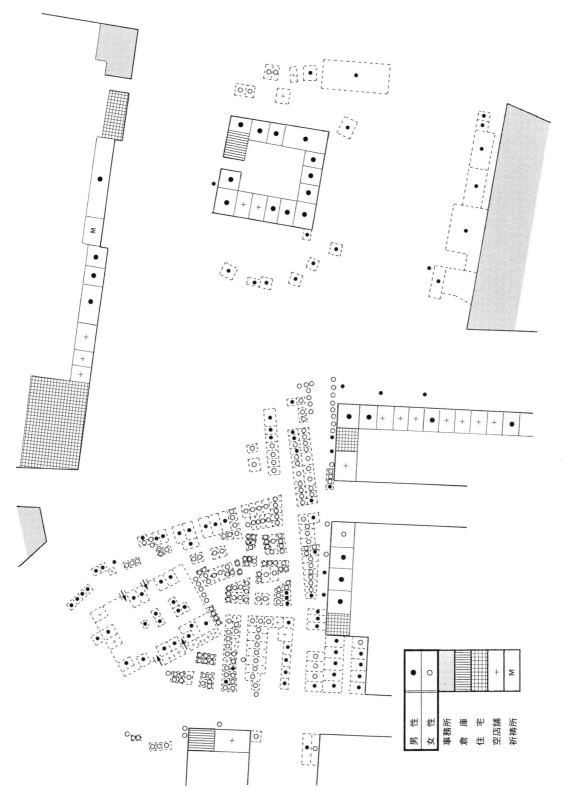

図43 売り手のジェンダー——「小市場」1992年・8月（応地作図）

男 性	●	
女 性	○	
事務所		
倉 庫		
住 宅		
空店舗	+	
祈禱所	M	

マシェク人―女性＞連環とは相違する。その逸脱は、売り手のジェンダーが細分類レベルの業種・品目間で相違していることを予想させる。この点については、次節で詳述したい。

　部分域のレベルでは、西部の区域 C・D の内部におけるジェンダー構成の相違である。ここでは、男性と女性の売り手がたがいに明確なクラスターを形成しあって分布している。もちろん女性を売り手とするクラスターが大きく、とりわけ区域 C・D の南半部一帯を覆う路上店舗群で「小市場」最大の女性クラスターを形成している。それらは、ほぼ＜II「食料」―路上店舗―タマシェク人―女性＞連環からなっている。

　女性の大クラスターのなかに、男性を売り手とする小さなクラスターが点在する。それらのなかで主要なものを、＜業種・品目―店舗類型―エスニシティ―ジェンダー＞連環とともに列挙すると、以下のようになる。

　① 区域 C の長方形コンパウンド　：　＜IV「よろず屋＋食料／衣料」・VII「職人」―路上店舗―アラブ人―男性＞連環。

　② 長方形コンパウンド北東方の路上店舗群の南北列　：　＜II「食料」・III「雑貨・電器」・V「その他の商品」―タマシェク人―路上店舗―男性＞連環。

　③ 長方形コンパウンド南東方の大規模路上店舗群の南北列　：　＜V「その他の商品」―ソンライ人・タマシェク人―路上店舗―男性＞連環。

　④ 区域 D の中央通路西端・南北両側の路上店舗群　：　＜II「食料」―ソンライ人―路上店舗―男性＞連環。

　⑤ その東方の固定店舗北辺にそう路上店舗群の東西列、⑥中央通路東端の路上店舗群：＜II「食料」―ソンライ人・タマシェク人―路上店舗―男性＞連環。

　以上の売り手が男性のクラスターには、共通した特徴がある。それは、業種・品目に関しては非「食料」、エスニシティに関しては非タマシェク人とむすびつくものが多いという特徴である。つまり「小市場」の基本的な性格といえる＜II「食料」―路上店舗―タマシェク人―女性＞連環以外の店舗が、男性を売り手とするクラスターを形成しているといえる。逆にいえば、市場空間の西半部の路上店舗群で男性のクラスターが小さくまた少ないことが、いかに同地区で＜II「食料」―路上店舗―タマシェク人―女性＞連環が優占しているかを物語っている。

　もちろん売り手を女性とする路上店舗の大海にも、つぎの 2 ヵ所に品目が非 II 食料の小クラスターが存在する。

　(1) 区域 C 最西端の路上店舗の南北列　：　＜V「その他の商品」―タマシェク人―女性＞連環。

　(2) 区域 C の長方形コンパウンドの南辺にそう路上店舗群　：　＜IV「食堂・食べ物

屋台」―タマシェク人・ソンライ人―女性＞連環。

　これら2つのクラスターは、業種・品目は非食料であっても、売り手が女性とつよくむすびつく品目が存在することを意味している。それらは、V「その他の商品」とIV「食堂・食べ物屋台」である。前者については、次節で細分類レベルに下降して、女性との結合について検討する。また後者は、II「食料」と直結する業種・品目であり、タマシェク人だけでなく、地元系のソンライ人の女性も参入していることを示す。

　前述したクラスター④と⑤でのII「食料」とソンライ人との結合をふくめて、V「その他の商品」とII「食料」について細分類のレベルでの検討が必要なことを示している。これらの点も、次節での検討課題である。

（3）細分類レベルでの店舗・売り手構成

　以上の検討をつうじて、「小市場」と「大市場」とのあいだには、共通点と同時に相違点がみられることをあきらかにした。それらの相違点のなかで重視したいのは、「小市場」が路上店舗を基本とし、それらの路上店舗が品目とエスニシティをもとに大小のクラスターを形成して分化していることである。このうち業種・品目については（2）で検討したが、その検討は大分類レベルにとどまっていた。そのため「小市場」を構成するクラスターを個別に説明する際にも、同レベルでは説明困難なため「それについては次節でさらに詳述する」などの表現で課題を先送りしてきた。ここで、「大市場」の場合とおなじく、I「衣料」、II「食料」、V「その他の商品」の3業種・品目について、さらに細分類レベルで検討することにしたい。これら3業種の細分類についてはすでに前章で説明したので、ここでは再言することを省略したい。

（3）―1　I「衣　料」

　「小市場」の店舗総数は「大市場」よりも多いが、I「衣料」に関しては、この関係はまったく逆転する。同業種の店舗数は、「大市場」の38に対して「小市場」はわずか8にすぎない。I「衣料」は都市の中心バザールを代表する業種であり、その商品は買回り品的性格をもつ。その店舗数が「小市場」で極端に少ないことも、「小市場」が、（1）の副題に掲げたようにトンブクトゥの「勝手口」あたるバザールであり、台所と直結するバザールであることを示す。

　「小市場」のI「衣料」店舗を7品目に細分類して、そのエスニシティ別店舗数を**表30**に掲げた。またその細分類別分布を、**図44**に図示した。これらの7業種を、商品分類すれば、つぎの3グループにまとめうる。第1は買回り品的な性格のA「布地のみ」・B「布地＋衣類」、第2はもっとも最寄り品的なE「古着」、第3はそれらの中間に位置する

表30　Ⅰ「衣料」の品目別・エスニシティ別 売り手数——「小市場」・1992 年

エスニシティ	Ⅰ 「衣 料」 の 細 分 類							計
	A	B	C	D	E	F	G	
Ⅰ　アラブ	2							2
モール								
白色トゥアレグ								
Ⅱ　ソンライ		2				3		5
タマシェク							1	1
Ⅲ　マルカ								
ポゾ								
Ⅳ　ドゴン								
モシ								
Ⅴ　バンバラ								
プール								
セヌフォ								
計	2	2				3	1	8

＜「大市場」との構成比比較＞（％）

	A	B	C	D	E	F	G	計
「小 市 場」	25.0	25.0				37.5	12.5	100.0
「大 市 場」	21.0	15.8	13.2	18.4	21.1	10.5		100.0

A 「布地のみ」　　　　　　　　　B 「布地＋衣類」
C 「布地＋衣類＋雑貨/食料」　　D 「衣類（布地なし）」
E 「衣類（布地なし）＋雑貨/食料品」　F 「古着」
G 「布団縫製・マットレス」

C「布地＋衣類＋雑貨／食料」・D「衣類（布地なし）」・E「衣類（布地なし）＋雑貨／食料」である。

　この3分類を念頭におくと、表30・下表に掲げた「小市場」と「大市場」の細分類別店舗構成比の比較表から、「小市場」の特徴をよみとりうる。両市場の第1グループの構成比はほぼおなじであるが、他の2つのグループに関しては、両市場は大きな相違を示す。それは、「小市場」には第3の中間グループに属する業種がまったく存在しないこと、そしてそれを補填するように第2グループのE「古着」が最大の構成比を占めていることである。

　第3のグループは、「大市場」ではⅠ「衣料」店舗総数の53％という過半を占めていた。それが「小市場」では皆無であることが、「小市場」のⅠ「衣料」の店舗数を大きく減少させている要因である。その結果、「小市場」のⅠ「衣料」は、店舗数の縮小にくわえて、買回り品的店舗と最寄り品的店舗の両極に分解し、多様なニーズに応えうる中間的な業種・品目の店舗の欠落を招いている。

　図44をもとに、表30に示した店舗の分布について検討したい。同図は、ほとんど全部の店舗が空白のまま残されていて、計8店舗というⅠ「衣料」関係店舗の僅少さを際だたせている。その少ない店舗の分布は、市場域の東半部の区域A・Bにかぎられていて、西

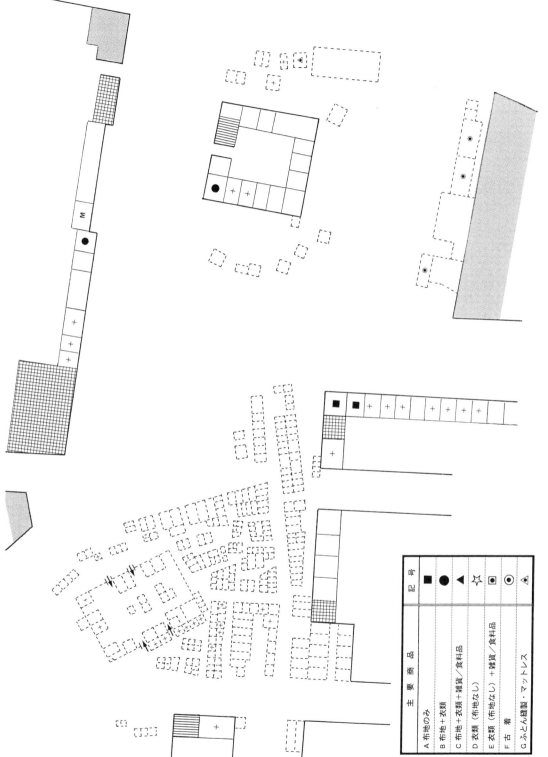

記号	主要商品
■	A 布地のみ
●	B 布地＋衣類
▲	C 布地＋衣類＋雑貨／食料品
☆	D 衣類（布地なし）
◉	E 衣類（布地なし）＋雑貨／食料品
⊙	F 古着
◮	G ふとん縫製・マットレス

図 44　I　「衣料」店舗の細分類とその分布——「小市場」　1992 年・8 月　（応地作図）

半部の区域 C・D の路上店舗群には存在しない。この相違は、いかに区域 C・D が「食」に特化しているかを逆照射するものである。

　東半部の店舗分布も、細分類レベルの 3 グループ間で明瞭な相違を示す。第 1 のグループの A「布地のみ」・B「布地＋衣類」の計 4 店舗は、すべてが区域 A にあたる固定店舗に所在している。その売り手は、前者がアラブ人、後者がソンライ人とエスニシティを異にするが、ジェンダーに関してはともに男性である。「大市場」の I「衣料」店舗を細分類レベルで示した図 37 も、この 2 業種・品目の店舗は固定店舗（I）・（Ⅱ）に限られていた。両市場は、第 1 グループの買回り品に関しては、ともに固定店舗立地かつ売り手は男性という同一傾向を示す。

　つぎに、第 2 グループの E「古着」の店舗は、すべて区域 B の Somiex 背面の路上店舗に集中している。図 44 から窺えるように、この地区の路上店舗の規模が他とくらべて大きいのは、それらが古着の店舗であることと関係している。古着は、路上に広げて販売する場合が多いからである。さきに、ここが、路上店舗としてはごく少ない＜I「衣料」＋ソンライ人売り手＋男性＞という特徴をもつことを指摘した。その I「衣料」は、細分類レベルでは E「古着」の路上店舗群ということになる。「大市場」でも、図 37 は、大型市場建造物の南辺外に E「古着」の路上店舗が集中していた。そこでも、それらの店舗は、ソンライ人の男性を売り手としていた。これらの点は、「小市場」の E「古着」の場合とまったくおなじである。

(3)—2　Ⅱ「食　料」

　つぎに、Ⅱ「食料」の店舗構成の検討へと移ることにしたい。Ⅱ「食料」は「小市場」最大の業種・品目で、その店舗数は全店舗の 73 ％にあたる 250 店舗を占める。それらを、「大市場」とおなじ基準で A〜J の 10 業種に細分類した。細分類別店舗数を表 31 として掲げ、またそれらの店舗分布を図 45 に図示した。

　表 31・上表の最終行の「計」は、細分類別の店舗数を示す。その合計値が 20 店舗以上の品目は 5 つで、多い順に、B「穀物・パン」＝ 80、D「生野菜」＝ 33、H「生魚・乾魚」＝ 31、C「食肉」＝ 23、F「食用油・バター・ミルク」＝ 20 となる。ここに列挙した品目は、農・漁・畜の 1 次産品ないし 2 次加工品である。しかし 2 次加工品はごく少なく、具体的にはパンと食用油・バターの 3 つのみである。フィールドノートから、これらの 2 次加工品を販売する店舗をとりだすと、B「穀物・パン」のうちパンを販売するのは 3、また F「食用油・バター・ミルク」のうち食用油を販売するものは 1 にすぎない。店舗数の上位を占める Ⅱ「食料」店舗の販売品は、基本的に未加工の農・漁・畜の 1 次産品からなっている。

　「小市場」は、これら農・漁・畜の生産者・仲買人と直結するバーザールである。農にかかわる生野菜と穀物のうち生野菜は、トンブクトゥ近郊とニジェールぞいの小耕圃で栽培される。また穀物は、ニジェール川内陸デルタからの米とその外方にひろがる平原からのモロコシ・トウジンビエ・フォニオを主とする。漁にかかわる生魚と乾魚は同川内陸デルタから、また畜にかかわる食肉とバター・ミルク・クリームは北方のサハラから、それぞれもたらされる。

　これらに、店舗数は 10 と少ないが、サハラ沙漠からの J 塩をくわえると、歴史をつうじてトンブクトゥが担ってきた交易機能の多くが、現在も「小市場」によって担われていることを物語る。もちろん、そこには大きな変化がある。それは、かつての基軸商品であった南方からの金がもはや登場してこない点にある。塩金交易の衰退という変化はあるが、「小市場」のⅡ「食料」店舗においても、かつての活発な遠隔地交易の残光を感知することができる。「小市場」を「勝手口」のバーザールと性格づけることができるとしても、その「勝手口」は、このような歴史と空間を背景としているのである。

　この点を中心に、「小市場」の特質を「大市場」と比較することにしたい。表 31・下表に掲げた細分類レベルの品目別構成比で、「大市場」が「小市場」を大きく引きはなしている業種をあげると、A「食料全般」、E「乾燥野菜」、I「香辛料・茶葉・砂糖」の 3 つで

表 31　Ⅱ「食料」の品目別・エスニシティ別 売り手数——「小市場」・1992 年

エスニシティ		Ⅱ　「食料」の細分類										計
---	---	A	B	C	D	E	F	G	H	I	J	
I	アラブ										9	9
	モール											
	白色トゥアレグ											
II	ソンライ	3	23	12	13	6	3	4	3	1		68
	タマシェク	1	57	11	18	10	15	14	24	13	1	164
III	マルカ											
	ボゾ								4			4
IV	ドゴン				1		1					2
	モシ											
V	バンバラ				1	1	1					3
	プール											
	セヌフォ											
	計	4	80	23	33	17	20	18	31	14	10	250

<「大市場」との構成比比較>（%）

	A	B	C	D	E	F	G	H	I	J	計
「小市場」	1.6	32.0	9.2	13.2	6.8	8.0	7.2	12.4	5.6	4.0	100.0
「大市場」	18.8	11.6	5.8	8.7	29.1	8.0	3.6	1.4	9.4	3.6	100.0

A「食料全般」　　　B「穀物・パン」　　　C「食肉」
D「生野菜」　　　　E「乾燥野菜」　　　　F「食用油・バター・ミルク」
G「落花生・乾燥果実」　H「生魚・乾魚」　　　I「香辛料・茶葉・砂糖」
J「塩」

ある。とりわけ A の構成比は「小市場」では 2 ％にも満たないのに対して、「大市場」では 19 ％に達している。A「食料全般」は、I「香辛料・茶葉・砂糖」と共通する食品にくわえて、穀物・乾果さらには缶詰・粉ミルク・ビスケット・スナック菓子などの工場製食品を主たる品目とする。これらは、いずれも保存性の大きい加工食品である。「大市場」では、A「食料全般」は、I「衣料」の A「布地のみ」などとともに「大店」的な固定店舗（I）に所在し、都市の中心バーザールとしての「大市場」を代表する品目であった。

　表 31・下表は、E「乾燥野菜」の構成比が、「小市場」の 7 ％に対して「大市場」は 29 ％に達し、両者のあいだには 22 ポイントもの大差があることを示している。「大市場」では、それは II「食料」の第 1 位の販売品目であって、第 2 位の A「食料全般」の構成比＝ 19 ％を大きく引き離す比率を占めていた。つまり E「乾燥野菜」は、「大市場」に極度に集中している品目である。「なぜ、E「乾燥野菜」の店舗が＜食への特化＞を特質とする「小市場」ではなく、「大市場」に集中をしているのか」という問題を立てて、それについて考えることにしたい。

　E「乾燥野菜」は、各種野菜の茎葉・種実やバオバブ樹などの葉を乾燥させたもので、西アフリカの常食である粉粥あるいは米飯のかけ汁用食材である。それは、都市住民が日常的に購入する代表的な最寄り品である。このことを確認したうえで、トンブクトゥの都市空間内での「小市場」と「大市場」の立地を比較すると、その相違は、「小市場」の周縁立地に対する「大市場」の都市内立地と要約しうる。住民の参集容易な都市内に立地する「大市場」は、最寄り品の販売にとっても好適な立地場となる。それが、「大市場」の大型市場建造物外の路上店舗（II）を広く覆って E「乾燥野菜」の店舗を密集させていた要因であろう。これは、都市空間の周縁に位置する「小市場」では実現困難なことである。つまり西アフリカの食習慣では、E「乾燥野菜」は参集容易な都市の中心バーザールとむすびつく品目なのである。

　つぎに、図 45 をもとに、細分類レベルで II「食料」の店舗分布を、とくにクラスター分布に注目して検討することにしたい。

　A「食品全般」　表 31 にあるように 4 店舗のみで、細分類品目のなかでもっとも少ない。それらは、区域 A を構成する南北 2 つの固定店舗（I）のうち、南につらなる建造物の中央部に小さなクラスターをつくっている。店舗数には大差があるが、「大市場」と同様に、「小市場」でも A「食品全般」は固定店舗とむすびつく。それらの売り手は、タマシェク人女性 1 とソンライ人男性 3 からなり、II「食料」としてはめずらしく男性に偏倚している。

　B「穀物・パン」　80 店舗を占める最大の品目である。それらの店舗は区域 D の路上

店舗に集中し、そのほとんどが米を主要商品としている。穀物店舗のクラスターは、区域Dの3ヵ所でみとめられる。それらの販売米は、収穫後の加工過程の相違をもとに、クラスターごとに差別化されているようである。

第1のクラスターは区域Dの中央部にあり、ここで販売されている米は、玄米とパーボイル加工された米とが相半ばし

写真39 米の路上店舗 　「小市場」の販売穀物のなかでもっとも多いのは米で、小売り店舗では搗精した数種類の米を販売している。下から2番目の容器はパーボイル米で、店のなかは、写真にない赤米のみを扱っているものもある（応地撮）。

ている。第2のクラスターは区域Dの南東端を占め、その販売米は玄米・パーボイル米・籾米の3つにまたがるが、玄米がもっとも多い。第1・第2の両クラスターは、ともにタマシェク人女性を売り手としている。第3のクラスターは区域Dの南西端にあり、その販売米はすべて籾米である。それらの店舗は規模の大きい路上店舗群からなり、大きな麻袋に入れた籾米を販売している。籾米と大袋での販売は、それらが小売り店舗ではなく、卸売り店舗であることを示していよう。また同クラスターの全店舗が、ソンライ人男性を売り手としていることも、第1・第2のクラスターとは性格を異にしていることを物語るものであろう。

C「食肉」 　店舗数は23と第4位であるが、「大市場」での8店舗にくらべればはるかに多い。店舗数の激増は、食肉取引の中心が「小市場」にあることを示していよう。その店舗は、2ヵ所にクラスターを形成して分布する。第1のクラスターは区域Bにあり、市場建造物とその周辺の路上店舗に半数の12店舗が集まる。それらは、羊肉をあつかう2店舗をのぞくと、すべて牛肉の店舗からなる。そのなかの1店は、貧困者が多く購入する牛の頭肉の店舗である。第1のクラスターの売り手は、タマシェク人とソンライ人からなるが、前者の方が多い。表27によると、固定店舗に所在するタマシェク人の店舗数は7にすぎない。図45は、そのうちの4までが同クラスターの市場建造物内のC「食肉」店舗によって占められていることを示す。タマシェク人にとってのC「食肉」の重要性を

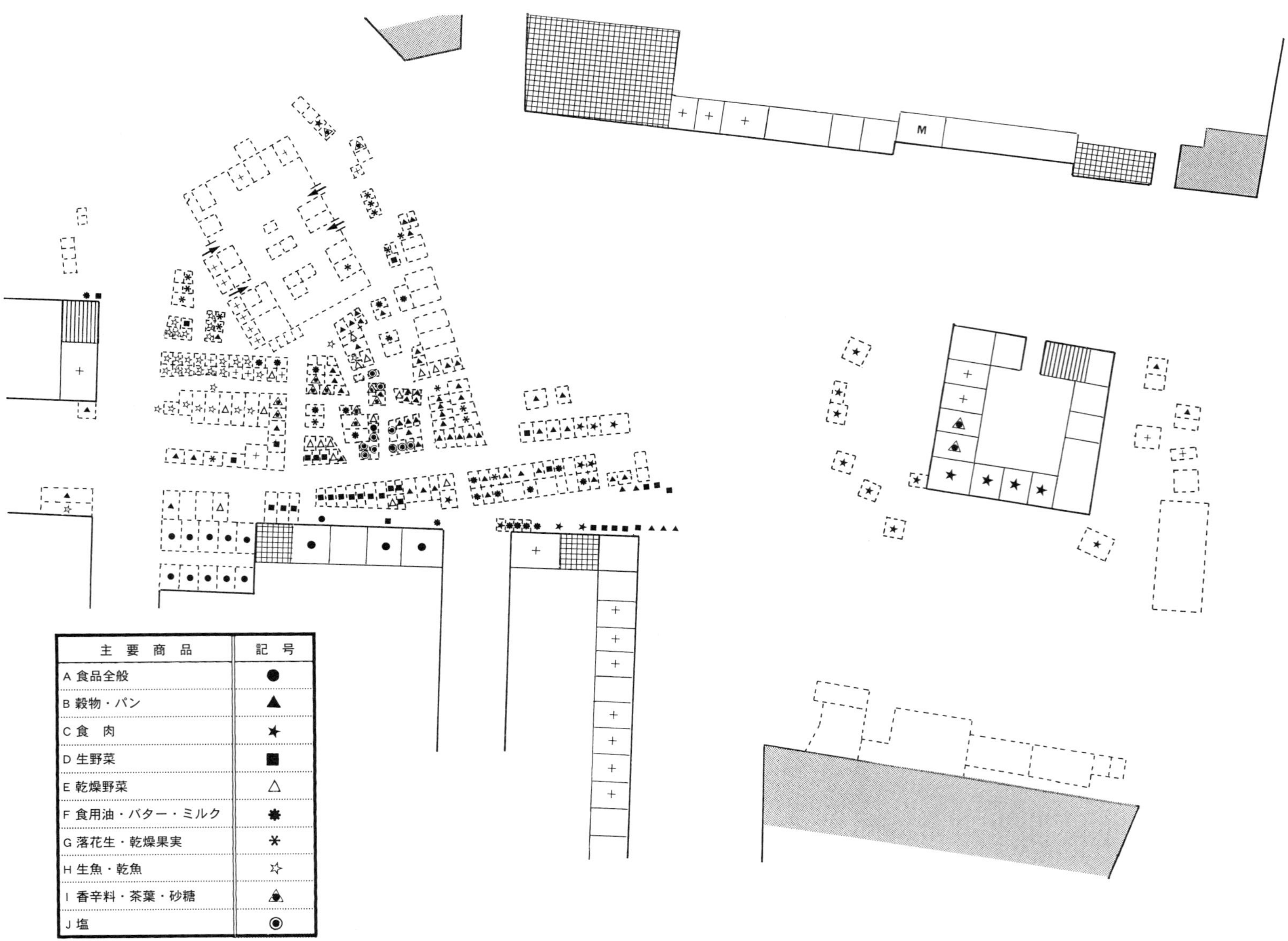

主要商品	記号
A 食品全般	●
B 穀物・パン	▲
C 食 肉	★
D 生野菜	■
E 乾燥野菜	△
F 食用油・バター・ミルク	✳
G 落花生・乾燥果実	＊
H 生魚・乾魚	☆
I 香辛料・茶葉・砂糖	♠
J 塩	◉

図45　II「食料」店舗の細分類とその分布――「小市場」　1992年・8月（応地作図）

物語っていよう。第2のクラスターは、区域Dの南東端部にある。ここでは、販売品は羊肉と牛肉がほぼ相半ばしている。売り手のエスニシティはタマシェク人よりもソンライ人が多い。

C「食肉」は、2つの点で特異性をもつ品目といえる。1つは、売り手のエスニシティ構成である。II「食料」の売り手を総数レベルでみると、ソンライ人が68人、タマシェク人が164人で、ソンライ人はタマシェク人の半数以下にすぎない。しかし**表31**にみるように、C「食肉」に関してはソンライ人の売り手数がタマシェク人を上まわっている。このような業種は、C「食肉」とA「食品全般」の2品目のみである。もう1つの特異性は売り手のジェンダー構成で、女性の売り手が約4分の3に達するII「食料」のなかで、C「食肉」は売り手がすべて男性からなる唯一の品目である。これらの特異性は、大分類では＜I「食料」―タマシェク人―女性＞連環が圧倒的ななかで、これとは異なった細分類レベルでの＜C「食肉」―ソンライ人―男性＞連環の存在と要約できる。

D「生野菜」　店舗数は33で、E「乾燥野菜」と同数である。その店舗数は、細分類レベルではB「穀物・パン」についで多い。これらの店舗の販売商品は、各種の葉菜・果菜・根菜であるが、意外にも根菜のサツマイモが多い。またドゴン人を売り手とする店舗が1店あり、そこでの主販売商品はヤムイモである。ドゴン人は、ニジェール川を越えた南方を根拠地とするエスニック集団であり、その南方の湿潤地帯にはヤム・ベルト（Yam Belt）とよばれるヤムイモの生産地帯がある。彼らがはるか北方のトンブクトゥの「小市場」でヤムイモ販売に従事しているのは、興味ぶかい。

D「生野菜」のクラスターは、区域Dの中央下端と南東端の2ヵ所でみられる。中央下端のクラスターは、サツマイモ・タマネギなどの根菜を扱う店舗が多く、先述したドゴン人のヤムイモの店舗もここに所在する。そのエスニシティはソンライ人とタマシェク人を主としているが、前者の方が多い。もう1つの南東端のクラスターは、スイカ・ウリなどの果菜を扱う店舗が多い。その売り手は、タマシェク人を主としている。両クラスターともに、売り手のジェンダーは女性が多い。しかしサツマイモを主商品とする9店舗の売り手は、すべて男性である。それらの店舗はサツマイモを路上店舗にひろく積みあげて販売しているので、小売りと同時に卸売りの店舗と推量できる。

E「乾燥野菜」　店舗数は33で、D「生野菜」とならんで、B「穀物・パン」の80店舗についで多い。しかしE「乾燥野菜」の店舗は、クラスターを形成することなく区域Dの各所に散在している。「大市場」ではE「乾燥野菜」は店舗数最多の業種・品目であり、その店舗は大型市場建造物内の路上店舗（I）と同建造物外の路上店舗（II）を覆いつくすように分布していた。それは、集塊的なクラスターというよりも巨大なベルト状分

布であり、いかに「大市場」のII「食料」がE「乾燥野菜」に特化しているかを示すものであった。しかし「小市場」では、区域Dの各種のII「食料」店舗のなかに埋没してしまっている。両市場の店舗数とその分布パターンにみられる相違は、前述した両市場の性格の相違を反映するものである。

　E「乾燥野菜」の店舗が、「小市場」ではクラスターを形成することなく、分散的に立地していることの背景には、つぎのような事情が働いていると考える。それは、「小市場」の面域とE「乾燥野菜」の商品としての性格に関するものである。「小市場」の路上店舗の数は318であって、「大市場」の177の1.8倍に達する。しかも路上店舗の規模は、「大市場」よりも大きい。そのため路上店舗が密集する区域Dの面域は、「大市場」の路上店舗群の面域をはるかに上まわる。前言したようにE「乾燥野菜」は、都市住民が日々購入する最寄り品的な食材である。面域の大きい区域Dでは、多方面から来市する住民に対しては、特定場所にクラスター状に集塊するよりも分散立地の方が便益性大という立地戦略である。表31が示すようにE「乾燥野菜」の売り手は、タマシェク人の10人を最多とし、ついでソンライ人の6人とバンバラ人の1人からなっている。そのジェンダーはバンバラ人のみが男性で、他の16人はすべて女性である。

　F「食用油・バター・ミルク」　店舗数は20であるが、食用油を扱う店舗は1店のみで、バター・ミルク・クリームを主要販売品としている。バターは、乳加工のバターではなく、さきに説明した植物性のシアバターである。したがって腐敗性大の乳製品は、ミルクとクリームだけとなる。計20店舗のうち10までが、区域Dの南東部に集まっている。同クラスターは、北側の路上店舗群がシアバター、南の固定店舗北辺の路上店舗群がミルクを主要販売品としている。表31は、F「食用油・バター・ミルク」の売り手のほとんどがタマシェク人であることを示す。そのジェンダー構成は1人をのぞいてすべて男性で、II「食料」としては数少ない男性優位の品目となっている。

　G「落花生・乾燥果実」　店舗数は18で、多くはない。II「食料」のなかでは区域Cに集中分布する唯一の品目で、同区域の長方形コンパウンドの東西両辺の外側に小クラスターを形成する。両者の販売品目は大差がないが、前者では落花生、後者では乾燥スイカ種子が多いようである。小麦・モロコシなどの穀物、またミルクを併売している店舗も多い。売り手のほとんどがタマシェク人であって、そのジェンダーはすべて女性である。

　H「生魚・乾魚」　店舗数は31と多く、「大市場」の2店舗を大きくうわまる。それは、H「生魚・乾魚」の取引の中心が「小市場」にあることを物語る。店舗のほとんどが区域Dの西端に集中し、そこに大クラスターを形成する。おそらく魚が発する異臭が、同業種を市場域の周縁に集中させているのであろう。店舗は生魚の店舗と乾魚の店舗で分

かれていて、その内訳は前者が 6、後者が 25 と乾魚が圧倒的に多い。

　乾魚は、雨期の後半からはじまるニジェール川の増水期に、河流の狭まったところに据えた大きな筌や定置網で川魚を捕獲し、燻製加工したものである。それは、乾燥野菜とともにかけ汁用の食材となる。そのため乾魚の店舗では、乾燥野菜を併売しているものが多い。売り手のエスニシティは、**表 31** にあるようにタマシェク人が圧倒的に多いが、注目されるのは 4 人のボゾ人の存在である。彼らはニジェール川内陸デルタを代表する漁労民で、川魚の捕獲・燻製加工も彼らによってなされる。「小市場」で営業するボゾ人は、すべて H「生魚・乾魚」の売り手である。彼らの 4 店舗は、生魚が 3、乾魚が 1 であって、H「生魚・乾魚」の全体的な傾向とは逆に、生魚が多い。売り手のジェンダー構成は、タマシェク人の 2 人が男性であるほかは、他はすべて女性である。

　I「香辛料・茶葉・砂糖」　店舗数は 14 で、その半数が区域 D の中央部に集まっている。香辛料はトウガラシを主とし、そのほかコショウ、サフランなどがくわわる。香辛料ではないが、焚香料の乳香も I「香辛料・茶葉・砂糖」に含めた。しかし乳香は、ごく少量のみが路上店舗の一角にならべられている場合がほとんどである。I「香辛料・茶葉・砂糖」は、II「食料」関連では固定店舗に店舗が所在する数すくない業種である。その位置は区域 B の市場建造物内で、そこに 2 店舗が存在する。

　これらの 2 店舗は砂糖を中心とする「大店」で、売り手はタマシェク人の男性である。I「香辛料・茶葉・砂糖」で男性が売り手であるのは、固定店舗の 2 店舗のみである。それらをのぞいた他の店舗は、区域 D の中央部で小クラスターを形成するほか、区域 C の北東端などに散在している。これらの店舗は、いずれも香辛料と茶葉のほか塩・トウジンビエなどの穀物・乾燥野菜など多様なものを併売している。その売り手は、ほぼすべてタマシェク人の女性からなっている。

　J「塩」　店舗数は 10 で、その全店舗が区域 D の中央部に所在し、そこにクラスターを形成する。店舗のほとんどが、塩のみを扱う専業店舗である。J「塩」の大きな特徴は、売り手のエスニシティ構成にある。**表 31** にみるように、計 10 人の売り手のうち 9 人までがアラブ人であり、いまも北方系のアラブ人が塩取引で独占的な地位を占めていることを示す。売り手のジェンダーは、すべて女性である。

(3)—3　V「その他の商品」

　V「その他の商品」に属する店舗を 10 業種・品目に細分類して、**表 32** に示した。同表は、上表には売り手のエスニック集団ごとの品目別店舗数、また下表には品目別構成比を「大市場」と比較できるように表示した。また品目別の店舗分布図を作成して、**図 46** として掲げた。

　V「その他の商品」の店舗数は **37** で、全店舗数 **342** の **11** ％にあたる。その比率は、「大市場」の **6** ％の約 **1.8** 倍となる。市場全体の店舗数では「小市場」は「大市場」の **1.2** 倍であるので、V「その他の商品」に関しては「小市場」への集積が顕著なことを物語る。それは、都市の中心バーザールとしての「大市場」よりも、「勝手口」としての「小市場」がより多様な機能を担っていることを反映するものでもあろう。

　最初に、**表32**・下表をもとに、「小市場」と「大市場」の V「その他の商品」の細分類レベルでの品目構成を比較して、「小市場」がもつ特質をとりだすことにしたい。同表の空欄は、それぞれの市場で欠落している品目にあたる。それに該当するのは、「大市場」では A「乾燥タバコ葉」、E「皮革」、F「ヒツジ用飼料・農具・金具」、G「ビニール袋・故物」である。これらは、農と畜の **1** 次産品である A・E、また農と畜への資材である F・G からなる。「大市場」は都市の中心バーザールであり、これらの農と畜にかかわる業種・品目を欠いているのは当然といえる。一方、「小市場」で欠落している細分類業種・品目は H「土産物」と I「書籍」で、ともに都市の中心バーザールである「大市場」にふさわしい都市的品目である。農と畜に直結した「勝手口」にあたる「小市場」が、それらを欠いているのは当然といえる。

　つぎに、「大市場」と「小市場」とのあいだで構成比が大きく異なる品目に注目するこ

表32　V「その他の商品」の品目別・エスニシティ別 売り手数——「小市場」・1992 年

エスニシティ		V 「その 他 の 商 品」の 細 分 類										計
		A	B	C	D	E	F	G	H	I	J	
I	アラブ						1				1	2
	モール											
	白色トゥアレグ				1							1
II	ソンライ	3	2		1		1	1				8
	タマシェク	5	3	11	4	1	1	1				26
III	マルカ											
	ボ ゾ											
IV	ドゴン											
	モ シ											
V	バンバラ											
	プール											
	セヌフォ											
	計	8	5	11	6	1	3	2			1	37

<「大市場」との構成比比較>　（％）

	A	B	C	D	E	F	G	H	I	J	計
「小 市 場」	21.6	13.5	29.8	16.2	2.7	8.1	5.4			2.7	100.0
「大 市 場」		15.7	21.1	5.3				5.3	5.3	47.3	100.0

A「乾燥タバコ葉」　　　　　　　B「履　物」　　　　　　C「木炭・薪」
D「井戸用つるべ・滑車・ロープ」　E「皮　革」　　　　　　F「ヒツジ用飼料・農具・金具」
G「ビニール袋・故鉄」　　　　　H「土産物」　　　　　　I「書　籍」
J「自動車部品・ガソリンスタンド」

とにしたい。両市場の構成比が 10 ポイント以上の大差を示す品目をとりだすと、A「乾燥タバコ葉」、D「井戸用つるべ・滑車・ロープ」、そして J「自動車部品・ガソリンスタンド」の 3 品目を数える。

　そのうち「大市場」の方が大なのは J「自動車部品・ガソリンスタンド」で、その差はほぼ 45 ポイントにもおよぶ。同品目の「大市場」への顕著な集積は、「大市場」北方の広場空間がバスをはじめとする自動車交通の「道の駅」であり、同広場をとりまく固定店舗（Ⅰ）に自動車関連の店舗が集中立地していることによる。これに対して「小市場」の J「自動車部品・ガソリンスタンド」の店舗は、1（3 ％）のみにすぎない。その理由は、もちろん「小市場」が自動車ターミナルから離れた位置に所在していることにある。同時に、それは、トンブクトゥをめぐる歴史的な輸送・交通体系の変容を物語る。

　「小市場」は、歴史をつうじてトンブクトゥをささえてきた南からのカバーラからの輸送水路と河港、北からのサハラ縦断交易路の 2 つの交通ルートが結節する地点に位置するバーザールであった。しかし 1970 年代後半には輸送水路が廃絶し、南方からの輸送・交通体系は水路から陸路の自動車交通へと変化する。その変化のなかで、新たな輸送・交通体系のターミナルが「大市場」の市場空間に付加されていった。それが、J「自動車部品・ガソリンスタンド」を「大市場」に集積させ、「小市場」と「大市場」とのあいだでの同品目の大差を生みだした要因といいう。

　逆に、「小市場」の方が「大市場」に対して 10 ポイント以上の大差をつけている品目は、A「乾燥タバコ葉」と D「井戸用つるべ・滑車・ロープ」である。前者から、検討することにしたい。水煙草用の乾燥タバコ葉は、もちろん「大市場」でも販売されている。しかし「大市場」では、乾燥タバコ葉は、A「食料全般」や G「落花生・乾燥果実」またⅣ「よろず屋＋食料／衣料」などの店舗で、他の食料品とともに併売されている商品である。これに対して「小市場」では、もちろん「大市場」とおなじように食料品などとともに販売されている場合も多くみられる。しかしその一方で、乾燥タバコ葉をロープで束ねて販売している卸売り的な店舗も存在する。**表 32** では、卸売り的な 8 店舗を A「乾燥タバコ葉」として独立させた。農・畜・牧にかかわる 1 次産品の集散市場という「小市場」の機能のなかに、乾燥タバコ葉の卸売りもふくまれているのである。

　D「井戸用つるべ・滑車・ロープ」は、「大市場」の 1 店舗に対して、「小市場」では 6 店舗へと増加している。その販売商品は、井戸の畜力利用の揚水用具一式にあたる。トンブクトゥの市街地は、現在では、深井戸の地下水を電気揚水して給水塔に貯水し配水する上水道が普及している。そのため、かつての飲料水用井戸はほぼ完全に廃絶してしまっている。したがって揚水用具の顧客は、市街地の住民ではなく、周辺とりわけ北方のサハラ

写真 40　畜力揚水井戸の用具　サハラでは、井戸に滑車つき支柱を立て、革製の大きなツルベを結びつけたロープを滑車にわたして、ラクダにロープを引かせて揚水する。ここに並ぶのは、その用具一式にあたる（応地撮）。

沙漠を放牧域とする遊牧集団である。「小市場」への D「井戸用つるべ・滑車・ロープ」の集積も、北方のサハラを関係圏域とする同市場の特質をよく示している。

　さきにVII「職人」の店舗を検討した際に、「大市場」と「小市場」とのあいだで、仕立人の主要エスニシティが相違することを指摘した。「大市場」では仕立人のほとんどがソンライ人であった。

これに対して「小市場」では、アラブ人と白色トゥアレグ人という北方系集団がソンライ人よりも多かった。この北方系2集団の仕立人は、「大市場」では皆無であった。

　「小市場」で北方系集団の仕立人が多数を占めている理由として、両市場の顧客層の相違をあげた。トンブクトゥ市街地の住民を顧客層とする「大市場」では、衣服の仕立は地元系のソンライ人の仕事である。これに対して北方のサハラの遊牧集団を重要な顧客層とする「小市場」では、おなじく北方系のアラブ人と白色トゥアレグ人の仕立人が登場してくるのは当然といえる。D「井戸用つるべ・滑車・ロープ」の集積とアラブ人・白色トゥアレグ人からなる北方系集団の仕立人の登場は、「小市場」の重要な関係圏が北方のサハラにあることを明示するコインの両面といえる。

　「小市場」のV「その他の商品」関係の店舗のなかで、店舗数が最大なのはC「木炭・薪」である。**表32**・下表からは、「小市場」と「大市場」のあいだでのC「木炭・薪」をめぐる2つの共通点をよみとることができる。その1つは、C「木炭・薪」がV「その他の商品」の店舗数・第1位の品目であること、他はその構成比がともに20％台という高比率を占めていることの2点である。その背後には、木炭と薪が家庭用の燃材として日常的に使用される必需品だということがあろう。また同表・上表が示すように、C「木炭・薪」に属する11店舗の売り手はすべてタマシェク人である。**表26**で「大市場」のC「木炭・薪」の売り手のエスニシティをみると、ここでもすべてタマシェク人からなり、この

点でも両市場はおなじである。木炭と薪は、ともにトンブクトゥをとりまく沙漠の砂丘間凹地とその斜面に自生している灌木を主原料としており、そこはタマシェク人の活動空間であることによろう。

最後に、**図46**をもとに、V「その他の商品」に属する店舗の空間分布を細分類レベルで検討することにしたい。同図を一覧すると、総店舗数が37ということから当然のことではあるが、空白の店舗が目につく。記号が記入された店舗に注目すると、その分布は散在的というよりも偏在的である。とくに区域Cの長方形コンパウンドの周辺に、2つのクラスターが形成されている。1つは同コンパウンド東方のやや規模の大きい路上店舗の南北列であり、他方はコンパウンド西方のごく小規模な路上店舗群である。両者の業種構成は、まったく異なっている。

前者では、主としてA「乾燥タバコ葉」とD「井戸用つるべ・滑車・ロープ」の両業種が混在しあって、ともにここをもっともまとまった分布域としている。後者は、C「木炭・薪」のクラスターである。V「その他の商品」の関連店舗は、区域Dの路上店舗群にはごく少なく、その南東端に少数の店舗が分布するのみである。それらも、ほぼすべてC「木炭・薪」の店舗である。C「木炭・薪」は、区域Cの北西端と区域Dの南東端という市場域の最周縁部に小クラスターを形成して分布している。その周縁立地は、特有の微細な埃を立てる木炭を市場域から離間させるためであろう。

図46は、V「その他の商品」の店舗分布が市場域の西半部に多く、東半部には少ないという偏在性を示している。その少ない東半部に注目すると、2つの興味ある分布状況を観察しうる。1つは、「小市場」唯一のJ「自動車部品・ガソリンスタンド」の自動車関連店舗が、オープン・スペース北縁の固定店舗に所在していることである。その固定店舗立地は「大市場」とおなじで、店舗規模も「小市場」で最大である。ここでも、J「自動車部品・ガソリンスタンド」は、「大店」に所在する品目である。

もう1つの点は、東端の正方形の市場建造物とその周辺の店舗構成である。そこには、計6店舗が所在する。その細分類レベルでの業種・品目は、F「ヒツジ用飼料・農具・金具」＝3店舗、D「井戸用つるべ・滑車・ロープ」＝2店舗、E「皮革」＝1店舗となっている。これら3品目は、いずれも、トンブクトゥ自体ではなく、周辺の沙漠を活動域とする遊牧集団の産品であり、また彼ら用の生活・生産資材である。正方形の市場建造物の南辺には、**図45**が示していたように、II「食料」のC「食肉」の固定店舗がならんでいた。C「食肉」も、遊牧集団がもたらす家畜の1次産品である。これをあわせると、正方形の市場建造物とその周辺は、「小市場」が担っている北方のサハラとの交易・交渉機能の拠点といえる。

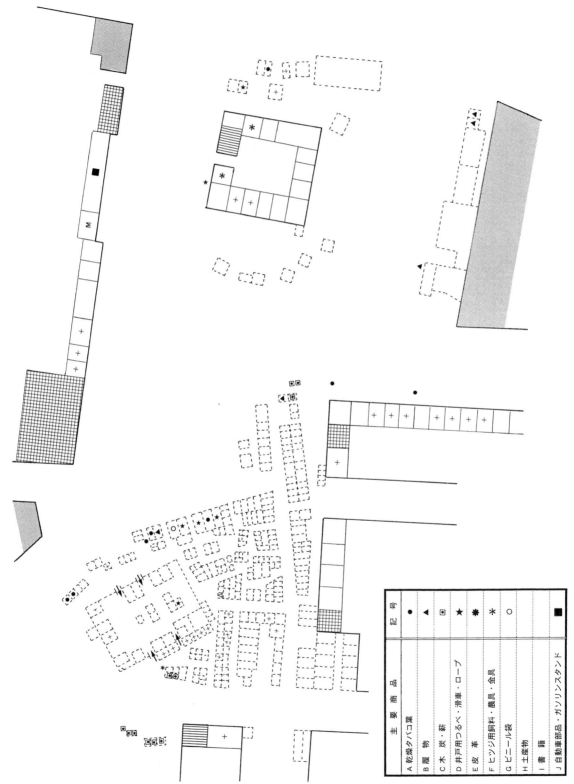

図46　V「その他の商品」店舗の細分類とその分布──「小市場」　1992年・8月（応地作図）

このことと関連して、F「ヒツジ用飼料・農具・金具」について注記しておきたい。そのうちの「ヒツジ用飼料」はアカシア科の樹木の木枝で、その葉がヒツジ・ヤギの飼料として利用される。また「小市場」の店舗で現認した唯一の農具は、鍬の耕刃であった。XI―(2) で、1996 年の人口調査をもとにトンブクトゥの職業構成を検討した際に、世帯主の最多職業が農林漁業従事者であって、その比率が 28 ％に達することを強調するため、トンブクトゥを「農人都市」と形容した。

しかし農・畜・漁にかかわる「小市場」でも、農具を販売する店舗は 1 店舗しか確認できなかった。それが、前記の鍬刃である。多数の農耕従事者が存在するにもかかわらず、バーザールでは、農具は主要な販売品どころか、それを見いだすことすら困難という実情がある。このギャップの説明は、農村在住の鍛冶職の存在にあろう。

トンブクトゥ周辺でみられる農耕についてはのちに詳述することにして、ここでは、つぎの諸点のみを指摘しておきたい。それは、ムラで使用される農具はきわめて少なく、ほぼ手鍬・手鋤にかぎられていること、それらはムラに在住する鍛冶職によって自家生産されていて、バーザールに供給を依存することがないことなどの諸点である。それらがあいまって、前言したギャップを生みだしていると考えうる。

XIV　市場活動のエスニシティ・ジェンダー（Ⅲ）
——「近隣市場（アルバメ市場）」——

　ここで「近隣市場」としてとりあげるのは、旧市南西端の官庁地区南部に位置するアルバメ（Albamé）市場である。同市場は、図20の官公署などの公的施設分布図で示したように、旧市の南縁を画する周回道路と南方の外港・カバーラへといたる道路との交点に位置する。同図には、そこにヨコ・細線で市場域を図示した。その規模は、同図が描く「大市場」また「小市場」とくらべると小さい。

　トンブクトゥの公定大区でいえば、アルバメ市場はサライ・ケイナ大区に所在する。同大区は4小区に分かたれ、その1つがアルバメ小区とよばれる。アルバメとは、地元のソンライ語で「市場（alba）への入口（mé）」を意味し、市場名はこの小区名に由来する。「大市場」と「小市場」が旧市の北部に偏在しているので、南方の旧市また新市に居住する住民への市場として、同市場がアルバメ小区に開設されたのであろう。この開設過程が示すように、アルバメ市場はトンブクトゥ全市さらにはその後背地を関係圏域とする市場ではなく、南部住民を対象とする近隣市場といいうる。「大市場」また「小市場」との相違をあきらかにして、アルバメ市場を「近隣市場」とよびうる根拠を提示することも、ここでの検討課題である。臨地調査は、既出の「大市場」また「小市場」とおなじ方法で、1990年8月におこなった。

（1）アルバメ市場の立地と構成——「市の立つ広場」

　図12は、作製年次の記入はないが、1970年代のトンブクトゥ測量図と考えられる。同図は、現在のアルバメ市場の所在場所をオープン・スペースとして描き、そこに、フランス語で "Place de la foire"（「市の立つ広場」）と記入している。その記入は、「大市場」の "Grand Marché" また「小市場」の "Marché" とは異なり、「市場」を意味する Marché という語を当てていない。同図が作成された70年代には、そこは、「市場」というよりも「（露天）市の立つ広場」として意識されていたのであろう。

　歩測をもとに作成したアルバメ市場の構成を、図47に掲げた。図の北部を北東方から斜走する太い実線は、図12が描く周回道路北側のコンパウンド列の土塀にあたる。そのコンパウンド内には、電報電信公社（Office de Télécommunication）などの官公庁や映画館が所在し、また市場域の東方にはアフマド・バーバー研究センターのコンパウンドがひろが

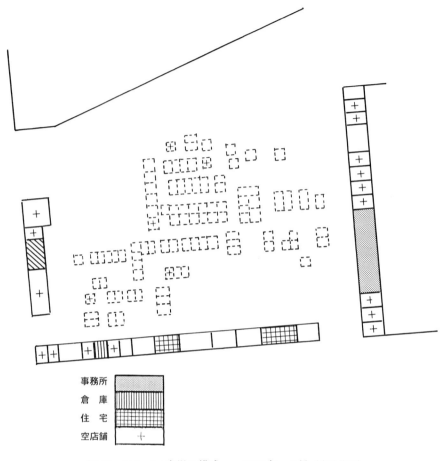

図 47　アルバメ市場の構成——1990 年・8 月（応地作図）

る。同センターは、VI—(3) でモロッコによるトンブクトゥ攻略について述べた際に、高名なイスラーム学者またモロッコへの抵抗運動の指導者として紹介したアフマド・バーバーを記念する研究施設である。市場域の南方には裁判所（**Palais de Justice**）の大きなコンパウンドがひろがる。このようにアルバメ市場は、西方の広大な軍事駐屯地をふくめて官公署地区のなかに所在している。

　北側のコンパウンド塀にそって周回道路が走る。その南西端で、同道路はカバーラ道路と合流する。周回道路の南側には土塀などの隔壁はなく、道路とオープン・スペースが一体化した市場空間となっている。街路とオープン・スペースとの一体化は、「小市場」と共通する。オープン・スペースをとり囲んで、東・南・西の 3 方に、ロング・ハウス状の建造物が市場空間を画して立つ。すでに**図 12** もこれらの建造物を描いていて、同図の作

製時には、それらの建造物がすでに存在していたことを示している。

　市場域をとりまくロング・ハウス状建造物は、内部を区画して店舗のほか事務所・住宅・倉庫として利用されている。その区画規模は、東辺建造物の事務所区画を最大規模として大小さまざまである。最大の区画には、トンブクトゥ管区予算局（Diréction Régional de Budget）が入居する。市場建造物への官庁事務所の入居は、官庁地区のなかに位置するアルバメ市場の性格をよく示している。

　西辺の建造物には、「大市場」の場合とおなじく、市営の公設食肉販売施設が設けられている。同施設は「小市場」にはなかったもので、「大市場」・アルバメ市場と「小市場」との性格の違いをよく示している。その相違を要言すれば、前二者が都市内の消費者のバーザール、後者が都市縁辺の農・漁・畜の第１次産品の集散バーザールといえる。当然、後者では、市当局が公設食肉販売施設を設置する必要はない。

　固定店舗に関するアルバメ市場の特徴は、空き区画が多いことにある。その数は、計30区画のうち16と過半に達している。とりわけ東辺と西辺の建造物で多く、そこには店舗がほとんど存在しないほどである。空き区画は「小市場」でもめだっていたが、その数は48店舗中の３分の１にあたる16で、アルバメ市場よりも少ない。それらは、ほとんどが休業中ないし閉店した店舗であった。しかしアルバメ市場の場合には、あきらかに未使用の空き区画があった。「小市場」のように、空き区画をただちに休業中ないし閉店した店舗といいえない状況がある。その背後に、アルバメ市場が、「市の立つ広場」として路上店舗からなる市場であったという歴史があろう。つまりアルバメ市場は路上店舗の市場であり、資力の乏しい路上商人の市場なのである。

　市場建造物とオープン・スペースからなる市場空間の規模は、東西幅：約115メートル、南北長：約70メートルほどで、「大市場」また「小市場」よりも小さい。市場空間の規模また建造物の形態には相違はあるが、建造物内の固定店舗を外囲とし、その内部の広場空間に路上店舗が密集するという構成は、「大市場」・「小市場」と共通する。

　表33に、アルバメ市場の店舗を固定店舗と路上店舗に大別して、エスニック集団別にその売り手の数を示した。その店舗総数は97で、「大市場」の295、「大市場」の342よりもはるかに少ない。そのうち固定店舗は8店舗と、全店舗数の8％にすぎない。その比率は「小市場」の7％とほぼおなじで、同比

表33　店舗類型別・エスニシティ別・売り
　　　手数——アルバメ市場・1990年

エスニシティ		固定店舗	路上店舗	計
I	アラブ	4		4
	モール		3	3
	クンタ	1		1
II	ソンライ	1	12	13
	タマシェク	1	69	70
V	バンバラ	1	5	6
	計	8	89	97

率が40％の「大市場」とは大きく異なっている。アルバメ市場も「小市場」も、ともに固定店舗の「大店」的な店舗が僅少という点で共通性をもつ。このことは、逆に「大市場」が「大店」的な固定店舗比率の高い中心バーザールであることを明示する。

　「市の立つ広場」をひきつぐオープン・スペースには、路上店舗が密集する。それらは、恒久性のある共同日覆いのもとで営業している。この点は、「小市場」と共通する。しかし「小市場」の路上店舗は規模に大小があったが、**図47**が描くように、アルバメ市場の路上店舗の規模は小さく、店舗間の差も小さい。この点に関しては、むしろ「大市場」の路上店舗（Ⅱ）と似ている。

(2)「近隣市場」の売り手たち——集団・業種

　アルバメ市場で確認した売り手のエスニシティの数は6で、「大市場」の12はもちろんのこと、「小市場」の8よりも少ない。アルバメ市場の売り手のエスニシティ構成は、集団数が少ないだけでなく、構成自体が他の2市場を相違している。**表33**の最左列に記入したローマ数字は、エスニック集団を本拠地別に集約したものである。それによると、Ⅱ地元系のタマシェク人とソンライ人が97店舗のうちの83（86％）を占めている。両者の比率は、「大市場」では85％、「小市場」では87％であったので、アルバメ市場も他の2市場とほぼおなじということになる。

　同表・最左列のローマ数字は、Ⅲ・Ⅳを欠いている。それは、Ⅲニジェール川内陸デルタ系、Ⅳニジェール川南岸以南の南方系の両エスニック集団の売り手が、アルバメ市場には存在しないことを意味する。またⅤのニジェール川上流域の西方系集団も、他の2市場では複数の集団が存在していたが、アルバメ市場ではバンバラ人のみとなっている。Ⅸ—(2)—3で述べたように、彼らは現在のマリ国の支配的エスニック集団で、そのトンブクトゥ来住は主として政治・経済にまたがる同集団のネットワークをつうじてなされている。しかしアルバメ市場では、彼らはほとんどが路上店舗の売り手であって、それらのネットワークとは別のチャネルによって来住したことを窺わせる。

　エスニック集団の数が減少しているなかで注目されるのは、Ⅰの北方系集団として、アラブ人とモール人のほかに、他の市場ではみられなかったクンタ（Kounta）人が登場することである。クンタ人は、サハラを根拠地とするベドゥイン系遊牧集団に属する[397]。モール人もアラブ化したベドゥイン集団とされており、両者は近縁の北方系エスニック集団といえる。

　アルバメ市場の売り手のエスニシティ構成を、その集団数が類似する「小市場」と比較すると、「小市場」の売り手は、アルバメ市場では不在のⅢ・ⅣをふくめてⅠ〜Ⅴの本拠

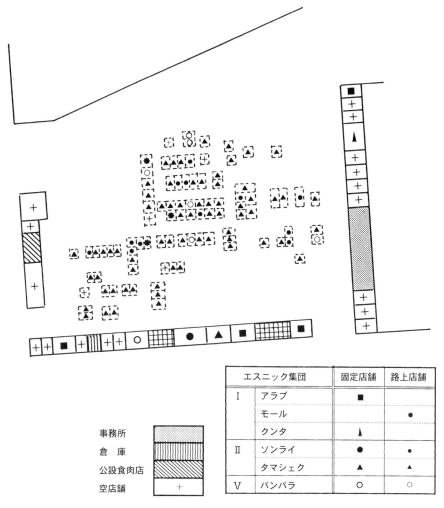

	エスニック集団	固定店舗	路上店舗
Ⅰ	アラブ	■	
	モール		✳
	クンタ	▲	
Ⅱ	ソンライ	●	・
	タマシェク	▲	▲
Ⅴ	バンバラ	○	○

事務所	
倉　庫	
公設食肉店	
空店舗	+

図 48　売り手のエスニシティ——アルバメ市場　1990 年・8 月 (応地作図)

地別集団のすべてを網羅している。それは、「小市場」が、トンブクトゥの「勝手口」として、広い範域から農・漁・畜の 1 次産品を移入するバーザールであることと相即している。それにくらべると、アルバメ市場の売り手の吸引範域ははるかに狭い。この点も、同市場を「近隣市場」として位置づける根拠の 1 つである。

　図 48 は、売り手のエスニシティ別に 97 店舗を分級して、その分布をみたものである。凡例は、固定店舗と路上店舗とに分けて、それらを営業場とする売り手が存在する場合のみに、該当セルに記号を記入した。

　アラブ人をとると、路上店舗には記号が記入されていないので、彼らの店舗は固定店舗

のみであることを示す。その店舗数は 4 で、計 8 の固定店舗のうちの半数をアラブ人が占めている。固定店舗での彼らの優越的な地位は、「大市場」の固定店舗（Ⅰ）でも、アラブ人が「卓越した存在」であったことを思いおこさせる。アルバメ市場でのみ登場する北方系のクンタ人も、アラブ人とおなじく固定店舗に店舗をもつ。

　路上店舗は、オープン・スペースの長辺と平行してほぼ東西方向にならぶ。表 33 にあるようにタマシェク人の店舗が、路上店舗 89 のうちの 69（78 ％）を占めている。路上店舗におけるタマシェク人の圧倒的な比率は「大市場」また「小市場」とも共通するもので、トンブクトゥのバーザールの一般的な特質として敷衍できる。第 2 位のソンライ人の路上店舗数は、12（14 ％）と一挙に少なくなる。図 48 にみるように、ソンライ人の路上店舗はクラスターを形成することなく、タマシェク人の店舗群のなかに散在している。その散在分布は、バンバラ人の場合もおなじである。

　つぎに、アルバメ市場に所在する計 97 店舗の品目別検討へと移りたい。そのために表 34 と図 49 を用意した。表 34 は、上表には 7 品目に大分類した店舗数をエスニック集団ごとに掲げ、また下表には他の 2 市場と比較できるように品目別構成比を並示した。図 49 は、品目大分類別の店舗分布図である。

　表 34 が示すように、アルバメ市場の大きな特徴は、Ⅰ「衣料」の欠如にある。同表・下表が示すように、Ⅰ「衣料」の構成比は、「小市場」でも「大市場」よりもはるかに低位であった。そのことも、「大市場」を中心バーザール、「小市場」を「勝手口」バーザールとした根拠であった。しかしアルバメ市場では、Ⅰ「衣料」の専門店はまったく存在しない。Ⅰ「衣料」とりわけ布地は代表的な買い回り品であり、「布地のみ」の店舗は「大市場」に集積する。その集積が、「大市場」を中心バーザールとよぶ重要な理由であった。

表 34　エスニシティ別・品目別 売り手数——アルバメ市場・1990 年

	エスニシティ	Ⅰ 衣料	Ⅱ 食料	Ⅲ 雑貨・電器	Ⅳ よろず屋	Ⅴ その他	Ⅵ 食堂・屋台	Ⅶ 職人	計
Ⅰ	ア ラ ブ				4				4
	モ ー ル		2				1		3
	ク ン タ				1				1
Ⅱ	ソンライ		11	1			1		13
	タマシェク		57	1		9	2	1	70
Ⅴ	バンバラ		5			1			6
	計		75	2	5	10	4	1	97

<他市場との構成比比較>（％）

		Ⅰ 衣料	Ⅱ 食料	Ⅲ 雑貨・電器	Ⅳ よろず屋	Ⅴ その他	Ⅵ 食堂・屋台	Ⅶ 職人	計
	「近隣市場」		77.3	2.1	5.2	10.3	4.1	1.0	100.0
	「小市場」	2.3	73.2	2.3	3.5	10.8	4.4	3.5	100.0
	「大市場」	12.9	46.9	9.8	10.8	6.4	1.0	12.2	100.0

アルバメ市場には、「布地のみ」はもちろんのこと、I「衣料」自体の専門店は存在しない。この点も、アルバメ市場を「近隣市場」とする理由である。

しかしそれは、アルバメ市場に布地を扱う店舗がまったくないということではない。I「衣料」の専門店とよびうるものはないが、それを代替・補完する店舗は存在する。それが、市場建造物内の固定店舗に所在するIV「よろず屋＋食料／衣料」の5店舗である。同建造物の北端から時計まわりにこれらの5店舗をとりだし、その主要販売品をフィールドノートから列記すると、つぎのようになる。なお番号につづけて付記したエスニック集団名は、売り手のエスニシティを示す。

　①―アラブ　：　粉ミルク・シアバター・砂糖・マカロニー・落花生・乾電池・衣類

　②―クンタ　：　粉ミルク・シアバター・乾電池・布地

　③―アラブ　：　粉ミルク・シアバター・砂糖・飴・ゴム草履・石けん・布地（3枚）

　④―アラブ　：　粉ミルク・シアバター・乾燥タバコ・石けん・マッチ・乾電池・ランプ・布地

　⑤―アラブ　：　シアバター・落花生・ナツメヤシ干果・塩・ゴム草履・石けん・布地（4枚）

列挙した商品から明瞭なように、5店舗の主要販売品は各種の加工食料品を主とし、それに衣料・雑貨が付加されたものといえる。とくに布地・衣類を陳列していることを重視して、それらをII「食料」のA「総合食品」ではなく、IV「よろず屋＋食料／衣料」に分類した。しかし上記のうちの2店舗で注記したように、販売されている布地の枚数は数枚にすぎない。これらのIV「よろず屋＋食料／衣料」に属する5店舗が、すべて北方系のアラブ人とクンタ人に属している。近隣市場でも、「大市場」とおなじく、「大店」的な固定店舗ではアラブ人をはじめとする北方系エスニック集団が「顕著な存在」であることを物語る。

「布地のみ」の店舗がなく、布地販売が低調なことが、VIII「職人」の存在形態へと連動していく。アルバメ市場のVII「職人」はわずか1人のみで、その職種は鍛冶（小刀つくり）である。彼は、オープン・スペースの路上店舗群からやや離間した北東端で営業している。火をあつかう鍛冶が市場空間の周縁で営業するのは、世界各地でみられる傾向である。

このようにアルバメ市場には、仕立人は存在しない。これを、他の2市場の場合と比較してみよう。「大市場」また「小市場」ではI「衣料」の「布地のみ」の店舗が存在し、それが、VII「職人」に属する仕立人の存在と連動していた。「大市場」ではソンライ人が、また「小市場」ではアラブ人が仕立業の主たる担い手であった。アルバメ市場の布地販売の低調性と仕立職の欠如は、同市場が、「大市場」また「小市場」とは異なった「近隣市場」であることを示すものといえる。

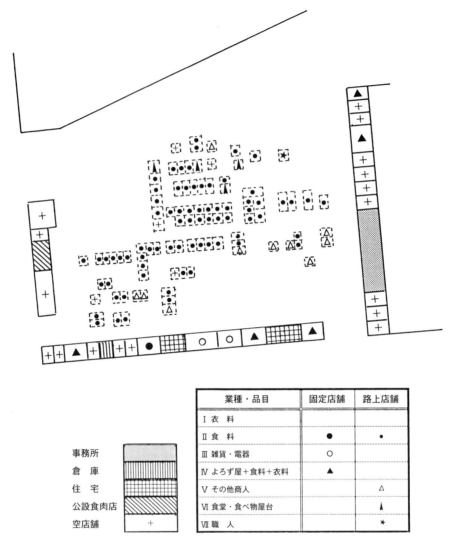

業種・品目	固定店舗	路上店舗
I 衣　料		
II 食　料	●	•
III 雑貨・電器	○	
IV よろず屋＋食料＋衣料	▲	
V その他商人		△
VI 食堂・食べ物屋台		▲
VII 職　人		★

事務所
倉　庫
住　宅
公設食肉店
空店舗　　＋

図49　業種別店舗分布——アルバメ市場　1990年・8月（応地作図）

　図49に注目すると、上記のIV「よろず屋＋食料/衣料」とならんで、III「雑貨・電器」の2店舗も南辺建造物の固定店舗のみで、路上店舗には存在しない。これらとは逆に、固定店舗にはなく、路上店舗のみの品目もある。具体的には、V「その他の商品」・VI「食堂・食べ物屋台」・VII「職人」の3つである。店舗数最大のII「食料」も、固定店舗に位置するのはバンバラ人のコーラなどのソフトドリンク店のみで、他はすべて路上店舗を営業場としている。II「食料」も、実質的には路上店舗のみの品目とよびうる。このように整理すると、アルバメ市場の品目と店舗類型との関係は、明瞭に2つに区分できる。

　つまり、固定店舗のⅣ「よろず屋＋食料／衣料」・Ⅲ「雑貨・電器」、それに対する路上店舗のⅡ「食料」・Ⅴ「その他の商品」・Ⅵ「食堂・食べ物屋台」・Ⅶ「職人」である。このような業種・品目を単位とする固定店舗型と路上店舗型への両分は、「大市場」また「小市場」では観察できないものであった。これはアルバメ市場の特徴といいうる。その背後には、同市場の店舗数が他の2市場の半数以下という市場規模の相違があろう。

　表34をもとに、さらに店舗の業種別構成を検討したい。同表・下表に掲げた「小市場」と比較すると、アルバメ市場の業種別構成比は、Ⅰ「衣料」の欠如また多少の数値異動はあるとしても、「小市場」のそれとよく似ている。しかしアルバメ市場のⅡ「食料」の構成比＝77％は、「大市場」にくらべて「食」に特化した「小市場」の73％よりもさらに大きくなっている。**図49**にみるように、Ⅱ「食料」の路上店舗がオープン・スペースを覆いつくしている。

　Ⅱ「食料」につぐ第2位業種は、Ⅴ「その他の商品」である。その店舗数は10（10％）で、南東端に小クラスターを形成しつつ路上店舗群の周縁部に散在している。第3位はⅥ「食堂・食べ物屋台」で、店舗数は4（4％）にすぎない。それらは、いずれもサツマイモや魚の揚げ物店である。これらの4店舗は、すべて路上店舗群の北部に点在する。その所在位置は、市場空間全体としてみれば北端部に偏在している。北にならぶ官庁での勤務者への昼食提供のためには、北方に偏在するのが便利ということがあるのかもしれない。

（3）店舗の細分類とジェンダー——食と基本生活財のバーザール

　「大市場」と「小市場」とおなじ方法で業種・品目を細分類して、アルバメ市場の特質を検討することにしたい。まず、店舗数の77％という圧倒的な比率を占めるⅡ「食料」をとりあげる。**表35**にエスニック集団別の細分類構成を、また**図50**にその店舗分布図を掲げた。**表35**・下表は、Ⅱ「食料」に属する業種・品目の細分類別構成比が、3市場ともそれぞれに個性的であることを示している。そのなかでアルバメ市場がもつ顕著な個性として、つぎの2点を指摘できる。と同時に、それらが同市場を「近隣市場」と位置づける根拠を提供する。

　第1の特徴は、構成比が3％以下の業種に注目して、その業種数を市場別にみると、アルバメ市場5、「小市場」と「大市場」がともに1であって、アルバメ市場がとりわけ多いことである。アルバメ市場の品目別内訳をみると、C「食肉」とD「生野菜」のゼロをはじめとして、B「穀物・パン」、G「落花生・乾燥果実」、J「塩」とならぶ。ただしC「食肉」については、西辺の建造物内に市営の公設食肉販売施設があり、店舗数がゼロというわけではない。同施設では、ソンライ人2とタマシェク人1の計3人が加工兼販売に

表35 II「食料」の品目別・エスニシティ別 売り手数——アルバメ市場・1990年

エスニシティ		II 「食料」の細分類										計
		A	B	C	D	E	F	G	H	I	J	
I	アラブ											
	モール					1				1		2
	クンタ											
II	ソンライ					5	1	2		3		11
	タマシェク	9	2			25	4		7	10		57
V	バンバラ	1				1	1		1		1	5
	計	10	2			32	6	2	8	14	1	75

<「小市場」・「大市場」との構成比比較> （%）

	A	B	C	D	E	F	G	H	I	J	計
「近隣市場」	13.3	2.6			42.8	8.0	2.6	10.7	18.7	1.3	100.0
「小 市 場」	1.6	32.0	9.2	13.2	6.8	8.0	7.2	12.4	5.6	4.0	100.0
「大 市 場」	18.8	11.6	5.8	8.7	29.1	8.0	3.6	1.4	9.4	3.6	100.0

A「食料全般」　　　　B「穀物・パン」　　　　C「食肉」
D「生野菜」　　　　　E「乾燥野菜」　　　　　F「食用油・バター・ミルク」
G「落花生・乾燥果実」H「生魚・干魚」　　　　I「香辛料・茶葉・砂糖」
J「塩」

従事している。しかしより大規模な食肉販売施設が存在していた「大市場」でも、同施設以外にも食肉店舗が路上店舗（II）の北端部にならんでいた。アルバメ市場では、C「食肉」の路上店舗はまったくなく、食肉需要は公設食肉販売施設で充足されているのであろう。

　B「穀物・パン」の構成比はゼロではないが、「小市場」とはもちろんのこと、「大市場」の構成比とも10ポイントちかい大差がある。しかしそれは、アルバメ市場に穀物の専門店がないということであって、穀物を販売する店舗が皆無という意味ではない。それらの店舗では、穀物とともに他の食料品も販売している。穀物がどのような商品と販売されているかをみるために、2、3の店舗例をあげることにしたい。なお< >内は、販売品目を一般化して要約表記したものである。

　　事例①　：　トウジンビエ、乾燥タマネギ、バオバブ粉、乾燥ココヤシ、トウガラシ＝
　　　　　　　　＜穀物＋乾燥野菜＋乾燥果実＋香辛料＞。
　　事例②　：　トウジンビエ、薬味、乾魚、トウガラシ、サフラン、塩＝＜穀物＋乾燥野
　　　　　　　　菜＋魚＋香辛料＋塩＞。
　　事例③　：　トウジンビエ、乾燥オクラ、乾燥タマネギ、乾魚、トウガラシ、食用油、
　　　　　　　　塩、木炭＝＜穀物＋乾燥野菜＋魚＋香辛料＋食用油＋炭＞。

　これらの事例は、いずれも穀物をふくめて多種少量の食料品を多角的に販売している。集計にあたっては、上記の事例をA「食料全般」に分類した。表35が示すように、アルバメ市場のA「食料全般」の構成比は13％と大きくなっている背後には、事例に掲げたような店舗が多いことがある。

　A「食料全般」の店舗で販売されている穀物は、主としてトウジンビエである。米また
モロコシを併売している店舗が少ないのも、アルバメ市場の特徴である。その背後には、
アルバメ市場が立地するサライ・ケイナ大区が貧しいタマシェク人の集住地区ということ
があるかもしれない。

　アルバメ市場の第2の特徴は、構成比がゼロないし3％以下の業種が5つを占めている
ことであり、逆言すれば、特定業種・品目への集中が顕著なことである。とりわけ上位2

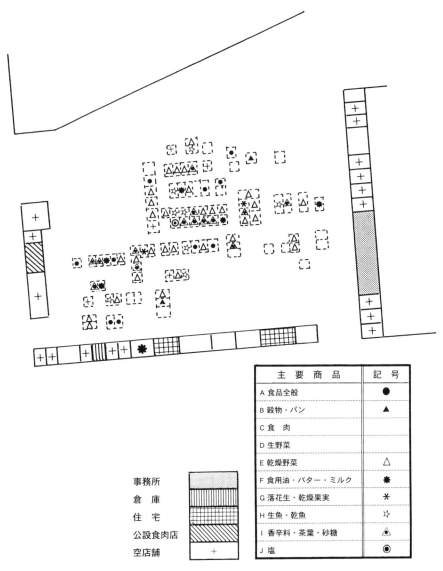

主　要　商　品	記　号
A 食品全般	●
B 穀物・パン	▲
C 食　肉	
D 生野菜	
E 乾燥野菜	△
F 食用油・バター・ミルク	✳
G 落花生・乾燥果実	＊
H 生魚・乾魚	☆
I 香辛料・茶葉・砂糖	▲
J 塩	◉

事務所
倉　庫
住　宅
公設食肉店
空店舗

図50　II「食料」店舗の細分類とその分布――アルバメ市場　1990年・8月（応地作図）

業種のE「乾燥野菜」とⅠ「香辛料・茶葉・砂糖」への集中であり、両者をあわせた構成比は62％に達している。上位2品目の構成比をあわせると、「小市場」は45％、「大市場」は48％であって、アルバメ市場の合計値を大きく下まわっている。E「乾燥野菜」とⅠ「香辛料・茶葉・砂糖」は、茶葉と砂糖をのぞくと、粉粥のかけ汁用の食材を主とする。それは、インドにおけるカリーのように必需的な基礎食材である。アルバメ市場の業種・品目構成が多様性を欠いているうえに、その構成が基礎的食材に偏倚しているといえる。このことも、アルバメ市場の「近隣市場」的性格を示していよう。

　以上をふまえて、図50をもとに、細分類レベルで、Ⅱ「食料」店舗の分布を検討することにしたい。凡例のセルが空白の品目は、その店舗が存在しないことを意味する。その分布は、固定店舗の僅少と路上店舗への集中という明瞭な非対称性を示す。市場域をとりまく固定店舗群に位置するⅡ「食料」関連の店舗・施設は、南辺の市場建造物に所在するF「食用油・バター・ミルク」に分類した1店舗、西辺の同建造物に所在する市営の公設食肉販売施設の2つのみである。前者は、コカコーラなどの工場製の清涼飲料水の販売店である。

　この2つをのぞくと、Ⅱ「食料」の店舗はすべて路上店舗である。「小市場」また「大市場」では、路上店舗は、細分類品目ごとに大小のクラスターを形成して分布していた。図50からは、このような業種別クラスターをよみとることは困難である。アルバメ市場では、クラスター形成とは逆に、各品目の店舗の混在がめだつ。その代表例が、路上店舗群のほぼ中央部を占める東西方向のブロックである。同ブロックは路上店舗群のなかで最大のもので、背中あわせに東西にならぶ計13店舗からなる。それらの店舗の販売品目の種類は、5つにおよぶ。

　アルバメ市場でのⅡ「食料」店舗の特徴は、細分類レベルでみると、少数の特定品目への集中にあった。とりわけ店舗数が多いのはE「乾燥野菜」であり、総数の43％を占めていた。図50は、E「乾燥野菜」を示す△記号が特定場所にクラスターを形成することなく、他の業種と混在しあいつつ、路上店舗群全域に拡散していることを示す。最大の店舗数をもつE「乾燥野菜」ですらもクラスター形成と無縁であることに示されるように、異なった品目の店舗のモザイク的混在をアルバメ市場の店舗分布の特徴としうる。もちろんその背後には、同市場の総店舗数が、他の2市場の3分の1以下という小規模性があろう。その小規模性そのものが、アルバメ市場が「近隣市場」であることを示す。異品目店舗の混在立地が市場の小規模性と相即しているとすれば、その混在立地も「近隣市場」の特質として指摘できよう。

　Ⅱ「食料」についで店舗数の多い業種は、Ⅴ「その他の商品」であった。しかしその店

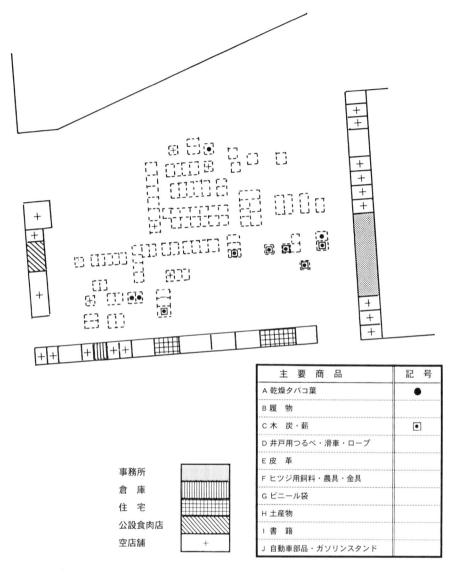

主 要 商 品	記　号
A 乾燥タバコ葉	●
B 履　物	
C 木　炭・薪	⊡
D 井戸用つるべ・滑車・ロープ	
E 皮　革	
F ヒツジ用飼料・農具・金具	
G ビニール袋	
H 土産物	
I 書　籍	
J 自動車部品・ガソリンスタンド	

図 51　V「その他」店舗の細分類とその分布──アルバメ市場　1990 年・8 月（応地作図）

舗数は 10 にすぎない（表 34）。そのため品目の細分類別店舗数を表示することを省略して、その店舗分布を図 51 として掲げた。その凡例に、他の 2 市場とおなじ計 10 の細分類品目を掲げた。「大市場」も「小市場」も、それらをすべて網羅していなかった。「大市場」はそのうちの 4 つを、また「小市場」は 2 つを欠いていた。しかしアルバメ市場では、凡例の空白セルの数は 8 へと急増する。同市場に所在するのは、A「乾燥タバコ葉」と C「木炭・薪」のわずか 2 業種にすぎない。前者は水タバコの愛飲家にとっては必需品であり、

後者は家庭での必需的な調理用燃材である。

　これと同様に必需品的な性格をもつ商品は、B「履物」である。アルバメ市場では、それに属するゴム草履などは、固定店舗に所在するIV「よろず屋＋食料／衣料」の主要販売品の1つとなっている。B「履物」は、IV「よろず屋＋食料／衣料」に包摂されているといえる。A「乾燥タバコ葉」、C「木炭・薪」そしてB「履物」をのぞいたV「その他の商品」の残りの7つは、いずれも日常必需品とはいいがたい商品である。アルバメ市場は、それらのすべてを欠いていることになる。V「その他の商品」関連の店舗が日常必需品的な性格をもつ商品にかぎられていることも、アルバメ市場を「近隣市場」と位置づけうる根拠を提供する。

　図51で、V「その他の商品」に属する10店舗の分布をみると、オープン・スペースを覆うII「食料」関連店舗群の南北両端に偏在している。A「乾燥タバコ葉」の4店舗は散在的に、またC「木炭・薪」の6店舗は南東端に小クラスターを形成して分布する。ここで、前言したI「食料」の細分類品目別の店舗分布を想起したい。それの店舗は、品目ごとにクラスターを形成することなく混在しあっていた。それと比較すると、C「木炭・薪」のクラスター状分布は例外的といえる。「小市場」でも、C「木炭・薪」は市場域の縁辺部でクラスターを形成していた。両市場のC「木炭・薪」は、縁辺部でのクラスター形成という点で共通した店舗分布を示す。おそらく木炭が軽い炭埃にまみれた商品であることから、それらの店舗は市場域の周縁部へと追いやられているのであろう。

　最後に、売り手のジェンダーについて検討したい。表36は、上表には各エスニック集団を単位として、Aには男女別売り手数、おなじくBには業種・品目別の女性の売り手数を掲げた。下表には、それらの合計値の構成比を「大市場」また「小市場」と比較できるように並示した。アルバメ市場では、固定店舗をふくむ97人の売り手の83人までを女性が占めている。売り手の女性比率＝86％は、「小市場」の1.3倍、「大市場」の2.7倍となる。

　「大市場」では店舗の40％を占める固定店舗（I）の売り手は男性のみであり、女性の売り手比率が低いのは当然である。固定店舗がごく少ない「小市場」では、女性の同比率は3分の2を占めている。しかしアルバメ市場の比率は「小市場」を大きく上まわり、女性への極端な偏倚を示す。その理由は、最大の売り手集団であるタマシェク人の女性比率が90％と高い比率を示していることにある。しかし「小市場」でも同集団の女性比率は81％であって、それのみによって女性への極端な偏倚を説明することはできない。売り手数が第2位集団であるソンライ人の動向にも、注目する必要がある。

　「小市場」では、ソンライ人の売り手数は98人、その女性比率は42％と男性を下ま

表 36　エスニシティ別・品目別・男女別　売り手数——アルバメ市場・1990 年

エスニシティ		A 男女別売り手数			B 品目別女性の売り手数						
		計	男	女	I 衣料	II 食料	III 雑貨・電器	IV よろず屋	V その他	VI 食堂・屋台	VII 職人
I	ア　ラ　ブ	4	4								
	モ　ー　ル	3		3		2				1	
	ク　ン　タ	1	1								
II	ソンライ	13	1	12		11				1	
	タマシェク	70	7	63		55			6	2	
V	バンバラ	6	1	5		5					
	計	97	14	83		73			6	4	
＜他市場との比較＞	①男女比（％）				②品目別女性の売り手比率						
「近隣市場」		100.0	14.4	85.6	0	97.3	0	0	60.0	100.0	0
「小市場」		100.0	34.5	65.5	0	75.6	50.0	0	43.2	86.7	16.7
「大市場」		100.0	68.8	31.2	2.6	62.3	0	0	21.1	33.3	0

わっていた。それが、「小市場」の売り手の女性への偏倚を緩和する役割を果たしていた。しかしアルバメ市場では、**表 36** にあるように、ソンライ人の売り手数は **13 人**へと激減するが、そのうち女性が **12 人**と極端な女性への偏倚をみせている。「小市場」とアルバメ市場とのあいだで、ソンライ人の売り手の男女比が大きく変化している。その変化が、アルバメ市場の売り手の女性比率の急上昇をもたらす要因としてはたらいている。

　図 52 に、アルバメ市場の売り手のジェンダー分布を掲げた。その分布は、ジェンダー構成の明瞭な二極分化を示す。一方の極は男性のみからなる市場建造物内の少数の固定店舗であり、他方の極は女性が圧倒的に優位なオープン・スペースの多数の路上店舗である。ここにみられる固定店舗と路上店舗の売り手のジェンダー構成の二極化は、「小市場」でも、「大市場」でも確認できた。それは、トンブクトゥのバーザールに共通する固定・路上両店舗間のジェンダー構成の構造的相違として敷衍できる。

　また**図 52** は、89 の路上店舗のなかで男性を売り手とするのは計 6 店舗にすぎないこと、またそれら 6 店舗は路上店舗群の北東端と南西端に偏在していて、中央部にはないことを示している。**図 48** の売り手のエスニシティ図と対照すると、それらはすべてタマシェク人である。また**図 49** から、その品目は、大分類レベルでは II「食料」＝ 4、V「その他の商品」＝ 1、VII「職人」＝ 1 となっている。さらに**図 50・51** で細分類レベル別内訳をみると、II「食料」は A「食料全般」＝ 3、B「穀物・パン」＝ 1、V「その他の商品」は A「乾燥タバコ葉」＝ 1 となる。A「食料全般」が、男性を売り手とする 6 店舗の半数を占めている。「小市場」においても、同業種 4 店舗のうち 3 店舗が男性を売り手としていた。両市場は、A「食料全般」が男性の店舗という点で共通する。この点は、「大市場」

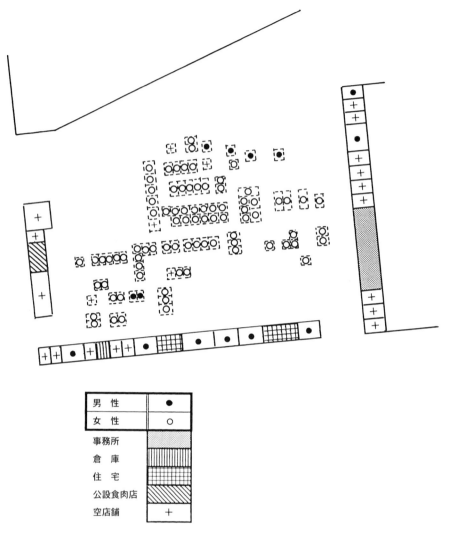

男 性	●
女 性	○

事務所	
倉 庫	
住 宅	
公設食肉店	
空店舗	＋

図 52　売り手のジェンダー──アルバメ市場　1990 年・8 月（応地作図）

においても妥当する。女性の売り手が優占するII「食料」関連の路上店舗においても、A
「食料全般」は例外的に男性の売り手が優越する品目として一般化しうる。

XV　トンブクトゥ周辺の農耕
——ニジェール川と砂丘の賜物——

　1996 年のトンブクトゥ全市の在住人口調査を家族別に集計し、それをもとに XI で戸主の職業構成をあきらかにした。その結果は、おどろくべきものであった。トンブクトゥは交易都市また「イスラームの学林」として長い歴史をもち、XII・XIII であきらかにしたように、いまも買回り品の「大店」がならぶ「大市場」、また北のサハラと南のニジェール川内陸デルタからの農・牧・漁の 1 次産品を集散する「小市場」という 2 つのバーザールをもつ商業都市である。さらに近隣市場のほか、旧市内を走る主要街路にそっても、店舗兼住宅がつらなっている。これらの商業・交易施設の集積は、当然、戸主の筆頭職業が商業・交易であることを予想させる。

　しかし表 7・構成比 A で示したように、計 3,293 人の戸主の職業を集約して職業大分類別に集計すると、商業・交易にあたる D 販売従事者は 11 ％で、第 3 位を占めるにすぎない。第 1 位は G 農林漁業従事者で、その構成比は 28 ％に達し、第 2 位の J 建設・採掘従事者の 17 ％を 11 ポイントもうわまわっている。戸主の筆頭職業が農林漁業で、しかも第 2 位以下を大きく引き離しているという事実は、にわかには信じがたいものであった。その違和感は、トンブクトゥの周辺にひろがる景観によっても増幅される。

　かつてカイエがおこなったように、ジガレイベル・モスクのミナレット（尖塔）に登って周辺をみわたすと、四方から大砂丘帯が押しよせる一面の「砂の海」である。そこでのごく少ない「農の空間」は、小さなクレーターのように砂丘間低地を逆円錐状に深く掘りこんで、その傾斜面に造成されたごく小さな段畑菜園である（写真 32）。小段畑では、クレーター底からバケツで湧出地下水を運びあげて、レタスなどの葉菜が栽培されている。図 13 に掲げたトンブクトゥの空中写真は、既成市街地の周縁に点在する円形の囲い地を写している。それらの囲い地は、内部の色によって黒色と白色とに区別できる。このうち黒色のものが、クレーター状の段畑菜園にあたる。なお白色のものは、ムスリム墓地である（写真 23）。

　トンブクトゥの郊外に波浪する砂丘帯は、遊牧を主とする「牧の空間」ではあっても、「農の空間」とはとうてい思えない。しかも G 農林漁業従事者の内訳を示した表 8 は、総計 911 人のうち主穀作農が 872 人という圧倒的多数を占めている。これに対して、牧夫はわずか 20 人にすぎない。

　ここで、トンブクトゥ直近の郊外から、視野をより広い範囲にまで拡大すると、もちろん「農の空間」を見いだすことができる。それは、南方のニジェール川の湿地性氾濫原とその背後の砂丘帯においてである。そこに位置する村落を訪問しておこなった臨地調査をもとに、トンブクトゥの周辺で営まれている農耕とその技術について、アジアとの比較をまじえつつ述べることにしたい。

(1) ウンドゥ・ボンゴ・コイナ村の概観

　トンブクトゥの年平均降水量は 180 ミリ前後で、その約 85 ％までが夏期の 7 〜 9 月の 3 ヵ月に集中する。このような沙漠気候では、一般的にいえば、灌漑つまり水の人工的供給なしには農耕はおこなえない。いいかえれば、このような強乾燥下では、灌漑なしに天水のみで作物を栽培する乾燥農耕（dry farming）は不可能である。しかしトンブクトゥ南方のニジェール川沿岸では、気候はトンブクトゥとおなじく夏雨型沙漠気候ではあるが、乾燥農耕がおこなわれている。極度の乾燥気候であるにもかかわらず、乾燥農耕を可能としているのは、砂丘帯という地形・土壌と増水期のニジェール川の氾濫という 2 つの条件によるところが大きい。この点に留意して、臨地調査をもとに、同川に面する村落の農耕と技術について要述することにしたい。

　事例としてとりあげる村落は、ウンドゥ・ボンゴ・コイナ（Houndou Bongo Koyna）村である。同村は、トンブクトゥの南方およそ 15 キロメートルのニジェール川本流の北岸に位置する。トンブクトゥの外港・カバーラは、そのほぼ中間点に所在する。カバーラの周辺は、大きな地形変換帯にあたる。そこで、北方にひろがるサハラ沙漠本体の砂丘帯が、北東流してくるニジェール川本流が形成する氾濫原へと一挙に移行する。ニジェール川本流は、同川内陸デルタ一帯ではイサ・ベル（Issa–Ber）川とよばれている。

　カバーラの南方では、ニジェール川の氾濫沖積地がひろがり、古砂丘の列が河流と並走するように低湿地のなかをほぼ東西走する（**写真 4**）。しかし古砂丘の規模は、北方のサハラ沙漠本体のものにくらべれば小さい。氾濫沖積地は、夏の増水期にはニジェール川の溢流水によって覆われ、そのなかに古砂丘の列が大小の島や半島のように浮かぶ。しかし冬から増水期の直前までのおよそ半年間は、氾濫沖積地は一部の沼沢地を残して干あがってしまう。1 年をサイクルとして、水の過剰と過少をくりかえす両生類的な水文環境にあるのが、氾濫沖積地である。

　ウンドゥ・ボンゴ・コイナ村は、カバーラからさらに約 8 キロメートル南下した地点にある。同村一帯も、このような古砂丘列をともなう両生類的な氾濫原に属する。**図 5** で、ニジェール川内陸デルタの範域と水文環境の季節変化を示した。同図には、ウンドゥ・ボ

ンゴ・コイナ村の所在位置を H として記入した。その位置が示すように、同村は、大地形的にはニジェール内陸デルタが尽きる地点であると同時に、北東流してきたニジェール川本流がサハラ沙漠と邂逅して、流路を北東から東へと転じる転換点に位置する。

　この大地形の特質は、同村付近を境界として、その上流域と下流域とのあいだで河況また氾濫沖積地の状況が大きく変化していくことを意味する。その南西方の上流域では、ニジェール川は、諸処に河跡湖沼を残しつつ広い氾濫湿地のなかを網流する。しかし転換点にいたると、ニジェール川の分流は川幅の広い 1 本の河流へと収斂し、古砂丘の存在もあって、河流両側の氾濫湿地もせばまっていく。ウンドゥ・ボンゴ・コイナ村のあたりでは、増水期の河幅は約 1 キロメートル、氾濫低湿地の南北長は 12 キロメートルくらいとなる。

　大地形から小地形へと視点を転じると、同村とその周辺は、3 つの小地形区に区分できる。それらは、①ニジェール川北岸の小砂丘帯、②その末端を切って東流するニジェール川本流と砂質性のポイントバー（point-bar、蛇行州）列、③その南岸にひろがる氾濫湿地の 3 つである。③の氾濫湿地の内部にも、大小の古砂丘列を確認できる。

　集落は、②の河流を臨む①の小砂丘帯上にあり、15 戸ほどの日干しレンガ造りの陸屋根家屋からなる。ムラの耕種農耕は、主食である穀物作物栽培を基本とする。穀物以外の作物の栽培は、ほとんどみかけない。もっとも重要な穀物作物はイネで、これにつぐのが高稈性穀物作物にあたるトウジンビエである。両者は、ともに夏を作期とする夏作物に属する。しかし両作物のあいだには、イネはニジェール川の氾濫湿地を、トウジンビエは砂丘帯を、各々の耕作場とするという相違がある。この相違に、イネは同川の溢流・氾濫水に依存する灌漑作物、トウジンビエは天水のみに依存する乾燥農業作物という相違がくわわる。おなじく夏作物ではあっても、イネとトウジンビエとは耕作場・利水源で成立基盤を異にしている。

　両作物にくらべて生産量は少ないが、第 3 の穀物作物としてコムギがある。夏作物のイネとトウジンビエとは異なって、コムギは乾期にあたる冬を作期とする冬作物である。コムギも、トウジンビエとおなじく砂丘帯で栽培される。しかしコムギの耕作場は砂丘間低地にあり、乾期にも滞水している池沼の水を灌水源として栽培される。ここでは、コムギは灌漑作物である。

　これらの穀物作物も、作付耕地の微地形と河況の季節変動にもとづく水文条件の変化をたくみに利用して栽培されている。ウンドゥ・ボンゴ・コイナ村の耕種農耕について、臨地調査をもとに環境適応の視座から作物ごとに概観することにしたい。

(2) 氾濫湿地の稲作──アジアとの対比

　ウンドゥ・ボンゴ・コイナ村には、1988年と90年に訪問調査をする機会を得た。1988年には4月下旬の乾期に、また90年には8月下旬の雨期に訪問した。この2回の訪問によって、とりわけ小地形区③の低湿湿地の乾期と雨期における景観変化を実感した。1988年の訪問時には、そこは完全に干あがった沙漠といいうる景観を呈していた。しかし1990年の訪問時には、増水したニジェール川の溢流水が流入して内水面がひろがる池沼と化していた。

　この雨期の状況は、ウンドゥ・ボンゴ・コイナ村にかぎられたことではなく、ニジェール川内陸デルタ一帯の水田景観に敷衍できる。1990年には、ニジェール川内陸デルタの稲作とその生態環境の調査を目的に、同デルタ中南部に位置するモプティ（Mopti）を起点としてトンブクトゥの外港・カバーラにいたるまで、狭長な小型縫合舟（pirogue）で計23村落を訪問して臨地調査した。それを終えて帰国した直後に、北陸の平場農村で水田をみて歩く機会があった。そのとき、イネの栽培耕地を水田とよぶとすれば、おなじ水田であっても、ニジェール川内陸デルタと日本とのあいだには、こうも大きな相違があるのかと実感した。その印象を一口でいえば、日本の水田は工場、ニジェール川内陸デルタの水田は池沼とよびうる。

　日本の平場農村では、河川は堤防のなかに封閉された人工的な河川と化しており、畔畔は一定規模の幾何学的な方格に区画され、また灌漑水は直送するパイプと用水路を経由してバルブの開閉によって管理されている。これは、まさに「装置化された稲作耕地」である。これを基準としてニジェール川内陸デルタをみると、その稲作地はまったく対照的である。

　同デルタでは、河川は流量の変動に応じて溢流・氾濫を常習的にくり返す自然のままの河川であり、稲作耕地を囲む堤防はない場合も多い。堤防があっても、それは河流にそうごく一部に存在するのみであり、その内部を区画する畔畔もなく、水路も高位面で溢流・氾濫水を導水するためのものがあるにすぎない。同デルタの水田は、日本の「装置化された稲作耕地」に対して「自然のままの池沼の稲作耕地」とよびうる。

　この相違は、さらに2つの方向で耕地利用における相違へと連動している。第1の方向は、イネの作付範域の年次間変動である。日本の安定した「装置化された稲作耕地」では、毎年その全面利用が可能であり、イネの作付範域の年次による変動はごく小さい。つまりイネの作付範域は、毎年ほぼ一定である。これに対して、ニジェール川内陸デルタでは、河川の溢流・氾濫による流入水の変動によって「自然のままの池沼の稲作耕地」の範域は

年次間で大きく変動する。それによって、イネの作付範囲も大きく変動する。

　もう1つの方向は、イネ以外の他作物栽培への転用可能性である。「装置化された稲作耕地」では、排水と灌水にまたがる水管理によって乾田化された稲作耕地での畑作物の栽培を可能にする。日本語での「田畑輪換」は、このことを指す。つまり「装置化された稲作耕地」は「田畑輪換」を容易におこないうる耕地である。これに対してニジェール川内陸デルタの「自然のままの池沼の稲作耕地」は、過剰な流入水を抑制する装置をもたない。そのため水との親和性が大きい深水稲をのぞくと、他作物を栽培できない耕地である。それは、「田畑輪換」の不可能な耕地である。

　以上、日本とニジェール川内陸デルタの稲作耕地を比較して、その対照性について言及してきた。両者の対照性を、さらに要約できる2つの概念がある。それは、かつて京都大学東南アジア研究センターの研究者たちが、東南アジアのデルタ稲作の環境適応をめぐって提唱した概念である。河川末端に位置するデルタの水文条件の特質は、雨期の過剰すぎる水という点にある。このデルタ特有の水文条件に適応しつつ、そこを安定的な稲作空間へと変容してきたのが東南アジアの稲作であった。彼らは、その実現を、農学的適応と工学的適応という2つの適応によって説明する。

　農学的適応とは、デルタの水文環境を人工的に改変するよりも、過剰な水という環境によく適応できるイネを選択的に選抜・採用して農学的に適応することである。その典型が、深水稲（浮き稲）の開発であった。深水稲とは、上昇する水位をうわまわる速度で茎の節間を伸長させて生きのびていくイネである。それによって、過剰すぎる水という水文環境への稲作の進出が可能となった。一方、工学的適応とは、堤防・排水施設・大規模水路などを建設して、過剰すぎる水という水文環境を一挙に工学的に改変していく適応である。この2概念にしたがえば、日本の水田は工学的適応、ニジェール川内陸デルタの水田は農学的適応の典型例といいうる。

(2)—1　稲作地のインフラ——水門と堤防

　ウンドゥ・ボンゴ・コイナ村の稲作は、前述した3つの小地形区のうち、③ニジェール川本流の南岸にひろがる氾濫湿地で営まれている。そこは、まさに「自然のままの池沼」である。日本では水稲の作付地は「水田」とよばれ、畑と区別される。日本の「装置化された稲作耕地」を「水田」とすると、ウンドゥ・ボンゴ・コイナ村の稲作地を「水田」とよぶのには躊躇さえおぼえるほど、両者は異質である。両者はともに水稲の作付地ではあるが、この異質性を含意して、同村の水稲作付地を水田ではなく、稲作地とよぶことにしたい。

写真41　堤防とコンクリート水門　　堤外地にあたるニジェール川本流側から望む。河床面には石礫はなく砂質土のみで、砂丘帯を流れる川であることを物語る。8月には、川水は水門に通じる澪までにしか及んでいない（応地撮）。

集落対岸の③氾濫湿地の稲作地を事例として、その見取り図を現場で作成した。**図53**は、それを示したものである。河流にそう自然堤防を利用して、流入水を管理するための堤防と水門を築いている。水門はコンクリート製で、1990年にニジェール川内陸デルタで訪問した計23村落のなかで、コンクリート製の水門を現認したのは同村のみであり、モデル的な性格をもっているのであろう。しかし水門をのぞくと、稲作地の様相は他の村落で観察したものとおなじであり、改変的な要素を観察できない。稲作地の微地形また水文環境は在来のままで、木と砂で造成されていた水門だけをコンクリート製のものに置換し、大型化したのであろう。したがってウンドゥ・ボンゴ・コイナ村の稲作地事例は、コンクリート水門をそなえてはいるが、在来稲作の性格を強くとどめていると考えうる。

水門の規模は、外部幅員がおよそ220センチメートル（そのうち通水のための開口部の幅員は約120センチメートル）、基礎工からの高さが約275センチメートルとなる。一般に取水門の開口部には、スクリーンとゲートが設置されている。スクリーンとは水が運んでくる浮遊物などの流入を防止する鉄格子、ゲートとは流入水量を調整するための制水装置である。ウンドゥ・ボンゴ・コイナ村の水門も、目の細かい網目の鉄製スクリーンと角落し板（はめ板）のゲートを備えている。この2つの装置をもつ点では日本の水門とおなじであるが、スクリーンの構造が相違している。

日本ではスクリーンは、隙間の大きい鉄格子でつくられている場合が多い。それは、日本ではスクリーンの機能が、流木やプラスティック容器などやや大きい浮遊物の流入を防止することにあるためである。これに対してウンドゥ・ボンゴ・コイナ村の水門のスクリーンはテメ（témé）とよばれ、水生植物などの浮遊物と同時に、魚の侵入を防いでイネの食害を防止することにある。そのため、格子ではなく、鉄製の細かい網目スクリーンが

必要となる。魚の進入防止というスクリーンの機能も、ウンドゥ・ボンゴ・コイナ村の稲作地が「自然のままの池沼の稲作耕地」とよぶことの妥当性を示していよう。

ゲートにあたる制水装置は、手で調整・制水する角落し板構造である。完全に止水する場合は、約175センチメートルのスクリーンの高さまで角落し板を落とし込む。水が必要な播種直後には角落し板はなく、スクリーンで魚の進入を防ぐだけである。イネの成長に応じて、角落し板の数を増減させて流入水量を変化させていく。しかしイネが栄養成長期を終えるころには、ニジェール川も増水期となり、また稲作地も湛水状態になる。このころにはイネも成長して魚による食害も生じないので、角落し板を越えて河川水が自由に稲作地に出入りできるようにする。

水門は、自然堤防を利用して構築された堤防を切り込んで造られている。堤防は、水門の上端よりも20センチメートルほど低い位置に築かれ、水門の両側部分のみが粘土状の細粒性砂土で固められている。その部分以外の堤防は、砂土を積みあげて造られている。水門からかなり離れると低い自然堤防のままで、ニジェール川が増水していくにつれて、そこからも河川水が稲作地に溢流・流入していく。この時期になると、水門による制水は無意味となる。自然堤防の低みからの溢流・流入が始まるまでの時期は、イネの発芽と初期成長期にあたる。水門は、この時期における制水・管理を基本機能とする水利施設といえる。

(2)—2　稲作地の民俗分類——微地形と方名

水門と堤防の背後にひろがる後背凹地が、「自然のままの池沼の稲作耕地」である。村人は、稲作地をバングゥとファルー（ファテー）の2つに基本分類し、さらに前者を2つに細分類する。これらの計3つの稲作地の民俗分類は、キキトリによれば、以下のように要約できる。

（A）バングゥ（Bangue）　バングゥとは、ニジェール川の増水期に溢流・氾濫水が流入して湛水する河跡池沼、旧河道、後背湿地などの凹地をいう。XIII—(1)で「小市場」の構成を説明した際に、かつての河港の中心施設であった船溜が市場空間の北西端に残存し、バングゥとよばれていることを述べた。ニジェール川の増水期に、外港・カバーラからの輸送水路を逆流して溢流水が流入し、凹地は湛水面と化する。このように河流から離れた内陸の溢流湛水地も、バングゥとよばれている。

ウンドゥ・ボンゴ・コイ村のバングゥは、ニジェール川本流に接する大きな後背凹地であり、ムラのもっとも重要な稲作地はここにある。バングゥの微地形は一様ではなく、それを模式化すれば、つぎの3つの微地形に分類できる。まず一方の極は凹地の深みにあた

写真 42　湛水開始期のバングゥ　　水門からニジェール川の氾濫・溢流水が稲作地に流入してくるのは、8月中旬になってからである。その水を得て、すでに散播されている稲籾が発芽していく（応地撮）。

る低位池底面、これに対する他方の極は凹地の周縁部を占める高位平坦面、そして両者のあいだに介在する緩やかな中位緩傾斜面の3つである。つまりバングゥの微地形は、低位池底面から中位緩傾斜面そして高位平坦面へと移行していく。この微地形の変化と連動して、＜微地形→微地形によって規定される湛水深→湛水深によって規定されるイネの栽培種＞の三者連環が変化していく。その結果、同村の稲作地は3つに分類される。

（A）―①　**バングゥ・ニア（Bangue Nia）**　　河跡池沼・旧河道・後背湿地などからなる「自然のままの池沼の稲作耕地」のうち、深みにあたる低位池底面の稲作地をいう。その最深部を、トゥル（Thur）とよぶ。ニジェール川の増水期には湛水深の大きい深水池となり、深水浮遊稲（浮きイネ）が作付される。村人は、バングゥ・ニアを、深水浮遊稲の集合名詞である「イサ・モー（Isa Moh）」と総称する。彼らは、深みという微地形とそれによって規定される堪水深によってではなく、そこでのイネの栽培品種によってバングゥ・ニアを認識し総称しているといえる。

　ニジェール川上流のマルカラ（Markala）にダムが建設されて上流域での取水量が増大したため、高水期のバングゥ・ニアの水深は、かつては4メートルくらいであったが、いまでは2.5メートルほどしか水が入らなくなったという。ダム建設にともなう下流域一帯における水文環境の変化については、のちに日本の場合と比較しつつ詳述したい。

（A）―②　**バングゥ・コレ（Bangue Koré）**　　ララバ（Lalaba）ともよばれる。中位緩傾斜面にあたり、バングゥの最深部に建設された水門から離れたところに位置する。バングゥ・ニアにくらべて、湛水深は小さい。ニジェール川の高水期の湛水深は、ダム建設前には約2.5メートルであったが、いまでは1.0メートルくらいにまで低下したという。湛水位の低下は、当然、バングゥ・コレの稲作地の面域縮小をもたらした。

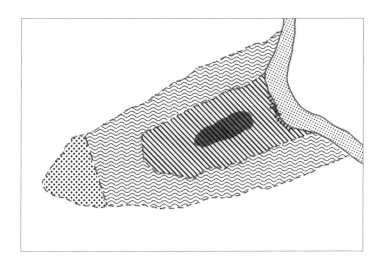

水　田　分　類

ニジェール川本流
コンクリート製水門
人工堤防—砂質粘土
自然堤防—砂質土

トゥル（Thur）—最深部凹地
バングゥ・ニア（Bangue Nia）—低位池底面
バングゥ・コレ（Bangue Koré）—中位緩傾斜面
ファルー（Farū）—高位平坦面

図53　ウンドゥ・ボンゴ・コイナ村の稲作空間スケッチ──1990年・8月（応地作図）

　ここでの栽培種も、イサ・モーとして一括される深水浮遊稲である。したがって稲作地をイサ・モーとよぶ場合には、バングゥ・ニアとバングゥ・コレの両者、つまりバングゥ全体を指すことになる。バングゥは、深水浮遊稲の栽培地として意識されているといえる。その栽培種は深水浮遊稲と一括できるが、両者の＜微地形→微地形によって規定される湛水深→湛水深によって規定されるイネの栽培種＞連環には相違を観察できる。それについて、のちに栽培品種について述べる際に再論する。

　（B）ファルー（Faru）　ファテー（Fateh）ともよばれ、凹地縁辺部を占める高位平坦面の沼沢性湿地にあたる。その湛水深は浅く、蒸発による水分喪失も大きい。そのため、凹地プロパーともいうべき湛水深の大きい前2者とは、異なった水文環境にある。過剰な水という水文環境下の前2者では、降水の利水源としての意味は皆無といいうる。しかし水深小かつ蒸発大という高位平坦面の沼沢性湿地を稲作地とするファルーでは、雨期のごく少ない降水も重要な補水源となる。そのため村人は、ファルーをイネの天水栽培地として説明する。もちろんファルーは、流入する河川水の湛水を基本的な利水源としている。ファルーの面積は小さいだけでなく、流入水また降水の変動が大きいために、その稲作は不安定である。

　ムラのファルーを実見すると、バングゥ・コレとの境界帯に小さな土堤をつくって、両者を区分している。図53では、小土堤を破線で示した。小土堤は、そこを越えてファルーに溢流・流入した水が、バングゥ・コレの水位低下によって逆流・流出していくのを防止する役割をもつ。つまり小土堤は、ファルーに流入した水の有効利用をめざす小畦である。ファルーでは、耕作者が用益地の境界にヨシを直線状に植えて目印としている。バングゥ・コレでは、このような光景を見ることはない。バングゥ・コレとは異なって、ニジェール川の高水期でもファルーの湛水深は、ヨシが生育できる程度であることを物語っている。

　ファルーの栽培種は、浅水直立稲である。それは、水面を漂うようにして成長していく浮き稲ではなく、日本のイネとおなじように浅い水田に直立して成長していくイネをいう。それらの浅水直立稲は、コベイ（Kobeï）と総称される。それをもとに、コベイはファルーの別称となっている。

(2)—3　沙漠地帯と農業用水ダム——日本との対比

　前述したように、1990年のニジェール川内陸デルタでの臨地調査の際には、23のムラを訪問して稲作地と稲作技術についてキキトリをした。どのムラでも、村人は、上流のマルカラでのダム建設以後、ニジェール川の水位が低下し、それによって稲作地の面域が縮小したことに言及するのがつねであった。ウンドゥ・ボンゴ・コイナ村での村人の水位低下への言及も、その1つである。しかしマルカラは、同村から直線距離でも約550キロメートルも離れた地点に位置する。これほど離れた上流域に農業用の取水ダムが1つ建設されただけで、その下流域一帯のムラが急激な水位低下によって稲作が打撃をうけるということは、日本ではほぼ耳にすることがない。ここで、「ニジェール川と日本の河川とのあいだで、なぜ、このような相違がみられるのか」について考えることにしたい。

　その相違をうみだす理由は、涵養水源のあり方が、日本の河川とニジェール川との間ではまったく異なるということにある。日本は湿潤地帯に属し、その河川は、源流から河口にいたるまで降水量の多い湿潤地帯を流下していく。そのため上流域に建設されたダムによって河川水が完全に取水されたとしても、流下していく過程で降水によって再涵養される。そのため水位の急激な低下は、ダムの直近部分にかぎられ、ダム建設によって下流域の全域が急激な水位低下と稲作地の縮小を招くというような事態にはならない。

　これに対して、ニジェール川は、II—(1)で述べたように、ギニア山地の熱帯湿潤地帯を源流域としてサヘルからサハラの乾燥地帯を流下していく。マルカラから下流部は、サハラ沙漠南縁の半沙漠地帯を北東流していく。つまりニジェール川の涵養源は源流域の熱

帯湿潤地帯にかぎられ、そこをのぞくと、降水のごく少ない半沙漠地帯を流下していく。このように、沙漠外の湿潤地帯に水源をもち、沙漠のなかを流下していく河川を外来河川とよぶ。

ニジェール川は、ナイル川やインダス川などとともに外来河川の典型例である。外来河川では、源流域の湿潤地帯をはなれた上・中流域でダムが建設されて全面取水されると、その下流域一帯の村々は急激な水位低下に見舞われ、稲作地の面域縮小を招く。ダムから下流部は沙漠であるので、そこで河川は再涵養されることなく、減少した流量のまま流下していくからである。

ニジェール川の場合でも、ダム建設地のマルカラの周辺一帯は、ダムを取水源とする灌漑用水路によって新たに水田化された広大な稲作地帯となった。しかしその下流域一帯の村落では、水位低下によって稲作は打撃をうけた。そこでは、どの訪問村落でも、いまは荒蕪地と化している場所を指して「ここは、かつては稲作地であった」とか、現在の稲作地についても「ここは、かつてはこの高さまで水が入った」とかの説明をよく聞いた。マルカラ一帯の広大な新しい稲作地帯の形成とその下流域全域の古い稲作地の荒廃は、「一将功なって、万卒枯る」という格言を想起させるものがあった。それは、外来河川であるニジェール川に農業用水ダムを建設した場合に惹起される必然的な帰結であったといえる。

(3) 稲作地の民俗分類と稲作技術——ベンガルとの対比

外来河川であるニジェール川は、源流域の熱帯湿潤地帯での降水期の季節変化に応じて流量を変化させる。源流域のギニアとシエラレオネの国境山地とウンドゥ・ボンゴ・コイナ村との間には、直線距離にして約1200キロメートル、緯度にして約8度の差がある。そのため、トンブクトゥ周辺での雨期と乾期の季節変化とニジェール川の増水と減水の流量変化とは一致しない。

前述したように、トンブクトゥの年平均降水量は180ミリメートル前後とごく少なく、その最初のまとまった雨は6月中旬ころに降る。降水が増加するのは7月になってからで、以後9月までの3ヵ月に約85％までが集中する。一方、ニジェール川の本格的な増水は、ウンドゥ・ボンゴ・コイナ村周辺では8月にはいってからである。最初の雨から増水・溢流が本格化するまでのあいだには、およそ1ヵ月半のずれがある。この降水と溢流・流入との時間的なずれが、バングゥの稲作にとって重要な意味をもっている。この点については、稲作技術と関連づけて後述することにしたい。

バングゥとその周辺は、前言したように、微地形をもとに3つに内部区分できる。それらの微地形を規定因とする＜微地形→微地形によって規定される湛水深→湛水深によって

規定されるイネの栽培種＞連環によって、イネの栽培種が相違する。それらの栽培種はイサ・モーとコベイに大別され、前者は深水浮遊稲、後者は浅水直立稲を包括する集合名詞である。イサ・モーは湛水深の大きいバングゥ・ニアとバングゥ・コレで、またコベイは浅水稲作地にあたるファルーで栽培され、それらの栽培種の集合名詞が同時にそれぞれの地目名として使用されている。このことは、稲作地の民俗分類が微地形や湛水という地文・水文条件だけでなく、特定の栽培イネとの結合がつよく意識されていることを意味する。当然、栽培種の相違は稲作技術の相違と連動している。したがって前言した微地形をめぐる連環は、＜微地形→湛水深→イネの栽培種→稲作技術＞連環へと拡張しうる。この点を中心に、ウンドゥ・ボンゴ・コイナ村の稲作技術について検討することにしたい。

(3)—1　稲作地の類型と栽培品種

　民俗分類にもとづく稲作地の3類型は、それぞれ特定のイネ品種を栽培種としている。キキトリをもとに、この点について整理すると、つぎのように要約できる。

　（A）—① バングゥ・ニア　　ここでの栽培種は深水浮遊稲で、前述したように、それらはイサ・モーと総称される。具体的には、「コサ（Kosa）」とよばれるとりわけ長稈性の諸品種からなる。その代表的な品種は、コサ・ビビ（Kosa Bibi）、コサ・コレ（Kosa Koré）、コサ・サンサン（Kosa Sansan）の3つである。いずれも、＜6月播種—11月収穫＞の150日種である。

　（A）—② バングゥ・コレ　　ここで作付されるイネは、「ジンガ（Jinga）」とよばれるコサより稈長のやや小さい諸品種からなる。コレも、コサとおなじくイサ・モーとよばれ、深水浮遊稲に属する。その代表種は、ジンガ・ビビ（Jinga Bibi）・ジンガ・コレ（Jinga Koré）の2つで、ともに＜6月播種—10月収穫＞の120日種である。

　（B）ファルー　　ファルーで作付されるイネはすべて浅水直立稲で、コベイと総称される。その主な品種として、村人は、つぎの名をあげる。ガンビアカ（Gambiaka）、デンブー・サンサン（Dembu Sansan）、バフラ（Bafla）、モー・コベイ（Moh Kobéi）、D52、B. G. などである。このうちD52、B. G. はもちろん、ガンビアカも名称から大西洋に面するガンビアに由来する非在来種であろう。村人によれば、ウンドゥ・ボンゴ・コイナ村にはジャポニカ（japonica）種にあたるアジア稲の「中国種」は導入されていないという。これらの浅水直立稲も、グラベリマ（glaberrima）種のアフリカ稲なのであろう。いずれも、＜6月播種—9月後半収穫＞の100日種という。

　ベンガル・デルタとの対比　　ここで、上記のウンドゥ・ボンゴ・コイナ村における稲作地類型と栽培種との関係を、熱帯モンスーン・アジアの典型地帯にあたるインドとバン

グラデシュにまたがるベンガル・デルタの場合と比較したい。両者のあいだには、内陸と沿岸という相違はあるが、ともにデルタの稲作という類似性がある。しかし降水量は決定的に異なり、ベンガル・デルタのコルコタ（カルカッタ）の年平均降水量は 1,850 ミリメートル前後と、トンブクトゥの 10 倍に達する。けれどもその約 60 パーセントが 7〜9 月の夏期に集中していて、明瞭な乾期と雨期をもつという点に関しては共通している。

　これらの地形と降水型の共通性を反映して、ベンガル・デルタとトンブクトゥ周辺の稲作地は意外にも類似した 2 つの特徴をもつ。1 つは、稲作地が、ともに＜雨期—湛水、乾期—干あがり＞という両生類的な性格をもっていることである。もう 1 つは、稲作地が増水期の河川の氾濫・溢流を重要な利水源としていることである。

　これらをもとに、ベンガル・デルタの稲作地でも、トンブクトゥ周辺とおなじく、＜微地形→微地形によって規定される湛水深→湛水深によって規定されるイネの栽培種＞連環がはたらく。この連環にもとづくイネの栽培種の相違をもとに、ベンガル・デルタでも栽培種を大別している。同デルタの稲作は、1960 年代末にはじまる高収量品種（HYV、High Yielding Varieties）と鋼管深井戸（tube-well）の導入を基軸とする「緑の革命」によって大きく変化している。ここでは、比較の素材を「緑の革命」以前の在来稲作にもとめることにすることにしたい。当時、在来栽培種は、つぎの 3 つに分類されていた。この分類自体は、現在にも通用する。

　①　アウス（Aus）＝雨期稲・短期種

　　　［3 月中旬〜4 月初旬］播種——［6 月下旬〜8 月初旬］収穫

　②　アマン（Aman）＝雨期稲・長期種

　　　［3 月中旬〜4 月初旬］播種——［10 月中旬〜12 月上旬］収穫

　③　ボロ（Boro）＝乾期稲

　　　［12 月中旬〜1 月中旬］播種——［4 月中旬〜5 月中旬］収穫

　もちろんトンブクトゥ周辺とベンガル・デルタとのあいだには、前記の共通点はあるとしても、やはり異質性も大きい。上記の栽培種の 3 分類も、そのままではウンドゥ・ボンゴ・コイナ村に適用できない。その点にも留意して、同村での稲作を念頭において、ベンガル・デルタの栽培種の 3 分類をみることにしたい。

　アマン稲は、湛水田での深水浮遊稲にあたる。ベンガル・デルタでは、3 月後半のマンゴの花が咲く頃に最初の雨が降る。現地では、これを「マンゴ雨（Mango shower）」あるいは小雨期とよんでいる。間隔をあけて何度かの「マンゴ雨」を受けると、乾燥しきっていた耕土が水分を含むようになる。それを待って、アマン稲が散種される。6 月になると、河川の溢流・氾濫によって耕圃は湛水状態となり、雨期の本格化とともに湛水深を増して

いく。アマン稲は、乾期にはいって湛水田が減水状態になった 10 月から 12 月にかけて収穫される。

　ウンドゥ・ボンゴ・コイナ村の稲作と関連させると、アマン稲は、バング・ニアとバングゥ・コレでの栽培品種の総称であるイサ・モーと類似する。その類似点は、ともに深水浮遊稲であること、また作期の長い長期種であることの 2 点にある。

　アウス稲は、アマン稲とおなじく「マンゴ雨」をうけて播種される。播種が同時期ということもあって、アウス稲とアマン稲はおなじ耕圃に混播されることも多い。アウス稲は、雨期が本格化していく 6 月末か 8 月にかけて収穫される。その時期は、耕圃が浅水状態から深水状態へと変化していく時期にあたる。そのためアウス稲は、アマン稲よりも短期種という特徴をもつ。しかしその品種特性は多様で、浅水直立稲から深水浮遊稲までがふくまれる。

　アウス稲を、ウンドゥ・ボンゴ・コイナ村の稲作のなかに位置づけると、ファルーのコベイに比定できる。その類似点は、短期種であること、そのなかに浅水直立稲をふくむことの 2 点をあげうる。

　ウンドゥ・ボンゴ・コイナ村の栽培稲を集合名詞レベルでベンガル・デルタの 3 分類と比較すると、＜イサ・モー稲≒アマン稲＞、＜コベイ稲≒アウス稲＞というおおまかな対比が可能である。とすると、ベンガル・デルタのボロ稲に比定できる栽培種が、同村の稲作にはみあたらないということになる。じつは、この点に、両者の稲作のもっとも大きな相違点がある。

　ボロ稲とは、乾期の最盛期にあたる 12 月から 1 月にかけて播種され、乾期末の 4 月から 5 月に収穫される乾期稲である。乾期の最中にも栽培が可能なのは、氾濫湿地の池沼のなかには乾期になっても滞水しているものがあるからだ。その残存水を利用して作付されるのが、ボロ稲である。しかしウンドゥ・ボンゴ・コイナ村のイネ栽培は、ボロ稲にあたる乾期稲を欠いている。

　その相違の背後には、ニジェール川内陸デルタとベンガル・デルタの水文環境の相違がある。前言したように、両者の年平均降水量には 10 倍ちかい相違がある。世界を代表する湿潤地帯であるベンガル・デルタでは、乾期になっても滞水する池沼が存在しうる。しかしおなじくデルタではあっても、きびしい乾燥気候下にあるニジェール川内陸デルタでは、乾期に要水量の大きいイネを作付できる池沼は存在しえない。もちろん乾期に入っても滞水している池沼も、少ないながらも存在する。それは、意外にも低位面の凹地にあたるバングゥではなく、高位平坦面に属する古砂丘列のあいだの砂丘間低地においてである。

　砂丘間低地は、少ない降水によって砂丘斜面から供給される細粒性土壌によって充填さ

れている。それらの土壌はきわめて細粒で、粘土層のように固結して不透水層を形成する。そのため沙漠間低地の凹地に流入した溢流・氾濫水は、乾期になっても残存していることがある。しかしその残存水量は少なく、そこで乾期稲を栽培することは不可能である。かわって残存水を利用しておこなわれるのが、後述する冬コムギの栽培だ。ウンドゥ・ボンゴ・コイナ村では、類似した水文環境にある乾期の池沼は、乾期稲のボロ稲ではなく、冬コムギによって代替されているといえる。その要因として、ベンガル・デルタでは乾期も高温であって、冬コムギの栽培が困難なことも作用していよう。

(3)—2　イネの栽培技術（1）——バングゥ

　バングゥ・ニアとバングゥ・コレは、ともにイサ・モー稲と総称される深水浮遊稲を栽培種とする。おなじくイサ・モー稲として一括されるが、村人は、バングゥ・ニアの栽培稲はコサ種、バングゥ・コレのそれはジンガ種とよんで区別している。しかし両者の栽培技術はおなじなので、ここでは両者をバングゥとして一括して述べることにする。また品種と作期については前述したので、整地・播種から収穫・調製にいたるまでの栽培技術を要述したい。

　整地・播種　　稲作地に溢流・氾濫水が流入する前に、共同作業で 1 日でおこなう。乾ききった乾田状態の稲作地に、1 人がモミ種を手で散播していき、その後を 4〜5 人がヨコ 1 列になって手鍬で全面耕起して整地・覆土していく。ここでの特徴は、播種にさきだって耕起・整地されるのではなく、モミが散播されたのちに耕起・整地と覆土がなされることである。これを、＜播種先行―整地後行＞とよぶことにしたい。

　＜播種先行―整地後行＞は、このムラだけでなく、マリ国一帯の在来農耕の整地・播種法である。同国では、フランスによる畜力犁耕の導入によって＜整地先行―播種後行＞が登場した。ムラで使用されている手鍬の柄長はおよそ 60 センチメートルで、耕起・整地作業は上半身を深く前傾させた立ち姿勢でなされる。河川水の流入がなくても、雨期にはいって雨をうけると、種モミは発芽する。

　このようにウンドゥ・ボンゴ・コイナ村の整地・播種作業は、人力鍬耕による＜乾田―無耕起―散播＞と要約できる。これをベンガル・デルタでのアマン稲とアウス稲の栽培技術と対比させると、同デルタの「畜力犁耕に対する人力鍬耕」、「播種前耕起に対する播種前無耕起」という相違はあるが、播種が乾田状態のまま散播するという「乾田直播＋散播」である点は共通する。

　施　肥　　無施肥　　厩肥・化肥ともに施与しない。

　除　草　　1 回のみ。溢流・氾濫水の流入がはじまって稲作地が湛水状態になると、陸

生植物は死滅して水生植物のみが成長する。成長してきた水生雑草を、適宜、水中で手で引き抜いて、人力除草する。

　灌　水　　灌水は、水不足を解消するために、作物に人工的に水を供給することである。しかしニジェール川増水期のバングゥの水文条件は、灌水が必要とされる環境とは正反対の水が過剰な環境にある。そこでの問題は、イネが発芽して基本生長期に入るまでの間、河川水の流入を調整して冠水また魚の食害による壊死・成長阻害を防止することにある。そのための調整施設が、水門の角落し板のゲートと目の細かい枠型格子のスクリーンである。

　播種直後には発芽を促進するため、角落し板で閉鎖せずに、土壌を湿らせる程度に河川水を流入させる。幼苗期に冠水状態がつづくと、イネは壊死するするので、角落し板でゲートを閉鎖して河川水の流入を抑える。この時期に魚が入ると、幼苗も食害をうける。そのため網目スクリーンで、魚が川流から水田内に進入できないようにする。

　イネが栄養生長期にはいると、角落とし板の数を減らして河川水の流入量をふやす。水位が上昇して水が網目スクリーンを越えて流入するようになると、魚も水田に入る。しかし成長したイネは、魚による食害をうけることはない。角落とし板もあげられて、水田は湛水状態のままおかれる。上昇する水位と競合しつつ、深水浮遊稲も生長していく。これらの一連の水管理を要言すれば、イネの水要求に即応した水位と流入水量の時空的調節といいうる。

　刈　取　　収穫期にも水田は湛水状態にあり、小さな縫合舟の田舟に乗って水面を浮遊する稲穂をナイフで穂刈りする。ナイフは、フランス語のクトー（couteau、ナイフ）に由来するクゥトゥー（*koutou*）とよばれ、木製の柄に庖丁状に鉄刃をとりつけたものである。その寸法は、鉄刃の部分が38センチメートル、木柄が15センチメートルとナイフとしては大型である。鋸刃が両側についた両刃ナイフで、長い鉄刃で浮遊稲をすくいあげて手に移し、穂だけを刈りとっていく。

　穂刈りを終えた稲は、そのまま放置される。ニジェール川が減水期にはいって、バングゥが干あがった状態になっても残稈をそのまま放置して、家畜の刈り跡放牧の飼料とする。

　乾　燥　　刈りとった穂は、稲作地まわりの水のない所を選んで、そこに積みあげて乾燥させる。各農家は、それぞれ自家の乾燥・脱穀場をもつ。収穫期は乾期に入っているので、稲穂は3日ほどで乾燥する。

　脱穀・調製　　乾燥した刈り穂を乾燥・脱穀場に厚づみして、木棒で叩いて打穀脱穀する。脱穀を終えると、ただちに半球状の大型ヒョウタンで風選する。

貯　蔵　脱穀・調製した穀実は袋に入れて、家にもち帰って貯蔵する。

精　米　モミ米を炊きあげてパーボイル加工することも多い。パーセントボイル加工については、すでに XⅢ—(3)—2 で述べたので、ここでは説明を省略したい。パーボイル加工の有無をとわず、モミ米の精米・搗精は、女性がタテウスとタテギネをもちいて人力でおこなう。

調理・加工　粒食と粉食が併存している。粒食は、日本とおなじく米飯で、乾燥オクラや小魚をまぜて炊きあげる。また製粉してパン、クスクス、トーに加工する粉食利用もある。粉食利用は、小麦の調理・加工の応用といえる。このことは、ムラをふくむトンブクトゥ一帯が、北アフリカの小麦・粉食文化圏にも属していることを示す。

(3)—3　イネの栽培技術 (2) ——ファルー

　ファルーは、高位平坦面にある浅い湿地の稲作地で、コベイと総称される短期種の浅水直立稲が栽培される。これらの特徴から、ファルーをベンガル・デルタのアウス稲に類似しているとした。その栽培技術は、バングゥとは異なる点も多い。その相違点を中心に、ファルーのコベイ稲の栽培技術を要約したい。

整地・播種・移植　ファルーは浅水性の稲作地であり、コベイ稲は移植法で栽培される。播種・移植時の苗代と本田の作業は、つぎのようになる。

苗　代　河川水が流入する前の 6 月に、乾いた凹地の一角を手鍬で耕起し、乾いた状態のままモミを手で散播し、手鍬で耕土と種子を混ぜつつ耕土面を均平にする。これらの作業を 1 日で終える。

本　田　7 月になると、降水によってファルーの沼沢性湿地には天水がたまった状態になり、耕土もやわらかくなる。そのため、移植前の本田耕起は不要という。移植は、3〜4 本を乱雑植する方法でなされる。

作　期　苗代在圃は約 30 日で、7 月になって、それを本田に移植する。雨が多ければ、苗代播種後 70 日で収穫可能で、在圃期間は計 100 日。雨が少なければ、収穫は苗代播種後 90 日で、在圃期間は 120 日。ともに、深水浮遊稲のイサ・モーよりも早生といえる。

施　肥　無施肥　苗代・本田ともに、厩肥・化肥を施与することはない。

除　草　沼沢性湿地の本田には草はあまり出ないので、まとまった作業のかたちで、除草をおこなうことはない。草が出ているのを見つけると、そのつど手で引き抜くのみ。

灌　水　苗代には、播種後、毎朝、水路の水を半球状のヒョウタンで汲んで灌水する。本田は湛水しているので、灌水は不要である。

　　刈　取　　バングゥの場合とおなじく、鉄刃の両刃ナイフで穂刈りする。しかし刈取時に田舟を使うことはない。ファルーの湛水深の浅い部分は、収穫期には干あがっている。また深い池沼の部分も、収穫期には水はせいぜい腰くらいまでなので、水中に入って収穫できる。残稈は、そのまま放置して家畜の刈り跡放牧時の飼料とする。

　以後の乾燥、脱穀・調製、貯蔵、搗精の諸作業、また調理・加工は、バングゥのイサ・モー稲の場合とおなじなので、その記載を省略したい。

(3)—4　ベンガル・デルタとの栽培技術比較

　ウンドゥ・ボンゴ・コイナ村とベンガル・デルタの稲作のあいだには、栽培種レベルでの＜イサ・モー稲≒アマン稲＞、＜コベイ稲≒アウス稲＞という対応関係を観察することができた。前者は、ともに「深水浮遊稲の長期種」という共通性をもつ。アウス稲は深水浮遊稲と浅水直立稲の2つもふくむが、浅水直立稲の存在に注目すれば、後者は「浅水直立稲の短期種」と要約できる。まず、このような栽培種レベルでの共通性を指摘できる。

　しかし栽培種から栽培技術へと目を転じると、両地域の稲作には大きな相違と小さな類似を見いだしうる。大きな相違とは、ウンドゥ・ボンゴ・コイナ村の稲作が人力のみでおこなわれているのに対して、ベンガル・デルタではウシを役畜とする畜力利用によってなされていることである。ベンガル・デルタでは、播種前の整地作業は、ウシ2頭による犂耕と耙耕とを組みあわせておこなわれる。ウンドゥ・ボンゴ・コイ村では、それは人力による鍬耕であった。

　播種・移植法での相違も大きい。ベンガル・デルタのアマン稲は、イサ・モー稲とおなじく人力散播で播種されことが多いが、移植法での栽培もみられる点でイサ・モー稲とは異なっている。またコベイ稲は移植法で栽培されるが、アウス稲は散播による直播法である。

　除草作業も、ベンガル・デルタではやはりウシ2頭に有歯耙をひかせておこなわれる。ウンドゥ・ボンゴ・コイ村では、除草作業を体系だっておこなうことはなく、気がついたときに雑草を手でひき抜くのみである。また刈りとり後の脱穀作業は、ベンガル・デルタでは、敷きつめた刈り穂のうえを数頭のウシを横ならびにして周回運動させる牛蹄脱穀法でなされる。ウンドゥ・ボンゴ・コイナ村では、脱穀作業は刈り穂を木棒で打穀する人力脱穀法である。このように両者のイネ栽培技術は、ベンガル・デルタの畜力利用、ウンドゥ・ボンゴ・コイ村の人力依存という基本的な相違がある。

　一方、両地域の栽培技術には、少ないとはいえ類似点もある。まず播種はイサ・モー稲もアモン稲も直播法を基本とするが、それらはともに乾田状態の耕地に播種する乾田直播

法でなされることである。また収穫作業でも、イサ・モー稲とアマン稲はともに田舟を使用して穂首のみを手で刈りとる穂刈り法でなされている。ただ使用用具は、イサ・モー稲がナイフ、アマン稲は鎌という相違はある。

両地域の稲作における重要な類似点は、栽培過程ではなく、収穫後の調製にある。それは、脱穀後のモミ米のパーボイル加工である。ベンガル・デルタの東方に所在する東南アジア大陸部のデルタ稲作では、収穫後にモミ米をパーボイル加工することはないといってよい。パーボイル加工は、アジア稲作では、ベンガル・デルタをふくむインド亜大陸の稲作地帯で多くみられる処理技術である。パーボイル加工の普及という点で、ニジェール川内陸デルタは、ベンガル・デルタさらにはインド亜大陸と類似しているといえる。

(4) 古砂丘列の畑作穀物農耕——トウジンビエとコムギ

ウンドゥ・ボンゴ・コイ村の農耕は、イネを主作物とし、それに畑作のトウジンビエとコムギとが付加された穀物農耕を基本とする。ここで、畑作物のトウジンビエとコムギをとりあげて、その栽培技術について臨地調査をもとに検討することにしたい。

(1) で概観したように、トウジンビエとコムギは、ともにニジェール川の増水期に冠水する沖積湿地ではなく、そのなかに高みとして連なる古い固定砂丘帯を耕作場としている。しかし両者は、2つの点で相違する。まず、トウジンビエは雨期の夏を作期とする夏作物、コムギは乾期の冬を作期とする冬作物という作期の相違がある。また利水源でも、トウジンビエは天水のみに依存する乾燥農耕の作物、コムギは乾期にも滞水している池沼の水を利用した灌漑農耕の作物という相違がかさなる。これらの共通点と相違点とを念頭において、両作物の栽培技術について検討することにしたい。

(4)—1 トウジンビエの栽培技術

トウジンビエは、雨期の夏雨を利水源として、砂丘間低地の凹地底とその周縁の低位傾斜面で栽培される。夏雨とはいっても、その降水量はごく少ない。しかし凹地底とその周辺の下位砂丘斜面は砂丘帯に降る少ない降水を集水できるので、それらを利水源としてトウジンビエを栽培できる。その栽培技術を要述すると、つぎのようになる。

作　期　6月末—9月末の90日。トンブクトゥの降水量の85パーセントまでが、この3ヵ月に集中している。トウジンビエの作期は、雨期の最盛期と一致している。

整　地　砂丘間低地の土壌は微粒性土壌からなり、乾期のはげしい蒸発作用で固結している。播種前に固結した耕作地を手鍬で全面耕起する。この荒起こし作業は、数人が共同しておこなう。

　施　肥　　耕起後に、家畜の糞と家庭ゴミなどをまぜた自家肥料を手で撒布する。化肥
は施与しない。

　播　種　　トウジンビエのみの単播と他作物との混播の 2 つの方法でなされる。

　単　播　　降水をうけて、耕作地が水分をふくんだ状態になるのを待って、男 4 人
の共同作業で播種する。作業は、つぎの順序と分担で同時になされる。

　1）1 人が横歩きしつつ、両手でもった長柄の鉄刃鍬を軽く打ちおろして、1 歩間隔
で窪みをつけていく。

　2）1 人が掘り棒（*Sukabundu*）を片手でもって、その窪みに突きさして播種穴をあけ
いく。その間隔は、条間・株間ともに 40 センチメートルほどである。掘り棒は、灌
木の幹を利用した全長 180 センチメートル前後の木棒で、その先端を鉛筆のように尖
らせた突き棒である。

　3）1 人が片手に種子入れをもち、もう一方の手で種子入れから種子をつまんで播
種穴に点播していく。

　4）1 人が点播された播種穴に足先で土を入れ、同時に足で踏みかためる。この作
業の目的は、播種した種子を覆土・鎮圧して種子と耕土を混じりあわせて発芽しやす
い条件をつくることにある。

　じつは西アフリカでは、トウジンビエなどの高稈性穀物作物の播種作業は 1 人でな
されることが多い。その作業を共同でおこなう場合、1 人のみでおこなう場合よりも
迅速に作業を進めることができる。そこに、このムラで播種が共同作業でおこなわれ
る理由があろう。雨期とはいっても、強乾燥気候下では、確実な発芽が見込めるほど
の降水はごくまれにしかない。そのため、数少ない降水の直後に作業を迅速にすすめ
て播種を完了することがもとめられる。4 人もの人数での共同作業は、その目的にか
なった方策である。

　共同播種作業で注目されるのは、播種穴つくりである。それは、1）と 2）の 2 回
にまたがってなされている。ウンドゥ・ボンゴ・コイナ村以南のマリだけでなく、西
アフリカ一般のミレット作物の播種作業は、このうちの 1）のみで播種穴をあけ、3）
によって播種する方法である。つまり、2）の掘り棒での作業は省略というよりも、
農具としての掘り棒そのものが存在しないのが普通である。

　では、「なぜ西アフリカでは例外ともいうべき種種用の手鍬と掘り棒による 2 度の
播種穴つくりがなされるのか」。それには、砂丘間凹地の土壌の問題がかかわってい
る。さきに凹地とそのまわりの砂丘傾斜面の最下部が、砂丘斜面に降るごく少ない降
水を集水して土壌水分へと転化して保全することができると述べた。ここで、この点

について説明することにしたい。

　農耕が利用する土壌は土壌層の表層のみで、それを耕土とよぶ。砂丘間凹地の耕土は、上下2層からなっている。上層は保水力の乏しい砂質土で、集水した水を保全することなく浸透させるのみである。下層は、砂質土に含まれていたごく微細な粘土質土壌が沈積したもので、堅く固結して不透水層の役割を果たす。砂質土であるにもかかわらず、砂丘間凹地が土壌水分を保全できるのは、この下層の不透水層が浸透する水を遮断して土壌水分へと転化するからである。耕土の表層直下に不透水層が存在することが、年降水量が180ミリメートルほどにすぎない強乾燥気候にもかかわらず、無灌漑でトウジンビエの栽培を可能にする条件である。

　しかし堅く固結した粘土層は、相反する役割をもつ。不透水層として土壌水分の保全効果を正の役割とすれば、正反対の負の役割がある。上層の砂質土の層は浅く、トウジンビエが生長していくための耕土層としては不十分である。トウジンビエは下層の粘土層にも根系を伸ばさなければ、生長困難である。しかし粘土層は堅く固結し、細根といえども根系の伸張を抑止する。それを破砕して根系の発達を助ける作業が、2）の掘り棒による下層土への播種穴あけである。1）と2）の2度手間ともいうべき方法で播種穴あけがなされるのは、そのゆえだ。それが西アフリカでは例外的なのは、逆にウンドゥ・ボンゴ・コイナ村の農耕環境の厳しさを照射する。

　混　播　上記の単播法でトウジンビエを播種したのちに、他の作物を同一の耕作地に混播する。その作業順序は、つぎのとおりである。

　トウジンビエの播種後2週間くらいに、第1回の除草がなされる。そのあと、雨を待って、トウジンビエの株間にササゲ（haricot）をはじめとする混播作物を手で点播する。このときには掘り棒を使用しないで、1人で、片手にもつ手鍬で播種穴をあけ、他方の手でそこに点播する。

　混播作物はササゲだけの場合が多いが、ラッカセイとメロンが混播されることもある。これら3作物をすべて混播する場合には、まずトウジンビエの株間にササゲを点播する。その翌日には、2条に1条の割でトウジンビエの条間にラッカセイを、さらに翌々日空けておいた条間にメロンを点播していく。トウジンビエをふくめて4作物の混播であるが、条を単位としてみると、＜トウジンビエ＋ササゲ＞、＜ラッカセイ＞、＜メロン＞の混播となる。ラッカセイとメロンの点播法は、ササゲの場合とおなじである。

灌　水　なし。天水のみで栽培する。

除　草　播種後2週間に第1回、さらにその2週間後に第2回の除草をおこなう。と

写真43　タンガ・タンガ（手押し除草鋤）　サヘルの砂質土地帯の
ムラのみでみられる人力除草具。ミレットの点播耕地で使用さ
れる。立ち姿勢で柄をもって水平刃を前後に動かしつつ前進し
ていき、株間を除草する（応地撮）。

もに、タンガ・タンガ（*tanga tanga*）とよばれる手押し除草鋤をもちいて手耨耕でなされる。タンガ・タンガについては、その農耕的意義とともに後述することにしたい。

　刈取　イネの場合とおなじく、鉄刃のナイフ（*koto*、*garja*）で、穂実のやや下方を穂刈りする。残稈は、そのまま放置して、放牧畜の刈り跡放牧時の飼料とする。

　乾燥　刈り穂は家にもちかえり、庭に山積みして2週間ほど乾燥させる。

　脱穀・風選　刈り穂を地面に厚積みしてならべ、木棒で叩いて打穀脱穀する。ついで、半球状のヒョウタンで風選する。

　貯蔵　脱穀・風選を終えた穀実は、袋に入れて屋内で貯蔵する。

　製粉　女性が、タテウスとタテキネで製粉する。

　調理　粉食のみで、粒食はない。調理法は、粉のまま「炊く・蒸す」場合と「焼く」場合とがある。前者には、朝食用粉粥のドン（*don*）、湯汁粉粥のブイ（*bui*）、甑で蒸すなどして加工する蒸しパン、またクスクスがある。後者には、ウィジラ（*ouijila*）とよばれる小型のパンが多い。

**　タンガ・タンガによる除草作業をめぐって──サヘル農耕様式の提唱**

　ウンドゥ・ボンゴ・コイナ村でのトウジンビエの栽培技術のなかで、もっとも興味ぶかいのはタンガ・タンガによる除草作業である。ここで、独立させて、タンガ・タンガの構造とそれによる除草作業の意味づけをおこなうことにしたい。

　タンガ・タンガは、2メートルほどの長い柄の先端に鉄製の草切り刃を差しこんで固定させた除草専用の人力農具である。草切り刃の形態には地域差があるが、このムラの場合は、その形状は、┳の上辺を鈍角状の∧型にしたような形をしている。草切り刃は薄い鉄片でできているうえに、柄に対して水平に固定されている。そのため草切り刃そのもの

には耕起機能はほとんどなく、耕土の表層を滑るように浅く動くのみである。いわば、「水平耕」ともいうべき機能に特化した農具である。

　その特徴を強調するのが、柄の末端にとりつけられた把手である。把手の形態は、スコップの把手に似た三角形の枠型である。スコップの場合には、把手と耕刃とは平行関係にある。しかしタンガ・タンガの場合には、草切り刃に対して垂直方向に把手がとりつけられている。そのため把手を片手でにぎって前方に動かしても、刃が耕土面のなかに入ることなく、耕土面を滑走するのみである。タンガ・タンガは、耕起ではなく、耕土面に生える草を除去するための除草専用の農具だ。これらの形態と機能を含意させて、タンガ・タンガを「手押し除草鋤」とよぶことにしたい。

　トウジンビエやモロコシなどの高稈性穀物作物は、雑草の繁茂期でもある夏を作期とするので、在圃中の除草は必須の農作業である。西アフリカでの一般的な除草法は、柄長が40センチメートル前後の短柄鍬でおこなう人力除草である。短柄鍬による除草作業は、立ち姿勢のまま上半身を深く前傾させておこなわれる。東アジアでは、立ち姿勢での除草作業を立耨とよぶ。その用語をもちいて表現すれば、西アフリカの短柄鍬による除草作業は前傾立耨といえる。

　しかしウンドゥ・ボンゴ・コイナ村のタンガ・タンガによるトウジンビエの除草作業は、これとは異なる。短柄鍬の場合とおなじ立ち姿勢ではあるが、前傾することなく、直立姿勢で片手で把手をにぎって「手押し除草鋤」を前後走させておこなわれる。これは、直立立耨といえる。前傾立耨が一般的な西アフリカで、タンガ・タンガは直立立耨とむすびつく除草農具である。＜「手押し除草鋤」＋直立立耨＞で夏作高稈性穀物作物の除草作業をおこなう村落は、西アフリカにひろく分布するのではなく、サハラ砂漠の南縁帯にかぎられている。具体的には、サハラの南縁にそって、西はモーリタニアとセネガルの大西洋岸から、東は北スーダンにいたるまで連続する狭長なベルトをなして分布している。そのベルト状分布をもとに、＜「手押し除草鋤」＋直立立耨＞の除草作業をともなう農耕を、私は、サヘル農耕様式とよんでいる。ウンドゥ・ボンゴ・コイナ村も、サヘル農耕様式の東西ベルトに位置しているのである。

(4)—2　コムギの栽培技術

　コムギも、トウジンビエとおなじく砂丘間凹地で栽培される。しかしトウジンビエとは異なって、コムギは冬作物であり、乾期を作期とする。そのためトウジンビエのように、在圃中にごく少ないとはいえ降水を期待できないので、冬コムギは灌漑作物として栽培される。その栽培は、砂丘間凹地の凹地底のなかでも、乾期の前半にあたる10月〜12月に

も滞水している小池沼の周辺のみにかぎられる。その耕圃はごく小さく、池沼から小さな水路で導水した水で灌水栽培する。

　まずウンドゥ・ボンゴ・コイナ村でのキキトリをもとに、冬コムギの栽培技術を述べることにしたい。それを提示したのちに、同村で冬コムギ栽培の位置づけを試みることにする。

　作　期　　10月播種―1月収穫の4ヵ月。

　耕起・整地　　播種にさきだって、深い前傾姿勢で手鍬で全面耕起を1回おこなう。

　施　肥　　耕起・整地後に灌水してから、畜糞と家庭ゴミからなる自家肥料を手で撒布し、手鍬で耕土に混ぜこむ。灌水すると、耕土は砂質の軟土となって肥料を混ぜこむことができる。しかし灌水しなければ、耕土は固結したままで厩肥を土壌中に混ぜこむことはできない。化肥は使用しない。

　播　種　　手で散播し、手で種子を耕土に混ぜあわせつつ覆土する。この作業は、手鍬も使うことなく、すべて手のみでおこなう。

　灌　水　　耕起・整地の直後に、最初の灌水をおこなう。灌水は、小池沼の水を半球状のヒョウタンで汲んで水路に流して、耕圃に導水する方法でなされる。小池沼の水がなくなる12月末ころまで、おなじ方法で3日に1回の割で灌水をくり返す。

　除　草　　草が出るころを見はからって、手でひき抜く。回数は、1回のみ。

　刈　取　　鉄刃のナイフ（*koto*、*garja*）で、穂刈りする。麦稈を寝具用のマットに利用する場合のみに、穂刈りを終えてから根刈りする。それ以外は、そのまま放置して放牧畜の刈り跡放牧時の飼料とする。

　以後の乾燥、脱穀・調製、貯蔵、製粉の諸作業は、トウジンビエの場合とおなじなので、再述を省略する。

　調　理　　粉食のみで、製粉後、パン、クスクス、カッタ（*katta*、短いうどん状の麺）、サリ（*sari*、重湯状の湯汁）に加工する。

　このように、コムギの栽培技術を要素ごとに検討していくと、西アジアで成立し、マグリブへと西漸したムギ農耕が本来もっていた要素を基本としつつ、サハラ沙漠を縦断してサヘルに達したのちに獲得した要素も存在する。新たな獲得要素は、サヘルの在来農耕、具体的にはイネと高稈性穀物作物栽培からの導入であった。最後に、この点を中心にサヘルのムギ農耕の特質について考えることにしたい。

サヘルにおける冬コムギ栽培──その位置づけ

　まず、イネの栽培技術との関係をとりあげることにする。さきに（3）―4で、ウンドゥ・ボンゴ・コイナ村とベンガル・デルタの稲作を対比させて、「ベンガル・デルタで

は、冬の乾期にも滞水している池沼を利水源として、ボロ稲とよばれる乾期稲が栽培されている。しかしそれに相当する乾期稲の栽培は、ウンドゥ・ボンゴ・コイナ村には存在しない」ことを指摘した。もちろんウンドゥ・ボンゴ・コイナ村でも、乾期の滞水池沼を利水源とする農耕は存在する。それは、イネではなく、冬コムギの栽培である。同村では、いわばボロ稲が冬コムギによって代替されているといいうる。その理由は、一方では冬の気温低下がイネ栽培を不可能にしていること、他方では池沼の滞水量が小さいために要水量小のコムギしか栽培できないこと、の2つの要因にもとめうる。

ベンガル・デルタでも、コムギは畑作の冬作物として栽培されている。同デルタでは冬作はラービー（rābi）とよばれ、ラービー作の穀物作物はボロ稲とコムギである。しかしウンドゥ・ボンゴ・コイ村では、コムギが唯一の冬作の穀物作物である。逆にいえば、サヘル北端部への接近による冬期の気温低下が、マグリブからの冬作穀物作物の導入を可能とし、夏作のみに限られていた穀作農耕を冬作にも拡大しているといえる。

マグリブでの臨地調査をもとに、そこでのコムギの在来栽培技術を要約すると、＜散播―無除草―根刈り収穫―穂つき麦稈の牛蹄脱穀＞連環となる。ウンドゥ・ボンゴ・コイナ村のコムギ栽培では、その連環は、＜散播―人力抜草による除草―穂刈り収穫―刈り穂の人力脱穀＞であった。両者の栽培技術の共通要素は播種法の散播のみで、他はすべて相違している。このことが、同村のムギ農耕を考えるための視角を提供する。

このうち播種と除草の両作業に注目すると、マグリブにかぎらず、西アジアやヨーロッパもふくめてムギの在来農耕では、それは、〈播種＝散播〉＋〈除草＝ナシ〉の組みあわせである。じつは、この2つの技術要素は密接に関連しあっている。ムギ農耕の成立地をふくむ上記の地帯では、ムギ農耕は除草と無縁であった。除草が不必要であることが、散播という粗放的な播種法の採用を可能にしたのである。しかしウンドゥ・ボンゴ・コイナ村のムギ農耕は、散播ではあっても、人力抜草による除草をともなっている。これは、本来のムギ農耕とは異なった播種と除草の両作業間のネジレ現象といえる。

このネジレ現象をもたらしたのは、トウジンビエの夏作農耕との接触であった。同村のトウジンビエ栽培の技術要素を、コムギの場合とおなじ方式で示すと、〈点播―手耨耕による人力除草―穂刈り収穫―刈り穂の人力脱穀〉連環となる。夏作のトウジンビエ栽培は旺盛な雑草との闘いであり、雑草の除去つまり除草は必須の作業である。鍬また手押し除草鋤は、除草作業を周到におこなうための用具である。それらは、散播された耕圃ではおこない得ない。

それらをもちいて散播耕圃で除草作業をおこなうと、雑草と作物を区別することができないので、作物のトウジンビエも同時に除去してしまう。その危険性を避けるための播種

法が、点播である。点播は、一定の間隔をたもって作物を穴播きしていく方法であり、株と株との間に用具をもちいて除草しうるスペースを確保していく播種法である。

　しかし労働投下という点からいえば、散播が投下量小の労働粗放的な播種法であるのに対して、点播は同投下量大の労働集約的な方法である。ウンドゥ・ボンゴ・コイナ村のトウジンビエ栽培では、播種と除草ともに労働集約的な方法でなされている。しかしコムギ栽培では、播種は労働粗放的な散播、除草は労働集約的な人力除草でなされている。

　これを指して、さきに播種と除草のネジレ現象とよんだのであった。それを生みだしたのは、同村のコムギ栽培技術が、除草以下の技術要素をトウジンビエ栽培から借用しているためであった。このことは、コムギ農耕が、本来の要素連環から離れて、サヘルのトウジンビエ栽培技術にとりこまれて変質してしまった結果といえる。

注

1) Saad, E.N., *Social History of Timbuktu : the role of Muslim scholars and notables, 1400–1900*, Cambridge Univ. Pr., Cambridge, 1983, p.3.

2) *The account of the Sadian conquest of Songhay by the Anonymous Spaniard*, in Hunwick, J., *Timbuktu & the Songhay Empire, Al-Saʿdīʾs Taʾrīkh al-sūdān down to 1613 & other contemporary documents*, Brill, Leiden, 1999, p. 325.

3) Ohji, T., Les techniques de culture du mil au Mali : types et distribution, in Kawada, J. ed., *Boucle du Niger—approches multidiscilinaires*, IRLCAA, Tokyo, 1990, pp.1–62.
   応地利明「マリ国におけるミレット農耕形態の諸類型と分布」川田順造編『ニジェール川大湾曲部の自然と文化』、東京大学出版会、1997 年、147–191 頁。

4) 応地利明「バーザールの諸相」第 5 回「大学と科学」公開シンポジウム組織委員会編『都市文明イスラームの世界』、クバプロ、1991 年、70–92 頁。

5) 応地利明「東アジアからの地理的世界認識」樺山紘一ほか編『遭遇と発見—異文化への視野』（岩波講座「世界歴史」12）、岩波書店、1999 年、155–180 頁。

6) 応地利明「認識空間としての「日本」」網野善彦ほか編『コスモロジーと身体』（岩波講座「天皇と王権を考える」8）、岩波書店、2002 年、71–95 頁。

7) 応地利明「トンブクトゥ（マリ）：「黄金の都の残映」」『建築雑誌』118–11、2003 年、6 頁。
   応地利明「住居のプロクセミクス」、布野修司編『世界住居誌』、昭和堂、2005 年、358–368 頁。

8) 応地利明『中央ユーラシア環境史 4　生態・生業・民族の交響』、臨川書店、2012 年、30–32 頁。
   応地利明ほか『人類はどこへ行くのか』（「興亡の世界史」20）、講談社、2009 年、158–161 頁。

9) 応地利明「ニジェール川大湾曲部総合調査報告」その 2—「トンブクトゥの都市構成」、1994 年度日本アフリカ学会大会（於神戸学院大学）。

10) Woodward, D., Medieval *Mappamundi*, in Harley, J.B. & Woodward, D. eds., *The History of Cartography, Vol. 1, Cartography in Prehistoric, Ancient, and Medieval Europe and the Mediterranean*, Univ. of Chicago Pr., Chicago, 1987, pp.392–395.

11) Campbell, T., Portolan charts from the late thirteenth century, in *ibid.*, p.395.

12) 川田順造『サバンナの手帖』、新潮社、1981 年、135 頁。
   Grevoz, D., *Les canonnieres de Tombouctou, Les Français à la conquête de la cité mythique 1870–1894*, Harmatan, Paris, 1992, p.21.

13) Campbell, T., *op.cit.*, p.432.

14) Woodward, D., *op.cit.*, p.416.

15) Bibliothèque Nationale de France, *Mapamondi, une carte du monde au XIV siècle*, compact disc, Paris, 1998.

16) Grosjean, G., *Mapamundi, the Catalan Atlas of the year 1375*, Abaris Books, N.Y., 1978, pp.20–23.

17) 応地利明『「世界地図」の誕生』、日本経済新聞出版社、2007 年。

18) グロスジーンは、この王をヴィジャヤナガル帝国の王に比定する。*ibid.*, p.84.

19) グロスジーンは、Iana 島はジャワ（Java）島の誤記であるとしている。Grosjean, G., *op.cit.*, p.89.

20) ヘロドトス（松平千秋訳）『歴史』上、岩波文庫、362–363 頁。

21) Grosjean, G., *op.cit.*, p.54.

22) *ibid.*, p.63.
   Kamal, Y., *Monumenta cartographica Africae et Aegypti : verkleinerter Nachdruck in seshs Bäden*, Tome V, Institut für Geschichte der Arabisch-Islamischen Wissenschaften an der Johann Wolfgang Goethe-Universität,

注

Frankfurt am Main, 1987, p.409.

23） Grosjean, G., *op.cit.*, p.63.

　　Kamal, Y., *op.cit.*, p.409.

　　Bovill, E.W., *The Golden Trade of the Moors*, 1968, Oxford Univ. Pr., in attatched map.

　　Monod, T., Rabelais et le Mali, *Notes Africaines, Bulletin d'information et de correspondance de l'Institut Français d'Afrique Noire*, 89, 1959, p.37.

24） Kamal, Y., *op.cit.*, p.409.

25） Grosjean, G., *op.cit.*, p.63.

　　Kamal, Y., *op.cit.*, p.409.

26） Grosjean, G., *op.cit.*, p.63.

27） Devisse, J., Routes de commerce et échanges en Afrique occidentale en relation avec la Mediterranée, Un essai sur le commerce africain médiéval du XI au XVI siècle, *Revue d'Histoire Economique et Sociale*, Vol. 50-3, 1972, p.372.

28） 私市正年『サハラが結ぶ南北交流』（世界史リブレット 60）、山川出版社、2004 年、48 頁。

29） Levtzion, N. & Spaulding, J., *Meadival West Africa, views from Arab scholars and merchants*, Markus Wiener Pub., Princeton, 2003, p.50.

30） Documentation historique l'Empire du Mali : Al-'Omari, *Masalik el absâr fi Mamâlik el Amsâr*, 1337, traduction par Gaudefroy-Demombynes, 1927, pp.52-93.

　　私市正年、前掲書、57-58 頁。

31） Pèlerinage de Sultan Mansa Mousa de Malli―Al Marqrizi（avant 1441）, in Kamal, Y., *op.cit.*, p.215.

32） Couq, J.M., *Recueil des Sources Arabes Concernant L'Afrique Occidentale du VIII au XVI Siècle (Bilâd al-Sûdân)*, Edition du Centre National de la Recherche Scientifique, Paris, 1975, p.279.

33） *ibid.*, p.275.

34） イブン・バットゥータ（家島彦一訳注）『大旅行記』8（東洋文庫 705）、平凡社、2002 年、65 頁。

35） ブローデル、F.（浜名優美訳）『地中海』II、藤原書店、1992 年（原著 1949）、194-195 頁。

36） Senghor, L.S. ed., *Tombouctou*, Comité de Jumelage Saintes-Tombouctou, Paris, 1986, p.139.

37） イブン・バットゥータ（家島彦一訳注）、前掲書、64 頁。

38） Kamal, Y., *op.cit.*, pp.374-375.

39） 応地利明『絵地図の世界像』（岩波新書 新赤版 480）、1996 年、岩波書店、99 頁。

40） 私市正年、前掲書、60 頁。

41） 川田順造、前掲書、133-136 頁。

42） 同上、136 頁。

43） Barth, H., *Travel and discoveries in North and Central Africa : Being a journal of an expedition undertaken under the auspices to H.B.M.' s government in the year 1849-1855*, Vol.4, Longman, London, 1858, p.432.

44） Dubois, F., *Timbuctoo the mysterious*, translated from the French by White, W. D., London, 1897, p.321.

45） Abitbol, M., *Tombouctou et les Arma, De la conquête marocaine du Soudan nigérien en 1591 à l'hégémonie de l'Empire Peul du Macina en 1833*, G.- P. Maisonneuve et Larose, 1979, p.79.

46） Hacquard, A., *Monographie de Tombouctou*, Société des Etudes Colonies et Maritimes, Paris, 1900, p.65.

47） Dubois, F., *op.cit.*, p.321.

48） *ibid.*, p.352.

49） Grevoz, D., *op.cit.*, p.21.

50） Dubois, F., *op.cit.*, p.352.

51） *ibid.*, p.218.

52) Cock, S. ed., *The Narrative of Robert Adams, A Sailor, Who Was Wrecked On The Western Coast of Africa, In The Year 1810, Was Detained Three Years In Slavery By The Arabs Of The Great Desert, And Resided Several Months In The City Of Tombuctou*, 1816, William Bulmer and Co., London.

53) *ibid.*, p.35, 42.

54) *ibid.*, p.40.

55) *ibid.*, p.42.

56) *ibid.*, pp.49–53.

57) *ibid.*, p.184.

58) *ibid.*, p.192.

59) *ibid.*, p.182.

60) *ibid.*, pp.180–182.

61) Caillé, R., *Voyage à Tombouctou*, Tome I (une réédition en facsimile de 1830 première édition), Edition la Découverte, Paris, 1965, p.190.

62) 川田順造、前掲書、103 頁。

Quella–Villéger, A., *René Caillié, Une vie pour Tombouctou*, Atlantique, Paris, 1999, p.43.

63) *ibid.*, p.8, Doc.3.

64) Caillé, R., *op.cit.*,Tome II, p.212.

65) Haywood, A.H.W., *Through Timbuctu and across the great Sahara*, Seeley, London, 1912, p.224.

66) Caillé, R., *op.cit.*,Tome II, p.213.

67) Dubois, F., *op.cit.*, p.211.

68) *Al–Sa'di's Ta'rikh al–Sūdān down to 1613*, in Hunwick, J., *op.cit.*, p.157.

69) Dubois, F., *op.cit.*, p.276.

70) Galais, J., *Hommes du Sahel, Espace–Temps et Pouvoir*, Flammarion, Paris, 1984, p.21.

71) マイナー、H.（赤坂賢訳）『未開都市トンブクツ』、弘文堂、1988 年（原著 1953）、294 頁。

Saad, E.N., *op.cit.*, p.6.

Abitbol, M., *op.cit.*, p.33.

72) Dubois, F., *op.cit.*, p.196.

73) *ibid.*, p.195.

74) Hacquard. A., *op.cit.*, p.12.

75) Barth, H., *op.cit.*, p.393.

76) Dubois, F., *op.cit.*, p.201.

77) マイナー（赤坂賢訳）、前掲書、295 頁。

78) Cissoko, S.M., *Tombouctou et l'Empire de Songhay*, Harmattan, Paris, 1996, p.244.

79) Dubois, F., *op.cit.*, p.198.

80) Barth, H., *op.cit.*, pp.393–394.

81) Lightfoot, D.L. & J.M. Miller, Sijilmassa : The Rise and Fall of a Walled Oasis in Medieval Morocco, *A.A.A.G.*, 86, 1996, pp.96–97.

82) 応地利明「テヘラン」高野史男ほか編『世界の大都市』下、大明堂、1979 年、54–72 頁。

83) マイナー（赤坂賢訳）、前掲書、45 頁。

84) Barth, H., *op.cit.*, p.478.

85) *ibid.*, p.477.

86) Dubois, F., *op.cit.*, p.337.

87) バルトはドイツ人であり、この記述でのマイルはドイツ・マイルの可能性がある。しかし 1 ドイツ・

マイル≒7.5 キロメートルであるので、市街地の周囲 3 マイルは約 22.5 キロメートルということになる。その規模は巨大すぎるので、ここでのマイルはイギリス・マイル（≒1.6 キロメートル）であろう。

88）Caillé, R., *op.cit.*, Tome II, p.219.

89）Bonnier, G., *L'Occupation de Tombouctou*, Edition du Monde Moderne, Paris, 1926, 所収。

90）BNF mss, 2621, f.68.

91）Caillé, R., *op.cit.*, Tome II, p.238.

92）Barth, H., *op.cit.*, p.442.

93）*ibid.*, p.480.

94）Abitbol, M., *op.cit.*, p.168.

95）*Leo Africanus's description of the middle Niger, Hausaland and Bornu*, in Hunwick, J., *op.cit.*, pp.280–282.

96）Cock, S. ed., *op.cit.*, p.24.

97）Caillé, R., *op.cit.*, Tome II, p.220.

98）Dubois, F., *op.cit.*, p.211.

99）Barth, H., *op.cit.*, p.405.

100）*ibid.*, p.479.

101）Monod, T., Evocation de l'Empire du Mali, *Notes Africaines, Bulletin d'information et de correspondance de l'Institut Français d'Afrique Noire*, 89, 1959, p.34.

102）Couq, J.M., *op.cit.*, p.266.

103）イブン・バットゥータ著（家島彦一訳注）、前掲書、64 頁。なお彼は、トンブクトゥだけでなく、王都マーッリーまた当時の同地方最大の都市カウカウ（ガオ）についても、市壁の有無に関しては何も述べていない。

104）*Leo Africanus's description of the Middle Niger, the Hausa kingdoms, and Bornu*, in Hunwick, J., *op.cit.*, pp.279–282.

105）*Al-Sa'dī's Ta'rikh al-Sūdān down to 1613*, in Hunwick, J., *op.cit.*, pp.29–34.

106）*The account of the Sadian conquest of Songhay by the Anonymous Spaniard*, in Hunwick, J., *op.cit.*, pp.324–325.

107）Cissoko, S.M., *op.cit.*, p.39.

108）Abitbol, M., *op.cit.*, p.170.

109）*Leo Africanus's description of the Middle Niger, the Hausa kingdoms, and Bornu*, in Hunwick, J., *op.cit.*, p.282.

110）*Al-Sa'dī's Ta'rikh al-Sūdān down to 1613*, in Hunwick, J., *op.cit.*, p.18.

111）Caillé, R., *op.cit.*, Tome II, p.147.

112）坂井信三「口頭伝承からみたジャ——異教王権下のイスラーム都市の歴史と構造」川田順造編『ニジェール川大湾曲部の自然と文化』、東京大学出版会、1997 年、241 頁。

113）*Leo Africanus's description of the Middle Niger, the Hausa kingdoms, and Bornu*, in Hunwick, J., *op.cit.*, pp.286–287.

114）Barth, H., *op.cit.*, p.182.

115）川田順造『アフリカ』（「地域からの世界史」9）朝日新聞社、1993 年、105-106 頁。

116）*Leo Africanus's description of the Middle Niger, the Hausa kingdoms, and Bornu*, in Hunwick, J., *op.cit.*, p.285.

117）Dubois, F., *op.cit.*, p.391.

118）Caillé, R., *op.cit.*, Tome II, p.220.

119）*ibid.*, p.218.

120）Barth, H., *op.cit.*, p.482.

121）Hacquard, A., *op.cit.*, p.24.

122）Senghor, L.S., *op.cit.*, p.180.

123）*ibid.*, p.38.

124）Dubois, F., *op.cit.*, p.266.

125）Saad, E.N., *op.cit.*, p.27.

126）Abitbol, M., *op.cit.*, p.171.

127）応地利明「フランスのアジア進出と植民都市——ポンディシェリーとサイゴンを中心に」布野修司編『植民都市の形成と土着化に関する比較研究』（科研・国際学術研究 09041062 研究成果報告）、京都大学、1999 年、1–44 頁。

128）Stanislawski, D., The origin and spread of the grid-pattern town, *Geogr. Rev.*, 36, 1946, in Wagner, P.L. & Mikesell, M.W. eds., *Readings in cultural geography*, Univ. of Chicago pr., Chicago, 1962, p.320.

129）私市正年、前掲書、10–11 頁。

130）堀内勝『ラクダの文化誌—アラブ家畜文化考』、リブロポート、1986 年、245 頁。

131）磯野直秀「明治前動物渡来年表」、*Hiyoshi Review of Natural Science*, 41, 2007, pp.35–66.

132）ゾイナー、F.G.（国分直一・木村伸義訳）『家畜の歴史』、法政大学出版局、1983 年（原著1963）、398–402 頁。

133）加茂儀一『家畜文化史』、法政大学出版局、1973 年、696 頁。

134）私市正年、前掲書、9 頁。

135）Grosjean, G., *op.cit.*, p.24.

136）ゾイナー、F.G.（国分直一・木村伸義訳）、前掲書、403 頁。

137）グレアム・コナー（近藤義郎・河合信和訳）『熱帯アフリカの都市化と国家形成』、河出書房新社、1993 年（原著1986）、163–164 頁。

竹沢尚一郎『西アフリカの王国を掘る——文化人類学から考古学へ』（フィールドワーク選書 10）、臨川書店、2014 年、54 頁。

138）Couq, J.M., *op.cit.*, p.41.

139）*ibid.*, p.42.

140）Devisse, J., *op.cit.*, Vol.50–1, p.49.

141）*ibid.*, p.54.

142）*ibid.*, p.51.

143）竹沢尚一郎、前掲書、176 頁。

144）ヘロドトス（松平千秋訳）『歴史』中、岩波文庫、103–106 頁。

織田武雄『古代地理学史の研究—ギリシア時代』、柳原書店、1959 年、154–157 頁。

145）Couq, J.M., *op.cit.*, p.45.

146）*ibid.*, p.18.

147）Devisse, J., *op.cit.*, Vol.50–1, p.51.

148）Couq, J.M., *op.cit.*, p.72.

149）田家康『気候文明史—世界を変えた 8 万年の攻防』、日本経済新聞出版社、2010 年、175 頁。

150）Devisse, J., *op.cit.*, Vol.50–1, p.54.

151）*ibid.*, p.55.

152）*ibid.*, p.52.

153）イブン・ハルドゥーン（森本公誠訳・解説）『歴史序説』第 1 巻、岩波書店、1979 年（原著 c 1377 年）、118 頁。

154）Couq, J.M., *op.cit.*, p.73.

155）*ibid.*, p.128.

156）イブン・ハルドゥーン（森本公誠訳・解説）、前掲書、117 頁。

注

157）Devisse, J., *op.cit.*, Vol.50-1, p.56.

158）*ibid.*, Vol.50-3, p.392.

159）Couq, J.M., *op.cit.*, p.199.

160）*ibid.*, p.95.

161）El Bekri, A.O.（traduite par De Slane, M.G.）, *Description de l'Afrique septentrionale*, Lib. Amérique et d'Orient, Paris, 1965, p.327.

162）川田順造、前掲書（注12）、199頁。

163）グレアム・コナー、前掲書、146頁。

164）Norris, H.T., *The Arabs conquest of the Western Shara, Studies of the historical events, religious beliefs and social customs which made the remotest Sahara a part of the Arab World*, Longman, 1986, Beirut, p.6.

165）El Bekri, A.O., *op.cit.*, pp.283-284.

166）Couq, J.M., *op.cit.*, p.61.

167）私市正年、前掲書、27頁。

168）Leo Africanus, *Description de l'Afrique*, trans. by A. Epaulard, Adrien Maisonneuve, 1957, Paris, pp.428-430.

169）El Bekri, A.O., *op.cit.*, p.303.

170）*ibid.*, p.296.

171）*ibid.*, p.317.

172）*ibid.*, p.323.

173）イブン・バットゥータ（家島彦一訳注）、前掲書、88頁。

174）El Bekri, A.O., *op.cit.*, p.322.

175）*ibid.*, p.300.

176）*ibid.*, p.301.

177）*ibid.*, p.327.

178）*ibid.*, pp.329-330.

179）Couq, J.M., *op.cit.*, p.188.

180）El Bekri, A.O., *op.cit.*, p.331.

181）Devisse, J., *op.cit.*, Vol.50-2, p.388.

182）私市正年、前掲書、14頁。

183）El Bekri, A.O., *op.cit.*, pp.301-302.

184）Devisse, J., *op.cit.*, Vol.50-1, p.56, pp.61-62.

185）Cissoko, S.M., *op.cit.*, p.26.

186）Devisse, J., *op.cit.*, p.51.

187）El Bekri, A.O., *op.cit.*, p.338.

188）*ibid.*, p.339.

189）Devisse, J., *op.cit.*, Vol.50-1, p.56.
　　　私市正年、前掲書、17頁。

190）Devisse, J., *op.cit.*, Vol.50-1, p.56.

191）*ibid.*, p.61.

192）Cissoko, S.M., *op.cit.*, p.47.
　　　Senghor, L.S., *op.cit.*, p.280.

193）イブン・バットゥータ著（家島彦一訳注）、前掲書、55-56頁。

194）同上、38頁。

195）同上、14頁。

196）同上、15 頁。

197）『ドン・ヴァスコ・ダ・ガマのインド航海記』（野々山ミナコ訳、増田義郎注）、『コロンブス、アメリゴ、ガマ、バルボア、マゼラン航海の記録』（大航海時代叢書Ⅰ）所収、岩波書店、1965 年、383–384 頁。

198）イブン・バットゥータ（家島彦一訳注）、前掲書、17–20 頁。

199）同上、89 頁。

200）同上、26–32 頁。

201）同上、32–34 頁。

202）同上、37–39 頁。

203）同上、37 頁。

204）Caillé, R., *op.cit.*, Tome II, p.235.

205）Saad, E.N., *op.cit.*, p.18.

206）*Al–Sa'dī's Ta'rīkh al–Sūdān down to 1613*, in Hunwick, J., *op.cit.*, pp.29–30.

207）Cissoko, S.M., *op.cit.*, p.21.

208）*ibid.*, pp.35–37.

209）イブン・バットゥータ（家島彦一訳注）、前掲書、28–70 頁。

210）同上、第 28 章 注 84、105〜109 頁。

211）Saad, E.N., *op.cit.*, p.27.

212）*Al–Sa'dī's Ta'rīkh al–Sūdān down to 1613*, in Hunwick, J., *op.cit.*, p.30.

213）Devisse, J., *op.cit.*, Vol.50–2, p.366.

214）Saad, E.N., *op.cit.*, p.33.

215）*Leo Africanus's description of the Middle Niger, the Hausa kingdoms, and Bornu*, in Hunwick, J., *op.cit.*, p.276.

216）*Al–Sa'dī's Ta'rīkh al–Sūdān down to 1613*, in Hunwick, J., *op.cit.*, p.31.

217）イブン・バットゥータ（家島彦一訳注）、前掲書、65 頁。

218）Cissoko, S.M., *op.cit.*, p.29.

219）*ibid.*, p.66.
　　Senghor, L.S., *op.cit.*, p.35.

220）*Al–Sa'dī's Ta'rīkh al–Sūdān down to 1613*, in Hunwick, J., *op.cit.*, p.88.

221）*ibid.*, lvii.

222）*ibid.*, lix.

223）*ibid.*, p.30.

224）『アズララ ギネー発見征服誌』（長南実訳、川田順造注）、『アズララ、カダモスト 西アフリカ航海の記録』（大航海時代叢書Ⅱ）所収、岩波書店、1967 年、196 頁。

225）Abitbol, M., *op.cit.*, pp.42–44.

226）Dubois, F., *op.cit.*, p.123.

227）Cissoko, S.M., *op.cit.*, p.92.

228）Abitbol, M., *op.cit.*, p.58.

229）Cissoko, S.M., *op.cit.*, p.92.

230）*ibid.*, p.42.

231）*The account of the Sadian conquest of Songhay by the Anonymous Spaniard*, in Hunwick, J., *op.cit.*, p.330.

232）*Al Irfāni's Account of the Sa'dian Conquest of Songhay*, in Hunwick, J., *op.cit.*, p.312.

233）*The account of the Sadian conquest of Songhay by the Anonymous Spaniard*, in Hunwick, J., *op.cit.*, p.319.

234）Saad, E.N., *op.cit.*, p.127.

235) *ibid.*, p.11.

236) Zouber, M., Ahmad Baba of Timbuktu (1556–1627): Introduction to his life and works, in Meltzer, L. et al eds., *Timbuktu scripts & scholarship*, Iziko, Cape Town, 2008, p.21.

237) Dubois, F., *op.cit.*, pp.305.

238) Saad, E.N., *op.cit.*, p.179.

239) Zouber, M., *op.cit.*, p.21.

240) Abitbol, M., *op.cit.*, p.78.

241) Senghor, L.S., *op.cit.*, p.159.

242) Abitbol, M., *op.cit.*, p.177.

243) Saad, E.N., *op.cit.*, p.188.

244) *ibid.*, p.127.

245) Abitbol, M., *op.cit.*, p.78.

246) Senghor, L.S., *op.cit.*, p.162.

247) Abitbol, M., *op.cit.*, Table chronologique du pachalik (pp.259–261) から抜粋。

248) Saad, E.N., *op.cit.*, ix.

249) *ibid.*, p.91.

250) Abitbol, M., *op.cit.*, p.169.

251) Barth, H., *op.cit.*, p.403.

252) Caillé, R., *op.cit.*, Tome II, p.229.

253) *Leo Africanus's description of the Middle Niger, the Hausa kingdoms, and Bornu*, in Hunwick, J., *op.cit.*, p.280.

254) ニジェール川大湾曲部で使用される舟は、熱した錐で木の厚板に穴を開け、そこに樹木皮の細縄を通して結びあわせた平底縫合船である。

255) Dubois, F., *op.cit.*, pp.201–202.

256) Saad, E.N., *op.cit.*, p.277.

257) Cock, S. ed., *op.cit.*, p.48.

258) Senghor, L.S., *op.cit.*, p.149.

259) Caillé, R., *op.cit.*, Tome II, p.215.

260) Saad, E.N., *op.cit.*, p.117.

261) *ibid.*, ix.

262) Caillé, R., *op.cit.*, Tome II, p.220.

263) *ibid.*, p.237.

264) Senghor, L.S., *op.cit.*, p.185.

265) Abitbol, M., *op.cit.*, p.166.

266) Caillé, R., *op.cit.*, Tome II, p.219.

267) Saad, E.N., *op.cit.*, p.23.

268) *ibid.*, p.163.

269) *ibid.*, p.230.

270) *ibid.*, p.114.

271) Caillé, R., *op.cit.*, Tome II, p.238.

272) *Al-Sa'di's Ta'rikh al-Sūdān down to 1613*, in Hunwick, J., *op.cit.*, p.88.

273) *ibid.*, lviii.

274) *Leo Africanus's description of the Middle Niger, the Hausa kingdoms, and Bornu*, in Hunwick, J., *op.cit.*, p.281.

275) アミン・マアルーフ（服部伸六訳）『レオ・アフリカヌスの生涯——地中海世界の偉大な旅人』、リ

ブロポート、1989 年、208-209 頁。

276) *Al–Saʻdīʼs Taʼrīkh al–Sūdān down to 1613*, in Hunwick, J., *op.cit.*, p.72.

277) *ibid.*, p.32.

278) Saad, E.N., *op.cit.*, p.117.

279) Senghor, L.S., *op.cit.*, p.150.

280) Dubois, F., *op.cit.*, p.285.

281) Saad, E.N., *op.cit.*, p.61.

282) *ibid.*, p.62.

283) Dubois, F., *op.cit.*, p.80.

284) Abitbol, M., *op.cit.*, p.57.

285) Saad, E.N., *op.cit.*, p.158.

286) *ibid.*, p.90.

287) *ibid.*, p.86.

288) *Leo Africanusʼs description of the Middle Niger, the Hausa kingdoms, and Bornu*, in Hunwick, J., *op.cit.*, p.280.

289) Saad, E.N., *op.cit.*, p.91.

290) *ibid.*, p.114.

291) Cissoko, S.M., *op.cit.*, p.243, Fig.11.

292) *Al–Saʻdīʼs Taʼrīkh al–Sūdān down to 1613*, in Hunwick, J., *op.cit.*, pp.264–265.

293) Dubois, F., *op.cit.*, p.275.

294) Saad, E.N., *op.cit.*, p.37, 107.

295) Senghor, L.S., *op.cit.*, p.138 .

296) Abitbol, M., *op.cit.*, pp.167–168.

297) *Al–Saʻdīʼs Taʼrīkh al–Sūdān down to 1613*, in Hunwick, J., *op.cit.*, p.10.

298) Saad, E.N., *op.cit.*, p.107, 277.

299) マイナー（赤坂賢訳）、前掲書、301 頁。

300) 同上、35 頁。

301) *Leo Africanusʼs description of the Middle Niger, the Hausa kingdoms, and Bornu*, in Hunwick, J., *op.cit.*, p.280, 282.

302) Abitbol, M., *op.cit.*, p.164.

303) Saad, E.N., *op.cit.*, p.117.

304) Senghor, L.S., *op.cit.*, p.138.

305) *Leo Africanusʼs description of the Middle Niger, the Hausa kingdoms, and Bornu*, in Hunwick, J., *op.cit.*, p.280.

306) Saad, E.N., *op.cit.*, pp.108–109.

307) Cissoko, S.M., *op.cit.*, p.62.

308) 坂井信三『イスラームと商業の歴史人類学——西アフリカの交易と知識のネットワーク』、世界思想社、2003 年、68 頁。

309) El Bekri, A.O., *op.cit.*, p.299.

310) 坂井信三、前掲書、72 頁。

311) Saad, E.N., *op.cit.*, pp.28–32.

312) イブン・バットゥータ（家島彦一訳注）、前掲書、35 頁。

313) Dubois, F., *op.cit.*, pp.264–265.

314) Cissoko, S.M., *op.cit.*, p.37.

315) 坂井信三、前掲書、57 頁。

316）*Al-Sa'dī's Ta'rīkh al-Sūdān down to 1613*, in Hunwick, J., *op.cit.*, p.151, note 54.

317）『カダモスト 航海の記録』（河島英昭訳、山口昌男注）、『アズララ、カダモスト 西アフリカ航海の記録』（大航海時代叢書II）所収、岩波書店、1967 年、514-517 頁。

318）*Leo Africanus's description of the Middle Niger, the Hausa kingdoms, and Bornu*, in Hunwick, J., *op.cit.*, p.280.

319）*Al-Sa'dī's Ta'rīkh al-Sūdān down to 1613*, in Hunwick, J., *op.cit.*, p.142.

320）*Leo Africanus's description of the Middle Niger, the Hausa kingdoms, and Bornu*, in Hunwick, J., *op.cit.*, pp. 281-282.

321）Dubois, F., *op.cit.*, p.251.

322）*ibid.*, p.257.

323）Saad, E.N., *op.cit.*, p.168.

324）*Leo Africanus's description of the Middle Niger, the Hausa kingdoms, and Bornu*, in Hunwick, J., *op.cit.*, pp. 280-281.

325）Dubois, F., *op.cit.*, p.257.

326）*ibid.*,p.252.

327）Kanya-Forstner, A.S., *The conquest of the Western Sudan, a study in military imperialism*, Cambridge Univ. Pr., 1969, p.1.

328）Grevoz, D., *op. cit.*, p.36.

329）*ibid.*, p.48.

330）Kanya-Forstner, A.S., *op.cit.*, p.61.

331）*ibid.*, p.94.

332）*ibid.*, p.121, 137, 151.

333）Saad, E.N., *op.cit.*, p.193.

334）Kanya-Forstner, A.S., *op.cit.*, pp.218-219.

335）Dubois, F., *op.cit.*, p.368.

336）Grevoz, D., *op.cit.*, p.141.

337）Jaime, V., *De Koulikoro à Tombouctou, sur la canonnière "Le Mage"*, Libraires Associé, Paris,1894, pp.408-409.

338）*ibid.*, p.414.

339）Dubois, F., *op.cit.*, p.369.

340）Senghor, L.S., *op.cit.*, p.185.

341）Dubois, F., *op.cit.*, p.361.

342）*Leo Africanus's description of the Middle Niger, the Hausa kingdoms, and Bornu*, in Hunwick, J., *op.cit.*, p.281.

343）*Al-Ifrānī's Account of the Sa'dian Conquest of Songhay*, in Hunwick, J., *op.cit.*, p.315.

344）Minicka, M., Conservation in the extreme : Preserving the manuscripts of Timbuktu, in Meltzer, L. et al eds., *op.cit.*, p.34.

345）Saad, E.N., *op.cit.*, p.193.

346）*ibid.*, p.11.

347）*ibid.*, p.118.

348）Abitbol, M., *op.cit.*, p.166.

349）ショバーグ（倉沢進訳）『前近代都市——都市の過去と現在』、鹿島出版会、1968 年（原著 1960 年）、82-89 頁。

350）Saad, E.N., *op.cit.*, p.118.

351）*ibid.*, p.119.

352）Abitbol, M., *op.cit.*, p.166.

353）Saad, E.N., *op.cit.*, p.109.

354）Cissoko, S.M., *op.cit.*, p.64.

355）Senghor, L.S., *op.cit.*, p.139.

356）Dubois, F., *op.cit.*, pp.264–265.

357）Cissoko, S.M., *op.cit.*, p.64.

358）マイナー、前掲書、302 頁、注 17。

359）Dubois, F., *op.cit.*, pp.256–257.

360）マイナー、前掲書、40 頁。

361）Saad, E.N., *op.cit.*, pp.118–119.

362）Dupuis, A.V., *Industries et principales proféssions des habitants de la région de Tombouctou*, Emile Larose, Paris, 1921, p.178.

363）坂井信三、前掲書、58 頁。

364）白石隆『海の帝国——アジアをどう考えるか』（中公新書 1551）、中央公論新社、2000 年、81-102 頁。

365）Gaudio, A., *Le Mali*, Karthala, Paris, 1988, p.170.

366）*ibid.*, p.164.

367）竹沢尚一郎『サバンナの河の民——記憶と語りのエスノグラフィー』、世界思想社、2008 年、289 頁。

368）坂井信三、前掲書、45 頁。

369）同上、68 頁。

370）Galais, J, *op.cit.*, p.31.

371）マイナー（赤坂賢訳）、前掲書、40 頁。

372）同上、19 頁。

373）Caillé, R., *op.cit.*, Tome II, p.219.

374）Senghor, L.S., *op.cit.*, p.43.

375）Caillé, R., *op.cit.*, Tome II, p.219.

376）Senghor, L.S., *op.cit.*, p.50.

377）マイナー（赤坂賢訳）、前掲書、33 頁。

378）Senghor, L.S., *op.cit.*, p.47.

379）*ibid.*, p.43.

380）Hacquard, A., *op.cit.*, p.46.

381）*ibid.*, p.34.

382）総務省統計局『平成 17 年国勢調査報告』第 5 巻「就業者の産業（小分類）・職業（小分類）」、その 2 「都道府県・市区町村編」31、鳥取県、2008 年、156-159 頁。

383）Dupuis, A.V., *op.cit.*, p.126.

384）*ibid.*, p.161.

385）*ibid.*, p.158.

386）Dubois, F., *op.cit.*, pp.278.

387）マイナー（赤坂賢訳）、前掲書、15–17 頁。

388）同上、39 頁。

389）Dupuis, A.V., *op.cit.*, p.175.

390）*ibid.*, p.152.

391）*Leo Africanus's description of the Middle Niger, the Hausa kingdoms, and Bornu*, in Hunwick, J., *op.cit.*, p.277.

392）Dupuis, A.V., *op.cit.*, p.29.

393）*ibid.*, p.137.

注

394）応地利明、前掲論文（注6）、87-88頁。

395）マイナー（赤坂賢訳）、前掲書、17頁。

396）マリ国土地理院の5万分の1図は、定期市の立つ集落に市日の曜日を記入している。

397）Murdock, G.B., *op.cit.*, p.395.

トンブクトゥ関連年表——20世紀末まで

(太字：トンブクトゥ自体の事件・状況)

世　紀	西　暦	事　　　　項
2〜3世紀		ヒトコブラクダ、サハラに登場
		ウマ／ウシ牽引の車両輸送からヒトコブラクダの背荷輸送へ 　　——ラクダ・キャラバンの成立
7世紀		マグリブのイスラーム化とアラブ化——アラブ人のサハラ進 　　出
8世紀		ガーナ帝国成立（4世紀との説もある）——11世紀に最盛
9世紀後半		サハラ沙漠横断の東西交易路の衰退——気候変動によるか
	950頃	ハウカル、ガーナ帝国と王都クンビ・サレーについて記載
10世紀中期		西方ルート経由のサハラ縦断交易はじまる
		イスラーム、サヘル西部に伝通
	1030年代	タガーザ塩山開発——**16世紀末まで主要塩山の地位を維持**
		サハラ縦断交易、中央ルートに遷移
11世紀		イスラーム、サヘル東部に伝通
	1056	モロッコ、ベルベル系ムラービト朝成立
	1076/77	ムラービト朝モロッコ、ガーナ帝国王都クンビ・サレーを攻 　　略——同帝国は以後も持続したとされる
	1100頃	**トンブクトゥ、トァレグ遊牧集団の夏営地と冬営地との中間** 　　**資材保管地として起源**
	1230頃	マリ帝国興隆——14世紀に最盛期
	1312	マリ帝国ムーサー王即位
	1324	**ムーサー王、大量の砂金を携行し、トンブクトゥ経由でマッ** 　　**カ巡礼に出立**
		カイロ・マディーナで持参した金を喜捨——カイロの金価格 　　の長期低落と黄金伝説の定着
	1325	**ムーサー王、帰途に際し建築家アッ・サヒリを帯同して、ト** 　　**ンブクトゥにジンガレイベル・モスクと離宮宮殿を造営**
14世紀		サハラ縦断交易による金をもとに、地中海世界に金本位制と 　　金貨鋳造が始まる
	1353	**イブン・バトゥータ、トンブクトゥ来訪**
	1375	クレスケス作「カタローニア図」、金珠をかざしもつ黒人王 　　を描出し、「ギニアの王」と説明
		特異都市画像で「テンブク」を描出——トンブクトゥの初出
15世紀初		**トンブクトゥ、ワラータに代わるサハラ縦断交易のサヘル側** 　　**前衛交易拠点都市へ成長**

トンブクトゥ関連年表

世　紀	西　暦	事　　　項
		ワラータから交易商人・イスラーム学識者がトンブクトゥに 　**移住──都市成長と都市機能の拡充**
	1415	ポルトガル・エンリケ王子、セウタを攻略
	1441	ポルトガル艦隊（ゴンサルヴェス指揮）、西サハラの「黄金の 　川」で金を入手
	1445 頃	**サンコーレ・モスク建立**
	1447	ジェノア商人・マルフォンテ、トンブクトゥ在住商人からの 　情報をもとにトンブクトゥに関する記録を残す──現存最 　古の記録
15 世紀後半		**スィーディー・ヤフヤー・モスク建立**
	1465	ソンニ・アリ、ソンニ朝ソンガイ帝国を樹立──マリ帝国衰 　退
	1467	**フィレンツェ商人・デイ、トンブクトゥを訪れ、記録を残す**
	1468	**ソンニ朝ソンガイ帝国、トンブクトゥを攻略**
	1493	アスキア・ムハンマド、アスキア朝ソンガイ帝国樹立
15 世紀末		**トンブクトゥ、同王の治下で交易都市またイスラーム学術セ** 　**ンターとして繁栄、最盛期をむかえる**
	1515 頃	アスキア朝ソンガイ帝国、タガーザ塩山の支配確立
	1526 か	**レオ・アフリカヌス来訪**
	1540 年代	モロッコ南部の支配勢力（サアド朝の前身）、数次にわたりタ 　ガーザ塩山の割譲をソンガイ帝国に要求、しかし拒絶される
	1549	モロッコ全域を支配し、サアド朝成立　首都マラケシュ
	1556	**アフマド・バーバー生誕**
	1578	アル・マンスール、サアド朝モロッコ国王に即位
	1583	サァード朝モロッコ、ソンガイ帝国に使節を派遣し、タガー 　ザ塩山割譲を要求、拒絶される──サハラ縦断中央ルート 　の探索を兼ねる
	1584	サァード朝モロッコ、タガーザ塩山を武力奪取
	1591	**サァード朝モロッコ、アスキア朝ソンガイ帝国首都ガオおよ** 　**びトンブクトゥを攻略──同帝国滅亡**
		サァード朝モロッコ、トンブクトゥに総督（パシャ）を駐在 　**させて、スーダーン支配の拠点とする**
		アフマド・バーバーを中心にモロッコ占領への抵抗運動つづ 　**く**
	1593	アル・マンスール王がマラケシュに建設中のエル・バディ宮 　殿完成
		同王、「勝利王」・「世界の最富裕王」と称せられる
	1594	**アフマド・バーバー、マラケシュに連行され幽閉（1608 年釈** 　**放、帰国）**

世　紀	西　暦	事　　　項
17 世紀初〜		アフマド・バーバー一行とともに、黄金 3〜3.6 トン、黒人奴隷 1,200 人マラケシュに到着
	1599	黄金 5.6〜6.4 トン、黒人奴隷多数がマラケシュに到着
	1618	フランス人・アンベール、モロッコ王にしたがってトンブクトゥを訪問
		「災厄の 2 世紀」はじまる
		1616-18：飢饉と感染症流行　　　1637-43：飢饉
		1657-59：ペスト流行　　　　　　1669-70：干害
		1688-90：飢饉とペスト流行　　　1697　：ペスト流行
		1703　：飢饉とペスト流行　　　1711-16：飢饉
		1738　：飢饉　　　　　　　　　1741-44：飢饉
		1764-66：ペスト流行
	1627	アフマド・バーバー死去
17 世紀		タウデニ塩山が開発され、タガーザ塩山を代替
	1657	トンブクトゥ、抵抗運動の末にモロッコ支配からの自立を達成
	1659	フランス、セネガル川河口のサン・ルイ島に要塞を建設し、内陸進出の拠点とする
	1664	フランス西インド会社設立
17 世紀末		モロッコ軍兵士が地元女性との婚姻によって土着化し、本国との紐帯喪失——ルマとよばれる集団を形成
18 世紀		ルマが有力集団に成長し、内部抗争の頻発により治安悪化——大区成立の契機となる
	1790	イギリス人・ヒュートン、ニジェール川流域を探査
	1797	パーク、第 1 回ニジェール川流域探査
	1800	バンバラ王国（首都セグー）、トンブクトゥを占領
	1805	パーク、第 2 回ニジェール川探査、同川急流で水死
19 世紀前半		トンブクトゥ、トゥアレグ遊牧集団の支配下に編入
	1816	アダムス『トンブクトゥ滞在録』刊行
	1925	パリ地理学会、トンブクトゥ往還成功者に賞金 10,000 フラン提供を公告
	1826	レイング、トンブクトゥ来訪、しかし帰還のため出立後に殺害される
	1828	ルネ・カイエ、トンブクトゥを来訪し、モロッコ経由でフランスに生還
	1829	テニソン、長編詩『トンブクトゥ』を発表
	1830	ルネ・カイエ、『トンブクトゥへの旅』を刊行
	1853/54	バルト、トンブクトゥ来訪
	1870	フランス・第 3 共和政成立、西アフリカ内陸への武力侵攻を

トンブクトゥ関連年表

世　紀	西　暦	事　　　項
		決定――北および西アフリカで「新しいインド」の建設を めざす
	1888	トンブクトゥのトゥアレグ人支配者、フランスに対抗するた めモロッコ王に再保護領化を要請――拒否される
	1894	フランス軍、トンブクトゥを無血占領
		トンブクトゥをニジェール川内陸デルタ一帯の統治中心とす る――ボニエ要塞の建設と旧市南西部の再開発
		デュボワ、トンブクトゥ占領の新聞特派員として来訪
	1940	マイナー、トンブクトゥの人類学調査をおこなう
	1960	マリ共和国独立――「アフリカの年」
		トンブクトゥ、トンブクトゥ州の州都となる
	1964	ユネスコ、「アフリカ史関係史資料の利用に関する専門家会 議」をトンブクトゥで開催し、西アフリカの史資料収集・ 研究機関の設立を勧告
	1973	アフマド・バーバー資料収集・研究センター（CEDRAB、現 アフマド・バーバー高等教育・イスラーム研究センター IHER- IAB）設立
	1970 年代末	運河・水路の共同浚渫作業の廃絶
	1984〜85	サヘル大旱魃――家畜の大量死と遊牧民のトンブクトゥ流入
	1988	ユネスコ世界文化遺産に登録
	1990〜96	トゥアレグ人分離独立闘争

おわりに

　高校生のころ、ジャン・ギャバン主演の「望郷（ペペル・モコ）」というアルジェのカスバを舞台とした映画をみたことがあった。今から思うと、そのカスバのとらえ方はオリエンタリズムそのものであったが、当時は知るよしもなかった。そのころ、アルジェのさらに内奥の「地の果て」に、ティンブクトゥというオアシス都市があることを知った。それ以来、ティンブクトゥは記憶のなかに住みつづけてきた。ティンブクトゥが現地ではトンブクトゥとよばれていることを知ったのは、それからはるか後のことであった。しかし南アジアを中心にアジアの諸地域で臨地調査をつづけていた者にとっては、トンブクトゥは見はてぬ「憧憬の都市」のままだった。

　アジア以外の地域で臨地調査をおこなう機会がやってきたのは、1988年のことだった。当時、勤務していた部局で在外研究の機会を得、渡航先を自由に選ぶことができたからである。その部局では、それまでの在外研究は、欧米の有名大学でのデスクワークばかりだった。しかし私はマリ国を選び、そこで3つのフィールドワークをおこなうことにした。1つは、おなじく亜熱帯半乾燥地帯に属するデカン高原とサヘルのミレット農耕の比較調査、ついでニジェール川内陸デルタを原産地とするアフリカ稲の生態環境と栽培技術の調査、そして3番目がトンブクトゥの都市調査であった。

　そのときには、マリに行くことができるのは今回だけだろうと思っていた。そのため滞在時期としては、南アジアでの経験から無謀とは知ったうえで、乾期後半から雨期前半という酷暑期を選んだ。その理由は、ミレットやイネの作期の始めと終わりとを同時に観察できることにあった。その年は雨期の到来が遅く、ムラでもトンブクトゥでも、酷暑にあえぎつつ歩きまわって調査した。これが、トンブクトゥとの最初の出会いだった。もちろん帰国してからも、トンブクトゥについて本を書くことができるとは思ってもいなかった。

　1度のみと思っていたトンブクトゥを私につないで下さったのは、川田順造さんだった。そのころ川田さんは、ニジェール川大湾曲部の学際的な研究プロジェクトを主宰しておられた。同じ年に川田さんはマリ国人文科学研究所を訪れ、乾期末の酷暑期に研究所の車を借りてフィールドワークをした日本人のことを聞かれて、私を探しあてて下さったのである。帰国後、マリでおこなったフィールドワークを川田さんの調査報告書に掲載することを求められて応諾した。そのあとで、論文はフランス語で書くとの話を伺った。

おわりに

フランス語で長い文章など書いたことがないので、これは困ったと思った。しかしフランス人の方が校閲して下さるとのことなので、思い切って書くことにした。その方は「意味は分かりますが、フランス人はこのような言い方はしません」と言いつつ、懇切に校閲してくださった。そのおかげで、フランス語で文章なり論文なりを書くということを多少は了解することができた。

調査報告書が刊行されると、川田さんから、ご自身の研究プロジェクトに参加するようにとの勧誘をいただいた。これによって、予期しないかたちでアフリカとつながることになった。1990 年のトンブクトゥ調査は、川田さんのプロジェクトへの 2 回目の参加時におこなったものである。それ以後、科学研究費による南アジアとの比較研究プロジェクトを立ち上げ、計 10 回アフリカで臨地調査する機会をもった。その過程で、さらに 2 回トンブクトゥで臨地調査をすることができた。トンブクトゥとのさらなる出会いをつくって下さった川田順造さんに、感謝したい。

話題はまったく変わるが、東京でのフランス映画祭で上映された作品が京都にも巡回してきて、毎年、夏に京都フランス映画祭という小さな催しが開かれている。今年、2015 年には、モーリタニア出身のアブデラマン・シサコ監督の『ティンブクトゥ』が上映された。映画のなかでは、「ティンブクトゥ」ではなく「トンブクトゥ」と発音されていたが、いまも日本では「ティンブクトゥ」の方がなじみ深いのであろうか。映画は、厳格なイスラーム主義武装集団の制圧と処刑、また歌舞音曲もサッカーも厳禁下のトンブクトゥを背景に、牧畜民の一家が巻き込まれていく悲劇を描いていた。臨地調査をおこなった 20 世紀末のトンブクトゥを思い起こしつつ、暗澹たる気持ちになった。

さきに外報は、首都バマコでホテルが襲撃され、多くの死傷者が出たことを伝えていた。トンブクトゥの周辺も、フランス軍の介入後も「イスラーム・マグリブ諸国のアルカイーダ（AQIM）」との抗争状態にあることが伝えられている。以前のように、調査許可を得てトンブクトゥで臨地調査をおこないうる機会は、当分、到来することはないだろう。

この本を書こうと思ったのは、かつての平穏であったトンブクトゥを記録に残したいという気持からだった。これを書きつつ、そのときに出会った人々のことが頭を駆けていくと同時に、「かつてのトンブクトゥ」と過去形で書かなければならないのが悲しい。

最後に、本書を刊行する機会をつくってくださった臨川書店編集部の西之原一貴さんにお礼申しあげたい。

2015 年・初冬・京都

応 地 利 明

応地利明（おうじ としあき）

京都大学名誉教授。『絵地図の世界像』岩波新書、1996 年。『「世界地図」の誕生』日本経済新聞出版社、2007 年。『人類はどこに行くのか』（「興亡の世界史」20）（共著）講談社、2009 年。『都城の系譜』京都大学学術出版会、2011 年。『新版 南アジアを知る事典』（共編）平凡社、2012 年。『生態・生業・民族の交響』（「中央ユーラシア環境史」4）臨川書店、2012 年。

トンブクトゥ
交界都市の歴史と現在

二〇一六年一月三十一日 初版発行

著　者　応地利明

発行者　片岡敦

印刷
製本　亜細亜印刷株式会社

発行所　株式
会社　臨川書店

606-
8204　京都市左京区田中下柳町八番地
電話（〇七五）七二一—七一一一
郵便振替　〇一〇〇〇—二—八〇〇

落丁本・乱丁本はお取替えいたします
定価はカバーに表示してあります

ISBN978-4-653-04314-0 C1025　©応地利明 2016